KB111864

조선왕실의 후궁

조선조 후궁제도의 변천과 의미

이미선

지식산업사

이미선李美善

한신대학교 국사학과를 졸업하고 성신여자대학교 대학원 사학과를 졸업(문학석사)했으며 한국학중앙연구원 한국학대학원 한국사학과에서 박사학위를 받았다. 한국학중앙연구원 전임연구원, 고려대학교 한국사연구소 연구교수, 한신대학교 한국사학과 초빙교수를 역임하고 현재 한신대학교에서 강의하고 있다.

주요 논저로는《헌종의 후궁 경빈 김씨의 혼례식 풍경을 담다-譯註 慶嬪嘉禮時嘉禮廳謄錄》(2020, 민속원), 〈숙종대 왕실여성들의 정치적 행보와 역할〉(《조선시대사학보》 93, 2020), 《숙의가례청등록-숙종 후궁 영빈 김씨의 혼례 기록》(공역, 한국학중앙연구원 출판부, 2015), 《조선의 역사를 지켜온 왕실여성》(공저, 글항아리, 2014), 《조선사회 이렇게 본다》(지식산업사, 2010) 등 다수가 있다.

조선왕실의 후궁

조선조 후궁제도의 변천과 의미

초판 1쇄 발행 2021. 1. 5.
초판 2쇄 발행 2021. 3. 5.

지은이 이미선
펴낸이 김경희
펴낸곳 (주)지식산업사
본사 ● 10881, 경기도 파주시 광인사길 53(문발동)
전화 031-955-4226~7 팩스 031-955-4228
서울사무소 ● 03044, 서울시 종로구 자하문로6길 18-7
전화 02-734-1978, 1958 팩스 02-720-7900
영문문패 www.jisik.co.kr
전자우편 jsp@jisik.co.kr
등록번호 1-363
등록날짜 1969. 5. 8.

책값은 뒤표지에 있습니다.

ISBN 978-89-423-9084-7(93910)

이 책에 대한 문의는
지식산업사로 연락해 주시길 바랍니다.

조선왕실의 후궁

조선조 후궁제도의 변천과 의미

이미선

지식산업사

서 문

결혼이 남녀 간의 인연으로 이루어지듯이 연구자와 학위논문 주제 역시 특별한 인연이 되어야만 그 주제로 학위를 받는다고 한다. 필자의 경우에는 두 번이나 주제가 바뀌었다. 한국학중앙연구원에 입학한 뒤, 장서각 소장 《의궤儀軌》에 매료되었고, 자연스럽게 왕실 문화 가운데 하나인 가례嘉禮에 관심을 갖게 되었다. 가례는 왕실 결혼식을 말하는데, 왕실 문화의 기록을 통해 조선 왕실의 역사를 살펴보는 것이 좋겠다는 생각을 하게 되었다.

2007년 한국학중앙연구원 《정신문화연구》 여름호에 기고한 〈1681년(숙종 7) 국왕 가례시 간택처자 연구〉가 발표되면서 필자의 관심사는 왕실가례보다 왕실여성으로 향해 가고 있었다. 이 논고에서 왕비로 낙점받은 1명을 제외한 낙선된 나머지 처자들이 다른 곳으로 시집갈 수 없다거나 모두 국왕의 후궁이 돼 평생 처녀로 늙었다는 그간 학계의 주장을 비판하면서 그 설이 그릇된 선입견에 지나지 않는 것이었음을 강조했다. 이 논고는 연구자들과 언론의 공감을 얻게 되어 2008년 한국학술진흥재단 우수논문에 선정되었고, 《세계일보》(2007.7.5.)에 소개되었다. 그런 만큼 역사연구 방법론에서 기초적인 작업이 얼마나 중요한지를 새삼 느꼈다.

이후, 왕실여성에 관한 자료를 하나하나 찾아 헤매면서 역사학에서 여성사 연구 성과가 다른 역사 분야에 견주어 매우 미약하고 그들의 삶 역시 주목받지 못하고 있다는 사실을 알게 되었다. 여성에 대한 관련 자료가 매우 부족하고, 연구 방법에서도 그들의 삶의 양태와 가치를 남성 중심 사관에 맞추어 역사의 주변적인 인물로 인식하고 있기 때문이다. 한국 여성사 연구의 저변 확대를 위해서라도 비교적 자료가 남아 있는 조선시대 상층부에 속한 왕실여성을 중심으로 연구할 수밖에 없었다.

그런데 왕실여성의 위상과 역할은 사실보다는 낮게 평가되고 간과되었으며 심하게는 부정적 이미지의 굴레를 쓰고 있었다. 얼마 남아 있지 않은 자료에서마저도 남성들의 가치판단에 따라 천사형 여성 또는 악녀형 여성으로 이미지화되어 있었다. 그래서 유교적 여성관에서 조금이라도 벗어난 왕실여성의 경우엔 음모와 술수를 부린 악녀로 묘사되기 일쑤였다. 이것이 오늘날 왕실여성에 대한 역사적 평가의 현실이자, 그들을 바라보는 우리들의 따가운 시선이다. 따라서 이를 시정하려는 노력이 현재에 반드시 필요하다고 하겠다.

그 시대에 살았던 인물들을 연구하는 작업은 그 시대 역사연구의 일환으로서 의미가 있다. 조선시대 왕실여성은 국왕의 최측근이자 왕실의 구성원으로서, 이들의 삶은 국왕의 삶과 직결되고 국왕을 비롯해 관료들과 공적인 공간에서 일정한 관계를 맺으며 활동하였기에 정치적 성격을 띤다. 왕실여성들의 삶과 활동은, 좁게는 500년 조선의 왕실여성 역사가 되었고 넓게는 500년 조선의 여성 역사가 되었다. 왕실여성들의 생애를 깊고 폭넓게 추적해 나가는 과정은 단순히 그들의 생애만을 정리하는 작업에 머무르지 않고 조선왕실의 역사를 정립하는 하나의 과정이라 하겠다.

왕실여성의 생애를 밝혀 나가는 과정이야말로 조선시대의 정치, 경제, 사회, 문화 등 여러 분야에 대한 이정표가 된다. 하지만 조선시대 후궁에 대한 연구는 기초적인 자료조차 지금껏 정리된 적이 없었다. 관련 기록들이 대부분 여기저기에 분산되어 있어서 자료를 수합하는 데 많은 시간이 소요되기 때문이다. 후궁에 대한 선학들의 시도가 더러 있었지만 부분적인 저술로만 끝나거나 몇몇 주제에 주변 인물로 언급될 뿐이었다.

지금까지 후궁에 대한 자료가 체계적으로 정리되어 있지 않았기 때문에 후궁을 이해하고 설명하는 데 많은 한계가 있었다. 필자가 그 자료들을 모으고 종합하기 위해 쏟은 시간과 노력은 말할 수 없이 길고 힘들었다. 그러나 단편적으로 또는 나름대로의 정리가 몇 차례 이루어져 학위논문을 쓰기 위한 토대가 마련되었다. 이를 기반으로 여러 선행 연구들을 수용하여 서툴게 엮어간 논문으로 2012년 박사학위를 받게 되었다.

학위논문을 제출한 이후, 필자의 학문적 역량 부족 때문에 후련함보다는 부끄러움과 아쉬움을 느끼지 않을 수 없었다. 학문적 역량의 한계를 절감하며 새로운 방향을 탐색하는 가운데 8년의 세월이 훌쩍 지난 뒤, 〈조선시대 後宮 연구〉를 저본으로 하여 이 책을 출판하기에 이르렀다. 이 책은 필자의 박사학위논문을 대폭 수정 보완한 책이다. 지난날 자료를 모으기 위해 쏟은 시간과 노력, 내용의 보강 등 일련의 과정을 거쳐 지금에 이르렀지만 아직도 미흡한 부분이 있을까 염려스럽다. 무엇보다 아직껏 종합적으로 정리된 바 없었던 새로운 대상의 연구물을 세상 밖으로 내놓으려 하니 두려움이 앞선다. 그럼에도 그동안의 논문들을 보강해 책으로 출판한 것은, 이 책이 조선시대 후궁, 더 나아가 왕실여성, 여성사 분야의 연구를 진전시키는 데 작은 디딤돌이라도 되기를 간절히 바라서이다. 또한 부족한 부분들은 차후 연구자들에 의해 수정 보완될 수 있기를 바란다.

이 책이 나오기까지 많은 분들의 가르침과 동학들의 도움을 받았다. 필자의 더딘 학문 성장을 묵묵히 지켜봐 주시고 신실한 가르침을 주신 지도교수 최진옥 선생님의 은혜에 머리 숙여 감사드린다. 학위논문 심사 과정에서 부족한 논문을 꼼꼼히 지적해 주시고 세심한 가르침으로 논문 완성에 길잡이를 마련해 주셨던 심사위원 한국학중앙연구원 권오영 교수님과 심재우 교수님, 단국대 김문식 교수님, 그리고 숙명여대 한희숙 교수님께도 감사드린다. 네 분 심사위원 선생님들의 자상하신 지도와 꼼꼼한 가르침 덕분에 이 모양새나마 갖출 수 있었다.

모교 한신대학교 서굉일, 안병우, 유봉학, 이세영 은사님들의 은혜를 잊을 수 없다. 필자는 공부와 거리가 먼 학생이었다. 학창시절, 은사님들의 연구실을 가끔 방문할 때마다 책 더미 속에 파묻혀 인기척을 느끼지 못하신 채, 오로지 연구에 전념하신 은사님들의 모습을 자주 뵈었다. 뇌리에 각인된 은사님들의 그 모습은 졸업을 하고 사회생활을 하면서 필자로 하여금 공부에 대한 미련을 버리지 못하고 학문세계에 발을 내딛게 하는 원동력이 되었다. 오늘날 필자가 선학들의 손때가 묻은 방대한 자료들을 접하며 공부하는 재미를 알게 된 것은, 순전히 그 당시 은사님들이 안목을 깨우쳐 주시고 학문정진에 늘 힘쓰시는 모습을 보여 주신 덕분이었다.

공부에 관심을 계속 유지해 간 데는, 물론 대학원의 동학들과의 인연이 한 몫했다. 조선사회연구회 모임에서 여러 동학 선후배와 동고동락하며 어울리는 것은 입문한 필자에게는 행운이고, 행복이었다. 조선사회연구회는 고 이성무 교수님의 지도 아래 한국학대학원 한국사학과 재학생 및 졸업생을 중심으로 한 연구 모임이었다. 이곳에서 조선사회의 정치, 경제, 사상, 문화, 여성 등 다양한 분야를 더욱 깊이 알게 되었고 선후배들과 스스럼없이 어울리며 토론할 수 있었다. 이러한 값진 시간과 소중한 경험을 주신 동문 선배님들께 이 자리를 빌려 진심으로 감사드린다. 언제나 학문의 버팀목이 되어 주시고 늘 격려를 아끼지 않으신 이영춘 선배님을 비롯해서 고문헌학과 김동석 선생님과 음악학과 성영애 선생님, 그리고 고 최재복 선배님에게는 특히 고마움을 표하고 싶다.

2011년 무렵, 긴 터널과도 같았던 학문의 여정 속에서 더딘 걸음과 끝도 보이지 않은 불안한 미래에 몸과 마음이 지치고 힘들었다. 솔벗 재단에서 주신 연구비는 망망대해에서 작은 배를 타고, 길 잃고 헤매다 만난 등대만큼이나 소중한 선물이었다. 솔벗 재단에 힘입어 이 책을 출판하기에 이온규 이사장님께 다시 한 번 감사의 마음을 전하고 싶다. 어려운 출판 여건 속인데도 무리한 요구를 받아 주시고 출판을 허락해 주신 지식산업사 김경희 사장님과 보잘것없는 원고를 예쁘고 아담한 모습으로 단장해 주신 김연주 선생님께 고마운 마음을 전한다.

그동안 부모님께 많은 걱정을 끼쳐드렸다. 언제나 걱정하고 애를 태우시는 부모님의 간절한 바람이 이 책을 가능하게 하였다. 부모님께 무한히 감사드린다. 오빠네, 언니네 식구들의 격려와 성원도 큰 힘이 되었다. 우리 가족 모두에게 사랑하고 감사한 마음과 고맙다는 말을 전한다.

2020. 8. 15.

이미선 씀

차 례

부록

표 목차

도판 목차

일러두기

1. 이 책은 2012년도 한국학중앙연구원 박사학위청구논문 〈조선시대 後宮 연구〉를 저본으로 한 것이다. 그 당시 조선시대의 후궁 173명을 연구대상으로 하였으나, 이 책에서는 사도세자인 장조의 후궁 2명을 추가하여 175명을 연구대상으로 하였다. 이 책에서 조선시대 후궁의 인원수를 최종 175명으로 명시했지만, 차후 산재되어 있는 자료들을 더 많이 찾아내고 수합함에 따라 이 인원수는 유동적일 수 있음을 미리 밝혀 둔다.
2. 이 책의 내용을 보강하는 의미에서 학위를 받은 이후에 발표했던 논문들을 함께 실었다. 아래에 필자의 발표논문을 제시하고 이 책 장절과의 관계를 밝혀 둔다. 다만 체제상 여기에 실리지 못한 논문들 역시 이 책의 내용을 보완하는 의미를 가지기에 함께 수록한다.

《조선의 역사를 지켜온 왕실여성》(공저), 글항아리, 2014; 미수록.

〈조선시대 後宮의 용어와 범주에 대한 재검토〉, 《조선시대사학보》 72, 조선시대사학회, 2015; 제Ⅱ장 1절 3)항.

〈1749년(영조 25) 和緩翁主와 부마 鄭致達의 가례〉, 《한국사학보》 58, 고려사학회, 2015; 미수록.

《숙의가례청등록-숙종 후궁 영빈 김씨의 혼례 기록》(공역), 한국학중앙연구원 출판부, 2015; 미수록.

〈영조 후궁 暎嬪李氏의 생애와 위상-壬午大處分을 중심으로-〉, 《역사와 담론》, 호서사학회, 2015; 제Ⅴ장 2절 2)항.

〈중종 후궁 熙嬪洪氏의 생애와 행보-기묘사화를 중심으로-〉, 《여성과 역사》 26, 한국여성사학회, 2017; 제Ⅵ장 1절 1)항.

〈헌종의 후궁 慶嬪金氏의 생애와 가례-《慶嬪嘉禮時嘉禮廳謄錄》을 중심으로-〉, 《지역과 역사》 44, 부경역사연구소, 2019; 제Ⅴ장 1절 4)항.

〈정조의 후궁 元嬪洪氏의 생애와 상장례-《淑昌宮喪草日記》를 중심으로-〉, 《한국학논총》 51, 국민대학교 한국학연구소, 2019; 제Ⅴ장 1절 1)항.

〈숙종대 왕실여성들의 정치적 행보와 역할〉, 《조선시대사학보》 93, 2020; 미수록.

《헌종의 후궁 경빈 김씨의 혼례식 풍경을 담다-譯註 慶嬪嘉禮時嘉禮廳謄錄》, 민속원, 2020; 미수록.

제 I 장

서론

1. 연구 목적 및 필요성

전통시대 동아시아 사회에서 자손의 번창을 바라는 보편적인 소망과 왕실의 종통宗統을 이어야 하는 계사繼嗣의 명분 때문에 왕실에서는 정처正妻인 왕비 외에 후궁의 존재를 광범위하게 인정하였다. 유교적 이념이 확립되었던 조선시대에도 적서嫡庶의 관념에 따른 처첩제妻妾制의 혼인관행이 정착되었다. 왕실에서는 물론 사가私家에서도 정식 혼례절차를 거친 배우자만을 적처嫡妻로 인정하였고, 첩은 부차적인 존재에 지나지 않았다. 즉 처는 예禮를 갖추어 맞아들인 고유한 배우자인 반면, 첩은 일정한 혼례를 갖추지 않고 필요에 따라 동거하는 여자였다.[1] 이 때문에 후궁의 지위는 '천지天地·음양陰陽·일월日月'의 한 축에 비견되고[2] 만백성들에게 모의母儀로 군림하는 왕비의 위상에 절대 미치지 못하였다.

그러나 조선시대 후궁은 '여관女官'으로서 정1품~종4품의 관계官階가 부여되는 관료체계 속의 공인公人이었으며,[3] 대궐에서 생활하는 왕실구성원이었다. 더구나 후궁은 왕비의 유고有故 시에 그 역할을 대신하거나 정비正妃로 승격되었고, 후기에는 왕실에 적자嫡子가 없게 되자 그들 소생 왕자들이 왕위계승에 큰 변수로 작용하여, 왕위를 계승하기도 하였다. 적어도 후궁들은 조선 중기까지 정비로 승격

---

1 이숙인, 《동아시아 고대의 여성사상》, 여이연, 2005, 61쪽(《禮記》, 〈內則〉 제12. "聘則爲妻 奔則爲妾").

2 《禮記》, 〈昏義〉 제44. "天子之與后 猶日之與月 陰之與陽 相須而後 成者也 天子修男教 父道也 后修女順 母道也 故日 天子之與后 猶父之與母也."

3 《經國大典》 권1, 〈吏典〉 內命婦.

될 수 있었고, 때로는 국왕의 최측근에 있었기 때문에 상당한 권력을 행사할 수 있었다. 정치적 권력 기반을 갖게 되면 그들은 간혹 집권 세력과 연결하여 정치적인 영향력을 행사하며 정변政變이나 음모陰謀에 연루되기도 하였다.

조선시대 내명부는 '3빈嬪 5잉媵'[4] 또는 '1빈嬪 2잉媵'[5] 등으로 표현되는 제후의 비빈妃嬪 잉첩媵妾의 자리를 채워 국왕의 권위를 높여 주는 의전儀典의 하나가 되었다. 《주례周禮》에 천자天子의 후궁으로 "3부인夫人, 9빈嬪, 27세부世婦, 81어처御妻"[6]를 규정한 바와 같이, 빈어嬪御의 수를 갖추는 것은 전통시대 동아시아 왕실에서 필수적인 의전으로서, 제왕帝王의 권위를 표상하는 것이기도 하였다. 고대 중국의 왕실에서 왕의 시침侍寢을 위해서뿐만 아니라 궁중의 제반 사무를 분장하기 위하여 설치되었던 후궁들은 후대로 갈수록 그 수가 많아져 제왕의 권력을 과시하는 대상으로 간주되기도 하였다. 유교적 검약을 강조하였던 조선왕조는 후궁제도를 간소화하여 태종대에 '1빈 2잉'의 제도를 수립하였고, 국왕에 따라 다소의 차이가 있기는 하였지만, 빈어의 수를 갖추는 것이 왕실의 중요한 의전으로 인식되었다.

이 연구는 조선시대 후궁제도의 변화와 시대에 따라 나타나는 실제 양상들을 정리하여 그 성격을 이해하기 위하여 시도된 것이다. 이 방면의 연구가 종합적으로 정리된 것이 없기 때문에 여기서는 후궁에 관련된 자료와 정보를 정리하고 시대에 따른 변화를 탐구하기 위하여 조선시대 전 기간을 연구 대상으로 삼았다.

---

4 《태종실록》 권22, 태종 11년 9월 19일(정축).

5 《태종실록》 권22, 태종 11년 10월 27일(을묘).

6 《周禮注疏》 권1(《十三經注疏》, 中華書局, 1996), 〈天官冢宰〉, 642쪽. "古者天子后立六宮 三夫人九嬪二十七世婦八十一御妻 以廳天下之內治 以明章婦順 故天下內和而家理也."

조선시대의 내명부제內命婦制는 태종~세종대에 몇 차례 개정된 후 《경국대전經國大典》에 수록됨으로써 확립되었다. 이것은 조종祖宗의 성헌成憲으로 간주되어 준수되었고, 영조대 이후 여러 차례 법전이 재정비되었지만 내명부 조항에는 변동이 없었다. 조선 중기 이후에 제도의 변화는 없었지만 후궁 선입選入이나 승봉, 처우 등 실제의 운용 면에서는 시대에 따라 변화가 있었다.

왕실에서는 후궁을 간택하는 과정에서 처자處子의 출신 가문이 중요하게 고려되었던 만큼 조선시대 정치사를 이해하는 데 후궁은 중요한 의미를 갖는다. 더구나 후궁을 배출한 가문은 왕실과 통혼 또는 인척 관계를 이룬 집단으로, 그들 소수 가문에 대한 정치적 역학 관계를 파악하는 데에도 상당한 도움을 줄 것이다.

후궁은 왕실의 구성원이었으므로 여러 가지 특혜를 누렸다. 일단 후궁으로 책정되면 내명부 체제 안에서 봉작封爵되었다. 더구나 왕자녀를 출산하고 국왕의 총애를 입게 되면 정1품 빈嬪까지 진봉進封하게 되는데, 이는 실상 정승政丞의 지위에 비견되는 고귀한 자리였다. 조선 초기에는 확실하지 않지만, 적어도 중기 이후부터는 이들에게 궁 밖에 따로 제택第宅이 하사되고, 200결 이상의 많은 전지田地와 금품이 하사되며, 전속 환관이 배치되어 관리하는 궁방宮房이 설치되었다. 후궁은 국왕이 승하하거나 자신이 노쇠한 후에는 궁중에서 나와 사가私家에서 생활하며 부귀를 누릴 수 있었다. 그들이 죽은 후에도 궁방에서 4대에 걸쳐 제사가 계속되고 묘소는 왕실에서 관리하게 되었다. 그들이 낳은 왕자가 왕위를 계승하여 종통을 잇게 되면 그들의 묘소는 원소園所로, 사당은 궁宮으로 승격되어 영구히 제사를 받게 되었다. 이와 같이 후궁은 조선시대 정치, 사회, 문화 등 여러 현상들을 검토할 수 있는 중요한 소재가 될 수 있다.

그런데 조선시대 전 시기에 걸쳐 후궁에 대한 인식은 대체로 부정적이었다. 조선이 건국되자 집권자들은 고려 왕실의 멸망 원인 가운데 하나로 후궁의 존재와 그녀들과 연결된 외척세력의 득세를 강조하였다.[7] 왕의 측근에서 사사로이 권력을 행사함으로써 국정에 영향을 미칠 수 있는 가능성이 있다고 보았기 때문이다. 조선 후기 실학자 이익李瀷도 《성호사설星湖僿說》에서 왕의 덕이 손상되는 원인이 환관宦官과 궁첩宮妾에 있다고 보고, "환관은 독양獨陽이고 궁첩은 독음獨陰이니 어느 나라 말기든지 이들 무리가 많아졌다"[8]고 지적할 정도였다. 이렇듯 '후궁'에 대한 부정적 이미지는 거의 대부분 조선 후기의 후궁 인식을 바탕으로 그려진 것이며, 오늘날까지도 그 영향이 여전히 남아 있다.

조선시대 후궁이 그 당시는 물론 오늘날에 이르기까지 왜 이런 비난을 받았는가를 이해하고 이를 해소하기 위해서 조선왕실 내에서 그들이 어떤 역할을 하였는지를 구체적으로 살펴볼 필요가 있다.

후궁에 관한 연구가 구체적이고도 종합적으로 이루어지지 않다 보니 용어 사용이나, 후궁의 범위 설정도 미흡한 실정이다. 따라서 조선시대 후궁의 전체적인 모습과 구체적인 실체에 관한 연구가 반드시 필요하다고 본다. 후궁에 대한 기초적인 연구가 미흡한 현재로서는 이론적인 천착에 앞서 이에 관련된 구체적인 사실을 실증하는 작업이 우선되어야 할 것으로 생각된다.

2. 선행 연구 현황

근래에 왕실문화에 대한 관심이 고조되면서 국왕과 왕비를 중심으로 한 왕실가족 구성원에 대한 연구가 진척되었고,[9] 왕실구성원에

7 정용숙, 《高麗王室族內婚研究》, 새문社, 1988, 13~23쪽.

8 李瀷, 《星湖僿說》 권10, 〈人事門〉 〈宦官宮妾〉.

대한 교양서적 출간도 활발해졌다.[10] 그 가운데 최선경의 《왕을 낳은 후궁들》은 후궁을 다루고 있으나, 왕을 낳은 현덕왕후顯德王后 권씨權氏, 폐비 윤씨廢妃尹氏, 공빈 김씨恭嬪金氏, 희빈 장씨禧嬪張氏, 숙빈 최씨淑嬪崔氏, 영빈 이씨暎嬪李氏, 수빈 박씨綏嬪朴氏, 황귀비 엄씨皇貴妃嚴氏 등 특정 시기와 한정된 인물에 치중하여 서술되었다. 박영규의 《조선의 왕실과 외척》은 27명의 역대 왕들을 비롯하여 왕실구성원과 종친 및 외척에 이르기까지 왕실 특권층을 총망라하였으며, 《조선왕조실록朝鮮王朝實錄》, 《선원록璿源錄》, 《종친록宗親錄》 등의 사료를 토대로 가계도 등을 일목요연하게 조사하였다. 그러나 대상 인물의 범위가 넓고 모든 인물을 총체적으로 분석하다 보니, 후궁에 대한 내용이 매우 소략한 감이 있다.

태조부터 순종까지 조선왕실 친·인척 계보를 총정리한 지두환의

---

9 林惠蓮, 《19세기 垂簾聽政 硏究》, 숙명여자대학교 박사학위논문, 2008; 신채용, 〈영조대 탕평정국과 駙馬 간택〉, 《조선시대사학보》 51, 조선시대사학회, 2009; 최진옥外, 《장서각소장 왕실보첩자료와 왕실구성원》, 민속원, 2010; 강제훈, 〈朝鮮初期 宗親職制의 정비와 운영〉, 《한국사연구》 151, 한국사연구회, 2010; 김문식, 〈1823년 明溫公主의 가례 절차〉, 《조선시대사학보》 56, 2011; 김문식, 〈소현세자의 왕세자 교육〉, 《국학연구》 18, 한국국학진흥원, 2011; 윤혜민, 〈조선 전기 계비(繼妃) 선정의 변천과 의미〉, 건국대학교 석사학위논문, 2012.

10 지두환, 《조선의 왕실(태조~순종)대왕과 친인척》(시리즈), 역사문화, 1998~2008; 신명호, 《조선의 왕》, 가람기획, 1998; 신병주, 《66세의 영조 15세 신부를 맞이하다》, 효형출판, 2001; 김문식·김정호, 《조선의 왕세자 교육》, 김영사, 2003; 윤정란, 《조선의 왕비》, 이가출판사, 2003; 박영규, 《조선의 왕실과 외척》, 김영사, 2003; 최선혜 외, 《장희빈, 사극의 배반》, 소나무, 2004; 신명호, 《궁녀》, 시공사, 2004; 변원림, 《조선의 왕후》, 일지사, 2006; 최선경, 《왕을 낳은 후궁들》, 김영사, 2007; 신명호, 《조선왕비실록》, 역사의 아침, 2007; 임종웅, 《조선왕비열전》, 선영사, 2008; 신명호, 《조선공주실록》, 역사의 아침, 2009; 이수광, 《조선을 뒤흔든 16인의 왕후들》, 다산초당, 2009; 유승환, 《한권으로 읽는 조선 왕비 열전》, 글로북스, 2010; 김종성, 《왕의 여자》, 역사의 아침, 2011 등이 모두 이에 속한다.

《조선의 왕실 (태조~순종)대왕과 친인척》 시리즈는 인물 1000여 명을 조사한 결과물로, 각종 관찬자료는 물론 각 문중의 족보와 비문碑文까지 찾아서 왕실구성원의 기본 정보를 수록한 선구적인 성과물이다. 한편 신명호의 《궁녀》·《조선왕비실록》·《조선공주실록》에서는 후궁들을 왕비 또는 공주의 지위에 부수적인 인물로 간략하게 언급되고 있을 뿐이다.

후궁제도는 중국과 우리나라에서 특히 발달한 제도였다. 중국의 경우 후궁에 관한 연구가 어느 정도 진행되고 있으나,[11] 우리나라에서는 고려시대의 연구 성과에 비해[12] 조선시대 후궁 연구는 지금부터 시작이라 말할 수 있다. 지금까지 후궁 연구는 신분 그 자체에 대한 관심보다는 제도사나 다른 왕실구성원들과 연관해서 진행되었다. 김선곤金善坤은 주로 왕비를 중심으로 비빈들의 혼취婚娶, 그들에 대한 대우 등을 고찰하였고,[13] 김용숙金容淑은 한말 궁인들의 구

---

11 王霜·向斯, 《中國帝王宮庭生活》, 國際文化出版公司, 1992; 吳以寧·顧吉辰, 《中國後妃制度研究(唐宋卷)》, 華東理工大學出版社, 1995; 李福泉, 《古代帝王後宮探究》, 岳麓書社, 1997; 朱子彦, 《後宮制度研究》, 華東師范大學出版社, 1998; 朱子彦, 《帝國九重天-中國後宮制度變遷》, 中國人民大學, 2006; 西嶺雪, 《大淸後宮》, 時代文藝, 2007; 李寅, 《淸代後宮》, 遼寧民族, 2008; 向斯, 《帝王後宮生活實錄(上·下)》, 大衆文藝, 2010.

12 고려시대 후비에 관한 연구는 다음과 같은 연구 성과가 참고된다.
하현강, 〈高麗前期의 王室婚姻에 對하여〉, 《梨大史苑》 7, 이화여자대학교 사학회, 1968; 윤경자, 〈고려왕실의 혼인형태〉, 《숙대사론》 3, 숙명여자대학교 사학과, 1968; 정용숙, 《고려왕실족내혼연구》, 새문사, 1988; 김혜원, 〈麗元王室通婚의 成立과 特徵〉, 《梨大史苑》 25, 1989; 정용숙, 《고려시대의 후비》, 민음사, 1992; 이정란, 〈고려 후비에 관한 고찰〉, 고려대학교 석사학위논문, 1993; 이정란, 〈고려 후비의 호칭에 관한 고찰〉, 《典農史論》 2, 서울시립대학교 국사학과, 1996; 김기덕, 《고려시대 봉작제 연구》, 청년사, 1998; 김창현, 《高麗의 女性과 文化》, 신서원, 2007; 豊島悠果, 〈고려전기 后妃·女官 제도〉, 《한국중세사연구》 27, 한국중세사학회, 2009; 권순형, 〈고려시대 宮人의 職制와 생활〉, 《이화사학연구》 41, 이화여자대학교 이화사학연구소, 2010.

술을 통해 조선 후기 궁녀들의 생활상을 서술하였다.[14] 이영숙李英淑은 후궁을 직접 다루기보다는 태조대에서 성종대까지 《조선왕조실록》과 《경국대전》 등의 문헌을 토대로 제도사적인 측면에서 내명부를 연구했으며, 중국과 고려 이전의 내직內職 체계나 조선 초기의 제도가 정비되어 가는 과정 속에서 내명부의 구성과 기능을 고찰하였다.[15]

반면 박경은 고려에서 조선으로 넘어가는 시기에 왕의 혼인 형태가 일부일처의 형태로 바뀌고 왕비의 지위가 제도적으로 확보되는 과정과 그에 따른 후궁 봉작제와 왕자 봉작제의 변화 과정을 통해 조선 초기 왕실 가족 질서의 편제에 대하여 고찰하였다.[16]

최근 후궁을 주요 소재로 하는 관련 연구들이 다소나마 나오고 있어 주목된다. 한희숙은 성종대 폐비 윤씨의 폐출과 추숭 작업 등을 중심으로 한 연구들을 발표하였고,[17] 이영춘은 《무술점차일기戊戌苫次日記》를 중심으로 숙빈 최씨 상장례喪葬禮의 내용과 의례적 특성들을 살펴보고 영조의 정서적 일면을 고찰하였으며,[18] 이욱은 헌종대 경빈 김씨慶嬪金氏의 혼례를 중심으로 조선 후기 후궁 가례의 절차와 변화상을 살펴보았다.[19] 김지영은 왕실 여성들의 출산력 변화 추

13 金善坤, 〈李朝初期 妃嬪考〉, 《역사학보》 21, 역사학회, 1963.

14 金容淑, 〈李朝後記 內人生活研究〉, 《아세아여성연구》 3, 1964.

15 李英淑, 〈朝鮮初期 內命婦에 대하여〉, 《역사학보》 96, 1982.

16 박경, 〈조선 초기 왕실 가족 질서 정비의 특징〉, 《여성과 역사》 창간호, 한국여성사학회, 2004.

17 한희숙, 〈조선 초기 성종비 윤씨 폐비·폐출 논의 과정〉, 《한국인물사연구》 4, 2005; 한희숙, 〈구한말 순헌황귀비 엄비의 생애와 활동〉, 《아시아여성연구》 45, 숙명여자대학교 아시아여성연구소, 2006; 한희숙, 〈조선 성종대 폐비 윤씨 賜死事件〉, 《한국인물사연구》 6, 한국인물사연구소, 2006; 한희숙, 〈연산군대 폐비 윤씨 追封尊崇 과정과 甲子士禍〉, 《한국인물사연구》 10, 2008.

18 이영춘, 〈영조의 생모 숙빈 최씨의 喪葬禮-《戊戌苫次日記》를 중심으로-〉, 《조선시대사학보》 52, 2010.

이, 그리고 그 변화에 중요한 영향을 미친 사회문화적 요인을 고찰하였다.[20] 한편 사친私親[국왕을 낳은 후궁]의 추숭 과정과 관련된 궁원제宮園制의 연구들이 집중적으로 진행되었다.[21] 그 밖에 사당으로서의 육상궁毓祥宮과 선희궁宣禧宮에 초점을 맞추어 고찰한 연구도 있다.[22] 이상의 연구들은 관련 논문이 매우 적은 현실에서 괄목할 만한 선구적인 업적이다.

그럼에도 기존 연구 성과는 후궁에 대한 부분적인 이해에 머물러 있다. 이들 논문들은 후궁들을 중점적으로 조명한 것이 아니라 여타의 다른 주제를 다루면서 부차적으로 언급하고 있어 사실상 단독 주제로 한 연구는 거의 없다. 최근 필자는 후궁에 관한 일련의 논문을 발표하였는데,[23] 후궁 자체에 초점을 두었고, 시대별로 전체적인 조사와 연구를 진행하였다. 그러나 이 연구는 단편적이고 개괄적인 자료 설명에 치중하여 후궁에 대해 종합적으로 분석하지 못한 아쉬움이 남아 있다.

후궁에 관한 연구가 그동안 많은 성과를 거두지 못한 것은 여러 가지 요인이 있겠지만 두 가지 점을 지적할 수 있다. 우선 관계 자

---

19 이욱, 〈조선후기 後宮 嘉禮의 절차와 변천-慶嬪 金氏 嘉禮를 중심으로〉, 《藏書閣》 19, 한국학중앙연구원, 2008.

20 김지영, 〈조선시대 왕실 여성의 출산력-시대별 변화추이와 사회문화적 함의〉, 《정신문화연구》 권34 3호, 한국학중앙연구원, 2011.

21 鄭景嬉, 〈朝鮮後期 宮園制의 성립과 변천〉, 《서울학연구》 23, 2004; 이왕무, 〈영조의 私親宮·園 조성과 幸行〉, 《藏書閣》 15, 2006; 임민혁, 〈조선후기 영조의 孝悌 논리와 私親追崇〉, 《조선시대사학보》 39, 2006.

22 李賢珍, 〈영·정조대 육상궁의 조성과 운영〉, 《진단학보》 107, 진단학회, 2009; 심재우, 〈조선후기 宣禧宮의 연혁과 소속 '庄土'의 변화〉, 《조선시대사학보》 50, 2009.

23 이미선, 〈조선초기의 後宮-태조~성종연간 後宮의 신분적 지위를 중심으로-〉, 《사학연구》 93, 한국사학회, 2009; 이미선, 〈조선중기(연산군~현종) 後宮의 입궁과 사회적 위상〉, 《한국사연구》 154, 한국사연구회, 2011.

료가 절대적으로 부족하기 때문이다. 후궁에 관한 연구는《조선왕조실록》,《승정원일기承政院日記》 등 관찬 자료에서 발견되는 기사 내용과《연려실기술燃藜室記述》 및 비문 등 단편적인 자료에 의존할 수밖에 없다. 더군다나 대부분의 기록이 산발적으로 분산되어 있어서 그 내용을 수합하는 데에도 많은 시간이 소요된다. 후궁에 대한 자료도 체계적으로 정리되어 있지 않기 때문에 후궁을 이해하고 설명하는 데에 많은 한계가 있는 것이 사실이다.

다음으로 지적할 수 있는 것은 연구 주제의 편향성이다. 지금까지의 지배층 연구는 대부분이 관료층에 대한 연구였다. 물론 정치는 왕과 일반 관료층이 주도하였으므로 이들을 연구하는 것이 역사를 이해하는 데에 중요하다. 그러나 일반 관료층에 대한 연구만으로 그 시대의 역사상을 정확히 파악할 수 없다. 조선왕실의 온전한 이해를 위해서라도 왕실의 일원인 후궁에 대한 연구는 반드시 필요하다. 그동안 후궁들은 정치적 행동반경이 극히 제한되었을 뿐더러 왕자녀를 출산하고 왕가의 혈통을 계승시키는 것 이외의 활동을 찾아보기 어렵다는 인식 때문에 역사가의 관심을 끌지 못하였다.

조선시대 후궁의 전반적인 역사상에 대해서 아직 연구가 미흡한 상황에서 이 연구는 후궁의 실체를 역사적으로 탐구하는 일종의 기초연구인 셈이다. 역사는 국왕을 중심으로 한 소수 지배계층의 남성 등 어느 특권 계층 내지 신분의 전유물은 아니다. 사회의 구성 운영에서 여성이 차지하는 비중 역시 남성 못지않게 중요하고 의미가 있다.[24] 후궁도 왕실 안에서 국왕을 비롯한 왕실구성원들과 함께 어울려 연구될 때, 조선왕실 더 나아가서 조선시대의 전반적인 사회상을 포괄적으로 해석할 수 있다고 생각한다.

24 崔珍玉,〈朝鮮時代 社會에 관한 硏究成果〉,《朝鮮時代硏究史》, 한국정신문화연구원, 1999, 246쪽.

3. 연구 방법 및 이용 자료

이 책은 후궁제의 변화와 그 과정 속에서 이루어진 내명부제도의 정비 과정 및 내용을 통해 시대에 따라 나타나는 내명부 직제의 실제 운영과 제도 변화의 모습을 살펴보고, 왕실구성원으로서 후궁의 위치와 성격을 파악하려고 한다. 따라서 시대에 따른 변화를 탐구하기 위하여 조선시대 전 시기의 후궁 총 175명을 연구 대상으로 삼았다.

이 책은 후궁 봉작 운영의 실태에 따라 조선시대를 크게 세 시기로 구분하였다. 우선 제1기는 1428년(세종 10)에서 1517년(중종 12)까지로, 《경국대전》 내명부에 관한 규정의 토대가 마련된 이후부터 문정왕후文定王后가 최초로 외부에서 계비繼妃로 간선되기 이전까지를 말한다. 그러나 이 책에서는 편의상 태조대에서 1428년(세종 10)까지를 함께 서술하였다. 제2기는 1517년(중종 12)에서 1701년(숙종 27)까지이다. 이 시기는 1517년에 문정왕후가 외부에서 처음 계비로 선정된 이후부터 1701년 왕비위에 있던 희빈 장씨禧嬪張氏가 사사賜死된 시기까지를 가리킨다. 제3기는 영조 이후부터 순종 때까지로, 정치적 이해관계에 의한 간택 후궁 선발과 사친 후궁의 특별한 추숭이 이루어진 때이다.

위와 같은 시기 구분에 의거하여 이 책은 다음과 같은 내용으로 구성하였다. 제Ⅱ장에서는 후궁제의 기원과 용어를 검토한다. 후궁 봉작제의 근간을 이루는 1428년(세종 10) 후궁 법제의 제정과 《경국대전》 내명부 규정이 어떠한 과정을 거쳐 왜 시행되었는가를 살펴볼 것이다. 조선시대 시행된 내명부제에 영향을 미친 중국과 고려 이전의 내직內職을 개괄적으로 살펴보고, 조선 초기 내명부제도가 정비되어 가는 과정을 파악하여 후궁의 연원, 그 구성과 기능을 파악하고자 하였다. 제도에 대한 이해는 《경국대전》에서 후궁을 어떻게 규정하였으며, 그렇게 하여 만들어진 후궁제도가 어떻게 시행되었는가에 대한 연구를 뜻한다. 이러한 과정을 통해 조선 건국 후, 새로운 제도를 정비해 나가는 과정 중의 한 모습으로 왕실 가족 내에서 내명부의 위상을 어떻게 설정하려고 하였는지를 보여줄 수가 있다.

또한 역사적 개념으로서 후궁과 관련된 용어들을 정리하고, 후궁의 범위를 설정할 것이다. 《조선왕조실록》에 등장하는 후궁 관련 용어는 궁녀宮女와 궁인宮人을 비롯하여 궁첩宮妾, 궁빈宮嬪, 궁주宮主, 옹주翁主, 빈궁嬪宮, 나인〔內人〕, 잉첩(媵妾, 媵屬), 빈잉嬪媵, 여관女官, 시녀侍女, 제원娣媛, 빈원嬪媛, 후정後庭 등 매우 다양하다. 이들 용어 간의 비교를 통하여 조선시대 후궁에 대한 기본 개념을 정립하고자 한다. 이를 통해 조선시대 후궁의 범위를 규정하되, 입궁 경로에 따라 총 175명의 후궁들을 '간택 후궁揀擇後宮'과 '비간택 후궁非揀擇後宮'으로 분류하여 정리한다.

제Ⅲ장(태조~성종), Ⅳ장(중종~숙종), Ⅴ장(영조~고종)에서는 후궁제도 운영의 시기별 변화상과 그 특징을 살펴보고자 한다. 우선 내명부 직제가 어떤 형태로 변화되었는지를 살핀다. 《경국대전》 편찬 이후 각 시기마다 후궁들의 봉작제도가 동일한 원칙 아래에서 운영되었는지, 혹은 바뀌었는지 그 실태를 살펴보고, 봉작체제의 운영상 차이점은 무엇이며 변화된 원인이 어디에 있는지도 자세히 규명한다. 이는 《경국대전》 법제 이후에 간택 후궁과 비간택 후궁의 운영에서 상호 영향 관계와 그것이 실제로 내명부 직제 봉작 운영에 어떻게 적용되어 변화되었는지를 살펴보기 위한 것이다.

위에서 제시된 기본적인 전제 아래에서 제Ⅲ장에서는 태조 이후부터 《경국대전》이 제정된 시기까지를 다룬다. 다만 1428년(세종 10) 법 개정 이후부터 1517년(중종 12) 문정왕후가 중종의 계비로 간선되기 이전까지의 변화상에 중점을 두고자 한다. 간택 후궁이 숙의淑

儀 봉작으로 정착하게 된 역사적 배경과 간택된 숙의에 의한 왕비 계승의 실제를 서술한다. 명망 있는 가문 출신의 간택 후궁이 왕비로 승격되었기 때문에 그들의 가문 배경을 알아볼 필요가 있다. 반면 궁인에서 궁관, 내관직을 제수받은 비간택 후궁의 다양한 신분을 제시하고, 비간택 후궁의 직위가 당대에는 숙의의 승봉에 한정되는 사실을 살펴본다. 이로써 간택 후궁과 비간택 후궁의 실질적인 구분과 차등적 양상을 검토하고자 한다.

제Ⅳ장에서는 1517년(중종 12)에서 1701년(숙종 27)까지를 다룬다. 1517년 문정왕후의 왕비 간택 이후에 후궁 간택과 왕비 간택이 구분되어 실시하게 된 역사적 배경을 살펴보고 왕비예비자의 역할이 소멸되면서 간택 후궁의 가문 격하에 어떤 영향을 미쳤는지를 구명한다. 이때 내직제 운영 면에서 간택 후궁이 현왕 대에 종2품 숙의에서 정1품으로 승격되는 사례를 확인한 다음, 비간택 후궁과 비교해서 검토한다. 또한 왕실과 밀접하게 연결된 주변 인물을 통해 간택 후궁으로 선발된 경위를 밝히고 이들의 가문 배경을 살펴보고자 한다.

이 시기 비간택 후궁은 출신 신분과 입궁 배경이 다양해지면서 정치에 적극적으로 참여하여 여러 가지 갈등을 야기시켰다. 특히 이들은 왕실 혹은 집권 정치세력과 긴밀하게 연계된 여성들이었는데, 이들을 중심으로 정치에 개입하는 몇 사례를 검토한다. 이러한 후궁의 정치 개입이 왕비와 심각한 갈등을 불러일으켜 1701년(숙종 27) 후궁이 정비로 승격할 수 없도록 국법으로 금지하게 된 역사적 사건을 밀도 있게 다루고자 한다.

제Ⅴ장에서는 1701년(숙종 27) 장희빈 사사 이후부터 19세기까지로, 비간택 후궁의 직위 상향에 대한 보완 방식으로서 빈嬪 간택의 양상을 검토한다. 유력한 가문을 배경으로 뽑힌 빈 간택 후궁과 그 친정 가문의 정치 세력화 양상에 대해 분석해 본다. 반면 비간택 후궁은 국왕의 승은을 받기 전, 대부분 궁인 출신이었으므로, 그들의 신분을 알기 위해 궁인 선출 자격 요건을 알아본다. 이때 궁인 선발 대상이 내수사內需司 노비로 한정하는 《속대전續大典》 법 조항의 제정을 살펴본 다음, 궁인 출신 후궁의 신분과 관련 여부를 검토하고 현실적으로 궁인 출신 후궁이 증가되고 있는 현상을 살펴본다.

내명부 직제에서 간택 후궁의 초직이 상향되고 비간택 후궁의 승봉이 상향되고 있는 여러 가지 사례를 제시하여 이들의 직위 상승 과정을 분석한다. 특히 현왕 후궁들의 지위가 상향 조정되면서 선왕의 후궁을 예우하기 위해 적용되었던 1품직이 선왕 후궁을 높여주는 직제에 영향을 미치게 되었음을 다루고자 한다. 이로써 영조 이후에 선왕 후궁 및 私親의 존숭을 위해 마련된 궁원제도宮園制度를 내명부 직의 상향 제수 경향에 따른 제도적 보완책의 시각에서 조명해 본다.

끝으로 후궁을 연구하기 위한 주된 자료로 《고려사高麗史》·《조선왕조실록》·《승정원일기》·《증보문헌비고增補文獻備考》 및 《경국대전》 등 각종 법전류를 참고로 한다. 또한 조선시대 대표적인 궁중문학인 《계축일기癸丑日記》·《인현왕후전仁顯王后傳》·《한중록閑中錄》 및 문헌에 남아 있는 제문祭文, 비문碑文 등을 참고하였다.[25] 이 자료들은 편찬자

25 祭文·碑文 등에 관한 자료는 다음과 같다. 《淑嬪崔氏資料集》 1~5, 2010; 金鑢, 《藫庭遺藁》 권9, 〈丹良稗史〉, 〈韓淑媛[保香]傳〉; 金壽增, 《谷雲集》 권6, 〈雜文〉〔寧嬪金氏〕; 金祖淳, 《楓皐集》 권9, 〈應製文〉 〈徽慶園綏嬪朴氏誌文〉; 南九萬, 《樂泉集》 권14, 〈應製錄〉 〈昌嬪墓誌銘〉; 宋寅, 《頤庵遺稿》 권3, 〈文集〉 1 〈熙嬪洪氏墓誌銘〉; 申欽, 《象村稿》 권27, 〈墓誌銘〉 〈淑儀李氏墓誌銘并序〉·〈仁嬪金氏神道碑銘并序〉; 申晸, 《汾厓遺稿》 권10, 〈碑銘〉 〈昌嬪安氏神道碑銘并序〉; 李景奭, 《白軒集》 권44, 〈文稿〉 〈貞嬪洪氏神道碑銘〉; 李健, 《葵窓遺稿》 권12, 〈行狀〉 〈眞祖母靜嬪閔氏行狀〉; 李宜顯, 《陶谷集》 권19 〈寧嬪安東金氏墓表〉; 李珥, 《栗谷全書》 권18, 〈行狀〉 〈貴人鄭氏行狀〉; 張維, 《谿谷集》 권13, 〈碣銘〉 〈仁嬪金氏神道碑銘并書〉; 鄭士龍, 《湖陰雜稿》 권7, 〈碑碣〉 〈昌嬪安氏墓碣銘并序〉; 崔岦, 《簡易集》 권2, 〈墓誌銘并書〉 〈貴人韓氏墓誌銘〉·〈貴人鄭氏墓誌銘〉; 許穆, 《記言》 권19,

의 주관적 입장이 반영된 문제점을 안고 있지만, 후궁에 대한 기초적인 자료가 거의 없는 상황에서 우선적으로 검토하여야 할 자료임에는 틀림없다. 전근대 사료의 대부분이 남성 중심의 역사서술로 인해 여성 관계 내용은 간략하게 기술되어 있다. 이러한 사료상의 제약을 고려해 본다면, 이들 자료는 조선시대 후궁을 이해하는 1차 자료가 될 것이다.

또한 후궁 집안의 가격家格을 알기 위해서는 관련 사료가 부족하기 때문에 어려움이 많다. 이 문제는 왕실 관련 족보류인 《선원보략璿源譜略》·《선원계보기략璿源系譜紀略》과 각 가문의 족보 자료를 활용하여 보완한다. 《선원계보기략》은 1679년(숙종 5)부터 1932년까지 약 114회에 걸쳐 왕과 왕실구성원들의 정보에 변동이 생겼을 때마다 일정하게 추기追記된 자료이다.[26] 따라서 여기에는 왕족의 계통 및

〈丘墓〉 3 〈靜嬪閔氏墓誌〉; 〈淑嬪崔氏墓誌〉(藏 K2-3942); 〈淑嬪崔氏碑〉(藏 K2-3943); 〈淑嬪崔氏神道碑銘〉(藏 K2-3944); 〈淑嬪崔氏昭寧墓碣〉(藏 K2-5266); 〈靖嬪含城李氏墓誌〉(藏 K2-3990); 〈暎嬪行狀〉(藏 MF35-004667); 〈昭訓李氏祭文〉(고문서 2784(한문)/고문서 2786(한글); 〈昭訓李氏祭文〉(고문서 2785(한문)/고문서 2787(한글); 〈御製宜嬪墓誌銘〉(藏 K2-5102); 〈御製宜嬪墓表〉(藏 K2-5102); 〈御製元嬪洪氏行狀〉(藏 K2-663〉; 〈和嬪墓誌〉·〈和嬪墓表〉(고려대학교 소장 만송 B12 A579); 《和嬪南原尹氏言行錄》(고려대학교 소장 만송 B12 A545); 〈慶嬪金氏墓碑文〉(藏 K2-3888)·〈慶嬪金氏墓碑〉(藏 K2-3889)·〈慶嬪金氏墓誌文〉(藏 K2-3890); 《徽慶園誌文》(藏 K2-4020). 그 외에 후궁묘 가운데에는 비문이 있거나 묘지명이 남아 있다. 예컨대, 淑儀尹氏(정종), 愼嬪金氏(세종), 貴人金氏(숙종), 貴人趙氏(영조), 綏嬪朴氏(정조), 慶嬪金氏(헌종), 淑儀范氏(철종) 등이다. 한편 정조가 쓴 昌嬪安氏의 致祭文과 告由文, 恭嬪金氏의 卒記, 蔡濟恭이 讚한 元嬪洪氏의 册文, 그리고 〈淑儀文氏墓誌〉(문종, 인천광역시 시립박물관 소장), 〈昭儀申氏墓誌〉(명종, 영남대학교 박물관 소장), 〈淑儀尹氏墓誌〉(연산군, 이화여자대학교 박물관 소장), 〈淑儀鄭氏墓誌〉(선조, 이화여자대학교 박물관 소장), 〈貴人金氏墓誌〉(숙종, 경희대학교 박물관 소장), 〈御製暎嬪李氏墓誌〉(영조, 국립중앙박물관 소장·연세대학교 박물관 소장), 〈淑儀范氏墓誌〉(철종, 경희대학교 박물관 소장) 등이 있다.

26 이미선, 〈조선왕실보첩류 활용을 위한 기록물 현황조사-장서각 소장 《璿

왕과 그의 구족九族 등이 모두 수록되었다. 각 가문의 족보를 이용할 경우에는 가문별 인물계보 파악에 중점을 두었다.

이상의 연구 범위와 방법론을 가지고 필자는 박사학위논문을 집필하였다.[27] 이 논문을 근간으로 일반인과 연구자를 위한 책을 간행하고자 하니 그동안 시간이 제법 흘러 조선시대 후궁에 대한 타 연구자들의 연구 성과 및 중요한 자료집이 많이 나왔다. 필자 역시 박사학위논문 이후 후궁에 관한 기초자료에 대한 보강 작업을 계속할 수 있었고,[28] 조선시대 후궁 연구에 대한 더욱 큰 그림을 그릴 수 있게 되었다.

2012년 박사학위논문 이후에 발표된 조선시대 후궁에 대한 연구 성과물을 정리하면 다음과 같다. 한국학중앙연구원 장서각에서는 《숙빈최씨자료집淑嬪崔氏資料集》, 《영조비빈자료집英祖妃嬪資料集》, 《숙종대왕자료집肅宗大王資料集》, 《정조대왕자료집正祖大王資料集》을 잇달아 간행하였는데,[29] 소장 자료를 조사 수집하여 재정리하였다는 점에서 의미가 있다고 생각한다. 더불어 이 자료집에서 왕실여성의 삶과 연관된 중요한 논문들이 발표되었다.[30] 최근에는 필자를 비롯한 왕실

源系譜紀略》을 중심으로-〉, 《국학연구》 13, 2008, 228~229쪽.

27 이미선, 〈조선시대 後宮 연구〉, 한국학중앙연구원 한국학대학원 박사학위논문, 2012.

28 이미선, 〈조선시대 後宮의 용어와 범주에 대한 재검토〉, 《조선시대사학보》 72, 2015.

29 한국학중앙연구원 출판부, 《淑嬪崔氏資料集》 1~5, 2009~2010; 한국학중앙연구원 출판부, 《英祖妃嬪資料集》 1~2, 2011; 한국학중앙연구원 출판부, 《肅宗大王資料集》 1~4, 2014~2015; 한국학중앙연구원 출판부, 《正祖大王資料集》 1~3, 2017·2019.

30 정만조, 〈효의왕후 생애를 통해 본 정조 비빈들의 삶〉, 《正祖大王資料集》 2, 2019, 803~824쪽; 정만조, 〈숙종대 정국동향과 왕실여성의 위상〉, 《肅宗大王資料集》 2, 2015, 493~517쪽; 임혜련, 〈숙종왕비의 위상과 정치적 역할〉, 《肅宗大王資料集》 2, 2015, 518~836쪽; 정해은, 〈숙종비빈 관련 자료의

분야 연구자들이 관련 의례 자료가 남아 있거나,[31] 정치적인 사건과 관련된 후궁들에 대한 연구 논문들을 발표하였다.[32] 이처럼 후궁 개인 인물은 물론 주제별로 다양한 연구를 진행시키는 등 새로운 성과를 내고 있다. 이 책에 이들의 연구 성과를 함께 담아내고자 한다.

내용과 특징〉, 《肅宗大王資料集》 2, 2015, 537~552쪽; 정해은, 〈영조 비빈관련 자료의 내용과 특징〉, 《英祖妃嬪資料集》 1, 2011, 5~25쪽; 박광용, 〈영조조 비빈의 역할과 정치적 의미〉, 《英祖妃嬪資料集》 1, 2011, 27~42쪽; 심재우, 〈육상궁, 선희궁, 경우궁의 조성과 궁방전〉, 《英祖妃嬪資料集》 1, 2011, 48~63쪽.

31 이미선, 〈헌종의 후궁 慶嬪金氏의 생애와 가례-《慶嬪嘉禮時嘉禮廳謄錄》을 중심으로-〉, 《지역과 역사》 44, 2019; 이미선, 〈정조의 후궁 元嬪洪氏의 생애와 상장례-《淑昌宮喪草日記》를 중심으로-〉, 《한국학논총》 51, 국민대학교 한국학연구소, 2019; 이현진, 〈조선후기 綏嬪朴氏의 喪葬 의례와 성격〉, 《조선시대사학보》 76, 2016; 임민혁, 〈조선후기 후궁의 嘉禮와 禮制〉, 《역사와 담론》 64, 호서사학회, 2012a; 임민혁, 〈조선시대 후궁 淑儀의 간택과 그 지위〉, 《역사와 실학》 48, 역사실학회, 2012b.

32 이미선, 〈중종 후궁 熙嬪洪氏의 생애와 행보-기묘사화를 중심으로-〉, 《여성과 역사》 26, 2017; 임혜련, 〈정조~순조대 綏嬪朴氏의 역할과 위상〉, 《한국인물사연구》 26, 2016; 이미선, 〈영조 후궁 暎嬪李氏의 생애와 위상-壬午大處分을 중심으로-〉, 《역사와 담론》 76, 2015; 이근호, 〈숙종~경종대 寧嬪金氏의 정치적 역할과 위상〉, 《한국학논총》 37, 2012.

제Ⅱ장

내명부內命婦 직제의 확립과 후궁 현황

1. 후궁제의 연원과 개념

1) 후궁의 연원

(1) 중국의 후궁제

중국 전통사회에서 황제皇帝는 천명을 받은 초월적 존재였다. 《시경詩經》의 〈소아小雅〉 북산北山 편에 나오는 '넓은 하늘 아래에 왕의 땅 아닌 곳이 없고 땅에서 해빈海濱까지 왕의 신하 아닌 자가 없다〔博天之下 莫非王土 率土之濱 莫非王臣〕'는 말은 나라 안의 모든 땅과 백성들이 모두 왕의 땅과 신하라는 이념을 표현하고 있다. 이 때문에 황제들은 절대권력을 빙자하여 황후皇后는 물론 수많은 후궁들을 맞아들일 수 있었다. 후궁은 명목상 황제의 적처嫡妻인 황후 외의 여러 부인들로 지칭되었고, 황제에게 잠자리, 즉 시침侍寢을 위해 존재하는 여성이었다. 이것을 소행召幸, 행행行幸, 승행承幸이라 불렀는데, 황제의 은총〔幸〕을 받게 되었다는 의미였다.[1] 그런 만큼 후궁은 중국의 정치체제와 황제권의 성격을 잘 반영하는 존재이다.

황후도 황제에 비견되는 존재였다. 황제는 '군부君父'로, 황후는 '국모國母'라고 칭했다. 본래 '후后'라는 글자는 안사고顔師古의 주석에 '후역군야后亦君也'[2]라고 했듯이 '군주'를 지칭하였다. 갑골문에서

---

1 명대의 경우 황제의 소행 관련 업무를 담당하는 부서를 文書房이라 불렀으며, 청대에는 이러한 황제의 성생활을 관장하는 전문기구를 敬事房이라 불렀다. 이곳에서는 역대 왕조와 마찬가지로 황제의 성생활 내력이 기록된 상세한 문서가 작성되어 보관되었다. 그 문서는 承幸簿라 일컬어진바, 이 승행부는 최고의 기밀문서 가운데 하나로 취급되어 오직 황제와 그 모친인 황태후만이 열람할 수 있었다(이근명, 〈중국 황제의 연인들-후궁과 후궁제도〉, 《역사문화연구》 19, 한국외국어대학교 역사문화연구소, 2003, 141~143쪽).

도 상商나라의 군주에 대한 칭호로 왕王과 후后를 함께 사용하였다.[3] '후'라는 용어는 서주西周에 이르러서야 비로소 제왕의 정처正妻를 뜻하게 되었다. 《예기禮記》〈곡례曲禮〉에 따르면, "천자天子의 비妃를 '후'라 이른다"[4]고 하였는데, 본래 '비妃(fēi)'는 배우자를 가리키고, 고음古音에 '배配(pèi)'로 읽었다. 후로 칭한 이유에 대해서 정현鄭玄에 따르면, 후后는 후後[5]로서 그 지위가 장부丈夫인 남편의 뒤에 있음을 뜻하는 것이라 하였고,[6] 《백호통의白虎通儀》〈혼취嫁娶〉에는 후가 군주와 동등하고 지위가 존귀하기 때문이라고 하였다.[7] 안사고는 하늘이 황천皇天을, 땅은 후토后土를 가리켜 천자의 비를 후라 한다고 설명하였다.[8] 이 때문에 황후는 그 고유한 의미를 갖게 되었고, 중국 전통왕조에서 황제와 함께 천지의 음陰과 양陽에 대응되는 존재로서

---

2 《漢書》 권97 上, 〈外戚傳〉 제67. "漢興 因秦之稱號 帝母稱皇太后 祖母稱太皇太后 適稱皇后 顏師古日 適讀日嫡 后亦君也 天日皇天 地日后土 故天子之妃 以后爲稱 取象二儀 妾皆稱夫人."

3 朱子彦, 《後宮制度硏究》, 華東師範大學出版社, 1998, 1~2쪽. 이후 중국의 비빈 제도는 이를 참조하여 서술되었음을 미리 밝힌다.

4 《禮記正義》 권5, 〈曲禮〉 下(《十三經注疏》, 中華書局, 1996, 1267쪽). "天子之妃日后 諸侯日夫 大夫日孺人 士日夫人 庶人日妻."

5 《说文解字》〈彳部〉. "後迟也 从彳幺夊者 後也"를 살펴보면, '彳(chì)'는 길을 걸어가는 것과 관계가 있고, '幺'는 옛날의 "玄"자로 '묶어 매다'를 뜻한다. 즉 발을 동여매니 당연히 뒤에 떨어져 전진할 수 없다. 또한 '夊'는 '止'의 변체이므로, '止'의 反字로, 바로 '行'이다. 따라서 '後'의 본뜻이 '뒤에서 걸어가다', '뒤떨어지다'임을 볼 수 있다. 이후에 '后'와 '後'는 명확하게 구분되었다. 현대에 '後'는 간체화되어 '后'가 되었다.

6 《後漢書》 권10 上, 〈皇后妃〉. "周禮王者立后 … 鄭玄注 禮記日 后之言後 言在夫之后也."

7 《白虎通儀》 下, 〈嫁娶〉. "天子之妃 謂之后 何 后君也 天下尊之 故謂之后."

8 《漢書》 권97 上, 〈外戚傳〉.
顏師古注에 "天日皇天 地日后土 故天子之妃 以后爲稱 取象二儀"라 하였다. 二儀가 가리키는 것은 곧 天과 地, 陰과 陽이다.

자리매김되어 왔다

황후가 황제의 정처이자 일월 같은 존재 또는 천하의 어머니로서 설명된다면,[9] 후궁은 황후와 비교될 수 없는 존재였다. 예컨대 《석명釋名》에서 "천자의 첩에는 빈嬪이 있는데, 빈은 빈(賓, 손님)이고, 여러 첩은 빈賓을 공경한다. 첩은 접接으로 교접함인데, 접을 천한 것으로 여겼다."[10]고 한 데서 알 수 있다. 이처럼 중국 고대에는 황후 외에 황제에게 잠자리를 제공하는 후궁인 빈어들이 있었고, 이러한 황실의 규정을 빈어제도嬪御制度라 불렀다.[11]

고대 중국에서 빈어가 제도화되면서 황제의 잠자리 시중을 드는 여성들의 이름과 호를 정해야 했다. 고대 국가 하夏나라, 은(殷, 商)나라의 빈어제도를 유추해 볼 수 있는 문헌은 그리 많지 않다. 더구나 그 문헌의 기록이 비교적 소략하여 상고하기조차 쉽지 않다.[12] 《통전通典》에 따르면, 천자가 12녀女를 취娶하는 것은 하나라의 제도이고, 은나라에는 그 수가 39명이다"[13]라고 한 사실에서 그들의 존재 유무를 가늠할 수 있을 뿐이다. 상나라 갑골문자 중에도 비, 빈, 첩의 칭호와 그에 따른 지위가 구별되었다.[14] 실제로 《사기史記》 〈은본기殷本記〉에, 주왕紂王의 이복형이자 제을帝乙의 장자長子 미자계微子

9 《禮記》 下, 〈昏義〉(李相玉譯, 明文堂, 2003, 1537쪽). "天子之與后 猶日之與月 陰之與陽 相須而後成者也 天子修男教 父道也 后修女順 母道也 故曰天子與后 猶父之與母."

10 《釋名》. "天子妾有嬪 嬪賓也 諸妾中見賓敬也 妾接也 以賤見接幸也."

11 시앙쓰 지음·강성애 옮김, 《황궁의 성: 치정과 암투가 빚어낸 밤의 중국사》, 미다스북스, 2009, 76쪽.

12 《後漢書》 권10 上, 〈皇后紀序〉. "夏殷以上 后妃之制 其文略矣."

13 《通典》 권34, 〈職官〉 16. "春秋說云 天子娶十二女 卽夏制也 以虞夏及周制差之 則殷人又增以三九二十七 合三十九人."

14 李孝定 編述, 《甲骨文字集解》 1~12, 中央研究院歷史語言研究所, 1930, 1859·3663·765쪽.

啓가 "모친이 미천하여 계사繼嗣할 수 없다"라든지 "소자小子 신辛은 신의 모친이 정후正后이므로 신이 계사하였다"[15]라는 데에서 처첩들의 칭호와 지위가 명확하게 구별되고, 모친의 신분 지위에 따라 왕위계승이 결정되었음을 알 수 있다.

빈어제도의 기원이 적혀 있는 자료로 가장 오래된 것은《주례》와《예기》이다. 두 자료는 하나라와 상나라의 문헌에 비해 그에 대한 기록이 비교적 자세하다. 주나라 주공이 지었다고 전해지는《주례》에서는, 제왕은 오직 1명의 정처를 후后로 삼고, 그 외에 부인夫人 셋, 빈嬪 아홉, 세부世婦 스물일곱, 어처御妻 여든한 명을 두었다고 규정하고 있다. 이것은 중국 역사상 현존하는 최초의 빈어제도로 알려지고 있다.

《주례》의 〈천관총재天官冢宰〉에 따르면, 3부인에겐 각 81명의 여어女御가, 9빈에겐 각 9명, 27세부에겐 각 3명의 여어가 배치되었다. 이때 부인이 남편에 대해서는 3공公이 왕에 대해서와 같아서 앉아서 아내의 예를 논하고, 9빈은 부학婦學의 법규를 관장하여 구어九御에게 부덕婦德 등을 가르쳐서 그 소속 비빈을 거느리며 때때로 임금의 처소에 나아가 시중들게 하였다. 세부는 제사, 빈객, 상기喪紀의 일을 관장하여 여관女官을 거느리고 제기를 닦으며 제사에 쓰는 기장을 담는 일을 하였는데,《후한서後漢書》에 따르면 부婦는 복(服, 복종하다)을 뜻하는 것으로써, 27대부에 비교되었다.[16] 여어는 임금의 연침 모시는 것을 담당하여 때마다 공사功事를 바쳤는데,《후한서》에

15 사마천 지음·김영수 옮김,《완역사기 본기》1, 알마, 2010, 333쪽.

16 夫人之于后 猶三公之于王 坐而論婦禮也(《後漢書》 권10 上,〈后妃紀序〉); 九嬪掌婦學之法 以敎九御婦德婦言婦容婦功 各帥其屬 而以時御 叙以王所 凡祭祀贊玉齍 贊后薦徹豆籩 若有賓客 則從后 大喪帥敍哭者 亦如之 … 世婦掌祭祀賓客喪紀之事 帥女官 而濯槪爲齍盛 及祭之日 莅際女宮之具 凡內羞之物 掌弔臨于卿大夫之喪(池載熙·李俊寧 解譯,《주례》, 자유문고, 2002, 103~104쪽); 婦服也 明其能服事于人也 比二十七大夫(《後漢書》 권10 上,〈后妃紀序〉).

어御가 임금에게 나아가는 것이 81원사元士에 비교되었다.[17]

춘추전국시대 공자孔子와 그 후학들이 집필한 《예기》〈곡례편曲禮篇〉 혼의婚義에는, 천자는 황후 이외에 부인·세부·처·첩 등을 둔다고 하였고, "천자의 후后는 궁 여섯, 부인 셋, 빈 아홉, 세부 스물일곱, 어처 여든한 명을 세워서 천하의 내치內治를 맡는다"고 하였다.[18] 3부인 위에 6궁이 더해진 것이다. 이로써 본다면 천자는 정식 부인 황후를 포함한 121명의 여성을 거느릴 수 있도록 제도적으로 갖추어져 있었고 이들 여성들은 외조의 관직과 대등하였음을 알 수 있다. 그러나 고대에 이러한 제도가 실현된 기록은 존재하지 않는다.[19]

진秦나라가 춘추전국시대를 통일한 이후, 중앙 집권적 통일왕조를 건립한 진시황秦始皇은 황태후를 비롯하여 황후, 부인, 양인良人, 팔자八子, 칠자七子, 장사長使, 소사少使 등을 거느렸다. 안사고가 주석에서, "천자의 비는 후后로써 명칭을 삼는다" "팔八, 칠七은 녹질祿秩의 차이이다. 장사, 소사는 일을 맡는 자이다."라고 한 사실에서 알 수 있듯이 부인 이하는 첩이었다. 진나라 빈어체제는 규모만을 겨우 갖추었을 뿐, 등급과 품계가 단순하고 뚜렷한 기준이 없어 적·첩을 정확히 구분할 수 없었다.

한漢나라를 건국한 유방劉邦은 주나라의 제도를 계승하여 황후 1

17 女御掌御敍于王之燕寢 以歲時獻功事 凡祭祀贊世婦 大喪掌沐浴 后之喪持翣 從世婦 而弔于卿大夫之喪(池載熙·李俊寧 解譯, 위의 책, 2002, 105쪽); 御謂進御于王也 比八十二元士(《後漢書》 권10 上, 〈后妃紀序〉).

18 《禮記》 上, 〈曲禮〉 下(李相玉譯, 明文堂, 2003, 159쪽). "天子有后 有夫人 有世婦 有嬪 有妻 有妾."
《禮記》 下, 〈昏義〉(李相玉譯, 明文堂, 2003, 1537쪽). "古者天子后立六宮 三夫人九嬪二十七世婦八十一御妻 以廳天下之內治 以明章婦順."
《周禮注疏》 권1, 〈天官冢宰〉(《十三經注疏》, 中華書局, 1996, 642쪽). "古者天子后立六宮 三夫人九嬪二十七世婦八十一御妻 以廳天下之內治 以明章婦順 故天下內和而家理也."

19 《史記》 〈本紀〉.

인을 두었다. 후궁의 작호와 위계는 달리 정하지 않고 부인, 미인美人 등의 호칭을 사용하였으며 다만 이들 간에 서열을 두었다.

전한前漢시대에 주목되는 점은, 황제의 생모를 황후로 삼는 것이 정식으로 제도화되었다는 사실이다. 즉, 황제의 생모는 황태후皇太后이고, 조모는 태황태후太皇太后이며 황제의 적처를 황후, 첩들은 부인이라 칭했다. 이처럼 황제의 적실과 생모, 그리고 조모는 옛 제도 그대로 왕후라 규정했지만, 후한後漢시대에 이르러 비妃로 바뀌었다. 태자의 적실은 태자비로 봉하였다. 이 제도는 중국의 황실이 사라질 때까지 대체적으로 그대로 답습되었다. 이것을 제외한 미인, 팔자, 칠자, 양인, 장사, 소사는 따로 두었다.[20]

무제武帝 때에 이르러 황후 아래 여관직인 첩여婕妤, 형아娙娥, 용화傛華, 충의充依를 증설하였다. 이후 원제元帝는 마첩여馮婕伃와 부첩여傅婕伃 2명만을 총애하였으나, 황후를 폐출하지 못했으므로 소의昭儀가 추가되어 황후와 첩여의 사이에 놓았다. 이후 후비제도는 황후 1인 아래 빈어 14등급으로 나뉘었다.

후한을 건국한 광무제 유수劉秀는 전한의 제도를 계승하였다. 그러나 14등급으로 세분했던 빈어의 작위를 대폭 축소하여 황후 이외에 귀인貴人, 미인, 궁인宮人, 채녀采女 4등급만을 두었다. 이들은 작위와 녹봉이 없고 특별할 때에만 충당될 뿐이었다.[21] 그러나 광무제만 후궁의 규모를 줄였을 뿐, 화제和帝 이후에는 여전히 그 수가 늘어났다.

비빈제도는 위진魏晉 시기에도 약간의 변화가 나타났다. 위나라를 세운 조조曹操는 왕후 아래에 부인, 소의, 첩여, 용화, 미인을 두었

---

20 《漢書》 권97 上, 〈外戚傳〉 제67. "漢興 因秦之稱號 帝母稱皇太后 祖母稱太皇太后 適稱皇后 妾皆稱夫人 又有美人·良人·八子·七子·長使·少使之號焉."

21 《東漢會要》 권2, 〈內職〉. "又置美人宮人采女三等 並無爵秩."

고, 그 아들 문제文帝 조비曹丕는 귀빈貴嬪, 숙원淑媛, 수용修容, 순성順成, 양인良人을 증설하였다. 명제明帝 조예曹叡는 순성을 없앤 대신 숙비淑妃, 소화昭華, 수의修儀를 증설하였다. 이처럼 위나라는 황후 아래에 12등급을 두었다.[22]

서진西晉의 경우에도 한나라와 위나라의 빈어제도를 따랐다. 무제武帝는 황후와 함께 귀빈, 부인, 귀인 등 3부인을 설치하였고, 이들의 지위를 삼공三公에 비준하였다. 숙비, 숙원, 숙의淑儀, 수화修華, 수용, 수의, 첩여, 용화, 충화充華 9빈은 그 지위를 9경卿에 비준하였으며, 미인, 재인, 중재인中才人 등을 두어 27세부, 81어처로 삼았다.

동진東晉은 서진의 빈어체제를 계승하여 명칭을 바꾸었을 뿐이다. 즉, 부인을 없앤 대신 귀비貴妃를 증설하였고, 수화, 수의, 수용 대신 소화, 소의, 소용昭容으로 호칭을 바꾸었다.

한편 북위北魏를 건국한 태조 도무제道武帝 때에는 도무황후道武皇后와 선목황후宣穆皇后 외에, 후궁 모두가 부인의 작호만을 사용한 것으로 미뤄 후궁의 작위가 특별히 정해지지 않았던 것으로 보인다. 3대 세조 태무제太武帝 때에 이르러 비로소 소의, 귀인, 초방椒房이 새롭게 등장하는데, 소의를 좌소의左昭儀와 우소의右昭儀로 나눈 것이 주목된다. 이후 6대 효문제孝文帝 때 한나라의 제도를 따라 빈어의 작위 역시 《주례》의 형태로 개정되었다. 황후 아래 서열인 좌소의와 우소의를 둔 것만 제외하고 그 아래로 부인 셋, 빈 아홉, 세부 스물일곱, 여든하나의 어처를 둔 것이다.[23]

송나라 명제明帝도 9빈 외에 아구빈亞九嬪을 증설하였고, 첩여, 용화, 충화, 승휘承徽, 열영列榮 5직職과 미인, 재인, 양인 3직職을 증설

22 《三國志》 권5, 〈后妃傳〉. "魏因漢法 母后之號 皆如舊制 自夫人以下 世有增損 太祖建國 始命王后 其下五等 有夫人 有昭儀 有婕妤 有容華 有美人 文帝增貴嬪·淑媛·脩容·順成·良人 明帝增淑妃·昭華·脩儀."

23 朱子彦, 앞의 책, 1998, 55쪽.

하였다. 다만 정원은 없다. 위진 남북조시대에 두드러진 특징은 제왕의 첩 작위로 비妃가 사용되기 시작했다는 점이다. 당시엔 비보다 작위로서의 빈嬪이 서열상 높았다. 비가 빈보다 윗 서열로 교체된 시기는 원나라 때에 이르러서이다.

수隨나라 문제文帝는 즉위 초에 황후 독고씨獨孤氏의 투기로 총애하는 여성이 없었다.[24] 독고 황후가 죽은 이후에 비빈의 체제를 갖추었다. 문제는 귀비貴妃, 숙비淑妃, 덕비德妃 3부인과 순의順儀, 순용順容, 순화順華, 수의修儀, 수용修容, 수화修華, 충의充儀, 충용充容, 충화充華 9빈을 설치하였다. 또한 첩여 12명과 미인, 재인 15명을 합하여 27세부로 하였고, 보림寶林과 어녀 각 24명과 채녀 37명을 합하여 81어처로 하였다. 그 아들 양제煬帝는 후궁의 작위에 품계를 정하였는데, 3부인은 정1품, 9빈은 정2품, 첩여 12명은 정3품, 미인과 재인 15명은 정4품, 보림은 정5품, 어녀는 정6품, 채녀는 정7품으로 구분하였다.[25]

당唐나라의 비빈제도는 수나라와 대동소이하였다. 다만 명칭과 품계에 변동이 있었는데, 황후 아래에 4비인 귀비, 덕비, 숙비, 현비를 설치하였다. 4비의 아래에는 소의, 소용, 소원昭媛, 수의, 수용, 수원, 충의, 충용, 충원 9빈, 그 다음에는 9첩여, 9미인, 9재인, 27보림, 27어녀, 27채녀를 두었다.[26] 이때 동궁東宮도 처음으로 내관內官을 두었

24 《隋書》 권36, 〈后妃傳〉. "(文獻獨孤皇后)頗仁愛 每聞大理決囚 未嘗不流涕 然性尤妒忌 后宮莫敢進御 隋文帝代她甚寵憚之."

25 《隋書》 권36, 〈后妃傳〉. "至文獻崩後 始置貴人三員 增嬪至九員 世婦二十七員 御女八十一員 貴人等關掌宮闈之務 六尚已下皆分隷焉 煬帝時 后妃嬪御 無釐婦職 唯端容麗飾 陪從醼遊而已 帝又參詳典故 自製嘉名 著之於令 貴妃·淑妃·德妃 是爲三夫人 品正第一 順儀·順容·順華·修儀·修容·修華·充儀·充容·充華 是爲九嬪 品正第二 婕妤一十二員 品正第三 美人才人 一十五員 品正第四 是爲世婦 寶林二十四員 品正第五 御女二十四員 品正第六 采女三十七員 品正第七 是爲女御 總一百二十以叙於宴寢."

는데, 비 아래에 양제良娣, 양원良媛, 승휘承徽, 소훈昭訓, 봉의奉儀를 두었다.[27]

이후 두 번의 변화가 있었다. 우선 고종高宗 때에는 내관의 명칭이 바뀌고 인원수가 감소되었다. 4비를 찬덕贊德 2명으로, 9빈을 선의宣儀 4명으로, 미인을 승규承閨 5명으로, 재인을 승지承旨 5명으로, 27보림을 위산衛仙 6명으로, 27어녀를 공봉供奉 8명으로, 27채녀를 시즐侍櫛 20명으로 줄였으며, 별도로 시건侍巾 30명을 추가로 두었다.

또한 현종玄宗 즉위 초에 후궁의 위호位號가 변동되었다. 현종은 후궁의 규모를 축소하여 황후 아래에 4비를 혜비惠妃, 여비麗妃, 화비華妃 3비로, 9빈을 숙의, 덕의德儀, 현의賢儀, 순의順儀, 완의婉儀, 방의芳儀 등 6의儀로 개정하였다. 다만 미인, 재인의 명칭에는 변함이 없었다.[28]

송宋나라 개국 초, 태조太祖와 태종太宗은 당나라의 후비제도를 쫓아 4비, 9빈, 그리고 정3품 첩여, 정4품 미인, 정5품 재인, 귀인 등 세부를 두었다. 그러나 진종眞宗은 태의太儀 등 7개를 대폭 증설하였고, 인종仁宗은 숙의를 증설하여 종전의 소의, 소용, 소원, 수의, 수

---

26 《舊唐書》 권51, 〈后妃傳序〉. "唐因隋制 皇后之下 有貴妃·淑妃·德妃·賢妃各一人 爲夫人 正一品 昭儀·昭容·昭媛·修儀·修容·修媛·充儀·充容·充媛各一人 爲九嬪 正二品 婕妤九人 正三品 美人九人 正四品 才人九人 正五品 寶林二十七人 正六品 御女二十七人 正七品 采女二十七人 正八品."

27 《唐六典》 권12, 〈內官〉. "太子良娣二員 正三品 良媛六員 正四品 承徽十員 正五品 昭訓十六員 正七品 奉儀二十四員 正九品."

28 《新唐書》 권47, 〈內官〉. "龍朔二年 置贊德二人正一品 宣儀四人正二品 承閨五人正四品 承旨五人正五品 衛仙六人正六品 供奉八人正七品 侍櫛二十人正八品 侍巾三十人正九品 咸亨復舊開元中 玄宗以后 妃四星一爲后有后 而復置四妃 非典法乃置惠妃·麗妃·華妃 以代三夫人 又置六儀·美人·才人 增尚宮·尚儀·尚服三局諸司諸典自六品至九品 而止其後復置貴妃 淑儀·德儀·賢儀·順儀·婉儀·芳儀各一人正二品 掌敎九御四德 率其屬以贊后禮 美人四人正三品 掌率女官脩祭祀 賓客之事 才人七人正四品 掌敍燕寢理絲枲 以獻歲功."

용, 수원, 충의, 충용, 충원에 윗 서열로 태의太儀, 귀의貴儀, 숙의淑儀, 숙용淑容, 순의順儀, 순용順容, 완의婉儀, 완용婉容 등이 추가되었다. 모두 정2품이다. 이로써 송나라의 후비제도는 9빈 체제에서 17빈 체제로 변동되었다.[29]

인종仁宗 때 종전의 3부인인 귀비, 숙비, 덕비에 신비宸妃(인종의 생모)가 증원되었다가,[30] 또 다시 3부인에 현비賢妃, 정비淨妃가 증원되어 5부인이 되었다. 그러나 이 시기 후궁의 규모는 당대唐代에 비해 크게 감소하였는데, 신종神宗은 겨우 2명을 두었을 뿐이다. 휘종徽宗은 비妃 6~7명을 맞이하였는데,[31] 이는 송나라 제왕 가운데 황비가 가장 많은 편이었다. 이때 국부인國夫人, 군부인郡夫人, 부인夫人과 군군郡君, 현군縣君 등의 외명부 작위를 가져다 쓰기도 했다.

유목인인 여진족은 일부다처제의 혼인 형태였다. 그들이 세운 금나라 개국 초기엔 후궁 관제가 마련되지 않았으나,[32] 얼마 뒤에 당나라의 후비제도인 황후 한 명, 부인 넷, 빈 아홉, 세부 스물일곱, 어처 여든한 명 제도를 수용하여 오직 1명의 황후를 두었다. 당나라의 4부인(귀비, 숙비, 덕비, 현비)에 원비元妃를 더하여 황후 아래 1등 후궁의 작위에 올리고 신분이나 출신 등의 이유로 황후에 올리지 못한 원배元配의 작위로 썼다. 이후 태자가 황제의 지위를 승계하고 태자비가 황후에 오르는 것이 정착되면서 원비 역시 1등 후궁의 작위로 정착되었다.

4대 해릉왕海陵王 때에 이르러 한나라를 모방하여, 원비, 주비姝妃, 혜비, 귀비, 현비, 신비, 여비麗妃, 숙비淑妃, 덕비, 소비昭妃, 온비溫妃, 유비柔妃 등 12비妃로 대폭 증가했다가 8대 선종宣宗 때에 후비제도

29 朱子彦, 앞의 책, 1998, 59쪽.

30 《宋會要》, 〈后妃〉. "章懿皇后李氏 … 天聖十年三月封宸妃."

31 章如愚, 《山堂先生群書考索後集》 권20, 〈后妃〉. "政和後 冊妃至六七人."

32 《金史》 권63, 〈后妃傳序〉.

가 다시 정비되어 작위와 인원수를 대폭 축소했다.[33] 이때 다섯 부인이 귀비·진비眞妃·숙비·여비·유비로 교체되었다. 선종 역시 1213년(선종 1)과 1214년에는 원비를 두었다. 익왕益王으로 있던 시절에 그는 왕씨 자매와 훗날 진비眞妃가 되는 방씨龐氏 등 3명의 여성을 맞이했다. 황제로 즉위한 선종은 동생 왕씨를 원비로 삼았다가 다음 해에 인성황후仁聖皇后(仁聖宮太后)로 봉작하였고, 언니 숙비 왕씨를 원비로 승봉하였다. 원비 왕씨가 낳은 아들이 훗날 애종哀宗 황제가 되면서 사후에 그녀는 명혜황후明惠皇后(慈聖宮太后)로 추존되었다.[34]

그 외에 9빈은 종전의 것을 그대로 두었으나 첩여를 추가하였고, 정3품에 여인麗人과 재인才人, 정4품에 순의順儀·숙화淑華·숙의淑儀를 두었으며, 그 아래는 여관女官으로 삼았다. 마지막 황제 애종은 황후 한 명 이외에 가까이 한 궁인이 있었으나 후궁으로 봉작하지 않은 것으로 미뤄 이 제도대로 운영되지 못했던 것으로 보인다.

몽골인이 세운 원나라도 일부다처제의 혼인 형태였다. 이로 인해 후비의 작위가 오직 황후·비·빈의 3등급으로 구성되었다. 다만 정원의 제한은 없었다.[35] 그러나 혜종惠宗은 예외적으로 비·빈을 모두 두었을 뿐만 아니라 재인도 두었다.[36] 이처럼 이 시기에는 빈의 작위가 비의 하위 등급으로 뚜렷하게 교체되었다.

명明나라의 후비제도는 원나라의 빈어제도를 계승하여 황후 아래 후궁인 비를 두는 6궁이었으나, 약간의 개정이 이루어졌다. 초기에 등급은 귀비, 비, 빈 등이었는데, 비는 현비賢妃, 숙비淑妃, 장비庄妃, 경비敬妃, 혜비惠妃, 순비順妃, 강비康妃, 영비寧妃, 공비恭妃, 신비宸妃,

33 朱子彦, 앞의 책, 1998, 60쪽.

34 《金史》, 〈列傳〉 권1 〈后妃〉 上.

35 朱子彦, 앞의 책, 1998, 61쪽.

36 《元史》〈后妃傳〉.

유비柔妃 등이 있었다. 이 비는 호號를 정해 두지 않고 임의로 선택하여 차등을 두지 않았다. 이 가운데에 귀비를 최고로 여겼다.[37] 이들 명칭에는 "규방에 질서가 있고 화목해야 한다〔閨房雍肅〕"는 의미를 담고 있었다. 실제로 태조 주원장朱元璋이 비빈제도를 개정한 목적은 범후비范后妃의 간정干政을 방지하고, 후비들이 지켜야 할 "《여계女誡》"와 "규방의 교훈〔閨門之訓〕"과 관계가 있었다.[38] 비 외에도 그 아래 등급인 첩여, 소의, 귀인, 미인, 답응答應 등의 작위를 사용하였는데 이들을 서비庶妃라 총칭하였다.

5대 선종宣宗 선덕제宣德帝 때에 이르러 황후와 귀비의 합성어인 황귀비皇貴妃란 작위가 최초로 새롭게 등장해 귀비의 상위 등급으로서 황후에 비견되는 지위를 갖게 되었다. 이 작위는 선덕제의 효공장황후孝恭章皇后 손씨孫氏로부터 시작되었고,[39] 7대 대종代宗 경태제景泰帝 때인 1456년(경태 7)에 당씨唐氏가 황귀비로 봉작되었다. 당시는 숙효황후肅孝皇后 항씨杭氏의 국상 중이었다. 그러나 1년 뒤인 1457년에 대종이 폐위되고, 다른 후궁들에 대한 기록이 거의 남아 있지 않아 이 작위에 대한 정확한 정의를 내릴 순 없다. 다만 청나라 때의 기록으로 추정해 본다면, 황후의 국상이 끝날 때까지 황후의 직임을 대리하며 후궁을 다스리도록 하기 위해 만든 작위였을 가능성이 높다. 이러한 사실은 이후의 황제들이 황귀비의 작위를 사용했던 정황에서 알 수 있다.

대종이 폐위된 이후 8대 헌종憲宗 성화제成化帝 때에 이르러 황귀

37 《萬歷野獲編》 권3, 〈列朝貴妃姓氏〉. "內廷嬪御 尊稱至貴妃而極."

38 朱子彦, 앞의 책, 1998, 61쪽.

39 황후 손씨는 1417년(영락 15) 황태손의 후궁인 빈에 책봉되었다가 선덕제가 즉위한 뒤에 귀비에 책봉되었고 공양장황후恭讓章皇后가 아들을 낳지 못해 폐위되면서 황후로 책봉되었다(尙聖德외, 《中國后妃》, 華文出版社, 2007, 255쪽).

비의 작위가 다시 사용되었다. 헌종은 즉위 후에 유모였던 만정아萬貞兒를 후궁으로 맞이해 귀비에 진봉시켰다가 1487년(성화 23) 그녀가 사망하자 황후로 추존하지 못하고 대신 부황 영종英宗 천순제天順帝가 복위 뒤 황귀비 작위를 부활하여 황귀비로 추봉했다.[40] 이것을 선례로 삼아 헌종의 손자인 세종世宗 가정제嘉靖帝는 장경황태자莊敬皇太子의 생모 소비 왕씨昭妃王氏를 황귀비로 격상시켰고 애충태자哀沖太子의 생모 귀비 염씨貴妃閻氏를 황귀비로 추봉하였다. 이후로 황귀비 작위는 귀비 또는 정비正妃를 사후에 추증하거나 황태자 혹은 황태자 예정자의 생모를 책봉하는 작위로 사용되었다.

원래 빈嬪은 황태자 후궁의 작위 가운데 하나였다. 그러나 황제의 후궁으로 입궁이 내정된 자의 임시 작위로도 사용되었다. 세종 때 이르러 빈이 황제 후궁의 정식 작위로 사용되기 시작하면서 비妃 아래이자 귀인의 상위에 두었다.[41] 이후로 빈까지를 정비, 귀인 이하를 서비庶妃로 구분하였다.

명나라는 적서의 구분을 엄격히 하여 적처嫡妻인 적후嫡后와 후궁인 서후庶后를 뚜렷이 구별하였다. 서후는 원래 후궁이었지만 소생 아들이 황제가 되고 난 뒤에 황후로 추숭된, 황제의 사친을 말한다. 황후로 책봉되거나 추존된 적후는 시호에 황제의 시호 마지막 한 글자를 추가하였고 생전에 황후로 책봉된 경력 없이 사후에 황후로 추존된 서후는 이를 추가받지 못했다.[42] 눈여겨볼 부분은, 후궁 소생

40 尙聖德외, 위의 책, 2007, 260쪽.

41 《명 세종실록》; 《明史》 권114, 〈列傳〉 제2 〈后妃〉 2.

42 적후의 시호는 홀수(기본 13자)로 구성되었고, 서후의 시호는 짝수(기본 12자)로 구성되었다. 예컨대 세종의 적후 孝潔肅皇后 陳氏는 孝潔恭懿慈睿安莊相天翊聖肅皇后로, 세종의 시호 欽天履道英毅聖神宣文廣武洪仁大孝肅皇帝 가운데 마지막 글자인 '肅'을 추가하였고, 서후 孝烈皇后 方氏는 孝烈端順敏惠恭誠祗天衛聖皇后로, 세종의 시호 마지막 한 글자 숙을 추가하지 않았다(위의 책).

황제의 생모 혹은 친조모가 일찍 죽어 황태후로 진봉된 적이 없는 경우엔 황태후 혹은 태황태후의 작위로 추존되었다는 점이다. 이 추존 작위는 추존 작위로서의 황후보다 그 격이 낮았다.

신종神宗 만력제萬曆帝는 구빈九嬪을 증설하였다가 2귀비, 3비, 4빈으로 개설하였다. 후궁들의 인원수는 일정하지 않았다. 1531년(가정 10)에 세종이 황태자를 낳지 못하자 대학사 장부경張孚敬은 "천자가 후비를 세울 때에 저사儲嗣를 넓히기 위해서 모두 6궁, 3부인, 9빈, 27세부, 81어처를 세웠으므로 폐하께서 춘추 왕성하시니, 마땅히 숙녀를 널리 구하여 자식을 얻게 하소서"[43]라는 상소를 올렸다. 장부경의 주장은 사대부가의 처자를 간택 후궁으로 맞이하는 선례가 되었다.

이후로 황제들은 이것을 전례 삼아 여색을 좋아하지 않는다고 하면서 황실에 자손을 번창시킨다는 명목 좋은 명분을 내세워 성생활을 유지해 왔다. 이 시기의 후비는 황제의 자녀를 낳고 기르는 역할을 담당한 것이다. 실제로 《진서晉書》〈후비전서后妃傳序〉에 "황제의 지위가 영원하려면 후손이 창성하여야 한다"는 말은, 저사를 넓히는 일이 후비의 중요한 의무였음을 엿볼 수 있다. 이 때문에 황자皇子를 낳은 여성만이 진봉될 수 있었다.

황태자의 잉첩도 봉호封號가 있었다. 그 규모는 황제 후비와는 서로 비교할 수 없고 2등급만이 있었는데, 전조前朝 제도를 답습한 것이다. 주지했듯이 태자의 후궁의 작위로 빈이 있었다. 그러나 빈은 황제의 후궁의 작위로 옮겨지고, 그 대신 재인才人·선시选侍·숙녀淑女를 두어 재인을 태자의 정궁인 태자비 바로 아래의 서열에 두고 숙녀를 가장 아래에 두었다.

43 《明史》 권114, 〈列傳〉 제2 〈孝烈方皇后傳〉. "孝烈皇后方氏 世宗第三后也 江寧人 帝即位且十年 未有子 大學士張孚敬言 古者天子立后 並建六宮三夫人九嬪二十七世婦八十一御妻 所以廣嗣也 陛下春秋鼎盛 宜博求淑女 爲子嗣計 從之."

【도판 Ⅱ-1】 심양고궁 안 청녕궁

심양고궁瀋陽古宮은 청 태조와 태종이 건립한 황궁으로, 1625년(천명 10)에 공사가 시작돼 1636년(숭덕 1)에 완공되었다. 청녕궁淸寧宮은 황제와 황후의 거소였다. 침소로 사용된 동쪽의 1칸 이외의 나머지 4칸은 제사와 연회를 위한 공간이었다. 제사에 올리는 고기를 삶는 아궁이와 솥 등 만주족의 생활방식을 볼 수 있는 독특한 구조이다.

청淸나라의 비빈제도는 비교적 간단하였다. 초대 황제인 태조 누르하치는 1577년(만역 5) 19살에 훗날 원비가 되는 동가씨佟佳氏와 혼인했고, 1616년에 금나라를 건국한 후에 14명의 비빈을 맞이하였다. 이들을 모두 '한족漢族 부인'이라는 의미인 '복진福晋'이라 불렀다.[44] 2대 태종은 황후 대복진 박올제길특씨大福晋博兀濟吉特氏 외에 동궁 관저궁 신비(東宮關雎宮宸妃, 敏惠恭和元妃), 서궁 인지궁 귀비(西宮麟趾宮貴妃, 懿靖大貴妃), 차동궁 연경궁 숙비(次東宮衍慶宮淑妃, 康惠淑妃), 차서궁 영복궁 장비(次西宮永福宮庄妃, 孝莊文皇后) 등 4명의 비를 두었을 뿐이다.[45]

44 朱子彦, 앞의 책, 1998, 63쪽.

45 《清史稿》 권214, 〈列傳〉 제1 〈后妃〉.

건국 초기에 미비했던 비빈제도는 세조世祖 순치제順治帝에 이르러 명나라의 제도를 계승하여 한차례 논의되었으나,[46] 시행되지 못하였다가[47] 4대 성조聖祖 강희제康熙帝 때에 정립되었다. 강희제는 황후 이하 황귀비 1인, 귀비 2인, 비 4인, 빈 6인 등 4등급으로 구분하여 개정하였고, 이들을 '주위主位'라 불렀다. 빈 아래에는 귀인, 상재常在, 답응答應 3등급이 있었다. 이들은 정해진 인원이 없었으며, 황자녀를 낳으면 주위로 승급될 수 있었다. 이 시기에 강희제는 황족 혈통의 순수성을 지키기 위해서 종실의 배우자뿐만 아니라 후비들을 한족 여자로 뽑지 않고 만주족이나 몽고족의 상층부 여성으로 맞아들였다.

성조 이후에도 청나라 황제들은 많은 비빈을 맞이하였다. 그러나 11대 덕종德宗 광서제光緒帝는 훗날 단강황귀비端康皇貴妃와 각순황귀비恪順皇貴妃가 되는 근비瑾妃와 진빈珍嬪만을 두었고, 뒤이은 공종恭宗 푸이 역시 1후, 1비, 1귀인만을 두었다. 청나라 황실은 만주족의 전통을 준수하여 제왕의 여색을 경계하는 규정을 두었기 때문에 역대 비빈의 정원은 한나라·당나라 14등과 명나라 12등에 견주어보면,

---

46 《명 세조실록》 권121, 세조 15년 11월 7일. "禮部等衙門會議 宮闈女官名數品級 及供事宮女名數 乾清宮 設夫人一位 秩一品 淑儀一人 秩二品 婉侍六人 秩三品 柔媛二十人 芳媛三十人 俱秩四品 尙宮局 商宮·司紀·司言·司簿各二人 司闈四人 女史六人 尙儀局 尙儀一人 司樂二人 司籍·司賓·司贊各四人 女史三人 尙服局 尙服一人 司仗四人 司寶·司衣·司飾·女史各二人 尙食局 尙食一人 司饌四人 司醞·司藥·司供·女史各二人 尙寢局 尙寢一人 司設·司燈·各四人 司輿·司苑·女史各二人 尙績局 尙績一人 司製四人 司珍·司彩·司計·女史各二人 宮正司 宮正·女史各二人 俱秩六品 慈寧宮 設貞容一人 秩二品 愼容二人 秩三品 勤侍無品級定數從之."

47 《清史稿》 권214, 〈列傳〉 제1 〈后妃〉. "太祖初起 草創闊略 宮闈未有位号 … 世祖定鼎 循前代旧典 順治十五年 采礼官之議 乾清宮 設夫人一 淑儀一 婉侍六 柔婉·芳婉皆三十 慈宁宮 設貞容一 愼容二 勤侍無定数 又置女官 循明六局一司之制 議定而未行."

중국 역사상 가장 적었다

청대에 주목되는 점은 비빈의 지위가 이전 시기보다 비교적 높았다는 사실이다. 지위가 높은 후비의 경우에는 '주위'라 칭해서 귀인, 상재, 답응 등의 보통 궁인과 뚜렷하게 구별하였다. 비빈들의 지위를 이와 같이 높여 주었지만, 한편으로는 《여계》의 규범을 따르게 하여 여성의 부덕과 도덕을 강조하였다. 이것은 중국 봉건왕조에서 비빈에 대한 금고禁錮를 반영한 것일 뿐만 아니라, 봉건 황제권의 강화를 표명한 것이다.[48] 여성의 규범이 이후로 점차 강화되면서 비빈들의 사회적 지위는 황제들의 성적 노리개나 부속물에 지나지 않게 되었다.[49] 지금까지 살펴본 바를 도표화해 보면 【표 Ⅱ-1】과 같다.

표를 살펴보면, 하·은·주나라에서 명·청나라에 이르기까지 비빈의 위호가 증감되고 개정되었을 뿐, 빈어제도를 확립한 이후로 변화가 없었다. 이러한 중국의 빈어제도는 조선의 내명부에도 영향을 끼쳤다. 우선 후궁의 존재가 자연스러운 것으로 인식되었다. 역대의 중국왕조에서 고금을 막론하고 후궁을 두는 제도가 존속되었기 때문에, 일처一妻 혹은 다처多妻에 상관없이 후궁제도 운영 여부에 대한 별도의 논의가 요구되지 않았다. 중국의 영향을 받은 조선의 후궁 명호

48 朱子彦, 앞의 책, 1998, 64~65쪽.

49 청대 황궁의 규정에 따르면 나이가 약간 많은 여덟 명의 단정한 궁녀를 선발해 아직 결혼을 하지 않은 황제와 잠자리를 갖게 했다. 이 여덟 명의 궁녀들은 사의司儀·사문司門·사침司寢·사장司帳의 4개의 직함을 부여받고 봉록을 받는 등 일반 궁녀와는 다른 대우를 받았다. 이 규정의 목적은 어린 황제가 황후와의 첫날밤에 당황하지 않도록 미리 성경험을 갖게 하는 것과, 일찍이 성에 눈뜨게 하여 쉽게 성적 충동을 느끼게 함으로써 가까이에 있는 여성과 언제든 성관계를 갖게 하고 후사를 넓히는데 있었다(시앙쓰 지음·신종욱 옮김, 《관능으로 천하를 지배한 구중궁궐 여인들》, 미다스북스, 2014, 17~18쪽).

【표 Ⅱ-1】 중국 역대 왕조 후궁제

왕조	황제	후궁제													
진	진시황	부인, 양인, 팔자, 칠자, 장사, 소사													
전한	초기	1	2	3	4	5	6								
		부인, 미인, 희													
		미인	팔자	칠자	양인	장사	소사								
	무제	첩여, 형아, 용화, 충의, 미인, 양인, 팔자, 칠자, 장사, 소사													
	무제 이후	1	2	3	4	5	6	7	8	9	10	11	12	13	14
		소의	첩여	형아	용화	미인	팔자	충의	칠자	양인	장사	소사	오관	순상	공화 오령 보림 양사 등
후한	광무제	1	2	3	4										
		귀인	미인	궁인	채녀										
위	조조	부인, 소의, 첩여, 용화, 미인													
	조비(문제)	부인, 귀빈, 숙원, 소의, 수용, 첩여, 용화, 순성, 미인, 양인													
	조예(명제)	1	2	3	4	5	6	7	8	9	10	11	12		
		부인	귀빈	숙비	숙원	소의	소화	수용	수의	첩여	용화	미인	양인		
서진	무제	3부인	9빈	기타											
		귀빈, 부인, 귀인	숙비, 숙원, 숙의, 수화, 수용, 수의, 첩여, 용화, 충화	미인, 재인, 중재인 등											
동진	전시기	3부인	9빈	기타											
		귀빈, 귀비, 귀인	숙비, 숙원, 숙의, 소화, 소용, 소의, 첩여, 용화, 충화	미인, 재인, 중재인 등											
남송	명제	3부인	9빈	5직	3직										
		귀빈, 귀비, 귀인	아구빈, 숙비, 숙원, 숙의, 소화, 소용, 소의	첩여, 용화, 충화, 승휘, 열영	미인, 재인, 양인										
북위	도무제	부인													
	태무제	좌소의, 우소의, 귀인, 초방													
	효문제	좌소의, 우소의, 3부인, 9빈, 27세부, 81어녀													
북제	전시기	1	2	3	4	5	6	7	8						
					3부인	9빈		27세부	81어처						
		좌아영 우아영	숙비	좌소의 우소의	홍덕 정덕 숭덕	융휘 광유 소훈	선휘 선명 응휘 응화 순화	광훈, 수훈, 정훈, 경훈, 경완, 경신, 소령, 소화, 완화, 방화, 방유, 정화, 광정, 무광, 명범, 명신, 명숙, 홍유, 홍휘 등	무덕, 경무, 무범, 묘범, 수범, 영범, 휘장, 경장, 요장, 양원, 양신, 정신, 유화, 사유, 영의,						

									광훈		수의, 신의, 묘의, 완의 등
수	문제		3부인	9빈	27세부	81어처					
			귀비, 숙비, 덕비	순의, 순용, 순화, 수의, 수용, 수화, 충의, 충용, 충화	첩여(12명), 미인·재인(15명)	보림(24명), 어녀(24명), 채녀(37명)					
	양제		3부인	9빈	27세부		81어처				
			정1	정2	정3	정4	정5	정6	정7		
			귀비, 숙비, 덕비	순의, 순용, 순화, 수의, 수용, 수화, 충의, 충용, 충화	첩여(12명)	미인·재인(15명)	보림(24명)	어녀(24명)	채녀(32명)		
당	초기	황제	4비	9빈	27세부			81어처			
			정1	정2	정3	정4	정5	정6	정7	정8	
			귀비, 숙비, 덕비, 현비	소의, 소용, 소원, 수의, 수용, 수원, 충의, 충용, 충원	첩여(9명)	미인(9명)	재인(9명)	보림(27명)	어녀(27명)	채녀(27명)	
		동궁	정3	정4	정5	정7	정9				
			양제(2명)	양원(6명)	승휘(10명)	소훈(16명)	봉의(24명)				
	고종		정1	정2	정3	정4	정5	정6	정7	정8	정9
			찬덕(2명)	선의(4명)	첩여(5명)	승규(5명)	승지(5명)	위산(6명)	공봉(8명)	시즐(20명)	시건(30명)
	현종		3부인(3비, 정1)	6의(정2)	정3	정4					
			(귀비) 혜비, 여비, 화비	숙의, 덕의, 현의, 순의, 완의, 방의	미인(4명)	재인(7명)					
송	태조 태종		4비	9빈	세부						
			정1	정2	정3	정4	정5				
			귀비, 덕비, 숙비, 현비	소의, 소용, 소원, 수의, 수용, 수원, 충의, 충용, 충원	첩여	미인	재인, 귀인				
	진종		귀비, 숙비, 덕비, 신비	태의, 귀의, 숙용, 순의, 순용, 완의, 완용, 소의, 소용, 소원, 수의, 수용, 수원, 충의, 충용, 충원	첩여	미인	재인, 귀인				
	인종		귀비, 숙비, 덕비, 현비, 정비	태의, 귀의, 숙의, 숙용, 순의, 순용, 완의, 완용, 소의, 소용, 소원, 수의, 수용, 수원, 충의, 충용, 충원	첩여	미인	재인, 귀인				
금	초기		부인	9빈	27세부			81어처			
			정1	정2	정3	정4	정5	정6	정7	정8	
			원비, 귀비, 숙비,	소의, 소용, 소원,	첩여	미인(9명)	재인	보림	어녀	채녀	

<table>
<tr><td></td><td colspan="2"></td><td>덕비, 현비</td><td>수의, 수용, 수원,
충의, 충용, 충원</td><td>(9명)</td><td></td><td>(9명)</td><td>(27명)</td><td>(27명)</td><td>(27명)</td></tr>
<tr><td></td><td colspan="2">선종</td><td>귀비, 진비, 숙비,
여비, 유비</td><td>소의, 소용, 소원,
수의, 수용, 수원,
충의, 충용, 충원, 첩여</td><td>여인
재인</td><td>순의, 숙화,
숙의</td><td colspan="4">여관</td></tr>
<tr><td>원</td><td colspan="2">전시기</td><td colspan="8">황후, 비, 빈</td></tr>
<tr><td rowspan="4">명</td><td rowspan="3">태조</td><td rowspan="2">황제</td><td colspan="2">비</td><td colspan="6">서비</td></tr>
<tr><td colspan="2">귀비, 현비, 영비, 숙비, 장비, 경비, 혜비,
순비, 강비, 영비, 공비, 신비, 유비</td><td colspan="6">첩여, 소의, 귀인, 미인, 답응</td></tr>
<tr><td>태자</td><td colspan="8">황태자비, 재인, 선시, 숙녀</td></tr>
<tr><td colspan="2">신종</td><td colspan="8">귀비(2명), 비(3명), 빈(4명)</td></tr>
<tr><td rowspan="3">청</td><td colspan="2">태조</td><td colspan="8">복진(14명)</td></tr>
<tr><td colspan="2">태종</td><td colspan="8">황후 대복진박올제길특씨, 동궁 관저궁 신비, 서궁 인지궁 귀비, 차동궁 연경궁 숙비,
차서궁 영복궁 장비</td></tr>
<tr><td colspan="2">성조 이후</td><td colspan="8">황귀비, 귀비, 비, 빈, 귀인, 상재, 답응</td></tr>
</table>

는 중국의 작위명을 그대로 수용하였는데, 소의는 전한 원제 때, 귀인은 후한 광무제 때, 숙원은 위나라 조비 때, 숙의는 서진 무제 때, 소용은 동진 초기, 소원은 당나라 초기, 숙용은 송나라 진종 때로 그 유래를 찾을 수 있다. 다음 절에서는 중국의 영향을 받고 조선시대에 영향을 준 고려시대 후비 칭호와 후궁제의 성격을 역사적 계승이라는 시각에서 함께 검토해 보고자 한다.

(2) 고려의 후궁제

왕조시대에 여성의 최고 지위는 왕비와 세자빈이었다. 조선시대에는 그들을 '비빈妃嬪'이라 불렀는데, 비는 국왕의 배우자이자 적처인 왕비를 말하고 빈은 세자의 적처인 세자빈과 국왕의 후궁을 말한다.[50] 이에 비해 고려시대에는 이들을 '후비后妃'라 불렀다.[51] 후后는

50 《經國大典》 권1 〈吏典〉; 김선곤, 앞의 논문, 1963, 34쪽.

51 《고려사》 권88, 〈列傳〉 1, 〈后妃序〉. "嫡稱王后 妾稱夫人 貴妃·淑妃·德妃·賢妃

왕후〔嫡〕를 가리키고, 비妃는 '부인〔妾〕' 즉 귀비貴妃, 숙비淑妃, 덕비德妃, 현비賢妃를 일컬었다. 다시 말해 후비는 국왕과 혼인하여 왕실 가족의 일원으로 자리하게 된 왕후와 비빈을 총칭하는 용어였다.[52]

고려의 후비제도는 내직內職이라 하였는데,[53] 내직은 궁인의 직책인 내명부와 왕녀·왕비의 어머니, 종친과 문무 관리의 아내 등의 봉작인 외명부外命婦로 나누어지는 명칭이다.[54] 후에 내명부는 왕·왕세자의 부실副室들이 속한 내관內官과 궁인의 직책을 가진 궁관宮官으로 구성되었다. 보통 내직이라 할 때에는 내명부를 지칭하는 말이다.

고려시대 내직에 관하여는 《고려사高麗史》 〈후비전后妃傳〉의 서문

是爲夫人 秩並正一品."

52 정용숙, 〈硏究 序說〉, 앞의 책, 1992, 12쪽.

53 고려시대의 후비와 내직에 관해서는 아래 기존 연구 성과를 참조하였다. 하현강, 〈고려전기의 왕실혼인에 대하여〉, 《이대사원》 7, 1968; 이정란, 〈고려 후비에 관한 고찰〉, 고려대학교 석사학위논문, 1993; 이정란, 〈고려 후비의 호칭에 관한 고찰〉, 《전농사론》 2, 1996; 김창현, 〈고려시대 후비의 칭호와 궁〉, 《인문과학연구》 24, 성신여자대학교, 2006; 김갑동, 〈고려전기 后妃의 稱外姓 문제〉, 《한국사학보》 37, 고려사학회, 2009; 이혜옥, 〈고려 후비의 정치적 위상과 영향력에 대한 재조명〉, 《역사와 현실》 71, 한국역사연구회, 2009; 豊島悠果, 〈고려전기 后妃·女官 제도〉, 《한국중세사연구》 27, 2009; 권순형, 〈고려 내직제의 비교사적 고찰-요·금제와의 관련을 중심으로-〉, 《이화사학연구》 39, 2009; 권순형, 〈고려시대 宮人의 職制와 생활〉, 《이화사학연구》 41, 2010.

54 《고려사》 〈백관지〉의 내직조에는 나라에서 봉호를 받은 부인을 일컫는 외명부라는 용어가 나온다. 고려에서는 국왕의 딸을 비롯하여 후비의 모친, 문무 관리의 어머니 및 아내에게 공주, 국대부인, 군부인 등의 명호를 내려 내명부와 구분하였다. 외명부는 조선시대에 이르러 《경국대전》을 만들면서 왕녀에게 공주를 봉하고 왕비의 어머니, 국왕의 유모, 왕세자의 여성, 종친의 아내, 문무관의 아내에게 府夫人, 奉保夫人, 郡夫人, 縣夫人 등의 봉호를 주었다. 이런 점에서 외명부는 고려 때에 쓰인 용어라기보다 《고려사》를 편찬하면서 붙인 명칭일 가능성이 높다(김아네스, 〈고려 전기의 外命婦〉, 《역사와 경계》 87, 부산경남사학회, 2013, 38쪽).

과 〈백관지百官志〉 내직조內職條의 기록뿐이다. 고려시대 내직은 "변경이 많고 일정하지 않아서 그 자세한 내용을 알 수 없다"고 할 정도로 그 제도가 매우 미비하였다. 이 절에서는 후비의 호칭 문제를 통해서 고려의 후비제도를 고찰해 보기로 한다. 우선 두 사료를 살펴보자.

A. 고려의 제도는 왕의 어머니를 왕태후王太后라 부르고, 적처를 왕후라 부르며, 첩을 부인이라 불렀으니, 귀비·숙비·덕비·현비가 바로 부인이며 품계는 모두 정1품이다. 그 나머지 상궁尙宮·상침尙寢·상식尙食·상침尙針도 모두 정원定員과 위차〔次〕가 있었다. 정종靖宗 이후로는 혹은 궁주라 부르고, 혹 원주라고도 부르며, 혹 옹주라 부르기도 하여, 고쳤다가 되돌리는 것이 일정하지 않아 그 자세한 것은 알 수 없다.[55]

B. 국초에는 아직 정해진 제도가 없어서, 후비 이하는 모某 원부인院夫人, 모 궁부인宮夫人으로 칭호를 삼았다. 현종 때에 상궁·상침·상식·상침의 직이 있었고, 귀비와 숙비 등의 칭호가 있었으며, 정종 이후에는 혹은 원주院主와 원비院妃로 부르거나 혹은 궁주宮主라고 불렀다. 문종 때에 관제를 정하였는데, 귀비·숙비·덕비·현비를 모두 정1품으로 하였다.【외명부로 공주와 대장공주大長公主는 정1품, 국대부인國大夫人은 정3품, 군대부인郡大夫人과 군군郡君은 정4품, 현군縣君은 정6품으로 하였다.】 충선왕 때에 궁주를 옹주로 고쳤다. 충혜왕 이후에는 후궁의 여직에 존비尊卑의 등급이 없어지고 사비私婢나 관기官妓도 또한 옹주나 택주宅主로 봉해졌다.[56]

---

55 《고려사》 권88, 〈列傳〉 1, 〈后妃序〉. "高麗之制 王母稱王太后 嫡稱王后 妾稱夫人 貴妃·淑妃·德妃·賢妃是爲夫人 秩並正一品 自餘尙宮·尙寢·尙食·尙針 皆有員次 靖宗以後 或稱宮主 或稱院主 或稱翁主 改復不常 未可詳也 太祖法古 有志化俗 然狃於土習 以子聘女 諱稱外姓 其子孫視爲家法而不之怪 惜哉 蓋夫婦人倫之本也 國家理亂 罔不由之 可不愼歟 故作后妃傳 而嬪嬙夫人 并各附于其次."

56 《고려사》 권77, 〈志〉 31, 〈百官〉 2, 內職. "國初未有定制 后妃而下 以某院某宮夫人爲號 顯宗時有尙宮·尙寢·尙食·尙針之職 又有貴妃·淑妃等號 靖宗以後 或稱院主·院妃 或稱宮主 文宗定官制 貴妃·淑妃·德妃·賢妃 並正一品【外命婦 公主·大長公主正一品 國大

위의 A 기록에 보이듯이 후비의 호칭에는 태후를 포함해서 왕후, 제비諸妃를 포함한 부인, 궁인 계통으로 구분되었다.[57] 그리고 정종 이후에는 왕후, 부인, 궁인의 호칭 이외에 ○○궁주, ○○원주, ○○옹주라는 호칭이 등장하였다. 이 기록은 왕후를 왕의 배우자인 적처로, 부인을 첩으로 나누고 그 아래에 상궁 계통을 두고 있다.[58] 이때 귀비·숙비·덕비·현비 등은 왕후 적처에 대해서는 1품으로 동격이었으나, 비들 사이에는 서열이 있었다는 것이 주목된다.[59]

B 기록은 더욱 상세하다. 건국 초기에 정해진 제도가 미비하여 후비 이하를 ○원부인, ○궁부인이라 불렀고, 정종 이후에는 ○○원주, ○○원비, ○○궁주로 불렀으며, 현종 때에는 상궁尙宮·상침尙寢·상식尙食·상침尙針 등의 관직과 귀비·숙비·덕비·현비 등의 호칭이 추가되었다. 다만, 그 품계〔1품〕는 문종 때에 정해졌다는 점이다. 주목되는 사실은 충혜왕 이후에 내관직의 높고 낮음이 없어졌고, 사비와 관기도 옹주나 택주에 봉해졌다는 점이다. 이상의 기록을 토대로 후비 호칭의 변화상을 도표화하면【표 Ⅱ-2】와 같다.

그러나 《고려사》에서 서술된 귀비, 숙비, 덕비, 현비와 상궁, 상침, 상식, 상침 등의 칭호는 그 이상의 어떠한 정보도 제공하지 않는다. 이들의 존재가 실제 적용되었는지 여부를 알기 위해서는 당나라의 제도를 확인해 볼 필요가 있다.

夫人正三品 郡大夫人·郡君正四品 縣君正六品】忠宣王改宮主爲翁主 忠惠以後 後宮女職尊卑無等 私婢·官妓 亦封翁主·宅主."

57 정용숙, 〈高麗史 后妃傳의 檢討〉, 앞의 책, 1988, 33쪽.

58 정용숙은 尙宮, 尙寢, 尙食, 尙針의 존재를 "嬪妾에 대한 칭호"라고 언급하였고(앞의 책, 1988, 28쪽), 권순형은 고려시대의 궁인이 후궁과 일반 궁인을 포함한 명칭이고 궁관직이 지배층의 독점물이었음을 강조하였다(앞의 논문, 2010, 124쪽). 이에 비해 豊島悠果는 궁인으로 보았다(앞의 논문, 2009, 215~218쪽).

59 豊島悠果, 앞의 논문, 2009, 210쪽.

【표 Ⅱ-2】 고려 후비 호칭의 시기별 변화

호칭 \ 시기	건국 초	현종	정종	충선왕
왕후(태후)	왕후	왕후	왕후	왕후
부인(제비)	궁부인·원부인	제비	제비·궁주·원주	제비·옹주
궁인	?	궁인	궁인	궁인

《신당서新唐書》 권47 〈백관지〉에 수록된 궁관을 살펴보기로 한다. 우선 당대 시중업무를 담당한 궁관들은 상궁국尙宮局, 상의국尙儀局, 상복국尙服局, 상식국尙食局, 상침국尙寢局, 상공국尙功局 등 6상국六尙局에 소속되어 황후와 내관들의 일상생활과 의례를 돕는 일을 관장했다.[60] 이 육상국의 관리 아래 24사司를 두었고, 그 아래에 각기 전관典官, 장관掌官, 여사女史 등을 두었다. 이들의 각각의 업무는 다음 【표 Ⅱ-3】과 같다.

【표 Ⅱ-3】 당唐의 내관·궁관과 고려의 내직內職

<table>
<tr><th>구분</th><th colspan="2">품계</th><th>명칭/기구</th><th>인원</th><th colspan="3">품계(관원)</th><th>역할/업무</th><th>고려의 내직</th></tr>
<tr><td rowspan="4">내관</td><td>정</td><td>1</td><td>3비</td><td>3</td><td colspan="3">혜비·여비·화비</td><td>황후 보좌 및 부례婦禮를 논하는 일을 관장.</td><td>귀비, 숙비, 덕비, 현비</td></tr>
<tr><td>정</td><td>2</td><td>6의</td><td>6</td><td colspan="3">숙의·덕의·현의·순의·완의·방의</td><td>모든 비빈들(九御)의 네 가지 부덕(婦言, 婦德, 婦功, 婦容)을 가르치고, 황후의 예의를 돕고 인도하는 일을 관장.</td><td></td></tr>
<tr><td>정</td><td>3</td><td>미인</td><td>4</td><td colspan="3"></td><td>여관을 거느리고 제사와 빈객의 일을 관장.</td><td></td></tr>
<tr><td>정</td><td>4</td><td>재인</td><td>7</td><td colspan="3"></td><td>황제 침소에 드는 순서와 비단과 삼베 짜는 일을 관장.</td><td></td></tr>
<tr><td rowspan="5">궁관</td><td rowspan="5">정</td><td rowspan="5">5</td><td rowspan="4">상궁국</td><td rowspan="4">1</td><td>사기</td><td>전기</td><td>장기</td><td rowspan="4">중궁을 인도하고 문서 및 물품출납에 관한 일을 관장.</td><td rowspan="4">상궁</td></tr>
<tr><td>사언</td><td>전언</td><td>장언</td></tr>
<tr><td>사부</td><td>전부</td><td>장부</td></tr>
<tr><td>사위</td><td>전부</td><td>장위</td></tr>
<tr><td>상의국</td><td>1</td><td>사적</td><td>전적</td><td>장적</td><td>궁중의례 등에 관한 일을 관장.</td><td></td></tr>
</table>

60 金澔, 〈唐 前期 中央官府와 皇帝 侍奉機構〉, 《中國史硏究》 제26집, 2003, 95~97쪽.

					사악	전악	장악		
					사빈	전빈	장빈		
					사찬	전찬	장찬		
			상복국	1	사보	전보	장보	의복 공급 및 장신구 등에 관한 일을 관장.	
					사의	전의	장의		
					사식	전식	장식		
					사장	전장	장장		
			상식국	1	사선	전선	장선	음식, 음료, 술 등에 관한 일을 관장.	상식
					사온	전온	장온		
					사악	전악	장악		
					사희	전희	장희		
			상침국	1	사설	전설	장설	연침에 들어가 황제를 모시는〔燕寢進御〕 순서, 침상, 이불, 어가 등에 관한 일을 관장.	상침尙寢
					사여	전여	장여		
					사원	전원	장원		
					사등	전등	장등		
			상공국	1	사제	전제	장제	의복 재봉 및 장신구의 제작에 관여하는 여공의 작업 과정에 관한 일을 관장.	상침尙針 추정
					사진	전진	장진		
					사채	전채	장채		
					사계	전계	장계		
			궁정	1	사정	전정	장정	궁인들의 계령, 규금糾禁 등에 관한 위반 사항을 적발해 내는 일을 관장.	

표를 보면 고려의 상궁·상침·상식·상침 등은 모두 당나라의 6상尙의 하나였음을 알 수 있다. 단, 상침尙針은 당나라 제도에는 없으나 그 명칭만으로 보면, 상공의 직일 가능성이 높다.[61] 이처럼 고려의 궁관은 당제 6상의 영향을 받았다.

고려의 내직이 당제의 영향을 받았다는 사실은 아래 사료에서도 확인할 수 있다. 〈백관지〉 내직조에 보이는 상궁·상침·상식·상침 명칭 외에 《고려사》에는 당제의 6상 24사의 관직과 동일한 명칭이 존재하고 있다.

> 태후가 막차幕次로 들어간다. 상의尙儀가 "외판外辦"이라고 아뢰면 사언司言은 상궁尙宮을 인도하고 상궁은 태후를 인도하여 정전에 나와 앉으려 할 때

61 豊島悠果, 앞의 논문, 2009, 216쪽.

> 상복尙服은 주렴 안의 왼편에서 서쪽으로 향하여 서고 사언과 사보司寶는 주렴 안의 오른편에서 동쪽으로 향하여 선다. … 압책관押册官은 정문으로 들어가 책문, 인장, 물품 목록을 든 사람들을 인도하여 전정의 오른쪽에 가 선다. 전알典謁은 태위太尉 이하 행례관 및 압책관들을 인도하여 동문으로 들어가 공손히 절한다. … 독책관讀册官은 자리로 나아가 엎드렸다가 꿇어앉고 태위 이하도 모두 꿇어앉는다. 독책관이 책문을 읽고 나서 엎드렸다가 일어나면 태위와 사도司徒는 책을 받들어 상궁에게 주고 상궁은 이것을 받아 사언에게 준다. 사도는 인장과 물품 목록을 상복에게 주고 상복은 이것을 받아서 사보에게 준다.[62]

위의 인용문은 태후를 책봉하는 의식〔册太后儀〕 중 대관전에서 책문을 올리는 의식〔大觀殿上册〕이다. 이때 의식의 일부를 담당하는 상의, 왕태후를 인도하여 책册을 주고받을 때 돕는 상궁, 사언과 보寶를 주고받을 때 돕는 상복, 사보 등은 《신당서》 〈백관지〉 궁관조에 나오는 직장의 역할과 동일하였다. 이로 미루어 볼 때, 궁관의 명칭과 역할은 당나라 제도에서 도입되어 고려의 6상 체제를 갖추었다고 생각된다.

【표 Ⅱ-3】을 살펴보면, 현종대에 개편된 고려의 내관인 귀비·숙비·덕비·현비 등도 중국의 영향을 받은 듯 보인다. "귀비·혜비·여비·화비는 각 1인으로 정1품이다. 황후를 보좌하며 궁궐 내 부례婦禮를 논하고 통솔하지 않는 바가 없다. 당은 수나라 제도를 따라 귀비·혜비·여비·현비 각 1인을 두고 부인으로 삼아 정1품으로 한다."[63] 라거나 "송나라에서는 옛 제도를 따라 황후 아래에 귀비·숙비·덕비·현비·소의·소용·소원·수의·수용·수원·충의·충용·충원·첩여·미인·재인이 있었다"[64]고 한 사실에서도 중국의 제도에 대한 답습이 확실해

62 《고려사》 권65, 〈志〉 19, 〈禮〉 7, 嘉禮 1.
63 《신당서》 권47, 〈志〉 37, 〈百官〉 2, 內官.
64 이 책 제Ⅱ장 1절 1)을 참조.

보인다. 다만 고려 현종 때부터 비빈의 명호로 쓰이기 시작한 귀비·숙비·덕비·현비의 칭호는 당나라 초기 혹은 송나라 초기의 제도와 다른 측면이 많다. 그러나 당송시기의 제도를 도입한 것임에 틀림없다. 그 이하의 칭호 등은 고려의 사료에 보이지 않고 있어 중국의 제도보다 규모가 작았음을 알 수 있다.

요컨대 후비 칭호인 귀비, 숙비, 덕비, 현비는 정종 이후에 사용된 ○○원주, ○○원비, ○○궁주, ○○옹주들과 함께 사용되었다. 이정란의 연구에 따르면, 목종대(997~1009) 이전에는 서비庶妃에게는 기본적으로 '거주하는 궁 이름'+궁부인, '출신지 이름'+원부인, '아칭雅稱 한자'+부인의 세 가지 형태로 '○○부인'이라는 칭호가 사용되었고, 신분이 낮은 여성의 경우에는 부인 호를 쓰지 않고 궁인宮人으로 칭하였다고 하였다. 또한 '부인' 칭호가 왕의 서비들에게만 부여된 것은 아니며 국왕과 혼인관계가 없는 공주들에게도 부여되었는데, 현종대 이후부터는 각 궁·원의 주인임을 뜻하는 궁주·원주 '주主' 계열의 칭호와 귀비·숙비 등 '비妃' 계열의 칭호가 이원적 체계로 구분되었다고 지적하면서, 후비 간 상하질서를 나타내는 왕비-서비-궁인의 칭호와 거처를 나타내는 궁주·원주 등의 칭호를 함께 불렀다고 보았다.[65] 이러한 이정란의 견해는 매우 타당성이 있다고 생각된다. 이처럼 고려시대 후비의 호칭은 조선 초기에 영향을 주었는데, 이러한 사정을 다음 절에서 언급하기로 한다.

2) 후궁 칭호와 용례

《조선왕조실록》에서 사용되는 후궁의 칭호와 그 용례를 언급하기

---

65 이정란, 앞의 논문, 1996, 164·167~180쪽.

전에 왕비의 칭호를 간단히 설명하고자 한다. 조선시대 역대 국왕의 배우자를 가리키는 호칭은 왕비를 비롯하여 궁궐에 거처하는 장소에 따라 중궁中宮, 중전中殿, 내전內殿이라고 칭하였다. 왕비라는 칭호는 1434년(세종 16) 4월, 왕의 배필을 왕비로, 왕세자의 배필을 왕세자빈으로 최종적으로 결정되기 전까지[66] 조선 건국 직후에는 사용되지 않았다. 그동안 모비某妃, 모빈某嬪 앞에 미호美號 한 글자를 덧붙여 살아 있을 때의 비와 빈의 호칭으로 사용해 왔다. 왕비라는 칭호를 사용할 것을 요청한 왕은 세종이었다. 잠깐 그 기록을 살펴보자.

> 동전東殿이라는 칭호를 어느 시대부터 부르게 되었는가. 만약에 '중궁中宮'이라고 한다면 황후와 비슷하게 되어 참람된 듯하니, 칭호를 고치는 것이 옳겠다. 또 왕비에게 아름다운 칭호〔美號〕를 더하게 되어 덕비德妃·숙비淑妃의 유類와 같은 것은 나는 옳지 못하다고 생각한다. 전조前朝에 왕비가 많아서 6, 7명에 이르렀으므로 각기 아름다운 칭호를 더하여 이를 구별하였는데, 중원中原의 제도에서는 '황후'라고만 일컫고 아름다운 칭호가 없으니, 우리나라에서도 또한 '왕비', '왕세자빈'이라고만 일컫는 것이 어떻겠는가.[67]

위 기록에서 세종은 고려에서 아름다운 칭호인 미호를 붙였던 이유에 대해 왕비를 여럿 두었기 때문에 이들을 구별하기 위한 것이라고 설명하면서 '왕비', '세자빈'의 칭호를 사용할 것을 대신들에게 처음 의견을 물었다. 그러나 한 차례에 논의가 있다가[68] 그로부터 2년 후인 1434년(세종 16)에서야 '왕비'라는 공식적인 호칭이 결정되었다.[69] 이때부터 덕비, 숙비처럼 미호를 사용하는 제도를 없애고 미호 없이 왕비라는 칭호를 사용하게 된 것이다.

---

66 《세종실록》 권64, 세종 16년 4월 8일(을묘).
67 《세종실록》 권35, 세종 9년 1월 26일(을묘).
68 《세종실록》 권55, 세종 14년 1월 18일(무인).
69 《세종실록》 권64, 세종 16년 4월 8일(을묘).

태조의 비는 신의왕후神懿王后와 신덕왕후神德王后인데, 신의왕후는 절비節妃로 추존되었고,[70] 신덕왕후는 태조가 즉위한 후 현비顯妃로 책봉되었다.[71] 정종의 비 정안왕후定安王后는 1398년(태조 7)에 덕빈德嬪에서 즉위 후에 덕비德妃로 책봉되었다.[72] 태종의 비 원경왕후元敬王后는 1392년(태조 1)에 정령옹주靖寧翁主를 거쳐 정빈靜嬪으로 책봉되고, 이후 정비靜妃로 진봉되었다.[73] 세종의 정비 소헌왕후昭憲王后는 1408년(태종 8)에 경숙옹주敬淑翁主로 초봉되고 삼한국대부인三韓國大夫人과 경빈敬嬪을 거쳐 공비恭妃로 진봉되었다가 왕비로 개봉되었다.[74]

사후에 올리는 태조의 4대 조모의 존호 역시 예외는 아니었다. 목왕穆王 비妣는 효비孝妃, 익왕翼王 비는 정비貞妃, 도왕度王 비는 경비敬妃, 환왕桓王 비妣는 의비懿妃라고 칭하였다.[75] 양녕대군讓寧大君의 부인을 숙빈淑嬪, 문종의 첫째 부인 김씨를 휘빈徽嬪, 그의 둘째 부인 봉씨를 순빈純嬪이라 불렀다.

왕비라는 경칭 외에 중종 치세기 때에는 '중전'이라 불렀고, 현종 치세에는 '중궁'이라는 칭호가 일반적으로 사용되었으며 효종 치세기에는 '내전'이라고 불렀다. 정조 치세기에는 '중궁' 혹은 '중궁전中宮殿'을 혼용하였다가 고종 치세기에는 '중궁'이라는 칭호 대신 '곤전坤殿'의 호칭을 사용하였다. 이처럼 칭호에 대한 논의가 계속적으로

70 《태조실록》 권4, 태조 2년 9월 18일(경신).

71 《태조실록》 권1, 태조 1년 8월 7일(병진).

72 《태조실록》 권15, 태조 7년 9월 1일(계유); 《태조실록》 권15, 태조 7년 9월 5일(정축).

73 《태종실록》 권36, 태종 18년 11월 8일(갑인); 《태종실록》 권1, 태종 1년 1월 10일(경오).

74 《태종실록》 권15, 태종 8년 2월 17일(병신); 《태종실록》 권34, 태종 17년 9월 12일(갑자); 《태종실록》 권35, 태종 18년 6월 5일(갑신); 《세종실록》 권2, 세종 즉위년 11월 10일(병진).

75 《태조실록》 권1, 태조 1년 7월 28일(정미).

이루어진 것으로 보아 제도적으로 정착되지 못한 듯 보인다.

이러한 칭호들은 왕비가 생존해 있을 때에 사용되었고, 시호諡號를 붙인 ○○왕후王后는 왕비 사후에 사용되었다. 왕비의 배우자인 국왕이 먼저 승하하고 그 후계자가 새로운 왕으로 즉위하면 왕비는 왕대비 또는 대비로 불리며, 또는 자전慈殿·자성慈聖이라는 아칭雅稱도 사용되었다. 이후 손자 항렬의 왕이 즉위하면 왕대비는 대왕대비가 되었다. 이처럼 왕비의 호칭은 후궁의 호칭에 비하면 비교적 간단하였다.

후궁의 칭호는 어떨까? 왕의 부실副室 가운데 최고의 신분인 정1품 빈嬪과 그 이하의 부실을 통틀어 후궁이라고 불렀다. 이 장에서는 《조선왕조실록》에서 나타난 용례를 통하여 이들 용어 간의 개념 차이를 살펴봄으로써 조선시대 후궁의 개념을 더욱 명확히 규명하고 그에 대한 실체를 정확히 파악하고자 한다.[76]

《조선왕조실록》에 기록된 후궁의 호칭은 숙의, 귀인 등 후궁의 작위 외에 궁녀宮女, 궁인宮人, 궁첩宮妾, 궁빈宮嬪, 궁주宮主, 옹주翁主, 빈궁嬪宮, 나인〔內人〕, 잉첩媵妾 또는 잉속媵屬, 빈잉嬪媵,[77] 빈어嬪御,

---

76 이 절은 후궁의 개념과 범위를 이해하는 데 필요한 부분이다. 왜냐하면 후궁의 범주를 정하고자 할 때 정1품에서 종4품까지 제도권 안에 있는 여성을 후궁의 범주에 두는 것은 당연한 일이지만, 승은을 입은 궁인들의 경우엔 제도권 밖에 있는 여성들이므로, 국왕과 사실혼 관계에 있는 이들을 후궁의 작위를 받지 못했다는 이유로 후궁의 범주에 포함시키지 않는 것은 적절하지 않다고 생각되기 때문이다. 따라서 후궁들을 지칭하는 용어로 宮女, 宮人, 宮妾, 宮嬪, 宮主, 翁主, 嬪宮, 內人〔나인〕, 媵妾〔媵屬〕, 嬪媵, 女官, 侍女 등을 사용하였다는 사실을 확인하고, 이를 통해 승은을 입은 궁관직 여성을 후궁으로 범주화하는 데에 무리가 없음을 밝히고자 한다.

77 희공 23년의 주에서는 《의례》 〈士昏禮〉에 의거하여 媵의 쓰임을 다음과 같이 제시하였다. "신랑이 장가갈 때 신부와 함께 시집오는 여자를 '媵'이라고 하는데, 신랑의 세수 수발을 드는 여성이다. 신랑을 따라오는 자는 '御'라고 하는데 신부의 수발을 들게 한다."(楊伯峻, 《春秋左氏傳註》, 中華書

여관女官, 시녀侍女, 빈원嬪媛, 후정後庭 등이 있다. 그런데 이는 이러한 여러 가지 호칭들 사이의 상호 관계를 자세히 기록하고 있지 않아 뚜렷한 기준이 없기 때문에, 내관인 후궁의 호칭이 일반적인 궁관 또는 궁녀를 뜻하는 호칭들과 혼용되고 있다. 우선 《조선왕조실록》에서 보이는 후궁을 가리키는 여러 가지 호칭들을 정리하여 살펴보고자 한다.

(1) 궁인·궁녀·나인·궁첩·궁빈

A1. 제2일에 **궁인**이 어좌御座와 중궁좌中宮座를 내전內殿의 북쪽 벽에 설치한다(《세조실록》 권20, 세조 6년 4월 19일(을축).

A2. 중궁은 연輦을 타고, 숙의는 교자轎子를 타고, 소용·숙용 두 부인과 **궁인** 이하는 모두 말을 탔다(《세종실록》 권59, 세종 15년 3월 25일(무인).

A3. 이번 대비전 탄신일을 맞아서 **궁인**에게 은전을 베풀려는 것이니, 이는 이유 없이 갑작스레 작위를 올려 주는 것과는 다르다. 번거로이 거론하지 말라(《숙종실록》 권17, 숙종 12년 11월 5일(을유).

A4. 김해 관기 칠점선七點仙이 태상왕의 **궁인**이 되어 화의옹주和義翁主로 봉해졌다(《태종실록》 권14, 태종 7년 11월 2일(임자).

A5. 윤우尹愚는 태종의 **궁인** 신씨의 딸을 아내로 맞은 까닭이었다(《세종실록》 권27, 세종 7년 3월 23일(계사).

A6. 감淦의 아비 덕원군德源君 이서李曙는 세조의 **궁인** 근빈 박씨謹嬪朴氏가 낳았다(《연산군일기》 권42, 연산군 8년 1월 2일(을해).

局, 1986, 410쪽) 신부를 奚아 함께 시집가는 여동생을 '娣' 또는 '媵'이라고 하였다. 그러나 '娣'는 同父의 자매를 뜻하고, 반면 '媵'은 같은 아버지의 자매는 물론, 아버지 형제의 딸, 친족의 자매, 같은 집단 내의 연배가 같은 여자, 형제의 딸인 姪까지를 포괄한 개념이었다(楊伯峻, 위의 책, 52쪽). 고대의 제후들은 아내를 맞이하거나 딸을 시집보낼 때 질녀 또는 여동생을 함께 시집보냈는데, 이것을 '媵'이라고 했다. 즉, 조카는 형의 딸이고 동생은 여동생을 가리킨다(《禮記》 〈士昏禮〉. "鄭玄註 古者 嫁女必以姪弟從之 謂之媵 姪兄之子 弟女弟也.").

B1. 세조비 정희왕후는 내전에서 이석향李石享에게 잔치를 베풀어 대접하며, 손수 어의를 내려 주고 **궁녀**로 하여금 삼장원사를 지어서 술을 권하게 하였다(《연려실기술》 권5, 세조조 월사집비月沙集碑).

B2. 경덕궁慶德宮은 이미 지은 칸수가 1천 5백 칸에 달합니다. 대궐의 정전正殿, 동궁의 침전寢殿, 여러 별당 **궁녀**들의 처소 등은 거의 다 지었습니다(《광해군일기》 권144, 광해군 11년 9월 1일(경진).

C1. 드디어 전동田同·김효손金孝孫·강응姜凝·심금沈今·손사랑孫思郎·손금순孫金順·석장동石張同 및 김화숙金淑華의 가인家人들을 잡아와서 군문 앞에서 참수하였다【모두 **나인**의 족친들로서 세력을 믿고 방자하게 굴던 자들이다.】(《중종실록》 권1, 중종 1년 9월 2일(무인).

C2. 각 전·궁의 공상은 모두 해당 전·궁의 공상으로 수용需用하게 하였으므로 **나인**의 분료分料는 항상 부족한 것을 근심하였다(《순조실록》 권5, 순조 3년 12월 25일(병술).

D1. 성비 원씨誠妃元氏가 졸하니 … 임금이 말하기를, 예장은 마땅히 대군의 예에 따라야 하지만, 조회를 정지하는 것으로 말하면 천자가 붕崩하면 7일 동안 항시巷市하고, 제후가 훙薨하면 5일 동안 항시한다. 하지만 **궁첩**이 졸하여 조회를 정지하는 예는 있지 아니하니, 다시 정부와 이를 의논하라(《세종실록》 권126, 세종 31년 12월 29일(임자).

D2. 처음에 대부인 송씨가 정비에게 말하기를, "**궁빈**이 너무 많아서 그것이 점점 두렵다." 하였는데, 정비의 투기는 더욱더 심해만 갔다(《태종실록》 권3, 태종 2년 3월 7일(경인).

보통 궁녀, 궁인, 나인은 왕이나 왕비의 곁에서 일상생활에 필요한 심부름을 한다든지(B1), 행행行幸 때에 그들을 인도한다든지(A2), 때로는 의례나 의식주와 관련된 업무를 담당하는 여성들이다(A1). 이 호칭들은 모두 궁중 안 각 처소의 안살림을 담당했던 전문직 여성들을 가리키는 용어이므로, 왕족을 제외한 궁중의 모든 여인들에 대한 총칭으로 사용되었다.

궁녀란 상궁과 시녀를 합쳐 부르는 칭호이다.[78] 《경국대전》 내명부 체계에서 4품 이상은 국왕의 후궁들을 가리키고 정5품 상궁 이하는 궁인직을 말한다. 궁인은 《경국대전》에 규정된 5품을 상한선으로 하는 여성을 지칭하는 것으로, 이들은 궁중 안 각 처소에 따라 또는 맡은 바 임무에 따라 그 명칭을 달리했다. 이 때문에 이들은 국가로부터 일정한 봉급을 지급받았다(C2).

궁녀는 궁궐 안의 사람이란 의미의 궁인으로 불렸고, 대궐 안의 사람이란 의미의 나인〔內人〕으로도 불렸으며, 궁중에서 근무하는 여성이란 의미의 궁중여관, 궁관으로도 불렸다. 이처럼 궁녀, 여관, 나인 등은 모두 궁궐 잡역에 동원되는 여성들을 통칭하는 호칭이었다. 따라서 종4품 숙원 이상의 여성들은 궁인, 궁녀, 나인의 범주에서 제외되어야 한다. 후궁과 궁인은 내명부의 상과 하로 구성되며, 전자는 시중을 받고 후자는 시중은 드는 처지로서 완전히 다른 부류였기 때문이다.

궁인, 궁녀, 여관, 나인 등은 모두 왕족을 제외한 궁중의 모든 여인들을 총칭한 것이라 생각되지만, 궁궐 잡역에 동원되는 하층 여성들이 내관, 즉 후궁들로 통칭되기도 했다. 사료 A3, A4, A5, A6, B2, C1에서는 후궁을 가리키는 의미로 사용되었다. 실제로 《조선왕조실록》에는 이들 용어들이 후궁이란 의미로 적지 않게 사용되고 있다. 단, 사료 D1과 D2의 경우에는 전적으로 후궁의 개념으로만 사용되었음이 주목되나, 궁빈의 쓰임은 많지 않았다.

이들의 용례를 구체적으로 살펴보면, 의미상 약간의 미묘한 차이를 느낄 수 있다. 때로 후궁들의 집단, 무리들을 가리키거나(B2), 후궁 개인을 지칭(A3, A4, A5)하기도 하였다. 사료 A3과 A4는 후궁 관련 기사로서 숙종의 후궁 영빈 김씨와 태조의 후궁이자 숙신옹주淑愼翁主의 모친인 화의옹주和義翁主를 가리킨다. 이처럼 궁녀, 궁인,

78 홍순민, 〈조선시대 궁녀의 위상〉, 《역사비평》 68, 역사비평사, 2004, 245쪽.

나인이라는 용어에는 궁궐에서 심부름 또는 시중을 드는 여성이라는 의미와 국왕의 부실副室인 후궁이라는 이중적 의미가 사용되고 있었음을 알 수 있다. 이때 이들의 신분은 간택 후궁이라기보다는 일반 궁인으로 뽑혀 왕의 총애를 입는 비간택 후궁들이었다.

사료 C1 역시 이를 잘 보여 준다. 전동·김효손·강응·심금·손사랑·손금순·석장동 모두 연산군이 총애한 후궁들의 인척들이다. 전동은 숙원 전씨의 동생이고, 김효손은 숙원 장씨의 형부이며, 강응은 강채란姜彩鸞[79]의 큰오빠이고, 사랑이는 구수영의 사비私婢였다. 이들은 모두 연산군에게 아첨하기 위해 바쳐진 여성들이다.

그러나 "전 판사 김원호의 딸로 궁인을 삼았다"[80]는 기사에서 보면, 궁인은 간택 절차를 밟아 후궁이 된 신분이 높은 여성에게도 사용되었다는 점이 주목된다. 고려 때에 신분이 높은 후궁에게 궁인의 칭호를 쓰인 예가 많았던 사실로 볼 때[81] 적어도 조선 초기에 고려의 영향을 받았기 때문일 것이다.

궁인은 《조선왕조실록》에서 '궁궐에서 일하는 여성'이라는 의미와 함께 후궁을 가리키는 용어로 사용되었다. 특히 궁인은 전 시기에 걸쳐 이중적인 의미를 지니고 있었다. 이 용어는 조선 초기에 '적비嫡妃의 여러 아들을 대군으로 봉하고, 빈잉嬪媵의 아들을 군으로 봉하고 궁인의 아들을 원윤元尹으로 봉한다'[82]는 기사 내용에서 내명

---

79 1506년(연산군 12) 중종이 즉위한 후 폐위가 된 연산군의 후궁들을 처벌하는 인명에 큰 오빠 강응姜凝이 기재되어 있었던 것으로 보아(《연산군일기》 권63, 연산군 12년 9월 2일(기묘) 흥청에 뽑혀 연산군의 총애를 받았던 여성인 듯 보인다.

80 《태조실록》 권11, 태조 6년 3월 5일(무오).

81 혜종의 궁인 哀伊主(부친: 大干 連乂), 목종의 궁인〔邀石宅宮人〕, 현종의 궁인 김씨〔元成太后〕(부친: 金殷傅), 현종의 궁인 한씨(부친: 평장사 韓蘭卿), 현종의 궁인 이씨(부친: 급사중 彦述) 등은 귀족 관료의 딸로, 출신은 화려하였다(권순형, 앞의 논문, 2010, 111~112쪽).

부의 작위를 받은 빈잉과 구별하여 쓰였다. 이때 궁인은 작위를 받지 못하였으나, 사실혼 관계에 있었던 궁인 출신의 여성일 것이라 추측된다. 그러나 이 용어는 이후에 간택 후궁과 비간택 후궁 모두를 지칭하는 용어로 사용되었다가 정조 이후에는 후궁의 작위를 받지 않은 궁인만을 지칭하였다. 이러한 추이는 정조년에 편찬된 《대전통편大典通編》에 '상궁 이하는 궁인직〔尙宮以下宮人職〕'이라 명시된 사실과 무관하지 않다. 그래서 후궁을 가리키는 궁인 용례의 경우, 대부분 궁인직에 있던 비간택 후궁이 후궁의 작위를 받기 전일 경우에만 사용되었다. 이는 실록 자료 여러 군데에서 확인된다.[83]

그러나 궁인과 달리 궁녀, 나인은 후궁으로 칭하는 용례가 거의 없다. 대부분 왕실구성원의 일상생활을 돕는 후자의 신분 여성을 가리키는 용어로 사용되었다. 간혹 궁녀 직분에 있는 승은 여성을 지칭하였다.[84]

나인〔內人〕은 외인外人의 대칭으로 후궁의 의미로 쓰인 용례가 궁인과 궁녀에 비해 희박하며, 대체로 '일하는 여성'으로만 많이 쓰였다. 후기로 갈수록 이들의 용례를 찾아볼 수 없고, 간택 후궁을 궁인으로 칭하는 경우는 더욱 찾기 어렵다. 그 이유는 무엇일까? 이는 고려시대 내직제의 경우처럼[85] 조선 초기에 내직제가 아직 발달되지 않아 혼용되었기 때문일 것이다.

1397년(태조 6)에 내명부제도가 처음 마련되어 1428년(세종 10) 재

82 《태종실록》 권14, 태종 14년 1월 16일(신묘). "乞以卽位之王嫡妃諸子封大君 嬪媵子封君 宮人子爲元尹."

83 《정조실록》 권14, 정조 6년 9월 7일(신축); 《순조실록》 권20, 순조 17년 10월 11일(신사); 《철종실록》 권5, 철종 4년 2월 22일(정유); 《철종실록》 권6, 철종 5년 7월 10일(정미); 《철종실록》 권11, 철종 10년 10월 15일(신해); 《철종실록》 권14, 철종 13년 윤8월 8일(무자).

84 《연산군일기》 권45, 연산군 8년 8월 30일(기사).

85 권순형, 앞의 논문, 2009, 176~187쪽.

정비되기 전까지 조선 초기에 후궁들의 칭호는 여전히 비,[86] 빈, 궁주 또는 옹주뿐이었다. 때문에 빈 이하의 많은 후궁들이 존재하는 한 궁인, 궁녀, 나인이란 범칭은 꼭 필요할 수밖에 없었다. 그러나 《경국대전》 내명부 직제가 마련되고 '숙의', '숙용' 등 직명이 성姓과 함께 그대로 사용되면서 이 용어들을 사용할 필요가 없게 되었다. 이로써 후궁과 궁인, 간택 후궁과 비간택 후궁 사이의 지위 격차도 점점 심화되었다.

(2) 옹주·궁주

옹주와 궁주는 조선 초기 내직제의 정비와 관련이 있어 주목되는 용어이다. 우선 사료를 살펴보자.

> E1. 정의궁주 권씨貞懿宮主權氏를 봉하여 의빈懿嬪으로 삼고, 신령옹주 신씨愼寧翁主辛氏를 봉하여 **궁주**로 삼았다. 태상왕이 이를 듣고 말하기를, "주상은 그 **옹주**가 아들과 딸이 이미 많고, 또 내 병을 간호한 지가 오래된 까닭이다"라고 하였다(《세종실록》 권15, 세종 4년 2월 20일(정미).

사료 E1에서 정의궁주 권씨와 신령옹주 신씨는 모두 태종의 후궁이다. 권홍權弘의 딸 정의궁주는 1402년(태종 2)에 간택된 후 궁주에 봉작되었고, 신씨는 원경왕후의 여종이었다가 1414년(태종 14)에 신령옹주에서 궁주로 진봉되었다.

국왕의 후궁을 지칭하는 궁주와 옹주의 칭호는 조선시대 이전에도 있었다. 《고려사》 〈백관〉 내직조에서 고려 후비는 정종 이후에 원주·궁주·옹주라는 호칭을 사용하였다고 했다.[87] 사실 궁주는 고려

86 妃의 칭호는 태조의 후궁이자 元庠의 딸인 誠妃元妃가 1406년(태종 6)에 승봉된 경우를 말한다.

시대 국왕의 딸을 가리키는 호칭으로, 공주, 왕후, 부인, 원비, 전주殿主, 택주宅主 등과 함께 사용되었다.[88] 옹주 역시 외명부에 속한 국왕의 딸을 지칭하는 칭호로, 《경국대전》의 규정에 따라 공주의 작위와 함께 조선 전 시기에 사용되었다.

후비나 왕녀를 지칭하는 궁주라는 호칭은 고려 현종 시기에 모두 사용하였다. 왕녀를 지칭하는 궁주는 고려 태조 때 신명태후神明太后가 낳은 딸을 흥방궁주興芳宮主라 칭하면서부터 왕녀를 공주 이외에 '궁주'로도 불렀다. 공주로 책봉된 국왕의 딸이 궁을 하사받고 궁주에 책봉된 경우가 발생되면서,[89] 그들의 신분이 궁주로 인식되었던 것이다. 당시엔 적서 차별이 심하지 않았기 때문에 정비 소생과 후궁 소생의 구분 없이 왕녀 모두를 궁주 또는 공주라 칭했다. 후비를 지칭하는 궁주의 호칭 역시 후비들이 거처하는 궁의 소유주라는 의미로서 공식 칭호 이외의 또 하나의 별칭으로 사용되었다.[90]

옹주의 호칭은 고려 충선왕 이후 신분이 미천한 출신 후비를 옹주로 책봉하면서 후비를 지칭하는 용어로 사용되었다. 그러나 왕후와 후궁을 위한 내직과 여러 관리들의 어머니·아내를 위한 봉증지제封贈之制가 정해져 있음에도 불구하고 당시 여성들을 봉작하기 위한 제도가 문란해졌다. 이 때문에 공민왕대를 거쳐 우왕, 공양왕대에 이르기까지 여성을 위한 관제를 개혁하기 위한 논의가 발의되기에 이른다.[91] 그러나 이러한 논의는 고려가 멸망되면서 더 이상 진

87 주) 55, 56 참조.

88 《고려사》 권77, 〈志〉 31, 〈百官〉 2, 內職; 《고려사》 권91, 〈列傳〉 4, 〈公主〉.

89 積慶宮主(문종), 大寧宮主·興壽宮主·安壽宮主·福寧宮主(숙종), 承慶宮主·德寧宮主·昌樂宮主·永和宮主(인종), 敬德宮主·安貞宮主·和順宮主(의종), 延禧宮主·壽安宮主(명종), 敬寧宮主(신종), 德昌宮主·嘉順宮主(희종), 壽寧宮主(강종), 壽興宮主(고종), 慶安宮主·咸寧宮主(원종), 肅寧宮主·貞信宮主·敬和宮主(공양왕) 등이 있다(《고려사》 권 91, 〈列傳〉 4 〈公主〉).

90 이정란, 앞의 논문, 1996, 160~185쪽.

전되지 못하였다.

국왕의 후궁 및 딸, 그리고 문무 관료들의 어머니와 아내를 대상으로 하는 명부제도命婦制度에 대한 논의는 조선 건국 이후에 이루어졌다. 국초에는 이처럼 일정한 제도가 갖추어지지 않았기 때문에 당나라 제도의 영향을 받은 고려 때의 내직을 답습하였으며,[92] 1428년(세종 10) 내관 제도를 개정하기까지 국왕은 후궁에게 '○○〔아칭〕궁주', '○○〔아칭〕옹주'를 봉작하였다. 이 때문에 국왕의 후궁과 국왕 딸의 호칭은 혼용되고 있었다. 이러한 사정은 아래의 사료에서 잘 보여 준다.

> 이조에서 아뢰기를, "… 궁주는 왕녀의 호칭이 아닌데도 왕녀를 일컬어 궁주라 하고, 옹주는 궁인의 호칭이 아닌데도 옹주라 일컬으니, 이것은 실로 전조의 옛 것을 그대로 따르고 개혁하지 못했던 것입니다."[93]
>
> 대왕대비가 하교하기를, "중국은 비와 빈의 소생을 물론하고 모두 공주라 칭하는데, 우리나라에서는 분수分數에 분명하여 공주와 옹주로 구분하여 호칭한다. … 국초의 고사에는 비록 왕비의 소생이라 하더라도 반드시 모두 공주라 호칭하지를 않고 혹은 군주라 칭하기도 하고, 혹은 옹주라 칭하기도 하며, 혹은 궁주라 칭하기도 하였다. 이러한 칭호들은 바로 관명官名이기 때문에 혹은 딸·손녀에게 사용하기도 하고, 혹은 후궁에게 사용하기도 하여 원래 일정한 제도가 없었다."[94]

---

91 《고려사》 권75, 〈志〉 29, 〈選擧〉 3, 銓注; 《고려사절요》 권27, 공민왕 2, 공민왕 11년 10월; 《고려사절요》 권35, 공양왕2, 공양왕 3년 8월. "都評議使司上疏日 自古天子之配爲后 諸侯之配爲妃 天子之女 謂之公主 諸侯之女 謂之翁主 上下之禮不敢紊亂 所以定名分而別尊卑也 我國家近代以來紀綱陵夷 不循禮制 后妃翁主宅主之稱或出時君之所欲 或因權勢之私情 皆失其義 至於臣僚妻室之封祖宗之贈 俱無定制 乞皆更定 從之."

92 《순조실록》 권4, 순조 2년 11월 17일(갑신). "龍輔日 宮字乃麗朝稱號 而國初之事 多襲麗制 今不可考矣 時秀日 宮字之意 臣未詳焉 而國初禮制未備之時 只遵麗制故也."

93 《세종실록》 권39, 세종 10년 3월 8일(경인).

위 인용문과 같이 궁주와 옹주의 칭호가 남용되었다. 더구나 옹주 호칭은 국왕의 후궁은 물론 왕비의 어머니, 개국공신의 어머니와 아내, 대군의 아내, 종친의 딸 등에게 여전히 혼용되었다.[95]

후술하겠지만, 조선은 내관과 궁관을 대상으로 하는 내명부와 왕비의 어머니, 왕의 딸, 왕세자의 딸, 종친 및 문무 관리의 어머니와 아내를 대상으로 하는 외명부를 정비하고자 했다.[96] 1428년(세종 10)에 내명부 정비와 함께 1440년(세종 22)에 왕녀와 종실녀제도가 정비되면서 국왕의 후궁과 왕녀에 대한 호칭을 구분하였다. 더 이상 왕녀에게 궁주라 부르지 않고, 정비가 낳은 딸을 공주, 후궁이 낳은 딸을 옹주로 부르게 되었다.[97] 옹주의 칭호도 조선 초기에 왕의 후궁이나 대군의 부인에게 주어진 칭호였으나, 적서 차별과 내·외명부 칭호가 확립되면서 호칭의 구별이 뚜렷하게 되었다. 후궁을 지칭하는 작위로서의 옹주는 위계상 궁주의 칭호보다는 하위 호칭이며, 그 지위는 낮았다.

요컨대, 1428년 이후 내관제도가 정비되고 외명부의 작위가 마련되어 후궁의 호칭으로 정1품에서 종4품에 이르는 직명을 사용하게 되면서 왕의 후궁과 왕의 딸의 호칭이 뚜렷하게 구별되었다. 이후로 궁주라는 칭호는 없어지고, 옹주는 후궁의 작위로 더 이상 사용되지 않고, 왕의 서녀만을 가리키게 되었다. 즉, 궁주와 옹주의 호칭이 더 이상 쓰이지 않게 된 것이다.

---

94 《순조실록》 권4, 순조 2년 11월 17일(갑신).

95 《태조실록》 권6, 태조 3년 6월 1일(기사); 《태조실록》 권14, 태조 7년 윤5월 11일(병술); 《태조실록》 권13, 태조 7년 1월 7일(을묘); 《태종실록》 권15, 태종 8년 2월 17일(병신); 《태종실록》 권26, 태종 13년 8월 20일(병인).

96 《태조실록》 권11, 태조 6년 3월 15일(무진); 《태종실록》 권9, 태종 5년 1월 15일(임자); 《세종실록》 권15, 세종 4년 2월 16일(계묘).

97 《세종실록》 권15, 세종 4년 2월 16일(계묘); 《세종실록》 권89, 세종 22년 4월 15일(병술).

(3) 빈궁·빈어·빈원·빈잉

후궁의 용어로 '빈○'이 사용되고 있는 것은 다음 사료 F~I에서 확인된다.

F1. 세자께서 아직 나이가 젊으신데, **빈궁**이라고 어찌 끝내 원손을 탄생하지 못하겠습니까. 그러나 성상께서 종묘사직을 존중하여 후사를 넓히려 하는 뜻으로는 국가를 위하여 염려하는 것이 지극히 당연합니다(《중종실록》 권80, 중종 30년 12월 8일(갑오).

F2. 과군이 불행하게도 적자를 두지 못하고 **빈궁** 김씨에게서 두 아들을 두었는데, 장자는 임해臨海이고 차자는 광해光海라고 합니다(《선조실록》 권107, 선조 31년 12월 28일(기묘).

F3. 제 아비가 대중 속에서 눈을 부릅뜨고 큰소리로, '세자를 탄생한 **빈궁**이 아니면 문안할 수 없는 것이 예법인데, 누가 이를 예로 정하였는가(《순조실록》 권13, 순조 10년 2월 16일(경자).

G1. 삼가 국조의 전례를 따라 사족 가운데에서 처자를 가려 **빈어**에 둔다면 저사儲嗣를 널리 구하는 도리가 오직 여기에 있을 것이다(《헌종실록》 권14, 헌종 13년 7월 18일(을미).

G2. 지금 순빈 엄씨淳嬪嚴氏는 오랫동안 **빈어**의 반열에 있으면서 일찍부터 여자의 도리를 밝힌 명성이 드러났으며, 또 황자를 낳은 귀함도 있습니다(《고종실록》 권41, 고종 38년 9월 20일(양력).

H1. 여러 **빈원**과 내척과 외척이 연줄 따라 드나드는 형세와 빌붙고 아첨하는 태도에 혹 예전 버릇을 아주 바로잡지 못하고 조금 은정을 주신다면, 마음을 현혹하는 병폐가 헤아리지 못할 데에 숨어 있어서 정치에 누를 끼치는 우환이 뉘우쳐도 미치지 못하게 될 것입니다(《인종실록》 권2, 인종 1년 4월 13일(을사).

I1. 태종 때에 종친과 공신과 부마에게 모두 군을 봉하고, 중궁의 아버지와 형제, **빈잉**의 아비까지도 역시 군을 봉하였는데, 외척으로서 군에 봉함을 얻으려 하였어도 얻지 못한 자가 역시 있었다(《세종실록》 권103, 세종 26년 2월 21일(신축).

위 사료 F1에서 빈궁은 세자빈을 말한다. 이 기사는 세자 인종의 잉첩을 간선하고자 명하는 중종과 이를 반대하는 대신 사이에 오고 가는 대화 내용이다. 이때 빈궁은 인종의 세자빈으로, 훗날 인성왕후仁聖王后이다. 세자빈의 작호에 빈궁을 붙여 '○빈궁'이라 칭하고 있는데, 휘빈궁(徽嬪宮, 문종의 폐빈), 순빈궁(純嬪宮, 문종의 폐빈), 정빈궁貞嬪宮 또는 수빈궁(粹嬪宮, 의경세자의 빈), 덕빈궁(德嬪宮, 순회세자의 빈), 현빈궁(賢嬪宮, 효장세자의 빈)은 그 적절한 예이다.

그러나 사료 F2와 F3에서 빈궁은 G1과 G2의 빈어, 사료 H1의 빈원, 그리고 I1의 빈잉과 함께 후궁을 가리킨다. F2에서 빈궁 김씨는 선조의 후궁이자 임해군과 광해군의 모친 공빈 김씨를 말하고, F3은 채제공蔡濟恭의 신원을 호소한 아들 채홍원蔡弘遠의 상소를 적은 기사로서, 빈궁은 정조의 후궁이자 순조의 모친인 수빈 박씨를 말한다. 즉 전자는 비간택 후궁이고, 후자는 간택 후궁이다. 이로써 보면, 빈궁은 간택 후궁은 물론 비간택 후궁 가운데에서 정1품 빈에 속한 후궁일 경우에만 사용되었다. 세자빈에게 작호를 붙여 지칭한 것과 같이 정1품 빈에 봉작된 후궁들에게도 마찬가지로 적용한 것이다. 명빈궁(明嬪宮, 태종), 의빈궁(懿嬪宮, 태종), 혜빈궁(惠嬪宮, 세종), 신빈궁(愼嬪宮, 세종), 인빈궁(仁嬪宮, 선조), 희빈궁(禧嬪宮, 숙종), 영빈궁(暎嬪宮, 영조), 정빈궁(靖嬪宮, 영조), 의빈궁(宜嬪宮, 정조) 등이 그 적절한 예이다. 이를 통해서 볼 때 왕세자의 부인을 칭하는 빈궁과 왕의 후궁을 칭하는 빈궁의 쓰임이 같았음을 엿볼 수 있다.

조선 초기에는 고려시대의 관행을 이어받아 왕비는 물론 세자빈, 후궁 등에게 모두 휘호가 있었다.[98] 태종의 왕비 원경왕후가 정비靜妃로, 의경세자의 빈이 수빈粹嬪으로, 세종의 후궁 김씨金氏가 신빈愼嬪으로 불린 것 등이 좋은 예이다. 그러나 이후 세자빈과 왕의 후

98 이 책 제Ⅱ장 1절 2)를 참조.

궁 가운데 정1품 빈의 경우, 봉작명 빈에 휘호를 붙이면 세자빈과 왕의 후궁 사이에 구별이 가지 않는다는 문제가 제기되면서 예종대부터 왕비, 세자빈, 후궁 등에게 휘호를 붙이는 관행이 사라졌다.

그런데 영조대에 이르러 세자빈에게 휘호를 붙이는 관행이 다시 부활하였다. 그것은 영조의 맏아들 효장세자孝章世子의 빈궁인 조문명趙文命의 딸 조씨 때문이었다. 1728년(영조 4) 효장세자가 사망하고 1735년(영조 11)에 영조는 세자빈 조씨에게 현賢이라는 휘호를 내려 주었는데,[99] 훗날의 사도세자가 되는 원자가 1월 21일에 출생했기 때문이었다. 장차 원자가 세자가 되고 세자빈을 맞이할 경우, 세자빈 조씨와 혼동될 것을 우려한 영조가 미리 세자빈 조씨에게 휘호를 부여함으로써 혼란을 예방하기 위해서였다.

한편 후궁 최고 품계인 '빈嬪' 글자에 '어御'를 붙인 합성어, 빈어의 경우에는 왕의 후궁만을 지칭하는 단어였다. 사료 G의 빈어도 '빈○'의 쓰임과 유사해서 신분과 입궁 여부에 상관없이 정1품 빈에 해당하는 후궁의 용어로 쓰였다. 예컨대, 사료 G1은 헌종의 저사를 잇기 위한 순원대비의 언서로서, 이때 뽑힌 경빈 김씨慶嬪金氏는 간선 직후 중간 단계의 품계 없이 곧바로 정1품 빈에 봉작되었다.[100] 반면 G2에서 순빈 엄씨淳嬪嚴氏는 상궁에서 고종의 총애를 입은 비간택 후궁이었다가 빈에 봉작된 여성이었다. 따라서 빈을 제외한 나머지 품계 종1품 귀인에서 종4품 숙원에 봉작된 후궁에게는 이 용어를 사용하지 않았다.

사료 H1 빈원은 후궁을 가리키나 그 쓰임이 많지 않았고, 사료 I1 빈잉도 국왕과 왕세자의 잉첩을 가리켰으나, 주로 조선 초기에만 사용되었다.

---

99 《영조실록》 권40, 영조 11년, 3월 16일(병술).

100 이 책 제Ⅴ장 1절 4)를 참조.

(4) 기타(잉첩·잉속·액정·후정 등)

그 외에 후궁과 관련된 용어인 잉첩, 잉속, 액정, 후정 등의 용례를 아래의 사료에서 살펴본다.

J1. 전후의 두 왕비와 좌우의 **잉첩**들 가운데 하나도 잉태한 사람이 없으니, 여기에서 사속嗣續의 기대가 끊긴 실상을 알 수가 있다(《경종수정실록》 권3, 경종 2년 3월 26일(신해).

J2. 역시 전후 두 왕비와 좌우의 **잉속**들은 하나도 낳아 기른 사람이 없다고 글로 대답하였으니, … 그런데 '좌우의 잉속'이라는 말이 '양**잉**兩媵'이라는 말로 변조되었으니, … 참으로 두 잉첩이 좌우에서 모신 것을 말한 것은 아닙니다(《영조실록》 권5, 영조 1년 4월 8일(을해).

K1. 전하께서는 잇달아 지금부터 마땅히 **액정**을 경칙警勅하여 등급의 한계를 정돈하고 안과 밖을 엄숙 화목하게 하여 위와 아래의 구분이 확실해지게 하소서(《숙종실록》 권19, 숙종 14년 11월 12일(신사).

L1. 황후와 **여관**이 묘로 들어가는데, 단지 전후로 재배만 할 뿐입니다(《중종실록》 권28, 중종 12년 7월 22일(병신).

M1. 정빈과 **제원**의 명분은 엄격한 구분이 있으니, 낮은 돌을 밟으면 밟은 사람도 낮아지는 것이므로, 조짐을 막는 일은 일이 발생하기 전에 해야 합니다. 이번의 간선이 마지못할 형편에서 나온 것이기는 하나, 배필은 귀하고 **잉첩**은 천하다는 명분도 먼저 구분해야 합니다(《중종실록》 권80, 중종 30년 12월 1일(정해).

N1. 우리 태조께서 명하여 **후정**에 들어오게 하고는 특별히 외조모〔찬덕주씨〕에게 명하여 안아서 기르게 하였으니 … 주씨의 양육한 은혜에 연유했던 것이다(《세종실록》 권71, 세종 18년 2월 2일(무술).

N2. 앞으로 직임이 있는 후궁〔**후정**인〕이 본가에 나갈 때에는 으레 제용감의 면포 4백 필과 정포·백면포 각 50필을 주라(《연산군일기》 권59, 연산군 11년 9월 27일(무신).

N3. 옛날 **후정**을 많이 둔 것은 대개 대궐 안 일에 이바지하고 종손과 지손을

번창하게 하려는 것이다(《연산군일기》 권62, 연산군 12년 6월 13일(신유).

O1. 명빈禖嬪의 상례는 이미 예장을 명하셨으니 유사가 응당 정성을 다하여 봉행할 것이나, 전하에게 명빈은 한 사람의 **희첩**에 불과합니다(《숙종실록》 권38, 숙종 29년 8월 8일(신사).

O2. 사신은 논한다. 반정 후 공신들이 공로를 믿고 교만하고 사치하여 **희첩**을 거느리되 많은 자는 6~7명, 적어도 3~4명에 밑돌지 않았다(《중종실록》 권18, 중종 8년 5월 29일(병신).

위의 사례에서 살펴보았듯이 잉속, 잉첩, 빈잉, 액정, 여관, 제원, 후정, 희첩은 모두 간택 후궁은 물론 비간택 후궁 전체를 포괄하는 개념이었다. 특히 여관은 궁궐 안에서 특정한 직책을 임명받은 여성 관원이라는 의미인데, 내관과 궁관, 내명부 여성 전체를 가리킨다. 사료 J1과 J2에서 잉첩은 왕세자의 부실을 가리키거나,[101] 국왕의 후궁으로 사용되었다.[102] 때로는 사대부의 첩을 가리키는 용어로,[103] 신분에 관계없이 일반적인 부실을 뜻하는 용어라 하겠다.

사료 O에서 희첩도 예외는 아니었다. O1에서 희첩은 숙종의 후궁 명빈 박씨를 가리킨다. 이 용어는 국왕과 왕세자의 첩은 물론 사대부의 첩을 가리키는데, 사료 O2는 중종조 반정 공신들의 첩을 지칭하고 있어 잉첩과 함께 이중적 의미를 갖고 있었다.

(5) 궁호·당호

후궁을 지칭하는 궁宮, 당堂의 호칭은 후궁들이 살았던 생활공간인 궁과 당에 붙여진 건물 명칭이었다. 후궁이 되었을 때 그들이 거

101 《세종실록》 권75, 세종 18년 10월 26일(무자).

102 《중종실록》 권45, 중종 17년 6월 8일(계미).

103 《숙종실록》 권3, 숙종 1년 5월 26일(갑신).

처하게 될 건물을 지정하며, 그에 따른 궁호, 당호가 내려지고 독립 생활을 하도록 했다. 그래서 생전에 후궁을 지칭하는 공식 호칭인 작위, 빈호 외에 거주하는 궁호, 당호를 또 다른 별칭으로 사용하였다. 이처럼 후궁에게 궁호를 내린 것은, 세자빈 또는 후궁에게 휘호를 주는 관행이 정착된 배경과 무관하지 않다고 본다.

궁호는 조선 전기에 보통 후궁이 거주하는 공간을 가리켰다. 하지만 조선 후기에는 후궁의 생활공간에 붙여진 전각명일 뿐만 아니라 국왕의 후궁이자 국왕의 사친私親의 제사궁祭祀宮, 즉 사당〔廟〕 명칭이었다. 전자의 경우에는 경운궁(慶運宮, 인조 생모), 혜경궁(惠慶宮, 정조 생모), 가순궁(嘉順宮, 수빈 박씨), 경선궁(慶善宮, 귀비 엄씨), 숙창궁(淑昌宮, 원빈 홍씨), 경수궁(慶壽宮, 화빈 윤씨),[104] 순화궁(順和宮, 경빈 김씨)이고, 후자의 경우에는 육상궁(毓祥宮, 숙빈 최씨), 저경궁(儲慶宮, 인빈 김씨), 대빈궁(大賓宮, 희빈 장씨), 연호궁(延祜宮, 정빈 이씨), 선희궁(宣禧宮, 영빈 이씨), 경우궁(景祐宮, 수빈 박씨), 덕안궁(德安宮, 황귀비 엄씨) 등이 그런 예이다. 따라서 이 당시 궁호는 특정한 건물이 아니라, 가순궁 박씨, 숙창궁 홍씨, 경수궁 윤씨의 거처를 지칭하는 용어로, 후궁들의 별칭으로 사용된 것이다.

조선 후기에 보편적으로 사용되었던 궁호와 달리 당호는 특정 시기에 집중적으로 사용되었다. 후궁이 거처하게 될 건물, '당'자가 붙은 전각은 왕과 왕비를 위한 침전인 '전殿'자가 붙은 전각보다 위계가 한 단계가 낮은 것이다. 예컨대 숙종대 희빈 장씨의 주거공간인 취선당就善堂과 숙빈 최씨의 주거공간인 보경당寶慶堂을 비롯해서 헌종대 경빈 김씨의 화락당和樂堂, 고종대 후궁들인 귀인 양씨의 복녕당福寧堂, 귀인 이씨의 영보당永保堂, 귀인 이씨의 내안당內安堂, 귀인 이씨의 광화당光華堂, 귀인 정씨의 보현당寶賢堂, 상궁 김씨의 삼축당

104 《정조실록》 권9, 정조 4년, 3월 10일(기축).

三祝堂, 상궁 김씨의 정화당貞和堂 등이다.

요컨대 조선시대 후궁의 칭호는 궁녀, 궁인, 궁첩, 궁빈, 궁주, 옹주, 빈궁, 나인, 잉첩, 잉속, 빈잉, 여관, 시녀, 궁빈, 빈원, 후정 등 다양하게 사용되었다. 이 가운데에 '○○〔아칭〕궁주', '○○〔아칭〕옹주' 등 '주' 계열의 칭호는 내직제의 발달과 연관되어 1428년(세종 10)까지 한시적으로 사용되었으나, 궁인, 궁녀, 나인을 비롯한 다른 용어들은 시기적으로 다소의 차이가 있을 뿐, 내관과 궁관 모두를 엄밀히 구별하지 않고 혼용되었다. 이러한 상황에서 제도권 밖에 있는 궁인 가운데에 국왕과 사실혼 관계에 있었던 여성을 후궁의 범주에 포함시키는 문제를 생각해 볼 필요가 있다.

3) 후궁 유형에 따른 용어 검토[105]

(1) 기존 후궁 용어 재검토

후궁에 대한 정확한 이해와 역사적 실제 운용상을 알기 위해서는 후궁 분류에 따른 기존 용어를 재검토할 필요가 있다. 일반적으로 후궁이 되는 방법에는 크게 간택 후궁揀擇後宮 또는 정식 후궁定式後宮과 비간택 후궁非揀擇後宮 또는 승은 후궁承恩後宮, 두 가지로 구분하는 것이 보통이다. 전자는 궁궐 외부에서 양반 출신 여성으로서 왕비처럼 간택의 절차를 거쳐 가례를 치른 여성이고, 후자는 이러한 과정을 거치지 않고 궁궐 내부에서 궁녀로 있는 동안 국왕이나 세자의 눈에 들어 승은을 입었거나 기타 여러 가지 경로로 입궁하여

105 제Ⅱ장의 3)절과 4)절은 박사학위논문의 내용을 수정, 보완하여 발표한 〈조선시대 後宮의 용어와 범주에 대한 재검토〉(《조선시대사학보》 72, 2015)의 글을 그대로 수록하였다.

지명된 여성들이다.

이들은 같은 국왕의 후궁, 왕세자의 잉첩이라고 해도 출신과 선발 과정에서 큰 차이를 보였다. 전자는 대개 양반 고관들의 딸로 출신 배경이 좋았던 데 비해 후자는 사대부의 첩이었거나 기생, 심지어 노비 출신 등 미천한 여성이었다. 이 때문에 처음부터 종2품 숙의로 임명되어 정1품 빈에 빠르게 승진하는 전자와는 달리, 후자는 종4품 숙원에 처음 봉작되었고 때로는 상궁의 직첩만을 받기도 했다. 후궁의 유형을 크게 두 가지로 나누는 데에는 대부분의 연구자들 간에 별다른 이견이 없다. 그러나 후궁의 유형을 표현하는 용어에 대해서는 차이를 보였다.

지금까지의 연구 성과에서는 전자의 후궁과 후자의 후궁을 각기 "정식 후궁과 승은 후궁", "간택 후궁과 비간택 후궁" 그리고 이전 연구자들의 의견을 적절히 섞은 "간택 후궁과 승은 후궁"으로 달리 부르고 있다. 그러나 정식 후궁과 승은 후궁, 또는 간택 후궁과 승은 후궁은 서로 간 개념의 기준이 일치하지 않고 비교하는 범주가 다르다. '정식' 또는 '간택'은 제도 또는 의례상의 문제이고, '승은'은 사람의 행위 문제이다. 과연 정식 후궁과 승은 후궁의 용어가 적절한지에 대해 기존 연구를 검토하면서 살펴보고자 한다.

조선시대 내명부를 다룬 선구적인 연구로는 1963년에 발표된 김선곤의 〈이조초기 비빈고〉와 1964년에 발표된 김용숙의 〈이조후기 나인생활 연구〉, 그리고 이영숙의 〈조선 초기 내명부에 대하여〉 등이 있다.[106] 특히 이영숙은 정식 후궁과 승은 후궁을 처음 구분하여 개념화했다.

---

106 金善坤, 〈李朝初期 妃嬪考〉, 《역사학보》 21, 역사학회, 1963; 金容淑, 〈이조後期 內人生活 硏究〉(《아세아여성연구》 3, 1964; 李英淑, 〈朝鮮初期 內命婦에 대하여〉, 《역사학보》 96, 1982.

> 선초鮮初의 후궁도 신분과 입궁경위에 따라 정식후궁과 한미한 출신의 승은한 후궁으로 나눌 수 있다. 정식후궁이란 처음부터 왕비나 세자빈처럼 가례색을 설치하고 중외에 금혼령을 내려서 간택하여 들어오는 경우이다. … 궁중의 시녀로 있다가 왕에게 승은을 입고 일약 후궁이 되는 경우를 살펴볼까 한다. 정식후궁에 비하여 문헌상으로는 찾아보기 어려우나 오히려 그 예는 더 많았을 듯하다.[107]

위의 인용문은 후궁의 존재 양상을 정확히 파악하고 용어를 규정지었다는 점에서 선구적인 연구이다. 그러나 여러 가지 사례를 폭넓게 검증하지 않고 내린 결론이라는 점에서 아쉬움을 남겼다. 사실 이영숙도 비간택 후궁의 다양한 신분과 여러 가지 입궁 경로를 인정하고 있었다. 아래의 글은 이를 잘 말해 준다.

> 후궁의 경우 선초에는 궁에 들어오는 경위와 신분 등에 따라 세 종류로 구분하였다. ① 가문, 부덕, 자색을 겸비한 처녀를 간택하여 입궁한 경우와 ② 전·현직 관료가 자기 딸을 납納하는 경우며, ③ 궁인, 비婢, 창기娼妓 등을 승은한 경우 등이다. ①과 ②의 경우를 정식 후궁으로, ③ 경우를 승은한 후궁으로 나누어서 살펴볼까 한다.[108]

이영숙은 위의 글에서 간택된 후궁 이외의 여성을 '승은 후궁'이라 하지 않고 '승은한 후궁'이라 칭하였으나, 이 용어는 지금까지 거의 그대로 받아들여지고 있다.

이에 대해 필자는 〈조선초기의 후궁-태조~성종조 후궁의 신분적 지위를 중심으로-〉에서 "합법적인 예의 절차, 즉 간택을 통하여 직첩을 받는 경우와 그렇지 않은 경우를 기준으로 개념화하였다. 따라

107 李英淑, 위의 논문, 1982, 100~105쪽.
108 李英淑, 위의 논문, 1982, 125쪽.

서 전자를 '간택 후궁', 후자를 '비간택 후궁'이라 명시하였다."라고 하여 기준과 비교하는 범주를 고려하여 파악하였다.109 이 논문은 기존의 구분 방식을 실증적으로 검토한 후 후궁들의 다양한 입궁 사례와 신분 등을 고려하지 않은 채 내린 점을 지적하고 재고의 여지가 있음을 문제 제기한 글이다.

이후 김지영은 〈조선시대 왕실 여성의 출산력: 시기별 변화추이와 사회문화적 함의〉에서 "후궁의 지위에 오르게 되는 방식, 즉 공식적인 간택이냐, 왕의 사적인 선택인 승은이냐에 초점을 맞춰 '간택 후궁'과 '승은 후궁'이라는 용어를 사용하여 구분하고자 한다."110 고 하여 필자의 '간택 후궁'과 이영숙의 '승은 후궁'을 선별적으로 사용하였다.

임민혁 역시 〈조선시대 후궁 숙의淑儀의 간택과 그 지위〉에서 "후궁은 사대부 가문 출신으로 가례를 거쳐 입궐한 부류와 궁녀로서 승작陞爵한 부류로 나눌 수 있다"고 하면서 "숙의 간택과 궁녀 승은이라는 역사적 사실과 함께, 간택과 승은이라는 두 용어가 출신성분을 반영하는 가장 적합한 용어라고 생각한다"111는 의견을 내놓기도 했다. 이러한 김지영과 임민혁의 주장은 이영숙과 마찬가지로 비교 기준을 달리했을 뿐만 아니라 조선시대 후궁의 다양한 존재 양상을 구체적으로 살펴보지 않고 내린 결과라는 점에서 그 문제가 있다. 특히 '출신 성분을 반영한 적합한 용어'라고 그 이유를 설명한 임민혁은, 승은 후궁이 대부분 궁녀 출신이었음을 염두에 두고 있는 듯 보인다. 실제 그는 "내명부의 종2품 숙의 이상에는 간택과 가례를

109 이미선, 앞의 논문, 2009, 51~52쪽; 이미선, 앞의 논문, 2011, 104쪽; 이미선, 앞의 논문, 2012, 32~35쪽.

110 김지영, 〈조선 왕실의 출산문화 연구: 역사인류학적 접근〉, 한국학중앙연구원 한국학대학원, 2010, 47쪽; 김지영, 앞의 논문, 2011, 274쪽.

111 임민혁, 앞의 논문, 2012b, 143쪽.

거쳐 책봉된 부류가 있는가 하면, 천류의 궁녀 출신이 있었다"112고 했다. 그런 관점에서 본다면 '사대부 후궁'과 '궁녀 후궁'이라 칭하는 것이 낫지 않을까 싶다.

이욱 역시 〈조선후기 후궁 가례의 절차와 변천〉에서 전자와 후자를 각기 '사대부 출신 후궁'과 '궁인 출신 후궁'이라 구분하였다.113 이 역시 간택 후궁 외의 후궁 신분을 궁녀로만 인식한 것이다. 이렇듯 이들이 승은 후궁이라 명한 이유는, 그들의 존재 양상이 사대부 출신의 후궁과 궁녀 출신의 후궁으로 나뉜다고 생각했기 때문이다. 그러나 후술하겠지만 비간택 후궁 가운데에는 궁인 외에 분명 비첩, 과부, 기생, 관노, 사대부 집안의 서녀, 중인 집안 딸 등 다양한 신분 출신이 존재하였고, 국왕의 승은 외에 진납, 진헌, 후원, 추천 등 여러 경로를 통해 후궁이 되었다. 따라서 이들의 주장은 여타의 사항들을 고려하지 않았기 때문에 적절하지 않다. 요컨대 필자가 제시한 '간택 후궁'은 대체로 받아들이고 있으나, '승은 후궁'은 이영숙이 제시한 이후 여전히 답습되고 있는 실정이다.114 그러면 여기에서 크나큰 견해 차이를 보이고 있는 '승은 후궁'에 대해 살펴보기로 한다.

보통 '승은'은 '왕의 눈에 들어 하룻밤이라도 같이 자는 것', '왕의 손이 닿은 것', '나인이 하룻밤이라도 왕의 침석寢席에 나아가는 것', '시침侍寢했다' 등을 뜻하는 궁중용어다.115 이러한 의미에서 보면, '승은'은 전적으로 왕의 개인적인 행위, 즉 성관계를 말한다. 따라서 승은 후궁은 '공인公人된 여성'을 가리키는 용어가 아니라 법률적 승인이 결핍된 범주category라는 데 주목해야 한다. 왜냐하면 국왕의 승은

112 임민혁, 앞의 논문, 2012b, 166쪽.

113 이욱, 앞의 논문, 2008, 50쪽.

114 심재우 외, 《조선의 왕비로 살아가기》, 돌베개, 2012, 26쪽.

115 金容淑, 앞의 논문, 1964, 157쪽; 金容淑, 《朝鮮朝宮中風俗硏究》, 일지사, 2000, 12~13쪽; 185쪽.

을 입었다고 해서 모두 후궁이 되는 것은 아니기 때문이다.[116] 여기서 법률적 승인은 내명부 '봉작'을 말한다.

사실 내관과 궁관을 규정하고 있는 《경국대전》〈내명부〉는 법조항이다. 그런 만큼 내명부는 원칙상 후궁제도, 궁관제도와 밀접한 관계가 있으므로 그들은 제도적 장치인 내명부에 속한 여성들이어야 한다. 이는 내명부에서 밝힌 내관의 역할을 설명한 데에서도 알 수 있다.

내명부에는 수장인 왕비 아래로 정1품에서 종9품까지의 품계가 있었다. 정1품에서 종4품까지는 왕의 후궁들로, 그들은 그 지위에 걸맞은 예우를 받았을 뿐만 아니라 그들에게 주어진 역할과 임무를 수행해야만 했다. 즉, 빈과 귀인(1품)은 왕후를 보좌하고 부례婦禮를 논하였고, 소의와 숙의(2품)는 비례妃禮를 찬도하였으며, 소용과 숙용(3품)은 제사와 빈객을 맡았고, 소원과 숙원(4품)은 연침燕寢을 마련하고 사시絲枲를 준비하여 해마다 헌공하였다. 이와 같이 내명부가 왕의 사적인 여성들을 봉작 과정을 통해 공적인 관계로 전환시킨 제도라는 점을 감안한다면, 법률적·제도적 승인이 배제된 승은 후궁은 공적 존재인 후궁의 지위를 적절히 표현해 주지 못한 용어라고 하겠다. 혼인의 예절을 갖추지 않고 행해진 남녀의 성관계를 야합이라고 보고 그 혼인을 인정하지 않은 것과 일맥상통한다.

실제로 왕과 사적인 관계를 맺은 여성 가운데에 내명부에 봉작되지 않은 여성들이 있었지만, 그들은 후궁으로 인정받지 못했다.[117] 오히려 왕의 승은을 입지 않은 여성이 후궁으로 인정받은 경우가 있었다. 바로 태종의 후궁이자, 상호군 조뢰의 딸인 의정궁주義貞宮主

116 金容淑, 위의 책, 2000, 186쪽.

117 예를 들어 연산군 때의 私婢 思郎, 吹笛女 寶杯, 金淑華, 麗媛安氏, 金淑華와 인조 때의 김두남의 딸 등이다. 이들의 행적을 추적할 수 없어 확언할 수 없지만, 그들은 내관은 물론 궁관 어떠한 작위도 받지 못했다.

였다. 그녀는 1422년(세종 4) 2월에 간택 후궁으로 선발되어 필단匹段과 견자絹子 등의 예물을 받았으나, 태종이 승하하는 바람에 태종의 승은을 받지 못했다.118 온 나라가 국상을 치르고 있을 때 조뢰는 세종에게 "내 여식이 비록 혼례식은 거행하지 않았으나, 이미 택일하여 궁중에 들어오라는 명령이 있었으니, 도의상 당연히 성복成服해야 할 것입니다"119라고 상소하여 딸을 국상에 참여시킴으로써 4개월 뒤에 궁주의 관작을 받도록 했다.120 이는 국왕의 사적인 관계인 승은보다 법제적 측면이 더 큰 비중을 차지했음을 의미한다.

법률적·제도적 측면의 중요성은 국가에서 후궁의 자격이 박탈된 여성들을 대우하는 모습에서 잘 나타난다. 덕숙옹주德淑翁主 이씨李氏는 후령군厚寧君 이우李衧를 낳은 태종의 후궁이었으나, 태종 때에 궐 밖으로 쫓겨나서 사가에서 살았다. 1433년(세조 15)에 그녀가 죽자, 장례 과정에서 세종은 대군들이 복을 입지 않아도 된다는 지신사知申事 안숭선安崇善의 의견을 따랐다.121

소용 박씨 덕중德中과 시비 기매其每의 경우도 마찬가지이다. 덕중은 세조의 잠저 시절의 첩이었다가 세조 즉위 이후에 소용의 첩지를 받았다. 그러나 그녀는 1463년(세조 9)에 아들 아지阿只를 잃은 이후122 환관 송중宋重, 귀성군龜城君과의 부도덕한 행실로 처형되어 후궁의 자격을 잃었다.123 정종의 후궁 기매는 영안대군 시절에 지운志云을 낳았으나, 1417년(태종 17)에 환관 정사징鄭思澄과 간통하여 내쫓겼다.124 이 일로 그녀는 왕자를 출산하였는데도 내명부의 관작

118 《세종실록》 권15, 세종 4년 2월 28일(을묘).
119 《세종실록》 권16, 세종 4년 5월 12일(무진).
120 《세종실록》 권17, 세종 4년 9월 25일(기묘).
121 《세종실록》 권61, 세종 15년 윤8월 6일(병진).
122 《세조실록》 권31, 세조 9년 11월 24일(무인).
123 《세조실록》 권37, 세조 11년 9월 5일(기유).

을 받지 못해 후궁의 지위를 인정받지 못했고, 지운조차 왕자로 대우받지 못했다.

귀인 정씨와 귀인 엄씨의 경우에는 가장 사연이 많았던 후궁들이다. 이들은 성종의 후궁이었지만, 연산군이 일으킨 갑자사화甲子士禍에 사사되고 서인으로 강등되면서 그 지위를 잃었다.[125] 물론 정씨의 소생 안양군安陽君 이항李㤚과 봉안군鳳安君 이봉李㦀도 귀양을 가서 사약을 받았고,[126] 엄씨의 딸 공신옹주恭愼翁主와 함께 왕실의 구성원의 지위를 빼앗겼다.[127] 그러나 중종반정 이후에 중종과 조정 대신들은 이미 죽은 정씨와 엄씨, 그리고 자녀를 모두 복작하여 예장해 줌으로써[128] 그들의 지위를 인정해 주었는데, 이는 그들의 법제적 지위를 분명히 밝히고자 했던 것이다.

이제까지 후궁의 유형에 따른 구분 방식인 '정식 후궁'과 '승은 후궁', '간택 후궁'과 '승은 후궁'을 간단히 살펴보았다. '정식' 또는 '간택'은 제도상의 문제이고, '승은'은 행위의 문제이기 때문에 이 둘 사이에는 기준 개념과 비교 범주가 다르다. 뿐만 아니라 간택 후궁은 승은 후궁과 마찬가지로 제도적인 절차 이후에 왕과의 사적인 관계를 갖는다는 점에서 서로 간에 대칭적인 개념이 될 수 없다.

후궁은 법제적 요건을 갖춘 왕실 여성으로서 하나의 공인이었다. 그러므로 국왕의 승은만을 얻은 여성이 후궁으로 인정받지 못하였음을 감안한다면, 승은 후궁은 후궁제에 대한 본연의 의미를 포괄하지 못할 뿐만 아니라 법제적 측면에서도 후궁 신분 자체의 특성을 포함하지 못한다. 따라서 이들의 구분 방식이 적절하지 않다고 생각

124 《태종실록》 권34, 태종 17년 8월 8일(신묘).
125 《연산군일기》 권52, 연산군 10년 3월 20일(신사).
126 《중종실록》 권1, 중종 1년 9월 2일(무인).
127 《연산군일기》 권52, 연산군 10년 3월 27일(무자).
128 《중종실록》 권1, 중종 1년 10월 27일(임신).

하면서 필자가 주장하고 있는 '간택 후궁'과 '비간택 후궁'의 적합 여부를 다음 절에서 살펴보고자 한다.

(2) 간택 후궁과 비간택 후궁 용어 재검토

후궁이 법제적 요건을 전제로 성립되는 개념이라면 그 내부의 구조, 즉 후궁의 구분 방식도 제도적 측면을 고려해서 나누는 것이 합리적이라고 본다. 그런 관점에서 입궁 경로와 신분에 따라 후궁 유형을 '간택 후궁'과 '비간택 후궁'으로 구분하여 설명하고자 한다.

간택 후궁과 비간택 후궁은 합법적인 간택 절차의 유무有無에 따라 구분한 용어이다. 후궁이 되는 데에는 크게 두 가지 방법이 있었다. 하나는 명문대가의 규수가 공식적인 간택 절차를 거쳐 입궁하는 경우였고, 다른 하나는 간택의 절차 없이 후궁이 된 경우였다. 간택은 10세 전후 처녀들 중에서 금혼령을 거쳐 적임자를 잘 살펴 선택한다는 말이다. 세 차례에 걸쳐 행했으므로 '삼간택'이라고 하는데, 아래의 사료는 이를 잘 보여 준다.

> 가순궁嘉順宮은 다른 빈궁의 경우와는 자별하다. 우리 조정의 양반 중에 빈으로 들어온 자도 많이 있는데, 모두 일찍이 예를 갖추지 않았다. 가순궁에 있어서는 다만 친영을 하지 않았을 뿐이지 육례를 모두 갖추었으니, 나인〔內人〕 중에서 은혜를 받은 부류와 어찌 크게 다르지 않겠는가?[129]

위 인용문에서 가순궁은 순조의 모친이자 박준원朴準源의 딸인 수빈 박씨다. 그녀는 1786년(정조 10) 간택에서 뽑혀 이듬해에 정조의 후궁이 된 여성이다. 간택과 육례 절차의 일부를 거행했던 후궁 가례는 예조에서 주관하는 국가 의례로서, 이를 통해 이들은 공적 영

---

129 《순조실록》 권4, 순조 2년 11월 17일(갑신).

역 안으로 수용되었다. 그렇다면 공식적인 삼간택 절차를 거쳐 후궁이 된 여성을 '간택 후궁'이라 부르는 것은 무방할 것이다. 오늘날 간택 후궁은 대체로 별다른 이견이 보이지 않는다.

그렇다면 공식적인 절차를 거치지 않은 후궁은 어떻게 명명해야 될까? 간택 후궁의 대칭적 의미로써 '비간택 후궁'이란 용어를 사용하였다. 조선시대에 비간택 후궁은 대부분 한미한 여성이 궁녀로 입궁하였다가 국왕의 승은을 받고 후궁이 된 경우였다. 이 때문에 이영숙 등은 이러한 부류의 여성을 '승은한 후궁'이라 명시하였다.

앞에서 언급했듯이 '승은'은 궁녀와 왕의 성관계를 뜻하지만, '신하가 임금에게 관직 등의 특별한 은혜를 받는다'는 의미를 내포하기도 한다. 다시 말해 '승은'은 왕권 아래에서 왕으로부터 은혜 또는 총애를 입는다는 보편적이고 포괄적인 개념이었다.

판중추부사 이황李滉이 병을 이유로 귀향하는 자리에서 명사名士 기대승奇大升과 박순朴淳의 시에 화답하면서 지은 시의 내용을 살펴보면, '가련하다. 여러 성조에 은총을 받은〔承恩〕 몸이 부질없이 일곱 차례나 조정을 오갔네.'[130]라 한 것처럼 '승은'의 의미가 후자의 개념으로도 사용되고 있음을 알 수 있다. 후궁의 입장에서 보더라도 비간택 후궁은 물론, 간택 후궁도 왕과 관계〔승은〕를 이루었다. 다만 그 차이는 작첩을 내린 후에 승은을 입었는지〔간택 후궁〕 작첩을 내리기 전에 승은을 입었는지〔비간택 후궁〕, 승은과 작첩에 따른 선후의 문제인 것이다. 후궁 전체로 보면, 대체적으로 승은을 받지 못한 여성은 없었다.

무엇보다 주목되는 점은, 비간택 후궁 가운데에 승은 외에 다른 방법을 통해서 국왕의 후궁이 될 수 있었다는 사실이다. 비간택 후

130 《선조수정실록》 권3, 선조 2년 3월 1일(을사). "可憐 異代承恩渥 空作區區七往還."

궁은 권력자들의 추천 또는 진헌進獻을 통해 후궁이 되었거나, 왕실 여성의 후원으로 후궁이 되기도 했으며, 잠저 시절의 비첩들이 내명부 체제로 편입되면서 자연스럽게 후궁이 될 수 있었다. 이처럼 승은 외에 상납, 추천, 후원 그리고 승봉에 따른 지위 변화에 따라 비간택 후궁이 되기도 했다. 그러면 공식적인 간택 절차와 비공식적인 승은 이외의 다른 경로를 통해 후궁이 된 여성들의 사례를 살펴보기로 하자.

우선 조선 건국 초기 잠저 시절의 비첩들은 남편〔대군〕이 왕위에 등극하면서 내명부 체제에 승봉된 경우였다.131 이것은 왕위계승과 관련된 특수한 정치적 상황에서 나타난 현상이지만, 그 사례가 적지 않다. 그들은 적장자 상속의 원칙에 위배된 국왕의 후궁들로서, 대군의 사적인 첩이었던 지위에서 봉작된 이후에 공적인 지위를 획득하였다. 태조의 후궁 칠점선七點仙은 김해 관청의 기생이었다. 숙신옹주를 낳은 그녀는 1398년(태조 7)에 화의옹주로 봉작되어 태조의 후궁이 되었다. 42세에 왕이 된 정종은 즉위하기 전에 공안부恭安府 소속 여종 자재自在를 총애하였다. 비록 그녀는 1409년(태종 9)에 양인으로 방면放免되었지만, 5남 3녀를 낳은 이후 숙의에 봉작되었고 《선원계보기략璿源系譜紀略》에 등재되었다. 이는 후궁으로 인정을 받은 것이다. 그 외에 정종대의 성빈 지씨, 숙의 지씨, 가의궁주嘉懿宮主 유씨柳氏와 태종대의 효빈 김씨孝嬪金氏, 순혜옹주順惠翁主, 서경옹주西京翁主, 신빈 신씨信嬪辛氏, 그리고 세조대의 근빈 박씨謹嬪朴氏, 소용 박씨 등도 잠저 시절에 첩이었다가 봉작을 통해 후궁이 된 여성들이었다. 한편 정빈 이씨靖嬪李氏는 영조의 후궁인데, 1719년(숙종 45)에 그녀의 소생 경의군(敬義君, 훗날 효장세자)이 태어난 점을 미루어 보면 연잉군 잠저 시절의 첩이었다.132

131 이미선, 앞의 논문, 2009, 59~62쪽.

비간택 후궁 가운데에는 권력가들이 미모가 뛰어난 여성을 국왕에게 진헌, 상납 또는 추천 등의 부정적인 경로로 후궁이 된 사례가 종종 보인다.[133] 권력자들은 오로지 국왕의 총애를 바라고 왕명에 상관없이 그들을 바쳤다. 그 예로 구수영具壽永이 연산군에게 상납한 사랑思郞이와 보배寶杯를 들 수 있다. 구수영은 사돈 임사홍任士洪과 함께 전국의 미녀를 연산군에게 바쳐 당시 연산군의 두터운 신임을 얻고 있었다. 아래 인용문은 연산군에게 사랑이와 보배를 바쳤던 구수영의 부정적인 행각을 잘 말해 준다.

> 대간이 합사하여 아뢰기를, "구수영이 폐주 때에 궐내에서 비밀 교지를 받은 일은 신등이 알지 못하나, 다만 이것은 채홍·채청의 예와 같지 않습니다. 수영이 바친 미녀 사랑이를 추문하니, '우리 이웃집 잔치에 수영도 손님으로 와서 참석하였다가 나를 보고 이름을 묻더니, 이튿날 노마奴馬를 보내 그의 집에 초치招致한 다음에 즉시 궐내로 들어가게 되었습니다. 그리고 같이 궁궐로 들어간 피리를 부는 계집〔吹笛女〕 보배도 수영이 바친 바입니다.'라고 하였습니다. 이를 본다면, 수영이 임금의 명령을 기다리지 않고 자기 사의私意로 계집을 바쳐 은총을 바란 것을 알 만합니다."[134]

사랑이와 보배는 내명부 직제에 봉작되지 못했기 때문에 후궁의 범주에 포함되지 않지만, 권력자들에 의해 추천되어 국왕과 관계를

132 고문서 2784(한문); 고문서 2786(한글). "至於身居小室 翼翼小心 夙宵敬謹 余有過焉 輒必窺諫 余嘗悔悟而改之者 是豈引愛而然哉(디어 신거쇼실 익익쇼심 슉쇼경근 여유과언 쳡필규간 여샹회오이ᄀᆡ지쟈 시긔 인ᄋᆡ이연ᄌᆡ; 몸이 소실〔첩〕에 있을 때에 근신하고 마음으로 조심조심하여 아침저녁으로 공경하고 삼가이 하여 내가 허물이 있으면 문득 반드시 規諫하였고, 내가 일찍이 뉘우쳐 그것〔허물〕을 고쳤는데 이것이 어찌 사랑에 이끌러 그런 것이겠는가!)"

133 이미선, 앞의 논문, 2011, 120~122쪽.

134 《중종실록》 권1, 중종 1년 11월 4일(기묘).

맺었다는 사실은 명백하다. 이러한 경우는 생원 황윤헌黃允獻의 첩이었던 최보비崔寶非에서도 찾아볼 수 있는데,[135] 그녀는 구수영이 연산군에게 상납한 여성 가운데에 후궁이 된 성공적인 사례였다. 절세미인인데다가 음악적 재능이 뛰어났던 보비는 가야금을 잘 연주했기 때문에 구수영의 눈에 띄었다. 이후 그녀는 연산군의 후궁이 되었지만, 전 남편 황윤헌을 잊지 못할 정도로 남편과 금슬이 매우 좋았었다. 구수영이 이런 둘 사이를 갈라놓고 연산군에게 어떻게 그녀를 선보였는지는 알 수 없다. 다만 그가 세종의 8남 영응대군永應大君 이염李琰의 사위이자 연산군의 1녀 휘순공주徽順公主의 시아버지였다는 점에서 세력을 믿고 그녀를 강제로 빼앗아 연산군에게 바쳤을 것이라 추측할 뿐이다.

이와 같이 권력자들은 미색과 재능을 겸비한 여성들을 국왕에게 상납하면서 최측근 세력이 되어 자신의 세력을 공고히 하고자 했다.[136] 실제로 인조 때에 행부호군行副護軍 이명준李命俊은 조기趙琦의 딸과 김두남金斗南의 딸이 공정한 간선〔간택〕이 아닌 부정한 방법으로 입궁하게 된 폐단을 아래와 같이 신랄하게 비판하였다.

> 행부호군 이명준이 소장을 올리기를, "… 궁금宮禁을 엄히 하라는 것은 이렇습니다. 대저 《주관周官》에 따르면 내직은 반드시 명가에서 잘 골라 뽑는다고 했는데, 이는 곤정壼政을 엄히 하기 위한 것입니다. 신이 삼가 여항의 자자한 말을 듣건대, 궁중에 새로 나온 여시女侍가 있으니 바로 조기와 김두남의 첩의 딸이라고 합니다. 그것이 사실인지는 모르겠습니다만 성명을 들어 말하기에 이르렀으니 부실하다고 할 수는 없습니다. 김두남과 조기의 딸은 예선禮選한 것이 아닌 이상, 반드시 부정한 길을 인연하여 나왔을 것입니다. 부정한 길이

135 《연산군일기》 권60, 연산군 11년 10월 6일(정사).

136 《인조실록》 권23, 인조 8년 7월 13일(경인). "往在昏朝 權奸戚里 各立門戶 爭求女色 曲逕媒進 以爲持權 固寵之計 蠱君蠹國 終至於亂亡."

한 번 열리면 이는 국가가 망할 조짐이니, 신은 밥을 먹다가도 수저를 놓고 세도世道에 대해 깊이 우려하고 있습니다."[137]

위 인용문에서 부정한 길이란 간택이 아닌 진헌 또는 상납을 통한 방법이었다. 숙종 때에 인평대군麟坪大君 이요李㴭의 처남이자 이정李楨과 이남李柟의 외삼촌 오정창吳挺昌도 숙종에게 자신의 딸을 진헌하려고 계획했다가 실패한 적이 있다.[138] 이외에 순빈 김씨順嬪金氏는 1580년(선조 13)에 선조의 백형 하원군河原君 이정李鋥의 주선을 통해 선조의 후궁이 되었고,[139] 귀인 조씨는 1629년(인조 8)에 정백창鄭百昌의 주선으로 인조의 후궁이 되었으며,[140] 이조판서 임국로任國老의 서손녀인 소용 임씨는[141] 16살쯤에 숙부 임취정任就正의 추천으로 광해군의 후궁이 되었다.[142] 임취정은 1617년(광해군 9)에 대북파로서 폐모론을 주장했을 뿐만 아니라, 광해군의 복위를 모의하여 사사될 만큼 광해군과는 밀접한 관계에 있던 인물이었다.

후궁이 되는 길에는 국왕의 사적인 선택인 승은과 권력자들의 진헌뿐만 아니라 왕실여성들이 자신의 친척이나 측근 궁녀들을 국왕의 후궁으로 추천하는 경우도 있었다.[143] 특히 숙원 이씨, 인빈 김씨, 숙의 신씨 3대는 어렸을 때부터 궁중에서 자라서 왕실여성의 후원을 받아 후궁이 되었고, 이후 자신도 친정 조카나 여동생을 궁중에

137 《인조실록》 권23, 인조 8년 7월 2일(기묘).

138 《숙종실록》 권10, 숙종 6년 윤8월 4일(경인). "吳挺昌伏誅 挺昌麟坪大君㴭之妻弟 而楨柟母舅也 … 其後挺昌 又欲納其女後宮 爲動搖壼位之階 使鑴請備內官 其計不果行."

139 《선조수정실록》 권14, 선조 13년 2월 1일(신미).

140 《인조실록》 권23, 인조 8년 7월 2일(기묘).

141 豊川任氏中央宗親會編, 《豊川任氏世譜(1797년, 正祖丁巳譜)》, 豊川任氏中央宗親會, 1994, 3~4쪽.

142 《광해군일기》 권70, 광해군 5년 9월 25일(경진).

143 이미선 앞의 논문, 2011, 119~120쪽.

데려다가 후궁으로 추천하였다.

숙의 이씨는 이첨정李添貞의 서녀로 태어나 어려서 부모를 일찍 여의고 조모 나씨(羅世績의 딸)의 슬하에서 자랐다. 조모가 어떠한 이유로 이씨를 궁녀로 입궐시켰는지는 정확히 알 수 없지만, 1556년(명종 11) 그녀는 나이 16살에 중종의 비 문정왕후 윤씨의 지밀나인이 되었다. 이후 문정왕후의 추천을 받아 1558년 18세에 명종의 후궁이 되었다.[144]

인빈 김씨는 어렸을 때부터 14살 많은 외사촌 언니 숙의 이씨 덕분에 궁중에서 생활하였다.[145] 1568년(선조 1) 인빈의 나이 14살 되던 해에 명종의 비 인순왕후 심씨가 그녀를 선조의 후궁으로 추천하였다.[146] 이후 인빈 김씨는 친언니의 딸인 숙원 신씨를 광해군의 잉첩으로 추천하였다. 그녀의 추천은 질녀 숙원 신씨가 미모와 지혜를 겸비한 여성이었기에 가능하였다. 이로써 숙원 신씨에 대한 광해군의 총애 덕분에 인빈 김씨는 왕실 내 영향력을 높일 수 있었고, 자신은 물론 자손에 이르기까지 환란을 겪지 않았다.[147]

그 밖에 창빈 안씨는 1507년(중종 2) 9살에 정식 궁녀로 뽑혀서 성종의 계비 정현왕후 윤씨 소속 궁녀가 되었다가 왕후의 추천을 받아 1518년(중종 13)에 중종의 후궁이 되었고,[148] 귀인 한씨는 명문가의 서녀로서 고모 안순왕후 한씨의 후원에 힘입어 중종의 후궁이

---

144 申欽, 《象村稿》 권23, 〈墓誌銘〉 〈淑儀李氏墓誌銘并序〉(《한국문집총간》 권72, 1991, 30쪽).

145 張維, 《谿谷集》 권13, 〈碑銘〉 〈仁嬪金氏神道碑銘并書〉(《한국문집총간》 권92, 1988, 207~209쪽); 申欽, 《象村稿》 권27, 〈墓誌銘〉 〈仁嬪金氏神道碑銘并書〉(《한국문집총간》 권72, 1991, 104~105쪽).

146 張維, 위의 책, 1988, 207~209쪽; 申欽, 위의 책, 1991, 104~105쪽.

147 申欽, 앞의 책, 1991, 104~105쪽.

148 南九萬, 《藥泉集》 권14, 〈應製錄〉 〈昌嬪墓誌銘〉(《한국문집총간》 권132, 1994, 165~166).

되었다 이와 같이 이들의 존재는 '승은 후궁'의 개념만으로 설명할 수 없다. 국왕이나 세자의 승은 이외에 다른 길로도 후궁이 될 수 있었기 때문이다.

요컨대 비간택 후궁은 궁녀로서 승은을 입은 여성 이외에 첩의 신분에서 봉작된 여성, 진헌 또는 상납된 여성, 왕실여성의 후원 또는 추천을 받은 여성 등을 모두 포함한다. 또한 비간택 후궁의 출신 신분은 궁녀 외에 사대부의 서얼, 중인, 관비, 관기, 기생, 비첩 등 다양했다. 이를 보면 비간택 후궁은 승은 후궁을 포함하는 상위의 개념인 것이다. 이처럼 다양한 입궁 경로와 출신 성분을 배제한 승은 후궁이란 용어는 실제 사례에서 나타난 조선시대 다양한 후궁의 존재 양상을 충분히 설명해 주지 못하고 있다. 따라서 간택 후궁의 대칭적인 개념으로서 승은 후궁 대신 '비간택 후궁'의 사용을 제안하고자 한다.[149]

4) 후궁의 범주

조선시대의 후궁은 그 범위를 어디까지로 보아야 할까? 이때 국왕의 승은만을 입은 여성은 곧장 후궁으로 인정받을 수 있을까 라는 의문이 생긴다. 국왕과 왕세자는 표면상 계사의 확충이라는 목적으로 후궁을 두고 있지만, 비간택 후궁일 경우에는 간택 후궁에 비해 왕의 개인적인 취향에 따라 선택되었다. 전술했듯이 이들 가운데

149 필자가 명명한 '간택 후궁'과 '비간택 후궁'이란 용어로 후궁을 구분하는 강점은 첫째, 특별한 지위를 가진 간택 후궁은 후궁 전체의 내명부직 제수의 기준선이 되고 있다. 둘째, 간택 후궁과 비간택 후궁은 출신 성분 등 명확하게 구분되는 신분상의 구분이 있다. 셋째, 후궁 소생의 왕자 가운데 왕위계승 가능성은 간택 후궁 소생에 우선권이 주어지고 있다. 이처럼 양자의 구분을 통해 조선 전 시기 내명부직 운영의 실제를 규명할 수 있다.

에는 잠저 시절의 비첩들이 내명부 관작을 받아 후궁이 된 여성들과 승은 외에 후원자들의 추천 등 다른 방법으로 후궁이 된 여성들이 많았다. 이들 여성은 내관 또는 궁관직에 봉작되었다. 궁관은 내관과 함께 내명부에 포함되었다.

《대전회통》에 따르면, 후궁은 국왕의 부실로 정1품 빈에서 종4품 숙원 이상의 내관직을 말한다. 궁중에는 왕비 이외에도 여성들이 많아 이들을 총괄하여 내명부라 말하지만, 사실상 정5품 상궁 이하의 여성들은 품계에 명시된 직분에 따라 왕실 안에서 일하는 전문직 여성으로서 일정한 직분과 계급이 있는 까닭에 후궁의 범주에서는 제외된다.

동궁의 잉첩의 경우에도 국왕의 후궁보다 규모가 작고 등급이 낮을 뿐 마찬가지이다. 종6품 수규 이하부터는 제외되고 종5품 소훈 이상 정2품 양제의 내명부들은 동궁의 잉첩에 속한다. 이는 성종 때에 간행된《경국대전》에 따른 것으로 영조 때 이루어진《속대전》이나 정조 때에 편찬된《대전통편》에 수정과 보충이 없이 일관된 제도였다. 이와 같이 내명부에는 왕의 후궁들과 궁인들을 구별하고 있지만, 사실은 반드시 그렇지 않다. 1785년(정조 9)에 편찬된《대전통편》에서 '尙宮以下 係宮人職'과 '守閨以下 係宮人職(세자궁)'을 새롭게 첨가한 것은 상대적으로 궁궐에서는 내관과 궁관을 뚜렷하게 구별하지 않았음을 짐작하게 한다.

궁궐 안에는 왕비를 비롯하여 국왕의 부실인 후궁, 궁중 일을 담당하는 궁관, 그리고 잡역 궁인 등이 존재하였다. 궁관 중에도 국왕의 승은을 입은 여성들이 있었다. 잡역 궁인 이하 가운데에는 공개되지 않은 채 국왕의 승은을 입었어도 내관 또는 궁관에 봉작되지 않은 여성이 있었다.

연산군에게 승은을 받은 여성들이 그 대표적인 사례이다. 연산군은 호색가이며 음란한 폭군이었다. 그는 전국에 미녀를 '흥청興淸'이라는 이름으로 선발하였는데, 천과흥청악天科興淸樂에 소속된 인원수만도 군자창, 풍저창, 광흥창이 빌 정도로 많았었다.[150] 더구나 양반, 유부녀, 큰어머니 월산대군의 부인은 물론 성종의 후궁 숙의 남씨와도 관계를 맺을 정도로[151] 주색에 빠졌다. 태종도 가까이한 궁인들이 많아 원경왕후 민씨가 화를 내서 정비전의 시녀들을 궁궐에서 쫓아내기도 했고,[152] 성색을 좋아한다고 내서사인內書舍人 이지직李之直과 좌정언左正言 전가식田可植의 상소를 받을 정도로[153] 시녀와의 관계가 잦았다. 이처럼 궁궐 안에 있는 모든 여성들은 국왕의 의지와 취향에 따라 얼마든지 승은을 받을 수 있었다.

국왕의 승은을 받은 여성은 후궁이 될 수 있는 최소한의 기본적인 자격을 얻은 셈이다. 승은은 후궁이 되는 데 필요한 요건 중에 하나이지만, 그보다 더 중요한 자격 조건은 봉작이었다. 따라서 궁인 중에는 왕의 개인적인 취향 또는 의지에 따라 승은을 입은 여성들이 많았지만, 승은을 입었다고 해서 후궁이 되는 것은 아니었기 때문에 후궁의 범주를 명확히 규정하지 않을 수 없다. 이 절에서 조선시대 후궁들의 범위를 살펴보고자 한다. 먼저 후궁이 되는 범위에 포함되는 몇 가지 조건을 밝히고 그것의 사례를 통하여 구체적으로 증명하는 방식으로 고찰하고자 한다.

먼저 후궁의 범주를 설정하기 위한 자격 조건을 제시할 필요가 있을 것이다. 후궁이 되는 요건이란 여성이 국왕의 후궁으로 인정받기 위해 갖추어야 할 필요조건을 말한다. 후궁이 되는 필요조건은 봉작과 국왕과의 일정한 관계〔승은〕이다. 그 조건들을 몇 가지 살펴

150 《연산군일기》 권60, 연산군 11년 11월 3일(갑신).

151 《연산군일기》 권57, 연산군 11년 4월 12일(정묘); 《연산군일기》 권62, 연산군 12년 6월 9일(정사); 《연산군일기》 권63, 연산군 12년 8월 5일(임자).

152 《태종실록》 권1, 태종 1년 6월 18일(을해).

153 《태종실록》 권3, 태종 2년 4월 1일(계축).

보면, 첫째는 내관 봉작이고, 둘째는 승은+궁관 봉작이며, 셋째는 왕자녀 출산+궁관 봉작이고, 넷째는 승은+사회적 공인〔대우〕 등 네 가지 기준을 제시하고자 한다. 이 조건들 중에 하나라도 충족된 여성이라야만 후궁으로 인정되는 것이다. 단 이러한 조건이 충족된 여성이더라도 그 지위가 지속적이지 않으면 후궁으로 인정받을 수 없다.

우선 내관 봉작은 내관(정1품~종4품)에 봉작된 모든 여성을 말한다. 간택 후궁은 왕비나 세자빈과 마찬가지로 금혼령과 간택 절차를 거쳐 내명부의 작위를 받은 여성들이다. 이들은 왕자녀의 유무에 관계없이 승은 전에 내명부〔내관〕의 관등체제 안에 봉작되었다. 간택 후궁이 봉작을 받고 난 이후에 승은을 입었던 데 비해, 비간택 후궁은 보통 승은을 받은 후에 내명부〔내관〕에 봉작되었다.

원래 봉작제도는 왕실을 안정시키기 위한 일환이며 핵심 관료세력을 예우 또는 포섭하려는 목적에서 만들어진 제도였다. 이 때문에 이들에게 수여된 작위는 남다른 지위를 받게 되고 품계별로 지위에 따른 신분을 보장받게 되었다. 따라서 이들은 공식적인 봉작 과정을 치르게 되면서 그 신분적 지위를 공인받게 된 것이다. 이 때문에 이들은 모두 후궁의 범주에 포함된다. 조선시대 간택 후궁들을 정리해 보면, 【표 Ⅱ-4】와 같다.

【표 Ⅱ-4】 조선시대 간택 후궁

후궁	지위	봉작	국왕	후궁
간택 후궁	잉첩〔17명〕	내관	문종	승휘 정씨, 숙빈 홍씨, 승휘 유씨, 숙의 문씨, 소용 권씨, 소훈 윤씨
			단종	숙의 김씨, 숙의 권씨
			덕종	숙의 신씨, 귀인 권씨, 숙의 윤씨
			예종	숙의 최씨, **후궁 이씨**
			연산군	숙의 곽씨
			인종	귀인 정씨, 숙빈 윤씨, 혜빈 정씨
	후궁〔44명〕		태조	정경궁주 유씨, 성비 원씨, **김원호의 딸**
			태종	의빈 권씨, 명빈 김씨, 소빈 노씨, 숙공궁주 김씨, 의정궁주 조씨, 신

				순궁주 이씨, 혜순궁주 이씨
			세종	장의궁주 박씨, 명의궁주 최씨
			문종	**현덕왕후 권씨**
			예종	**안순왕후 한씨**
			성종	**폐비 윤씨, 정현왕후 윤씨,** 귀인 권씨, 숙의 홍씨, 숙의 남씨
			연산군	숙의 윤씨, 숙의 권씨, 숙의 민씨, **장석조의 딸**
			중종	**장경왕후 윤씨,** 희빈 홍씨, 숙의 나씨
			명종	소의 신씨, 숙의 정씨, 숙의 정씨
			선조	귀인 정씨, 정빈 민씨, 정빈 홍씨, 숙의 정씨
			광해군	숙의 원씨, 숙의 허씨, 숙의 홍씨, 숙의 윤씨, 숙의 권씨
			인조	귀인 장씨
			숙종	영빈 김씨
			정조	수빈 박씨, 원빈 홍씨, 화빈 윤씨
			헌종	경빈 김씨(헌종)

* 항목 '지위'는 입궁 시 지위를 말한다.
* 굵은 글씨는 간택 후궁이었다가 지위 변화로 말미암아 후궁의 범주에 포함되지 않은 여성들이다. 단 조선시대 후궁의 수치에는 포함시켰다.

그러나 작위를 받은 이후에 왕비로 승격되었거나, 신분이 박탈되어 후궁의 지위가 지속적으로 이루어지지 않은 경우가 있다. 그 대표적인 사례가 바로 후궁에서 왕비의 지위를 얻게 된 여성들이다. 예를 들면, 문종비 현덕왕후 권씨, 예종비 안순왕후 한씨, 성종비 폐비 윤씨와 정현왕후 윤씨, 중종비 장경왕후 윤씨이다. 이들은 국왕의 후궁 또는 동궁의 잉첩이었다가 왕비로 승격되었거나 추존되었기 때문에 처음에 후궁의 신분으로 입궐하였으나, 후궁이 아니다.

간택된 여성이라도 후궁에 봉작되지 못했음은 물론 왕과의 지속적 관계가 이루어지지 않은 여성들도 있다. 사헌부 감찰司憲府監察 이의생李義生의 첩녀는 예종의 잉첩으로 간택되었다.[154] 그러나 이후에 그녀의 행방을 알 수 없고 봉작된 기록도 없으므로 후궁으로 인

154 《세조실록》 권31, 세조 9년 12월 21일(을사).

정받을 수 없다. 연산군 때에 장석조張碩祖의 딸도 간택되었지만[155] 연산군이 폐위되는 바람에 그녀의 종적을 더 이상 확인할 길이 없다. 1535년(중종 30)에 윤개尹漑의 딸도 윤원형尹元亮의 딸〔숙빈 윤씨〕과 함께 세자〔인종〕의 잉첩으로 최종적으로 간택되었지만,[156] 작서灼鼠의 변에 가담한 영춘군永春君의 아내 박씨의 외손녀라는 이유 때문에 결국 취소되었다.[157] 인조의 후궁이었던 이성길李成吉의 천첩 소생의 딸도 후궁으로 뽑혀 들어갔으나, 인열왕후에게 미움을 받아 쫓겨났고, 이후에 구인후具仁垕의 아들 구오具鏊의 첩이 되었다.[158] 간택 이후에 이들은 내관에 봉작되지 못했음은 물론 왕과의 지속적 관계가 이루어지지 않았기 때문에 공식적인 지위를 보장받지 못했다는 점에서 후궁이라 인정받을 수 없는 것이다.

다음 승은+궁관 봉작의 경우는 왕의 승은을 입었지만 내관이 아닌 궁관에 봉작된 여성을 말하고, 왕자녀 출산+궁관 봉작은 궁관에 머물러 있지만 승은을 입고서 왕자녀를 출산한 여성을 말한다. 이들은 비간택 후궁들로 모두 후궁의 범주에 포함된다. 《경국대전》〈내명부〉 조항에서 후궁의 범위는 정1품 빈에서 종4품 숙원까지에 해당하는 작위를 받은 여성들이다. 그러나 1505년(연산군 11) 2월, 연산군의 전교傳敎 가운데에 작위를 받지 못한 후궁을 대우하는 기사 내용이 나와 주목된다. 그 내용은 아래와 같다.

> (전교) "아들이 귀하게 되면 어미가 영화롭게 됨이 이치에 있어서 당연하니 숙의·숙용·숙원 등도 그 작차爵次의 높고 낮음에 따라 그 부모가 살았으면 벼슬을 주고, 죽었으면 추증하여야 마땅하다. … 후궁은 작질이 없더라도 그 부

155 《연산군일기》 권63, 연산군 12년 8월 25일(임신).
156 《중종실록》 권81, 중종 31년 5월 15일(기사).
157 《중종실록》 권81, 중종 31년 5월 20일(갑술).
158 《인조실록》 권47, 인조 24년 11월 15일(무오).

【도판 Ⅱ-2】 현덕왕후 추상시호 금보
1450년(세종 32)에 '현덕顯德'이라는 시호를 올리면서 만든 어보로, 금보에 현덕왕후지보顯德王后之寶를 새겼다(국립고궁박물관 소장).

모가 죽으면 역시 부의賻儀를 보내야 한다. 그리고 자신이 죽은 자에 대하여서는 상장喪葬의 여러 가지 일을 근인謹人 상장의 예例대로 하되, 위로 등차하여 올라가서 숙원·숙용·숙의에 이르도록 그 작차에 따라 그 등차를 정하라."[159]

위 전교 내용에서 작질이 없는 후궁이라도 숙원 이상 후궁들과 마찬가지로 그 부모가 죽으면 부의를 보내고 그 당사자가 죽으면 상장의 모든 일을 근인의 예대로 하도록 명시하고 있다. 이는 곧 '무작후궁無爵後宮'의 존재를 인정하고 있는 것이다. 작위후궁爵位後宮이 4품 이상의 내관에 봉작된 후궁이라면, 여기에서 무작후궁은 후궁의 작위를 받지 못한 여성일 것이다.

내관 작위를 받지 못한 후궁의 존재가 봉작제자법封爵諸子法을 논의하는 과정에서도 확인된다. 1414년(태종 14) 정월에 '군주의 적비의 여러 아들을 대군으로 봉작하고, 빈잉의 아들을 군으로 봉작하며, 궁인의 아들을 원윤元尹으로 봉작한다'[160]고 규정하였다가 1417년

159 《연산군일기》 권57, 연산군 11년 2월 28일(갑신).

(태종 17) 9월에 태종은 '즉위한 임금의 빈잉 및 궁인의 아들을 봉작하는 것과 친자 및 친형제의 적서 자손은 한결같이 예전 제도에 의하여 그 품직을 제한하지 말고 …'[161]라 하여 빈, 잉, 궁인의 아들, 즉 왕의 서자들의 작위를 한정할 필요가 없음을 주장하였다. 이로 볼 때 정5품 상궁 이하가 비록 공식적인 후궁의 작위는 아니지만, 국왕의 승은을 받고 궁관에 봉작된 여성들까지 후궁으로 공인하고 있음을 보여 준 것이라 하겠다.

승은을 입고 궁관에 봉작된 여성이 후궁으로 인정받았던 사례가 종종 확인된다. '선조대의 박상궁이란 여성이 선조의 승은 후궁이다'[162]라거나 예종의 상궁 기씨의 경우에도 '선왕의 후궁'[163]이라고 칭하고 있어서 당시 궁관에 봉작된 이들을 후궁으로 공식적으로 인정하고 있었음을 알 수 있다. 사실상 그들은 왕의 후궁이나 그 지위로서는 승은 상궁의 위치에 있었던 것으로 보인다.

승은 상궁은 왕의 승은을 입고도 정5품 상궁의 지위에 머물러 있으면서 일정한 후궁의 작첩을 받지 못하고 다른 후궁들과 같이 오직 왕의 곁에서 시침을 드는 여성이다. 이를 '특별 상궁'이라고도 한다.[164] 실제로 중종의 후궁 귀인 한씨는 1518년(중종 13)에 중종의 승은을 받고 후궁으로 인정받은 1520년에 처음으로 정7품 전빈典賓의 작첩을 받았다. 계속적인 왕과의 관계가 이루어졌으나, 그녀는 1529년(중종 24)에 상궁의 직첩을 받는 데 그쳤고, 3년 뒤인 1532년

---

160 《태종실록》 권27, 태종 14년 1월 16일(신묘).

161 《태종실록》 권34, 태종 17년 9월 2일(갑인).

162 《현종실록》 권4, 현종 2년 1월 5일(을묘). "宮中舊有老朴尙宮者 宣祖朝承恩後宮也."

163 《성종실록》 권226, 성종 20년 3월 16일(갑술). "睿宗尙宮奇氏卒 傳于承政院曰 先王後宮卒 聞樂無乃不可乎."

164 金容淑, 앞의 책, 일지사, 2000, 12~13·78쪽.

에야 비로소 내관지인 종4품 숙원에 승봉되었다.[165]

창빈 안씨의 경우에도 예외는 아니었다. 그녀는 1507년(중종 2) 9살에 궁녀가 되고 1518년(중종 13) 20세에 중종의 승은을 입은 이후 1520년 22세에 상궁의 직첩을 받았다. 이후 1529년(중종 24) 31세에 숙원, 42세에 숙용에 올랐다.[166] 이와 같이 승은을 입은 이후에 궁관의 작첩을 초작으로 받았던 것으로 보아, 이들 여성이 궁관에 속해 있을 때에도 후궁으로 인정받은 것으로 보인다. 따라서 이러한 경우에도 후궁의 범주에 포함시켜도 좋을 것이라 생각된다.

1623년(인조 1) 반정 이후에 인조와 대신들이 폐조 광해군의 후궁들을 처리하는 문제를 논의하는 과정에서 상궁 김개시를 후궁으로 인정하고 있었다는 사실은 매우 흥미로운 대목이다.[167] 숙종의 후궁 명빈 박씨의 경우에도 숙종의 비망기에 "상궁 박씨가 빈어의 자리에 함께 있는 지 거의 10년이 되었다"[168]라고 한 사실에서도 승은을 받은 궁인직 여성을 후궁의 범주에 포함시킬 수 있는 부분이다. 그 사례를 《계축일기》에 자신의 억울한 처지를 '왕이 가까이한 여자들'이 알아야 한다고 강조한 김상궁 응희應希의 경우에서도 찾아볼 수 있다.

---

165 崔岦, 《簡易集》 권2, 〈墓誌銘并序〉 〈貴人韓氏墓誌銘〉(《한국문집총간》 권49, 1990, 241쪽).

166 申晸, 《汾涯遺稿》 권10, 〈碑銘〉 〈昌嬪安氏神道碑銘并序〉(《한국문집총간》 권129, 1994, 519~520); 南九萬, 《樂泉集》 권14, 〈應製錄〉 〈昌嬪墓誌銘〉(《한국문집총간》 권132, 1994, 165~166).

167 《인조실록》 권3, 인조 1년 9월 14일(신축). "〔同知事鄭〕曄曰 廢朝宮人金氏任氏等罪惡甚重 殺之可矣 至如後宮被竄 前古未有之事 揆諸典律 似爲未安 史臣曰 宮妾之害 何代無之 未有甚於廢朝者也 金氏卽所謂金尙宮者也 曾在宣廟後宮 後爲廢主所寵 戊申宣廟昇遐之日 有藥飯置毒之說 賊臣李爾瞻附托於金 兇謀秘計 無不與同."

168 《숙종실록》 권32, 숙종 24년 11월 4일(을축). "上下備忘曰 尙宮朴氏之同在嬪御 殆近十年."

그중 김상궁은 열네 살에 호종扈從하야 촌시도 떠나지 아니하고 환조還朝하오시니, 간고艱苦히 시위한 일로는 대공신大功臣을 하렸마는, 내인인 전차로 반공신半功臣도 못하나 결제위장闕制衛將하이오시고 궁인 중에도 위대하오시더니 이 적의 머리지어 잡아내니, 그 사람이 나가는 서문 안에 앉아서 하되, "아모 나라힌들 아비 첩을 나장의 손에 잡아내, 임군도 사오납거니와 신하도 하나도 사람이 없도다. 이덕형, 이항복 머리지어 예 앉았더니 임진 호종신扈從臣은 내 이름 모르시리 없아리이다.[169]

위 기록은 영창대군의 무옥사건誣獄事件으로 잡혀 들어갈 때의 김상궁의 넋두리이다. 김상궁은 어린 시절 궁에 들어와 일찍부터 선조를 시위하는 일을 맡았던 상궁이었다. 특히 임진왜란 당시 잠시도 선조 곁을 떠나지 않고 모셨던 여성인데, 선조가 죽은 후에는 인목대비전에서 일을 했다. 본래 김상궁의 역할은 왕의 곁에 있으면서 불편이 없도록 모든 시중을 드는 지밀상궁至密尙宮이었을 것이라 추측된다. 그러나 김상궁은 직무상의 상궁 역할만이 아니라 선조와 잠자리를 했던 것으로 보인다. 그녀가 광해군에 대해 자신을 '아비의 첩'이라고 칭하고 《광해군일기》에도 스스로 선왕의 총애를 입었다고 주장하는 아래의 사료가 이를 뒷받침해 준다.

전교하기를, "이 궁인들은 의인왕후의 능에 저주하는 못된 짓을 대대적으로 자행했으니 그 죄악이 넘쳐흐른다 하겠다. 그리고 역적이 격서檄書에서 나를 극악한 이름으로 지칭한 것도 모두 이 자들의 소행 때문이니 이치상 당연히 엄하게 국문하여 사실을 밝혀내야 할 것이다. 그런데 응희가 스스로 죄가 중하다는 것을 알고는 일찍이 선왕의 총애를 받았노라고 핑계대고 있다. 참으로 가까이 총애를 받아 후궁이 된 사람들은 내가 어찌 모르고 있겠는가마는, 그래도 혹 한두 번 총애를 받았는지에 대해서는 역시 단정하기가 어려운데, 그럴 경우 그대로 국문한다면 의리에 손상됨이 어찌 없겠는가. 미안한 점이

169 정은임 교주, 《계축일기》, 이회문화사, 2005, 63~64쪽.

있으니 이 죄목으로 사사賜死하는 것이 좋겠는데, 경들은 십분 의논해 아뢰라." 하였는데, 대신이 그렇게 하는 것이 온당하다고 하여 마침내 사사하였다.[170]

위 인용문에서 광해군은 김상궁을 처벌하는 과정에서 결국 그녀를 선조의 승은을 받은 상궁으로 대우하여 최소한 국문하지 않고 죽였다. 이 사료에서 '그래도 혹 한두 번 승은을 받았는지에 대해서는 역시 단정하기 어려운데'라고 한 광해군의 말에서 한두 번의 왕과의 관계로 승은 궁녀가 후궁으로 인정받지 못했다는 사실도 알 수 있었다.

현존하는 《궁중발기宮中撥記》에서도 《계축일기》의 김상궁과 같은 처지의 여성이 보인다. 고종의 후궁은 영보당 귀인 이씨, 귀인 장씨〔의친왕 생모〕, 복녕당 귀인 양씨〔덕혜옹주 생모〕, 광화당 귀인 이씨〔李堉 생모〕, 보현당 귀인 정씨〔李堣 생모〕, 내안당 귀인 이씨〔왕녀 조졸〕, 삼축당 김씨, 정화당 김씨 8명이었다.[171] 상궁 김옥기金玉基의 경우, '부왕이 총애하시던 후궁'이라 하여 순종은 '삼축당'의 당호를 내렸는데, 고종의 후궁으로 인정한 것이다. 그 때문에 그녀는 다른 후궁들과 마찬가지로 경제적인 대우를 받았다.[172] 비록 그녀는 왕자녀를 출산하지 못하여 고종 당시에 당호를 받지 못했지만, 순종으로부터 고종의 후궁으로 인정받았고 사회적으로도 공인을 받았다. 정화

170 《광해군일기》 권66, 광해군 5년 5월 24일(신사).

171 김용숙, 앞의 책, 2000, 187쪽.

172 1926년 3월 순종이 퇴출 궁인들에게 지급한 급여명세서를 보면(김용숙, 앞의 책, 2000, 85쪽 자료 재인용), 김옥기는 귀인 복녕당(580원), 귀인 광화당(480원), 귀인 정화당(280원), 귀인 보현당(280원), 귀인 영보당(200원), 귀인 내안당(200원)과 함께 일정한 급여(115원)를 받고 있었다. 또한 《궁중발기》의 의차건기(衣次件記, 옷감발기)에서도(김용숙, 위의 책, 2000, 13쪽, 재인용) '년년 각 당(各堂) 설비음 저고리감次 나리오신 불긔〔正初에 衣次 내리신 기록〕'라고 하여 복녕당, 광화당, 보현당과 함께 옷감을 받았다.

당 김씨의 경우에도 예외는 아니어서 삼축당보다 더욱 특이한 경우이다. 명성왕후 시해 사건 이후 그녀는 왕비의 내정자였지만, 48세의 나이가 되서야 고종의 후궁에 봉작되었다. 이럴 경우 그들의 신분은 상궁에 있었지만 왕의 후궁이라고 할 수 있다.[173] 조선시대 비간택 후궁들을 정리해 보면【표 Ⅱ-5】와 같다.

【표 Ⅱ-5】 조선시대 비간택 후궁

후궁	지위	봉작	자녀	국왕	후궁
비간택 후궁	비첩	내관〔15명〕	有〔15명〕	태조	화의옹주 김씨, 찬덕 주씨
				정종	성빈 지씨, 숙의 지씨, 숙의 기씨, 가의궁주 유씨
				태종	효빈 김씨, 신빈 신씨, 순혜옹주 장씨, 혜선옹주 홍씨, 서경옹주
				세조	근빈 박씨, **소용 박씨**
				효종	안빈 이씨
				영조	정빈 이씨
	궁녀	궁인직〔17명〕	有〔8명〕	정종	시의 이씨
				세종	상침 송씨, 사기 차씨
				문종	사칙 양씨
				장조	숙빈 임씨, 경빈 박씨
				고종	상궁 염씨, 상궁 김옥기
			無〔9명〕	예종	상궁 기씨
				선조	상궁 박씨
				광해군	상궁 김씨, 상궁 이씨, 상궁 최씨, 상궁 변씨
				인조	상궁 이씨
				고종	상궁 서씨, 상궁 김충연
		내관〔41명〕	有〔36명〕	태종	효빈 김씨, 선빈 안씨, 정빈 고씨, 숙의 최씨, **덕숙옹주 이씨**, 신빈 신씨
				세종	숙의 조씨

173 김용숙, 앞의 논문, 1964, 157쪽. 김용숙은 국문학자로서, 조선 말 궁녀들의 인터뷰를 통해 궁중풍속을 연구하였다. 특히 이 글은 당시 83세였던 趙尙宮〔趙霞棲〕과의 10차례의 접촉 끝에 궁중생활 모습을 사실적으로 다룬 보고서로서, 조선 말에 특별 상궁을 후궁으로 인정하였음을 알 수 있다.

				연산군	숙의 이씨, 숙원 장씨, 숙원 전씨
				중종	경빈 박씨, 귀인 한씨, 숙원 이씨
				선조	공빈 김씨
				숙종	희빈 장씨, 숙빈 최씨, 명빈 박씨
				영조	영빈 이씨, 귀인 조씨, 숙의 문씨
				정조	의빈 성씨
				순조	숙의 박씨
				헌종	숙의 김씨
				철종	귀인 박씨, 귀인 조씨, 숙의 방씨, 숙의 김씨, 숙의 범씨
				고종	귀비 엄씨, 귀인 이씨, 귀인 이씨, 귀인 장씨, 귀인 양씨, 귀인 이씨, 귀인 이씨, 귀인 정씨
			無〔5명〕	연산군	숙원 김씨, 숙원 정씨
				광해군	소용 정씨
				숙종	귀인 김씨, 소의 유씨
	기타	내관〔12명〕	有〔12명〕	연산군	숙원 최씨, 숙원 장씨, 숙원 정씨
				중종	귀인 한씨, 창빈 안씨
				명종	숙의 이씨
				선조	순빈 김씨, 인빈 김씨, 온빈 한씨
				광해군	소용 임씨, 숙원 신씨
				인조	귀인 조씨
		미봉작〔20명〕	有〔5명〕	정종	기매
				태종	후궁 김씨, 후궁 이씨
				철종	궁인 이씨, 궁인 박씨
			無〔15명〕	태종	**파독**
				문종	궁인 장씨
				연산군	사랑, 보배, 수근비, 전향, 강채란, 후궁 정씨, 김숙화, 여원 안씨
				광해군	후궁 조씨
				인조	김두남의 딸
				효종	궁인 장씨
				고종	삼축당 김옥기, 정화당 김씨

* 항목 '지위'는 입궁시 지위를 말하며, '기타'는 승은 이외에 진헌, 추천 등으로 입궁한 후궁들을 말한다.

* 굵은 글씨는 비간택 후궁이었다가 지위 변화에 따라 후궁의 범주에 포함되지 않은 여성들이다. 단 조선시대 전체 후궁의 수치에는 포함시켰다.
* 미봉작에서 연산군, 인조, 효종의 여성들은 후궁의 수치에 포함시키지 않았다.

【표 Ⅱ-6】 입궁 경로가 미확인된 후궁

봉작	국왕	후궁
내관〔25명〕	정종	숙의 문씨, 숙의 윤씨
	세종	영빈 강씨, 혜빈 양씨, 숙원 이씨, 숙의 조씨
	세조	숙원 신씨
	성종	명빈 김씨, 귀인 정씨, 귀인 엄씨, 숙의 하씨, 숙용 심씨, 숙용 권씨, 숙원 윤씨, 숙의 권씨
	중종	숙원 이씨, 숙원 홍씨, 숙의 윤씨, 숙의 김씨
	명종	숙의 한씨, 순빈 이씨
	광해군	숙원 한씨
	인조	숙의 나씨
	효종	숙원 정씨, 숙원 김씨

한편 【표 Ⅱ-6】에서와 같이 후궁 중에서는 자료의 한계로 인해 입궁 경로를 추정할 수 없는 경우가 있다. 그러나 이들은 모두 봉작되었기 때문에 후궁의 범주에 포함될 수 있다.

지금까지 조선시대 내명부 법규와 실제 운영상의 사례들을 통해 후궁이 되는 조건 내지 기준을 설정하였다. 후궁이 되는 범주는 내관에 봉작된 여성들은 물론 왕자녀 출산 여부에 관계없이 승은을 입고 궁관에 임명된 여성들이다. 단 이들은 그 지위의 지속성 내지 왕과의 지속적인 관계 또는 후왕과의 항구적인 유대 관계가 이루어져야 하며, 사회적으로 공인되어야 한다. 따라서 후궁의 범위를 정1품에서 종4품까지로 한정하는 협의의 개념으로 한정할 것이 아니라 승은을 받고 사회적으로 공인된 궁관직 여성까지 포괄하는 광의의 개념으로 확대되어야 한다.

이러한 후궁의 범주를 기준으로 해서 법 규정인 내명부의 구조를 살펴보면, 세 부류의 등차적인 여성군으로 나눌 수 있다. 우선 간택 후궁은 종2품 숙의부터 정1품 빈까지이다. 정조 이후에는 중간 단계의 승급 없이 처음부터 빈에 발탁되기도 했지만 대체로 숙의에 간택된 후궁은 소의, 귀인, 빈까지 단계적으로 승급되었다.

비간택 후궁은 종4품 숙원부터 정1품 빈까지이다. 특히 종4품 숙원에서 정3품 소용은 비간택 후궁만의 범위였으나, 이들은 국왕의 총애와 왕자녀 출산, 그리고 왕실 내에서의 공로 등 특별한 경우에만 간택 후궁의 승급 범위(숙의~빈)로 승격될 수 있었다. 따라서 숙의에서 빈까지의 범위는 간택 후궁과 비간택 후궁이 공유하는 작위이다.

일을 하는 여성인 궁관의 범위는 정5품 상궁부터 정9품 주변궁까지이다. 단, 후궁제의 실제 운영에서 승은을 입은 궁관 여성이 이 범위에서 단계적으로 승급되어 비간택 후궁이 되었다. 따라서 잠정적으로 비간택 후궁의 승급 범위를 종9품 주변궁부터 정1품 빈까지 광범위하게 포함시킬 수 있으므로, 이 범위는 비간택 후궁과 궁인이 공유하는 품계이다. 궁관 여성 또한 심리적으로 왕의 여성으로 인식되었으며, 후궁 후보자의 위치에 있다고 해도 무방하다. 다만 궁관에서 승급된 비간택 후궁들은 국왕과 사적인 관계를 맺은 여성들로서, 비록 궁관에 머물러 있지만 육체노동을 하지 않았기 때문에 이들과 구분되었다. 이로서 내명부에는 실질적인 업무가 주어지지 않은 간택 후궁과 비간택 후궁 그리고 육체노동을 하는 궁관 세 부류로 나누어졌다고 볼 수 있다. 이는 상기 법제적 측면에서 후궁의 개념을 언급했던 이유와 일맥상통한다.

2. 《경국대전經國大典》 내명부 규정의 정립

역대 왕조는 국왕 한 명에 왕비 한 명의 일부일처제一夫一妻制였다. 그러나 여러 여자들을 비빈 등으로 책봉하는 다첩제多妾制를 인정하면서 전통왕조의 혼인 형태를 유지해 나갔다. 조선왕조도 예외는 아니어서 궁궐에는 국왕을 중심으로 수많은 여성들이 생활하였다. 위로는 품계를 초월한 왕비를 비롯하여 품계를 갖춘 내명부內命婦가 있었다.

내명부는 외명부外命婦에 대칭되는 용어로, 왕과 왕세자를 시침하는 비빈 이하를 내관內官이라 칭하고, 왕·왕비·왕세자·왕세자빈·내관을 시봉하는 여성들을 궁관宮官이라 하였다.[174] 내관과 궁관 모두 여성이 담당하였기 때문에 여성 관료, 여관女官이라고도 하였다.[175] 또한 궁관 이하 품계 없이 궁궐에 살며 잡역을 맡은 하층 여성들을 궁인 또는 궁녀라고 하지만, 전술한 바와 같이 내관이나 궁관이 궁인으로 통칭되기도 하였다. 궁관과 궁인들은 표면적으로는 왕비와 비빈을 모시는 여관이지만 언제든 국왕의 눈에 들면 내관으로 승진할 수 있는 가능성을 지닌 여성들이라 할 수 있다. 그 직무에 따라 칭호와 품계를 부여받은 궁관은 이 책의 주제는 아니지만, 내명부가

---

174 내관과 궁관의 구별은 1428년(세종 10)과 1430년(세종 12)에 나타나고, 이후 법전에서는 이러한 구분이 보이지 않다가 정조대에 편찬된 《대전통편》에 '궁관'에서 '궁인'으로 바뀌게 된다. 그러나 필자는 이 책에서 상궁 이하를 '궁관'이라는 용어를 사용하고자 한다. 이는 궁관이 '六尙以下의 여관'을 통칭한 용어로(《단종실록》 권10, 단종 2년 1월 24일(병자), 《조선왕조실록》 전 시기에 폭넓게 사용되었고, 앞서 살펴보았듯이 궁인은 후궁의 개념도 포함하는 이중적 의미를 지니고 있는 용어이지만(제Ⅱ장 1절 2)를 참조), 궁관은 상궁 이하의 의미 외에 후궁의 의미가 포함되지 않기 때문에 큰 무리가 없을 것이라 생각되기 때문이다. 그러나 경우에 따라서는 자료의 표현을 살려 그대로 쓰기로 한다.

175 한충희, 《조선초기의 정치제도와 정치》, 계명대학교출판부, 2006, 72쪽.

후궁인 숙원 이상의 내관과 상궁 이하의 궁관으로 구성되었고, 비간택 후궁 가운데 궁관에서 승진된 여성들이 다수 존재하기 때문에 필요한 경우에 궁관을 포함시켜 설명하고자 한다.

1) 1428년(세종 10) 내관 제도의 정비

고려 말 충렬왕이 원나라의 공주를 왕비로 맞이한 이후부터 왕실 여성들은 퇴폐적인 분위기에 빠졌는데,[176] 이는 조선 건국 초 유교 이념을 가진 성리학자들의 신랄한 비판의 대상이 되었다. 이 때문에 조선 건국 세력들은 정치, 제도 면에서 새로운 왕조의 질서를 정비해 가면서도 유교적 여성관을 확립시켜 나갔다. 당시 "고려 말의 풍속이 퇴폐해져서 사대부의 아내가 예사로 권문세가를 찾아다녀도 조금도 부끄럽게 여기지 않으니, 앞으로는 부모, 친형제, 친자매 등 외에는 서로 왕래하지 못하게 하여 풍속을 바로 잡으소서"[177]라는 대사헌 남재南在의 상소문은 이를 잘 말해 준다.

그러나 이들이 주도한 개혁 정책이나 유교적인 예제가 아무리 급진적인 것이었더라도 오랜 시일 일상생활에 뿌리를 두고 있던 풍속과 관습은 단시일에 변화시킬 수 없었다. 이는 왕실의 혼례 형태가 조선 건국 이후 일부일처제로 변했음에도 태조 왕건 이래 일부다처제의 유풍이 여전히 남아 있어 정처와 첩을 명확하게 구분하지 않았던 데에서도 확인된다.[178]

---

176 李炫熙, 〈麗末鮮初의 女性生活에 關하여-妻妾問類를 중심으로-〉, 《아세아여성연구》 10, 숙명여자대학교 아세아여성문제연구소, 1971, 286쪽.

177 《태조실록》 권2, 태조 원년 9월 21일(기해). "古者 女子已嫁者 父母歿則無歸寧之義 其謹嚴如此 前朝之季 風俗頹敗 士大夫之妻 趨謁權門 恬不爲愧 識者恥之 願自今文武兩班之婦女 除父母親兄弟姉妹 親伯叔舅姨外 不許相往 以正風俗."

178 《태종실록》 권3, 태종 2년 1월 8일(신묘). "前朝之制 婚禮不明 嫡妾無制 多

조선왕조는 건국 초 새로운 국가 이념과 통치 질서의 기틀을 정비해 나갔다. 이때 인仁을 정치의 근본으로 삼는 덕치와 왕도정치를 행하고 유교국가 성립을 이상으로 하였다. 때문에 정도전은 총재冢宰가 궁중생활에 관여하여야만 왕의 사생활을 바로잡을 수 있다고 보고 총재에게 궁중의 일을 맡겨야 된다고 주장하기에 이른다.[179] 그것의 반영이 바로 내명부의 정비였다고 할 수 있겠다.

내명부는 고려시대의 내직內職에서 조선 초기에 내관內官[180] 혹은 여관女官[181]이라고 불렸다가 《경국대전》에 이르러서 내명부라 부르게 된 것이다.[182] 그것은 외명부에 대칭되며 왕비를 제외한 궁궐에 사는 궁관들에게 벼슬을 수여해 준 제도이다. 이 제도가 어떤 과정을 통해 성립되고 정비되어 갔는가를 살펴보고자 한다.[183]

조선왕조의 후궁제도는 건국 후 약 5년 동안 고려시대의 후궁제도가 시행되다가 1397년(태조 6) 3월, 태조 때에 처음 만들어졌다. 상서사판사尙瑞司判事 조준趙浚과 정도전 등이 상소문을 올려 내관의 칭호, 품계 및 정원定員 등의 제정을 건의한 것이다.[184] 이 규정은

或至於踰數 以至僭亂 少或至於闕數 以至絕嗣.
《세종실록》 권35, 세종 9년 1월 26일(을묘). "前朝王妃 多至六七 故各加美號以別之."

179 鄭道傳, 《三峯集》 권7, 〈朝鮮經國典〉 上 〈治典〉 總序. "至於宮闈之密 而嬪媵之進御 埶御之執役 輿馬服飾之玩 食飮之供 惟冢宰得知之 冢宰重臣也 人主之所禮貌也 而身親細微之事 不其冗乎 曰非也 嬪媵埶御 本以備使令也 不謹則有邪媚之惑 輿馬衣服飮食 本以奉身也 不節則有奢華侈用之費 故先王立法 擧以此屬之冢宰 而以爲之制節限量 其慮遠矣."

180 《태조실록》 권11, 태조 6년 3월 15일(무진); 《세종실록》 권39, 세종 10년 3월 8일(무인).

181 《태종실록》 권1, 태종 1년 3월 9일(무진); 《태종실록》 권9, 태종 5년 1월 15일(임자).

182 《경국대전》 권1, 〈吏曹〉 內命婦.

183 이에 대한 자세한 내용은 李英淑의 논문(1982, 79~97쪽)을 참조하였다.

훗날 《경국대전》 〈이전吏典〉과는 상당한 차이를 보이지만, 내명부제도의 기초가 되었다는 점에서 의미가 있다. 이때 내관이라는 명칭을 처음 사용하였으나, 내관과 궁관을 구별하지 않았다. 다만 각 품계마다 정正과 종從의 구별을 두어 동일한 품계라도 정이 한 단계 높았다.

단정하기는 어렵지만 《경국대전》에서 상궁이 궁인직의 최고 품계였음을 비추어 볼 때, 총인원 28명 가운데에서 후궁으로는 1품인 현의賢儀부터 4품인 순성順成까지 10명이고, 궁관으로는 5품인 상궁尙宮에서 9품인 사식司飾까지 18명으로 추정된다.[185] 왜냐하면 찬덕贊德의 경우, 당나라 고종 때에 정1품인 4비, 즉 귀비, 덕비, 숙비, 현비를 대신한 위치에 있었기 때문에 내관의 범주에 포함시켜도 무방할 듯하다.[186] 위나라 문제文帝가 제정한 순성[187]도 여성의 덕이나 순종, 어짊, 착함의 뜻을 담고 있어서 내관의 칭호로 추정된다.

이 규정은 등급과 품계가 비교적 간단했던 고려에 견주어 후궁과 궁관의 등급이 명확하게 구별되고 있음을 알 수 있다. 그러나 당시 고려에 영향을 주었던 당나라의 6상尙이 설치되지 못하였다. 태조가 이 건의를 받아들였는지 정확히 알 수 없지만, 이 궁직을 실제 운영하였는지에 대해서는 상당히 회의적이다. 왜냐하면 《조선왕조실록》

184 《태조실록》 권11, 태조 6년 3월 15일(무진). "尙瑞司判事趙浚 鄭道傳等請建內官之號 賢儀二人 一視正一品 一視從一品 淑儀二人 一視正二品 一視從二品 贊德三人 一視正三品 二視從三品 順成三人 一視正四品 二視從四品 尙宮三人 一視正五品 二視從五品 尙官三人 一視正六品 二視從六品 家令四人 二視正七品 二視從七品 司給四人 二視正八品 二視從八品 司飾四人 二視正九品 二視從九品."

185 李英淑은 1품 賢儀에서 2품 淑儀를 후궁의 범주에 포함시켰고, 3품 贊德에서 9품 司飾을 궁관의 범주에 포함시켰다(李英淑, 앞의 논문, 1982, 82쪽).

186 제Ⅱ장 1절 1)의 【표 Ⅱ-1】을 참조.

187 Charles O Hucker, *A Dictionary of official titles in imperial china*, Stanford: stanford university press, 1985, p.439; 張英 等撰, 《淵鑑類函》 권57, 〈后妃部〉 1, 海東文化社, 미상, 1019쪽.

에 이들의 존재와 활동이 전혀 보이지 않기 때문이다. 상궁을 제외하고 단 1건도 사료에서 보이지 않는다는 것은 과연 이것이 실제 관직인가 의심케 할 정도이다. 실제로도 태조의 후궁들은 이 체제 안에 흡수되지 못하고 있다.

태조의 후궁인 칠점선은 사저私邸 시절에 이성계의 첩이었다가 즉위 이후인 1398년(태조 7)에 화의옹주和義翁主에 봉작되었다. 숙신옹주淑愼翁主의 탄생을 고려한 것이다. 찬덕 주씨의 경우 미천한 신분이었으나[188] 3품 찬덕에 봉작되었다. 이는 그녀가 의령옹주宜寧翁主를 출산하였기 때문에 양반 가문 출신인 김원호의 딸 및 원상의 딸과는 다르게 현왕 때에 진봉된 것이다. 이를 보면, 조선 초기에는 아직 법체제가 갖추어지지 않았기 때문에 명문대가 규수라고 해도 봉작되지 못하는 수가 있었고, 미천한 출신이라도 봉작되는 수가 있었다.

정종의 후궁 가의궁주嘉懿宮主 유씨柳氏의 경우에도 예외는 아니었다. 정종 잠저시의 첩이었던 그녀는 정종 즉위 직후에 가의옹주에 봉작되었고, 태종 초반에 가의궁주로 진봉되었다.[189] 이와 같이 1397년(태조 6) 이후에도 국왕의 후궁들은 여전히 궁주, 옹주의 칭호로 봉작되고 있었다. 이는 시행 초기 제도 자체가 미진한 탓으로[190] 1397년의 내관제가 제대로 시행되지 못했음을 알 수 있다.

내관의 직제를 만든 지 1년 후인 1398년 윤5월, 의정부와 중추원에서는 여관과 환관의 관직을 도태시킬 것을 주장하였다.[191] 그러나

---

188 《세종실록》 권3, 세종 1년 2월 20일(을미). "宣旨 李登之子宣 太祖愛甥也 其母雖賤 爲吾妹也 吾亦憐愛之 曾與前知平州事平 得邦約婚 得邦許之 今乃辭以家貧 其下得邦于義禁府獄 鞫問其由."

189 《태조실록》 권15, 태조 7년 11월 7일(기묘); 《태종실록》 권18, 태종 9년 10월 27일(을축).

190 《세종실록》 권39, 세종 10년 3월 8일(경인). "吏曹啓 國初倣古典 始置內官 然其制未盡."

191 《태조실록》 권14, 태조 7년 윤5월 11일(병술).

태조는 봉급(祿)의 남용을 방지하고, 관직을 보존시키기 위해서 궁주, 옹주 등의 녹만 정지하고 개국공신의 부인이나 어머니로서 옹주에 봉작된 사람에게는 녹을 주도록 하는 방안을 제시하였다.

1397년(태조 6)의 제도는 태종 원년에도 영향을 주었다. 즉, 1401년(태종 1) 3월에 태상전太上殿에 속해 있는 여관에게 녹 대신 월봉과 작을 내리는 기사에서 3품을 찬덕, 4품을 순성, 5품을 상궁, 6품을 상관尙官, 7품을 가령家令, 8품을 사급司給, 9품을 사식司飾으로 칭하였다는 사실이다.[192] 다만, 1품 현의賢儀와 2품 숙의淑儀를 전혀 언급하지 않고 있고, 정正과 종從의 구별을 두지 않았다.

1397년에 처음 마련된 내관제도는 완전한 형식을 갖추지 못했고 제대로 시행되지도 못했다. 후궁제도가 제대로 적용되지 못한 상태에서 태종은 조준과 정도전의 노력에 뒤이어 후궁제도를 정비하고자 했다. 태종은 제1, 2차 왕자의 난을 일으켜서 자신의 반대 세력인 정도전과 세자 이방석 등을 제거한 뒤 정치적 실권을 장악한 후 즉위한 왕이었다. 당시 태종은 측근 세력을 중심으로 권력 구조를 재편성하게 되었는데, 왕권을 강화하기 위해 외척세력을 견제하고 원경왕후 민씨와의 가정불화를 극복하기 위해[193] 후궁제도를 공식화한 것이다. 그래서 태종은 1402년(태종 2) 1월에, 하륜河崙과 권근權近 등에게 고대 중국의 제후와 고려의 국왕들이 거느린 비빈의 수를 파악하도록 명하였다. 그리고 마침내 후궁제도를 공포하였다. 이러한 저간의 사정이 실록에 보인다.

> 예조와 영춘추관사 하윤·지춘추사관 권근 등에게 명하여, 삼대 이하 역대

---

192 《태종실록》 권1, 태종 1년 3월 9일(무진). "給太上殿女官月俸 所御女官賜爵自三品至九品 三品稱贊德 四品順成 五品尙宮 六品尙官 七品家令 八品司給 九品司飾 欲令各以其品 準朝班科受祿 然以女官受祿未便 乃給俸有差."

193 金成俊, 〈태종의 外戚除去에 대하여〉, 《역사학보》 17, 1962, 573~581쪽.

임금의 비빈의 수와 전조前朝 역대의 비빈 시녀의 수를 상고하여 아뢰게 하였다. 예조에서 상소하기를, "신등이 삼가 〈혼의〉를 상고하건대, '제후는 한번 장가드는 데 9녀를 얻고, 한 나라에 장가들면 다른 두 나라에서 잉첩을 보내니, 모두 조카나 동생으로 따라가게 하며, 경대부는 1처 2첩이며, 선비는 1처 1첩이니, 후계後繼의 자손을 넓히고 음란함을 막는 까닭이다.' 하였고, 전조의 제도에는 혼례가 밝지 못하여 적과 첩의 제한이 없어, 많을 때는 정원수에 넘쳐 참란함에 이르렀고, 적을 때는 정원수에 미달하여 후사가 끊어지는 데에 이르렀습니다. 선왕의 법을 따르지 아니함으로써 대륜을 어지럽게 함은 작은 일이 아닙니다. 우리나라가 모든 일을 베풀 때에 반드시 성헌成憲을 따라서 하는데, 혼인의 예절은 아직도 예전의 폐단을 따르니, 인륜의 시초를 올바르게 하는 도리가 아닙니다. 전하께서는 한결같이 선왕의 제도에 의거하여 궁곤宮壼의 법을 갖추시고, 경·대부·사에 이르러서도 또한 선왕의 법에 따라 제도를 정하시어 후손이 끊어지지 않게 하시고, 정원을 넘지 못하게 하여 인륜의 근본을 바르게 하소서. 만약 이를 어기는 자가 있으면, 사헌부로 하여금 규찰하게 하소서." 하여 이를 윤허하였다. 이때에는 임금이 즉위한 지 얼마 되지 못하여 빈첩이 미비되어, 평시의 시녀만이 있을 뿐이었다. 정비는 천성이 투기가 심해 사랑이 아래로 이르지 못하여, 임금이 빈첩을 갖추고자 하였다.[194]

예조에서는 《예기》 〈혼의〉편을 근거로 한번에 제후는 9명의 여자를, 경대부는 1명의 처와 2명의 첩을, 사士는 각각 1명의 처와 첩을 취할 수 있다고 건의하고는, 고려조에 적과 첩의 구분이 없어 수가 많을 때에는 참람하기도 하고 적을 때는 후사가 끊어지기도 한다고 보고하였다.

후궁제도를 공식화한 이후에 태종은 정종과 조정대신들의 가례색嘉禮色 설치를 저지하고[195] 원경왕후의 반대에도 불구하고[196] 공개적

194 《태종실록》 권3, 태종 2년 1월 8일(신묘).

195 《태종실록》 권3, 태종 2년 2월 11일(갑자).

196 《연려실기술》 권1, 〈太宗定社〉에 따르면, 정변 10일 전에 여러 왕자의 侍衛牌를 혁파하고 私兵의 군기를 모두 회수하여 소각할 때 靜妃 원경왕후는

으로 후궁을 들이기 시작하였다. 이때 태종은 전 성균악정 권홍의 딸을 맞아들이게 된다. 이는 그가 여관의 필요성을 인성하고 3년 뒤에 마련하게 될 자신의 여관을 세우려고 한 의도로 보인다.

이후 태종은 후궁제도를 더욱 정비하려 하였다. 태종이 여관을 설치한 것은 1405년(태종 5) 정월에 이르러서 실현되었다. 당시 제정된 여관에 따르면, 왕비 아래에 8품, 즉 현의(賢儀, 1명), 숙의(淑儀, 1명), 찬덕(贊德, 1명), 순덕(順德, 2명), 사의(司儀, 2명), 사침(司寢, 1명), 봉의(奉衣, 2명), 봉선(奉膳, 2명) 등 여관의 명칭과 12명의 정원을 두었다.[197]

주목되는 점은 태조 때의 여관 명칭에 변동이 있다는 사실이다. 현의, 숙의, 찬덕의 명칭은 변함이 없으나, 그 이하는 다르다. 즉 순성, 상궁, 상관, 가령, 사급, 사식 대신 순덕, 사의, 사침, 봉의, 봉선으로 바뀌었다. 후궁의 품계에 속한 현의와 숙의의 인원수는 2명에서 1명으로, 찬덕과 순덕의 인원수는 3명에서 2명으로 감원되었다. 이 규정은 등급과 정·종의 품계를 명확하게 구별하지 않고, 태조의 내관 28명에 비해 적은 규모이다. 이때에도 당의 6상尙은 고사하고 궁관의 규모가 매우 적었다. 그러나 사료에 이들 내관과 궁관의 칭호는 보이지 않는다. 심지어 여전히 후궁들에게 궁주와 옹주의 칭호를 사용하였다. 예컨대 태종은 태조의 후궁 정경옹주 유씨를 1406년(태종 6)에 정경궁주로 승봉하였고, 1407년에 후령군의 모친 이씨를 덕숙옹주에 봉작하였다.[198]

태종이 여관의 직제를 반포하고 2개월 만인 3월에 후궁제도가 제대로 정비되지 않은 상태에서 사간원에서는 여관제도의 폐지를 주

몰래 그것을 숨겨 두었다가 정변 당일에 이방원 휘하의 군사들에게 나누어 주어서 사용하도록 할 정도로 그녀의 내조가 있었음을 알 수 있다.

197 《태종실록》 권9, 태종 5년 1월 15일(임자). "始置女官 賢儀一 淑儀一 贊德一 順德二 司儀二 司寢一 奉衣二 奉膳二"

198 《태종실록》 권14, 태종 7년 11월 2일(임자).

장하고 나섰다. 상소문의 요지는 첫째, 여관은 한나라 때에 설치되었으나 훌륭한 제도가 아니라는 점이고, 둘째, 태조대는 여총女寵이 성하여 즉위 이후 여관제도를 설치하였는데, 비천卑賤한 자가 그 품급을 받아 국록國祿을 받게 되어 식자識者는 통심痛心하다는 것이며, 셋째, 태종 자신이 즉위하여 제일 먼저 여관의 폐단을 혁파하였는데, 또다시 설치함은 올바른 처사가 아니라는 것이고, 넷째, 한·당시대에 여관을 설치하여 여총으로 화禍를 입은 것을 경계하여야 한다는 내용이다.[199] 태종은 표면상 이들의 건의를 수용한 듯 보이나, 실제로 이 제도는 존속되었다.

한편 1402년(태종 2) 권홍의 딸을 후궁으로 맞이하였을 때부터 생긴 태종과 원경왕후의 불화는 처남 민무구閔無咎·민무질閔無疾 형제의 옥사가 발발한 1407년(태종 7) 7월에 극에 달했다. 이 옥사는 민씨 형제가 태종이 창종瘡腫을 앓고 있을 때, 어린 세자를 이용하여 권력을 잡으려고 했다는 죄목을 받아 탄핵, 처형된 사건이다. 개국공신인 이숙번李叔蕃 일파가 하륜河崙 일파를 제거하려는 정치 파동 속에서 발생한 이 사건은 외척 제거를 통한 왕권 강화의 일환으로 최대한 이용되었다고 볼 수 있다. 이날 이후부터 사실상 태종과 왕비 민씨는 별거 상태에 들어갔다.[200]

태종은 계속되는 원경왕후 민씨와의 갈등으로 말미암아 후궁제도를 공식화해 버렸다. 실제로 태종은 불손한 태도를 보이는 원경왕후 민씨를 민무구·민무질 형제의 옥사에 연루시켜 폐비시키고 싶어 했

199 《태종실록》 권9, 태종 5년 3월 16일(신해). "司諫院上疏 請革女官及檢校添設等職 疏略曰 一女官之設 本非古制 自漢以來始有之 是乃苟且之政 非盛德之事 及我太上殿下卽位以後 內寵漸盛 遂設女官 其品級至有與政丞準者 其下各以次等第 卑賤之人 間或冒受 坐享天祿 識者痛心 殿下定社之初 首革其弊 中外悅服 咸望至治 今當革弊立法之時 復置其官 雖不頒廩 恐非經國之道 垂世之規也 願殿下 念三代設官之美意 戒漢唐女寵之致禍 命革其官 垂法萬世 … 從之."

200 《태종실록》 권14, 태종 7년 11월 10일(경신).

다. 그러나 그는 조강지처를 폐출할 수 없음을 언급하면서 4년이 지난 1411(태종 11) 9월에 내사內事의 다스림을 명분으로 내세워[201] 《예기》와 《춘추》의 기록을 근거로 '제후 부인은 삼궁을 세운다[諸侯夫人立三宮]'는 제도를 따라 '1빈 2잉'을 시행하도록 명하였다. 이는 최종적으로 세 명의 간택 후궁을 둘 수 있도록 명한 것이다. 이때 올린 예조의 상소문을 살펴보자.

> 예조에서 비빈의 제도를 올리었다. 글은 이러하였다. "생각건대, 가례는 내치를 바르게 해서 위로는 종묘를 받들고 아래로는 후사를 잇자는 것이니, 신중히 하여 예를 갖추지 않을 수 없는 것입니다. 삼가 상고하건대, 《예기》 〈곡례〉에 이르기를, '공후는 부인이 있고, 세부가 있고, 처가 있고 첩이 있다' 하고, 그 수는 말하지 않았습니다. 〈혼의〉에 이르기를, '천자의 후는 6궁, 3부인, 9빈 27세부, 81어처를 세워 천하의 내치를 듣고, 천자는 6관官, 3공公, 9경卿, 27대부大夫, 81원사元士를 세워 천하의 외치를 듣는다'고 하였으니, 내치의 수가 외치의 수와 같은 것입니다.
>
> … 《춘추호씨전春秋胡氏傳》을 상고하면, '제후는 한번에 아홉 여자에게 장가드는데, 적부인嫡夫人이 가면 질제姪娣가 따른다. 그런즉, 부인이 1이고 잉媵이 2이고 질제가 6이라.' 하였습니다. 신등이 생각건대 한나라 이래로 천자의 후를 황후라 하였고, 제후의 부인을 비라 하였는데, 지금 우리 국가는 이미 적비가 있어 중궁에 정위하였으나, 예전 제도에는 갖추지 못한 것이 있었습니다. 바라건대, 예전 제도에 의하여 훈勳·현賢·충忠·의義의 후예를 선택하여 3세부世夫, 5처妻의 수를 갖추고, 그 칭호는 세부를 빈嬪으로 하고 처를 잉媵으로 하여, 후세에 법을 삼으면 거의 여망에 합할 것입니다." 1빈 2잉으로 제도를 삼도록 명하였다.[202]

이때 제정된 1빈 2잉 제도는 역대 왕들 가운데에 5명의 간택 후

201 《태종실록》 권22, 태종 11년 9월 4일(임술).

202 《태종실록》 권22, 태종 11년 9월 19일(정축).

궁을 들인 연산군과 광해군을 제외하고 대체로 지켜 나갔다. 태종은 1빈 2잉 제도를 발표한 지 한 달 뒤에 공개적으로 간택 후궁을 들이기 시작하였다. 이 원칙에 따라 조선 건국 이후로 최초로 판통례문사判通禮門事 김구덕金九德의 딸을 빈으로, 전 제학前提學 노구산盧龜山과 전 지성주사前知成州事 김점金漸의 딸을 잉으로 맞아들였고, 각기 명빈明嬪, 소혜궁주昭惠宮主, 숙공궁주淑恭宮主로 봉작하였다.[203]

이 제도가 실효성을 거둔 상황에서 태종은 일반인들에게조차 1부 1처의 법을 공포하였다.[204] 즉, 조정에서는 '매빙인례지비략媒娉姻禮之備略'이라 하여 정식 혼인 절차를 거쳤는지 여부에 따라 정처 이외의 여자들을 모두 첩으로 규정하게 되었다. 그러나 이와 같은 법 개정에도 불구하고 조정의 관료들은 여전히 여러 명의 부인을 지속적으로 거느렸으며, 이것을 비판하는 사간원의 상소가 빈번하게 일어났다.[205] 사실 왕실가족뿐만 아니라 사회 전반에 걸쳐 고려시대 다처제가 그대로 조선 건국 초에 이르기까지 유습되고 있었다.[206] 다처제는 동등한 신분에 있는 여러 비들 상호 간의 알력이 적지 않았고, 그들 소생의 왕자 간에 왕위를 둘러싼 참란慘亂을 일으킬 소지도 많았다. 조선 초부터 두 차례에 걸친 왕자의 난은 그러한 사실을 잘 대변해 준다. 따라서 1빈 2잉 제도는 국내외의 사정이 안정되고 사회질서가 잡혀감에 따라서 적첩嫡妾·적서嫡庶의 구별을 분명히 해야 할 시대의 요청에 따른 것이다.

---

203 《태종실록》 권22, 태종 11년 9월 19일(정축); 《태종실록》 권22, 태종 11년 10월 27일(을묘); 《태종실록》 권22, 태종 11년 11월 20일(정축).

204 《태종실록》 권25, 태종 13년 3월 10일(기축). "大憲府上疏 疏曰 夫婦 人倫之本 而嫡妾之分 不可亂也 … 臣等嘗以媒娉姻禮之備略 定爲妻妾 將已身現在以妾爲妻者 妻在娶妻者 竝皆按律處決 身沒不復改正離異者 願依春秋貶仲子成風之例 以先爲嫡 封爵遞田 則聖人之化興 而妻妾之分明矣."

205 《태종실록》 권33, 태종 17년 2월 23일(경진).

206 장병인, 《혼인제도와 성차별》, 일지사, 1997, 21~34쪽.

자신의 빈잉을 들인 태종은 1418년(세종 즉위) 11월에 유정현柳廷顯과 박은朴訔 등에게 계사繼嗣와 내치의 중요성을 설명하면서 1취娶 9녀제女制에 준하여 세종의 빈잉을 간택하도록 명하였다. 세종은 1418년 세자 양녕대군이 폐위되고 뒤이어 세자로 책봉된 태종의 셋째 아들이다. 이때 태종은 세종에게 선위하고 물러난 상왕이었지만 군사권만을 쥐고 있던 상태였다.

> 상왕이 전교하기를, "… 임금의 계사는 많이 두지 않으면 안 될 것이매, 내가 지난해에 예관禮官의 청으로 인하여, 3, 4명의 빈과 잉첩을 들였으니, 그들의 아버지인 권홍·김구덕·노구산·김점 등의 왕실로 향하는 마음이 반드시 다른 신하와는 달랐다. 한편으론 계사를 많이 두고, 한편으론 여러 사람의 도움을 얻게 되며, 또 옛날의 한 번 혼인에 아홉 여자를 취한다는 뜻에도 맞는다. 지금 주상이 정궁에 세 아들이 있지마는, 그러나 더 많으면 더욱 좋을 것이다." 하니, 유정현이 대답하기를, "예로부터 제왕은 자손이 번성한 것을 귀하게 여겼으니, 빈과 잉첩 2, 3명을 들이기를 청합니다."고 하였다. 상왕이 말하기를, "이 일은 주상이 알 바가 아니니, 내가 마땅히 주장할 것이다."[207]

태종이 빈잉을 두려는 목적은 첫째, 왕실 인척으로 맺어진 관료세력들과의 화합 내지 융화, 둘째 광계사로 인한 왕실세력 기반의 확충, 그리고 1취 9녀제를 준행하려는 것이었다. 대신들도 이것에 동의하여 가례색 제조와 별좌를 선임하여 중외에 혼가婚家를 금하고,[208] 누차 주청을 드렸지만, 세종은 빈잉을 간택하지 않았다.[209] 오히려 6년이 지난 1424년(세종 6) 9월에 비로서 최사의崔士儀의 딸

207 《세종실록》 권2, 세종 즉위년 11월 29일(을해).

208 《세종실록》 권2, 세종 즉위년 11월 29일(을해).

209 《세종실록》 권25, 세종 6년 9월 21일(계사). "惟我太宗再命攸司 爲殿下欲備壼儀而未就 以至于今日."

과 박강생朴剛生의 딸 2명을 후궁으로 맞아들였다.[210] 6년 동안 지체된 이유는 1420년(세종 2) 어머니인 원경왕후 민씨가 승하한 데 이어 1422년 세종의 후궁 간택을 주관해 오던 태종 역시 승하하였기 때문이었다. 국상 중이거나 선왕의 부묘祔廟 이전에는 국혼을 치르지 않은 것이 관례였기 때문에 국상을 마친 이후에 후궁을 들였던 것이다. 이들에 대한 후궁 봉작명 역시 궁주였다. 즉 최사의의 딸을 명의궁주明懿宮主에, 박강생의 딸을 장의궁주莊懿宮主에 봉했다.[211] 1405년(태종 5)에 후궁제도를 마련했지만 여전히 궁주, 옹주의 칭호를 사용하였고, 인·현·충·효한 집의 처자를 간택하여 빈잉제를 별도로 마련하였지만,[212] 한시적이었다.

태종대 처음 실시된 1빈 2잉 제도는 세조대까지 간헐적으로 실시되었다. 그 제도를 시행하도록 명한 태종은 1422년(세종 4)에 원경왕후가 죽고 숙공궁주淑共宮主 김씨마저 내쫓기자 빈잉의 궐원수〔闕數〕를 채우도록 하는 신하들의 요구가 있었음에도 더 이상 후궁을 맞아들이지 않았다.[213] 세조도 신하들이 고례에 따라 후궁을 선납할 것을 아뢰었으나, 제후의 1취 9녀의 목적이 '광계사'로서 그 뜻은 합당하다고 하면서 호색하지 않음을 들어 거절하였다.[214] 이와 같이 1397년(태조 6) 이후 1405년(태종 5)과 1411년(태종 11) 두 차례의 변화가 있었으나, 여전히 후궁제도는 정비되지 않았고, 실효를 거두지 못했다. 이때까지 내관과 궁관이 뚜렷하게 구분되지 않았고 담당업무가 명시되지 않았다.

내관과 궁관이 뚜렷하게 구분되고 업무 규정을 만든 시점은 바로

---

210 《세종실록》 권26, 세종 6년 10월 26일(정묘).

211 《세종실록》 권26, 세종 6년 10월 27일(무진).

212 《세종실록》 권25, 세종 6년 9월 21일(계사).

213 《세종실록》 권15, 세종 4년 2월 29일(을묘).

214 《세조실록》 권4, 세조 2년 5월 11일(기묘).

1428년(세종 10) 3월에 이르러서였는데, 이때 비로소 후궁제도가 실효를 거두게 된 것이다. 이때 이조에서는 품계와 명칭 그리고 직무를 명시한 내관제도를 건의하였다. 건의안의 요지는 첫째, 건국 초부터 내관을 두었지만, 그 제도가 미비할 뿐만 아니라 시행되지 않았다는 점, 둘째 당나라 제도를 기본으로 하고 역대의 연혁을 참고하였다는 점이다. 우선 이때 이조에서 아뢴 후궁의 직제 내관과 궁녀의 직제 궁관의 개정안은 아래와 같다.

이조에서 아뢰기를, "건국 초기에 옛날의 제도를 모방하여 비로소 내관을 두었으나, 그 제도가 미진하였습니다. 태종 때에 이르러 훈현의 후손으로 잘 골라 뽑아 3세부 5처의 인원수를 갖추었으나, 칭호는 아직 갖추지 못했습니다. 궁주는 왕녀의 호칭이 아닌데도 왕녀를 일컬어 궁녀라 하고, 옹주는 궁인의 호칭이 아닌데도 옹주라 일컬으니, 이것은 실로 전조前朝의 옛 것을 그대로 따라 개혁하지 못했던 것입니다. 또 궁관이 없어 복어服御를 맡은 궁위의 직책이 통섭統攝이 없는 것 같습니다. 역대의 내관과 궁관의 제도를 상고해 보니, 오직 당나라가 가장 상세히 갖추어졌으므로, 삼가 당나라 제도에 의거하고 역대의 연혁을 참고해서 상정하여 아뢰니다.

내관은, 빈·귀인은 정1품으로서 비의 보좌를 맡고 부례婦禮를 논하고, 소의·숙의는 각각 1인이니 정2품으로서 비례妃禮의 찬도贊導를 맡고, 소용·숙용은 각각 1인이니 정3품으로서 제사와 빈객의 일을 맡고, 소원·숙원은 각각 1인이니 정4품으로서 연침燕寢을 베풀고, 사시絲枲를 다스려서 해마다 헌공獻功하게 합니다.

궁관은, 상궁인은 정5품으로서 중궁의 인도를 맡고, 사기司記와 전언典言을 통솔하고, 사기는 1인이니 정6품으로서 궁내의 문부文簿와 출입을 맡고, 전언은 1인이니 정7품으로서 선전宣傳과 계품啓稟을 맡고, 상의尙儀는 1인이니 정5품으로서 예의禮儀와 기거起居를 맡고, 사빈司賓과 전찬典贊을 통솔하고, 사빈은 1인이니 정6품으로서 빈객·조현·연회·상사賞賜를 맡고, 전찬은 1인이니 정7품으로서 빈객·조현·연식宴食·찬상贊相·도전導前을 맡고, 상복尙服은 1인이니 정5품으로서 복용服用·채장采章의 수량의 공급을 맡고, 사의司衣와 전식典飾을 통솔하고, 사의司衣는 1인이니 정6품으로서 의복과 수식首飾을 맡고, 전식은 1인이니 정7품으로서 고목膏沐과 건즐巾櫛을 맡고, 상식尙食은 1인이니 정5품으로서 선수膳羞와 품제品齊의 공급을 맡고, 사선司膳과 전약典藥을 통솔하고, 사선은 1인이니 정6품으로서 제팽制烹과 전화煎和를 맡고, 전약은 1인이니 정7품으로서 방약方藥을 맡고, 상침尙寢은 1인이니 정5품으로서 연현燕見과 진어進御의 차서次序를 맡고, 사설司設과 전등典燈을 통솔하고, 사설은 1인이니 정6품으로서 위장幃帳·인석茵席·쇄소灑掃·장설張設을 맡고, 전등은 1인이니 정7품으로서 등촉燈燭을 맡고, 상공尙功은 1인이니 정5품으로서 여공女功의 과정課程을 맡고, 사제司製와 전채典綵를 통솔하고, 사제는 1인이니 정6품으로서 의복과 재봉裁縫을 맡고, 전채는 1인이니 정7품으로서 겸백縑帛과 사시絲枲를 맡고, 궁정宮正은 1인이니 정5품, 전정典正은 1인이니 정7품으로서 궁정은 계령戒令·규금糾禁·적벌謫罰의 일을 맡고, 전정은 이를 보좌할 것입니다." 하였다.[215]

위 개정안에서 주목되는 사항은, 내관과 궁관이 명확하게 구별되고 왕의 사적인 첩이 아니라 왕비를 보필하는 직무를 담당하고 있다는 점이다. 이 제도에는 5명에서 8명 이상으로 그 이전 내관의 정원수보다 2배 이상이 증원되었다.[216] 특히 눈여겨보아야 될 것은, 정2품 소의에서 정4품 숙의까지는 정원이 명시되었던 데 반해 빈과 귀인은 정원이 명시되어 있지 않은 점이다. 그들의 인원수를 규정하지 않은 것에서 빈이나 귀인이 될 수 있는 가능성이 폭넓게 열려 있었음을 알 수 있다.

궁관은 당나라 제도를 참작하였다.[217] 상궁(尙宮, 정5)-사기(司記, 정6)-전언(典言, 정7), 상의尙儀-사빈司賓-전빈典賓, 상복尙服-사의司衣-전식典飾, 상식尙食-사선司膳-전약典藥, 상침尙寢-사설司設-전등典燈,

215 《세종실록》 권39, 세종 10년 3월 8일(경인).

216 李英淑은 嬪~淑媛까지 8명으로 규정하고 있으나(李英淑, 앞의 논문, 1982, 92쪽), 정1품 嬪과 貴人의 인원수가 명시되어 있지 않다.

217 제Ⅱ장 1절 1)의 【표 Ⅱ-3】을 참조.

상공尙功-사제司製-전채典綵, 궁정宮正-전정典正이 그것이다. 내관의 인원수와 마찬가지로 당나라 제도에 비해 사○와 전○ 관직의 수가 적었음은 물론 장掌○ 관직도 없어 전체적인 규모에서 당보다는 매우 적다고 하겠다.

위의 내용을 살펴보면 눈에 띄는 점은 궁관의 품계명이다. 내관의 봉작명은 여성의 부덕을 상징하는 데 비해 5품 이하의 궁관의 그것은 실질적인 업무와 관련된 명칭들로 구성되어 있다. 예컨대 문서 수발과 계품을 받드는 사기와 전언, 의례에 관련된 것들을 제공하고 받들었을 상의·사빈·전찬, 의·식·주에 관한 시중을 드는 의미를 갖는 사의·상식·사선·전약·상침 등이 그러하다. 이 시기의 제도 정비는 조선왕조 건국 이래로 내관과 궁관의 구별이 분명하지 않았던 내명부의 계층을 확정시킨 것이다. 이 제도가 그대로 《경국대전》에 수록된 것은 아니나 조선시대 후궁제도와 궁관제도의 모체가 되었다는 점에서 주목된다. 따라서 이 건의안은 훗날 《경국대전》 내명부 규정의 토대가 되었다. 이를 이전 시기의 후궁제도의 개정안과 함께 정리하면 【표 Ⅱ-7】과 같다.

국왕의 후궁제도와 궁관제도에 대한 조치가 일단락되자, 1430년(세종 12) 12월에 왕세자의 잉첩과 궁관제도가 처음 만들어졌는데, 예조에서 상소문을 올려 동궁 납잉제納媵制를 정비하고자 했다. 그 계기는 훗날 문종이 될 왕세자 이향李珦이 18세가 되도록 후사가 없었기 때문이다. 1427년(세종 9)에 간택된 세자빈 휘빈 김씨는 이미 쫓겨난 상태였고,[218] 두 번째 세자빈 순빈 봉씨도 재혼한 지 2년이 지나도록 원자를 출산하지 못한 상황이었다. 《조선왕조실록》에 따르면, 문종과 순빈 봉씨 사이의 금슬에 대해 "침실의 일까지야 비록 부모일지라도 어찌 자식에게 다 가르칠 수 있겠는가?"[219]라는 세종의

218 《세종실록》 권45, 세종 11년 7월 19일(계해).

【표 Ⅱ-7】 1397년(태조 6)~1428년(세종 10) 국왕 내관제도 개정안

<table>
<tr><th colspan="5">1397년(태조 6) 내관</th><th colspan="2">1405년(태종 5) 여관</th><th colspan="6">1428년(세종 10) 내관제도</th></tr>
<tr><th>명칭</th><th colspan="2">품계</th><th colspan="2">인원</th><th>명칭</th><th>인원</th><th>구분</th><th>명칭</th><th colspan="2">품계</th><th>인원</th><th>업무</th></tr>
<tr><td rowspan="2">현의</td><td rowspan="2">1</td><td>정</td><td>1</td><td rowspan="2">2</td><td rowspan="30">현의
숙의
찬덕
순덕
사의
사침
봉의
봉선</td><td rowspan="30">1명
1명
1명
2명
2명
1명
2명
2명</td><td rowspan="8">내관</td><td>빈</td><td rowspan="2">1</td><td rowspan="2">정</td><td>없음</td><td rowspan="2">掌佐妃論婦禮</td></tr>
<tr><td>종</td><td>1</td><td>귀인</td><td>없음</td></tr>
<tr><td rowspan="2">숙의</td><td rowspan="2">2</td><td>정</td><td>1</td><td rowspan="2">2</td><td>소의</td><td rowspan="2">2</td><td rowspan="2">정</td><td>1</td><td rowspan="2">掌贊導妃禮</td></tr>
<tr><td>종</td><td>1</td><td>숙의</td><td>1</td></tr>
<tr><td rowspan="2">찬덕</td><td rowspan="2">3</td><td>정</td><td>1</td><td rowspan="2">3</td><td>소용</td><td rowspan="2">3</td><td rowspan="2">정</td><td>1</td><td rowspan="2">掌修祭祀賓客之事</td></tr>
<tr><td>종</td><td>2</td><td>숙용</td><td>1</td></tr>
<tr><td rowspan="2">순성</td><td rowspan="2">4</td><td>정</td><td>1</td><td rowspan="2">3</td><td>소원</td><td rowspan="2">4</td><td rowspan="2">정</td><td>1</td><td rowspan="2">掌敍燕寢理絲枲 以歲獻功</td></tr>
<tr><td>종</td><td>2</td><td>숙원</td><td>1</td></tr>
<tr><td rowspan="7">상궁</td><td rowspan="7">5</td><td rowspan="4">정</td><td rowspan="4">1</td><td rowspan="7">3</td><td rowspan="20">궁관</td><td>상궁</td><td rowspan="7">5</td><td rowspan="7">정</td><td>1</td><td>掌導引中宮 總司記典言</td></tr>
<tr><td>상의</td><td>1</td><td>掌禮儀起居 摠司賓典贊</td></tr>
<tr><td>상복</td><td>1</td><td>掌供服用采章之數 摠司衣典飾</td></tr>
<tr><td>상식</td><td>1</td><td>掌供膳羞品齊 摠司膳典藥</td></tr>
<tr><td rowspan="3">종</td><td rowspan="3">2</td><td>상침</td><td>1</td><td>掌燕見進御之次序 摠司設典燈</td></tr>
<tr><td>상공</td><td>1</td><td>掌女功之程課 摠司製典綵</td></tr>
<tr><td>궁정</td><td>1</td><td>掌戒令糾禁謫罰之事</td></tr>
<tr><td rowspan="6">상관</td><td rowspan="6">6</td><td rowspan="3">정</td><td rowspan="3">1</td><td rowspan="6">3</td><td>사기</td><td rowspan="6">6</td><td rowspan="6">정</td><td>1</td><td>掌宮內文簿出入</td></tr>
<tr><td>사빈</td><td>1</td><td>掌賓客朝見宴會賞賜</td></tr>
<tr><td>사의</td><td>1</td><td>掌衣服首飾</td></tr>
<tr><td rowspan="3">종</td><td rowspan="3">2</td><td>사선</td><td>1</td><td>掌制烹煎和</td></tr>
<tr><td>사설</td><td>1</td><td>掌幃帳茵席灑掃張設</td></tr>
<tr><td>사제</td><td>1</td><td>掌衣服裁縫</td></tr>
<tr><td rowspan="7">가령</td><td rowspan="7">7</td><td rowspan="4">정</td><td rowspan="4">2</td><td rowspan="7">4</td><td>전언</td><td rowspan="7">7</td><td rowspan="7">정</td><td>1</td><td>掌宣傳啓稟</td></tr>
<tr><td>전찬</td><td>1</td><td>掌賓客朝見宴食贊相導前</td></tr>
<tr><td>전식</td><td>1</td><td>掌膏沐巾櫛</td></tr>
<tr><td>전악</td><td>1</td><td>掌方藥</td></tr>
<tr><td rowspan="3">종</td><td rowspan="3">2</td><td>전등</td><td>1</td><td>掌燈燭</td></tr>
<tr><td>전채</td><td>1</td><td>掌縑帛絲枲</td></tr>
<tr><td>전정</td><td>1</td><td>佐之</td></tr>
<tr><td rowspan="2">사급</td><td rowspan="2">8</td><td>정</td><td>2</td><td rowspan="2">4</td><td colspan="6" rowspan="2"></td></tr>
<tr><td>종</td><td>2</td></tr>
</table>

219 《세종실록》 권75, 세종 18년 10월 26일(무자). "予與中宮 常加誨諭 然後雖稍存接對之形 然衽席之上 雖父母豈能盡得之於子乎."

사시	9	정	2	4				
		송	2					
총인원수			28명		총인원수	12명	총인원수	알 수 없음

푸념이 실록에 실릴 정도로 좋지 않았다. 원손이 생길 가능성이 없다고 생각한 세종은 왕세자의 잉첩제도를 공식화함으로써 계사에 대한 시름을 극복하고자 했던 것이다. 예조에서 납잉의 예를 아래와 같이 논의하게 되었다.

> 예조에서 아뢰기를, "《의례경전통해儀禮經傳通解》에, '천자와 제후는 한번에 아홉 여자에게 장가들 수 있다. 어째서 그러냐 하면, 나라의 근본을 소중히 여기며, 자손이 널리 퍼지게 하기 위함이라.' 하였고, 또 이르기를, '천자와 제후의 세자는 모두 제후의 예법대로 장가들되, 임금과 같이 하는 것은 재취하는 일이 없음을 밝힌 것이라.' 하였습니다. … 지금 동궁의 잉첩의 수는 《경제예전經濟禮典》에 의거하여 좋은 집안에서 뽑아 들여 그 수를 갖추고, 그 칭호와 품질은 지금의 내관 제도 및 당제의 태자 내관의 조항에 의거하여, 양제良娣 2명으로 정3품, 양원良媛 6명으로 정4품, 승휘承徽 10명으로서 정5품으로 하시고, 이 제도를 참작하시와 신하와 백성의 기대에 맞게 하소서." 하니, 그대로 따랐다.[220]

위 예조의 건의안은 당나라 제도를 참작한 것이며, 왕세자 잉첩제도를 정비하려는 최초의 노력이라는 데 그 의미가 있다. 왕세자 잉첩의 봉작명에는 정3품 양제에서부터 정4품 양원, 정5품 승휘에 이르기까지 3개의 품계, 총인원수 18명을 뽑도록 하였다. 그러나 세종은 문종의 잉첩으로 2~3명만을 뽑았다.[221] 중국 고례古禮를 참작하여 동궁의 잉례媵禮를 갖추고자 하였으나, 그 인원수는 중국 당제에 훨씬 못 미쳤다.

220 《세종실록》 권50, 세종 12년 12월 14일(경진).

221 《세종실록》 권50, 세종 12년 12월 20일(병술).

같은 해 윤12월에 세종은 동궁의 품위를 1등으로 정하며 그에 따라 여관 역시 2품으로 상향 조정하고,[222] 마침내 예조의 건의에 이어 이조에서 관제·칭호·품질 등 왕세자의 내관과 궁관제도를 확정지었다. 왕세자의 잉첩제도는 아래와 같다.

> 이조에서 아뢰기를, "이제 동궁 내관의 관제·칭호·품질에 대하여 옛 제도를 참고하여, 내관은 양제 정2품, 양원 정3품, 승휘 정4품, 소훈 정5품이요, 궁관은 사규司閨 한 사람, 빈嬪을 인도하는 일을 맡고, 장정掌正과 장서掌書를 총괄한다. 사칙司則 한 사람, 예의禮義와 참견參見하는 사무를 맡고, 장봉掌縫·장장掌藏을 총괄한다. 사찬司饌 한 사람, 식사를 올리며 먼저 맛보는 것을 맡으며, 장식掌食·장의掌醫를 총괄한다. 모두 종6품이다. 장정掌正 한 사람, 문서의 출납과 자물쇠와 규찰糾察과 벌을 주는 일을 맡는다. 장서掌書 한 사람, 경적經籍과 교학敎學을 전하는 일을 맡는다. 장봉掌縫 한 사람, 재봉과 길쌈을 맡는다. 장장掌藏 한 사람, 재산과 피륙을 맡는다. 장식掌食 한 사람, 음식·술·단술·등불·촛불·땔나무·숯·그릇을 맡는다. 장의掌醫 한 사람, 처방한 약을 맡는다. 이상은 모두 종8품으로 정하였습니다."하니, 그대로 따랐다.[223]

위 내용을 살펴보면 동궁의 여관은 국왕의 여관보다 전체적으로 등급이 낮고 그 규모도 적었다. 그러나 맡은 임무는 거의 유사하였다. 내관에서 세자빈 아래에 최고의 내명부는 종2품의 양제였다. 이 양제에서 종5품 소훈까지는 왕세자의 잉첩이며, 종6품 사규에서 종8품 장의까지는 왕세자의 궁녀였다. 왕세자의 잉첩은 인원수와 업무의 규정이 없었지만 왕세자의 궁녀는 인원수와 업무의 규정이 명시되어 있다. 잉첩의 정원을 정하지 않은 것은, 왕세자가 국왕에 즉위할 경우 자연적으로 국왕의 후궁으로 승봉되거나 나중에 후궁들을

222 《세종실록》 권50, 세종 12년 윤12월 12일(무신).
223 《세종실록》 권50, 세종 12년 윤12월 16일(임자).

맞이하게 되기 때문이고, 업무를 정하지 않은 것은 왕손을 생산하는 데 그 목적이 있었기 때문일 것이다. 이 규정을 간추려 도표화하면 【표 Ⅱ-8】과 같다.

【표 Ⅱ-8】 1430년(세종 12) 동궁 내관제도 개정안

<table>
<tr><th colspan="4">1430년(세종 12) 12월</th><th colspan="6">1430년(세종 12) 윤12월</th></tr>
<tr><th colspan="2">품계</th><th>명칭</th><th>인원</th><th>구분</th><th colspan="2">품계</th><th>명칭</th><th>인원</th><th>업무</th></tr>
<tr><td>정</td><td>3</td><td>양제</td><td>2</td><td rowspan="4">내관</td><td>정</td><td>2</td><td>양제</td><td>없음</td><td></td></tr>
<tr><td>정</td><td>4</td><td>양원</td><td>6</td><td>정</td><td>3</td><td>양원</td><td>없음</td><td></td></tr>
<tr><td>정</td><td>5</td><td>승휘</td><td>10</td><td>정</td><td>4</td><td>승휘</td><td>없음</td><td></td></tr>
<tr><td colspan="4" rowspan="10"></td><td>정</td><td>5</td><td>소훈</td><td>없음</td><td></td></tr>
<tr><td rowspan="9">궁관</td><td rowspan="3">종</td><td rowspan="3">6</td><td>사규</td><td>1</td><td>掌導引嬪 總掌正 掌書</td></tr>
<tr><td>사칙</td><td>1</td><td>掌禮儀參見 總掌縫 掌藏</td></tr>
<tr><td>사찬</td><td>1</td><td>掌進食先嘗 總掌食 掌醫</td></tr>
<tr><td rowspan="6">종</td><td rowspan="6">8</td><td>장정</td><td>1</td><td>掌文書出入 管籥 糾察 推罰</td></tr>
<tr><td>장서</td><td>1</td><td>掌經籍 宣傳 敎學</td></tr>
<tr><td>장봉</td><td>1</td><td>掌(栽)〔裁〕紉 織績</td></tr>
<tr><td>장장</td><td>1</td><td>掌財貨 縑綵</td></tr>
<tr><td>장식</td><td>1</td><td>掌膳羞 酒醴 燈燭 薪炭 器皿</td></tr>
<tr><td>장의</td><td>1</td><td>掌方藥</td></tr>
<tr><td colspan="2">총인원수</td><td colspan="2">18명</td><td colspan="4">총인원수</td><td colspan="2">알 수 없음</td></tr>
</table>

왕세자의 잉첩제도가 마련되자, 세종은 석 달 뒤에 세자〔문종〕가 18세가 되도록 후사가 없는 것을 걱정하면서 잉첩을 간택하기 시작하였다. 1431년(세종 13) 3월 15일에 세종은 지가산군사知嘉山郡事 권전權專, 직예문관直藝文館 정갑손鄭甲孫, 장흥고 직장長興庫直長 홍심洪深의 딸 세 명을 왕세자의 잉첩으로 맞아들였다.[224] 이들에 대한 잉첩 봉작명은 종4품 승휘였다. 아직 왕손이 태어나지 않은 것을 우려

224 《세종실록》 권51, 세종 13년 1월 19일(갑신); 《세종실록》 권51, 세종 13년 3월 15일(기묘).

해 한꺼번에 세 명의 후궁을 선발하였다.

그 이후에도 세종은 1438년(세종 20) 4월에 가례색을 마련하고 처녀를 모집한 후 5월에 사직司直 유상영柳尙榮의 딸을 승휘에 봉했고,[225] 1441년(세종 23) 9월 25일에 가례색을 설치하고 삼간택을 거친 후 12월 7일에 판서운관사判書雲觀事 문민文敏과 예빈시 직장禮賓寺直長 권격權格의 딸을 맞이하였으며,[226] 1448년(세종 30)에는 직장直長 윤희尹熺의 딸을 종5품 소훈으로 봉하였다.[227] 문종의 잉첩 간택은 모두 부왕 세종의 주도 하에 이루어진 것이다.

2) 《경국대전》의 내명부 규정과 의미

1428년(세종 10) 3월에 마련한 내명부의 개정안은 성종 때 완성된 《경국대전》 내명부에 수록됨으로써 조선시대 내명부제도가 확립되었다. 내명부제도가 마련된 것은 후궁제도와 궁녀제도가 나뉘어 확립되었음을 의미한다.

《경국대전》〈이전〉 내명부조에 규정된 내명부의 품계는 7품에서 9품까지 2품이 증가하였다. 즉 1품부터 9품까지 각 품은 조반朝班의 관직 등급에 준할 정도로 정품과 종품으로 나뉘어 모두 18품계로 구성되었고, 각 품계마다 하나에서 넷까지 직급의 이름이 있어 모두 34개로 더욱 세분되었다. 국왕의 후궁은 정1품 빈에서 종4품 숙원까지이고, 궁관은 정5품 상궁에서 종9품 주변궁까지이다.

---

225 《세종실록》 권81, 세종 20년 5월 8일(신묘); 《세종실록》 권81, 세종 20년 5월 19일(임인).

226 《세종실록》 권94, 세종 23년 12월 7일(기해); 《세종실록》 권96, 세종 24년 6월 26일(을묘).

227 《세종실록》 권120, 세종 30년 5월 4일(무자); 《세종실록》 권120, 세종 30년 5월 6일(경인).

여기에서 눈여겨보아야 할 점은, 이전 1428년(세종 10)에 제정된 내관제도의 정원은 빈과 귀인을 제외하고 귀인 이하 각 1명씩 26명으로 규정되어 있었으나, 《경국대전》 내명부조 이후로는 각 직급의 정원이 규정되어 있지 않은 것이다.[228] 이로써 빈에서 주변궁에 이르기까지 정원수가 없어져서 법적으로도 이들을 맞이하는 데에 제한이 없어졌음을 의미한다. 더구나 전찬에서 주변궁에 이르기까지 13개의 궁관직이 증설되었다. 이는 궁중 안에서 생활하는 궁인들이 많아지고, 그곳에서 행하는 업무가 다양해짐에 따라 실질적인 업무가 증가되면서 적재적소에 배치하는 일이 번거로워졌기 때문에 일정한 수를 정하기가 어려웠을 것이다.

《경국대전》에서 주목되는 것은 바로 종품從品의 출현이다. 1397년(태조 6)의 규정에서 정품正品과 종품從品의 존재는 이미 있었다. 그러나 1405년(태종 5) 개정에서는 품계의 구분조차 없어졌다가 1428년(세종 10) 개정안 이후 정만 존재하던 체제가 품계별로 정품과 종품의 구별을 둔 것이다. 예를 들면, 정1품이었던 빈과 귀인이 《경국대전》 이후 빈은 정1품, 귀인은 종1품으로 나누어져 다른 위상을 갖게 되었다. 이는 적첩 간의 분별이 어느 정도 사회 저변에 정착되기 시작하면서 이들 여성들의 품계를 더욱 세분화하여 서열화한 것이다. 이러한 내명부의 세분화는 정품의 존재만이 있었던 중국과는 사뭇 다른 모습이다. 【표 Ⅱ-9】는 1428년의 내관제도와 《경국대전》과 《대전회통》의 내명부를 비교한 것이다.

1430년(세종 12) 12월에 제정된 세자궁의 내관도 약간의 차이가 있을 뿐, 성종대 《경국대전》 〈이전〉 세자궁조에 대부분이 수록되었다. 이 법전에 개정된 잉첩의 품계는 거의 대동소이하나, 단지 품계

228 李英淑은 빈에서 숙원까지 8명과 상궁에서 주변궁까지 27명 총 35명을 내명부의 정원으로 규정하고 있으나(李英淑, 앞의 논문, 1982, 93쪽), 《경국대전》에는 이 규정이 없다.

【표 Ⅱ-9】 1428년(세종 10)~《대전회통》 국왕 내관제도 개정안

1428년(세종 10)						《경국대전》			《대전회통》			
구분	명칭	품계		인원	업무	명칭	품계		구분	명칭	품계	
내관	빈	1	정	없음	掌佐妃論婦禮	빈	1	정		빈*	1	정
	귀인			없음		귀인		종		귀인		종
	소의	2	정	1	掌贊導妃禮	소의	2	정		소의	2	정
	숙의			1		숙의		종		숙의		종
	소용	3	정	1	掌修祭祀賓客之事	소용	3	정		소용	3	정
	숙용			1		숙용		종		숙용		종
	소원	4	정	1	掌敍燕寢理絲枲 以歲獻功	소원	4	정		소원	4	정
	숙원			1		숙원		종		숙원		종
궁관	상궁	5	정	1	掌導引中宮 總司記典言	상궁	5	정	궁인직**	상궁	5	정
	상의			1	掌禮儀起居 摠司賓典贊							
	상복			1	掌供服用采章之數 摠司衣典飾	상의				상의		
	상식			1	掌供膳羞品齊 摠司膳典藥							
	상침			1	掌燕見進御之次序 摠司設典燈	상복		종		상복		종
	상공			1	掌女功之程課 摠司製典綵							
	궁정			1	掌戒令糾禁謫罰之事	상식				상식		
	사기	6	정	1	掌宮內文簿出入	상침	6	정		상침	6	정
	사빈			1	掌賓客朝見宴會賞賜							
	사의			1	掌衣服首飾	상공				상공		
	사선			1	掌制烹煎和	상정		종		상정		종
	사설			1	掌幃帳茵席灑掃張設							
	사제			1	掌衣服裁縫	상기				상기		
	전언	7	정	1	掌宣傳啓稟	전빈	7	정		전빈	7	정
	전찬			1	掌賓客朝見宴食贊相導前							
	전식			1	掌膏沐巾櫛	전의				전의		
	전악			1	掌方藥	전선				전선		
	전등			1	掌燈燭	전설		종		전설		종
	전채			1	掌縑帛絲枲	전제				전제		
	전정			1	佐之	전언				전언		
						전찬	8	정		전찬	8	정
						전식				전식		
						전약				전약		

	전등		종		전등		종
	전채				전채		
	전정				전정		
	주궁		정		주궁		정
	주상				주상		
	주각				주각		
	주변징	9	종		주변징	9	종
	주징				주징		
	주우				주우		
	주변궁				주변궁		

* 有敎命則無階《大典會通》
** 尙宮以下係宮人職《大典通編》

만이 정품에서 종품으로 하향 조정되었을 뿐이다. 이것은 그 이전보다 국왕의 후궁에 비해 지위가 낮게 된 것이다. 그리고 국왕의 내관제도와 마찬가지로 각 직책의 정원에 대한 규정도 없으나, 명칭과 품계는 변동되었다.

【표 Ⅱ-10】 1430년(세종 12)~《대전회통》 동궁 내관제도 개정안

1430년(세종 12) 윤12월						《경국대전》			《대전회통》			
구분	품계		명칭	인원	업무	품계		명칭	품계			명칭
내관	정	2	양제	없음		종	2	양제		종	2	양제
	정	3	양원	없음		종	3	양원		종	3	양원
	정	4	승휘	없음		종	4	승휘		종	4	승휘
	정	5	소훈	없음		종	5	소훈		종	5	소훈
궁관	종	6	사규	1	掌導引嬪 總掌正 掌書	종	6	수규	궁인직*	종	6	수규
			사칙	1	掌禮儀參見 總掌縫 掌藏			수칙				수칙
			사찬	1	掌進食先嘗 總掌食 掌醫	종	7	장찬		종	7	장찬
	종	8	장정	1	掌文書出入 管鑰 糾察 推罰			장정				장정
			장서	1	掌經籍 宣傳 敎學	종	8	장서		종	8	장서
			장봉	1	掌(栽)〔裁〕紉 織績			장봉				장봉
			장장	1	掌財貨 縑綵	종	9	장장		종	9	장장
			장식	1	掌膳羞 酒醴 燈燭 薪炭 器皿			장식				장식
			장의	1	掌方藥			장의				장의

* 守閨以下係宮人職《大典會通》

《경국대전》 이후 내명부제도는 《속대전》·《대전통편》·《대전회통》 등 몇 차례의 법 개정이 이루어졌음에도 조선왕조 말기까지 크나큰 변동 없이 유지되었다. 이상 《경국대전》 내명부가 성립된 과정을 살펴보았다. 그러면 내명부 조항이 담고 있는 의미는 무엇일까?

조선시대에는 한 남자가 여러 명의 여성을 처첩으로 거느릴 수 있는 일부일처 다첩제 사회였다. 본처는 한 명만 거느릴 수 있었기 때문에 나머지는 전부 첩으로 불리었다. 이 때문에 적첩의 구분을 명확히 구별하고 적서의 관계도 뚜렷하게 구분하였다. 처첩들이 낳은 아들들 간에 적서의 구분이 없다면 아버지의 지위와 유산을 계승하는 문제에 혼란을 초래하게 될 것이다. 이런 혼란을 방지하고 해결하기 위해 종법을 중시하고 인륜을 따지기 시작하면서 처와 첩의 신분은 엄격히 구분되었다.

조선시대의 혼인은 원칙적으로는 일부일처제였지만 실질적으로는 일부다처제라고 볼 수 있다. 이는 다름 아닌 축첩畜妾의 제도화가 빚어낸 결과였다. 다처는 그 당시 민간에도 보편적인 현상이었다. 조선시대의 왕실에서도 예외는 아니어서 일반 사대부가에서 적첩을 구분하는 것과 마찬가지로 적처인 왕비와 첩인 후궁의 구분을 명확하게 하였다. 이러한 구별은 아마도 남성 중심적인 조선사회에서 왕비의 지위를 보장해 주면서 어느 정도 후궁의 존재를 합리화한 것 같다. 이를 위해 마련된 제도가 바로 《경국대전》 〈내명부〉조였던 것이다. 이는 이후에 적서를 구별하기 위하여 비빈잉제자妃嬪媵諸子의 봉작문제가 대두되고 이들에 대한 차등을 두려 한 사실에서도 알 수 있다.

유교적 신분질서를 추구해 오던 국왕과 집권세력들도 그것에 대한 필요성을 인지하여 명호를 올바로 세워서 관등 체제 안에 후궁들을 서열화하고 법적인 효력을 지니게 함으로써 일사불란한 위계질서를 확립하고자 했다. 이는 유교적인 신분질서를 추구하는 데에 그들의 위상을 법제상으로 뒷받침해 준 것이다. 이로써 후궁은 국왕의 첩이 아니라, 왕비 아래에서 상하관계를 이루며, 그들의 품계에 따라 그 입장과 지위에 맞은 대우를 보장받을 수 있었다.

왕실에서 국왕과 왕비는 품계를 초월한 존재였다. 이들의 지위가 낮아서라기보다는 법적으로 제한할 수 없을 정도로 그 위상이 높았음을 의미한다. 유교적 통치이념 아래에서 그들은 군주로서 관념상 초월적인 권력을 지닌 존재였던 것이다. 유교적 통치이념을 표방하는 조선은 군주에게 형정刑政보다는 어진 덕을 요구하였다. 군주인 왕이 국가를 다스리는 일을 왕업王業 또는 조업祖業이라 하였는데, 왕업은 외치外治와 내치內治를 함께 수행하는 것이다. 이는 부부가 가업家業을 함께 이루어 나가는 것으로 여겼던 것과 같은 맥락이다.

왕실에서 왕비와 함께 비빈 역시 가업의 한 축을 맡고 있었다. 이렇다 보니 비빈들에게도 왕비와 마찬가지로 내치를 강조하여 조선 초의 비빈제도를 정할 때에 그 전거로서 논의되고 있었다. 실제로 성종의 계비 폐비 윤씨의 전문 내용과 세조의 비 정희왕후 윤씨를 책봉하는 다음 교서 내용을 살펴보면, 왕업에 외치와 내치가 함께 이루어져야 함을 강조하고 있는 데에서도 알 수 있다.

> 중궁이 전문箋文을 올려 사은하였는데, … 하늘〔乾元〕은 반드시 땅〔坤元〕에 힘입는 것이므로, 이에 시작을 엄정嚴正히 해야 하고, 외치 또한 내치로 말미암는 것이므로, 이에 인륜의 시초를 삼가야 하는 것입니다. 그런데 마침내 저 같이 잔약孱弱한 자질로 하여금 특별한 은혜를 입게 하셨습니다. 삼가 마땅히 규예嬀汭에서 순舜임금의 비가 되었듯이, 비록 덕행은 우虞나라의 여영女英에 부끄러우나, 위사渭涘에서 문왕의 배필이 되었듯이, 주나라 태사太姒를 사음嗣音하도록 하겠습니다." 하였다.[229]
>
> 책문은 이러하였다. "천지가 그 위치를 정하니 만물이 생겨났고, 인군과 후

229 《성종실록》 권70, 성종 7년 8월 9일(기묘).

> 비가 덕을 합하니 모든 교화가 비로소 이루어졌다. 원비元妃를 세우는 것은 내치를 돕고 음교陰敎를 베풀기 위한 것이다. 아! 그대 윤尹씨는 명가 세족으로 그 아름다운 덕으로 나의 빈이 되어, 부지런하고 검소하며 예법을 좇고 허물을 짓지 않아서 내가 잠저에 있었던 처음부터 오늘에 이르기까지 그 효순孝順한 자취는 나라 사람들이 다 아는 바이므로, 마땅히 위호를 바르게 하여 중곤中壼의 예의를 표시하려고 이에 영의정 정인지鄭麟趾·중추원사中樞院使 박중림朴仲林을 보내어 그대에게 책보冊寶를 수여하고 왕비로 세우는 바이다.[230]

국왕이 나라를 다스림에 밖(조정의 신하)의 도움뿐만 아니라 안(궁정)의 역할도 크게 작용했음을 알 수 있다. 내조의 문제는 천하가 태평하거나 어지러워지는 원인이 되었으며 국가의 흥성과 쇠약함에도 관련되어 있었다. 《주역》에서 "가정의 도가 바르게 되면 천하가 안정된다"고 했는데 법령과 제도는 안으로부터 밖으로 미치는 것으로 보았기 때문이다. 《춘추》에서 예를 관장하는 종인宗人의 말에 "첩을 부인이라고 삼은 예제는 없다"고 했던 것도 같은 맥락이다.

내치의 중요성은 제도적으로 외치와 내치의 수를 동일하게 한 데에서도 알 수 있다. 숫자상으로만 보더라도 천하를 다스릴 때에 황후는 6궁, 3부인, 9빈, 27세부, 81어처를, 천자는 6관, 3공, 9경, 27대부, 81원사를 두어 내치의 수와 외치의 수를 일치시켰다. 이는 내명부가 양반관료의 조직에 대응하고 있다는 사실에서도 알 수 있다. 조선시대 양반관료조직이 크게 5품에서 9품까지의 사士와 1품에서 4품까지의 대부大夫로 구분되었는데, 내명부의 조직도 5품에서 9품에 이르는 궁녀와 1품에서 4품에 이르는 후궁으로 양분되었던 것이다. 그래서 사와 대부가 합쳐진 사대부는 남자 관료라 말하고, 후궁과 궁녀가 합쳐진 내명부는 여자 관료, 즉 여관이라 한 것이다.

무엇보다 내치가 외치에 앞서 기록되고 있다는 점이다. 조선왕조

230 《세조실록》 권1, 세조 1년 7월 20일(계사).

에서 최고 권위를 갖는 법전인 《경국대전》에서 시작하여 《속대전》·《대전통편》·《대전회통》의 내명부조가 〈이전〉의 첫 조항에 위치하고 있다는 사실과 무관하지 않다. 《고려사》 〈열전〉에서 후비들의 열전이 앞에 서술된 사실과도 일맥상통되는 부분인데, 그 내용을 보면 아래와 같다.

> 대체로 부부란 인륜의 기본이다. 나랏일과 집안일이 잘되고 못되는 것이 이에 기인되지 않음이 없으니 어찌 조심하지 않으랴! 그런 까닭에 후비전后妃傳을 만들고 빈, 장嬙 등 부인들의 전기도 각각 그 다음에 첨부한다.[231]

위 인용문에서 《고려사》의 찬자는, 후비전을 짓는 이유로 국가의 치란이 부부로부터 비롯되고 있음을 강조하고 있다.[232] 이처럼 조선시대에 왕업은 내치와 외치로 이루어지고, 왕업을 수행하는 데에 왕비를 포함하여 내관에 속한 후궁의 역할도 상당히 중시되었다.[233] 주지했듯이 왕비는 품계를 초월한 지존의 자리에 있었기 때문에 내

231 《고려사》 권88, 〈열전〉1, 〈后妃〉 1. "盖夫婦人倫之本也 國家理亂 罔不由之 可不愼歟 故作后妃傳 而嬪嬙夫人 并各附于其次."

232 《고려사》 후비전의 서문은 그 내용으로 보아 李齊賢의 諸妃傳序를 참고하여 서술한 것으로 보인다. 서문에 따르면, '부부가 있은 뒤에 부자가 있고, 부자가 있은 뒤에 군신 상하가 있게 된다. 예의가 여기에서 시행되는 것이니, 부부는 인륜의 근본이므로 국가의 치란이 이에 말미암지 않음이 없다. … 諸妃傳을 기술하되, 그중에 아들이 없거나 크게 잘한 일, 또는 크게 잘못한 일이 없는 자는 생략한다(李齊賢, 《益齋亂稿》 권9, 〈史傳〉 〈諸妃傳序〉).'고 한 데에서 알 수 있다(변태섭, 《〈고려사〉의 연구》, 삼영사, 1987, 100쪽).

233 《세종실록》 권25, 세종 6년 9월 21일(계사). "禮曹判書申商等啓 臣等謹按三宮嬪媵之制 備載古典 所以正內治 廣繼嗣 不可不重 本曹於永樂十九年狀申受教實爲宗社萬世之計也 惟我太宗再命攸司 爲殿下欲備壼儀而未就 以至于今日 竊惟宗社之計 不可緩也 太宗之命 不可違也 乞依古制 妙選仁賢忠孝之裔 以成嬪媵之禮以副臣民之望 從之."

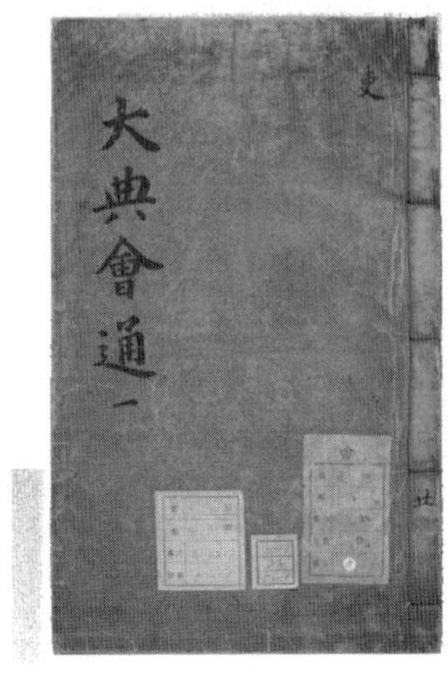

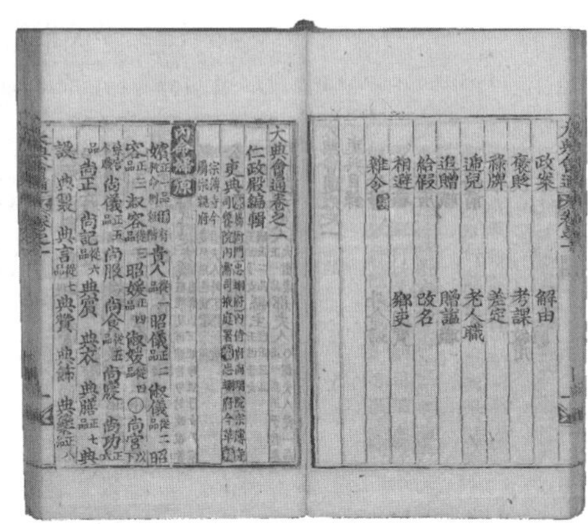
政案 解由
褒貶 考課
祿牌 差定
遞兒 老人職
追贈 贈諡
給假 改名
相避 鄉吏
雜令

大典會通卷之一
仁政殿編輯
吏典
內命婦
嬪 貴人 昭儀 淑儀 昭
容 淑容 昭媛 淑媛 尚宮
尚儀 尚服 尚食 尚寢 尚功
尚正 尚記 典賓 典衣 典膳 典
設 典製 典言 典贊 典飾 典藥

【도판 Ⅱ-3】《대전회통》

1865년(고종 2) 조두순, 김병학 등이《대전통편》이후에 교명, 규칙, 격식 등을 증보하여 현실에 맞게 편찬한 조선왕조 최후의 육전 체제 통일 법전이다(장서각 소장 K2-2071).

명부 안에는 왕비의 품계가 없다. 이는 고종대에 편찬된《대전회통》에서 내명부의 정1품인 빈도 '교명敎命이 있으면 품계가 없다'[234]고 규정하고 있듯이 왕비는 물론 빈의 경우에도 내명부에서 품계를 초월한 존재로 격상될 수 있었다.

왕비는 국왕의 정실 배우자로서 국왕을 내조하며, 위로는 종묘의 제사를 받들고, 윗전인 대왕대비, 왕대비를 모시며, 아래로는 왕자, 왕손을 양육하여 대통을 잇게 하는 등의 매우 중대한 임무를 담당하였다. 이로써 왕비는 내명부 위에 군림하며 이들을 다스리는 권한을 갖고 있었다. 반면 후궁들은 국왕과의 개인적 관계에 머물지 않고 왕비를 보좌하는 직무를 맡았다. 정1품 빈과 귀인은 왕비를 보좌하며 부례婦禮를 논하는 일을 맡았고, 정2품 소의와 숙의는 비례妃禮를 찬도贊導하였으며, 정3품 소용과 숙용은 제사와 빈객에 관한 일을 맡았고, 정4품의 소원과 숙원은 연침燕寢을 베풀고 사시絲枲를 다

234《大典會通》,〈吏典〉,〈內命婦〉. "有敎命則無階."

스려 해마다 공을 바쳤다.

내명부는 제왕의 잠자리를 위해서뿐만 아니라 궁중의 제반 사무를 분장하기 위하여 설치되었기 때문에 어느 정도의 인원수는 필요했던 것으로 보인다. 천자나 제후가 일정 정도 후궁 수를 갖추는 것은 제왕의 권위를 유지하는 의전적儀典的 조건이 되었다. 그러나 후대로 갈수록 후궁의 수가 많아져 그것이 곧 제왕의 권력을 과시하는 도구처럼 간주되기도 하였다. 이처럼 후궁들은 천하 내치를 주관하는 왕비의 조력자이자 왕비와 함께 내치를 수행할 일종의 '왕실여성군王室女性群'이었다. 이로써 볼 때 왕비의 측근에서 보좌하는 왕의 후궁들과 다양한 실무를 맡은 궁관들의 여성 집단인 내명부는 '여성소조정女性小朝廷'의 성격을 지녔다고 하겠다.

3. 국왕별 후궁 현황

조선시대 국왕은 태조에서 순종대까지 즉위한 왕 27명과 추존된 덕종, 원종, 진종, 장조, 익종을 합치면 모두 32명이다. 서른두 명이 맞이한 왕비는 모두 45명이다. 성종, 중종, 숙종은 3명의 왕비를 두었고, 태조, 예종, 선조, 인조, 경종, 영조, 헌종, 순종은 2명의 왕비를 두었으며, 나머지 20명의 국왕은 1명의 왕비를 맞이하였다. 2명 이상인 경우는 첫 왕비〔元妃〕가 승하하였거나 폐비되어 계비를 맞아들인 경우였다. 예컨대, 신덕왕후神德王后 강씨康氏는 개국 초의 특별한 사례였지만, 경처京妻였다가 왕비로 책봉되었고, 예종의 원비 장순왕후章順王后 한씨韓氏가 세자빈에 있다가 즉위 전에 승하함으로써 계비 안순왕후安順王后 한씨韓氏가 왕비에 승봉되었다. 성종의 원비 공혜왕후恭惠王后 한씨韓氏가 승하함으로써 폐비 윤씨가 후궁의 신분에서 왕비가 되었으며, 정현왕후貞顯王后 윤씨尹氏는 폐비 윤씨가 폐위됨으로써 숙의에서 왕비로 책봉되었다. 숙종의 경우에도 계비인 인현왕후仁顯王后 민씨閔氏는 인경왕후仁敬王后 김씨金氏가 죽게 되어 왕비가 되었고, 인원왕후仁元王后 김씨金氏는 인현왕후 승하 이후에 왕비에 책봉되었다.

조선시대 후궁들의 인원수는 【표 Ⅱ-11】에서와 같이 기록상으로는 전체 175명 정도로 추산된다. 175명의 후궁 가운데 5명은 나중에 '왕비예비자'로서 왕비의 지위에 올랐다. 추존된 왕을 제외하면 국왕 1명당 평균 6.4명의 후궁을 맞아들인 셈이다. 전체 후궁 175명 중에서 75명(42.8%)은 태조~성종조의 후궁들이고, 62명(35.4%)은 연산군~숙종조의 후궁들이며, 38명(21.7%)은 영조 이후의 후궁들이다. 이는 후기로 갈수록 후궁들의 수가 격감되고 있음을 보여 준다. 초기의 후궁은 후기의 후궁보다 훨씬 더 많았다. 조선 초기에는 국왕 1명에게 7.5명의 후궁이 있었다면, 중기에는 6.8명, 그리고 후기에는 4명의 후궁을 두었다. 초기의 왕이 후기의 왕보다 3.5명의 후궁을 더 맞이한 셈이다.

즉위한 27명의 왕 가운데에서 가장 많은 후궁을 둔 임금은 19명의 후궁을 둔 태종이다. 그 뒤를 이어 광해군은 14명, 성종은 13명, 고종은 12명, 연산군과 중종은 11명의 후궁을 두었다. 가장 적은 후궁을 둔 임금은 1명의 후궁을 맞이한 순조였다. 그 뒤를 이어 단종과 헌종은 2명, 인종과 효종은 3명, 인조와 영조 그리고 정조는 4명의 후궁을 두었다. 반면 단 한명의 후궁도 맞아들이지 않은 국왕은 현종, 경종,[235] 순종이다. 이들 왕의 공통점은 비교적 병약한 체질이거

235 경종은 '국왕은 어려서부터 병이 많아서 기운이 매우 쇠약하였는데, 오랫동안 병을 치료하면서 널리 後嗣를 이을 수 있게 하는 약을 시험하여 보았으나, 끝내 효험이 없었다. 그리하여 前後의 두 왕비와 좌우의 잉첩들 가운데 하나도 잉태한 사람이 없으니, 여기에서 嗣續의 기대가 끊긴 실상을

【표 Ⅱ-11】 입궁 경로에 따른 조선시대 후궁 현황[236]

국왕	간택 후궁				비간택 후궁		미확인 후궁	간	비	미	합
	①	②	③	④	⑤	⑥					
태조	정경궁주 유씨 성비 원씨 김원호 딸				화의옹주 김씨 찬덕 주씨			3	2	0	5
정종					성빈 지씨 숙의 지씨 숙의 기씨 가의궁주 유씨 기매	시의 이씨	숙의 문씨 숙의 윤씨	0	6	2	8
태종	의빈 권씨 명빈 김씨 소빈 노씨 숙공궁주 김씨 의정궁주 조씨 신순궁주 이씨 혜순궁주 이씨				효빈 김씨 신빈 신씨 순혜옹주 장씨 서경옹주	선빈 안씨 정빈 고씨 숙의 최씨 덕숙옹주 이씨 혜선옹주 홍씨 후궁 김씨 후궁 이씨 파독		7	12	0	19
세종	장의궁주 박씨 명의궁주 최씨					신빈 김씨 숙의 조씨 상침 송씨 사기 차씨	영빈 강씨 혜빈 양씨 숙원 이씨	2	4	3	9
문종		승휘 정씨 숙빈 홍씨 승휘 유씨 숙의 문씨 소용 권씨 소훈 윤씨		현덕왕후 권씨		사칙 양씨 궁인 장씨		7	2	0	9

알 수가 있다(《경종수정실록》 권3, 경종 2년 3월 26일(신해).'고 한 데에서 2명의 후궁을 두었으나, 이 책에서는 그들의 존재를 확인할 수 없어 수치에 포함시키지 않았다.

단종	숙의 김씨 숙의 권씨							2	0	0	2
세조					근빈 박씨 소용 박씨		숙원 신씨	0	2	1	3
덕종		숙의 신씨 귀인 권씨 숙의 윤씨						3	0	0	3
예종		숙의 최씨 후궁 이씨		안순왕후 한씨		상궁 기씨		3	1	0	4
성종	귀인 권씨 숙의 남씨		폐비 윤씨 정현왕후 윤씨				명빈 김씨 귀인 정씨 귀인 엄씨 숙의 하씨 숙의 홍씨 숙용 심씨 숙용 권씨 숙원 윤씨 숙의 권씨	4	0	9	13
연산군	숙의 윤씨 숙의 권씨 숙의 민씨 장석조 딸	숙의 곽씨				숙의 이씨 숙원 최씨 숙원 장씨 숙원 김씨 숙원 전씨	숙원 정씨	5	5	1	11
중종	희빈 홍씨 숙의 나씨		장경왕후 윤씨			경빈 박씨 창빈 안씨 귀인 한씨 숙원 이씨	숙원 이씨 숙원 홍씨 숙의 윤씨 숙의 김씨	3	4	4	11
인종		귀인 정씨 숙빈 윤씨 혜빈 정씨						3	0	0	3
명종	숙의 신씨 숙의 정씨 숙의 정씨 숙의 신씨					숙의 이씨	숙의 한씨 순빈 이씨	4	1	2	7
선조	귀인 정씨 정빈 민씨 정빈 홍씨 숙의 정씨					공빈 김씨 인빈 김씨 순빈 김씨 온빈 한씨 상궁 박씨		4	5	0	9
광해군	숙의 원씨 숙의 허씨 숙의 홍씨 숙의 윤씨 숙의 권씨					소용 임씨 소용 정씨 숙원 신씨 상궁 김씨 상궁 이씨 상궁 최씨 상궁 변씨	숙원 한씨	5	8	1	14

						후궁 조씨					
인조	귀인 장씨					귀인 조씨 상궁 이씨	숙의 나씨	1	2	1	4
효종					안빈 이씨		숙원 정씨 숙원 김씨	0	1	2	3
현종								0	0	0	0
숙종	영빈 김씨					희빈 장씨 숙빈 최씨 명빈 박씨 소의 유씨 귀인 김씨		1	5	0	6
경종								0	0	0	0
영조					정빈 이씨	영빈 이씨 귀인 조씨 숙의 문씨		0	4	0	4
장조					숙빈 임씨 경빈 박씨			0	2	0	2
정조	원빈 홍씨 화빈 윤씨 수빈 박씨					의빈 성씨		3	1	0	4
순조						숙의 박씨		0	1	0	1
헌종	경빈 김씨					숙의 김씨		1	1	0	2
철종						귀인 박씨 귀인 조씨 숙의 방씨 숙의 김씨 숙의 범씨 궁인 이씨 궁인 박씨		0	7	0	7
고종						귀비 엄씨 귀인 이씨 귀인 이씨 귀인 장씨 귀인 양씨 귀인 이씨 귀인 정씨 상궁 염씨 상궁 서씨 상궁 김충연 정화당 김씨 삼축당김옥기		0	12	0	12
순종								0	0	0	0
인원수	41	15	3	2	17	71	26	61	88	26	175
백분율(%)	23.4	8.57	1.71	1.14	9.71	40.57	14.85	34.85	50.28	14.85	100

나,[237] 단명, 그리고 재위 기간이 짧았다는 점이다. 현종은 31살에, 경종은 37살에 승하하였다. 순종의 경우에는 단명하지 않았으나, 37살에 일제에게 국권을 빼앗긴 시대적 상황이 있었다.

앞서 언급했듯이 후궁이 되는 방법은 간택과 비간택이 있다. 위의 【표 Ⅱ-11】[238]은 출신에 따른 입궁 경로를 더욱 세분화하여 작성된 것이다. ①~④까지는 간택 후궁들이고, ⑤~⑥은 비간택 후궁들이다. ① 간택〔禮〕의 절차에 따라 왕의 후궁이 된 경우 ② 간택 절차로 동궁의 잉첩이 된 경우 ③ 처음에 ①항의 경로를 거쳐 왕의 후궁으로 간선되었다가 왕비로 승격된 경우 ④ 처음엔 ②항의 경로를 거쳐 동궁의 잉첩에 간택되었다가 세자빈이 되고 이후에 왕비로 승격되

236 이 책에서 장조의 후궁 2명을 추가하였고, 후궁의 네 가지 자격 요건에 최종적으로 부합되지 않는 여성, 예컨대 후궁에서 왕비가 된 여성들도 조선시대 후궁의 인원수에 포함시켰음을 미리 밝혀 둔다.

237 李聞政이 영조 초년에 지은 《隨聞錄》에는 희빈 장씨가 사약을 받는 자리에서 경종의 국부를 잡아당겨 성불구자로 만들었다고 서술되어 있다(李聞政, 《조선당쟁관계자료집》 5, 여강출판사, 1984, 440~441쪽). 이 글이 서인에 의해 조작되거나 과장된 이야기라 치부해 버려도 허약한 체질임을 알 수 있다. 또한 閔鎭遠이 지은 《丹巖漫錄》에는 "1717년(숙종 43) 가을, 왕세자에게 대리청정을 명하였다. … 또 하체의 기운이 마비되고 약해서 남녀의 일을 알지 못하므로 나이 30살에도 여색을 가까이 할 수 없었고 비록 궁녀들과 애들처럼 장난을 하긴 했지만 여색을 가까이할 뜻이 없었다."고 하는 등 세자 시절 경종의 병증이 잘 묘사되어 있다(이희환 옮김, 민창문화사, 1993, 95쪽). 《조선왕조실록》에서도 '근심과 두려움이 쌓여 병을 이루었고 깊어갈수록 더욱 고질화해서, 즉위한 이래로 政事를 다스리는 데 게을리하였고 조회에 임하여는 침묵으로 일관하였으며 정사를 여러 신하들에게 맡겼다'고 한 사실에서 엿볼 수 있다(《경종실록》 권15, 경종 4년 8월 25일(을미).

238 【표 Ⅱ-11】은 《朝鮮王朝實錄》·《璿源系譜紀略》(1892, 藏 K2-1023)·《璿源系譜紀略》(1900, 藏 K2-1027J)·《璿源系譜紀略》(1908, 藏 K2-1031C)·《璿源系譜紀略》(1932, 藏 K2-1039), 그리고 지두환의 《조선의 왕실(태조~성종)대왕과 친인척》 시리즈(역사문화, 1999~2008)에 명시되어 있는 자료에 근거하여 합산된 것이다.

거나 사후에 추존된 경우 ⑤ 국왕의 잠저 시절에 첩이었다가 법 체제 안으로 편입된 경우 ⑥ 궁녀의 신분에 뽑혀 입궁한 여성이 국왕의 승은을 입었거나 국왕의 측근세력이 여성을 추천하여 후궁이 된 경우, ⑦ 입궁 경로 추정이 불가능한 경우 등 7가지를 기준으로 통계 처리하였다.

【표 Ⅱ-11】에서 태조에서 순종 때까지 간택 후궁은 전체 175명의 후궁 가운데 61명(34.8%)을 차지하였다. 간택 후궁의 범주에 속한 ①항의 경우 41명(23.4%)이었고, 동궁의 잉첩으로 간택된 ②항의 경우는 15명(8.57%)이었으며, 처음에 왕의 후궁으로 입궁하였다가 왕비로 격상된 ③항의 경우는 3명(1.71%), 처음엔 동궁의 잉첩으로 입궁하였다가 세자빈이 되어 왕비로 격상 또는 사후에 추존된 ④항의 경우는 2명(1.14%)이었다.

61명의 간택 후궁 가운데 태조~성종조의 후궁은 31명(50.8%)이고, 연산군~숙종조의 후궁은 26명(42.6%)이며, 영조 이후의 후궁은 4명(6.55%)을 차지하였다. 영조 이후에 간택 후궁은 현격하게 감소되었다. 이와 같이 간택을 통해 후궁이 된 여성이 조선 초기보다 후기에 훨씬 적었던 것이다. 그러나 엄밀히 따지면 광해군 이후부터 간택 후궁의 수가 현격히 줄어들었다.

한편 합법적인 간택 절차에 따라 왕의 후궁 또는 동궁의 잉첩으로 들어왔다가 왕비의 반열에 오른 인물들이 생겼다. 성종의 후궁 폐비 윤씨와 정현왕후 윤씨는 ③항의 사례로서 생전에 왕비에 올랐고, 현덕왕후 권씨의 경우엔 세자 문종의 잉첩이었다가 세자빈이 되고 나중에 왕비로 추존되었으며, 예종의 잉첩 안순왕후 한씨는 ④항의 사례로서 후에 왕비가 되었다. 중종의 장경왕후 윤씨의 경우에도 마찬가지이다. 이것은 다음 장에서 상술할 예정이므로 여기서는 별도로 다루지 않는다.

반면 태조에서 순종 때까지 비간택 후궁은 전체 175명의 후궁 가운데 88명(50.2%)을 차지하였다. 비간택 후궁의 범주에 속한 ⑤항의 경우 16명(9.14%)이고, ⑥항은 72명(41.14%)이었다. ⑤항에 속한 후궁은 잠저 시절 첩으로 살다가 남편이 왕으로 즉위함에 따라 후궁의 지위를 얻었다. 세조 때까지 이 경우에 해당하는 후궁은 12명으로 이 시기에 집중적으로 분포되었다. 이에 비해 궁녀에서 후궁이 된 ⑥항의 경우에는 72명의 후궁 가운데 태조~성종조의 후궁은 16명(22.53%)이고, 연산군~숙종조의 후궁은 31명(43.66%)이며, 영조 이후의 후궁은 25명(35.21%)을 차지하였다. 이 유형은 조선시대 전 시기를 걸쳐 보편적인 추세였다고 하겠다.

후궁이 되는 두 가지 경로, 즉 간택과 비간택이 차지하는 비율은 약 85%였다. 그 외에 입궁 경로를 확인할 수 없는 후궁도 26명(14.85%)으로 조사되었다. 후궁들은 대부분 두 가지 중에 한 가지 방법을 통해 후궁이 되었다. 이로써 유추해 본다면, 입궁 경로가 불확실한 26명 여성 가운데 양반가 출신의 적녀인 여성은 간택을 통해, 그 이외의 서녀 또는 양가良家 이하의 여성은 추천이나 승은을 통해 후궁이 되었을 것이라고 추정된다. 이들의 존재를 배제할 수 없기 때문에 【표 Ⅱ-11】의 수치는 유동적이다.

정리해 보면, 중국은 하은주에서 송에 이르기까지 비빈의 위호가 단지 증감되고 개정되었을 뿐 근본적으로 변화가 없었다. 《주례》와 《예기》를 근거로 삼은 조선의 내명부는 당, 명, 청의 비빈제도를 따르고 있지만, 조선의 역사적 상황에 맞게 수정, 정비되었다. 후궁에는 간택 후궁과 비간택 후궁이 있었다. 비간택 후궁은 승은, 첩의 신분에서 편입, 진헌 또는 추천된 여성들을 포함하기 때문에 이 책에서는 간택 후궁과 비간택 후궁이라는 용어를 사용하였다. 그리고 ① 내관 ② 승은+궁인직〔정5품 이하〕 ③ 왕자녀+궁인직 ④ 승은+공인된 여성 등의 여성을 후궁의 범주에 포함시켰다.

후궁제의 정립은 다섯 차례의 변화가 있었다. 처음 1397년(태조 6)

에 내관의 직제가 제정되었다가 1405년(태종 5)에 여관이 개정되었다. 1411년(태종 11)에는 1빈 2잉 제도를 실시하였다가 1428년(세종 10)에 내관제도가 다시 수정되고 1430년(세종 12)에는 동궁의 내관이 제정되었다. 내명부조는 《경국대전》을 비롯하여 법전류의 첫 조항에 위치하고 있는데, 내치의 중요성이 컸기 때문이다. 이로써 보면, 후궁은 품계를 초월한 왕비와 함께 내치를 수행할 여성 집단으로서, 내명부는 '여성소조정女性小朝廷'의 성격을 지닌다.

조선시대 후궁들의 인원수는 전체 175명 정도로 간택 후궁과 비간택 후궁이 차지하는 비율은 약 85%다. 따라서 조선시대 후궁들은 대부분 두 가지 중에 한 가지 방법을 통해 후궁이 되었으며, 후기로 갈수록 전체 후궁의 수는 물론 간택 후궁들의 수도 급격히 감소되었다. 이러한 각 시기별 특징을 제Ⅲ·Ⅳ·Ⅴ장에서 확인하고자 한다.

제Ⅲ장

태조~성종조 숙의淑儀 간택 관행의 성립과 지위

1. 간택 후궁의 숙의 봉작 관행과 가문 배경

내관제도와 궁관제도가 합쳐진 내명부는 1397년(태조 6)에서 1428년(세종 10)까지 몇 차례에 걸쳐 변화가 있었지만 그 실효성을 거두지는 못했다. 그런 의미에서 《경국대전》 내명부 규정의 토대가 마련된 1428년은 종2품 숙의의 관행이 성립될 수 있는 중요한 시점이었다. 이 시기를 전후로 법제 운영 면에서 몇 가지 두드러진 차이가 난다. 우선 1428년을 전후로 후궁들에게 주었던 봉작명이 옹주 또는 궁주에서 종4품 숙원에서 정1품 빈의 칭호로 사용되었다. 주목되는 점은 세자의 잉첩 또는 국왕의 후궁이 세자빈 또는 왕비의 유고 시에 왕비의 지위로 승격될 수 있었다.

이 장에서는 내명부의 제도가 여전히 미비했던 태조대에서부터 1428년 이전과 이후의 변화상을 살펴보고자 한다. 단, 1428년 이전은 전술한 바가 있으므로 간략하게 언급하기로 한다.

1392년(태조 1) 7월, 이성계는 공양왕恭讓王을 폐위시킨 뒤, 개경 수창궁壽昌宮에서 58세의 나이로 즉위하였다. 그러나 조선 건국 직후에 여러 제도가 아직 정비되지 않았으므로, 그는 새로운 왕조의 기틀을 마련하고자 고심했다. 내명부제도 역시 예외가 아니었다. 그런데 이 시기에 후궁 간택 및 가례색 설치 등 가례嘉禮 절차에 관한 기록을 확인할 길이 없다.[1] 일정한 의식이 갖추어지지 않았던 이 시

---

1 조선 건국 직후 내명부제도가 미비한 관계로 가례색 등 예의 절차를 행하지 못하였다고 생각된다. 이는 1431년(세종 13) 1월에 '選取知嘉山郡事權專 直藝文館鄭甲孫 長興庫直長洪深之女'라 하여 문종의 잉첩을 선발하였다고 하면서 같은 해 2월에 '賜掌令鄭甲孫 司宰副正權專 司醞直長洪深等各米豆并三十

【도판 Ⅲ-1】 건원릉(경기도 구리시 동구릉 소재)
조선 태조의 무덤으로, 조선 왕릉 제도의 표본이다. 고려 공민왕의 현릉 양식을 따르고 있으나, 고려 왕릉에는 없던 곡장을 봉분 주위에 두르는 등 세부적으로 일정한 변화를 보여 준다. 봉분에 잔디가 아닌 억새풀을 덮은 것은 태조의 유교遺教에 따른 것이라는 《인조실록》 기록이 있다.

기에 후궁 선발은 납納하는 방식이었다. 태조의 간택 후궁은 모두 3명이며, 대부분 신덕왕후가 죽고 태조 나이 60세 이후에 입궁한 여성들이었다. 태조는 처음 1397년(태조 6) 3월에 전 판사前判事 김원호金原浩의 딸을 맞아들였지만[2] 이후에 봉작되었다는 기록은 보이지 않는다.

같은 해 8월에 태조는 전 밀직부사前密直副使 유준柳濬의 딸을 후

石 以納女於東宮也'라고 하여 이들에게 쌀과 콩을 하사한 이유가 동궁에 딸을 납했기 때문이라고 하였다. 조선 중기에 추천자가 일반 중인 이상의 서녀를 진납하는 경우와는 그 성격을 달리한다. 그러므로 이들을 간택 후궁에 포함시켰다.

2 《태조실록》 권11, 태조 6년 3월 5일(무오).

궁으로 맞아들였는데,[3] 유준은 그의 측근세력이었다.[4] 조카 유습柳濕은 이방석李芳碩의 처〔세자빈〕의 아버지 심효생沈孝生의 장인이며 세자빈에게는 외조부가 된다. 즉, 세자빈과 유준의 딸은 5촌 조카인 셈이다. 심효생은 1394년(태조 2) 6월에 이방석의 장인이 되었기 때문에 1398년(태조 7) 8월, 제1차 왕자의 난이 일어나기 전까지 정도전, 조준, 남은 등 당시 집권세력과 연결되어 있었다.

태조는 나이 64세인 1398년 2월 25일에 다시 합문인진사閤門引進使 원상元庠의 딸을 후궁으로 맞아들였다.[5] 이어 나흘 뒤에 그녀는 남복男服을 입고 거가車駕를 뒤따라 입궁하였지만[6] 당시에는 봉작되지 못했다. 오히려 태조가 태상왕으로 물러나 있던 1406년(태종 6) 5월에 성비誠妃로 책봉되었다. 당시 태조는 제 1, 2차 왕자의 난 등 골육 간의 싸움에 상심하여 1398년(태조 7) 9월에 이방과李芳果에게 선위하고 상왕으로 퇴진한 상태였다. 원씨의 책봉 소식을 들은 태조는 매우 기뻐하였다.[7] 그로부터 한 달 뒤, 성비는 덕수궁에서 태종이 내린 옥책玉册과 금보金寶를 받고, 왕세자 이제李禔를 비롯하여 여러 조정 대신들로부터 사배례를 받았다.[8]

비에 책봉된 원씨는 태조의 승하 이후에도 계모로 인정받았다. 태종은 성비의 위차位次를 왕비인 정비靜妃와 마찬가지로 남향하도록 하였고, 그녀에게 물품을 진상하는 등 적모의 예우로 대하며 극진히 섬겼다.[9] 이후 태조의 계실이 아닌 첩으로 대우해야 한다는 대

---

3 《태조실록》 권12, 태조 6년 8월 26일(을사).

4 이 책 제Ⅲ장 1절 2)를 참조.

5 《태조실록》 권13, 태조 7년 2월 25일(임인).

6 《태조실록》 권13, 태조 7년 2월 29일(병오).

7 《태종실록》 권11, 태종 6년 5월 2일(신묘).

8 《태종실록》 권11, 태종 6년 6월 12일(경오).

9 《태종실록》 권23, 태종 12년 3월 1일(을유); 《태종실록》 권24, 태종 12년

신들의 의견에 따라 1449년(세종 31) 그녀가 사망하자, 정조停朝·거애擧哀·복제服制 등의 상례를 종친의 상등上等 예에 맞추어 장례를 치렀다.[10] 이처럼 일정한 가례 의식 없이 후궁을 맞아들였지만, 전현직 관료의 딸이라는 점을 감안한다면 간택 후궁의 범주에 포함시키는 것이 타당하다고 본다.

일정한 간택 과정과 가례색을 거쳐 후궁으로 맞이한 사례가 처음 실록에 보이는 것은 태종대였다. 태종의 간택 후궁은 태종 재위 연간 4명과 세종 재위 연간 3명 등 모두 7명이었다. 태종은 1402년(태종 2) 1월, 가례색 제조를 뽑은 후에[11] 전 성균관 악정 권홍의 딸을 간택하고 가례혼수로 단자緞子, 견絹, 포布, 미두米豆를 보냈다.[12] 그러나 태종은 상왕인 정종 및 조정 대신들의 만류와 원경왕후의 반대 때문에 가례색 설치를 철회한 상태에서 권홍의 딸을 별궁으로 입궁시켰다. 이로써 부친 권홍은 같은 해 4월에 영가군永嘉君에 봉작되었다.[13]

태종은 권홍의 딸을 맞이한 후 1411년(태종 11) 9월에 제정된 1빈 2잉 제도에 따라 한번에 세 명의 간택 후궁을 둘 수 있었다. 이때 판통례문사判通禮門事 김구덕金九德의 딸과 전 제학前提學 노구산盧龜山, 그리고 전 지성주사前知成州事 김점金漸의 딸을 맞이하였음은 주지한 바이다.[14] 이후 태종은 후궁의 부친들에게 그 지위에 걸맞은 대우를 내렸는데, 노구산은 좌군총제左軍摠制로, 김구덕은 우군동지

12월 28일(기묘); 《태종실록》 권26, 태종 13년 9월 25일(신축); 《태종실록》 권26, 태종 13년 11월 1일(정축).

10 《세종실록》 권24, 세종 31년 12월 29일(을해).

11 《태종실록》 권3, 태종 2년 1월 17일(경자).

12 《태종실록》 권3, 태종 2년 1월 21일(갑진).

13 《태종실록》 권3, 태종 2년 4월 28일(경진).

14 이 책 제Ⅱ장 2절 1)을 참조.

총제右軍同知摠制로, 김점은 공조참의로 제수하였다.[15] 사실 이들은 훈·현·충·의의 후예에 부합된 집안들의 딸이었다. 예컨대, 전 밀직제학 노구산은 태조의 오랜 신하였고,[16] 김점도 대대로 공로가 있었던 훈구대신이었다.[17]

태종의 후궁 간택은 세종대에도 두 차례에 걸쳐 이루어졌다. 세종은 상왕 태종을 위하여 원경왕후 사후 2년 만인 1422년(세종 4)에 33세의 과부 성산부원군星山府院君 이직李稷의 딸과 과부 판제용감사判濟用監事 이운로李云老의 딸을 뽑아 각각 신순궁주愼順宮主와 혜순궁주惠順宮主로 봉작하였다.[18]

그로부터 8일 뒤에 세종은 가례색을 설치하여 부덕과 미모를 겸비한 처녀를 부친 태종의 후궁으로 또 다시 선발하고자 했다. 이때 세종은 태종의 후궁에 적당한 처자를 선발하지 못하였다. 태종 자신이 노쇠하다고 여겨 후궁을 맞아들이려 하지 않았던 것이다.[19]

같은 달 28일에 공비恭妃는 가례색에서 간택된 상호군上護軍 조뢰趙賚, 좌랑佐郎 장수張脩, 전 현감前縣監 신기愼幾의 딸 가운데에서 조뢰의 딸을 맞아들이기로 결정하고 필단匹段과 견자絹子를 보냈다. 그러나 그녀는 간선이 차일피일 미루어지고 태종이 승하하는 바람에 빙례를 갖추지 못하였고[20] 석 달이 지나서야 의정궁주義貞宮主로 봉작되었다.[21]

---

15 《태종실록》 권22, 태종 11년 윤12월 7일(계해).

16 《태종실록》 권1, 태종 1년 2월 2일(신묘). "上王舊臣判恭安府事鄭南晋 檢校參贊門下府事金仁貴 恭安府尹趙珍 前密直提學盧龜山 … 自古生事 多由無賴之徒 願殿下 收其職牒 竄于遐方 以杜亂萌."

17 《태종실록》 권33, 태종 17년 5월 14일(을해).

18 《세종실록》 권15, 세종 4년 1월 6일(갑자); 《세종실록》 권15, 세종 4년 2월 4일(신묘); 《세종실록》 권17, 세종 4년 9월 25일(기묘).

19 《세종실록》 권15, 세종 4년 2월 12일(갑자).

20 《세종실록》 권15, 세종 4년 2월 28일(을묘).

【도판 Ⅲ-2】 의정궁주 묘역(서울특별시 도봉구 방학동 소재)
의정궁주는 태종의 후궁으로, 한성부 판윤을 지낸 조뢰趙賚의 딸이다. 이 곳은 임영대군의 사패지로, 그는 세종의 뜻에 따라 그녀를 봉제사하였다.

부왕인 태종이 7명의 간택 후궁을 맞아들인 것과 달리 세종은 두 명의 후궁과 왕세자〔문종〕의 잉첩 2명을 간택하였다. 세종의 후궁 간택령은 1418년(세종 즉위)에 이미 태종에 의해 한 차례 있었으나, 당시 후궁을 두지 못했다. 태종이 승하한 뒤 1424년(세종 6)

---

21 《세종실록》 권16, 세종 4년 5월 12일(무진); 《세종실록》 권17, 세종 4년 9월 25일(기묘).

9월에 세종은 최사의崔士儀와 박강생朴剛生의 딸 두 명을 맞이하였을 뿐이다.[22]

요컨대 조선 건국 초기에는 제도적인 법 체제가 아직 이루어지지 않고 그 운영이 정비되지 못했기 때문에 옹주 또는 궁주의 칭호가 여전히 사용되었다. 그러나 1428년(세종 10) 이후에 이 칭호들은 사라지고, 내관의 개정안 이후로 후궁 직제 운영에 전면적인 변화가 보이는데, 이를 다음 절에서 확인한다.

1) 왕비예비자로서의 숙의

조선시대에 왕의 정처는 1명이었다. 정비正妃가 있는 상태에서는 어떤 명문 사대부가의 딸을 선발하여 궁궐에 들인다거나 왕자녀를 가진 여성이 있더라도 왕비가 되지 못했다. 첫 왕비, 원비元妃가 승하하거나 폐비되었을 때에만 국왕은 공석空席이 된 왕비의 지위를 계승할 새로운 여성을 왕비로 맞이하였다. 이러한 왕비를 조선시대에는 '계비繼妃'라고 칭했다.[23] 계비는 후궁과 달리 원비와 동등한 위상을 가졌고, 그들 소생 대군은 차기 왕위계승에 큰 변수로 작용되었던 만큼 그들의 위상은 매우 높았다.[24] 이는 명나라에서 조선의 계비를 책봉할 때 내린 제서制書와 칙서勅書를 통해서도 알 수 있다.[25]

조선 초기에 계비는 간택 후궁들 가운데에서 승봉되었다. 계비의

---

22 《세종실록》 권26, 세종 6년 10월 26일(정묘).

23 계비에 관한 연구로는 윤혜민의 〈조선 전기 계비(繼妃) 선정의 변천과 그 의미〉(건국대학교 석사학위논문, 2012)와 이 논문을 수정 보완한 〈조선 전기 계비 선정방식과 그 의미〉(《조선시대사학보》 65, 2013)가 있다.

24 윤혜민, 위의 논문, 2013, 64쪽.

25 《성종실록》 권76, 성종 8년 2월 4일(계유). "爾尹氏 乃朝鮮國王李諱之繼室 克相其王 恪共臣職 玆封爾爲朝鮮國王繼妃 錫之誥命 以爲爾榮 尙克敬承 永綏福履."

책봉은 전부터 숙의에서 정비의 자리에 오르는 것이 하나의 관례였다.[26] 이로써 보면 이 시기의 간택 후궁은 일종의 '왕비예비자'로서 왕비가 왕자를 잉태하지 못하거나 유고 시에 중전의 자리를 보충하는 대기자였다고 볼 수 있다. 이는 엄격한 신분적 질서를 표방하는 조선시대 유교사회에서 매우 이례적이고 예외적인 경우라 생각할 수 있다. 왜냐하면 유교적인 신분논리에 따르면, 후궁은 신분상 정비의 자리를 넘볼 수 없는 처지였다. 《예기》〈곡례〉에서도 '처의 유고 시에 첩은 처가 될 수 없다'고 하거나, 《춘추》에 '첩을 정실로 삼지 말라'는 금기사항이 있었으므로[27] 아무리 첩을 아낀다 해도 첩은 조강지처인 본처가 될 수 없었기 때문이다.

그러나 조선 초기에는 후궁의 지위에서 왕비로 승격되는 것이 문제가 되지 않았다. 태조에서 성종에 이르기까지 9명의 왕 가운데 왕의 후궁 또는 왕세자의 잉첩이었다가 정처인 왕비로 승격된 문종의 비 현덕왕후 권씨, 예종의 비 안순왕후 한씨, 성종의 비 폐비 윤씨와 정현왕후 윤씨 등 4명은 그 좋은 예이다. 그러면 세종대부터 성종대까지 국왕이나 세자의 잉첩이었다가 왕비로 승봉된 네 가지 사례를 시대 흐름에 따라 살펴보기로 한다.

---

26 《숙종실록》 권11, 숙종 7년 1월 3일(정사). "國朝故事 繼妃册封 多自淑儀仍陞正位."

27 종법의 적장자 계승 원칙은 춘추시대인 기원전 651년에 齊桓公이 소집하여 성사된 유명한 葵丘의 회맹에서 이미 정해진 세자를 함부로 바꾸거나 첩을 처로 만드는 등의 명분에 위배된 일들을 처벌하기로 결의한 데서도 나타나고 있었다. 그 내용은 다음과 같다. "九月 戊辰 齊侯盟于葵丘 (《左傳》) 秋齊侯盟諸侯于葵丘曰 凡我同盟之人 旣盟之後 言歸于好"(《春秋》 卷 5, 僖公 9년) "五覇 桓公爲盛 葵丘之會 諸侯束牲載書而不揷血 初命曰 誅不孝 毋逆樹子 毋以妾爲妻 再命曰 尊賢育才 以彰有德 … 凡我同盟之人 旣盟之後 言歸于好 今之諸侯皆犯此五禁 故曰 今之諸侯 五覇之罪人也"(《孟子》 권12, 告子 下).

(1) 후궁 출신의 왕비 승격 선례 마련

조선사회 사대부 집안에서 처첩의 구별은 명백하였다. 왕실에서도 예외는 아니어서 비와 빈의 신분은 엄격하게 구분되었다. 말하자면 비는 왕의 정처인 왕비인데 비해 빈은 정1품 내관, 후궁에 지나지 않았다. 이러한 처첩의 구분은 천경지위天經地緯와 같아서 어떤 경우에도 첩이 처가 될 수 없다는 것이 당시 왕실 및 위정자의 태도였다.[28] 이러한 인식은 세종이 세자빈을 연거푸 폐출시키고, 문종의 잉첩 가운데 한 명을 세자빈으로 승격시키면서 망설이던 모습에서 확인된다.

문종은 세자로 있던 1427년(세종 9)에 김오문金五文의 딸을 세자빈으로 맞이했다. 그런데 김씨는 공부에만 신경 쓸 뿐 자신에게 관심조차 갖지 않은 남편의 관심과 사랑을 끌기 위해 압승술壓勝術이라는 술법을 행하였다가 발각되어 2년 3개월 만에 쫓겨났다. 휘빈 김씨가 쫓겨난 지 3개월 후에 문종은 봉여奉礪의 딸과 재혼했는데, 그녀 역시 권 승휘承徽에 대한 투기와 질투심 및 궁녀 소쌍召雙과의 동성애 행각으로 폐출되었다.[29]

세종은 순빈 봉씨를 폐출한 후 간택을 통해 새로운 세자빈을 뽑을지, 아니면 잉첩들 중에서 뽑을지를 놓고 고민했다. 당시 세종은 두 명의 세자빈, 휘빈과 순빈을 연거푸 궁궐에서 쫓아낸 경험이 있었고 조선사회에는 첩을 본처로 들이지 않는다는 불문율이 있었다. 태종 때에 빈잉제가 생긴 이래로 처첩제도가 엄격히 유지되어 오던 조선사회에서 잉첩 가운데에서 세자빈을 뽑는 일은 금기시되었던 것이다. 이에 세종은 이러한 예법을 지키고 고인이 경계했던 원칙을

28 《세종실록》 권75, 세종 18년 12월 28일(기축); 《세조실록》 권35, 세조 11년 2월 30일(정미).

29 《세종실록》 권75, 세종 18년 10월 26일(무자).

벗어나지 않으려 노력했다. 이 때문에 후궁 중에서 빈을 뽑아 올리자고 제안한 대신들의 요청에도 세종은 둘 다 쉽게 결정을 내리지 못하고 망설이고 있었다.

그러나 세종은 중국 역대 고사에서 송나라 진종眞宗이 후궁 귀인을 황후로 삼았던 사례를 찾아내 이를 근거로 문종의 잉첩 가운데 마침내 양원良媛 권씨를 세자빈으로 삼았다. 이러한 저간의 사정이 아래 기사에 잘 나타나 있다.

> 나는 근년에 나라가 흉년을 만나게 되어 재앙을 두려워하고 몸을 반성할 시기인데, 또 가례의 중대한 일을 행하게 되니 마음이 실로 미안하여 윤허하지 않은 것이 두세 번이었다. 대신들은 일의 대체가 지극히 중대하여 행하지 않을 수가 없다고 하여 굳이 청하여 마지않으므로, 나도 마지못하여 그대로 따라, 서울과 지방의 명가의 딸 몇 사람을 선택하여 그 길흉을 점치고, 그 덕용德容을 보게 하였다. 녹명祿命의 설은 비록 다 믿을 수가 없지마는, 그러나 한 사람도 좋은 사람이 없으며, 그 덕용을 보았으나 또한 한 사람도 내 뜻에 걸맞은 사람이 없으므로, 자나깨나 생각하여도 처리할 바를 알지 못하겠다. 이내 생각해 보건대, 세자빈을 두 번이나 폐하고 다시 세웠지만, 어진 배필을 얻지 못하여 변고를 가져오게 했으니, 징계됨이 실로 심한 편이다. 지금 비록 뽑아 책립冊立하더라도, 또한 어찌 그 어진 사람을 얻을 것을 보증하겠는가.
>
> 내가 어제 갑자기 생각해 보니, 시험해 보지 않은 사람을 새로 얻는 것이 어찌 본래부터 궁중에 있으면서 부인의 도리에 삼가하고 공손한 사람을 뽑아 세우는 것만 하겠는가. 그렇게 하면 후회가 없을 것이다. 전에 세자빈을 세울 것을 의논할 때에 대신들도 '양원과 승휘 중에서 승진시켜 빈으로 삼아야 될 것입니다.' 하였다. 그러나 내 의사로서는 첩을 아내로 만드는 일은 옛날 사람의 경계한 바인데, 더군다나 우리 조종의 가법家法에도 또한 이런 예가 없었던 까닭으로 그 일을 중대하게 여겨 윤허하지 않았다. 그런데 지금에 와서 이를 생각해 보니, 서울과 지방에 널리 뽑았으나 그 적임자를 얻지 못했으니, 차라리 대신의 말을 따르겠다.

어젯밤에 역대의 고사를 상고하게 했더니, 한나라 당나라 이후로 황후가 혹은 죽든지 혹은 폐위되는지 하면, 으레 후궁의 귀인과 비빈을 승신시켜 황후로 삼게 했으며, 역대에서 모두 그렇게 하였다. 다만 큰일은 억측으로 정할 수 없으니, 두 의정과 찬성의 집에 가서 그 가부를 의논하고 오라.30

이 내용으로 보면, 세종은 봉씨 폐출 이후 처음엔 명문 가문 출신의 간택 처자 가운데에 숙덕淑德이 있는 규수를 뽑고자 노력했다가, 적당한 규수를 찾지 못한 후에 잉첩의 지위에 있었던 양원 권씨를 최종 세자빈으로 승봉한 것으로 보인다. 이러한 결정은 검증되지 않은 처자를 새로 뽑기보다 궁궐에서 생활해 본 검증된 잉첩을 골라 세자빈으로 올리는 것이 낫다고 생각했기 때문이다. 양원 권씨가 세자빈이 됨으로써 권씨는 조선시대 잉첩의 신분에서 정처로 승격된 최초의 사례가 되었다. 이후로 세종의 이 결정은 왕실에서 후궁이 계비로 승격되는 데 하나의 선례가 되었다는 점에서 의미가 있다.

원래 세종은 권 양원과 홍 승휘를 세자빈으로 염두에 두고 있었다. 권 양원과 홍 승휘 모두 남편 문종과 시부모의 사랑과 총애, 신망을 한몸에 받고 있었다. 문종은 홍 승휘를 더 마음에 두고 있었지만 세종은 권 양원을 세자빈으로 최종 선택해 버렸다. 세종이 권씨를 세자빈으로 결정한 이유는 나이가 많고 품계가 높으며 무엇보다 이미 딸을 낳은 경험이 있었으므로, 장차 아들을 낳을 가능성이 높을 것이라 판단했기 때문이다. 세종이 양원 권씨를 적임자로 판단하여 세자빈으로 택한 이유가 아래 실록 기사에 자세히 나타나 있다.

권 양원과 홍 승휘 중에서 누가 세자빈으로 적임자인가. 두 사람 모두 세자가 우대하는 사람이며 나와 중궁이 아끼는 사람이다. 그러나 세자의 뜻은 홍 승휘를 더 낫게 여기는 듯하다. 하지만 내 뜻은 권 양원이 적당하다고

30 《세종실록》 권75, 세종 18년 12월 28일(기축).

생각한다.

옛날 사람들이 모두 말하기를, "나이가 같으면 덕으로써 결정하고, 덕이 같으면 용모로써 결정한다"고 하였다. 이 두 사람의 덕과 용모는 모두 같은데, 다만 권 양원이 나이가 조금 많고 작위가 또 높다. 훗날 아들을 둘지의 여부와 그 아들이 어질지의 여부는 알 수 없지만 권 양원은 이미 딸을 낳았으니 의리상 마땅히 세자빈으로 세워야 할 것이다. 지금 마지못해 변통하여 처리하면서, 또 의리상 마땅히 세워야 할 사람을 버리고 홍 승휘를 세웠다가 후일에 만약 화합하지 못하거나 아들을 낳지 못한다면 그 후회가 작지 않을 것이다. 이 두 사람 중에서 누구를 세자빈으로 세울 만한가.[31]

위 기사를 통해 양원 권씨가 세자빈이 된 것은 세자빈 발탁에 왕자녀의 출산 경험이 큰 고려사항이었음을 알 수 있다. 이것은 세종이 양원 권씨가 1433년(세종 15) 봄에 왕녀를 출산하고,[32] 연이어 2년 뒤에 경혜공주敬惠公主를 출산하자, 함께 입궁한 정 승휘와 홍 승휘와 달리 종3품 양원으로 승진시킨 사실에서 알 수 있다.[33] 그런 면에서 경혜공주의 출산은 권 양원에게 세자빈의 지위를 얻게 해준 일이다. 이런 사실은 왕자녀 출산이 후궁의 신분에서 왕비의 지위로 상승시키는 요건에 얼마나 중요하게 작용되었는지를 말해 준다. 왕자녀 출산의 중요성은 순빈 봉씨가 승휘 권씨의 임신 소식을 듣고 "권 승휘가 아들을 출산하면 우리들은 쫓겨날 것"이라고 말한 일이나, 봉씨 자신이 '태기가 있다'고 거짓 임신 사실을 고백한 사실

31 위의 책.

32 《세종실록》 권59, 세종 15년 3월 3일(병진).

33 권씨가 언제 종4품 승휘에서 종3품 양원으로 승봉되었는지는 알 수 없으나, 1433년 3월 3일(《세종실록》 권59, 세종 15년 3월 3일(병진)과 1436년 12월 28일(《세종실록》 권75, 세종 18년 12월 28일(기축) 기사를 살펴보면, 권씨는 첫째 딸을 출산한 이후에 진봉되지 않고, 오히려 1435년에 경혜공주의 출산 전후로 승봉되었을 가능성이 높다.

에서도 짐작할 수 있다.[34]

원래 왕실 내에서 왕자녀 생산은 후손을 번창시킨다는 의미에서 왕비뿐만 아니라 후궁에게도 중요한 의무 가운데 하나였다. 1441년(세종 22)에 원손을 보게 된 세종은 "세자의 나이 이미 장년이 되었는데도 후사가 없어서 내 마음에 근심되었는데, 이제 세자빈이 적손을 낳았으니 이보다 더한 기쁨이 어디 있겠는가"[35]라고 표현한 것은 왕실 내에서 계사를 넓히는 일이 주요한 사안이었음을 보여 주는 것이다. 세종이 세자〔문종〕에게 '비록 여러 승휘가 있지마는 어찌 정적正嫡에서 아들을 두는 것만큼 귀할 수가 있겠느냐. 정적을 물리쳐 멀리할 수는 없다.'[36]고 훈계한 것은 후궁 소생보다도 왕비 소생 왕자 출산을 중요시한 것이다. 이는 왕위계승자를 정하는 문제에서 적자와 서자의 문제가 중요한 기준이 되었고, 서자가 왕실의 후계자로 정해졌을 때에 종법상의 문제가 초래되었기 때문이다.

조선 초기에 세종이 문종의 잉첩 가운데에서 세자빈을 승격시킬 수 있었던 것은, 성리학 이념과 내명부 법체제가 뿌리내리지 못하여 명문 출신 간택 후궁의 지위가 그 어느 시기보다 높았기 때문이다.

(2) 왕비 간택과 숙의 간택 동시 선발

1430년(세종 12) 12월 동궁의 내관이 마련되고 문종의 세자빈 현덕왕후가 첩이 처가 되지 못한다는 불문율을 깨고 세자 잉첩의 지

---

34 《세종실록》 권75, 세종 18년 10월 26일(무자). "及權承徽有娠 奉氏尤憤恨 常謂宮人曰 權承徽有子 吾輩當斥退矣 有時哭泣 聲聞宮中 … 其後奉氏自言有娠氣 宮中皆喜 慮有驚恐."

35 《세종실록》 권93, 세종 23년 7월 23일(정사).

36 《세종실록》 권75, 세종 18년 10월 26일(무자). "後又常敎世子曰 雖有諸承徽 然豈如正嫡有子之尤貴乎 正嫡不可疎外."

위에 있다가 세자빈으로 승봉되면서 이후로 왕실에서는 전대前代 선례를 좇아 후궁 출신의 계비가 등장하였다. 이때 숙의로 뽑힌 후궁들은 왕비예비자로서의 자격을 갖게 되었다. 숙의로 간택된 후궁을 '차비次妃'라고 불렀다. 《조선왕조실록》에 "예禮에 두 사람의 적처가 없으나, 차비로 있다가 왕후로 승격된 자도 많았다"37는 기록을 보더라도 '차비'는 현재 왕비는 아니지만 그 가능성이 있는 여성을 의미한다. 그런 의미에서 '왕비예비자'라는 뜻과 일맥상통한다고 하겠다.

태조에서 문종대까지 원비가 승하한 이후에 계비 간택은 시행되지 않았다.38 태조, 정종, 태종, 세종은 모두 왕위에 오르기 전에 혼

37 《세종실록》 권9, 세종 25년 4월 20일(을사).

38 태조, 정종, 태종, 세종은 왕비보다 늦게 승하하였지만 계비를 맞아들이지 않았다. 태조~성종조까지 국왕과 왕비의 생몰년을 살펴보면, 아래와 같다.

【표 Ⅲ-1】 조선 초기 국왕과 왕비의 생몰년

국왕	생몰년	왕후	생몰년	가례년도	지위
태조	1335~1408	신의왕후	1337~1391	1351년(충정왕 3)	元信宅主
		신덕왕후	?~1396	?	保寧宅主
정종	1357~1419	정안왕후	1355~1412	1373년(공민왕 22)	德妃
태종	1367~1422	원경왕후	1365~1446	1382년(우왕 8)	靖寧翁主
세종	1397~1450	소헌왕후	1395~1446	1408년(태종 8)	敬淑翁主
문종	1414~1452	휘빈 김씨	?	1427년(세종 9)	世子嬪
		순빈 봉씨	?	1429년(세종 11)	世子嬪
		현덕왕후	1418~1441	1431년(세종 13)	承徽
단종	1441~1457	정순왕후	1440~1521	1454년(단종 2)	元妃
세조	1417~1468	정희왕후	1418~1483	1428년(세종 10)	樂浪府大夫人
덕종	1450~1469	소혜왕후	1437~1504	1455년(세조 1)	世子嬪
예종	1450~1469	장순왕후	1445~1461	1460년(세조 6)	世子嬪
		안순왕후	1445~1498	1463년(세조 9)	昭訓
성종	1457~1494	공혜왕후	1456~1474	1467년(세조 13)	天安郡夫人
		폐비 윤씨	1455~1482	1473년(성종 4)	淑儀
		정현왕후	1462~1530	1473년(성종 4)	淑儀

인을 했다. 세자 시절을 보내고 왕위계승자로서 혼례를 치른 최초의 국왕은 세종의 아들 문종이었다. 문종을 포함한 이선의 국왕들은 모두 원비가 사망했거나 폐출당했을 때에 공석인 왕비의 자리에 따로 계비를 들이지 않았다.[39] 세종은 소헌왕후가 사망한 이후에 의정부에서 계비 간택을 청하였지만, 간택 후궁〔장의궁주, 명의궁주〕 중에 왕자를 출산한 자가 없으며, 후궁 출신 계비에게 아들이 생기면 적자의 자리를 빼앗는 불상사가 발생할 수 있다는 이유를 들어 계비를 들이지 않겠다고 하였다.[40]

실제로 조선 초기의 왕위계승 과정을 살펴보면, 왕위계승의 변칙, 즉 양위 또는 변란을 통해 전자傳子와 제급弟及의 방식이 이루어졌다. 태조의 '일부다처' 혼인이 태조의 친인척 세력을 형성하는 데 중요한 역할을 했지만 이모異母 소생의 왕자들이 왕위계승을 비롯한 왕실 종통분쟁을 일으키게 하는 원인이 되기도 했다. 종법의 가계계승 원리인 적장자 계승의 원칙이 확립되지 않았던 관행은 제1차 왕자의 난을 시작으로 이방원李芳遠과 이방간李芳幹의 갈등에서 빚어진 제2차 왕자의 난에서도 나타났으며, 세조에 이르러서는 왕위를 찬탈하는 일까지 발생한 것이다. 원비가 죽으면 계비를 맞이한다는 의식이 그때까지 정착되지 못한 이유는 계비 간택에서 발생할 부작용을 염려하는 당시의 시대적 분위기와 무관하지 않다고 본다.[41]

---

39 문종은 1450년 37세에 즉위하여 2년 4개월의 재임 기간을 보냈는데, 현덕왕후 권씨 사망 이후 세자 시절부터 12년 동안 왕비 없이 지낸 유일한 왕이었다.

40 《세종실록》 권122, 세종 30년 10월 29일(임오). "議政府禮曹啓 中宮久曠 請妙選名家 以主內事 上曰 國家採納 曾有二人 若主宮事 當擇此二人 然皆無子 其餘宮人有子 雖使無子者主後宮 安能鎭服後宮之心乎 且更納 有甚不可 古者諸侯一娶九女 國君年老 則妃嬪亦老 色衰愛弛 人情之常 若更娶年少者 鍾愛必矣 幸而有子 則或有奪嫡之漸 古人制禮 諸侯不再娶 豈無深意乎 卿等知之."

41 세종은 계비를 들이면 아들이 탈적할 위험성을 염두에 두었고, 다른 한편

앞에서 언급했듯이 조선 초기 문종대까지의 왕은 잠저 시절에 혼례를 치렀기 때문에 왕비 간택은 이루어지지 못했다. 그러나 1452년(문종 2) 5월, 문종이 승하하자 단종이 13세에 즉위하면서 조선 역사상 최초로 왕비 간택이 이루어졌다.

어린 나이에 왕위에 오른 단종은 풍전등화의 신세였다. 왕실에는 수렴청정을 해줄 왕대비도, 대왕대비도 없었다. 당시 왕실여성으로는 세종의 후궁 혜빈 양씨뿐이었다. 모후 현덕왕후 권씨는 1441년(세종 23)에 이미 죽었고, 미혼인 까닭에 자신을 도와 정사를 도와 이끌어 줄 인척도 없었다. 유일한 피붙이인 19세의 친누나 경혜공주 역시 해주 정씨 정충경鄭忠敬의 아들 정종鄭悰과 혼인했지만, 정종이 훗날 세조에게 역적으로 몰려 능지처참된 사실에 비추어 단종을 후원하고 지지할 세력으로 성장하지 못한 듯하다. 이처럼 단종은 왕위를 지키기에 너무 어렸다.

국정운영이 어렵게 되자, 의정부 대신들의 국정 전단이 이루어졌다.[42] 의정부에서는 유약한 국왕의 보호를 표방하면서 종실, 특히 수양대군과 안평대군의 정치 개입을 금지시키고, 집현전과 대간의 언론활동을 억압하였다. 그러나 당시 종실에서는 이러한 현실을 막아낼 방도가 없었다. 이러한 상황에서 수양대군은 어린 조카를 보호한다는 구실로 집현전의 권람權擥·신숙주申叔舟·한명회韓明會 등의 문신과 홍달손洪達孫 등의 무신을 중심으로 1453년(단종 1) 계유정난癸酉靖難을 일으켰다. 따라서 단종 재위 연간에 이루어진 왕비 간택은 수양대군의 정국 운영 속에서 진행된 것이다.

으로 옛사람이 예를 제정하여 제후가 두 번 장가가지 못하게 한 것은 깊은 뜻이 있었기 때문이라고 하였다(《세종실록》 권9, 세종 25년 4월 20일 을사).

42 崔承熙, 《朝鮮初期 政治史研究》, 지식산업사, 2002, 272~299쪽.

단종의 왕비와 후궁 간택은 1452년(문종 2)에 문종이 주관하다가 갑자기 승하하는 바람에 모두 중단되었다가 이때 다시 추진된 것이다. 아래 기사 내용은 문종이 생전에 세자빈 및 잉첩을 간택하는 문제로[43] 대신들과 의논한 내용이다.

> 임금이 강맹경姜孟卿에게 이르기를, "지난번에 가례색 제조가 아뢰기를, '세자빈을 간선할 때에 숙원과 양제까지 아울러 간선하는 것이 옳겠습니다.' 하므로, 내가 아뢴 바에 따랐는데, 다만 정빈만은 모름지기 허물이 없는 훌륭한 집안에서 뽑아야 할 것이고, 그 나머지는 비록 조금 허물이 있더라도 옳지 않겠는가? 그것을 의논하여 아뢰라." …
>
> 우의정 김종서는 아뢰기를, "예로부터 제왕은 정비에게는 아들이 없고 측실에게는 아들이 있었으니, 어찌 적자와 첩자를 논할 수가 있겠습니까? 또 옛날 사람이 말하기를, '좋은 집안에서 잘 골라 뽑아야 한다'고 했으니, 이것이 신등이 조심성 있고 엄숙하게 정선하려는 뜻입니다.[44]

위 인용문을 보면, 문종은 단종의 세자빈을 간택하면서 후궁도 함께 뽑자는 조정 대신들의 의견을 따르고 있다. 또한 문종은 1빈 2잉의 원칙을 적용하여 세자빈과 함께 2명의 잉첩을 간선하되 정빈正嬪은 명문가의 규수로, 잉첩은 허물이 있는 집안의 딸을 맞아도 괜찮다는 의사를 밝혔다. 그러나 김종서는 제왕의 적자와 첩자의 구별을 논할 수 없으므로, 세자빈은 물론 잉첩 역시 허물이 없는 명문 집안

43 문종은 단종의 세자빈과 잉첩을 간택하기 위하여 많은 노력을 기울였다. 1452년 2월에는 가례색을 설치하여 중외의 혼가를 금지하였고(《문종실록》 권12, 문종 2년 2월 18일(임오), 같은 해 3월에는 8~15세까지 처녀를 4차에 걸쳐 내전에서 친히 간선하였으며(《문종실록》 권12, 문종 2년 3월 9일(임인), 같은 해 4월에는 3차에 걸쳐 간선하였다(《문종실록》 권13, 문종 4년 4월 14일(무인). 그리고 환관을 여러 도에 보내어 처녀를 선발하도록 명하였다(《문종실록》 권13, 문종 2년 4월 14일(무인).

44 《문종실록》 권13, 문종 2년 4월 15일(기묘).

의 규수를 맞이해야 함을 강조하였다. 그런 만큼 세자의 잉첩 간택 때에도 가문 배경이 중요한 요건으로 작용했음을 알 수 있다.

그로부터 문종의 국상 기간이 채 끝나지도 않은 1453년(단종 1) 5월, 수양대군 등 여러 종친들은 종사의 중요성을 강조하면서 납비지례納妃之禮를 처음 요청하였다.[45] 이는 수양대군 세력이 상중에 있는 13세의 단종을 감시하기 위해 자기들의 측근에서 비빈을 간택해 들여보내고 이를 계기로 그를 묶어 두려 한 속셈이었다. 한때 단종은 수양대군을 비롯한 종친들의 계속적인 주청에도 불구하고 문종의 상례를 이유로 들어 불응하였다.[46]

그러나 같은 해 11월 9일에 금혼령과 간택 과정을 거친 후,[47] 1454년 1월에 정순왕후 송씨와 함께 2잉으로 예원군사預原郡事 김사우金師禹와 전 사정前司正 권완權完의 딸을 동시에 뽑아 숙의로 책봉하였다. 이로써 최초로 왕비 간택이 시행되었음은 물론 1빈 2잉의 원칙에 따라 숙의 2명이 선발되었다. 1빈 2잉 제도를 적용한 것은 문종의 왕비 현덕왕후의 선례를 바탕으로 왕비 유사시에 '차비', 왕비에 비자의 역할을 대신할 필요성 때문이었다. 이때 숙의는 왕비보다 2

45 《단종실록》 권6, 단종 1년 5월 17일(계유).

46 《단종실록》 권6, 단종 1년 5월 20일(병자); 《단종실록》 권6, 단종 1년 5월 27일(계미); 《단종실록》 권9, 단종 1년 12월 28일(경술); 《단종실록》 권9, 단종 1년 12월 29일(신해); 《단종실록》 권10, 단종 2년 1월 1일(계축).

47 몇 차례의 간택 과정(11월 21일, 12월 19일, 12월 26일)에서 수양대군은 효령대군과 우의정 한확과 더불어 창덕궁에서 왕비를 간택하는 데 우승지 박팽년을 동참시켰다. 이는 단종이 박팽년을 혜빈 양씨의 소생 永豊君의 장인이라 왕실의 인척이 된다는 명분으로 참석시켰지만, 문종의 상중에 단종의 혼례를 치르는 것에 대한 집현전의 반대에 대비하려는 수양대군의 의도로 보인다. 그러나 이러한 간택 과정에서 혜빈 양씨는 세종과 문종의 생각을 내세워 금성대군의 처조카 최도일의 딸과 금성대군 양모 懿嬪의 친척인 朴文規의 딸을 왕비로 내세웠다(《세조실록》 권1, 세조 1년 윤6월 11일(을묘).

단계 아래 차등을 받았다. 왕비 간택과 숙의 간택이 동시에 이루어진 첫 사례가 되었다.

(3) 후궁 출신의 계비 승격 관행화

조선 초기에 국왕들은 원비가 일찍 승하해도 계비를 맞아들이지 않았지만, 문종의 잉첩 출신 권 승휘가 세자빈〔현덕왕후〕이 된 이후부터 후궁 가운데 계비를 선정하는 것이 관례가 되었다. 후궁으로 입궁한 여성 중에서 적합한 자를 정비로 올리는 것이 합리적이라고 생각했기 때문이다.

후궁 출신 계비는 현덕왕후 이후에 안순왕후, 폐비 윤씨, 정현왕후, 중종의 계비 장경왕후가 있는데, 왕비 생전에 후궁으로 입궐했다가 왕비가 세상을 떠난 후에 계비로 승격된 폐비 윤씨, 정현왕후의 경우가 있고, 세자빈 또는 왕비가 세상을 떠난 이후에 간택 규수가 후궁으로 입궐하였다가 궁궐 생활을 한 뒤에 계비로 승격된 안순왕후, 장경왕후의 경우가 있다.[48] 다만, 현덕왕후는 세자의 잉첩에서 세자빈이 된 후 사후에 왕비로 추숭되었고, 안순왕후는 세자의 잉첩에서 살아생전에 첫 왕비가 된 여성이었다.

안순왕후는 예종의 계비였다. 당시 세자빈이었던 한명회의 딸 장순왕후章順王后가 세상을 떠난 이후에 후궁에 뽑혀 입궁한 뒤 예종의 계비로 승격되었다. 세조와 정희왕후貞熹王后의 둘째아들인 남편 해양대군海陽大君은 왕위계승자가 아니었는데, 형 의경세자懿敬世子가 20세의 나이로 요절하자[49] 곧바로 8세의 어린 나이로 왕세자에 책봉

48 윤혜민은 후궁 출신 계비를 입궐 시기에 따라 두 부류로 구분하였다(앞의 논문, 2012, 15쪽; 앞의 논문, 2013, 69쪽).

49 《세조실록》 권9, 세조 3년 9월 2일(계해).

되었다.[50] 서열상으로 보면 의경세자의 큰아들인 원자가 1순위였지만 세조와 정희왕후는 네 살로 너무 어린 원자〔월산대군〕 대신 원자보다 네 살이 더 많은 해양대군을 세자로 결정하였다.

예종의 원비는 세자 시절에 맞이한 장순왕후였다. 그녀는 한명회의 셋째 딸로 예종보다 5살이 많았다. 그러나 그녀는 세자빈으로 있던 1461년(세조 7) 11월에 원손 인성대군仁城大君을 낳고[51] 해산한 지 5일 만에 병사하게 된다.[52] 세자빈의 자리는 오랫동안 비워 둘 수 없는 것임에도[53] 세자빈을 신속하게 간택하지 않았다.

오히려 세조는 1462년(세조 8) 6월에 최도일崔道一의 딸을 맞아들였고,[54] 연이어 1463년 윤7월에 한백륜韓伯倫의 딸을 정5품 소훈昭訓으로 맞아들였다.[55] 이것은 세조가 세자빈을 선발하지 않고 최 소훈과 한 소훈을 먼저 세자의 잉첩으로 입궁시켜 궁궐에서 생활해 보게 한 뒤, 이들 가운데 검증이 된 자를 세자빈 자리에 올리려고 한 것이다.

물론 당시까지 적장자 인성대군이 자라고 있었기 때문에, 세자빈을 서둘러 간택할 필요가 없었을 것이다. 이것은 같은 해 10월 24일에 세 살이 된 원손 인성대군이 풍질에 걸려 죽게 되자마자,[56] 석 달 뒤인 1464년(세조 10)에 세조가 세자빈 간택령을 내린 사실에서 알 수 있다.[57] 세자빈을 새로이 책봉하고 난 뒤에 적손이 태어난다

---

50 《세조실록》 권10, 세조 3년 12월 15일(계해).
51 《세조실록》 권26, 세조 7년 11월 30일(병인).
52 《세조실록》 권26, 세조 7년 12월 5일(신미).
53 《세종실록》 권75, 세종 18년 12월 28일(기축). "大臣以爲 嬪位不可久曠 宜妙選淑德 早定配匹."
54 《세조실록》 권28, 세조 8년 6월 11일(갑술).
55 《세조실록》 권31, 세조 9년 윤7월 6일(계해).
56 《세조실록》 권31, 세조 9년 10월 24일(기유).

면 이모異母 소생 간의 왕위계승의 갈등 문제 역시 생길 수 있는 소지가 있었다. 이 당시 세자빈 간택 주청을 한 기사가 실록에 보이지 않는데, 이는 원손의 외조부 한명회가 우의정에 재직하고 있었고 왕위 계승자인 외손자 인성대군의 입지를 확보하기 위한 조치였다.

한백륜의 딸 소훈 한씨는 1464년(세조 10)에 현숙공주顯肅公主를 출산하였고, 1466년(세조 12) 2월에 왕손 제안대군齊安大君을 출산했다. 세조가 이듬해 52세로 승하하자, 예종이 왕위를 계승하게 되면서 한씨는 소훈의 지위에서 왕비로 책봉되었다. 그녀가 후궁의 지위에서 세자빈으로 승봉 없이 왕비로 책봉되는 데 정희왕후는 물론 조정 대신들의 이견이 없었던 것으로 보인다. 문종의 세자빈이 계속 폐출되면서 처녀의 됨됨이를 미리 살펴야 한다는 인식이 생겼기 때문이다.[58] 이러한 인식을 배경으로 왕실에서는 후궁 출신의 계비가 승격되는 것이 하나의 관행처럼 된 것으로 보인다.

무엇보다 숙의 최씨, 상궁 기씨,[59] 후궁 이씨[60] 등 예종의 후궁들이 존재했음에도 그녀가 계비로 자동 승격될 수 있었던 이유는 세 살 된 아들 제안대군과 딸 현숙공주를 두었고, 책봉받을 당시에도 만삭의 산모였기 때문이다.[61] 그러나 그녀는 예종이 즉위한 지 1년 만에 승하함으로써 왕비의 지위를 겨우 1년 정도밖에 유지할 수 없었다.

57 《세조실록》 권32, 세조 10년 1월 8일(신유).

58 윤혜민, 앞의 논문, 2012, 19쪽; 윤혜민, 앞의 논문, 2013, 70쪽.

59 《성종실록》 권226, 성종 20년 3월 16일(갑술).

60 《세조실록》 권31, 세조 9년 12월 21일(을사). "選司憲監察李義生妾女子 入東宮."

61 《예종실록》 권1, 예종 즉위년 9월 8일(갑자). "時昭訓有彌月 出于父伯倫第 卽遣衛士守其第."

(4) 성종대의 숙의 간택과 왕비 승격

성종의 계비 폐비 윤씨와 정현왕후 역시 후궁 출신에서 계비가 된 여성들로, 이는 전 시대에 시행된 계비제도의 전범에 따른 것이다. 그들은 원비 공혜왕후恭惠王后 생전에 후궁으로 뽑혔다가 왕비가 승하되자 계비로 승격되어 공석이 된 왕비의 자리를 채웠다.

단종이 최초로 왕비 간택과 함께 1빈 2잉의 원칙에 따라 숙의를 간택한 이후로, 성종대에 이르기까지 왕비 선발은 없었다. 세조는 계유정란을 일으키기 이전에 혼사를 치렀고, 덕종과 예종은 세자 시절에 혼례를 행하고 일찍 사망하였기 때문에 성종 때까지 왕비 간택은 이루어지지 않았다. 성종은 왕이 되기 전인 자을산군者乙山君 시절에 이미 한명회의 딸 공혜왕후와 혼인한 상태였다. 그러나 1474년(성종 5) 공혜왕후가 세상을 떠나면서 계비를 선발해야 하는 문제가 단종대 이후에 또다시 발생되었다.

성종은 전 국왕들과 마찬가지로 왕위계승 후보자가 아니었는데, 숙부 예종이 1469년에 재위 13개월 만에 세상을 떠나자, 13세의 어린 나이에 왕위에 올랐다. 서열상으로 1순위는 예종의 큰아들 제안대군 이현李琄이었고 자을산군의 형 월산군 이정李婷도 살아 있었지만, 대왕대비 정희왕후는 제안대군과 월산대군을 제치고 자을산군을 왕으로 결정해 버렸다. 제안대군은 네 살밖에 되지 않은 어린아이였기 때문에 제외될 수 있었지만, 16세였던 월산군을 배제한 것은 납득할 수 없는 조치였다. 월산군은 명실상부한 세조의 장손이기 때문이다.

자을산군이 왕위를 계승한 배경에는 정치적 이해관계가 얽혀 있음을 간과해선 안 된다. 왕위계승은 최고 정치권력을 결정하는 문제였으므로 거기에는 현실 정치의 복잡한 요소들이 작용하고 있었다.[62] 자을산군의 왕위계승은 세조의 왕비인 정희왕후와 신숙주, 한

명회 등 훈구대신의 정치적 결탁에 따른 것인데, 특히 한명회는 자을산군의 장인이었다. 정희왕후의 입장에서 보더라도 어린 자을산군이 왕이 되었을 경우, 월산군의 그것보다 오랜 기간 수렴청정〔7년〕으로 왕권을 안정시킬 수 있다고 판단했던 것으로 보인다. 한명회와 신숙주가 사돈지간이었다는 점도 당시 정치적 역학 구조의 소산으로 이해할 수 있다.[63]

성종이 자을산군 시절인 1467년(세조 13)에 혼인한 한씨는 남편이 왕위계승자가 되자, 천안군부인天安郡夫人에서 왕비〔恭惠王后〕의 신분으로 상승하였다.[64] 혼례를 치룬 지 5~6년이 지났으나, 공혜왕후는 임신을 하지 못하고 있었다. 왕비에게 아이가 생기지 않자, 후사가 걱정이 된 대왕대비 정희왕후와 시어머니 소혜왕후는 성종에게 후궁을 들이도록 명하였다.

두 차례에 걸쳐 후궁을 들였는데, 1473년(성종 4) 3월 19일에 고 판봉상시사故判奉常寺事 윤기견尹起畎의 딸이, 6월 14일에는 윤호尹壕의 딸이 숙의로 들어왔다.[65] 이 같은 결정은 공혜왕후 한씨가 임신한 적이 없었고, 병세가 더 위독해져 임신할 가능성이 없다고 판단했기 때문이다. 당시 조정에서 공혜왕후 한씨의 쾌유를 빌기 위해 종묘사직과 경기의 명산대천名山大川에 여러 차례 기도하고,[66] 그녀가 친정으로 피접避接까지 간 사실에 비추어 볼 때,[67] 이 무렵 이미

62 이영춘, 앞의 책, 1998, 23쪽.

63 최홍기, 〈여성의 정치 참여와 수렴청정〉, 《조선전기 가부장제와 여성》, 아카넷, 2006, 206~207쪽.

64 《성종실록》 권1, 성종 즉위년 11월 29일(기유). 천안군부인 한씨를 왕비로 칭했으나, 그녀가 왕비로 책봉된 때는 1471년(성종 2) 1월 9일(임진)이었다.

65 《성종실록》 권28, 성종 4년 3월 19일(기유); 《성종실록》 권31, 성종 4년 6월 14일(계유).

66 《성종실록》 권32, 성종 4년 7월 5일(갑오).

67 《성종실록》 권32, 성종 4년 7월 21일(경술).

그녀의 병세가 매우 위독했던 모양이다.

폐비 윤씨와 정현왕후는 성종의 원비 공혜왕후가 살아 있었을 때에 종2품 숙의에 봉작되었다. 이들은 임신을 하지 못한 공혜왕후를 대신해 왕비예비자의 역할보다는 왕실의 후사를 위해 후궁으로 들어온 것이다. 그러나 공혜왕후 한씨가 1474년(성종 5) 4월 15일, 마침내 19세의 나이로 요절하자, 조정에서는 성종의 계비를 새로 들이는 문제가 거론되었다. 그러나 왕비 간택령은 내려지지 않았고 2년 뒤에 숙의였던 윤씨를 왕비로 책봉하는 것으로 일단락되었다.[68] 중전 자리의 결정권은 당시 '삼전三殿'이라 불린 대비전에게 있었는데 삼전은 정희왕후, 안순왕후, 소혜왕후〔仁粹大妃〕였다. 그 가운데 영향력이 큰 대비전은 수렴청정을 하고 있던 세조비 정희왕후와 성종의 어머니 소혜왕후였다. 아래 내용은 정희왕후가 숙의 윤씨를 왕비로 결정한다는 명령서인데, 숙의 윤씨를 선택한 이유를 엿볼 수 있다.

> 숙의 윤씨는 주상께서 중히 여기는 바이며 나의 의사意思도 그녀가 괜찮다고 생각된다. 윤씨는 평소 허름한 옷을 입고 검소한 것을 숭상하였으며 하는 일마다 정성과 조심성으로 삼가하였으니, 큰일을 맡길 만하다. 윤씨는 나의 이러한 뜻을 알고서 사양하기를, '저는 본래 덕이 없고 과부의 집에서 자라나 보고 들은 것이 없습니다. 사전四殿에서 선택하신 뜻을 저버리고 주상의 거룩하고 영명한 덕에 누를 끼칠까 몹시 두렵습니다.' 하였다. 내가 이 말을 듣고 더욱더 그녀를 현숙하다고 생각하였다.[69]

68 《성종실록》 권70, 성종 7년 8월 9일(기묘).

69 《성종실록》 권69, 성종 7년 7월 11일(임자). "懿旨召曾經議政及議政府六曹參判以上 臺諫傳曰 坤闈久曠 予欲定位號 上以承宗廟 下以母一國 淑儀尹氏 主上所重 予意亦以爲可 尹氏居常卑服崇儉 事事誠謹 可屬大事 尹氏知予此意 辭曰 我本無德 長於寡婦之家 無所見聞 深恐負四殿選擇之意 以累主上聖明之德 予聞此語 益以爲賢 鄭麟趾等對曰 甚合衆望 傳曰 予甚喜之 卿等之意可知 其飮一杯."

이 내용으로 보면, 숙의 윤씨가 왕비의 자리에 오를 수 있었던 이유는 성종의 총애와 사랑을 받고 있었기 때문이다. 당시 그녀는 임신 중이었다. 1476년(성종 7) 11월 7일에 연산군을 출산하였음을 감안한다면,[70] 책봉 당시에는 적어도 약 6개월 된 산모였을 가능성이 높다. 왕비가 된 그녀는 사실 한미한 사대부 집안인데다가[71] 그녀가 간택되기 전에 부친 윤기견마저 이미 사망한 상태였다. 함께 입궁한 윤호의 딸 숙의 윤씨보다 가문 배경이 좋지 않았음에도 왕비에 책봉될 수 있었던 것은, 성종의 아들 연산군을 임신하고 있었다는 점이 크게 작용한 듯 보인다.

삼전 또한 그녀를 마음에 들어 했다. 숙의가 검소하며 일처리 또한 정성껏 하고 언행에 조신했기 때문이다. 더구나 그녀는 스스로 겸손해서 왕비 자리를 사양할 정도로 분수를 알았다. 그녀는 삼전들에게 소박한 품성과 겸손한 모습을 지닌 여성으로 비춰져 그들의 신임과 지지를 받았던 것이다.

대비전에서 숙의 윤씨를 왕비로 결정하는 데에 2년이나 경과하였다는 사실은 두 명의 숙의 가운데에서 한 명을 결정하는 것에 신중을 기했다는 뜻이다. 결국 대비들은 가문에서 우월한 윤호의 딸보다 왕손을 임신한 윤씨를 낙점한 셈이다. 대비들의 이 같은 결정으로 숙의 윤씨가 낳은 연산군은 성종의 16남 12녀의 소생 가운데 원자가 되었다. 윤씨가 왕비의 신분이 된 이후에 낳았기 때문에 연산군은 적장자 왕위계승의 원칙에서 크게 위배되지 않게 되었다. 또한 그가 즉위할 무렵, 성종의 계비인 정현왕후가 낳은 진성대군은 불과 7세였기 때문에 연산군이 왕위에 오른 것은 당연한 것이었다.

---

70 《성종실록》 권73, 성종 7년 11월 7일(정미).

71 《성종실록》 권105, 성종 10년 6월 3일(무자). "又聞家世淸貧 素無儲畜 後日飢寒切身 無暇顧禮義."

연산군 출산 이후에도 왕비 윤씨는 한 명의 왕자를 더 출산하였으나, 왕비의 자질문제가 불거지면서 연산군이 네 살 되던 해인 1479년(성종 10) 6월 2일에 폐위되었다.[72] 삼사三司에서 폐출 반대를 지속적으로 주장할 뿐만 아니라 폐출된 교서가 내려진 이후에도, 폐비의 거취와 처우문제에 대해서 대간과 성균관 유생들의 상소가 지속되었던 점은 폐비 윤씨에게 소생 원자와 대군의 존재가 있었기 때문이다.[73]

폐비 윤씨가 실덕으로 인해 폐출되자, 1480년 10월에 후궁의 지위로 있던 윤호의 딸 숙의 윤씨가 왕비의 자리에 올랐다. 그녀 역시 1473년(성종 4)에 12세의 나이로 폐비 윤씨와 함께 간택되었다가 폐비 윤씨보다 3개월 뒤에 숙의로 책봉되었다. 그녀가 처음 왕비로 낙점되지 못했던 것은 왕자녀를 출산하지 못하였기 때문이다. 왕비로 책봉된 당시에도 여전히 왕자녀를 출산하지 못했다. 오히려 그녀는 이미 왕자를 출산한 후궁들에 비해 자격요건에 미치지 못하였다. 그럼에도 그녀가 왕비로 책봉될 수 있었던 이유는 이미 성종의 적장자이자 5세가 되는 원자 연산군이 있었기 때문이다. 아래 내용은 숙의 윤씨를 왕비로 택한다는 전교 내용이다.

> 내가 배필을 택하기를 삼가지 못해서 궁위宮闈가 실덕失德하였으니, 후회함이 이를 데가 없다. 숙의 윤씨가 매우 숙덕淑德이 있으니, 곤위坤位를 바룰 만하다. 경들은 그리 알라.[74]

---

72 《성종실록》 권105, 성종 10년 6월 2일(정해). 이에 대한 연구로는 한희숙의 〈조선초기 성종비 윤씨 폐비·폐출 논의 과정〉(《한국인물사연구》 4, 2005)과 〈조선 성종대 폐비윤씨 賜死事件〉(《한국인물사연구》 6, 2006)이 있다.

73 《성종실록》 권105, 성종 10년 6월 5일(경인).

74 《성종실록》 권122, 성종 11년 10월 4일(경술).

상기 세 명의 왕비 사례와 비교해 보면, 정현왕후를 왕비로 채택한 이유에 대해서 명확한 언급은 없다. 왕비 후보자의 왕자녀 유무는 이 시기에 왕비 간택 요건에 필수적인 요건이 되지 않았음을 의미한다. 이는 숙의 하씨의 아들 계성군(桂城君, 1478~1504), 귀인 정씨의 아들 안양군(安陽君, 1480~1505), 숙의 홍씨의 아들 완원군(完原君, 1480~1509)을 출산한 성종의 후궁들이 왕비후보자에 거론조차 되지 못했다는 데에서 확인된다.

특히 그녀의 친정이 왕자를 출산한 다른 후궁들의 그것에 비해 명문 가문인 파평 윤씨 집안이라는 점이 큰 작용을 했던 것으로 생각된다. 윤씨가 폐비될 당시 주동적인 역할을 한 사람은 윤필상尹弼商이었고, 부친 윤호가 윤필상의 당숙이었던 점을 감안한다면, 그녀는 친정과 막강한 소혜왕후의 지지를 등에 업고 1480년(성종 11) 폐비 윤씨가 폐출된 이후에 왕비의 자리에 오를 수 있었다.[75] 이후 정현왕후는 1481년에 신숙공주愼淑公主, 1488년(성종 19)에 진성대군晉城大君인 중종을 낳게 되면서 왕비로서의 위상을 확고히 하게 되었다.

이상 현덕왕후 권씨, 안순왕후 한씨, 폐비 윤씨, 정현왕후 윤씨의 공통점은 후궁의 신분으로 입궁하였지만, 사대부 집안의 규수인 간택 후궁이었다는 점이다. 이들은 처음에는 후궁의 신분이었지만 왕비 신분을 취득한 이후에 왕자녀를 출산하였기 때문에 그녀들의 소생들은 적장자 계승원칙에 크게 위배되지 않게 되어 순조롭게 왕위에 오를 수 있었다. 실제로 왕위계승 관계에서 완전한 종통상의 정통성 구비는 왕권 안정의 기초가 되는 것이다. 이들 소생들이 모두 적자소생이었기 때문에 왕위계승에서 빚어지는 변란이나 분쟁이 발생되지 않았으므로 이들 여성들은 왕권 안정에 크게 기여할 수 있

75 《성종실록》 권31, 성종 4년 6월 14일(계유); 《성종실록》 권123, 성종 11년 11월 8일(갑신).

었다.

네 사례에서 보는 것처럼 후궁에서 왕비로 책봉될 수 있었던 까닭은, 조선 초기에 엄격한 신분적 질서를 표방하는 유교 명분주의 이념이 아직까지 사회 저변에 뿌리 내리지 못했기 때문이다.[76] 태종이 빈잉제를 제정한 이유 가운데 하나가 바로 처첩의 분수가 명확하지 않아 가도家道가 바르지 않는 현실을 비판한 데서 그러한 사정을 가늠할 수 있다.[77]

2) 간택 후궁의 출신가문 및 가격家格

태조에서 성종조까지 왕세자의 잉첩 또는 국왕의 후궁이 계비로 승격될 수 있었던 데는 왕자녀의 출산 혹은 임신이 큰 이유였다. 그러나 이러한 승격이 가능했던 배경은 당시에 간택 후궁이 많았다는 점이다. 조선시대 간택 후궁 총인원수 61명 가운데에서 성종조까지 차지하는 간택 후궁의 비율은 31명(50.81%)으로 절반이 넘었다. 간택 후궁들은 왕비와 마찬가지로 일정한 자격을 갖춘 여성들로, 공식적인 가례 절차를 통해 맞아들인 명문대가의 규수였고, 비간택 후궁들은 간택 절차 없이 여러 가지 경로를 통해 후궁이 된 여성들이었다. 그 때문에 간택 후궁들은 비간택 후궁들보다 계비가 되는 데에 유리하였다. 이것은 태종이 빈잉을 두려는 목적을 광계사廣繼嗣로 인한 왕실세력의 확충뿐만 아니라 왕실 인척으로 맺어진 관료세력들과의 화합 내지 융화라는 측면을 언급한 사실에서도 알 수 있다.[78] 실제로 황현黃玹은 안순왕후와 정현왕후가 비록 후궁의 신분이지만, 유

---

76 이미선, 앞의 논문, 2009, 58쪽.

77 《태종실록》 권6, 태종 3년 11월 18일(임진).

78 이 책 제Ⅱ장 2절 1)을 참조.

수한 명문대가에서 뽑혔기 때문에 왕비로 승격될 수 있었다고 해석하고 있다[79] 이는 후궁 간택이 왕비의 간택과 마찬가지로 성지석역학 관계와 무관하지 않음을 보여 준다.

조선 초기 간택 후궁들은 주로 어떤 집안의 여성들이었을까. 궁궐 내에서 그들의 지위는 작첩의 높고 낮음에 따라서 결정되었다. 후궁의 직첩은 입궁했을 때에 간택 후궁들이 대체로 높은 품계를 받았지만, 유교적 종법체제가 고착화되지 않았던 건국 초기에는 왕자녀 출산 등 왕실 내에서의 공로 여부가 중요한 요건이 되었다. 그럼에도 이들의 승진에는 어느 정도 친정 집안의 가문 배경과 당시 부친의 정치적 지위 내지 영향력 등에 영향을 받았다. 따라서 이 절에서는 간택 후궁들이 어떠한 가문에서 배출되었는지를 살펴보고, 이들의 직계선조의 정치적인 지위를 통해 간택 후궁의 가격家格과 위상을 알아보고자 한다.

대부분 후궁에 대한 개인 자료는 온전히 남아 있지 않아 그들의 개인 정보를 알 수 없다. 후궁 개인 신상에 대한 자료가 전무한 상황에서 후궁의 주변 인물과 가문을 통해 간접적인 방법으로 이를 추적할 수밖에 없다. 다행히 간택 후궁의 경우, 명문대가의 딸이기 때문에 그들의 가문을 대부분 찾을 수가 있다. 이 절에서는 태조에서 성종조까지 간택 후궁 31명 가운데에 성씨만을 알고 본관을 모르는 후궁 2명을 제외한 나머지 29명의 후궁을 대상으로 그 가문

79 황현 지음·임형택외 옮김, 《(역주)매천야록》 하, 문학과 지성사, 2005, 345쪽(《梅泉野錄》 권5, 〈嚴妃陞后不可疏〉). "惟顯德安順貞顯三王后 以後宮陞正位 然顯德選入東宮 誕端宗 而以奉嬪 旣廢之 故遣册爲王后矣 安順亦選入東宮 因章順薨而無嗣育 故陞正位矣 貞顯選入大內 誕中宗 而適有燕山母廢黜之擧 故陞正位矣 然皆肅廟以前事也 且名雖後宮 皆妙選名門 備禮入宮 而因得不得不然之 故乃陞正位矣 以民家女爲尙宮 而濫陞正位 惟張嬉嬪而已 然未久還奪位號 不祥之擧 不可援以爲例明矣."

배경을 검토한다. 단, ①~⑥ 경로 외에 입궁 기사가 없어 추정이 불가능한 8명의 여성들이 있는데,[80] 이들 집안 대부분은 전현직 관료 집안 출신이므로 29명과 함께 분석의 대상으로 삼고자 한다.

(1) 가계家系와 입사入仕

【표 Ⅲ-2】를 보면, 후궁들의 부父, 조祖, 증조曾祖 3대가 대부분 현관顯官들이었음을 알 수 있다. 현관이란 9품 이상의 문무관을 말한다.[81] 사조四祖 내에 현관이 있으면 양반으로서 신원이 보증되었다는 것을 말하며, 사조 내에 현관이 없으면 양반 신분을 유지하기 어려울 만큼, 관직의 유무는 양반 신분을 가늠하는 데 중요한 역할을 하였다.[82] 이들의 직계선조直系先祖들은 이미 조선왕조 건국을 전후해서 지속적으로 중앙 관직을 지내 왔던 것으로 보인다. 이는 이들 가문의 사회적 지위가 상당히 높았었다는 점을 말해 주는 것이다. 사실 왕실에서 관료 집단과 혼인관계를 맺은 궁극적인 목적은 왕실의 세력 기반을 확충하여 관료 집단에 대한 국왕의 원활한 통솔과 제어를 통해 국왕의 통치권 유지는 물론 왕권을 강화하려는 것이었다.[83]

그러면 이들의 직계선조들은 어떠한 경로를 통하여 중앙 관직에

---

80 예컨대 정종의 후궁 숙의 윤씨는 《조선왕조실록》에 그녀에 관한 정보가 없지만, 대사헌 尹邦彦의 맏딸이라는 점과 첫째 소생 守道君이 정종의 서7남이라는 점에 비추어 보면 ①항이나 ⑥항일 가능성이 많다. 세종의 세 왕자를 낳은 혜빈 양씨의 경우에도 부친이 楊景이라는 사실과 양씨의 숙부 楊厚가 漢城府尹 등 요직을 역임하였던 사실에 비추어 볼 때 양반가문 출신이었을 가능성이 높다(이미선, 앞의 논문, 2009, 65쪽).

81 李成茂, 《朝鮮初期 兩班研究》, 일조각, 1980, 40쪽.

82 崔珍玉, 《朝鮮時代 生員進士研究》, 집문당, 1998, 238쪽.

83 鄭在勳, 〈朝鮮初期 王室婚과 王室勢力의 形成〉, 《한국사연구》 95, 한국사연구회, 1996, 59~60쪽.

【표 Ⅲ-2】 후궁 가계의 등제登第와 관품[84]

국왕	후궁	가계													합계			
		부					조				증조				문과/생·진과	관품		
		본관	성명	입사경로	최고경력		성명	입사경로	최고경력		성명	입사경로	최고경력					
					관직	관품			관직	관품			관직	관품		당상	당하	비고
태조	정경궁주 유씨	高興	濬	♣	吏部尙書	정3	有奇		判密直	종2	淸臣	문*	政丞	종1	1/0	3	0	3
	성비 원씨	原州	庠		判中樞	정2	松壽	문	大提學	종2	善之		上護軍	정3	1/0	3	0	3
정종	**숙의 윤씨	海平	邦彦		大司憲	종2	之賢		大提學	종2	碩		政丞	종1	0/0	3	0	3
태종	의빈 권씨	安東	弘	문	府使	정1	鈞		參贊	정2	衡		贊成事	정2	1/0	3	0	3
	명빈 김씨	安東	九德	생진♣	府事	종1	昻	문	平章事	정2	承澤		政丞	종1	1/0	3	0	3
	소빈 노씨	張淵	龜山	문	吏判	정2	英壽		府院君		贇		上護軍	정3	1/0	2	0	2
	숙공궁주 김씨	淸道	漸	♣	知敦寧	정2	潾	문	別將	정3	漢貴		監察御使	종6	1/0	2	1	3
	의정궁주 조씨	漢陽	賚	생무	知敦寧	정2	仁沃	♣	吏判	정2	暾	*	密直副使	정3	0/1	3	0	3
	신순궁주 이씨	星州	稷	문	領議政	정1	仁敏	문*	門下評理	종2	褒		僉議評理	종2	2/0	3	0	3
	혜순궁주 이씨	固城	云老	문*	博士	정7	貴生		上護軍	정3	琳		密直副使	정3	1/0	2	1	3
세종	**혜빈 양씨	淸州	景	*	無		添植		戶典	정3	之壽		贊成事	정2	0/0	2	0	2
	장의궁주 박씨	密陽	剛生	문*	副提學	정3	忱	문	判事	정3	思敬		判書	정3	1/0	3	0	3
	명의궁주 최씨	全州	士儀	♣	判事	정3	有慶		判書	정3	宰	문	密直事		1/0	2	0	2
문	현덕왕후	安東	專	*	禮判	정2	伯宗		府尹	종2	正平	*	版圖正郞		0/0	2	0	2

84 【표 Ⅲ-2】의 사마시 입격 및 과거 登第 여부와 혼인관계는 한국역대인물 종합정보시스템(http://people.aks.ac.kr/index.aks)을 중심으로 하였으며, 官品은 각 집안의 족보자료(【별첨 2】에 명시된 족보)와 문집을 근거로 작성하였다.

문종	권씨																	
	승휘 정씨	東萊	甲孫	문*	左贊成	종1	欽之	♣문	判書	정2	符	*	府尹	종2	2/0	3	0	3
	숙빈 홍씨	南陽	深	*	府尹	종2	德輔	*	奉使	종8	有龍	*	禮部侍郎	정4	0/0	1	2	3
	승휘 유씨	文化	尙榮	*	監察	정6	佐		典祀令		亮	문	右議政	정1	1/0	1	1	2
	숙의 문씨	南平	敏		僉知事	정3	孝宗	♣	判府事	종1	達漢		贊成事	정2	0/0	3	0	3
	소용 권씨	安東	格		知敦寧	정2	循	*	判事	정3	肅	*	吏參判	종2	0/0	3	0	3
	소훈 윤씨	坡平	熺		直長	종7	珪	문*	判事	정3	承禮	*	版圖判書	정2	1/0	3	0	3
단종	숙의 김씨	商山	師禹	무	同知事	종2	洽		中樞院使	종2	得齊		助戰元帥		0/0	2	0	2
	숙의 권씨	安東	完	♣	判官	종5	蘊		縣監	종4	絪		典籍	정6	0/0	0	3	3
세조	**숙원 신씨	高靈	叔舟	생진문	領議政	정1	檣	문	工參判	종2	包翅	문*	工參議	정3	3/1	3	0	3
덕종	숙의 신씨	居昌	先庚	♣	同中樞參		幾	생문	監司	종2	以衷	문	判事	정3	2/1	2	0	2
	귀인 권씨	安東	致命		知郡事		永昌		縣監	종4	執智		判事	정3	0/0	1	1	2
	숙의 윤씨	坡平	沂	*	縣令	종5	璞		縣監	종4	將	문	判事	정3	1/0	1	2	3
예종	안순왕후 한씨	淸州	伯倫	♣	右議政	정1	昌	*	監司	종2	季復	*	知事	정2	0/0	3	0	3
	숙의 최씨	全州	道一	♣*	判官	종5	承寧	*	左參贊	정2	士康	♣*	左贊成	종1	0/0	2	1	3
성종	폐비 윤씨	咸安	起畝	문	判事	정3	應	*	縣監	종4	得龍	문	戶典	정3	2/0	2	1	3
	정현왕후 윤씨	坡平	壕	문	右議政	정1	三山	♣*	僉知事	정3	坤	문	吏判	정2	2/0	3	0	3
	**명빈 김씨	安東	碏	♣문	刑判	정2	宗淑	*	知中樞事	정2	陸	*	都評議使司	종1	1/0	3	0	3
	**귀인 정씨	草溪	仁碩		?		發		知中樞事	정2	賡	*	工參判	종2	0/0	2	0	2
	귀인 권씨	安東	壽		縣令	종5	格		副知敦寧府事	종2	循	*	判事	정3	0/0	2	1	3
	**귀인 엄씨	寧越	山壽	*	司直		克仁	진	進士		有溫		同知摠制	종2	0/1	1	0	1
	**숙의 홍씨	南陽	逸童	문	知中樞事	정2	尙直	*	節制使	정3	徵		判密直司事	종2	0/0	3	0	3
	**숙용 심씨	靑松	末同		僉知事	정3	沚		同知摠制	종2	德符	♣	左議政	정1	0/0	3	0	3
	후궁 남씨	宜寧	忻		右承旨	정3	倫		工參判	종2	智	♣	左議政	정1	0/0	3	0	3

♣ 천거 또는 음보 * 추증 ★품계

** 표시는 입궁경로가 확인되지 않은 후궁 가계임

도달하였을까. 일반적으로 관직에 임명될 수 있는 기본적인 방법은 과거이다. 과거는 일정한 국가고시를 통하여 국가의 관리를 뽑은 등용문이다.[85] 【表 Ⅲ-2】에서 전체 인원 111명(37×3) 가운데 문과급제자는 30명(27.01%)이고, 무과급제자는 2명(1.8%)에 불과했다. 그런데도 후궁들의 선조들이 대부분 중앙관직에 등용되었다는 점이 주목된다. 즉 이들 111명 가운데 당상관과 당하관을 합쳐 98명(88.25%)이 관직에 임명되고 있다. 이들 가운데 3품 이하 당하관은 13명(11.7%)을 차지하고, 3품 이상 당상관은 전체 111명 가운데 85명(76.57%)을 차지하고 있다. 당상관이 당하관보다 64.8%로 절반 이상을 점유하였다. 문과 급제자는 30명(27.01%)이었던 데 비해 관료가 55명(49.56%)이고, 후궁들의 선조들이 중앙관직에 등용되었다는 점을 고려해 본다면, 이들은 과거 이외에 다른 방법을 통해서 관리에 임명되었을 것이라 생각된다.

과거를 거치지 않고도 입사할 수 있는 길, 바로 음서蔭敍를 통하여 관직에 진출하였다. 적어도 이들이 과거를 통한 입사가 아니었다면, 상당수가 음서로 관직에 진출했을 것이라 생각된다. 몇 가지 예를 살펴보기로 하자.

태종의 후궁 의정궁주의 경우가 그러하다.[86] 의정궁주의 조부 조인옥趙仁沃은 개국 1등 공신이자, 태조의 묘정에 배향된 인물이었다.[87] 그러나 의정궁주의 부친인 조뢰는 문과에 합격한 사실이 없으며, 조인옥 역시 1373년(공민왕 22)에 음직으로 산원散員이 된 인물이었다. 따라서 무신이었던 조뢰는 부친이 개국 공신이라는 이유로, 음서를 통해서 벼슬길에 나아갔다고 생각된다.

85 李成茂, 《朝鮮初期兩班研究》, 한국학술정보, 2001, 57쪽.

86 趙昇衡, 《漢陽趙氏大譜》 권3, 漢陽趙氏大譜編纂委員會, 2005, 1~27쪽.

87 《태종실록》 권20, 태종 10년 7월 12일(정축).

성종의 후궁 명빈 김씨의 경우에도 예외는 아니었다.[88] 명빈 김씨의 고조는 좌의정 김사형金士衡이다. 그는 음보로 앵계관직鶯溪館直이 된 뒤, 공민왕 때 문과에 급제하여 조선왕조의 건국 이후에도 개국·정사 1등 공신이 되어 크게 활약한 인물이었다.[89] 그러나 그의 아들 김승金陞과 증손 김작金碏은 과거 출신이 아니었는데도 김승은 도평의사사都評議使司가 되었고 김작은 1454년(단종 2) 28세에 선공감繕工監 녹사錄事가 되었다. 이후 김작은 첨정僉正의 관직으로 1477년(성종 8) 식년문과에 병과로 급제하게 된다. 이들 부자는 음서로 초직을 제수받을 수 있었다.

국왕의 개인적인 의지에 따라서 관직을 제수받는 경우도 있었다. 태조의 후궁 성비 원씨의 부친 원상元庠은 검교첨의평리檢校僉議評理를 지낸 원선지元善之의 손자이자, 정당문학政堂文學을 지낸 원송수元松壽의 아들이다. 조선이 개국된 뒤 태조가 그의 덕망을 아껴 여러 차례 불렀으나 응하지 않았다. 그러나 1413년(태종 13) 정월에 검교참찬의정부사檢校參贊議政府事를 지내고,[90] 1435년(세종 17) 판중추원사判中樞院事에 제수되면서 국왕과의 친밀한 관계를 유지한 것으로 보인다.

한편 김작의 경우처럼 문과에 급제하기 전에 문음門蔭을 통하여 관직에 진출하였다가 뒤늦게 과거에 합격한 사람들도 있었다. 문종의 후궁 승휘 정씨의 집안을 보면,[91] 조부 정흠지鄭欽之는 1411년(태종 11)에 33세로 급제하였다. 그러나 그는 급제 이전에 이미 사헌부司憲府 지평持平을 역임하고 있었다.[92] 세종의 후궁 명의궁주 최씨의

88 金尙默, 《安東金氏世譜》 권20, 安東金氏大同宗約所, 1936, 1~8쪽.

89 《태종실록》 권14, 태종 7년 7월 30일(신사).

90 《태종실록》 권25, 태종 13년 1월 15일(을미).

91 《東萊鄭氏族譜》 권1, 藏 MF 35-4448, 地~洪쪽.

92 《세종실록》 권85, 세종 21년 6월 16일(임진).

경우도 마찬가지이다. 그녀의 증조 최재崔宰는 1330년(충숙왕 17) 38세의 나이로 문과에 급제하였지만, 동대비원東大悲院 녹사錄事를 거쳐 산원, 별장 등을 역임하였었다. 이렇듯, 문과급제를 하지 않고서도 문음으로 관직에 진출한 사람이 적지 않았다는 사실 역시 이들이 유수한 가문 배경을 지닌 사람들이었다는 것을 방증하여 주고 있다.

음서의 혜택을 받은 가문이라면 그들은 고관대작의 양반 자제로서 직계선조의 정치적 지위가 매우 높았음을 추론할 수 있다. 이들의 관직이 무관직보다 문관직이 많다는 사실에서도 확인된다. 이는 당시 간택 후궁을 배출한 가문을 통해서도 알 수 있는데, 간택 후궁은 모두 21가문에서 29명의 후궁을 배출하였다. 다음 【표 Ⅲ-3】에서 확인된다. 이 가운데 안동 권씨가 6명으로 가장 많고 뒤를 이어 파평 윤씨坡平尹氏 3명, 전주 최씨全州崔氏 2명이 그다음이다. 그 밖에 안동 김씨安東金氏, 남양 홍씨南陽洪氏, 여흥 민씨驪興閔氏 등의 가문에서 후궁이 배출된 것은 왕비 가문의 선발 빈도수와 거의 일치하고 있다.[93]

【표 Ⅲ-3】 태조~성종조 후궁의 성관姓貫[94]

성관	안동 권씨	파평 윤씨	전주 최씨	남양 홍씨	성주 이씨	고성 이씨	함안 윤씨
인원	6	3	2	1	1	1	1
성관	동래 정씨	여흥 민씨	안동 김씨	장연 노씨	남평 문씨	고흥 유씨	상산 김씨
인원	1	1	1	1	1	1	1
성관	청도 김씨	한양 조씨	거창 신씨	청주 한씨	문화 유씨	밀양 박씨	원주 원씨
인원	1	1	1	1	1	1	1

93 조선시대 전체 왕비 가운데 驪興閔氏, 坡平尹氏, 淸州韓氏는 4명씩이고, 靑松沈氏, 安東金氏, 慶州金氏는 3명씩이며, 居昌愼氏, 羅州朴氏, 淸風金氏는 2명씩, 그 외에 13개의 집안(安邊韓氏, 谷山康氏, 安東權氏, 礪山宋氏, 延安金氏, 文化柳氏, 楊州趙氏, 德水張氏, 光州金氏, 咸從魚氏, 達城徐氏, 南陽洪氏, 海平尹氏)은 1명씩이다.

(2) 가계와 공신功臣

태조~성종조 간택 후궁들의 가문은 그들의 선조가 과거를 통하지 않고서도 관직에 나아갈 수 있을 정도로 정치적·사회적 배경을 지녔다. 실상 이들 가문들은 고려 말에서 조선 초에 있었던 정치적인 사건 속에서 주도권을 장악한 공신 세력이 주류를 이루고 있었다.[95]

일반적으로 공신 집단은 사회, 경제적으로 막대한 특전이 부여되었을 뿐만 아니라 당대의 정치권력을 장악한 세력들이었다. 당시 공신에 들었는지 여부는 그 시대 정치의 주도적 지배층이 되는지 여부를 결정하는 관건이 되었다. 그러므로 이들은 양반 관료들의 최상부에 자리하고 있었으며, 이들에게 부여된 특전 역시 보통의 양반 관료들이 누릴 수 없는 것이었다.[96] 【표 Ⅲ-4】를 보면, 후궁의 가문에서 호종공신을 비롯하여 개국공신開國功臣, 정사공신定社功臣, 좌리공신佐理功臣 등 당시 핵심적인 정치권력을 장악한 인물들이 배출되었음을 확인할 수 있다.

여기에는 고려 말 이래 조선 성종조까지 당대 국가와 왕실을 위해 공을 세운 유수한 집안들을 볼 수 있다. 국초에 국왕들은 변란에 의해 왕위를 계승했기 때문에 정국을 안정시키고 왕권을 강화하기 위한 방편으로 자신의 측근세력인 공신 집안과의 혼인을 선택하는 경향이 두드러져 보인다. 실제로 【표 Ⅲ-4】와 같이 간택 후궁 29개의

---

94 金原浩의 딸〔태조〕과 李義生의 딸〔예종〕은 간택 후궁이었으나, 본관을 알 수 없어 제외시킨다(29명).

95 태조부터 성종 때까지 커다란 정치적인 사건 이후에 8차례에 이르는 공신 책봉이 이루어졌다. 이는 개국공신을 위시하여 定社(1398년), 佐命(1400년), 靖難(1453년), 佐翼(1455년), 敵愾(1467년), 翊戴(1468년), 佐理(1471년) 공신 책봉을 일컫는다.

96 鄭杜熙, 〈朝鮮初期三功臣研究〉, 《歷史學報》 75·76合輯, 역사학회, 1977, 196쪽.

【표 Ⅲ-4】 태조~성종조 후궁의 가문

국왕	후궁	본관	집안 주요 인물과 공신 책봉
태조	정경궁주 유씨	高興	백부: 柳濯-左議政, 扈從1等功臣, 定難1等功臣, 推忠秉義同德輔理翊祚功臣 父: 柳濬-原從功臣 종형제: 柳濕-推忠奮義翊戴佐命功臣
	성비 원씨	原州	조부: 元松壽-護從1等功臣
정종	**숙의 윤씨	海平	증조: 尹碩-忠勤節義同德贊化保定等功臣, 鎭國上將軍高麗都元帥, 壁上三韓十字功臣 종조부: 尹之彪-端誠翊衛功臣, 重大匡門下評理, 海平君
태종	*신빈 신씨	寧越	고조: 辛廉-判密直事, 隨從功臣, 護從功臣, 翊贊功臣 父: 辛永貴-靖國功臣
	명빈 김씨	安東	증조: 金承澤-直亮同德佐理功臣三重大匡都僉議, 扈從2等功臣 父: 金九德-원종 3등공신 同腹: 金五文-원종 3등공신
	소빈 노씨	長淵	고조: 盧誠杜-三韓三中大匡輔國壁上佐命功臣 門下平章事, 推誠保節贊化功臣 上護軍追 증조: 盧贊-推誠保節同德翊戴佐命功臣 조부: 盧英壽-純誠同德輔理功臣
	숙공궁주 김씨	淸道	증조부: 金漢貴-推誠宣義輔理功臣 조카: 韓終孫-좌익 3등공신
	의정궁주 조씨	漢陽	증조: 趙暾-홍건적격퇴 1等功臣 외조부: 李貴齡-左議政, 開國原從功臣 조부: 趙仁沃-回軍功臣, 純忠奮義佐命開國1等功臣, 太祖廟庭配享 종조부: 趙仁璧-回軍2等功臣, 修復京城2等功臣, 三重大匡龍城府院君 5촌숙부: 趙溫-回軍功臣, 推忠協贊開國定社佐命功臣, 漢川府院君 5촌숙부: 趙涓-佐命4等功臣, 漢平府院君
	신순궁주 이씨	星州	고조: 李兆年-誠勤翊贊勁節功臣, 忠惠王廟庭配享 종조부: 李仁復-端城佐理功臣三重大匡檢校文下侍中, 興安府院君, 忠定王廟庭 配享 종조부: 李仁任-純誠周德輔理1等功臣, 홍건적격퇴 2等功臣, 廣平府院君 父: 李稷-開國3等功臣, 佐命4等功臣
	혜순궁주 이씨	固城	증조: 李琳-推忠良節同德輔祚佐命功臣, 鐵城府院君
	*순혜옹주 장씨	安東	증조: 張壽命-正憲大夫佐理功臣 父: 張思吉-開國1等功臣, 定社2等功臣, 回軍功臣, 補祚功臣, 花山府院君 숙부: 張思靖-開國功臣, 補祚功臣
세종	혜빈 양씨	淸州	대고모부: 崔雲海-開國原從功臣 삼종질(9촌): 楊汀-靖難2等功臣, 佐翼2等功臣, 楊山君
	장의궁주 박씨	密陽	증조: 朴思敬-推誠翊威功臣 조부: 朴忱開國原從功臣

			종형제: 朴好問-原從功臣 조카: 朴仲孫-靖難2等功臣
	명의궁주 최씨	全州	조부: 崔有慶-開國原從功臣 父: 崔士儀-開國原從功臣
문종	현덕왕후 권씨	安東	同腹: 權自愼-左翼3等功臣
	승휘 정씨	東萊	고조: 鄭良生-端誠輔理贊化功臣, 逢原府院君 父: 鄭甲孫-淸白吏, 原從3等功臣 숙부: 鄭昌孫-蓬原府院君, 成宗廟庭配享
	숙빈 홍씨	南陽	父: 洪深-原從2等功臣 同腹: 洪應-翊戴1等功臣, 佐理3等功臣, 益城府院君, 成宗廟庭配享
	승휘 유씨	文化	고조: 柳繼祖-己亥擊走紅賊1等功臣, 安社1等圖形壁上功臣, 興,王討賊1等功臣 증조: 柳亮-開國原從功臣, 佐命4等功臣
	숙의 문씨	南平	고조: 文璟-端誠義勇輔理功臣, 南平府院君 증조: 文達漢-推誠翊祚功臣, 推忠翊戴輔祚功臣 백부: 文致-左翼1等功臣, 永安君 외재종숙: 權恭-佐翼3等功臣, 和川君 재종형부: 朴仲孫-靖難2等功臣
	소용 권씨	安東	종백숙부: 權恭-佐翼3等功臣, 和川君 父: 權格-原從3等功臣
	소훈 윤씨	坡平	고조: 尹陟-純誠翊戴輔理功臣三重大匡, 鈴平君 백부: 尹炯-推忠勁節佐翼功臣, 議政府左贊成 父: 尹塈-原從1等功臣 재종형제: 尹巖-佐翼功臣
단종	숙의 김씨	商山	5대조: 金鎰-輸忠秉義協贊功臣 증조: 金得齊-홍건적 격퇴 1等功臣, 推忠奮義安社佐命功臣 종증조: 金得培-樞密院使, 輔忠保節定遠功臣 종증조: 金先致-推忠保節贊化功臣, 洛城君 외조: 李仁孫-右議政, 原從2等功臣 父: 金師禹-左翼原從2等功臣
세조	**숙원 신씨	高靈	父: 申淑舟-輸忠協策靖難2等功臣, 輸忠衛社同德佐翼功臣, 推忠協策靖難同德佐翼保社炳幾定難翊戴1等功臣
덕종	숙의 신씨	居昌	조부: 愼幾-原從3等功臣 종숙부: 愼承善-翊戴3等功臣, 佐理3등功臣, 居昌府院君 父: 愼先庚-原從3等功臣 외삼촌: 韓繼美-左翼3等功臣, 敵愾3等功臣, 佐理2等功臣 외삼촌: 韓繼禧-翊戴3等功臣, 佐理2等功臣
	귀인 권씨	安東	6대조: 權漢功-推誠同德協贊功臣, 右政丞 5대조: 權仲達-推誠定策安社功臣, 花原君
	숙의 윤씨	坡平	외조부: 金孟獻-靖難佐翼功臣

예종	안순왕후 한씨	淸州	6대조: 韓渥-忠惠王廟庭配享 父: 韓伯倫-翊戴3等功臣, 佐理2等功臣
	숙의 최씨	全州	고조: 崔有慶-淸白吏, 開國原從功臣, 松泉書院配享 종증조부: 崔士義-淸白吏, 開國原從功臣
성종	폐비 윤씨	咸安	父: 尹起畝-原從2等功臣
	정현왕후 윤씨	坡平	5대조: 尹陟-純誠翊戴輔理功臣, 領平君 고조: 尹承順-輸忠亮節輔理功臣, 鈴平府院君 증조부: 尹坤-佐命3等功臣 조부: 尹三山-佐翼原從功臣 조모: 李原(佐命4等功臣)의 딸 재종형제: 尹師路-佐翼功臣
	**명빈 김씨	安東	고조: 金士衡-開國1等功臣, 定社1等功臣, 上洛伯府院君 백부: 金礩佐翼3等功臣, 佐理2等功臣, 上洛府院君
	**귀인 정씨	草溪	고조: 鄭曜-開國功臣, 翊戴功臣 백부: 鄭允愼-靖難原從功臣
	**귀인 엄씨	寧越	증조: 嚴有溫-開國功臣
	**숙의 홍씨	南陽	증조: 洪徵-純誠翊戴輔理功臣 증외가: 廉悌臣-輸誠翊戴功臣, 端誠守義同德輔理功臣, 忠誠守義同德論道輔理功臣, 曲城伯 父: 洪逸童-原從2等功臣
	**숙용 심씨	靑松	증조: 沈德符-安社功臣, 回軍1等功臣 종조부: 沈淙-定社2等功臣 父: 沈末同-原從2等功臣
	숙의 남씨	宜寧	5대조: 南在-回軍功臣, 開國1等功臣, 太祖廟庭配享, 宜寧府院君 內系: 南誾-開國1等功臣, 太祖廟庭配享

* 표시는 비간택 후궁임.
** 표시는 입궁경로가 확인되지 않은 후궁 가계임.

집안에서 1명 이상 공신을 배출한 집안이 무려 93%에 해당하는 27 집안이었다. 이는 이 시기에 훈신勳臣 또는 충의忠義가 있는 후손 집안의 딸이나[97] 충효忠孝한 집의 후손을[98] 간택 처자의 대상자로 한정하고 있는 사실과 무관하지 않다. 그러면 이 시기에 공신 집안을 몇 사례 살펴보기로 한다.

97 《세종실록》 권50, 세종 12년 12월 14일(경진).
98 《세종실록》 권25, 세종 6년 9월 21일(계사).

우선 태조의 후궁 정경궁주 유씨는 좌명공신 유준의 딸로,[99] 백부 좌의정 유탁柳濯은 호종 1등, 정난 1등 공신이었고, 그의 사촌 유습柳濕은 좌명공신이었다. 부친 유준은 첨의정승僉議政丞 유청신柳淸臣의 손자로서 오랫동안 태조의 측근에서 종군하였음은 물론, 태조의 도총중외제군사都摠中外諸軍事 시절에는 막부에 소속된 인물이었다.[100] 태조가 즉위한 이후에도 그의 측근에서 원종공신이 되었다. 1397년(태조 6) 8월에 그의 딸이 후궁이 된 것은[101] 오랫동안 유지해 온 태조의 두터운 신망 때문이었다고 생각된다. 딸이 후궁이 된 지 두 달 뒤 유준은 검교참찬문하부사檢校參贊門下府事에 제수되고 특진보국숭록대부特進輔國崇祿大夫 고흥백高興伯에 봉작되었다.[102]

의정궁주 조씨의 부친 조뢰의 경우에도 예외는 아니었다. 그는 한산군漢山君 조인옥趙仁沃의 아들로서[103] 태조를 도와 위화도 회군에 참여해서 전법판서典法判書가 되었고, 태조가 즉위하는 데에 그 공을 인정받아 유충좌명개국공신輸忠佐命開國功臣이 되었으며, 태조 묘정에도 배향된 인물이었다. 위화군 회군 당시 남은南誾 등과 더불어 비

---

99 柳光鉉,《高興柳氏世譜》권1, 高興柳氏大同譜編纂委員會, 1994, 3~10쪽.

100《태종실록》권11, 태종 6년 3월 24일(갑인). 〔柳濬의 졸기〕. "判三司事致仕柳濬卒 濬高興人 僉議政丞淸臣之孫也 以門蔭補府衛 累轉千牛衛上護軍 嘗受元朝宣命 爲明威將軍全羅道鎭邊萬戶府達魯花赤 襲世官也 濬久從太上麾下 戊辰拜密直副使商議 太上爲都摠中外諸軍事 濬仍屬幕府 太上卽位 以濬爲原從功臣 顯妣之薨選良家女備後宮 濬之女 亦在其中 拜濬檢校參贊門下府事 尋賜爵高興伯 庚辰 以判三司事致仕卒 年八十六 謚胡安 三子孟忠仲敬季文."
《태조실록》권13, 태조 7년 1월 7일(을묘)에 유준이 궁인에게 아첨하여 그의 딸〔貞慶宮主〕을 태조에게 선보인 후에 후궁이 되었다고 하나, '양가의 처녀를 골라 후궁에 두었다'고 하고 있다. 필자는 이에 따라 유준의 딸을 간택 후궁의 범주에 포함시켰다.

101《태조실록》권12, 태조 6년 8월 26일(을사).

102《태조실록》권12, 태조 6년 12월 10일(무자).

103《태종실록》권35, 태종 18년 2월 29일(경술).

밀리에 추대할 계책을 태종에게 주달할 정도로 평소 태종과도 정치적 동지로서 친분이 있었던 것으로 보인다.[104]

세종이 원경왕후 사후 2년 만인 1422년(세종 4)에 태종의 후궁으로 33세의 과부 성산부원군 이직의 딸과 과부 판제용감사 이운로의 딸을 맞아들였는데,[105] 이 두 사람은 모두 태종의 측근세력 출신이었다. 이직은 1392년(태조 1)에 태조를 추대하여 지신사知申事가 되고 개국 3등 공신이 되었고, 제2차 왕자의 난 때 태종을 도와 좌명 4등 공신이 된 인물이었다.[106] 한때 그는 황희黃喜와 함께 세종의 세자책봉에 반대하다가 성주星州에 안치되기도 했지만, 세종은 태종의 명상名相이었던 그를 포섭하기 위한 방편으로 그의 딸을 태종의 후궁에 선발한 것으로 보인다. 이는 세종이 1424년(세종 6)에 그를 영의정에 제수한 데 이어 이듬해에 숙혜옹주淑惠翁主를 이직의 손자 이정녕李正寧과 혼인시켰다는 사실과도 무관하지 않기 때문이다.[107]

세종은 태종의 후궁을 선발했을 때와 마찬가지로 국가의 공훈이 있고, 명문대가로 칭송되는 집안의 딸을 후궁으로 맞아들였다.[108] 명의궁주의 부친 최사의는 최유경의 아들로, 1393년(태조 2) 형조의랑刑曹議郎 재직 시절에 세자빈 유씨의 죄를 청한 일로 태조에게 파직당했지만[109] 세종 때에는 판돈령부사判敦寧府事에까지 올라 청백리로 인망이 두터운 인물이었다. 조부 최유경도 태조 때에 개국공신과 원종공신에 녹훈되었고, 태종대에 청백리에 녹선되었던 것이다.[110]

---

104 《태조실록》 권10, 태조 5년 9월 14일(기사). 〔漢山君 趙仁沃의 졸기〕.

105 《세종실록》 권15, 세종 4년 1월 6일(갑자); 《세종실록》 권15, 세종 4년 2월 4일(신묘); 《세종실록》 권17, 세종 4년 9월 25일(기묘).

106 《세종실록》 권53, 세종 13년 8월 7일(기해).

107 《단종실록》 권14, 단종 3년 5월 11일(을묘).

108 《세종실록》 권26, 세종 6년 10월 27일(무진).

109 《태조실록》 권3, 태조 2년 6월 23일(정유).

세조의 주도로 선발되었던 덕종의 후궁 집안도 세조의 측근세력이었다. 숙의 신씨는 거창 신씨居昌愼氏 신이충愼以衷의 증손녀로,[111] 조부 신기愼幾와 부친 신선경愼先庚은 세조 때에 원종공신이었다.[112] 영의정 한혜韓惠의 아들이자 숙의 신씨의 외삼촌인 한계미韓繼美·한계희韓繼禧·한계순韓繼純 역시 조선의 정치권력을 장악했던 명문거족 출신의 공신들로, 이들 삼형제는 당시 세조의 신임을 받고 고관직에까지 이르게 되었다.

그 외에 성종의 후궁 숙의 남씨는 유명한 재상 남지南智의 증손녀였다.[113] 5대조 남재南在는 아우 남은南誾과 함께 이성계의 세력에 가담하여 형제 모두 개국 1등 공신이 되어 영의정에 오르고, 태조의 묘정에 배향되었던 인물이다. 뿐만 아니라 문종의 후궁 귀인 홍씨는[114] 부친 홍심洪深과 동복同腹 홍응洪應이 각각 익대 1등 공신, 좌리 3등 공신에 책봉되어 2대에 걸쳐 공신에 책봉된 집안 출신이었다. 이들 가문의 능력과 활약상이 인정되어 왕실과의 관계가 더욱더 긴밀해질 수 있었던 것이다.

(3) 가계와 왕실연혼

몇 집안의 예만을 살펴보았지만, 당시 후궁들의 상당수가 몇 대에 걸친 공신 집안으로 유수한 가문 출신들이었음을 확인하였다. 왕실의 입장에는 불안한 정국을 안정시키기 위해 왕실 측근세력들의 적극적 협조가 필요하였으며, 명문가문과의 혼인을 앞장서서 추진하였

110 《세종실록》 권25, 세종 13년 6월 24일(신미).

111 《居昌愼氏世譜》 권1, B10B 334(藏 MF 35-10107~10110), 39~47쪽.

112 《세조실록》 권2, 세조 1년 12월 27일(무진).

113 南豊鉉, 《宜寧南氏族譜》, 宜寧南氏大宗會, 2006, 1~9쪽.

114 《南陽洪氏世譜》, 藏 MF 35-4605, 列~出쪽.

다. 사회적 지위를 보장하는 신분이 조선사회에서 정치적·경제적 출세의 주요한 결정요인이었다면, 혼인은 가계 집단과 인척 관계를 확립하는 중요한 수단이었다.[115] 사실 조선 초기 공신 배출이 많은 가문일수록 왕실과 혼인관계를 맺은 빈도수가 많았기 때문에 공신들은 왕실혼과 밀접한 관련을 갖는 것이다.[116]

이러한 추세는 【표 Ⅲ-5】에서 보는 바와 같이 왕실혼이 왕실과 그 측근세력들 집안의 연결고리 가운데 하나였음을 알 수 있다. 즉 왕실에서는 왕자녀를 그 집안에 출가시키고 그들 집안의 딸을 군부인 또는 후궁으로 맞아들이는 중첩된 혼인 방식을 채택하였다. 이들 가문은 왕실과는 중첩된 혼인관계를 통하여 맺어진 인척관계를 이루면서 왕실과의 유대와 결속력을 강화시켜 가문의 위치를 확고히 하려고 했다.

세종의 후궁 명의궁주 최씨와 예종의 후궁 숙의 최씨를 살펴보기로 한다. 전주 최씨 평도공파 최유경崔有慶의 후손인 이들은 6촌 간이다.[117] 최유경은 조선왕조 건국에 공이 커서 개국 원종 공신에 책봉되었고, 전 참찬의정부사前參贊議政府事를 역임한 뒤에 청백리에 뽑힌 인물이었다. 최유경의 2남 최사의崔士儀와 4남 최사강崔士康은 각각 명의궁주 최씨의 부친과 숙의 최씨의 증조가 된다. 경절공敬節公 최사강은 태종과 세종의 신임이 두터워 장녀가 태종의 아들 함녕군諴寧君과 혼인하였고, 차녀가 세종의 아들 금성대군錦城大君과 혼인하였다. 그의 손녀 역시 세종의 아들인 임영대군臨瀛大君과 혼인하게 되었는데, 이처럼 이들 집안의 딸들이 후궁에 간택되었던 것도 이러

115 Martina Deuchler, *The Confuction Transformation of Korea; A Study of Society and Ideology*(cambridge: Harvard Univercity Press), 239쪽.

116 鄭在勳, 앞의 책, 1994, 86~87쪽.

117 《全州崔氏敬節公派譜》, 藏 MF 35-4531, 玄~宙쪽.

【표 Ⅲ-5】 왕실과 후궁 집안 간의 왕실연혼 현황

국왕	후궁	본관	다른 후궁의 사례		왕실혼의 사례	
			국왕(후궁)	후궁과의 관계	대상	후궁과의 관계
태조	정경궁주 유씨	高興			李芳碩(宜安大君)의 妻[賢嬪沈氏]	從姪(5촌)女
정종	*성빈 지씨 *숙의 지씨	忠州			李芳雨(鎭安大君)의 妻	姊(2촌)
태종	의빈 권씨	安東	太祖(誠妃元氏)	內再從兄弟(6촌)	溫寧君(太宗 庶3男)의 妻	甥姪(3촌)
	명빈 김씨	安東	文宗(承徽柳氏)	4從(10촌)孫	徽嬪金氏(文宗)의 廢嬪	甥(3촌)女
	신순궁주 이씨	星州			淑惠翁主(太宗 庶6女)	姪(3촌)婦
					慶順公主(太祖 3女)	從伯叔(5촌)母
세종	**혜빈 양씨	清州			德泉君(定宗 庶10男)	從姪(5촌)夫
	장의궁주 박씨	密陽	文宗(昭容尹氏)	外再從姪(7촌)女	和義君(世宗 庶1男)	從孫(4촌)夫
					淑寧翁主(太宗 庶7女)	外再從姪(7촌)婦
					淑慶翁主(太宗 庶9女)	外再從姪(7촌)婦
	명의궁주 최씨	全州	睿宗(淑儀崔氏)	從姪(5촌)女	錦城大君(世宗 6男)	從兄(4촌)夫
					諴寧君(太宗 庶2男)	從兄(4촌)夫
					臨瀛大君(世宗 4男)	從姪(5촌)夫
문종	숙빈 홍씨	南陽	文宗(昭容尹氏)	外從(4촌)兄弟	明淑公主(德宗 1女)	姪(3촌)婦
			文宗(淑儀文氏)	姨從姪(5촌)女		
	숙의 문씨	南平	文宗(昭容權氏)	外再從叔(7촌)	淑謹翁主(太宗 庶12女)	外再從叔(7촌)
					和義君(世宗 庶1男)	再從姪(7촌)夫
	소용 권씨	安東	成宗(貴人權氏)	姪(3촌)女	淑謹翁主(太宗 庶12女)	從伯叔(5촌)母
					漢南君(世宗 庶4男)	姑母(3촌)夫
	소훈 윤씨	坡平	文宗(淑嬪洪氏)	內從兄弟(4촌)	淑寧翁主(太宗 庶7女)	再從兄弟(6촌)婦
			文宗(後宮文氏)	內從姪(5촌)女	淑慶翁主(太宗 庶9女)	再從兄弟(6촌)婦
단종	숙의 김씨	商山			定順王后(端宗妃)	內再從姪(7촌)女
세조	**숙원 신씨	高靈			廢妃尹氏(成宗妃)	再從兄弟(6촌)
					惠淑翁主(成宗 庶1女)	從孫(4촌)婦

예종	안순왕후 한씨	清州			龜城君-臨瀛大君(世宗 4男)의 2男	妹(2촌)夫
					桂城君(成宗 庶1男)	姪(3촌)夫
성종	정현왕후 윤씨	坡平			貞顯翁主(世宗 庶1女)	再從兄弟(6촌)
	귀인 권씨	安東	文宗(昭容權氏)	고모(3촌)	漢南君(世宗 庶4男)	姑母(3촌)夫
					慶善公主(太祖 2女)	從祖(4촌)母
	**숙용 심씨	青松			慶善宮主(太祖 2女)	從祖(4촌)母
					昭憲王后(世宗妃)	從伯叔(5촌)母
	숙의 남씨	宜寧			貞善公主(太宗 4女)	從曾祖(5촌)母
					慶順翁主(成宗 庶4女)	從兄弟(4촌)
					徽靜翁主(成宗 庶9女)	兄弟(2촌)婦

* 표시는 비간택 후궁임.
** 표시는 입궁경로가 확인되지 않은 후궁 가계임.

한 왕실과의 긴밀한 관계에서 비롯된 것으로 보인다.

혼인을 통해 양가의 관계를 돈독히 한 사례는 성종의 후궁 숙용 심씨의 경우에도 마찬가지였다.[118] 숙용 심씨의 부친 심말동沈末同은 고려 말 이성계와 함께 전공을 세운 심덕부沈德符의 손자였다. 심덕부는 고려 말 이성계와 함께 왜구를 막는 데 큰 공을 세웠고[119] 이후 안사공신安社功臣과 위화도 회군 1등 공신에 추록되었다. 심덕부가 충숙왕대에 음보로 사옹직司饔職 장정長正이 된 것을 보면, 이 집안은 원 지배 중기 이후부터 관직에 진출한 신흥가문이었을 것이다. 더구나 그가 조선 건국에도 적극적으로 참여하여 태조대에 좌의정을 역임함으로써 그의 가세는 더욱 신장되었다. 이성계와 이러한 긴밀한 관계를 유지한 덕분에 아들 심종沈淙이 태조의 딸 경선옹주慶

118 《青松沈氏派譜》 1~29, 藏 MF 35-9333~35, 天~結쪽.
119 《고려사》 권116, 〈列傳〉 29, 〈沈德符〉.

善翁主와 혼인하였고,[120] 심온沈溫의 딸이 세종과 혼인하게 되었다. 아울러 심말동 자신도 공양왕의 동생 왕우王瑀의 외손자였으며, 세조와는 정치적 협력을 통하여 원종 2등 공신이 되었던 인물이었다.[121] 이러한 가문 배경이 성종의 후궁을 배출할 수 있었던 중요한 요건이 되었다.

혼인을 통해서 왕실과 긴밀한 관계가 유지되었던 특정 집안들은 문종의 후궁인 숙빈 홍씨, 숙의 문씨, 소훈 윤씨 사례에서 더욱 뚜렷하게 나타난다.[122] 이들은 모두 파평 윤씨 윤규尹珪의 자손들이다. 소훈 윤씨와 숙빈 홍씨는 사촌 간인 내종형제內從兄弟 사이로, 숙의 문씨는 소훈 윤씨의 내종질內從姪이자, 숙빈 홍씨의 이종질姨從姪이다. 윤번尹璠의 딸인 세조비 정희왕후는 윤규의 조카가 되는 셈이다. 따라서 윤규의 사위였던 홍심洪深은 정희왕후와는 4촌 간이다.

홍씨의 조카 홍상洪常은 정희왕후의 손녀인 덕종의 1녀 명숙공주明淑公主와 혼인한 친수양대군 세력이며, 홍씨의 선발에 수양대군의 입김이 작용했으리라 생각한다. 이 때문에 단종 즉위 이후에 수양대군은 귀인 홍씨의 작질爵秩을 숙빈淑嬪으로 올려 주어 왕실의 내정을 주장할 수 있도록 하였다.[123] 한편 윤승례尹承禮의 손자이자 윤규의 아들 윤희尹熺는 태종이 승지의 직책을 맡길 정도로[124] 신임을 받고 있었으며, 홍심과 마찬가지로 친수양대군 세력이다. 이는 세조가 1460년(세조 6) 5월에 윤희를 원종 3등 공신으로 추택한 사실과 무관하지 않다.[125] 후궁을 배출한 이 가계들이 다시 중첩된 혼인 관

---

120 《태조실록》 권4, 태조 2년 10월 10일(임오).

121 《세조실록》 권2, 세조 1년 12월 27일(무진).

122 《坡平尹氏世譜》 권1, 藏 MF 35-4276, 24~30쪽; 《南平文氏大譜》 권1, 뿌리출판사, 1995, 15~17쪽; 《南陽洪氏世譜》, 藏 MF 35-4605, 列~出쪽.

123 《단종실록》 권2, 단종 즉위년 8월 7일(정묘).

124 《태종실록》 권23, 태종 14년 11월 26일(을축).

계를 맺게 된 것은 그들의 결속을 강화하고 다른 왕실구성원에 대하여 우위를 유지하기 위한 것이다

그 밖에도 동일 집안에서 연속적으로 후궁이 된 사례가 있었다. 문종의 후궁 소용 권씨와 성종의 후궁 귀인 권씨는 권격權格의 자손이며, 3촌 간이었다.[126] 소용 권씨는 권격의 3녀로 귀인 권씨에게 고모뻘이다. 세종의 아들 한남군漢南君과 혼인한 권격의 1녀도 그녀의 고모였다. 권격은 세종, 문종 양대에 걸쳐 왕실과 인척관계를 맺음으로써 자신의 세력을 다른 세력보다 우위에 올려놓을 수 있었고, 왕실과의 밀착관계를 이용하여 정치적 입지를 더욱 강화하고자 하였다. 그러나 같은 지역 동일 집안의 친척들과의 연속 혼인은 혼인의 폐쇄성을 나타낸다고 확대 해석하여도 큰 무리는 없을 듯하다. 이러한 혼인의 폐쇄성은 바로 조선사회의 성격을 규정할 때 하나의 시사점이 된다고 하겠다.

이상에서 본관을 알 수 있는 간택 후궁 29명과 입궁 경로를 확인할 수 없지만 가문배경이 높은 8명, 모두 37명을 추적함으로써 그들이 후궁으로 발탁되게 된 요인이 무엇이었는지를 확인하였다. 이들 집안은 고려 이래로 조선조에 이르기까지 과거 또는 문음을 통해서 출사出仕한 관료가문이었고, 정치상황 속에서 훈공勳功이 있는 명문대가였으며, 이러한 권력기반을 토대로 정권을 장악한 집권 지배세력이자 최고 엘리트 집단이었다. 이와 같은 사실은 당시 정치적 역학관계에서 여자 집안이 갖는 비중이 컸다는 점을 시사한다. 또한 왕실에서 이들 집안에 왕자녀를 출가시키고 그들 집안의 딸을 후궁으로 맞아들이는 이중의 혼인 관계로 맺어진 연계는 가문과 왕실 간의 유대 관계를 돈독하게 만들었다. 이 같은 가문 배경을 토대로

125 《세조실록》 권20, 세조 6년 5월 25일(정자).

126 權容觀, 《安東權氏世譜》 권1, 1935, 玄~盈쪽.

한 간택 후궁들의 신분적 지위를 고려해 본다면, 비교적 그 위상이 높았음이 틀림없다.

2. 비간택 후궁의 신분과 내명부직 제수

1) 입궁과 신분의 다양화

간택 후궁 외에 후궁이 되는 또 다른 방법은 미천한 출신이나 궁녀 신분의 여성이 임금의 사랑을 받거나 권력자들의 진납 등 여러 가지 다양한 경로를 통해 후궁이 된 경우였다. 조선왕조 500여 년 동안 내명부 직첩을 받은 후궁들은 대부분 뛰어난 미모나 기예技藝를 가진 여성으로서 후원세력으로부터 추천되기보다는 궁인으로 선발된 뒤 국왕의 승은을 입은 여성들이 많았다. 궁녀나 천민 출신이 궁에 들어왔다가 국왕의 눈에 띄어 승은을 입은 경우가 대부분이지만, 조선 초기에는 왕의 잠저 시절 비첩들이 국왕의 즉위와 함께 후궁이 된 경우가 많은 편이었다. 이것은 조선 건국 이후의 특수한 정치적 상황 아래에서 왕위계승과 관련된 변란으로 즉위했거나 적장자 상속의 원칙이 지켜지지 않은 국왕의 후궁들에게서 나타났다.

태조에서 성종조까지 후궁들의 인원수, 신분 등 여타 정보 사항을 정확하게 파악할 방법은 현재로서는 없다. 한미한 집안 출신이 대부분인 비간택 후궁인 경우에는 더욱 그러하다. 추적이 가능한 범위에서 비간택 후궁들이 어떤 집안 출신이었으며 어떤 과정을 거쳐 궁중에 들어오게 되었는가를 살펴보기로 한다.

【표 Ⅲ-6】은 태조~성종조 비간택 후궁들의 출신 및 기타 이력 등

【표 Ⅲ-6】 태조~성종조 비간택 후궁의 이력

국왕	후궁봉작명 /본명(目名)	생몰년	입궁 경로	부친	신분	승은 나이 /승은 이유	비고
태조	화의옹주 김씨 /칠점선	?~1428	잠저		김해 관기		
	찬덕 주씨	?~1436(*)	잠저		천인		
정종	성빈 지씨		잠저	지윤	양반규수		
	숙의 지씨		잠저	지윤	양반규수		
	숙의 기씨 /자재	?~1457	잠저	기면	공안부 여종		
	가의궁주 유씨		잠저	유분			반복해의 처(과부)
	기매		잠저		시비		
	숙의 문씨		★				
	숙의 윤씨	1368~1417	★	윤방언	양반규수		
	시의 이씨	?~1443			궁인		
태종	효빈 김씨	?~1454	잠저		중궁전 여종		잠저 시절 시녀 또는 민씨의 家婢
	신빈 신씨	?~1435	잠저	신영귀	중궁전 여종		
	선빈 안씨	?~1468		안의	궁인		
	정빈 고씨	?~1426			궁인		
	숙의 최씨				궁인		
	후궁 김씨				궁인		
	덕숙옹주 이씨	?~1433			궁인		
	후궁 이씨				궁인		
	순혜옹주 장씨	?~1423	잠저	장사길	妓妾女		모친: 福德, 장사길의 妓妾(陝州官婢) 동복형제: 張住, 鄭復周의 繼室
	혜선옹주 홍씨 /가희아				보천 기생	16~17세 /재주(歌舞)	15~16세 입궁 전직: 倡妓
	파독				정숙택주집 여종	미모(*)	이후 궁궐의 시녀가 됨
	서경옹주 /금영		잠저				
세종	영빈 강씨	?~1483(*)			궁인		

	신빈 김씨	1406~1464		김원	내자시 여종	21세(*) /행실	13세로 정식궁녀임 (중궁전 소속 나인)
	혜빈 양씨	?~1455	★	양경	양반규수		
	상침 송씨	1396~1463			궁인		
	숙원 이씨		★				
	사기 차씨	?~1444			연생전 궁인		연생전에 벼락이 떨어져 사망
	숙의 조씨		★		궁인		
문종	사칙 양씨				궁인		
	후궁 장씨				궁인		
세조	근빈 박씨	1425~?	잠저	박팽년	서녀		
	소용 박씨 /덕중	?~1465	잠저		첩		
	숙원 신씨		★	신숙주	서녀		
예종	상궁 기씨	?~1489			궁인		
성종	명빈 김씨		★	김작			
	귀인 정씨 /금이	?~1504	★	정인석	첩녀		
	귀인 엄씨 /은소사	?~1504	★	엄산수	양반규수		
	숙의 하씨		★		궁인		
	숙의 홍씨	1457~1510	★	홍일동	서녀		
	숙용 심씨		★	심말동	첩녀		
	숙용 권씨		★				
	숙원 윤씨	?~1533	★				
	숙의 권씨		★				

(*) 추정 ★ 입궁경로 미확인

을 정리한 것이다. 그러나 구체적인 신원조차 정확하지 않은 실정이므로 이들의 이력은 단편적으로 흩어져 있는 《조선왕조실록》 기사에 의존할 수밖에 없다. 비록 충분한 해답을 찾을 수는 없지만 당시 비간택 후궁들이 어떤 신분에서 어떤 경로와 과정을 지나 궁인과 후궁이 되었는지에 대한 대략적인 추세를 파악할 수 있다고 본다. 단 입궁 경위를 추정할 수 없는 후궁들도 함께 적어 두었다.

(1) 잠저 시절 비첩의 편입

태조~성종조에는 국왕 잠저 시절의 비첩들이 국왕의 즉위와 함께 내관의 직제에 편입되어 후궁이 된 경우가 많다. 이것은 조선 건국 이후 왕위계승과 관련된 변란 등 특수한 정치적 상황으로 말미암은 것이다. 변란을 통해 즉위한 태종과 세조, 적장자 상속의 원칙이 지켜지지 않았던 정종과 세종의 후궁들에게서 이런 사례가 나타난다. 여기에 해당하는 후궁은 태조 2명, 정종 5명, 태종 4명, 세조 2명으로, 조선 초기 비간택 후궁 44명 가운데 13명(29.5%)이었다. 그러나 입궁경로 추정이 불가능한 15명을 감안한다면 더 증가할 것이라 생각된다.

태조는 1392년(태조 1) 7월에 58세의 나이로 왕위에 올랐기 때문에 이미 향처鄕妻와 경처京妻는 물론 첩을 두고 있었다. 태조의 비간택 후궁은 칠점선七點仙과 찬덕 주씨贊德周氏만 확인된다.[127]

숙신옹주淑愼翁主를 낳은 칠점선은 김해 지방의 관기官妓였다. 그녀는 잠저 시절에 이성계의 첩이었다가 태조 즉위 이후에 입궁하여 1398년(태조 7)에 화의옹주和義翁主로 봉작되었다. 찬덕 주씨도 자세한 기록은 없다.[128] 그녀가 낳은 의령옹주宜寧翁主와 혼인한 이등

127 《태조실록》 권13, 태조 7년 1월 7일(을묘); 《세종실록》 권71, 세종 18년 2월 2일(무술).

128 1436년(세종 18) 2월 2일에 同知中樞院事 李宣이 외조모 찬덕 주씨의 3년상을 치루게 해달라는 上言을 살펴보면, 1436년을 기점으로 죽었음을 알 수 있다.

(1379~1457)의 출생연도를 고려해 본다면, 첩이었을 가능성이 높다.

태조의 양위를 받은 정종은 짧은 치세(1398~1400)에 비해 비간택 후궁이 많은 편이다. 그가 42세에 왕위에 올랐던 사실에 비추어 보면, 후궁 대부분은 잠저 시절의 첩이었다. 정종은 왕자녀 15남 8녀를 이들에게서 얻었지만, 재위 중에 그들을 봉작하지는 못했다.

우선 성빈 지씨와 숙의 지씨는 충주 지씨忠州池氏 지윤池奫의 딸로 친자매지간이자, 이성계의 장자 진안대군鎭安大君의 처제들이다.[129] 이들은 정종의 첩이 아니라 둘째 부인이었을 가능성이 높다.[130] 한 가문에서 태조, 정종 양대에 걸쳐 세 명의 자매가 동시에 왕실의 배우자로 선택받았는데, 이러한 삼중 혼인은 조선 왕실에서도 아주 드문 사례에 속한다. 이 당시 연혼관계가 겹겹이 얽힌 이유는, 무인 이성계가 지윤 세력과 연합하여 정권을 장악하려는 의도와 관계가 있다. 지윤과 이성계는 겹사돈 관계였으며, 정종 즉위 뒤에 자매들은 내명부 체제 안에 편입될 수 있었다.

가의궁주嘉懿宮主 유씨柳氏는 전의주부典儀主簿 유분柳芬의 딸로 첫 남편은 반복해潘福海였다.[131] 반복해는 고려 우왕의 의붓아들이며 임견미林堅味의 사위였다.[132] 유씨는 영안대군의 첩이 되기 전에 반복

129 《忠州池氏族譜》 권1~8, 藏 MF 35-4508~9, 3~5쪽.

130 지윤에 관한 논문으로는 이형우의 〈禑王 初期의 政治狀況과 池奫-禑王 3년 3월 이전을 중심으로-〉(《한국사연구》 94, 한국사연구회, 1996)와 太壽敬의 〈혼인관계의 추이를 통해 본 고려 말 이성계의 정치적 성장〉(고려대학교 석사학위논문, 1987)이 있다.

131 가의궁주 유씨의 전남편이 반복해이고 부친이 柳芬이라는 기록(《고려사》 권124, 〈列傳〉 37, 〈폐행〉 2)이 확인되어 《巨濟潘氏大同譜》(湖西出版社, 1976, 1쪽)를 찾아보았지만, '고흥 유씨'라는 정보만을 얻었다. 또한 그녀가 조박의 족매라는 기록이 실록에 보여 《平壤趙氏世譜》(平壤趙氏大宗會, 1997, 76~701쪽)에서 조박의 선대 4대조 범위 안의 인물들을 모두 확인해 보았지만, 찾을 방법이 없었다.

해에게 시집을 갔었다. 1388년(우왕 14) 정월에 반복해가 장인 임견미와 함께 사형을 당하자 영안대군에게 시집온 것이다. 유씨는 영안대군의 첩이라기보다 죽주竹州의 향처였을 가능성이 많다.[133] 그녀는 태종의 동서가 되는 대사헌 조박趙璞의 족매族妹였다. 조선 초기에 자매가 한 남자에게 시집가거나 후궁들의 재혼이 가능하였던 것은, 당시 중첩혼이 가능하고 재혼을 부도덕하게 여기지 않았다는 사실을 보여 주며 또한 이들 집안 간의 관계가 매우 공고하였음을 짐작할 수 있다.

건국 초 정치 흐름에 주도적 역할을 담당했던 태종도 정안대군靖安大君 시절에 기생이나 비첩婢妾 등 첩을 많이 맞아들였다. 우선 잠저 시절, 원경왕후 민씨의 몸종이었던 김씨는 태종의 총애를 얻어 1402년(태종 2)에 경령군敬寧君을 낳았으나,[134] 살아생전에 봉작되지 못하였다. 김씨는 바로 효빈 김씨孝嬪金氏이다.

화산군花山君 장사길張思吉의 기첩妓妾 복덕福德의 딸, 순혜옹주順惠翁主도 태종의 잠저 시절의 첩이었다.[135] 복덕이 합주陜州의 관비官婢였기 때문에 그녀는 천인 신분이다. 그녀의 언니는 판사를 지낸 정원의鄭元義의 아들 정복주鄭復周와 재혼했다. 정복주는 조강지처를 버리고 천인의 딸을 후처로 맞이했다는 죄목으로 서민에 강등되었다.[136] 부친 장사길과 숙부 장사정張思靖은 의주義州 토호세력으로서 이성계

132 《고려사》 권124, 〈열전〉 제37, 〈폐행〉 2, 반복해.

133 지두환, 《정종대왕과 친인척》, 역사문화, 1999, 25쪽.

134 《태종실록》 권30, 태종 15년 12월 15일(무인). "歲在壬午夏五月 閔氏家婢素入宮者有娠 旣三月 出居于外 閔氏置之行廊之房 與其婢三德居 至其年十二月臨産是月十三日朝 以胎動腹始痛 三德以告閔氏 令出置門外砧杵之側 欲其死也 其兄名和尙者憐之 就墻架數椽 覆以苫 僅蔽風日 辰時生子 今元尹裶也."

135 《安東張氏世譜》 安東張氏世譜所, 1933, 27~29쪽.

136 《태종실록》 권12, 태종 6년 12월 19일(갑진).

와 함께 위화도에서 회군하였고, 1392년(태조 1)에 이성계를 추대해 개국 1등공신에 봉해진 왕실 측근세력이었다.[137] 형부 정복주도 나이가 동갑인 태종과 고려 때부터 친분이 있었다. 그러한 가문 배경 덕분에 그녀는 1412년(태종 12)에 봉작되었다. 신영귀辛永貴의 딸 신씨도 정안대군 시절에 원경왕후의 여종이었다가 태종 즉위 이후에 후궁의 직첩에 편입되었다. 슬하에 자녀를 두지 못했던 서경옹주西京翁主 금영金英도 그 행적을 알 수 없지만, 정안대군 시절의 첩이었다는 사실은[138] 확실해 보인다.

세조도 예외는 아니어서 수양대군 시절에 2명의 첩이 있었다. 소용 박씨昭容朴氏 덕중은 환관 송중과 귀성군과의 좋지 못한 행실로 교형을 당하였다.[139] 또 다른 수양대군의 첩은 박팽년朴彭年의 서녀 근빈 박씨였다. 박팽년은 집현전 학자 시절에 세종의 총애를 받았다. 그의 재능을 아끼는 세종은 혜빈 양씨의 아들 영풍군永豊君을 그의 사위로 보냈고, 박팽년의 딸 근빈 박씨를 수양대군의 첩으로 보냈다.

영풍군의 어머니 혜빈 양씨는 정비 소헌왕후가 세상을 떠나자, 원손 단종을 맡아서 길렀을 정도로 궁중의 안주인 행세를 하고 있었다. 따라서 세종과 혜빈 양씨의 주관 아래에 세종과 박팽년 사이에 연이은 겹사돈 관계가 이루어진 것이다. 연산군이 80세의 연로한 근빈 박씨를 항상 불러 기생들과 함께 음악과 춤을 하게 하였다는 점과[140] 창원군(昌原君, 1457~1484)의 출생연도가 세조의 재위 기간(1455~

137 李肯翊, 《(국역)연려실기술》Ⅰ, 1977, 164쪽(《燃藜室記述》 권2, 〈太祖朝名臣〉 〈張思吉〉).

138 《태종실록》 권36, 태종 18년 7월 7일(을묘). "西京翁主金英 乃潛邸時所納 妾稱今人."

139 이 책 제Ⅱ장 1절 3)을 참조.

140 《연산군일기》 권55, 연산군 10년 9월 4일(신묘); 《연산군일기》 권56, 연산

1468)에 근접하고 있음을 고려해 본다면, 수양대군 시절에 승은을 입었을 것이라 생각된다. 이와 같이 왕실과 이들 집안은 국왕과 개인적으로 친밀한 관계를 맺고 있었고, 왕실과 중첩된 혼인관계를 맺고 있었다. 이로 인해 그녀들의 집안은 국왕의 첩이었던 사적 지위가 살아 있을 때에 공적인 내명부 체제로 편입되는 데 유리하게 작용되었다.

(2) 승은을 입은 궁인의 승봉

궁녀 등의 신분으로 입궁했다가 왕의 승은을 입어 후궁이 된 경우에는 조선 초기 비간택 후궁 44명 가운데에 16명(36.3%)이며, 정종 1명, 태종 8명, 세종 4명, 문종 2명, 예종 1명의 후궁들이 여기에 포함된다.

태조 이성계는 왕위에 올랐을 때의 나이가 환갑에 가까운 노인인데다가 치세 기간(1392~1398)이 짧았기 때문에 비간택 후궁을 두지 않았다. 정종도 2년 2개월 동안의 짧은 재위 기간 때문에, 상왕으로 물러나 있었을 때에 2명의 후궁을 총애하였을 뿐이다.

숙의 기씨는 본명이 자재自在로, 원래 공안부恭安府의 여종이었다. 공안부는 1400년(정종 2) 11월, 상왕으로 물러난 정종을 위해 태종이 설치한 관부이다. 상왕 정종의 총애를 입어 5남 3녀를 낳았으나, 정종이 상왕으로 물러나 있던 1409년(태종 9)에 겨우 양인으로 방면되었을 뿐이다.[141] 상왕 시절에 정종은 시의 이씨侍儀李氏[142]를 총애하였

군 10년 11월 17일(계묘).

141 《태종실록》 권17, 태종 9년 4월 7일(기묘).

142 정종의 후궁 淑儀李氏는 《璿源系譜紀略》에 '시의 이씨'로 표기되어 있는데, '시의'라는 의미를 알 수 없으나, '侍'에 의미를 두어 정종을 가까이서 모시던 궁인이었을 것으로 추측된다.

는데, 진남군(鎭南君, 1406~1470)의 출생연도를 감안한다면, 이 범주에 해당된다.

중년의 나이에 왕위에 오른 태종은 집권 초기부터 여러 명의 궁인을 두었다.[143] 원경왕후의 모친 송씨가 '궁빈이 너무 많아 점점 두렵다'고 한 말이나 내사사인內書舍人 이지직李之直 등이 '성색聲色을 좋아한다'는 상소를 통해 보더라도[144] 태종과 궁녀들의 관계가 많았던 모양이다. 가희아可喜兒와 파독波獨은 그 좋은 예이다. 가희아는 15~16살 된 보천甫川의 창기倡妓였다. 1412년(태종 12)에 태종의 후궁 명빈전明嬪殿 김구덕의 딸의 시녀로 뽑혀 거문고, 비파, 가무 등을 배웠다.[145] 두 달 뒤인 1413년 1월에 빼어난 미모와 탁월한 춤과 노래의 재능을 인정받아 태종의 총애를 입고[146] 1414년에 혜선옹주惠善翁主로 봉작되었다.[147]

파독은 정숙택주靜淑宅主 권씨權氏의 가비家婢였다. 정숙택주 권씨 집안은 부원군 민제閔霽의 집과 친분관계가 있었는데, 매번 교류할 때마다 파독을 시켜 심부름 보내게 되면서 궁궐의 시녀가 되었고 태종의 눈에 띄었을 것이라 추측된다. 정숙택주는 판후덕부사判厚德府事 권수權脩의 아내이자 길창군吉昌君 권적權適의 딸로, 1414년(태종 14)

143 《태종실록》 권2, 태종 1년 7월 1일(무자). "黜靜妃殿侍女宦官等二十餘人 靜妃以上御宮人憤恚 詰所御者 上怒而黜之."

144 《태종실록》 권3, 태종 2년 3월 7일(경인); 《태종실록》 권3, 태종 2년 4월 1일(계축).

145 《태종실록》 권24, 태종 12년 10월 28일(경진).

146 明嬪殿의 시녀로 충당된 창기 6인(三月, 可喜兒, 玉洞仙 등) 중에서 琴·瑟·歌舞에 뛰어난 이는 玉洞仙이었다. 그러나 기생 可喜兒의 청에 따라 한성부의 관리들이 쓰던 依幕을 하사한 것으로 보아, 이때 可喜兒는 태종의 승은을 입었고, 미모를 겸비한 여성이라 생각된다(《태종실록》 권25, 태종 13년 1월 7일(정해).

147 《태종실록》 권27, 태종 14년 1월 13일(무자).

6월에 파독을 태종에게 보내는 댓가로 노비 3구를 하사받았다.[148]

세종은 충령대군忠寧大君 시절에 총애했던 첩이 없었다. 그의 비간택 후궁은 대부분 재위 기간(1418~1450)에 사랑했던 궁인 출신들이었다. 내자시內資寺 여종이었던 신빈 김씨愼嬪金氏[149]는 천한 신분에서 빈에 오른 여성이다. 그녀는 세종 즉위년인 나이 13살에 원경왕후에게 정식 궁녀로 뽑혔다가 중궁전 소헌왕후 소속 나인이 되었다.[150]

세종과 신빈 김씨의 만남은 계양군桂陽君이 태어난 1427년(세종 9) 8월 12일 시점으로 적어도 1년 전에 승은을 입었다고 추측된다. 1427년에서 1439년(세종 21)까지 12년 동안 무려 6남, 계양군, 의창군義昌君, 밀성군密城君, 익현군翼峴君, 영해군寧海君, 담양군潭陽君과 2녀(요절)를 낳았던 만큼[151] 그녀는 세종의 사랑을 독차지했다.

무엇보다 그녀는 1427년(세종 9) 이후 7년 만인 1434년(세종 16)에 소헌왕후가 낳은 막내아들 영응대군永膺大君의 양육까지 맡았을 정도로 왕비와의 관계도 원만했다. 이처럼 왕실에 지대한 공적을 세운 그녀는 한때 소헌왕후가 세상을 떠난 뒤에는 궁중의 주도권을 장악하기도 했다. 이는 장남 계양군이 한확의 둘째 딸과 혼인하면서 세조의 측근 세력이 되고,[152] 좌익 1등 공신에 책봉된 사실과 무관하지 않다고 본다.

---

148 《태종실록》 권27, 태종 14년 6월 1일(임인). "賜靜淑宅主權氏奴婢三口 初權氏家婢波獨龕緣府院君閔霽之第 入殿內爲侍女 上幸之 欲以他奴婢換給."

149 愼嬪金氏 墓碑銘(경기도 화성시 南陽洞 소재)에 보면, 그녀는 淸州金氏로, 아버지 첨지중추원사 金元과 어머니 朔寧高氏의 딸로 기재(嬪僉知中樞元事諱元之女 籍淸州 母高氏籍朔寧 以永樂四年丙戌七月十二日生嬪)되어 있으나, 《淸州金氏世譜》(藏 MF 35-3846)에는 부친 金元의 존재를 확인할 방법이 없다.

150 《세종실록》 권84, 세종 21년 1월 27일(병오). "上謂都承旨金墩曰 昭儀本內資寺婢也 歲在戊戌 予初卽位 母后選入中宮 時年十三歲."

151 《세종실록》 권84, 세종 21년 1월 27일(병오). "昭儀生六男二女 女皆死 男皆存."

152 《(국역)국조인물고》 30, 세종대왕기념사업회, 2006, 225쪽.

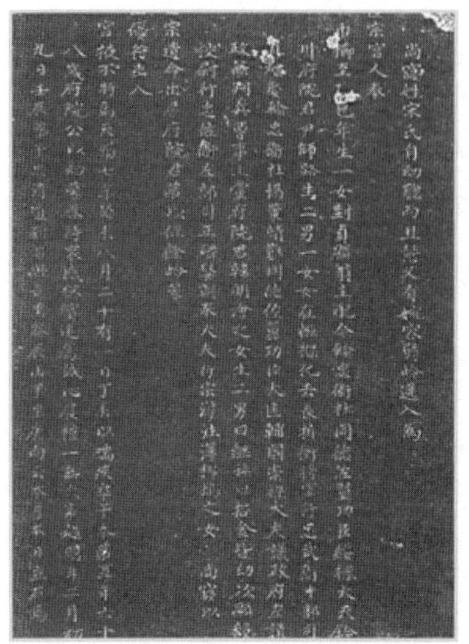

【도판 Ⅲ-3】 상침 송씨의 비문(온양문화원 소장)과 무덤(충청남도 아산시 도고면 오암리 소재, 오른쪽)
상침 송씨는 세종의 후궁이자 정현옹주의 어머니이다. 상침의 궁관직에 있었던 것으로 보아 세종의 의복과 식사를 담당한 정5품 궁관이었던 것으로 추정된다.

신빈 김씨처럼 출신이 미천하지만 빈에까지 오른 여성이 있었던 반면 세종의 후궁 중에는 후궁봉작조차 받지 못하고 궁관에 머문 여성들이 있었다. 궁인이었던 상침 송씨尙寢宋氏와 사기 차씨司記車氏가 그 예이다. 상침 송씨는 사위 윤사로(尹師路, 1423~1463)의 출생연도와 세종의 재위 기간(1418~1450)을 고려한다면, 궁인 시절에 총애를 입었다. 사기 차씨의 경우에도 1431년(세종 13)에 2살인 왕녀가 죽었으므로[153] 세종 즉위 이후에 사랑을 받은 궁녀였다.

원래 그녀는 연생전延生殿의 궁인이었다. 연생전은 왕의 침전인 강녕전康寧殿 동쪽에 있는 건물로, 세종이 이 기간에 경복궁에 이어하고 있었기 때문에[154] 강녕전 가까이에서 문서 수발을 맡고 있던 차

153 《세종실록》 권53, 세종 13년 7월 6일(무진).

154 세종의 이어 기간을 살펴보면, 1429년(세종 11) 4월 4일에서 1431년(세종 13) 8월 16일(865일간)까지 경복궁에서 이어하였다(羅榮勳, 〈조선초기 昌德

씨를 총애한 것으로 보인다. 그러나 그녀 소생 왕녀가 일찍 죽었고 벼락을 맞아 죽는 일이 생겨[155] 더 이상 내관의 품계에 승급되지 못하였다. 영빈 강씨令嬪姜氏의 경우에도 1425년(세종 7) 9월에 궁인의 신분에서 세종의 서1남 화의군和義君을 낳았다는 사실[156]에서 한미한 여성에서 신분 상승이 이루어진 경우라고 생각된다.

후궁의 봉작을 받지 못한 경우가 문종의 후궁 사칙 양씨司則楊氏와 궁인 장씨張氏에서도 나타난다. 이들은 문종의 동궁 시절에 왕자녀를 생산하였지만,[157] 내관직으로 승봉되지 못하였다. 37세에 등극한 문종은 2년 4개월이라는 짧은 재임 기간(1451~1453)뿐만 아니라 현덕왕후의 사후 12년 동안 정실부인이 없었던 유일한 왕이다.[158] 그의 아들 단종도 재위 기간이 짧았기 때문에 승은 후궁을 두지 못했고, 예종은 단명하여 1489년(성종 20)에 죽은 상궁 기씨奇氏의 기사만이 보일 뿐이다.[159]

宮의 경영과 위상 변화〉, 한국학중앙연구원 한국학대학원 석사학위논문, 2011, 부록2 왕대별 이어 현황).

155 《세종실록》 권105, 세종 26년 7월 10일(정사).

156 《세종실록》 권29, 세종 7년 9월 5일(신축).

157 《세종실록》 권112, 세종 28년 6월 6일(임인). "司則楊氏生一女 宮人張氏生一男."

158 그러한 이유로 영·정조 연간에 문종에게 '恭嬪崔氏'라는 繼嬪이 있었다는 상소가 올라 영조는 춘추관으로 하여금 실록을 꼼꼼히 조사하게 하였다. 결과는 문종에게 '공빈 최씨'라는 후궁은 존재하지 않았으며 최씨 족보에 기록된 '공빈'은 잘못된 것임이 밝혀지면서 해프닝으로 끝나고 말았다. 그에 관한 실록기사는 《영조실록》 권66, 영조 23년 12월 16일(임신), 《영조실록》 권66, 영조 23년 12월 17일(계유), 《영조실록》 권66, 영조 23년 12월 21일(정축), 《영조실록》 권81, 영조 30년 1월 23일(계유), 《정조실록》 권32, 정조 15년 3월 9일(계미), 《정조실록》 권32, 정조 15년 3월 16일(계미) 등이다.

159 《성종실록》 권226, 성종 20년 3월 16일(갑술).

(3) 양반가 서녀 출신 및 기타

태조~성종조 후궁 가운데에서 입궁 기사가 남아 있지 않아 어떤 경로로 후궁이 되었는지를 추정할 수 없는 여성들이 존재한다.[160] 예컨대 세종의 후궁 숙원 이씨[161]와 숙의 조씨[162]처럼 단편적인 기사만이 보일 뿐이다. 성관姓貫을 비롯한 신상정보를 확인할 수 없는 후궁일 경우 대체로 한미한 집안의 궁녀 출신이 승은을 입고 후궁이 된 여성이었음은 당연하다. 그러나 이들 가운데에 전현직 관료 가문의 딸들도 존재하여 현재로서는 정상적인 추론이 불가능하다.

세조의 후궁 숙원 신씨는 친세조파 신숙주의 서녀이다.[163] 신숙주와 수양대군의 유대 관계는 1452년(문종 2)에 사은사謝恩使 수양대군이 명나라에 갈 때, 그를 서장관에 추천한 시점에서부터 시작된다. 이러한 인연으로 신숙주는 1453년(단종 1) 수양대군과 계유정란에 참가하여 수충협책정난공신輸忠協策靖難功臣 2등에 책훈되었고, 도승지에 올랐다. 장남 신주申澍는 세조의 측근세력인 상당부원군 한명회의 딸과 혼인하였다. 이로써 이들 세 사람은 사돈 간이 되었다. 신숙주가 자신의 아들과 딸을 한명회와 세조에게 보낸 사실은 세 사람의 정치적 결탁과 무관하지 않다고 본다.

성종의 후궁 중에도 양반가의 서녀들이 후궁으로 된 경우가 있는

---

160 이 책 제Ⅲ장 2절 1)의 【표 Ⅲ-6】을 참조.

161 沈漹〔貞安翁主의 아들〕의 외조모 숙원 이씨(《성종실록》 권241, 성종 21년 6월 7일(무자)와 숙의 이씨(《선조수정실록》 권25, 선조 24년 5월 1일(을축)가 同名異人인지의 여부를 알 수 없다. 이 책에서는 1명으로 통계 처리하였다.

162 《세조실록》 권8, 세조 3년 7월 10일(신미). "世宗宮人曺淑儀父死 賜賻米豆并二十石紙一百卷棺槨."

163 《(국역)국조인물고》 12, 세종대왕기념사업회, 2002, 161쪽. "公之側室 男女各一 男曰潔 女選入掖庭."

데, 귀인 정씨와 숙용 심씨가 그 좋은 예이다. 정씨의 부친 정인석鄭仁碩과 심씨의 부친 심말동沈末同은 첩의 아들이었다.[164] 이 때문에 정씨와 심씨는 모두 비간택 후궁일 가능성이 높다. 1488년(성종 19)에 귀인 정씨의 동생을 양인으로 허통한다거나,[165] 노적奴籍에 올려 있는 심말동이 원종공신이 되어 노비 신분에서 양인이 되었다는 기사 내용은[166] 미천한 신분이었음을 뒷받침해 준다.

그러나 심말동은 심덕부의 손자이자 소헌왕후 심씨와는 사촌지간이다. 세조의 측근으로서 공로가 인정되어 자신의 영달은 물론 아들 심계손沈繼孫에게까지 이어짐으로써 심계손 역시 양인이 되었다.[167] 숙의 홍씨의 경우에도 홍일동洪逸童의 서녀였다. 홍일동은 1455년(세조 1) 주부로 재직 중 원종공신 2등에 책록된 세조의 측근세력이었다.

성종의 후궁 명빈 김씨의 집안도 세조의 측근이었다. 그녀는 김작金碏의 딸로 숙부는 김질金礩이다. 김질은 성삼문, 박팽년 등과 함께 단종 복위를 계획했으나, 변절하여 1456년(단종 3) 장인 정창손鄭昌孫과 함께 세조의 동조 세력이 된 인물이다. 이후 세조의 두터운 신임을 받아 좌익 3등 공신과 좌의정에 봉해지고 영의정 한명회, 신숙주 등과 함께 이른바 원상院相 세력을 형성하게 되었다. 상기 이 집안들이 국왕의 측근세력이었던 점을 고려해 본다면, 명문대가의 서녀였던 이들은 추천 또는 진헌되었을 것이다.

---

164 鄭仁碩의 부친 鄭發은 鄭允愼, 鄭允恪, 鄭允福, 鄭允忕, 鄭允懽, 辛繼祖(1녀), 沈璿(2녀)과 庶子 鄭仁碩과 庶女 李鐵杖을 두었으며(《草溪鄭氏千戶長公派族譜》 권1, 藏 MF 35-4470, 1~5쪽), 沈末同은 《靑松沈氏波譜》 1(藏 MF 35-9333~35, 天~露쪽)에 庶子로 기록되어 있다. 실록(《성종실록》 권68, 성종 7년 6월 17일(무자)에서 沈末同은 沈泟의 첩자이고, 그의 妻는 李義倫이 버린 婢妾의 손녀였다는 사실이 있어서, 숙용 심씨가 첩녀였음이 확실해 보인다.

165 《성종실록》 권220, 성종 19년 9월 18일(무인).

166 《세조실록》 권5, 세조 2년 8월 13일(경술).

167 《세조실록》 권56, 세조 6년 6월 23일(경자).

명문대가의 서녀가 아닌 정종의 후궁 숙의 윤씨[168]의 경우에도 그녀의 신상 정보를 실록에서 찾을 수 없다. 그러나 그녀는 대사헌 윤방언尹邦彦의 맏딸이었다.[169] 소생 수도군守道君이 정종의 서7남으로 태어나 서6남 진남군(鎭南君, 1406~1470)의 이복동생이라는 점을 감안한다면, 정종이 상왕에 물러나 있을 때에 맞아들였을 것이다.

세종의 세 왕자를 낳은 혜빈 양씨惠嬪楊氏의 경우에도 관료 가문의 딸이었다.[170] 부친 양경楊景은 도첨의찬성사都僉議贊成事 양지수楊之壽의 손자이자 정렬공貞烈公 최윤덕崔潤德과는 사촌 간이다.[171] 양경의 동생이자 양씨의 숙부 양후楊厚는 학식과 행정적 수완도 없었지만, 혜빈 양씨의 친척인 까닭으로 고관직에 올랐다.[172]

사실 혜빈 양씨는 단종의 보모 역할과 내정 주관은 물론,[173] 단종이 왕위에 오르자 내명부의 어른으로서 국상 중에 단종의 가례를 성사시켰다. 이후에도 그녀는 수양대군과 대립하여 1455년(단종 3)에 끝내 교수형을 당하였는데, 이는 일정 정도 그녀의 가문 배경이 뒷받침되었을 것이라 생각된다. 그녀의 세 아들 한남군(漢南君, 1429~1459), 수춘군(壽春君, 1431~1455), 영풍군(永豐君, 1434~1457)의 출생연도와 세종의 재위 기간(1418~1450)을 고려해 보면, 세종의 재위 시기에 입궁한 여성이었다. 이처럼 자료적 한계로 말미암아 이들이 어

---

168 《조선왕조실록》에 숙의 윤씨에 대한 기록이 없으나, 《全州李氏守道君派文獻錄》에 따르면, "恭靖大王後宮海平尹氏墓在後左側五十步許 卽邦彦女 而君主母也"라는 글귀가 있고, 현재 淑儀尹氏墓(경기도 고양시 梧琴洞 소재) 주변에 仁川翁主의 묘가 가까운 위치에 있음을 守道君宗親會의 도움으로 확인하였다.

169 尹判求, 《海平尹氏大同譜》 1, 海平尹氏大同譜刊行委員會, 2005, 1쪽.

170 洪直弼, 《梅山文集》 권51, 〈愍貞嬪楊氏傳〉, 국학자료원, 1989, 37~38쪽; 최완수, 《조선왕조 충의열전》, 돌베개, 1998.

171 楊春植, 《淸州楊氏世譜》, 1929, 天~宇쪽.

172 《세종실록》 권113, 세종 28년 8월 10일(을사).

173 《문종실록》 권13, 문종 2년 5월 14일(병오).

떤 경로로 입궁하였는지는 알 수 없지만, 세조의 공신세력들이 자신의 시녀들을 진헌한 것이라 생각한다.

정리해 보면, 태조~성종조의 비간택 후궁들은 잠저 시절의 비첩들이 국왕의 즉위와 함께 직제에 편입되거나, 국왕의 승은을 입은 궁녀가 후궁이 되었다. 단 자료의 미비로 단정하기는 어렵지만, 명문대가의 서녀 또는 양반가의 규수가 추천 또는 진헌되어 후궁이 되었을 가능성도 배제할 수 없다. 이 시기는 변란을 이끈 대군들이 잠저 시절의 첩들을 봉작체제 안으로 편입시킨 결과, 관기官妓, 시비侍婢, 관비官婢, 사비私婢 등의 노비 출신과 사대부가의 과부 및 첩녀 등 다양한 출신의 여성들이 후궁이 될 수 있었다. 이러한 현상은 이 시기 비간택 후궁의 가장 큰 특징이라고 할 수 있는데, 당시 유교의 명분론적 법체제가 미비하였기 때문이다.

2) 작위와 승급 부여의 특징

유교를 신봉한 조선사회는 국왕의 정처인 왕비만이 부부의 예를 행할 수 있었다. 왕비는 남편인 왕의 즉위와 함께 책봉되어 막강한 권력과 지위를 보장받았다. 간택 후궁은 왕비처럼 합법적인 예의 절차를 거쳐 책봉되지만, 왕비의 위상에는 결코 미칠 수 없었다. 그러나 후궁 간택은 종묘사직의 대계를 위한 것이었으므로 국가에서는 그들에게 각별한 대우를 해 주었다.

후궁들은 내명부에 소속되어 작위를 받았다. 《경국대전》 〈이전〉에 따르면, 국왕의 후궁은 이조 고훈사考勳司에서 발급하는 빈(정1), 귀인(종1), 소의(정2), 숙의(종2), 소용(정3), 숙용(종3), 소원(정4), 숙원(종4)에 봉작되었고, 세자의 잉첩은 양제(종2), 양원(종3), 승휘(종4), 소훈(종5)에 봉작되었다. 이처럼 내명부 체제 안에 후궁들을 편입시킨 것은, 이 제도가 권력과 부, 그리고 명예를 확보하는 데 필요한 발판이자, 권력을 행사하고 부를 축적·유지하면서 더욱 나은 명예를 실현하기 위한 주요한 수단이기 때문이다.[174]

【표 Ⅲ-7】을 보면 태조~성종조 비간택 후궁의 승급은 1428년(세종 10) 전후를 기점으로 두 가지 형태로 나타난다. 첫째, 1428년 내관체제가 마련되기 이전에는 옹주 또는 궁주의 작위가 부여되었다. 이 작위를 받은 여성들은 태조~태종조의 후궁들이었다. 이들은 잠저 시절의 첩에서 후궁이 된 여성인데, 대체로 첩 → 옹주 → 궁주순으로 승봉되었다. 그러나 현왕 때의 작위 한계선은 옹주까지였고, 궁주의 작위는 후왕 때에 수여되었다. 예컨대, 태조의 후궁인 칠점선은 사저 시절에 이성계의 첩이었다가 태조 즉위 이후인 1398년(태조 7)에 화의옹주에 봉작되었다. 숙신옹주의 탄생을 고려한 것이다. 정종 잠저 시절의 첩이었던 가의궁주 유씨도 정종이 즉위한 직후에 가의옹주에 봉작되었고, 후왕 때인 태종 초반쯤에 가의궁주로 진봉되었다.[175]

태종의 후궁 신빈 신씨의 경우에도 첩이었다가, 1414년(태종 14) 1월에 신녕옹주에 봉해졌다. 이후 후왕인 세종이 그녀를 신녕궁주로 승봉하였다. 왕실자녀를 많이 낳았고 노쇠한 태종의 병환을 간호하였으며,[176] 원경왕후의 승하 후에 내명부의 모든 내사內事를 담당한 공로를 인정한 것이다.[177] 태종은 화산군 장사길의 기첩 복덕의 딸을 즉위 이후에 입궁시켰지만, 왕자녀 출산 등의 뚜렷한 공적이 없었기 때문에 오랫동안 봉작하지 않았다가 1412년(태종 12)에서야 겨우 순

174 C.W. 밀스著·진덕규譯, 《파워엘리트》, 한길사, 1979, 23쪽.

175 《태조실록》 권15, 태조 7년 11월 7일(기묘); 《태종실록》 권18, 태종 9년 10월 27일(을축).

176 《세종실록》 권15, 세종 4년 2월 20일(정미).

177 《세종실록》 권16, 세종 4년 4월 4일(경인).

【표 Ⅲ-7】 비간택 후궁의 봉작과 지위 변화

국왕	후궁	후궁의 지위 변화		전거
		전·현왕 시기	후왕 시기	
태조	화의옹주 김씨	첩 → 화의옹주(태조 7: 1. 7)		
	찬덕 주씨			세종 18: 2. 2(무술)
정종	성빈 지씨	첩(우왕 3)	성빈(?)	
	숙의 지씨	첩(우왕 3)	숙의(?)	
	숙의 기씨	첩(?)	良免(태종 9: 4. 7) → 숙의(?)	
	가의궁주 유씨	첩(?) → 가의옹주(태조 7: 11. 7)	가의궁주(태종 9: 10. 27 이전)	
	기매	첩(?)	출궁(태종 17: 8. 8)	
	숙의 문씨			《선원계보기략》
	숙의 윤씨			《수도군파문헌록》
	시의 이씨			세종 25: 10. 2(계미)
태종	효빈 김씨	첩(?) → 효순궁주(태종 1)	효빈(고종 9: 12. 1)	《승정원일기》
	신빈 신씨	첩(?) → 신령옹주(태종 14: 1. 13)	신령궁주(세종 4: 2. 20) → 신빈(고종 9: 12. 1)	
	선빈 안씨	입궁(?)	숙선옹주(세종 3: 5. 11) → 선빈(고종 9: 12. 1)	
	정빈 고씨			태종 18: 11. 8(갑인)
	숙의 최씨		숙의(?)	태종 18: 11. 8(갑인) 세조 11: 7. 7(임자)
	후궁 김씨			태종 18: 11. 8(갑인)
	덕숙옹주 이씨	입궁(?) → 덕숙옹주(태종 7: 11. 2)	출궁(세종 15: 윤8. 6 이전)	
	후궁 이씨			태종 18: 11. 8(갑인)
	순혜옹주 장씨	첩(?) → 순혜옹주(태종 12: 10. 29)		
	혜선옹주 홍씨	첩(?) → 혜선옹주(태종 14: 1. 13)		
	파독	입궁(태종 14: 6. 1)		
	서경옹주 금영			태종 18: 7. 7(을묘)
세종	영빈 강씨			성종 14: 1. 20(계축)
	신빈 김씨	입궁(세종 즉위) → 소용(세종 10) → 숙의(세종 14) → 소의(세종		〈신빈김씨 묘비명〉

		15) → 귀인(세종 21: 1. 27) → 신빈(세종 29)		
	혜빈 양씨	귀인(세종 27: 12. 1 이전)	혜빈(세조 1: 윤 6. 11 이전) → 청풍 귀양(세조 1: 윤6. 11) → 사사(세조 1: 11. 9) → 복작(숙종 38: 4. 28)	
	상침 송씨			《선원계보기략》
	숙원 이씨			성종 21: 6. 7(무자)
	사기 차씨			세종 13: 7. 6(무진) 세종 26: 7. 10(정사)
	숙의 조씨			세조 3: 7. 10(신미) 단종 2: 4. 17(무술)
문종	사칙 양씨			세종 28: 6. 6(임인) 문종 2: 9. 1(경인) 단종 즉위: 9. 1(경인)
	궁인 장씨			세종 28: 6. 6(임인)
세조	근빈 박씨	숙의(세조 4 이전)	귀인(예종 즉위: 9. 22) → 근빈(성종 14: 6. 15)	
	소용 박씨	소용(세조 즉위) → 방자(?) → 교형(세조 11: 9. 5)		세조 9: 11. 24(무인) 세조 11: 9. 4(무신)
	숙원 신씨			《국조인물고》
예종	후궁 기씨			성종 20: 3. 16(갑술)
성종	명빈 김씨	숙원(성종 25 이전)	소의(연산군 3: 1. 12 이전) → 숙용(중종 10: 1. 18 이전) → 명빈(고종 29)	
	귀인 정씨	소용(성종 8: 3. 29 이전)	소의(?) → 사사(연산군 10: 3. 20) → 서인(연산군 10: 3. 26) → 복작(중종 1: 10. 27) → 귀인(중종 1: 11. 11 이전)	
	귀인 엄씨	숙의(성종 8: 3. 29 이전)	소의(?) → 사사(연산군 10: 3. 20) → 서인(연산군 10: 3. 26) → 복작(중종 1: 10. 27) → 귀인(?)	
	숙의 하씨	숙원(성종 25 이전)	숙의(?)	〈성종대왕묘지〉
	숙의 홍씨	숙원(성종 14: 6. 12 이전) → 숙용(성종 25 이전)	소용(연산군 11: 4. 27) → 숙의(?) → 복작(중종 1: 9. 2)	
	숙용 심씨	숙원(성종 24: 4. 14 이전)	숙용(?)	
	숙용 권씨	숙원(성종 25: 12. 24)	숙용(?)	〈성종대왕묘지〉

숙원 윤씨			중종 28: 11. 5(계묘)
숙의 권씨			〈성종대왕묘지〉

혜옹주에 봉작하였다.[178]

한편 주씨의 경우 미천한 신분이었으나,[179] 궁관 3품인 찬덕에 봉작되었다. 1405년(태종 5)에 개정된 여관 체제를 따른 것이나, 한시적인 법 시행이었다. 그러나 그녀는 의령옹주를 출산하였기 때문에 양반규수인 김원호의 딸 및 원상의 딸과는 다르게 현왕 때에 진봉된 것으로 보인다. 이를 통해 보면, 조선 초기에는 아직 법체제가 갖추어지지 않았기 때문에 명문대가 규수라도 해도 봉작되지 못할 수도 있었고, 미천한 출신이라도 봉작될 수가 있었다.

궁인이 국왕의 총애를 입고 후궁이 되었을 경우에도 봉작은 옹주의 작위가 한계선이었던 것으로 보인다. 예컨대 태종의 후궁 선빈 안씨는 검교한성윤檢校漢城尹 안의安義의 딸로 현왕 때에 봉작받지 못하다가, 1421년(세종 3)에야 비로소 숙선옹주淑善翁主에 봉해졌다.[180] 후령군의 모친 이씨는 현왕인 1407년(태종 7)에 덕숙옹주德淑翁主로 승봉되었다.[181] 보천 기생 가희아는 창기였지만 입궁하여 태종의 총애를 입고 1414년(태종 14)에 혜선옹주惠善翁主가 되었다.[182] 이와 같이 옹주 → 궁주 체제는 1428년(세종 10) 이전의 일시적인 시행이었으며, 이후 법 개정이 이루어진 후부터 이 명호는 소멸되었다.

178 《태종실록》 권24, 태종 12년 10월 29일(신사).

179 《세종실록》 권3, 세종 1년 2월 20일(을미). "宣旨 李登之子宣 太祖愛甥也 其母雖賤 爲吾妹也 吾亦憐愛之 曾與前知平州事平得邦約婚 得邦許之 今乃辭以家貧 其下得邦于義禁府獄 鞫問其由."

180 《세종실록》 권12, 세종 3년 5월 11일(임신).

181 《태종실록》 권14, 태종 7년 11월 2일(임자).

182 《태종실록》 권27, 태종 14년 1월 13일(무자).

두 번째 형태는 1428년 이후에 개정된 내명부 작위이다. 그 작위의 한계선은 현왕 때에 종2품 숙의 이하까지였다. 다시 말해 내명부 작위 3품과 4품은 비간택 후궁의 작위용이라고 말할 수 있다. 실제로 〈영빈행장〉에 따르면, '예부터 후궁이 처음 받은 벼슬은 숙용, 소용, 숙원, 소원이 자체로 등급이 있다'[183]고 한 사실에서 확인된다. 예컨대 연산군의 장녹수는 숙원을 거쳐 숙용에 봉작되었고,[184] 전전비田田非도 숙원에서 숙용으로 봉작되었다.[185]

그러나 이러한 승봉 체제에 예외인 경우가 있었다. 바로 세종의 후궁 신빈 김씨(1406~1464)이다. 김씨는 내자시 여종이었다. 그녀는 1418년(세종 즉위) 나이 13세에 궁인으로 뽑혀서 1428년(세종 10) 23세에 소용을 시작으로 1432년(세종 14) 27세에 숙의로, 1433년 28세에 소의로, 1439년(세종 21) 34세에 귀인으로,[186] 1447년(세종 19) 42세에 신빈으로 거듭 승급되었다.[187] 다음 인용문은 소의 김씨의 신분이 미천하지만, 국왕의 의지에 따라 정1품 빈에까지 승격될 수 있음을 보여 주는 대목이다.

> 소의는 본래 내자시 여종이었다. 무술년(1418)에 내가 처음 즉위하였을 때에 모후께서 뽑아 중궁으로 보내셨는데, 그때 나이 13세였다. 천성이 부드럽고 아름다워 양궁(兩宮, 대비와 왕비)을 섬기는 데 오직 근신함으로, 중궁

---

183 한국학중앙연구원 출판부, 〈영빈행장〉, 앞의 책, 2011, 78~83쪽.

184 《연산군일기》 권47, 연산군 8년 11월 25일(갑오).

185 《연산군일기》 권57, 연산군 11년 4월 18일(계유).

186 《세종실록》 권84, 세종 21년 1월 27일(병오).

187 〈愼嬪金氏墓碑銘〉(경기도 화성시 南陽洞 소재). "年十三選入內 事世宗莊憲大王 小心寅畏 毘贊壼政 由是眷遇日隆 宣德三年爵昭容 七年陞淑儀 八年加昭儀 正統四年命僞貴人 十二年册愼嬪 世宗晏駕 祝髮受具戒 別居慈壽宮 天順八年甲申秋寢疾 上親閱方品醫藥備 至九月初四日 卒于正室 春秋五十九 上震悼輟朝 命有司庀喪具 恩賻有加 以其年十二月初六日 禮葬于南陽府治里日銀城原日寅坐申向之原."

이 매사를 위임하고 막내아들을 기르게 하였다. 성품이 만약 근신하지 않았더면 중궁이 하필 소생 아들을 기르게 하였겠느냐. 소의가 6남 2녀를 낳았으나 딸은 다 죽고 아들은 모두 살았는데, 점쟁이들의 말을 비록 믿을 수는 없지만, 모두가 말하기를, '여섯 아들이 다 장수할 것이다'고 하였다 하니, 내가 정궁에 아들이 많으니 소의의 자식을 자랑할 것은 없지만, 그러나 여섯 아들이 다 오래 산다는 것은 사람으로는 할 수 없는 것이요, 실로 하늘이 시켜서 그러한 것이니 또한 소의의 명命은 귀한 것이다.

고금에 궁인의 세계世系는 본래 귀천이 없는 것이었다. 노래하던 아이가 궁중에 들어온 사람도 있었고 일찍이 남을 섬기다가 궁중에 들어온 자도 있었다. 지금 소의의 계보는 비록 천하지만 나이 겨우 13세에 궁중에 들어왔으니 일신의 부덕婦德은 바른 것이었다. 그 양가良家의 여자가 계보는 비록 귀하지만 여자의 행실을 잃은 자와는 함께 말할 수 없는 것이다. 내가 빈嬪이나 귀인으로 승격시키고자 하니 어떻겠는가."[188]

위 사료는 세종이 도승지 김돈金墩에게 소의 김씨를 빈으로 승격시킬 수 있는지를 묻는 내용이다. 이때 도승지 김돈과 우의정 신개申槩는 그녀를 우선 귀인에 승봉한 다음에 빈에 올리는 것이 좋겠다고 하였다. 이처럼 신빈 김씨는 타고난 성품뿐만 아니라 왕실 어른들을 잘 섬기고 6남 2녀를 낳았다는 공로로 세종의 신임을 받았던 것이다. 더구나 소헌왕후의 막내아들 영응대군을 잘 양육하는 등 왕실에 대한 지대한 공로로 빈에까지 승격되었다.[189] 이는 이 시기에 매우 드문 경우이다.

188 《세종실록》 권84, 세종 21년 1월 27일(병오).

189 신빈 김씨는 안평대군이 탄생하던 때인 1418년(세종 즉위) 9월 19일 전후에 입궁하여 겨우 한 살 터울로 아우를 보아 모후의 품을 떠나야 했던 수양대군을 키웠다. 결국 이런 관계는 수양대군과 끝까지 밀착되어 안평대군을 몰아낼 때 그의 소생 아들들과 영응대군까지도 수양 편에 서게 하였다(최완수, 앞의 책, 1998, 204쪽).

【도판 Ⅲ-4】 신빈 김씨의 묘역(경기도 화성시 소재)과 경모단(경기도 고양시 소재, 오른쪽)
신빈 김씨는 세종의 후궁으로, 원래 노비 출신이었다. 묘 주변에는 1465년(세조 11)에 세운 묘갈과 묘비, 문인석, 장명석 등이 조성되었다(경기도 기념물 제153호). 경모단은 혜빈 양씨의 신단이다. 혜빈 양씨는 세종의 후궁이자 한남군, 수춘군, 영풍군의 어머니로, 1455년(단종 3) 단종의 왕위를 찬탈한 세조에 맞서다 죽임을 당했다. 오랫동안 그녀의 무덤을 찾지 못한 후손들은 1999년에 신단을 조성하였다.

예외적인 이 경우를 제외하고 비간택 후궁의 작위의 한계는 대체로 숙의 이하였으며, 그 이상의 작위인 귀인과 빈은 선왕 후궁을 위한 작위였다. 세조의 후궁 근빈 박씨는 대군 시절의 첩이었다가 세조 즉위 이후에 숙의에 편입되고 예종 때에 귀인에 진봉된 이후,[190] 1483년(성종 14)에 빈으로 승격된 여성이다.[191]

그녀들의 지위 변화는 세상을 떠난 이후에도 지속되었다. 예컨대, 성종의 후궁 귀인 정씨와 귀인 엄씨는 1504년(연산군 10)에 사사된 이후 서인으로 강등되었다가 중종반정 이후인 1506년(중종 1) 10월에 복작되었다. 세종의 후궁 혜빈 양씨의 경우에도 1455년(세조 1) 11월에 사사된 이후 1712년(숙종 38)에 복작되었다.

190 《예종실록》 권1, 예종 즉위년 9월 22일(무인).
191 《성종실록》 권155, 성종 14년 6월 15일(병자).

요컨대 비간택 후궁의 작위는 3품과 4품을 그 한계선으로 하고, 현왕 때에는 숙의 이하까지 승작될 뿐이었다. 국왕의 총애가 지대하거나 왕자녀 출산 등 왕실에 대한 공로 여부에 따라 승급될 수도 있었으나, 드문 일이었다. 왜냐하면 숙의 이상의 승작은 선왕의 후궁을 위한 작위였기 때문이다. 후궁은 살아 있을 때는 물론 사후에도 그 지위가 변화될 수 있었고, 현왕 때만이 아니라 후왕 때에서도 승봉되었음을 알 수 있다.

3. 숙의 간택에 따른 후궁 작위의 봉작 방식

명문대가에서 뽑힌 간택 후궁은 비간택 후궁보다 높은 품계를 받았다. 비간택 후궁이 신분이 낮은 여성들로서 3~4품의 작위 또는 궁관에 승봉된 것에 비교하면, 간택 후궁의 초직은 비간택 후궁보다 두 단계 높고 왕비보다 두 단계 낮은 종2품 숙의였다. 그러나 당대 승진이 불가능하였다. 【표 Ⅲ-8】은 이러한 사실을 잘 말해 준다.

간택 후궁도 비간택 후궁의 승작 변화의 형태와 마찬가지로 1428년(세종 10)을 전후로 개정되었다. 1428년 이전 간택 후궁의 작첩은 궁주였다. 비간택 후궁이 옹주를 초직으로 받았던 것과는 다르다. 이는 신분상의 차별에 따라 달리 대우한 것으로 보인다. 예컨대 1402년(태종 2)에 태종은 권홍의 딸을 정의궁주로 봉하였고,[192] 세종은 태종의 후궁 이직의 딸을 신순궁주, 이운로의 딸을 혜순궁주에

192 《태종실록》 권3, 태종 2년 1월 17일(경자); 《태종실록》 권3, 태종 2년 1월 21일(갑진); 《태종실록》 권3, 태종 2년 2월 11일(갑자); 《태종실록》 권3, 태종 2년 3월 7일(경인); 《태종실록》 권3, 태종 2년 4월 18일(경오).

【표 Ⅲ-8】 간택 후궁의 봉작과 지위 변화

국왕	후궁	후궁의 지위 변화	
		전·현왕 시기	후왕 시기
태조	정경궁주 유씨	입궁(태조 6: 8. 26) → 정경옹주(태조 7: 1. 7)	정경궁주(태종 6: 5. 2)
	성비 원씨	입궁(태조 7: 2. 25)	성비(태종 6: 5 .2)
	김원호의 딸	입궁(태조 6: 3. 5)	?
태종	의빈 권씨	간택(태종 2: 3. 7) → 정의궁주(태종 2: 4. 18)	의빈(세종 4: 2. 20)
	명빈 김씨	간택(태종 11: 10. 27) → 명빈(태종 11: 11. 20)	
	소빈 노씨	간택(태종 11: 10. 27) → 소혜궁주(태종 11: 11. 20)	소빈(고종 9: 12. 1)
	숙공궁주 김씨	간택(태종 11. 10. 27) → 숙공궁주(태종 11: 11. 20)	출궁(세종 3: 10. 19)
	신순궁주 이씨		간택(세종 4: 1. 6) → 신순궁주(세종 4: 2. 4)
	혜순궁주 이씨		간택(세종 4: 1. 6) → 혜순궁주(세종 4: 9. 25)
세종	장의궁주 박씨	간택(세종 6: 10. 26) → 장의궁주(세종 6. 10. 27) → 귀인(세종 10: 6. 16)	
	명의궁주 최씨	간택(세종 6: 10. 26) → 명의궁주(세종 6. 10. 27) → 귀인(세종 10: 6. 16)	
문종	현덕왕후 권씨	간택(세종 13: 1. 19) → 승휘(세종 13: 3. 15) → 양원(세종 15: 3. 3 이전) →세자빈(세종 18: 12. 28) → 왕비 책봉(세종 19: 2. 28)	
	승휘 정씨	간택(세종 13: 1. 19) → 승휘(세종 13: 3. 15) → 소용(문종 1: 6. 26 이전)	
	숙빈 홍씨	간택(세종 13: 1. 19) → 승휘(세종 13: 3. 15) → 귀인(세종 32)	숙빈(단종 즉위: 8. 7)
	승휘 유씨	간택(세종 20: 5. 8) → 승휘(세종 20: 5. 19)	
	숙의 문씨	간택(세종 23: 12. 7) → 승휘(세종 24: 6. 26)	소용(세조) → 숙의(중종 1)
	소용 권씨	간택(세종 23: 12. 7) → 승휘(세종 24: 6. 26)	
	소훈 윤씨	간택(세종 30: 5. 4) → 소훈(세종 30: 5. 6)	
단종	숙의 김씨	간택(단종 2: 1. 8) → 숙의(단종 2: 1. 22)	
	숙의 권씨	간택(단종 2: 1. 8) → 숙의(단종 2: 1. 22)	여종으로 전락(세조 3: 7. 15) → 방면(세조 10: 4. 18)
덕종	숙의 신씨	간택(세조 2: 8. 23) → 소훈(세조 2: 10. 19)	숙의(?)
	귀인 권씨	간택(세조 2: 8. 23) → 소훈(세조 2: 11. 3)	숙의(?) → 귀인(성종 14: 6. 15)
	숙의 윤씨	간택(세조 2: 8. 23) → 소훈(세조 2: 10. 19)	숙의(?) → 귀인(성종 14: 6. 15)
예종	안순왕후 한씨	입궁(세조 8) → 소훈(세조 9: 윤7. 6) → 왕	

		비 책봉(세조 14: 9. 8)	
	숙의 최씨	소훈(세조 8: 6. 11)	숙의(?) → 귀인(성종 14: 6. 15)
	후궁 이씨	간택(세조 9: 12. 21)	
성종	폐비 윤씨	숙의(성종 4: 3. 19) → 왕비 간택(성종 7: 7. 11) → 왕비 책봉(성종 7: 8. 9) → 폐서인(성종 10: 6. 2) → 사사(성종 13: 8. 16)	
	정현왕후 윤씨	숙의(성종 4: 6. 14) → 왕비 간택(성종 11: 10. 4) → 왕비 책봉(성종 11: 11. 8)	
	귀인 권씨	간택(성종 10: 9. 28) → 숙의(성종 11: 1. 19)	귀인(?)
	귀인 남씨	숙의(?)	귀인(중종 10: 3. 19 이전)

봉했으며, 1422년(세종 4)에는 조뢰의 딸을 의정궁주로 봉하였다.[193]

1424년(세종 6)에는 세종 자신의 간택 후궁 최사의와 박강생의 딸을 각각 명의궁주와 장의궁주로 봉했다.[194] 다만 1411년(태종 11) 9월에 실시된 1빈 2잉 제도의 원칙에 따라 태종은 이때 뽑은 김구덕의 딸을 명빈에, 노구산과 김점의 딸을 각각 소혜궁주, 숙공궁주로 봉작하였다.[195] 적어도 1428년(세종 10) 이전까지 간택 후궁의 승급 체제는 궁주를 그 한계선으로 하고 있었다는 점이다.

그러나 1428년 이후부터 간택 후궁은 종2품 숙의의 작위를 부여받았다. 1454년(단종 2)에 단종은 김사우의 딸과 권완의 딸을 숙의에 책봉하였다. 최초로 숙의 간택이 이루어진 것이다. 성종도 1473년(성종 4)에 윤기견의 딸과 윤호의 딸을 숙의로 봉작하였다. 보통 간택

193 《세종실록》 권15, 세종 4년 2월 28일(을묘); 《세종실록》 권16, 세종 4년 5월 12일(무진); 《세종실록》 권17, 세종 4년 9월 25일(기묘).

194 《세종실록》 권26, 세종 6년 10월 26일(정묘); 《세종실록》 권26, 세종 6년 10월 27일(무진).

195 《태종실록》 권22 태종 11년 9월 4일(임술); 《태종실록》 권22, 태종 11년 9월 6일(갑자); 《태종실록》 권22, 태종 11년 9월 19일(정축); 《태종실록》 권22, 태종 11년 10월 27일(을묘); 《태종실록》 권22, 태종 11년 11월 20일(정축).

후궁일 경우, 숙의 → 소의 → 귀인 → 빈의 순서로 승급될 것이라 예상되지만 규칙적으로 승급된 사례가 거의 보이지 않는다. 다만 숙의 이상직은 선왕 후궁의 작위였음을 【표 Ⅲ-8】에서 알 수 있다. 예컨대 덕종의 후궁 권치명의 딸과 윤기의 딸은 1483년(성종 14) 6월에 귀인으로 승봉되었고, 예종의 후궁 최도일의 딸은 덕종의 후궁과 함께 귀인이 되었다. 이러한 선왕의 후궁에 대한 예우는 선왕의 성효聖孝 차원에서 이루어졌으나, 현왕의 후궁과 선왕의 동급 후궁을 구분해야 하는 현실적인 문제도 있었을 것이라 생각된다.

왕세자의 잉첩은 종4품 승휘 또는 종5품 소훈에서 시작되었다. 태조~성종조까지 왕세자 잉첩의 봉작은 문종을 비롯하여 덕종 그리고 예종대, 세 차례에 이루어졌다. 이 경우 부왕夫王이 왕세자 시절에 죽어 추존되었거나(덕종) 왕위에 올랐지만 재위 기간이 짧아 이들의 승급의 구조 형태를 알 수 없다. 세종은 잉첩제도가 1430년(세종 12)에 마련된 직후인 1431년에 문종의 잉첩 권전, 정갑손, 홍심의 딸들을 승휘로 봉작하였다.[196] 이어 1438년(세종 20)에는 유상영의 딸을 봉작하였고,[197] 1442년(세종 24)에는 문민과 권격의 딸을 승휘로 봉작하였으며,[198] 1448년(세종 30)에는 윤희의 딸을 소훈으로 봉하였다.[199]

의경세자(懿敬世子, 德宗)와 예종의 후궁들도 예외는 아니었다. 1456년(세조 2)에 윤기, 신선경, 권치명의 딸들이 소훈으로 봉작되었고,[200]

---

196 《세종실록》 권51, 세종 13년 1월 19일(갑신); 《세종실록》 권51, 세종 13년 3월 15일(기묘).

197 《세종실록》 권81, 세종 20년 5월 8일(신묘); 《세종실록》 권81, 세종 20년 5월 19일(임인).

198 《세종실록》 권94, 세종 23년 12월 7일(기해); 《세종실록》 권96, 세종 24년 6월 26일(을묘).

199 《세종실록》 권120, 세종 30년 5월 4일(무자); 《세종실록》 권120, 세종 30년 5월 6일(경인).

200 《세조실록》 권5, 세조 2년 8월 23일(경신).

1462년(세조 8)에 최도일의 딸이 소훈으로 봉작되었다.[201] 특히 문종의 잉첩인 문씨(1426~1508)는 1442년(세종 24)에 선입選入되어 승휘가 되었으며, 세조대에 이르러서 소용에 승급되었고, 1506년(중종 1)에 숙의에 승급되었다.[202] 소훈 홍씨는 중간 단계의 품계 없이 1450년(문종 즉위)에 곧바로 귀인이 되었고, 1452년(단종 즉위) 8월에 숙빈으로 승봉되었다.[203] 이는 세종의 후궁 혜빈 양씨가 일찍 졸한 현덕왕후를 대신해서 궁궐에 거주하여 단종을 보육하는 등 내정內政을 주관하고 있었기 때문에 그녀의 권세를 억제하기 위한 세조의 정치적 의도에 기인한 것이라 하겠다. 이와 같이 숙의 이상의 작위는 선왕 후궁을 위한 것이었다.

요약해 보면, 1428년(세종 10) 법 개정 이후 1517년(중종 12) 문정왕후가 중종의 계비로 간선되기 이전까지 간택 후궁은 일종의 '왕비 예비자'로서 유사시에는 중전의 자리를 보충하는 의무를 가졌다. 이로써 이들은 '차비'의 지위에서 계비가 되었다. 단종의 경우에는 왕비 간택과 후궁 간선이 최초로 동시에 이루어졌고, 단종의 후궁에게 내린 숙의 봉작 사례를 단초로 숙의 봉작 관행이 형성되었다. 차비의 지위에서 계비가 될 수 있었던 이유는 왕자녀 출산 경험과 가문 배경이었다. 이들 집안은 고려 말에서 조선 초에 주도권을 장악한 공신세력이 주류를 이루고 있었고, 왕실과는 중첩된 혼인관계를 통하여 맺어진 인척관계를 이루면서 왕실과의 유대와 결속력을 강화

201 《세조실록》 권28, 세조 8년 6월 11일(갑술).

202 〈淑儀文氏墓誌銘〉(인천시립박물관 소장). "正統七年壬戌選入文宗大王後宮 職在承徽 至世祖朝 陞昭容 今上卽位之初丙寅 又陞淑儀."

203 《단종실록》 권2, 단종 즉위년 8월 7일(정묘). "以貴人洪氏爲肅嬪 初文宗昇遐 政府以世宗宮人楊惠嬪嘗阿保魯山 使之入內保護 楊頗專宮中事 政府聞之 以洪氏代之 洪氏京畿觀察使深之女 文宗在東宮 入爲承徽有寵 及顯德嬪沒 洪主內政 文宗卽位 封爲貴人 時稱內宮 蓋避中宮號也."

시켜 가문의 위치를 확고히 하려고 했다.

비간택 후궁은 다양한 신분층에서 형성되었다. 이 시기의 비간택 후궁은 잠저 시절 비첩들이 국왕의 즉위와 함께 직제에 편입되어 후궁이 되거나, 궁녀 등의 신분으로 입궁했다가 왕의 승은을 입은 여성, 그리고 명문대가의 서녀 또는 양반가의 규수가 추천 또는 진헌되어 입궁하였다.

간택 후궁과 비간택 후궁 사이에는 신분상의 현격한 차이가 있었다. 이것은 후궁의 내명부직에도 반영이 되었다. 간택 후궁의 초작은 종2품 숙의이고 비간택 후궁은 3~4품 이하에 봉작되는 경향이 보였다. 1품 내명부직은 선왕의 후궁에 적용하여 현왕과 선왕의 후궁을 구분하는 장치로 기능하였다. 왕비예비자로서 후궁의 의무와 역할이 점점 소멸되면서 향후 후궁 직제의 운영은 전면적인 변화가 야기되는데 이에 대하여는 다음 장에서 검토하고자 한다.

제IV장

중종~숙종조
간택 숙의의 위상 변화와 내명부직 상향 제수

1. 중종의 계비 간택과 간택 후궁과의 지위 구분

중종조에는 계비 선정 방법에 큰 변화가 일어났다. 이전까지 왕비예비자로서 후궁 출신의 계비 승격이 이루어지다가 중종조에는 계비 간택과 후궁 간택이 각각 별도로 시행되는 전환점에 있었다. 1517년(중종 12) 문정왕후文定王后가 외부에서 계비로 선발되기 전까지 계비는 후궁 중에서 선발되어 승격되었다. 첫 번째 계비 장경왕후章敬王后가 후궁의 지위에서 왕비로 승격된 경우와 달리 두 번째 계비 문정왕후는 외부 간택에 의해 선발된 것이다. 장경왕후가 단경왕후端敬王后 폐출 이후에 왕비예비자로서의 지위를 계승할 수 있었던 것은, 이 시기가 아직까지 신분 질서를 표방하는 유교 명분주의 이념이 정립되지 못한 과도기적 시기였기 때문이다.

그러나 중종조에 성리학적 신분질서 관념이 고착화되면서 더 이상 후궁의 지위에서 왕비로 승격될 수 없었다. 후궁 간택과는 별도로 계비를 간택하게 된 것이다. 그 첫 사례가 바로 1517년에 중종의 두 번째 계비 문정왕후 윤씨의 간택이었다. 이로 인해 지금껏 간택 후궁이 숙의의 지위에 있다가 왕비예비자로서의 지위를 계승할 수 있었던 가능성이 완전히 소멸되었다.

중종대에 외부에서 계비를 간택하는 일이 처음 시행되면서 후궁의 지위에서 계비가 되었던 제도는 없어지고 계비 간택과 후궁 간택을 각각 따로 실시하게 되었다. 따라서 중종조에 후궁의 자리에 있다가 계비로 승봉된 장경왕후와 이후에 외부에서 계비로 선정된 문정왕후의 경우를 기준으로 나누어 살펴보고, 그 이전 시기와 다른 특징을 밝혀 보고자 한다.

1) 중종반정 이후 숙의 간택

중종은 반정이라는 독특한 사건에 의해 즉위한 왕이었다. 1506년(중종 1) 9월 2일 반정이 성공한 이후, 정국공신들은 폭정을 자행한 연산군을 왕위에서 축출하고 당시 진성대군晉城大君을 중종으로 추대한 것이다. 국왕의 축출과 추대가 대신들에 의해 이루어졌기 때문에 중종반정을 기점으로 중종은 실권을 장악하지 못한 반면, 정국공신들은 정치적 주도권을 장악하였다.[1] 당시 군신 권력관계가 변하고 있었다.[2] 국왕과 삼사의 위상이 미약한 상태에서 정국공신들이 정치적 주도권을 잡았던 것이다. 정국공신의 영향력은 117명의 인원이 공신에 책봉되었다는 사실에서도 확인된다.

왕권의 위상이 상대적으로 약하고 정국공신의 권한이 강화된 모습은 중종의 부인 단경왕후 신씨를 폐위시킨 사실에서 확인할 수 있다.[3] 중종의 부인 단경왕후 신씨는 익산부원군益昌府院君 신수근愼守勤의 딸로, 연산군의 비 신씨의 조카딸이었다. 반정 성공일로부터 7일 뒤인 9월 9일에 진성대군을 옹립한 반정공신들은, 신씨가 연산군의 처남 신수근의 딸이라는 이유로 폐위시키고자 했다. 그들은 신씨의 축출을 건의한 명분을 아래와 같이 밝혔다.

> 유순 등이 아뢰기를, "거사할 때 먼저 신수근을 제거한 것은 큰일을 성취

---

1 그러한 상황은 단적으로 '君弱臣强'이라는 표현에 집약된다. "臺諫啓前事 憲府又啓曰 戶曹佐郎沈義於輪對 以君弱臣强之語 啓之."(《중종실록》 권9, 4년 10월 3일(신묘).

2 김돈, 《조선전기 군신권력관계 연구》, 서울대학교 출판부, 1997, 101~110쪽.

3 중종 비 신씨의 폐위와 복위 논의에 대한 자세한 내용은 한희숙의 〈중종 비 폐비 신씨의 처지와 그 복위논의〉(《한국인물사연구》 7, 한국인물사연구소, 2007)가 참조된다.

> 하고자 해서였습니다. 지금 수근의 친딸이 대내大內에 있습니다. 만약 궁호(宮壼, 중전)로 삼는다면 인심이 불안해지고 인심이 불안해지면 종묘사직에 관계됨이 있으니, 은정을 끊어 밖으로 내치소서." 하니, 전교하기를, "아뢰는 바가 심히 마땅하지만, 조강지처糟糠之妻인데 어찌하겠는가?" 하였다. 모두 아뢰기를, "신 등도 이미 헤아려 생각해 보았지만, 종사의 대계로 볼 때 어쩌겠습니까? 머뭇거리지 마시고 흔쾌히 결단하소서." 하니, 전교하기를, "종묘사직이 지극히 중하니 어찌 사사로운 정을 생각하겠는가. 마땅히 여러 사람의 의논을 좇아서 밖으로 내치겠노라." 하였다. 얼마 뒤에 전교하기를, "속히 하성위河城尉 정현조鄭顯祖의 집을 수리하고 소제하라. 오늘 저녁에 옮겨 나가게 하리라." 하였다.[4]

위 인용문에 따르면, 반정공신들이 중종에게 신씨[5]를 '할은출외割恩出外'할 것을 요청한 표면적인 명분은 신수근의 딸을 왕비로 삼으면 종묘사직을 위태롭게 한다는 것이었다. 그러나 그들이 내세운 종사대계宗社大計의 이면에는 조정 안에서 자신들의 입지를 더욱더 강화하기 위한 의도가 깔려 있었다. 이것은 1515년(중종 10) 폐비 신씨의 복위 상소 내용 중에 "정국靖國 당초에 박원종朴元宗·유순정柳順汀·성희안成希顔 등이 이미 신수근을 제거하고는, 왕비가 곧 그 소출이므로 그 아비를 죽이고, 그 조정에 서면 뒷날 후환이 있을까 염려

4 《중종실록》 권1, 중종 1년 9월 9일(을유).

5 신씨는 축출된 뒤에 복위운동이 일어나기도 하였으나, 생전에 복위되지 못했다. 신씨의 복위는 1739년(영조 15)에야 비로소 이루어져 단경왕후라는 시호를 받았을 뿐이다. 《연려실기술》 〈國朝記事〉에 따르면, 중종은 신씨가 축출된 뒤에도 모화관에 나가 중국사신을 맞이할 때마다 반드시 御馬를 신씨의 사제로 보내어 말을 먹이게 하였는데, 신씨는 그때마다 친히 흰죽을 쑤어 정성껏 먹이고는 보내었다고 한다. 이런 점으로 미루어 보면 중중과 신씨의 애정이 돈독하였던 것으로 생각되나, 중종 재위 기간에 끝내 그녀를 입궐시키지 못했다. 이후 신씨는 1557년(명종 12) 12월 7일에 71세의 나이로 죽었다.

하여, 바르지 못하게 자신을 보전하려는 사사로움을 위하여 폐위시켜 내보내자는 모의를 꾸몄으니, 이는 진실로 까닭도 없고 명분도 없는 것입니다"[6]에서 확인된다.

조정의 실권을 잡은 반정공신들은 신씨가 왕비에 오르게 되면, 어떤 방식으로든 부친과 형제를 죽인 자신들에게 보복을 가하게 될지 모른다고 생각했을 것이다.[7] 중종은 '조강지처'임을 내세워 신씨의 폐출을 망설였지만, 반정 삼공신을 중심으로 한 신료 세력에 눌려 그녀를 사가로 내쫓았다. 결국 신씨는 왕비에 오르지 못하고 조정 대신들의 결정에 따라 중종이 왕위에 오른 지 8일 만에 궁궐에서 세조의 부마 하성위 정현조의 집으로 내쫓겼다. 당시 신하들의의해 택군이 된 중종은 조강지처 신씨를 지킬 힘이 없었기에 그녀가 폐서인되는 모습을 지켜볼 뿐이었다. 그런 만큼 중종의 위상은 매우 낮았다.[8]

종사대계의 명분을 내세워 신씨를 쫓아낸 반정공신들은 자신들의 확고한 신분을 보장받고 막강한 권력을 유지하기 위해 정략적인 의도에 따라 자신들의 측근 여성을 왕비로 세우고자 했다. 중종반정의 일등 공신인 박원종와 홍경주洪景舟는 각기 조카딸〔章敬王后 尹氏〕과 친딸〔熙嬪洪氏〕을 왕비위에 앉히려고 했다. 신씨를 내쫓은 다음 날인 10일에 곧바로 예조판서 송질宋軼과 예조참판 정광세鄭光世가 내직을 갖추고 왕비를 간택하도록 아뢴 것에서 그러한 의도를 엿볼 수 있다.[9]

당시 왕실에는 신씨가 폐출되어 왕비가 없었고, 후궁을 선발하지 않았기 때문에 중종은 사실상 한 명의 배우자도 없었다. 그로 인해

6 《중종실록》 권22, 중종 10년 8월 8일(임술).

7 《중종실록》 권1, 중종 1년 9월 3일(기묘). "朴元宗成希顔等更啓曰 愼家與廢王諸子連族 若不早圖 後必有羽翼之慮 故其子弟 竝請付處矣".

8 한희숙, 앞의 논문, 2007, 140·143쪽.

9 《중종실록》 권1, 중종 1년 9월 10일(병술).

단종의 왕비 간택 이후로 중종의 계비를 공개적으로 외부에서 간택해야 할 상황이 발생하였다. 신씨가 폐출된 지 8일 뒤인 9월 17일에 왕대비 정현왕후 윤씨는 아래와 같은 전교를 내렸다.

> 대비께서 정승들에게 전교하기를, "후비의 덕은 마음씨 곱고 정조貞操가 바른 것이 제일인 것이다. 지금 중궁을 간택하는 때에 용모만을 봐서는 안 된다. 내가 먼저 2~3명의 처녀를 간택하여 후궁에 두었다가 서서히 그 행실을 본 후 배필을 정하려고 하는데, 어떠한가?" 하니, 정승들이 돌아와서 아뢰기를, "대비의 분부가 이와 같으시니, 바로 신등의 뜻에 부합합니다. 이는 실로 종사와 신민의 복입니다."고 하였다.[10]

위 인용문을 살펴보면, 정현왕후는 계비를 바로 선정하기에 앞서 두세 명의 숙의를 미리 들였다가 후에 계비로 삼았던 기존의 간선 방식을 고수하고자 했다. 처녀의 됨됨이를 미리 살핀 다음 검증된 후궁을 정비로 올리는 것이 합리적이라고 판단했기 때문이다. 이 경우 안순왕후가 잉첩의 지위로 입궁하였다가 세자빈(훗날 장순왕후)이 죽고 공석인 상태에서 왕비로 승격된 경우와 유사한 상황이다. 이러한 정현왕후의 전교로, 중종은 왕비가 공석인 상태에서 계비를 먼저 간선하지 않고 후궁을 맞아들이기로 결정했다. 왕대비의 전교가 내려진 석 달 뒤에야 비로소 14~22살 되는 서울 처자를 대상으로 금혼령을 내렸다.[11] 19살 되는 중종의 나이를 고려한 금혼 나이였다.

그러나 어찌된 일인지 후궁을 간선하는 일이 더디게 진행된 듯 보인다. 왕대비의 전교 이후 4개월이 지나서 좌의정 박원종과 우의

---

10 《중종실록》 권1, 중종 1년 9월 17일(계사). "大妃傳于政丞等曰 后妃之德 幽閑貞靜爲先 今擇中宮之時 不可徒觀其色 予欲先擇二三 以充後宮 徐觀其行 以爲之配何如 政丞等回啓曰 慈旨如此 正合臣等之意 此實宗社臣民之福也."

11 《중종실록》 권1, 중종 1년 12월 27일(신미).

정 유순정이 왕비 간택에 대한 사안을 재차 중종에게 주청하였으나 중종은 왕비를 서둘러 결정하지 않았다.[12] 《조선왕조실록》에 간선 진행 과정이 기록되어 있지 않아 자세한 내용을 알 수 없지만, 당시 종2품 숙의로 세 명의 처자가 뽑힌 것으로 보인다.[13] 바로 윤여필尹汝弼, 홍경주洪景舟, 나숙담羅叔聃의 딸이었다. 이들 모두 반정공신의 핵심 집안 처자로, 후궁 후보로 미리 내정되어 있었던 것으로 추정된다. 나씨보다 윤씨와 홍씨의 부친이 그로부터 두 달 뒤에 먼저 벼슬의 품계를 올려 받았다는 점[14]에서 윤씨와 홍씨에 대한 왕실의 선호도는 매우 높았다.

2) 후궁 출신의 계비 선정

중종과 왕대비 정현왕후는 처음 왕비를 외부에서 직접 뽑지 않고 두세 명을 후궁으로 미리 뽑아 두었다가 이들 가운데에서 왕비로 선택할 계획이었다. 그러나 중종은 이미 세 명의 왕비예비자가 간택되었음에도 '왕비가 한번 정해지면 바꿀 수도 없어서 경솔할 수 없다'[15]고 하면서 거의 1년이 다 되도록 왕비를 결정하지 못하고 차일

12 《중종실록》 권2, 중종 2년 1월 18일(임진).

13 정현왕후의 전교 이후에 숙의 간선이 진행된 듯 보이고(《중종실록》 권2, 중종 2년 1월 13일(정해), 두 달 뒤인 1507년(중종 2) 3월 18일 이전에 윤여필, 홍경주, 나숙담의 딸 3명이 숙의로 간택되었음을 추정해 본다(《중종실록》 권2, 중종 2년 3월 18일(신유).

《중종실록》 권21, 중종 10년 1월 3일(신유). "卽位之初 選入三淑儀者 爲廣繼嗣也 今其闕一 選入其代可也 … 靖國之初 則以無繼嗣 故選入三淑儀矣 今則旣有王子 而於中宮殿 亦有公主 國本豈終無乎 若加選入 則恐有累上德."

14 《중종실록》 권2, 중종 2년 3월 18일(신유).

15 《중종실록》 권3, 중종 2년 5월 5일(정미). "傳曰 母儀國家大事 不可不早定 然若一定則不可輕變 不須汲汲爲之也."

피일 미루었는데, 이러한 정황이 아래 인용문에 잘 보인다.

> 좌의정 박원종 등이 아뢰기를, "왕비 책봉하는 일을 신들이 전일에 두 번이나 아뢰었으나, 지금까지 국모를 정하지 못하였으니 대체에 온당치 못합니다. 청컨대, 속히 책봉하는 일을 정하시어 나라 사람들의 소망에 맞도록 하소서." 하였다.
>
> 전교하기를, "속히 국모를 정하는 일은 매우 당연하다. 그러나 이와 같은 큰일을 갑작스럽게 빨리 정하는 것은 온당하지 못하다. 선왕들께서도 후사를 중히 여기셨으므로 결연히 정하지 못하셨다. 지금 자전의 뜻도 그러시고 나 역시 그 때문에 어렵게 여긴다." 하였다.
>
> 다시 아뢰기를, "큰일을 갑자기 정하기가 온당치 못하다는 하교는 매우 당연합니다. 국모의 범절은 마땅히 덕행을 으뜸으로 삼는 것이요, 비록 후사가 없더라도 만약 다른 분에게 아들이 있으면 역시 대통을 잇게 될 것입니다." 하니, 곧 윤숙원으로 왕비를 삼도록 명하였다.[16]

위 인용문에서 보듯이 계비 대신 먼저 세 명의 숙의를 맞아들였으나, 중종과 정현왕후는 계비를 선정하지 못하고 망설이고 있었다. 그 이유는 후궁들의 덕행, 됨됨이를 살피기 위한 것이었고, 종법상의 후사로 인한 문제가 발생할 수 있었기 때문이다. 무엇보다 왕비를 결정하지 못한 가장 큰 이유는 세 명의 숙의 중에서 적임자를 고르기가 쉽지 않았다. 후술하겠지만, 이들은 모두 반정공신들과 직·간접적으로 연결되어 있던 처자들이었다.

대간들이 왕비 간택의 필요성을 지속적으로 재촉한 이후에야 중종은 박원종 등 대간들의 독촉에 못 이겨 1507년(중종 2) 6월 17일에 숙의 윤씨를 계비로 결정하였다. 숙의 윤씨는 일찍 어머니를 여의고 월산대군月山大君의 아내인 외조모 승평부부인昇平府夫人 박씨朴

16 《중종실록》 권3, 중종 2년 6월 17일(기축).

【도판 Ⅳ-1】 장경왕후 상위호 금보

1547년(명종 2)에 '선소의숙宣昭懿淑'이란 존호를 올리면서 만든 중종 계비 장경왕후의 어보이다. 보문에 새겨진 '장경章敬'이란 시호는 1515년(중종 10)에 올린 것이다(국립고궁박물관 소장).

氏의 집에서 자랐다. 그녀가 왕비로 뽑힌 것은 무엇보다 파평 윤씨 집안의 연이은 왕비 배출과 왕실과의 연혼, 그리고 공신 집안이라는 영향이 컸다. 또한 숙의 윤씨가 박원종의 질녀라는 점을 감안한다면, 당시 실권자였던 박원종이 더욱 확고한 지위를 다지기 위해 자신의 계획에 의해서 그녀를 계비로 추천하였을 것으로 짐작된다. 세 명의 처자들과 함께 숙의로 입궐하였다가 왕비로 승격된 장경왕후 윤씨는 1515년(중종 10) 3월에 원자〔인종〕를 낳은 지 7일 만에 산후가 좋지 못하여 병사하게 된다.[17]

17 《중종실록》 권21, 중종 10년 3월 2일(기미).

3) 외부 간택에 의한 계비 선정

장경왕후의 사망은 왕비의 자리가 공석이 되는 상황을 야기하면서 계비를 선발해야 하는 문제를 또다시 발생시켰다. 그로부터 7개월 뒤인 같은 해 10월에 중종은 영의정 유순, 정광필 등 삼공과 함께한 자리에서 아래와 같이 계비 책봉 방식을 논의하였다.

> 전교하기를 "중궁이 비록 오래 비어 있더라도 무엇이 해로우랴? 지금 정승이 아뢴 것도 또한 마땅하나 내가 듣건대 성종 때에 공혜왕후께서 승하하시매 그해에 곧 처녀를 간택해 두었다가 3년 뒤에 정하였다고 하는데 이는 그때에 국본이 정해지지 않았기 때문이었다. 지금은 국본이 이미 정해졌으니 서두를 필요가 없다. 다만 궐내에 이미 들어와 있는 자로 할 것인지 각별히 뽑을 것인지를 정승들이 분명하게 말하지 않았으나, 3년 뒤에 명문의 어질고 덕이 있는 사람을 마땅히 가려야 하겠다."고 하였다.[18]
>
> 다만 우리 조종조의 고사로 보면, 정위正位가 비게 되면 처녀 여러 사람을 미리 가려들이되, 새로 숙의가 되었건 전부터 숙의로 있었건 논하지 않고 그중에서 어질고 덕이 있는 사람을 가려서 3년 뒤에 자리〔位〕를 정하며, 가령 이미 숙의로 봉해진 사람은 명분이 이미 정해졌으므로 승봉할 수 없으면 정후正后 한 사람만을 미리 정해 들인다. 그러니, 의례儀禮가 여러 가지일뿐더러 어진 것을 반드시 알 수도 없다. 만약 어질고 덕이 있는 사람을 가리자면, 지금 처녀 두 사람을 가려 들이되 아직 숙의를 봉하지 않고 어질고 덕이 있는가를 보아서 한 사람을 후后로 정하고 남은 사람을 저절로 숙의가 되게 하는 것이 옳은가? 그러나 공상供上 따위 일에 있어서 숙의라고 칭할 것인데, 숙의를 봉하지 않고서 숙의라 칭하는 것이 어떠한가? … 이 일은 어려운 듯하니 조종조의 전례를 따르는 것이 또한 어떠한가?[19]

18 《중종실록》 권23, 중종 10년 10월 2일(을묘).
19 《중종실록》 권23, 중종 10년 10월 3일(병진).

위 인용문을 살펴보면, 이 논의에서 중종은 성종 때에 공혜왕후가 사망한 이후, 처녀를 간택해 두었다가 3년 뒤에 폐비 윤씨를 왕비로 올린 선례를 거론하며 국본이 정해진 상황에서 서두를 필요가 없다고 하였다. 다만 이때 후궁 가운데에서 계비를 뽑을 것인지 새로 외부에서 뽑을 것인지 계비 책봉 방식에 대해 삼공의 의향을 물었다. 그러면서 중종은 왕비를 새로 간택하기보다는 기존의 방식대로 후궁 가운데에서 왕비로 승봉하자고 제안하였다.

이에 대신들은 장경왕후의 계비 선정 때와는 달리 '첩을 아내로 삼지 않는다'는 《대학연의大學衍義》의 대목을 인용하며 중종의 의견을 반대하였다. 그리고 범조우范祖禹의 '택배필지의擇配匹之議'에 표를 붙여 올렸다. 그러자 중종은 처녀 두 명을 미리 간택만 하고 숙의를 책봉하지 않은 상태에서 그 행실을 살펴보고 3년 후에 어질고 덕이 있는 처자를 계비로, 그 나머지 사람은 숙의로 들이자는 절충안을 제시하였다.[20] 그러나 이 의견 역시 대신들의 강력한 반대에 부딪혔다. 유순은 그 반대 이유에 대해서 아래와 같이 설명하였다.

> 유순이 아뢰기를, "이번에 중궁을 책립하는 것은 국가의 큰일입니다. … 옛날의 제후는 한 번에 아홉 여자를 얻고, 세 나라에서 잉녀를 보내었으나 한 사람만을 왕비로 삼았습니다. 그 왕비의 자리가 비게 되어도 차서에 따라 계승繼陞하지 않은 것은, 한때 같은 무리로 있던 사람이 자리가 높아지면 아랫사람이 존경하지 않을까 이것을 염려하였기 때문입니다. 또, 국본이 이미 정해졌는데 버금자리에 있던 자가 존위에 오르면 적처의 자리를 다투어 국본도 반드시 어려움이 있을 것이므로, 이를 염려한 것입니다. 후세에서 계립繼立하는 것

20 《중종실록》 권23, 10년 10월 3일(병진). "若欲擇其賢德 今當擇納處女二人 姑不封淑儀 而見其賢德 定一爲后 使其餘 自爲淑儀可乎 然其供上等事 必稱淑儀 不封淑儀 而稱淑儀何如 雖非今日之所急 卿等若欲不紊名分 何爲而可乎 其所論之意 予不詳知 故更問焉 此事似難 依祖宗朝之例 亦何如."

이 아무리 관례가 되었다고는 하지만, 같은 무리에 있던 자를 올려서는 안 되고, 새로 가려서 세워야 적처를 다투는 일이 없고 궁중이 나 새로운 마음으로 존경하게 되어 체모가 매우 합당하게 됩니다."[21]

위 인용문에서 유순은 '후궁에서 왕비로 선발되면 같은 서열에 있던 기존의 후궁들이 새로 뽑힌 후궁 출신 계비에게 복종하지 않을 것이고 적처의 자리를 다투는 일이 생겨 국본인 인종의 자리마저 위태로워질 수 있다'는 반대 이유를 내놓았다. 실제로도 성종 때에 후궁 출신에서 왕비의 자리에 오른 폐비 윤씨는 1479년(성종 10)에 후궁 소용 엄씨와 소용 정씨와의 경쟁과 암투에서 모함을 받아 사사되었고, 엄씨와 정씨 역시 윤씨의 아들 연산군에게 사사된 바 있었다.[22] 이처럼 왕비와 후궁이 적처의 자리를 두고 다투는 일이 생길 것을 경계할 정도로 이 시기는 아직 유교적 신분 질서가 명확히 확립되지 않았다는 점에서 비교적 후궁의 위상이 높았다고 생각된다.

유순의 의견에 무게가 실리면서 중종은 두 번째 계비를 후궁 출신자가 아닌 궁궐 밖의 새로운 여성으로 선발하도록 결정하였다. 이처럼 대신들과 적절한 합의점을 찾아낸 중종은 그로부터 한 달 뒤에 결국 손준孫濬·김총金聰·윤지임尹之任·윤금손尹金孫의 딸 등 4명의 계비 후보자를 선발하였다.[23]

그러나 4명의 처자를 선발한 이후에도 중종은 "삼년상 안에 왕비를 정하는 것이 미안한 듯하지만, 오랫동안 왕비를 정하지 않으면

21 위의 책.

22 《성종실록》 권105, 성종 10년 6월 2일(정해); 《성종실록》 권105, 성종 10년 6월 5일(경인); 《중종실록》 권58, 중종 22년 3월 24일(신축). "成宗朝事慈殿親鑑之矣 嚴淑儀鄭淑儀時 如此妖術之事頗多."

23 《중종실록》 권23, 중종 10년 11월 18일(경자).

지금 한재旱災를 만나서 금혼된 처녀들이 혼인하지 못할 것이고, 중위中闈가 오래 비어 있으면 내정內政도 통솔될 데가 없게 된다"[24]고 걱정하였지만 2년 동안이나 왕비의 자리를 공석에 두었다. 이는 당시 장경왕후가 낳은 인종이 있었기 때문이다.

왕비의 자리가 비어 있는 상황에서 중종의 총애를 받고 있던 희빈 홍씨와 경빈 박씨는 첫 번째 계비 선발 때와 마찬가지로 공석이 된 왕비 자리를 차지하기 위한 기회를 엿보았을 것이다. 뿐만 아니라 그들은 자신들의 아들을 왕세자로 만들기 위한 방법도 강구했을 것이다.[25]

실제로 장경왕후의 사후 후궁들의 움직임은 심상치 않았다. 경빈 박씨는 장경왕후의 선례를 쫓아 스스로 왕비의 자리에 오르고자 하였고, 중종의 심중도 새로 왕비를 맞아들이기보다 그녀를 염두에 두고 있었다. 일부 신료들도 어느 정도 용납하는 분위기였다.[26] 경빈 박씨는 출중한 미모뿐만 아니라 왕자 복성군福城君과 2살 된 혜순옹주惠順翁主를 두고 있었고, "국가에 공덕功德이 있지도 않으면서 지위가 1품에 오르고 후궁들 중에 총애가 제일이었다"라는 사간원의 평가에서 알 수 있듯이 자타가 공인하는 으뜸 후궁이었다.[27] 아들 복성군 역시 법정 왕위계승자인 원자보다 6살이 많은 중종의 맏아들로서[28] 잠저 때의 본궁을 하사받을 정도로[29] 여러 왕자들 중에서

24 《중종실록》 권24, 중종 11년 4월 10일(신유).

25 희빈 홍씨의 행보를 살펴본 내용으로는 이미선의 앞의 논문(《여성과 역사》 26, 2017)이 참조된다.

26 《중종실록》 권28, 중종 12년 7월 22일(병신). "壼位未定 淑儀朴氏 寵冠後宮 欲援章敬之例 自陞中位 上欲從之 而不知大臣之意如何 令懇辭求之於光弼應箕用溉等 試觀其意 應箕則無可否 用溉微許之 光弼獨奮然不許曰 正位當更求淑德名門 不可以側微陞."

27 《중종실록》 권45, 중종 17년 6월 8일(계미).

28 《중종실록》 권9, 중종 4년 9월 15일(갑진).

중종의 사랑을 가장 많이 받았다.[30] 이때까지만 해도 후궁의 자리에서 중전의 지위를 획득하는 데에 법적으로 별반 문제가 되지 않았다.

그러나 정광필은 "중전은 마땅히 오래도록 쌓은 덕망이 있는 명문에서 다시 구해야 할 것이요, 미천한 출신을 올려서는 안 됩니다."라 하여 반대하였고, 유순은 후궁이 왕비의 지위를 얻으면 같은 무리였던 이들이 존경하지 않는 것은 물론이거니와 적처의 자리를 두고 다투는 일이 생길 것을 우려하였다. 이들 모두는 적서와 상하의 분별을 강조한 것이다. 이것은 당시 종법의 적용에 따른 적서의 구분과 상하의 분별이 어느 정도 고착화되었기 때문이다.[31]

장경왕후가 사망하고 왕비 자리가 공석인지도 3년이 흘렀다. 왕실이나 조정 대신들은 미리 간택된 후보자들 가운데에서 자색姿色보다 덕행과 학식이 뛰어난 여자를 신중하게 선택할 것을 요청하였다.[32] 중종은 1517년(중종 12) 3월 15일에 최종적으로 윤지임의 딸(훗날 문정왕후)을 왕비로 맞아들였다.[33] 이로써 윤씨는 처음으로 외부 간택에 의해 선발된 계비가 되었다. 이것은 외부에서 계비를 선발한 최초의 사례로, 후궁 출신의 계비를 선발했던 기존의 방식을 탈피했다는 점에서 주목된다. 후궁에서 왕비로 승봉시켰던 전례를 깨고, 외부에서 간선된 여성을 계비로 간택하는 원칙이 마련된 것이다.

중종은 처음에 문정왕후가 아닌 윤금손의 딸을 마음에 두고 있었다.[34] 문정왕후는 원자의 외가와 같은 파평 윤씨였다. 문정왕후의 아

29 《중종실록》 권33, 중종 13년 6월 12일(경진).

30 《중종실록》 권65, 중종 24년 5월 24일(무오).

31 金燉, 〈중종대 '灼鼠의 변'과 정치적 음모의 성격〉, 《한국사연구》 119, 2002, 93~94쪽.

32 《중종실록》 권27, 12년 3월 5일(경진); 《중종실록》 권27, 12년 3월 6일(신사); 《중종실록》 권27, 12년 3월 11일(병술).

33 《중종실록》 권27, 12년 3월 15일(경인).

버지 윤지임과 장경왕후의 아버지 윤여필은 서로 7촌이었고 문정왕후와 장경왕후는 9촌이었다.[35] 중종의 생모 정현왕후 역시 문정왕후와는 12촌 관계였다.[36] 윤금손의 딸에서 문정왕후로 바뀐 것에 대한 이유는 알 수 없다. 그러나 당시 형조판서였던 윤금손의 딸보다 미관말직에 지나지 않았던 윤지임의 딸을 왕비로 삼아 원자 보호에서 안정된 왕위계승을 보장하고자 한 인종의 외삼촌 윤임尹任과 정현왕후의 의도가 있었던 것이다.[37] 이처럼 문정왕후가 계비로 선발된 것은 후궁 출신 계비의 지위 변화에 따른 그 소생과 원자 간의 왕위계승 문제 발생을 최소화하기 위한 조처였다고 하겠다.

요컨대 계비로 들어온 문정왕후 때부터 왕비가 죽으면 후궁을 왕비로 승격시키기보다는 새로 계비를 들이는 것이 상례常禮가 되었다. 이 시기부터 후궁은 사실상 왕비의 지위를 계승할 가능성이 사라졌다. 엄격한 신분적 질서를 표방하는 조선 유교사회에서 '첩을 정실로 삼지 말라'는 《춘추春秋》의 논리가 이때부터 적용된 셈인데, 이후 후궁의 역할은 왕비의 보조자로서 계사를 보충하는 데 한정되었다.

34 《燃藜室記述》 권10, 〈明宗朝故事本末〉〈大妃垂簾〉.

35 坡平尹氏貞靖公派譜所編, 《坡平尹氏貞靖公派世譜》 상, 1980, 1~7쪽.

36 《坡平尹氏世譜》, 藏 MF 35-4274.

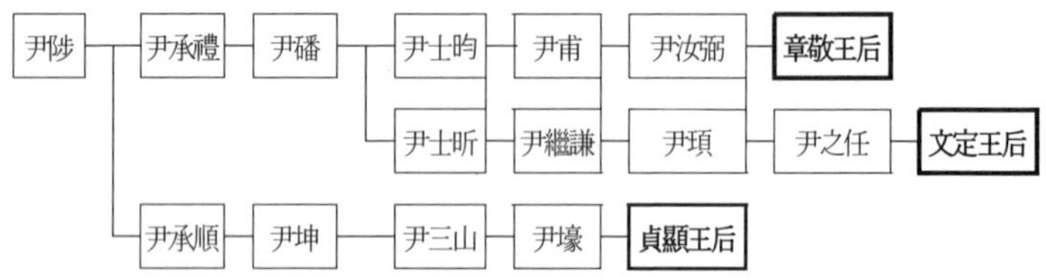

37 《중종실록》 권28, 12년 3월 15일(경인). "慈旨內 尹之任女 累世侯門 有卓德行 可合中位 予意亦然 定以爲妃 擇吉日以啓."

4) 외부 간택에 의한 계비 선정의 정례화

왕실의 혼례는 국혼이다. 국왕의 초혼은 보통 왕세자 시절에 세자빈과 혼례를 치르게 된다. 왕세자는 그의 신변에 크나큰 이변이 발생하지 않은 한 선왕의 승하 후에 왕위에 즉위한다. 이때 세자빈도 세자의 지위 변화와 함께 왕비〔원비〕로 승격된다. 다만 왕위계승권자가 왕비의 적자가 아닌 반정 또는 반란에 의해 즉위를 했거나, 차자次子가 왕위에 오르고, 때로 적자가 없어 서자가 왕위를 잇는 경우에는 잠저 시절에 대군 또는 군의 지위에서 혼례를 행했다.[38] 이럴 경우에 대군부인 또는 군부인이 왕비가 된다.

중종의 첫 번째 계비 장경왕후 윤씨가 사망하고 문정왕후 윤씨를 외부에서 계비로 선발한 이후, 영조대에 이르기까지 계비 선발은 선조와 인조, 그리고 숙종대에 걸쳐 다섯 차례 이루어졌다.[39] 중종의

38 원래 왕위는 왕의 적자 가운데에서 장자가 승계하는 것이 정통이다. 정통 왕위계승자의 정상적인 코스는 왕의 적장자로 태어나서 원자로 불리고, 10세 전후로 세자에 책봉되었다가 부왕이 죽으면 그 즉시 왕위를 계승하였다. 왕의 적자 중에서 왕위를 승계한 국왕은 문종, 단종, 연산군, 인종, 현종, 숙종 등 6명이었다.

39 중종~숙종조까지 국왕과 왕비의 생몰년을 살펴보면, 아래와 같다.

【표 Ⅳ-1】 조선 중기 국왕과 왕비의 생몰년

국왕	생몰년	왕후	생몰년	가례년도	지위
중종	1488~1544	단경왕후	1487~1557	1499년(연산군 5)	淸原府夫人 韓氏
		장경왕후	1491~1515	1506년(중종 1)	숙의
		문정왕후	1501~1565	1517년(중종 12)	계비
인종	1515~1545	인성왕후	1514~1577	1524년(중종 19)	세자빈
명종	1534~1567	인순왕후	1532~1575	1542년(중종 37)	부부인
선조	1552~1608	의인왕후	1555~1600	1569년(선조 2)	원비
		인목왕후	1584~1632	1602년(선조 35)	계비
광해군	1575~1671	폐비 유씨	1576~1623	1587년(선조 20)	文城郡夫人
인조	1595~1649	인열왕후	1594~1635	1610년(광해군 2)	淸城縣夫人

아들 인종과 명종을 비롯해서 효종과 현종은 모두 왕비보다 먼저 세상을 떠났기 때문에 계비를 맞이할 필요가 없었다. 특히 인종은 재위 9개월 만에 요절하였고, 광해군은 왕위계승 후보자가 아닌 군의 지위에서 문성군부인文城君夫人 유씨柳氏와 혼인하였고 1623년(광해군 15)에 폐출되었다.

중종의 문정왕후가 계비로 들어온 이후에 선조대에도 의인왕후懿仁王后(원비)가 승하하면서 계비를 선발해야 하는 일이 다시 발생하였다. 선조의 비 의인왕후 박씨는 1569년(선조 2) 12월에 15살의 나이로 왕비가 되었다. 이후 1600년(선조 33) 6월에 46살의 나이로 선조보다 먼저 세상을 떠나면서[40] 선조는 계비를 간택해야만 했다. 예조에서는 의인왕후의 소상小祥이 막 끝난 시점인 1601년 10월 7일, 선조에게 아래와 같은 글을 올렸다.

> 예조에서 아뢰기를, "국가가 불행하여 곤궁의 자리가 오래 비게 되어서 위로 종묘를 받들고 아래로 신민에게 임하는 의리에 모두 결함이 있게 되었으니 많은 신하들의 심정이 몹시 안타깝고 답답합니다. 3년 후에 아내를 얻는다는 것은 《예경禮經》에 실려 있는데, 우리나라의 구전舊典은 어떠한지 알 수 없습니다. 전에 묘향산妙香山에서 올라온 《등록》을 상고하니, 선왕조에서는 모두 3년 뒤에 곤위를 정하였기 때문에 대상大祥·담제禫祭 전에는 감히 쉽게 아뢸 수가 없었습니다. 지금은 담사禫事도 이미 지나고 금년도 거의 다 지났으니,

---

		장렬왕후	1624~1688	1638년(인조 16)	계비
효종	1619~1659	인선왕후	1618~1674	1631년(효종 2)	豊安府夫人
현종	1641~1674	명성왕후	1642~1683	1651년(효종 2)	세자빈
숙종	1661~1720	인경왕후	1661~1680	1671년(현종 12)	세자빈
		인현왕후	1667~1701	1681년(숙종 7)	계비
		인원왕후	1687~1757	1702년(숙종 28)	계비
		폐비 장씨	1659~1701	1690년(숙종 16)	후궁

40 《선조실록》 권126, 선조 33년 6월 27일(무술).

재기再期 후에 곤위를 맞는다 하더라도 앞으로 날짜가 많지 않습니다. 대혼례는 반드시 미리 강정講定해야만이 차례로 응당 행할 절목이 있게 되고 유사 역시 반드시 조처할 일이 있게 됩니다. 대신의 뜻도 그러하므로 황공하게 감히 아룁니다." 하니, 윤허한다고 전교하였다.[41]

이 내용으로 보면, 예조에서 왕비의 3년상이 채 끝나기도 전에 선조의 재혼 의사가 있음을 확인한 것이다. 소상이 끝나기도 전에 갑자기 선조의 재혼 의사를 물은 까닭은 세자 광해군에 대한 선조의 마음을 조정 대신들이 확인하기 위해서였다. 광해군은 공빈 김씨가 낳은 아들로, 선조가 즉위한 지 25년 동안 의인왕후가 아들을 낳지 못하자 임진왜란 때인 1592년(선조 25) 4월에야 비로소 세자로 책봉된 왕자였다.

이 당시 선조가 거듭 선위 명령을 내리고 명나라에서 세자 책봉을 미루었기 때문에 광해군의 지위는 순탄치 못하였다.[42] 따라서 이 시기의 계비 간택은 광해군에 대한 선조의 심중을 알아보기 위한 대신들의 의중이 반영된 것이라 하겠다. 이때 재혼 의사를 묻는 예조에 선조는 재혼하겠다고 나섰다. 이는 분명 세자를 바꾸고 싶어 한다는 선조의 본심이었다. 세자의 책봉을 위해 명나라에 사신을 보내자고 요청하자 "몇 년 더 기다리는 것이 좋겠다. 이 문제를 다시 논의하여 보고하라."며 신료들의 요청을 거절한 선조의 모습에서 알 수 있다. 심지어 선조는 이 논의가 끝나자 한 달 뒤에 금혼령을 어느 때에 내릴지를 묻는 예조에 14세의 처녀 간택을 하도록 명하였

41 《선조실록》 권142, 선조 34년 10월 7일(신미).

42 광해군의 왕위 즉위 과정과 관련해서는 이영춘의 《조선후기 왕위계승 연구》(집문당, 1998), 한명기의 《광해군, 탁월한 외교정책을 펀친 군주》(역사비평사, 2000), 오항녕의 《광해군, 그 위험한 거울》(너머북스, 2012), 계승범의 〈세자 광해군〉(《한국인물사연구》 20, 2013) 등이 있다.

다. 이러한 사정이 아래에 보인다.

> 예조에서 아뢰기를, "3년 뒤에 왕비를 맞아들이는 일은 분명히 근거할 만한 것이 있으나, 어느 달부터 금혼하고 어느 달부터 간택한다는 등의 절목은 또한 분명치 않습니다. 다만 장경왕후의 소상小祥이 지난 그 다음 달에 전교하기를, '대신이 중전의 자리는 오랫동안 비워둘 수 없으니 모름지기 미리 처녀를 간택해야 한다고 하였다.' 하였으니, 왕비의 책립은 비록 재기(再期, 삼년상) 뒤에 있었으나, 간택은 반드시 그 전에 있었던 것입니다. …" 하니 전교하기를, "14세 이상부터 선발하라." 하였다.[43]

선조의 계비 간택과정에서 주목되는 점은 선조의 총애를 받아 4남 5녀를 낳은 인빈 김씨를 왕비로 승격시키자는 논의가 없었다는 점이다. 이것은 중종이 문정왕후를 계비로 선발하기 전에 가장 총애하고 있었던 경빈 박씨를 왕비로 승격시키려고 했던 그전 시기의 상황과는 사뭇 다르다.[44] 경빈 박씨 자신도 장경왕후의 선례를 좇아 공석이 된 왕비 자리를 차지하기 위한 기회를 엿보았었다. 그러나 선조의 인빈 김씨는 그런 욕심을 꿈꾸지 않았다. 이때 선조는 1602년(선조 35)에 이조좌랑 김제남金悌男의 딸 인목왕후仁穆王后를 계비로 맞아들였다.[45] 이로써 보면, 중종대에 문정왕후를 계비로 간택한 이후 더 이상 후궁의 지위에 있는 여성을 계비로 삼지 못한다는 인

43 《선조실록》 권143, 선조 34년 11월 10일(갑진). "禮曹啓曰 伏見香山謄錄 三年後納妃之事 則明有可據 而自某月始爲禁婚 自某月始爲揀擇等項節目 則亦不分明 但章敬王后少祥後 翌月傳敎曰 大臣以爲 中位不可久闕 須預擇處女云 則冊立雖在於再期之後 選擇必在於其前 請自今月十一日爲始 京外一切禁婚事 掛榜知委 且令五部及各道處女單子 急速捧入 此外節目及定限 則憑考規例 更爲稟旨擧行何如 大臣之意亦然 敢啓 傳曰允 自十四歲以上 且選擇時 着在家常服之服 愼勿着奢侈之衣事 并預爲知委."

44 이미선, 앞의 논문, 2017, 181~184쪽.

45 《선조실록》 권35, 선조 35년 2월 3일(병인).

식이 형성된 듯하다. 즉, 중종이 문정왕후를 처음 간택한 이후 이를 신조가 계승하면서 외부 간택에 의한 계비 선정은 점차 정착되고 있었다. 그러나 '어느 달부터 금혼하고 어느 달부터 간택한다는 등의 절목은 또한 분명치 않습니다'라는 데에서 알 수 있듯이 계비 선정과 관련된 여타 의례적인 부분에 있어서는 아직 확고히 정착되지 못하였다. 무엇보다 이 당시의 계비 간택은 왕비 사후 3년 뒤에 계비를 정한다는 선대의 전례는 따르지 않고 죽은 뒤 1년 만에 추진되었다.

또 다른 계비 선발은 인조대에 이루어졌다. 인조는 선조의 다섯째 아들 정원군定遠君의 아들이자 인빈 김씨의 손자이다. 그는 1623년 김류金瑬·김자점金自點·이귀李貴·이괄李适 등 서인이 주도한 반정으로 왕위에 오른 왕이다. 따라서 그는 왕위계승자가 아니었으므로, 능양군綾陽君 시절인 1610년(광해군 2)에 이미 청성현부인淸城縣夫人 한씨韓氏를 맞이했다.

1623년(인조 1)에 인조반정으로 왕위에 오르면서 현부인 한씨는 인조의 원비로 자동적으로 승격되었다. 그러나 인열왕후仁烈王后가 1635년(인조 13) 12월에 대군을 해산하고 나흘 만에 산후병으로 사망하면서[46] 왕비 자리에 공석이 생겨 계비를 간택해야 하는 상황이 또 다시 발생하였다. 인열왕후의 3년상이 끝난 직후인 1637년 3월에 계비 간택에 대한 본격적인 논의가 시작되었다. 대신들은 인조에게 종묘에 주부主婦가 있어야 하고 국모가 있어야 함을 강조하면서 혼례를 시행하도록 요청하였다. 그러나 인조는, 계비는 예로부터 해독은 있으나 유익함은 없었다는 이유를 들며 재취할 생각이 없다는 답변만을 반복할 뿐이었다.[47] 이는 병자호란으로 국가가 안정되지

46 《인조실록》 권31, 인조 13년 12월 5일(신사); 《인조실록》 권31, 인조 13년 12월 9일(을유).

않았기 때문이다.

인조의 태도가 돌변한 것은 같은 해 12월 겨울이었다. 국사를 논의하는 자리에서 조정 대신들은 국모의 자리를 하루라도 비워서는 안 되고, 국모를 간절히 바라는 백성들의 소망을 저버려서는 안 된다고 계비 간택의 필요성을 강하게 요청하였다. 신료들의 이러한 요구로, 계비를 세우지 않겠다고 했던 인조는 결국 새로이 처녀를 뽑아 중궁전의 새 주인을 맞이하기로 허락했다.[48]

왕의 계비 간택이 기정사실화하면서 본격적인 논의가 시작되었다. 1638년(인조 16) 1월에 간택 절차에 대한 의견이 제시되었다. 승지 김광욱金光煜 등 대신들은 왕비를 간택할 때에 검소하게 하고, 국왕이 간선하기보다 왕대비가 합당한 처자를 직접 보고 간선하도록 아뢰었다.[49] 이로써 보면, 인조는 왕대비가 후보자를 간택하였던 기존 관례를 무시하고 직접 간택하고자 했던 듯 보인다. 이때 사대부 집안에서 제출한 처자단자處子單子 건수는 인조가 노할 정도로 수합되지 못했다.[50] 간택 과정에서 여러 가지 우여곡절을 겪고 난 인조는 마침내 그해 10월에 인천부사仁川府使 조창원趙昌遠의 딸을 최종 계

47 《인조실록》 권34, 인조 15년 3월 27일(병인). "宗廟之重 不可無主婦 兆民之衆 不可無國母 仁烈王后祥期旣過 該曹卽當稟處 而緣有兵亂 至今未果 坤位久缺 誠極未安 今者時事稍定 大禮之行 一日爲急 人士雖未還集 善加聞見 則可備揀擇 物力雖曰蕩殘 務從儉約 則足以成禮 請令該曹 稟旨定奪 答曰 繼妃於國家 自古有害而無益 予不欲爲此有害之擧 貽弊於子孫臣民也 且三年喪制 亦甚重大 慈父所可念及處 故予已決意不欲再娶矣."

48 《승정원일기》 62책, 인조 15년 12월 22일(병진).

49 《인조실록》 권36, 인조 16년 1월 10일(갑술). "光煜又曰 王妃揀擇之時 勿令盛飭 務從儉素 上曰 雖在平時 有識之家則不以紗段爲飾 況此亂離之餘乎 雖着木綿衣 亦宜矣 該曹以勿着段絹事 知委于中外可也 韓汝溭曰 舊例 王妃揀擇時 王大妃揀擇處女 而今者自上親揀 似未妥 當使解事宮人 替行可矣 上曰 事係重大 不宜徒取容貌而已 似難容易言之矣."

50 《승정원일기》 62책, 인조 16년 1월 21일(을유); 《인조실록》 권36, 인조 16년 3월 16일(기묘).

비로 선발하였다. 기존 관행대로 왕비가 죽은 지 3년 만에 새로운 명문대가의 처자를 계비로 선발한 것이다.

숙종대에 이르기까지 또 다시 계비를 간선할 필요가 없었다. 인조의 뒤를 이은 효종은 1631년(인조 9) 봉림대군鳳林大君의 지위에서 우의정 장유張維의 딸을 맞이하였고, 1645년(인조 23) 소현세자가 죽으면서 봉림대군은 세자로, 풍안부부인豊安府夫人은 세자빈이 되었다. 효종이 1659년(효종 10) 5월에 인선왕후仁宣王后보다 먼저 승하하는 바람에 왕비를 선발하는 상황은 발생하지 않았다. 효종의 아들 현종도 예외는 아니어서 1651년(효종 2)에 명성왕후明聖王后 김씨와 혼인하였으나, 1674년(현종 15)에 34세의 나이로 명성왕후보다 먼저 죽었기 때문에 계비를 간택하는 문제는 일어나지 않았다.

계비 선발 문제가 인조 이후 다시 논의된 때는 숙종대의 일이다. 숙종의 원비인 인경왕후仁敬王后가 1680년(숙종 6) 10월에 갑자기 천연두를 앓아 발병한 지 8일 만에 세상을 떠나면서 왕비의 자리가 공석이 되었다. 인경왕후의 국상을 치르고 난 뒤인 다음 해 1월 3일부터 계비를 맞을 국혼의 논의가 본격적으로 이루어졌다.[51] 이때 숙종에게는 숙의가 없었고 원자도 없었기 때문에 왕대비 명성왕후는 숙의의 지위에서 왕비에 승격되는 기존의 방식이 이치에 어긋난다고 비판하면서, 왕비가 죽은 지 3년 만에 외부의 명문대가의 처자를 계비로 선발하는 기존의 방식을 약간 변경시켜 졸곡卒哭 후에 왕비를 뽑자고 제안하였다.

> 왕대비가 언서로 하교하기를, "… 주상을 생각해 보건대, 아직도 국본이 있지 아니하니, 국가의 중대한 일로서 이보다 큰 것이 없다. 예문을 가지고 말한

---

51 숙종과 인현왕후의 가례에 대한 내용은 이미선의 〈숙종과 인현왕후의 가례 고찰〉(《장서각》 14, 2005)이 참조된다.

다면, 대혼은 기년 후에 거행해야 마땅하겠지만, 국가의 사변事變이 무궁하고 또한 권도가 있으므로, 밤낮으로 생각해 보고 조정에 문의하고자 하는 것이다. 일찍이 국조의 고사를 들어 보건대, 계비의 책봉은 숙의로부터 그대로 정위에 오르는 일이 많았다고 하는데, 지금은 숙의가 없을 뿐만 아니라, 국모를 존숭하는 의식을 지금 미리 정하고자 한다면, 먼저 이러한 명호로써 뽑아 들여야 할 것이니, 도리道理에 마땅하지 못하다. 비록 기년 전이라 하더라도 이미 권도를 썼다면, 육례를 거행하지 않을 수 없는데, 여러 사람의 의논이 어떠한지 알지 못하겠다. 예문은 본래 절차가 많아서 시일이 절로 미루게 되는 것이다. 그렇다면 특별히 속히 행할 뜻은 없으니, 이제 마땅히 예조에서 미리 통지하여 경외의 처자들의 단자를 거두어들이게 하고, 3개월 졸곡 후에 초간택을 행할 것을 정하는 것이 어떠한지 알지 못하겠다. …"

영중추부사 송시열 등이 아뢰기를, "… 대비의 전교 가운데에 이른바 숙의를 그대로 정위에 올리는 것이 도리道理에 마땅치 못하다고 신칙하신 것은 진실로 선성先聖의 교훈에 부합하니, 숙의가 있고 없는 것은 오늘에 거론할 수가 없습니다. 그러나 저사儲嗣를 넓힌다는 뜻으로 말한다면, 먼저 숙의를 뽑고, 다시 기년 후에 빨리 육례를 갖추어 특별히 명가에서 좋은 배필을 뽑아 왕비의 정위를 정하는 것이 바로 정당한 도리가 될 것입니다. 신등의 뜻은 이와 같으나, 만약 기년 전에 갑자기 육례를 거행하고 왕비를 정한다면, 일이 상경常經을 폐하고 권도를 행하는 데 관계되므로, 성인이 아니면 행할 수 없는 것이니, 신등은 감히 가볍게 의논하지 못하겠습니다. 만약 자성 전하께서 종사를 위한 대계로 여기시고 통변通變하는 바가 있다면, 많은 신하들이 자기의 견해를 감히 치우치게 고집할 수가 없을 것입니다. 오로지 자성 전하께서 헤아리셔서 잘 처리하시기 바랍니다. 여염에서 잇달아 혼인하고 피할 것을 꾀할 것이라는 염려에 대해서는 원칙적으로 국휼의 졸곡 전에는 《오례의五禮儀》에서 혼인을 금지하고 있고, 근일에 예조에서 또 교조를 신칙하면서 납폐와 아울러 금단하였으니, 사대부가 감히 위배하지 못할 것입니다. 신등은 감히 자성 전하께 곧바로 아뢰지 못하고, 감히 이에 아뢰니다."[52]

52 《숙종실록》 권11, 숙종 7년 1월 3일(정사).

위 인용문과 같이 명성왕후가 3개월 졸곡 후에 서둘러 계비를 정하자고 한 데에는 무엇보다 국본이 정해지지 않았기 때문이다. 인경왕후가 두 명의 공주를 낳았으나[53] 모두 일찍 죽은 바람에[54] 20살 된 숙종은 사실상 슬하에 자녀를 두지 못하였다. 이에 대신들은 저사를 넓힌다는 차원에서 계비를 바로 선발하지 말고 숙의를 먼저 선정한 뒤 1년 뒤에 계비를 뽑자며 명성왕후 의견을 반대하였다. 다만 1년 안에 뽑을 것인지, 3년상을 기다렸다가 뽑을 것인지 국혼 시행 시기에 대해 왕대비의 의향을 물었다. 다음 날에 왕대비의 의견을 들은 숙종과 대신 사이에는 아래의 의견을 내놓았다.

> 왕대비가 빈청에 하교하기를, "… 단자를 미리 거두어들인다는 한 가지 일은 경중뿐만 아니라, 반드시 외방의 단자를 거두어들이기까지 기다려야 할 것이고, 처자가 올라오기를 기다렸다가 비로소 초간택을 해야 할 것이다. 그 사이에 날짜가 지연되는 것이 거의 두 달에 이르게 될 것이므로, 단자는 지금부터 미리 거두어들이도록 분부하고자 하는 것이다. 초간택은 3월로 날짜를 정한다면, 외방의 처자들은 반드시 미리 올라올 것이다. …."
>
> 빈청에서 구전口傳하여 아뢰기를, "신등이 … 경중과 기전畿甸에서 먼저 간택하고 원방遠方은 해조로 하여금 단지 이름난 가문과 훌륭한 혈통〔名家右族〕만을 택해서 합당할 만한 자의 단자를 거두어들이게 한다면, 3월 안에 초간택을 거행할 수 있을 것입니다."[55]

이 내용으로 보면, 숙종과 대신들은 저사가 없는 상황에서 기년朞年 내에 계비를 선발하는 데에 합의점을 찾고 있음을 알 수 있다. 다만 간택 단자의 대상 지역과 시일에 대해서는 서로 의견이 달랐

53 《승정원일기》 259책, 숙종 3년 4월 27일(계유); 《승정원일기》 273책, 숙종 5년 10월 23일(갑신).

54 《승정원일기》 264책, 숙종 4년 윤3월 13일(계축).

55 《숙종실록》 권11, 숙종 7년 1월 4일(무오).

다. 원칙적으로 국휼國恤의 졸곡 전에는 《오례의五禮儀》에서 혼인을 금지하고 있었다. 그러나 숙종은 자신의 의견을 개진하여 불과 5개월 만인 1681년(숙종 7) 3월에 병조판서 민유중閔維重의 딸 인현왕후仁顯王后를 간선하였다.[56] 이는 왕비가 죽은 뒤 1년 만에 계비를 선발한 선조비 인목왕후의 사례와 왕비 사후 3년 뒤에 계비를 정한 인조비 장렬왕후의 사례와도 비교된다. 인목왕후 김씨가 계비로 간택되었을 때 공빈 김씨를 비롯하여 인빈 김씨, 순빈 김씨 등 많은 후궁이 있었고, 그들이 낳은 왕자들이 많았다. 또한 장렬왕후 조씨가 계비로 간택되었을 때 소현세자는 물론 봉림대군, 인평대군, 용성대군 등 원비의 소생들이 있었다. 이처럼 숙종은 보통 국상 중이거나 선왕의 부묘 이전에는 국혼을 치르지 않은 것이 관례였음에도, 원자 또는 세자의 부재 등 긴박한 사정 때문에 서둘러 인현왕후 민씨를 선발했던 것이다.

주목되는 것은, 숙종대에 후궁의 지위에 있는 여성을 계비로 승격시킬 수 없다는 인식이 자리 잡고 있었다는 점이다. 이는 성리학 이념과 내명부 법 체제가 뿌리내린 시대가 되었음을 의미한다고 하겠다. 이후 변칙적으로 계비의 자리에 오른 장희빈을 제외하고는 조선시대에 왕비 유고 시 간택 절차를 통해 외부에서 새로운 여성을 계비로 맞아들이는 이 관행은 숙종의 인원왕후仁元王后, 경종의 선의왕후宣懿王后, 영조의 정순왕후貞純王后, 헌종의 효정왕후孝定王后, 순종의 순정효황후純貞孝皇后 등 조선왕조 230년 역사 동안 지속적으로 시행되었다.[57]

56 《숙종실록》 권11, 숙종 7년 3월 26일(기묘).

57 숙종~경종조까지 국왕과 왕비의 생몰년을 살펴보면, 아래와 같다.

2. 간택 숙의의 입궁 경위와 가문

1) 계사繼嗣 확대를 위한 숙의 간택의 시행

문정왕후의 왕비 간택은 단종 비 정순왕후 간택 이후에 처음 시행된 계비 선정이었다. 정순왕후 간택은 조선 왕조 역사상 최초의 왕비 간택이자, 1빈 2잉의 원칙을 적용하여 왕비 간택과 후궁 간택이 동시에 시행된 첫 왕비 간택이었다.[58] 중종 비 문정왕후의 경우처럼 외부 간택에 의해 계비 선정이 이루어지기 이전에는 후궁 출신의 계비가 승격되었다. 이때 후궁 봉작명은 종2품 숙의이고, 숙의

【표 Ⅳ-2】 조선 후기 국왕과 왕비의 생몰년

국왕	생몰년	왕후	생몰년	가례년도	지위
숙종	1661~1720	인경왕후	1661~1680	1671년(현종 12)	세자빈
		인현왕후	1667~1701	1681년(숙종 7)	계비
		인원왕후	1687~1757	1702년(숙종 28)	계비
		폐비장씨	1659~1701	1690년(숙종 16)	후궁
경종	1688~1724	단의왕후	1686~1718	1696년(숙종 22)	세자빈
		선의왕후	1705~1730	1718년(숙종 44)	세자빈
영조	1694~1776	정성왕후	1692~1757	1704년(숙종 30)	達城郡夫人
		정순왕후	1745~1805	1759년(영조 35)	계비
진종	1719~1728	효순왕후	1715~1751	1727년(영조 3)	세자빈
장조	1735~1762	헌경왕후	1735~1815	1744년(영조 20)	세자빈
정조	1752~1800	효의왕후	1753~1821	1762년(영조 38)	세손빈
순조	1790~1834	순원왕후	1789~1857	1802년(순조 2)	원비
익종	1809~1830	신정왕후	1808~1890	1819년(순조 19)	세자빈
헌종	1827~1849	효현왕후	1828~1843	1837년(헌종 3)	원비
		효정왕후	1831~1903	1844년(헌종 10)	계비
철종	1831~1863	철인왕후	1837~1878	1851년(철종 2)	원비
고종	1852~1919	명성왕후	1851~1895	1866년(고종 3)	원비
순종	1874~1926	순명효황후	1872~1904	1882년(고종 19)	원비
		순정효황후	1894~1966	1906년(광무 10)	계비

58 이 책 제Ⅲ장 1절 1)을 참조.

【도판 Ⅳ-2】 백자청화 숙의 윤씨 묘지
군기시 첨정 윤훤의 딸이자 연산군의 후궁인 숙의 윤씨의 출생부터 사망까지의 주요 일대기를 백자 도판 3장에 나눠 기록한 것으로, 사망한 1568년(선조 1)에 제작되었다(이화여자대학교 박물관 소장).

로 뽑힌 후궁들을 '차비'라 불렀으며, 이들은 왕비예비자 또는 왕비대기자로서의 역할을 담당해 왔다.

그러나 외부에서 새로운 처자를 계비로 선정한 이후부터 왕실에서는 왕비 간택과 숙의 간택이 별도로 행해졌다. 그 이후에 외부 간택에 의한 계비 선정이 시행되면서 후궁이 지닌 왕비예비자로서의 역할은 점점 약해지고 주요 임무인 후사 생산자 또는 계사 확대자로서의 의무는 강해지게 되었다. 후사를 넓히는 의무는 숙의 간택의 공식적인 목적이 되었다.[59] 이는 궁극적으로 왕실의 자손을 번창시

---

59 《연산군일기》 권62, 연산군 12년 6월 13일(신유). "古者多畜後庭 蓋以供內事而衍宗支也."
《중종실록》 권21, 중종 10년 1월 3일(신유). "卽位之初 選入三淑儀者 爲廣繼嗣也 今其闕一 選入其代可也."
《중종실록》 권81, 중종 31년 5월 8일(임신). "我祖宗朝爲淑儀 非一二 其爲國家長遠之計至矣."
《선조실록》 권14, 선조 13년 5월 26일(갑오). "旣定中宮 又設淑儀 所以廣繼嗣也 但我 國婚禮不嚴 士大夫處女 聚會簡擇于宮中 視其可者而定之 凡所以愼男女之際 而重婚姻之禮也."

키기 위한 목적에서 비롯된 것이다. 이 때문에 왕비의 위상은 상대적으로 높아지고 그 존재의 상징성도 더욱 강화되었다.

이 절에서는 중종 이후에 이루어진 숙의 간택의 입궁 경위를 국왕별로 살펴보되, 이들이 정치적 역학관계에 의하여 선발되었음을 알아보고자 한다. 단, 연산군의 간택 후궁도 함께 언급하고자 한다.

연산군의 간택 후궁은 네 명이었다. 이들은 모두 무오사화戊午士禍 이후에 입궁하였다. 1501년(연산군 7)에 군기시 첨정 윤훤尹萱의 둘째 딸을 숙의로 책봉하였다.[60] 그녀는 두 살 때 어머니를 잃고 열세 살 터울이 지는 언니 참봉 임명필任明弼의 아내에게서 자랐다.[61] 그녀의 나이 21살에 후궁이 될 수 있었던 것은, 그녀의 집안이 명문대가였기 때문이다. 숙의 윤씨는 사헌부 지평 윤면尹眄의 증손녀로,[62] 첫째 오빠 윤은보尹殷輔와 둘째 오빠 윤은필尹殷弼은 성종, 연산군, 중종 3대에 걸쳐 요직을 두루 거친 인물들이었다.

그로부터 5년 뒤 1506년(연산군 12)에 숙의 권씨의 부친 권령權齡과 숙의 민씨의 부친 민효손閔孝孫이 당상직에 제수되었는데,[63] 이를 근거로 권령의 막내딸과 민효손의 첫째 딸이[64] 후궁에 봉작되었음을 알 수 있다. 1503년(연산군 9) 6월에 외숙부 윤금손尹金孫의 승진이 부당하다는 사간원의 차자箚子가 있는 것으로 볼 때, 숙의 민씨는 숙의 윤씨 이후에 간택된 것으로 보인다. 연산군은 또다시 20~30세의

60 《연산군일기》 권41, 연산군 7년 8월 1일(병오).

61 윤훤의 딸〔淑儀尹氏〕은 1501년(연산군 7)에 숙의가 된 지 3년 뒤에 부친 윤훤이 죽었다. 중종반정 이후에는 첫째 오빠 영의정 윤은보의 사가에서 함께 살았고, 윤은보의 딸〔判書 權纘의 妻〕을 시양녀로 삼았다. 1568년(선조 1)에 향년 88세 나이로 졸한다(〈淑儀尹氏墓誌〉, 이화여자대학교 박물관 소장).

62 海平尹氏大同譜刊行委員會, 《海平尹氏大同譜》 1, 2005, 11~17쪽.

63 《연산군일기》 권61, 연산군 12년 2월 18일(무진).

64 權容觀, 1935, 《安東權氏世譜》 1~22, 藏 MF 35-3804~05, 月~張쪽; 閔永采, 《驪興閔氏族譜》 1~39, 藏 MF 35-3967, 1923, 冬一~冬二.

결혼하지 않은 여자인 청녀靑女[65]를 숙의에 간택하도록 명하였다.[66] 이때 장석조張碩祖의 딸이 간택되었다.[67] 그러나 연산군이 폐위되는 바람에 그녀의 종적을 더 이상 확인할 수가 없다.

중종의 원자 인종은 장경왕후 윤씨의 소생이다. 그는 1520년(중종 15) 6살에 왕세자로 책봉된 후, 1544년(인종 1) 11월에 즉위하기까지 25년 동안(1520~1544년) 동궁으로 있었다. 이후 왕위에 오른 지 불과 8개월 만에 31세의 나이로 요절하였기 때문에[68] 왕세자 시절에 중종의 주도 하에 맞이한 잉첩들이 전부였다.

인종은 동궁으로 있었던 시절에 숙빈 윤씨와 귀인 정씨를 맞이하였다. 이들은 중종의 주관 아래 두 차례에 걸쳐 뽑혔다. 1532년(중종 27) 2월에 삼정승은 왕실의 후사를 넓히기 위해 세자의 잉첩 간선을 주장하였다.[69] 다음 해에 중종은 정유침鄭惟沈의 맏딸을 양제良娣로 맞아들였다.[70] 양제 정씨는 서인의 거두 정철鄭澈의 큰누나이다. 14세에 인종의 잉첩으로 입궁하여 인종의 등극과 함께 숙의로 승급되었다. 인종 승하 이후에 인수궁仁壽宮으로 물러나 있던 그녀는 32세에 순회세자順懷世子의 탄생을 기념하여 명종에 의해 특별히 소의로 책봉되었고, 1563년(명종 18)에 거듭 귀인으로 승격되었다.[71]

인종의 잉첩 선발은 중종의 주도 아래 이루어졌지만, 중종 말년에서 명종조까지 일어난 정치적 사건들을 살펴보면 문정왕후의 입김이 작용했음을 알 수 있다.[72] 윤원량尹元良의 딸이 잉첩으로 간택된

65 《연산군일기》 권61, 연산군 12년 1월 12일(임진). "傳曰 未嫁女 以靑女稱號."
66 《연산군일기》 권63, 연산군 12년 8월 9일(병진).
67 《연산군일기》 권63, 연산군 12년 8월 25일(임신).
68 《인종실록》 권2, 인종 원년 7월 1일(신유).
69 《중종실록》 권72, 중종 27년 2월 14일(계사).
70 《중종실록》 권74, 중종 28년 3월 4일(정미).
71 李珥, 《栗谷全書》 권18, 〈行狀〉〈貴人鄭氏行狀〉(《한국문집총간》 권44, 1989).

사실에서도 그것을 확인할 수 있다.

문정왕후 윤씨가 1534년(중종 29)에 경원대군慶原大君을 낳게 되면서 인종의 외척세력인 윤임과 명종의 외척세력인 윤원형尹元衡 일파와의 갈등이 심화되었다.[73] 이때 장경왕후 윤씨 소생인 효혜공주가 김안로金安老의 차남 김희金禧와 혼인하면서 김안로의 세력이 강화되었다. 그는 세자〔인종〕를 보호한다는 명분하에 문정왕후를 억누르고 윤원로尹元老·윤원형 형제를 외직으로 축출하였다. 이렇듯 인종의 외척인 윤임, 김안로 세력과 명종의 외척이자 문정왕후의 친정 세력인 윤원로, 윤원형 세력이 서로 대응하면서 갈등을 표출한 상황이었다.[74]

윤원량의 딸이 잉첩으로 들어온 때는 이와 같은 권력 투쟁의 과정 중에 있었다. 양제 정씨가 들어온 지 2년이 지났는데도 원손을 생산하지 못하자 중종은 1535년(중종 30) 11월에 세자의 잉첩을 더 뽑도록 하였다.[75] 이때 윤개尹漑와 윤원량의 딸〔숙빈 윤씨〕이 양제로 선발되었다.[76]

권신 김안로도 자신의 외손녀 박춘란朴春蘭의 딸을 동궁의 잉첩에

---

72 1527년(중종 22)에 일어나서 1533년(중종 28)에 경빈 박씨와 복성군 이미李嵋를 사사시킨 작서의 변과 1537년(중종 32)에 김안로를 사사케 한 일, 1539년(중종 34)에 발생한 동궁 화재 사건, 그리고 乙巳士禍 등은 그 배후에 문정왕후가 있었음을 알 수 있는 대목이다. 이와 관련된 연구로는 金燉의 〈中宗代 '灼鼠의 變'과 政治的 陰謀의 성격〉(《한국사연구》 119, 2002)이 있다.

73 사관은 이러한 상황을 다음과 같이 기록하고 있다.
中廟末年 仁廟在東宮 長而無子 上幼爲大君 仁廟之舅尹任 與元衡及其兄元老有隙 金安老用事 以保護東宮爲名 欲以傾中宮 以張其勢 乃奏放元老兄事于外 大小尹之說 自此始起 元老旣敗 流言日播 文定欲托外臣以自固 於是李芑陰詰元老兄弟(《명종실록》 권31, 명종 20년 8월 27일(신묘).

74 金燉, 《朝鮮前期 君臣權力關係 硏究》, 서울대학교 출판부, 1997, 234~235쪽.

75 《중종실록》 권80, 중종 30년 11월 16일(계유).

76 《중종실록》 권81, 중종 31년 5월 15일(기사).

선발시키고자 했다. 당시 사관이 '정권이 나라에 있지 않고 김안로의 손아귀에 쥐어져 있었다'[77]고 평가할 만큼 김안로는 국왕과 대신, 삼사를 포섭하거나 장악할 정도로 상당한 영향력을 행사했었다.[78] 중종의 신임을 기반으로[79] 부마인 아들 김희를 통해 궁중의 사정을 훤히 파악함으로써[80] 가장 중요한 권력의 원천인 국왕과 왕실을 거의 완벽하게 포섭했던 것이다.

그래서 김안로는 윤원량의 딸과 윤개의 딸이 양제 후보자의 자격이 없음을 논박하였다.[81] 당시 윤개의 딸은 작서의 변에 가담한 영춘군永春君의 아내 박씨의 외손녀였다는 이유로 간택에서 취소되었고,[82] 이를 빌미로 윤개의 보복을 두려워한 윤원량은 윤개를 해치려고 하였다.[83] 윤원량의 딸은 문정왕후 윤씨의 조카였기 때문에 그녀를 양제로 들이는 일에 대신들의 반대여론이 거셌다. 하지만 그녀는 인종의 잉첩이 되었다. 이에는 문정왕후의 입김이 작용되었을 것이라 생각된다.

1544년(중종 39) 11월에 중종이 세상을 떠났다. 뒤를 이은 인종은 왕위에 오른 지 8개월 만인 1545년(명종 1)에 후사 없이 급서한 탓에 이복동생 12세의 명종이 즉위하였다. 이 때문에 모후 문정왕후의

---

77 《중종실록》 권78, 중종 29년 11월 22일(갑신). "史臣曰 安老本奸兇之一魁也 … 國家政柄 不在國 而都在安老之手."

78 金範, 〈朝鮮前期의 王權과 政局運營-成宗·燕山君·中宗代를 중심으로-〉, 고려대학교 박사학위논문, 2005, 149~150쪽.

79 金宇基, 〈銓郎과 三司의 관계에서 본 16세기 권력 구조〉, 《역사교육논집》 13, 역사교육학회, 1990, 631·638쪽.

80 《중종실록》 권83, 중종 32년 1월 17일(정유). "安老子禧尙公主 故以此得通宮掖 凡宮中所爲 無不洞知 宮人根脚 亦皆周審."

81 《중종실록》 권87, 중종 33년 2월 20일(갑자).

82 《중종실록》 권81, 중종 31년 5월 20일(갑술).

83 《중종실록》 권83, 중종 32년 1월 17일(정유).

수렴청정(1545~1553)이 실시되었다. 그동안 내재해 온 대윤大尹과 소윤小尹의 갈등은 명종의 즉위로 말미암아 소윤의 승리로 귀결되었다. 당시 윤인경尹仁鏡과 유관柳灌 등이 윤원로의 전권專權을 탄핵하여 남양南陽으로 유배가게 되자, 윤원형은 정난정鄭蘭貞과 함께 윤임이 계림군桂林君 이유李瑠를 추대하려 했다는 소문을 퍼뜨렸다. 이유는 성종의 3남 계성군桂城君의 양자養子인데, 이를 빌미로 윤임과 유관 등을 처형하였다.[84] 이와 같이 명종조에 문정왕후의 수렴청정이 이루어지고 을사사화乙巳士禍가 일어나면서 윤원형 형제를 중심으로 한 외척 정권이 왕실을 장악하였다.[85]

명종조에 이루어진 숙의 간택은 이러한 정치적 상황 속에서 문정왕후의 주관으로 세 차례 이루어졌다. 문정왕후 윤씨는 명종 즉위에서 1553년(명종 8) 7월까지 8년 동안 수렴청정을 하였다. 그래서 명종의 친정 이후부터 1565년(명종 20)에 언서 유교諺書遺教를 내리고 승하할 때까지 사실상 국정의 실권을 장악하였다.[86]

1548년(명종 3) 3월에 영의정 윤인경尹仁鏡 등은 문정왕후에게 왕실의 종통을 잇기 위해서 숙의 간택을 요청하였다.[87] 동지경연사同知經筵事 임권任權이 세가대족世家大族을 대상으로 금혼령을 아뢴 뒤[88] 7개월 뒤에 신언숙申彦淑과 정귀붕鄭龜朋에게 직책을 높여준 것으로 보아[89] 이들의 딸이 숙의에 선발되었음을 알 수 있다. 실제로 숙의

84 韓春順, 〈明宗代 乙巳士禍研究〉, 《人文學研究》 2, 경희대학교 인문학연구소, 1998, 328~335쪽.

85 '너가 임금이 된 것은 모두 나의 오라버니와 나의 功이다'는 문정왕후의 발언처럼, 실제로 명종의 즉위는 문정왕후와 윤원형이 쟁취한 결과물이었다(李肯翊, 《(국역)연려실기술》 Ⅲ, 〈明宗朝 故事本末〉, 〈大妃垂簾〉, 경인문화사, 1976, 12쪽).

86 金燉, 앞의 책, 1997, 247쪽.

87 《명종실록》 권7, 명종 3년 3월 18일(계사).

88 《명종실록》 권8, 명종 3년 5월 1일(을해).

신씨의 묘지명에 따르면, 그녀는 1549년(명종 4) 17살에 입궁하여 1564년(명종 19) 32살에 소의로 승봉되었다. 그러나 그 이듬해인 1565년 33살에 자식 없이 죽었다.[90] 신씨의 묘지명을 쓴 사람이 지중추부사 정유길鄭惟吉이라는 점을 본다면, 이 집안과의 친분 관계가 있을 것이라 추측된다. 정유길은 정광필鄭光弼의 손자로, 권신 윤원형·이량李樑 등에게 아부한 사람이었음을 감안한다면,[91] 숙의 신씨 집안과의 연관성을 배제할 수 없다.

정귀붕의 집안도 예외는 아니어서 윤원형의 집권세력과 연결되어 있었다. 그는 정탁鄭鐸의 아들로 중종대에 형조판서와 호조판서·지중추부사 등 고위직을 역임한 정백붕鄭百朋·정순붕鄭順朋의 이복동생이었다.[92] 정귀붕의 이복형인 우의정 정순붕은 을사사화를 주도한 인물이었으므로, 문정왕후 윤씨와 윤원형의 친위 세력이었을 뿐만 아니라 그들과 동맹 관계였다.

숙의 신씨와 숙의 정씨가 입궁하였지만 3년이 지나도록 왕자녀를

89 《명종실록》 권8, 명종 3년 12월 21일(임술).

90 〈有明朝鮮國昭儀申氏墓誌〉(영남대학교 박물관 소장). "申氏平山望族 高麗侍中崇謙之後 曾祖諱承閔贈通政大夫吏曹參議 祖諱壽鵬副司直 考諱彦淑江西縣令 縣令娶贈工曹參判行楊口縣監 崔凝之女 嘉靖癸巳生昭儀 自幼柔淑貞嘉親族異之 及年十七選爲淑儀 甲子陞拜昭儀 乙丑春得徵恙及問大王大妃昇遐 哀慕疾轉劇 同年五月十五日 卒于避所 享年三十三 無子女 是年七月二十七日 葬于楊根木栗洞先塋之側辰坐戌向之原 昭儀事上接下動遵禮法朝夕 三宮間人莫有間言 且解書史有所獻替 上甚重之 及卒宸眷不弛 特遣中使 護喪葬焉 嘉靖四十四年七月 日 正憲大夫知中樞府事鄭惟吉誌."

91 《선조실록》 권8, 선조 7년 9월 26일(정유); 《선조수정실록》 권15, 선조 14년 9월 1일(임술); 《선조수정실록》 권22, 선조 21년 9월 1일(신해). 〔右議政鄭惟吉의 졸기〕.

92 《韓國系行譜》人, 寶庫社, 1992, 1120~1123쪽; 《溫陽鄭氏世譜》 권3, 藏 MF 35-2142~3, 罔~談쪽.
부친 정탁은 都震孫의 딸과 혼인하여 3남(鄭壽朋, 鄭百朋, 鄭順朋) 1녀를 낳았고 李元亨의 딸과 혼인하여 鄭龜朋을 낳았다.

출산하지 못하였다. 문정왕후는 1551년(명종 6)에 숙의 인원이 3명이었던 전례가 있었음을 들어 숙의 간택을 다시 명하였다.[93] 이때 선발된 후궁이 누구인지는 알 수 없다. 다만 1553년 정수鄭銖에게 관직 변동이 있었던 것으로 보아, 그의 둘째 딸이 숙의로 간택되었을 가능성이 높다. 정수의 사위가 문정왕후의 종손인 판관 윤견철尹堅鐵이고 보면[94] 숙의 정씨는 형부 덕분에 후궁이 되었을 것이다. 이 당시 후궁 간선은 문정왕후와 윤원형, 윤원로의 형제와 연결되어 있었다. 이러한 사정은 세자빈을 고질병이 있는 전 참봉前參奉 황대임黃大任의 딸로 간선한 사실에서도 확인된다. 황대임의 처조카가 바로 윤원형의 사위 안덕대安德大였는데, 이런 인맥 관계로 말미암아 그 딸이 세자빈으로 간택될 수 있었던 것이다.[95]

13년이 지난 1564년(명종 19) 2월, 인순왕후 심씨가 낳은 순회세자가 병사하고 후궁들이 여전히 왕자녀를 출산하지 못하자, 양가良家의 딸을 더 뽑았다.[96] 누가 숙의로 선발되었는지 확인할 수 없지만, 숙의 신씨의 존재가 보이고 있어[97] 신홍제愼弘濟의 셋째 딸이 뽑혔음을 추정해 본다. 그녀는 신승선의 증손녀로 단경왕후 신씨의 종질從姪이었던[98] 가문 배경 덕분에 후궁이 될 수 있었다.

1565년 정계의 실력자로 영향력을 행사해 온 문정왕후의 사망은 외척 정권의 종언을 의미하였다. 이후 성리학을 신봉하는 사림세력

---

93 《명종실록》 권11, 명종 6년 2월 25일(계미).

94 鄭萬朝, 《東萊鄭氏族譜》 1, 藏 MF 35-4448, 1919, 8~26쪽.

95 《명종실록》 권26, 명종 15년 7월 20일(갑신). "命前參奉黃大任女 爲世子嬪 黃大任乃安醠之妹夫 醠之養子德大 又尹元衡之壻也 連姻之故 元衡力主而定婚 欲固後日之寵權 掩護黃氏之有痼疾."

96 《명종실록》 권30, 명종 19년 2월 1일(갑진).

97 《선조실록》 권40, 선조 26년 7월 11일(계해); 《선조실록》 권14, 선조 28년 5월 26일(무술).

98 愼用晟 等編, 《居昌愼氏世譜》 1~19, 藏 MF 35-10107~110. 1902, 35~42쪽.

은 정치적 기반을 확립하여 정계를 주도하였다. 1567년(명종 22) 덕흥군德興君의 3남 하성군(河城君, 선조)이 후사가 없는 명종의 대통을 이어서 즉위하였다. 조선시대 적장자 우선의 원칙이 적용되던 왕위계승이 이때부터 방계로 이어지게 되었다.[99] 이때 선조의 나이는 겨우 16세였으므로 또 다시 명종비 인순대비 심씨의 수렴청정이 실시되었다.

하성군은 비록 세자로 책봉되거나 공식적으로 왕위계승자로 세울 수는 없었으나, 그의 즉위는 명종의 뜻을 따른 것이다.[100] 그러나 당시 실세였던 영의정 이준경李浚慶이 인순왕후 심씨에게 후사를 지목하도록 발언권을 줌으로써 하성군의 즉위는 사실상 인순왕후 심씨와 부친 심의겸沈義謙 세력 덕분이었다. 선조 초기에는 인순왕후 심씨의 섭정이 이루어졌다. 그러나 성종과 명종 때의 수렴청정과는 달리 중신들은 왕대비의 정치 참여에 매우 비판적이었다.

> 이준경이 아뢰기를, "… 그때의 옥사는 명종이 어리시어 전혀 간섭하지 못하였고 윤원형尹元衡·이기李芑 등이 구중궁궐에 깊이 계시는 문정왕후를 속여서 억울한 옥사를 만들었던 것이며, 기유년 충주 난忠州亂의 정범 이외에는 모두 나이 어린 아이들이 회문回文을 가지고 장난한 것인데, 죄다 죽이고 유배시켰으니 어찌 이런 일이 있을 수 있겠습니까." 하니, 자전이 이르기를, "내가 부인으로서 수렴섭정하면서 국사에 마음을 다하였으나 큰 강령을

99 중종의 5남 가운데 막내인 德興君 李岹가 중종의 직계로서, 그의 아들들이 유일하게 왕통을 계승할 수밖에 없었다. 이에 덕흥군의 3남 하성군은 조선왕조 최초로 왕의 아들이 아닌 왕자군의 아들로서 즉위하게 되었다. 따라서 선조의 生父인 덕흥군을 大院君에 추숭하였는데, 이때에 처음 대원군 제도가 시행되었다.

100 《선조수정실록》 권1, 總序. 〔명종대왕의 홍서〕. "王妃答曰 乙丑年曾得上旨 須以其人爲嗣 蓋於乙丑九月 上疾篤 中殿下一封書于大臣 以河城君鈞爲嗣 浚慶等拜謝曰 社稷之計定矣."

> 바루지 못하였다. 저번에 황해도 해의 변괴[日變]에 관한 보고로 인하여 곧바로 은퇴하고자 하였는데, 지금 또 이런 변괴를 당하였으니 오늘 정사를 돌려주려고 한다. 내가 일찍이 《안씨가훈顔氏家訓》을 읽었는데, '부인은 음식을 주관할 뿐이니, 국가에서는 부인에게 정사를 간여시킬 수 없고 가정에서는 가사를 주관시킬 수 없다.' 하였다. 또 송나라 조 태후曺太后는 기한보다 먼저 정사를 돌려 주니 사관이 아름답게 여겼다. 나는 뜻을 결단하였다." 하였다.[101]

위 기록은 1568년(선조 1) 2월 영의정 이준경 등이 수렴청정을 비판하며 왕의 친정을 요구한 일에서 나온 것이다. 대신들의 주장은 과거의 섭정이 외척정권 등장의 소지素地가 되었던 점 등 폐해를 지적하여 대신들 사이에서 상당한 반향을 일으켰다. 그러나 선조의 친정은 인순왕후 심씨가 권력욕에 집착하지 않았기 때문에 별 탈 없이 시행되었다. 선조는 2차에 걸쳐 4명의 후궁을 직접 뽑을 수 있었다.

1571년(선조 4)에 선조는 처음 안악 군수安岳郡守 정황鄭滉의 딸을 포함하여 2명의 처자를 숙의로 맞이한 것으로 보인다.[102] 15살에 간택된 그녀는 정유침의 손녀로 인종의 후궁 귀인 정씨의 조카이자 계림군 이유의 처조카가 된다. 이런 덕분에 왕자녀를 출산하지 못하였으나, 그녀는 1577년(선조 10) 귀인까지 승급되었다. 그러나 그녀는 1579년에 아이를 낳다가 죽었다.

귀인 정씨가 죽은 이후인 다음 해 4월, 선조는 후사를 넓히기 위해 제후가 9명의 여자를 취한 것이 고례古禮였음을 강조하면서 숙의

---

101 《선조실록》 권2, 선조 1년 2월 24일(갑진).

102 崔岦의 〈貴人鄭氏墓誌銘〉(《簡易集》 권2, 〈墓誌銘各并書〉)에 따르면, '越隆慶辛未 選於名族 册納二淑儀 蓋鄭貴人與焉'이라 하여 숙의 정씨 외에 1명의 후궁을 더 册納했던 것으로 보인다. 그러나 누가 선발되었는지 알 수 없기 때문에, 간택 후궁의 수치에서 제외시켰다(제Ⅱ장 3절 【표 Ⅱ-11】을 참조).

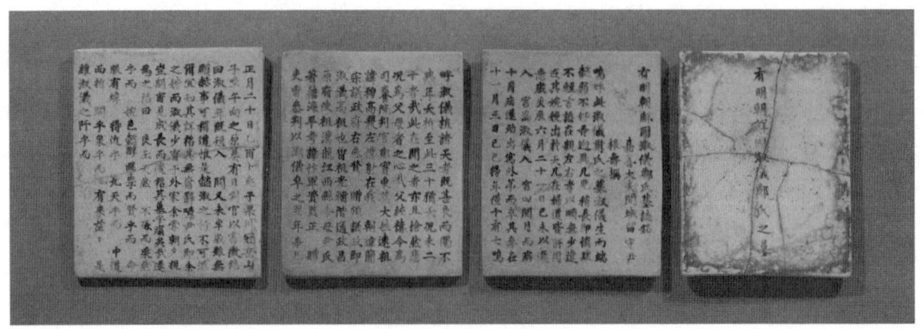

【도판 Ⅳ-3】 백자청화 숙의 정씨 묘지

정순희의 딸이자 선조의 후궁인 숙의 정씨의 출생부터 사망까지의 주요 일대기를 백자 도판 4장에 나눠 기록한 것으로, 사망한 다음 해인 1581년(선조 14)에 제작한 것으로 추정된다(이화여자대학교 박물관 소장).

간택을 명하였다.[103] 당시 귀인 정씨(1557~1579)와 공빈 김씨(1553~1577)가 1~2년 사이에 산후병으로 모두 일찍 죽었기 때문에 인빈 김씨만이 있을 뿐이었다. 1580년(선조 13) 5월에 전 주부前主簿 정순희鄭純禧, 승훈낭承訓郎 홍여겸洪汝謙, 훈련습독訓鍊習讀 민사준閔士俊의 딸을 숙의로 결정하였다.[104]

민사준의 딸 정빈 민씨는 여천위驪川尉 민자방閔子方의 증손녀이다. 그가 성종의 외손인 이유 때문에 한때 숙의 간택에서 제외시키자는 논의가 있었다. 하지만 선조는 자신과는 7촌이라고 변호하고 그녀를 최종 선발하였다.[105] 그러나 그녀는 신경희申景禧 옥사에 아들 인성군仁城君이 역모죄로 연루되면서 선조 승하 이후에는 궁 밖에 나가 살았다. 홍여겸의 둘째 딸은[106] 18세에 숙의로 뽑혀 중간 단계의 승

103 《선조실록》 권14, 선조 13년 4월 28일(정유). "傳曰 古禮 諸侯一娶九女 所以廣繼嗣也 其意微矣 今者後宮曠闕 內職隳廢 依舊規選入淑儀事 捧承傳于禮曹."

104 《선조실록》 권14, 선조 13년 5월 26일(갑오).

105 《선조실록》 권14, 선조 13년 5월 27일(을미).

106 南陽洪氏南陽君派大宗中會編, 《南陽洪氏南陽君派世譜》 1~14, 南陽洪氏南陽君派大宗中會, 2004, 35~434쪽.

급 없이 곧바로 정빈貞嬪에 올랐다.[107] 그녀가 후궁에 선발된 것은, 조부 홍창洪閶이 세종의 부마인 안맹담安孟聃 증손녀의 남편이라는 점도 작용하였지만, 무엇보다도 오빠 홍식洪湜이 윤지임의 증손 윤견철의 사위였기 때문이다.

한편 정순희의 딸은 이조판서 정난종鄭蘭宗의 현손이자 지족암知足庵 윤변尹忭의 외손녀이다. 영의정 윤두수尹斗壽와 해평부원군海平府院君 윤근수尹根壽가 그녀의 외삼촌이다.[108] 그녀 역시 좋은 집안인 까닭에 후궁이 될 수 있었다. 그러나 후궁이 된 그해 11월, 17살의 나이에 산고로 일찍 죽어서 더 이상 승급되지 못했다.[109]

선조는 정비 의인왕후 박씨에게서 소생을 얻지 못하고, 공빈 김씨 소생의 2남 임해군臨海君과 광해군光海君, 인빈 김씨 소생의 세 아들인 의안군義安君, 신성군信城君, 정원군定遠君, 순빈 김씨順嬪金氏의 소생 1남 순화군順和君 등 후궁 소생의 여러 왕자가 있었다. 당시 임진왜란이 발생하면서 세자 책봉 문제가 논의되었다. 이 논의에서 임해군은 인망이 없고 왕자의 기량이 없다 하여 세자에서 제외되었고, 광해군은 세자가 되어 분조分朝를 세우고 일선에 나서게 되었다. 그러나 의인왕후 사망 이후인 1602년(선조 35)에 김제남의 딸을 계비로 맞고 영창대군永昌大君을 얻게 되면서 후계자 문제가 생겼다.

영창대군은 정비 소생의 적통이었으나, 광해군은 후궁 소생이었다.

107 李景奭, 《白軒集》 권44, 〈文稿〉 〈貞嬪洪氏神道碑銘〉(《한국문집총간》 권96, 1992, 442~443쪽).

108 《東萊鄭氏族譜》 1~16, 藏 MF 35-4448, 권1 往~권3 號쪽.

109 《조선왕조실록》에는 그녀의 사망일이 1580년(선조 13) 11월 1일로 되어 있으나(《선조수정실록》 권14, 선조 13년 11월 1일(정묘), 묘지명에는 11월 3일로 되어 있다(〈淑儀鄭氏墓誌銘〉, 이화여자대학교 박물관 소장). "凡在婦道植諸天者 歲庚辰六月二十一日己未 以選入宮 爲淑儀 入宮四閏月而病 十月病遠殆出寓外第 而卒其卒在十一月三日己巳 得年僅十有七."

혈통문제는 집권층의 대립으로 발전하였다. 1607년(선조 40)에 선조가 광해군에게 왕위를 계승하려고 하자, 소북小北의 영수 영의정 유영경柳永慶이 반대하였다. 이에 대북大北의 정인홍鄭仁弘과 이이첨李爾瞻[110] 등은 영창대군을 옹립하여 세자를 위태롭게 한다고 하여 유영경을 탄핵하였다. 정인홍의 상소는 선조의 분노를 일으켰으며, 그들은 숙청되었다. 그러나 1608년 2월에 선조가 죽고 광해군이 왕위로 오르면서 오히려 소북파가 실각하고 대북파가 정권을 독점하게 되었다.[111] 즉 이들 세력은 외척인 유희분을 중심으로 하는 인맥과 광해군의 추종 세력인 대북계 이산해李山海, 이이첨 등으로 이루어졌다.

보통 숙의의 인원은 3명을 넘지 않은 것이 관례였다. 그러나 광해군의 간택 후궁은 5명을 초과했다.[112] 1610년(광해군 2) 6월에 광해군은 내명부의 미비함을 이유로 숙의로 간택할 15~20세 처자의 금혼령을 내렸다.[113] 그러나 처자 단자가 제대로 수합되지 못하자,[114] 6개

110 이이첨은 1611년(광해군 3) 8월에 그의 외손녀를 세자빈에 들임으로써 스스로 외척의 반열에 올랐다(《광해군일기》 권44, 광해군 3년 8월 2일(기사). 즉 이이첨의 사위가 세자빈의 부친 朴自興이며 朴承宗과는 사돈 간이다. 그는 자신의 외손녀를 세자빈으로 간선시키기 위해서 유희분의 매부 조국철의 힘을 빌렸다(《광해군일기》 권26, 광해군 2년 3월 15일(신묘).

111 아래 인용문은 선조 말에 영창대군 출생한 이후부터 광해군이 즉위한 직후까지 광해군 세력의 동정을 단적으로 보여 준다.

壬寅宣廟冊繼妃擧一女一男 女卽貞明公主 男永昌大君㼁 㼁生三歲 而宣廟晏駕 今上嗣位 父子傳統至順正也 而壬人之覬富貴者 造語扇俑 要后兄希奮 以㼁爲地 逼積譖蠱 上心矣 李山海李爾瞻等 曾以罪見斥於宣廟 素蓄憾怨非一朝一夕 山海揣宣廟寢疾將不興 僦希奮母兄希聃家 日夜與希奮輩 締結謀畫 爾瞻及鄭造李惺爲外援 往來嶺南嗾鄭仁弘上疏 以首相柳永慶謀危東宮 宣廟大怒 竄爾瞻及仁弘等 將大治黨援 俄而宣廟棄群臣 事乃大變 永慶安置尋賜死 上之母兄臨海君珒廢死 皆爾瞻希奮 協謀而爲之也(《(국역)대동야승》 XⅣ, 민족문화추진회, 1975, 639쪽; 申翊聖, 《靑白日記》).

112 《광해군일기》 권130, 광해군 10년 7월 5일(신묘).

113 《광해군일기》 권30, 광해군 2년 6월 7일(경진).

월이 지난 뒤에 처자단자의 나이 제한을 15~20세에서 11~20세로 대폭 늘렸음에도 후보자가 20명뿐인 데다가 광해군이 마음에 드는 후보자도 없었던 까닭에 숙의를 뽑지 못했다.115

3년이 지난 1613년(광해군 5) 12월에야 겨우 의금부 도사 허경許儆의 딸을 숙의로 맞아들였다.116 위성衛聖 3등 공신이었던 허잠許潛이 그녀의 조부인데, 광해군은 임진왜란 때에 자신을 호종하고 보좌했던 허잠의 손녀를 숙의로 뽑았던 것이다.

1613년 이이첨 등이 박응서朴應犀와 서양갑徐羊甲 등 명문거족의 서자들을 꾀어서 영창대군을 옹립하고 인목대비가 수렴청정을 하는 정변을 일으키게 하며 인목대비의 부친 김제남을 그 배후 세력으로 고백하도록 하였다. 이 때문에 김제남은 사사되고 영창대군은 안치된 이후 1614년(광해군 6)에 사사되었다.

광해군은 이듬해 3월에 또다시 내직이 구비되지 않았다고 하면서 11~18세의 처자를 숙의로 간택하고자 했다.117 그러나 재신宰臣들의 참여율이 낮아서 2년 뒤인 1617년(광해군 9) 8월에 결국 고양군수 홍매洪邁의 딸과 생원 윤홍업尹弘業의 딸을 숙의로 뽑았다.118 곧이어 광해군은 장흥부사長興府使 권여경權餘慶의 딸을 숙의로 결정하고119 8개월이 지난 1618년 7월에 숙의로 임명하였다. 이때는 원수신의 딸이 이미 그녀보다 먼저 숙의로 뽑힌 뒤였다.120 홍매의 딸과 윤홍업의 딸은 숙의로 봉작되었다가 1618년 7월에 소의로 승급되었지만, 권

114 《광해군일기》 권32, 광해군 2년 8월 20일(임진).
115 《광해군일기》 권36, 광해군 2년 12월 19일(경인).
116 《광해군일기》 권73, 광해군 5년 12월 30일(계축).
117 《광해군일기》 권88, 광해군 7년 3월 16일(임술).
118 《광해군일기》 권118, 광해군 9년 8월 8일(경자).
119 《광해군일기》 권121, 광해군 9년 11월 25일(병술).
120 《광해군일기》 권130, 광해군 10년 7월 5일(신묘).

여경의 딸은 광해군이 폐위되는 바람에 더 이상 승급되지 못했다. 권여경은 이이첨의 무리와 절친한 사이였다.[121] 인조반정 직후 이들은 모두 중도부처中途付處되었으며, 숙의 윤씨만이 사형되었다.[122]

광해군의 숙의 간택은 왕실의 후사 확대라는 기본적인 명분을 퇴색시키고 후궁을 욕망의 대상으로 전락시킨 측면이 있었다. 후궁 간택은 계사 확대라는 뚜렷한 명분을 제시한다고 하더라도 왕의 성적 쾌락이라는 혐의가 뒤따를 수 있었다. 후궁에 대한 이러한 부정적 인식이 조선 정부의 보편적 생각이 되었는지는 몰라도 인조대에는 즉위 이래로 후궁 간택에 관한 대신들의 논의와 왕의 발언이 한동안 없었다.

인조는 반정에 의해 왕이 되었기 때문에 서인세력의 지지와 도움을 바탕으로 정국을 운영해 나갈 수밖에 없었다. 인조반정은 광해군과 북인세력이 명과 후금 사이에서 중립적 외교 정책을 펴고 왕권의 안정을 위해 영창대군과 임해군을 살해하고 인목대비를 폐위 유폐시킨 조치에 대한 서인세력의 반발로 일어났다. 성리학의 화이사상華夷思想이나 삼강오륜三綱五倫을 지키지 않는 국왕은 신하들에 의해 쫓겨날 수도 있음을 증명한 사건이었다. 이때 대북정권은 일거에 붕괴되어 이이첨·정인홍·윤인尹訒·정조鄭造를 비롯한 실력자와 상궁 김개시 등 수십 명이 살해당했다. 광해군은 연산군과 함께 조선왕조에서 반대세력에 의해 강제로 폐위된 두 번째 왕이 된 것이다. 이때 서인들은 선조와 인빈 김씨의 3남인 정원군定遠君의 아들, 훗날 인조가 될 능양군綾陽君을 옹립하여 왕으로 세웠다.

29살 나이에 왕위에 오른 인조는 재위 27년(1623~1649) 동안 한

121 《인조실록》 권18, 인조 6년 2월 19일(신해). "權餘慶昏朝淑儀之父 皆非親切於爾瞻等之人."

122 《광해군일기》 권187, 광해군 15년 3월 14일(갑진).

차례 한 명의 후궁을 간선하였을 뿐이다.[123] 1635년(인조 13) 3월에 예조에서 숙의 간택을 청한 이후에[124] 생원 장유張留의 딸을 숙의로 간택하였다.[125] 당시 단자 제출연령은 15~20세였다.[126] 이마저도 사간원에서는 나라에 재해가 있을 때에 후궁을 뽑았다며 비판하였다.[127] 장씨는 1638년(인조 16) 12월에 소의를 거쳐 1640년에 귀인으로 승급되었다. 그녀의 간선 이후에 인조는 더 이상 후궁을 선발하지 않았다. 이는 나라 안팎의 사정이 어려웠던 상황도 있었지만[128] 무엇보다도 비간택 후궁이었던 숙원 조씨를 총애하였기 때문이다.[129] 이와 같이 후궁 간택은 계사 확대의 필요성 때문에 왕비 간택과는 별도로 지속적으로 이루어졌다. 그러나 현실적으로 후궁 간택을 하지 않은 국왕도 있었다. 그들이 바로 효종과 현종이었다.

훗날 효종이 되는 봉림대군은 소현세자의 동생, 즉 인조의 차남으로 승통하여 1649년(인조 27) 5월에 31세로 즉위하였다. 그는 적장자, 적장손으로 왕위를 이어가는 조선조 종법의 원칙에 맞지 않는, 즉

123 이 책에서 필자는 인조의 간택 후궁을 張留의 딸 한 명으로 하였다(《인조실록》 권31, 인조 13년 8월 16일(계사). 비록 1646년(인조 24) 11월, 참판 李成吉과 賤妾 소생의 딸이 '慧〔총명〕, 技能〔재주〕, 解文字〔문자 해독 능력〕로 후궁으로 뽑혀 들어갔다'는 기사가 있으나, 수치에서는 제외시켰다(이 책 제Ⅱ장 3절 【표 Ⅱ-11】을 참조). 왜냐하면 그녀는 인열왕후에게 미움을 받아 쫓겨났으며, 인조의 허락을 받고 具仁垕의 아들 具鏊의 첩이 되었기 때문이다(《인조실록》 권47, 인조 24년 11월 15일(무오).

124 《인조실록》 권31, 인조 13년 3월 11일(신유).

125 《인조실록》 권31, 인조 13년 8월 16일(계사).

126 《인조실록》 권31, 인조 13년 3월 11일(신유).

127 《인조실록》 권31, 인조 13년 8월 23일(경자).

128 《인조실록》 권31, 인조 13년 8월 23일(경자). 이 시기에 일어난 사건은 기자헌, 유몽인의 역모(1623. 7), 黃晛·李有林의 역모(1623. 10), 정묘호란(1627), 병자호란(1636) 등이었다.

129 이 책 제Ⅳ장 4절 2)를 참조.

형망제급兄亡弟及의 변칙을 적용한 왕위계승이었다. 효종이 즉위한 뒤에 서인계에 속하지만, 공서功西로 지목되었던 김자점金自點은 대사간 김경록金慶錄과 집의 송준길宋浚吉의 탄핵으로 파직되었다. 또한 서인으로 학계에서 명망이 높고 청서淸西라 불리었던 김상헌金尙憲·김집金集·송시열宋時烈·송준길宋俊吉 등이 정계에 등장하였다.

효종은 선왕 인조가 삼전도三田渡에서 당한 굴욕을 알고 있었기 때문에, 청서파 인사들과 구인후具仁垕·이시백李時白 등 무신들과 함께 군비의 강화에 심혈을 기울였다. 그러나 그는 북벌을 행하지도 못하고 재위 10년(1649~1659)만에 죽었다. 이 때문에 후궁을 맞이하지 못했다.[130]

효종의 뒤를 이어 장남 현종이 즉위하였다. 그는 명성왕후 김씨에게서 1남 3녀를 얻었을 뿐, 왕비 외에 간택 후궁을 단 한 명도 맞이했다는 기록이 없다. 그는 왕세자로서 어린 나이에 왕세자빈과 가례를 치르고 왕세자에서 왕으로 즉위하였으며, 동시에 적장자 숙종에게 왕위를 물려 주었다. 이와 같이 효종·현종대에는 간택 후궁을 맞이하지 않았고, 심지어 현종은 비간택 후궁도 들이지 않았다.[131]

숙의 간택은 숙종대에 이르러 다시 제기되었다. 오랫동안 저사를

130 효종은 모두 5명의 비간택 후궁을 두었다는 기사(《영조실록》 권22, 영조 5년 6월 1일(갑술)가 있으나, 그 존재를 알 수 없기 때문에 이 절에서는 확인할 수 있는 후궁 3명(안빈이씨, 숙원 정씨, 숙의 김씨)만을 포함시켰다.

131 현종은 재위 기간 동안 질병에 시달리고 있었다. 현종 즉위년에 이미 위장병이 있었고(《현종실록》 권1, 현종 즉위년 8월 5일(계사), 고질적인 눈병으로 고생하였으며(《현종실록》 권2, 현종 1년 2월 8일(계사); 《현종실록》 권10, 현종 6년 3월 14일(경자) 등), 부스럼이나 종기로 고생하였다(《현종실록》 권1, 현종 즉위년 5월 9일(기사). '건강이 좋지 않아 자주 침을 맞으니, 여러 신하들이 걱정하였다'는 기사에서 보이듯이 현종은 병약하여 신하들의 근심거리였고, 군주로서의 업무 수행이 어려울 정도였다(《현종실록》 권11, 현종 6년 12월 11일(임술). 이로써 보면, 현종의 건강 때문에 후궁을 간택할 수 없었을 것이라고 생각한다.

두지 못하는 우려스러운 상황에서 숙종은 1686년(숙종 12)에 빈어를 산택하도록 지시하였다.[132] 이때 숙의 간택의 대상이 양반신분이어야 함을 강조하였고, 아울러 새삼스레 숙의의 선발기준이 언급되기도 했다. 이처럼 이 시기의 숙의 간택은 왕의 성적 쾌락 추구라는 혐의가 뒤따름에 따라서 매우 신중해야 된다는 조정의 여론이 형성되면서 그전 시기에 비해 자유로울 수가 없었던 것이다. 숙종조 숙의 간택에 대해서는 다음 장에서 언급하기로 한다.

2) 숙의 간택자의 가문과 가격

연산군에서 숙종조까지 간택 후궁은 전체 61명 가운데 42.6%를 차지하는 26명이었다. 이는 그전 시기의 31명(50.81)에 비해 5명(8.2%)이 감소되었다. 이는 후궁의 왕비직 승계의 가능성이 없어졌지만 여전히 숙의 간택이 일정하게 시행되었음을 알 수 있다. 그렇다면 숙의 간택자들에게 차비, 왕비예비자의 기회를 부여해 주었던 이전 시기와 달리, 그 기회가 소멸되고 있는 상황에서 과연 숙의 간택에 참여한 집안은 주로 어떤 집안일까 하는 의문이 생긴다. 따라서 이 절에서는 연산군을 포함한 중종에서 숙종조까지의 후궁들이 어떠한 가문에서 배출되었는지를 살펴본다. 이로써 이 시기의 후궁 집안의 가격家格을 가늠해 보고자 한다.

이 절에서는 연산군에서 숙종까지 간택 후궁 26명 가운데 집안 내력을 확인할 수 없는 2명을 제외한 나머지 24명의 후궁을 분석 대상으로 삼았다.[133] 다만 비간택 후궁 가운데 직계선조들을 추적할

---

132 《숙종실록》 권17, 숙종 12년 2월 27일(신해).

133 연산군에서 숙종조까지 간택 후궁 24명 가운데 성씨만을 알 수 있는 1명의 후궁, 張碩祖의 딸(연산군)과 성관을 알 수 있으나 족보에서 찾지 못한

수 있는 15명의 집안을 함께 기입했을 뿐이고, 수치에는 포함시키지 않았다. 모든 집안을 개괄적으로 다루기보다는 일정한 기준에 의하여 공통점을 확인하는 데에만 그쳤다.

(1) 가계와 입사入仕

조선시대 지배층인 양반세력이 조선왕조의 전반에 걸쳐 우월한 사회적 위치를 점하여 왔음에도 불구하고 자격을 결정하는 기준은 매우 복잡한 문제이다. 그러나 '명문대가'를 문과 급제자와 고위관직자의 수, 공훈, 그리고 국혼의 빈도 내지 다른 명문대가와의 혼인관계 등이 지속적으로 이루어진 집안이라고 본다면, 쉽게 풀릴 수 있다. 이를 근거로 우선 직계 선조들의 등제 여부와 관품을 분류하여 【표 Ⅳ-3】으로 정리하였다.134

【표 Ⅳ-3】 간택 후궁 가계의 등제登第와 관품

국왕	후궁	가계													합계			
		부					祖				증조				문과/생·진과	官品		
		본관	성명	입사경로	최고경력		성명	입사경로	최고경력		성명	입사경로	최고경력					
					관직	관품			관직	관품			관직	관품		당상	당하	비고
燕山	**淑儀李氏	陽城	拱	♣	參判	종2	純之	文	判府事	종1	孟常		兵判	정2	1/0	3	0	3
	淑儀尹氏	海平	菅	♣	僉正	종4*	沔	文	參校	정3*	處誠		府使	종3*	1/0	1	2	3
………																		

후궁, 예컨대 인조의 후궁 귀인 장씨는 분석의 대상에서 제외시켰다. 또한 입궁 기사가 없어 입궁 경로를 추정할 수 없는 11명의 여성들은 본관은 물론 先祖를 확인할 수 없기 때문에 함께 기입하지 않았다.

134 【표 Ⅳ-3】의 사마시 입격 및 과거 登第 여부와 혼인관계는 한국역대인물종합정보시스템(http://people.aks.ac.kr/index.aks)을 중심으로 하였으며, 官品은 각 집안의 족보자료(【별첨 4】에 명시된 족보 참고)와 문집을 근거로 작성하였다.

	淑儀郭氏	玄風	璘				允光				璉玉				0/0	0	0	0
	淑儀權氏	安東	齡	♣	參議	정3*	實	♣	判官	종5*	循		濟用監事	*	0/0	1	1	2
	淑儀閔氏	驪興	孝孫	進	參議	정3*	亨		典籤	정4*	澄源		參軍	정7*	0/1	1	2	3
中宗	章敬王后尹氏	坡平	汝弼		領敦寧	정1*	甫		參判	종2*	士昀	文	禮判	정2*	1/0	3	0	3
	熙嬪洪氏	南陽	景舟	進文	吏判	종1*	任		同知中樞	종2*	淀		牧使	정3*	1/1	3	0	3
	淑儀羅氏	羅州	叔聃		郡守	종4	文緖		監察	종5	寅		尹	종6	0/0	0	3	3
	**貴人韓氏	清州	恂	♣	知敦寧	정2	伯倫	♣	右議政	정1	昌		監事	정1	0/0	3	0	3
仁宗	淑嬪尹氏	坡平	元亮		都正	정3	之任		領敦寧	정1*	頊		判官	종5	0/0	2	1	3
	貴人鄭氏	延日	惟沈	♣	判官	종5	潙		參奉	종9	自淑		郡守	종4*	0/0	0	3	3
	惠嬪鄭氏	慶州	溫	♣	令	정5	洪先	사마	別提	정·종6	孝常	生文	吏判	정2	1/2	1	2	3
明宗	淑儀申氏	平山	彦淑		縣令	종5	壽鵬		副司直	종5	承閔		左副率	정7*	0/0	0	3	3
	淑儀鄭氏	溫陽	龜朋	進	僉正	종4	鐸	進文	獻納	정5*	忠基	文	持平	정5	2/2	0	3	3
	淑儀鄭氏	東萊	銖		正	정3	啓咸		郡守	종4	价		左承旨	정3	0/0	2	1	3
	淑儀愼氏	居昌	弘濟	♣	縣監	종6	守英	♣	禮判	정2	承善	사文	領議政	정1	1/1	2	1	3
	**淑儀李氏	星山	添貞		?		守泓		縣監	종6	沆	進文	兵判	정2	1/1	1	1	2
宣祖	貴人鄭氏	延日	滉	♣사	副正	종3	惟沈		判官	종5	潙		參奉	종9	0/1	1	2	3
	靜嬪閔氏	驪興	士俊	武	府使	종3	希說		郡守	종4*	子芳		부마		0/0	0	3	3
	貞嬪洪氏	南陽	汝謙		縣監	종6*	誾		判官	종5*	紹宗		別坐	정·종5*	0/0	0	3	3
	淑儀鄭氏	東萊	純禧		判官	종5	漢龍		縣令	종5*	光輔		府使	종3*	1/1	0	3	3
	**恭嬪金氏	金海	希哲	武	僉正	종4*	從壽	進	僉正	종4*	世鈞	生進文	參校	종3*	1/2	0	3	3
	**仁嬪金氏	水原	漢佑	武	監察	정6*	順銀	武	萬戶	종4*	貴榮	生	生員	*	0/1	0	2	2
	**順嬪金氏	金海	福長		護軍	정4	有光		校尉	5~6	守良		通仕郎	★	0/0	0	2	2
	**溫嬪韓氏	清州	士亨	♣	副護軍	종4	琥	♣	副司果	종6	鍾壽	♣	上護軍	정3	0/0	1	2	3
光海	淑儀元氏	原州	守身	武	訓練大將	종2	季良		折衝將軍	정3	頤		?		1/2	2	0	2
	淑儀許氏	陽川	儆	生文	持平	정5*	潛	♣	知中樞	정2*	礎	♣	吏判	정2*	1/1	2	1	3
	淑儀洪氏	豊山	邁	進	府使	정3	廷立		教官		沆		贈參議	*	0/1	1	0	1

	淑儀尹氏	坡平	弘業	生	縣令	종5	暻	生文	持平	종4*	先哲	生文	副正	종3*	2/3	0	3	3
	淑儀權氏	安東	餘慶	武	兵使	종2	鵠		參奉	종9	大鈞	進	進士		0/1	1	1	2
	**昭容任氏	豊川	夢正	進文	副提學	정3	國老	生進文	吏判	정2*	尹	生文	牧使	정3*	3/3	3	0	3
	**昭容鄭氏	東萊	象獻		?		純嫠		禦侮將軍	정3	士龍	進文	判府事	종1	1/1	2	0	2
	**淑媛辛氏	靈山	鏡		判官	정5	義貞	♣	直長	종7*	厚聃	進	都事	종5	0/1	0	3	3
	**後宮趙氏	漢陽	誼	武	知中樞	정2	壽麟		贈贊成	*	忭		贈贊成	*	0/0	1	0	1
仁祖	**貴人趙氏	淳昌	琦	武	兵使	종2	天祥		別坐	정·종 5	孝貞		?		1/1	1	1	2
肅宗	**禧嬪張氏	仁同	炯	*	贈領議政		應仁	*	贈左議政		壽	*	贈右議政		0/0	0	0	0
	**淑嬪崔氏	海州	孝元	*	副司果	종6	泰逸		學生		末貞		通政大夫		0/0	0	1	1
	寧嬪金氏	安東	昌國	進	府使	정3	壽增	生	府使	정3	光燦	生	同知事	종2	0/3	3	0	3

♣ 천거 또는 음보　＊ 추증　★품계
** 표시는 비간택 후궁 가계임

【표 Ⅳ-3】에서 나타나듯이 이들 집안 인물들의 관직을 살펴보면, 거의 절대적 비율로 문반직을 역임하였고 지방 관직보다 중앙 관직에 치중되고 있음을 알 수 있다. 사실 조선왕조는 전제 왕권체제였지만, 국왕이 모든 정사를 자의적으로 처리하지 못하였으며, 관료제라는 틀 속에서 왕권을 행사해야만 했다.[135] 따라서 관료집단과 혼인관계를 맺은 왕실 입장에서 보면, 이들은 왕실의 세력 안정은 물론 왕권을 강화할 수 있는 지지 기반이 되었다. 전체 72명(24×3명) 가운데 93.05%를 차지하는 67명이 관료층이었다. 이전 시기가 98명(88.28%)이었던 점을 비교해 본다면, 4.77%가 늘어난 것이다.

특히 주목되는 점은, 당상관은 26명(36.11%), 당하관은 38명(52.77%)

135 이태진, 〈조선왕조의 유교정치와 왕권〉, 《韓國史論》 23, 서울대학교 인문대학 국사학과, 1990, 217~220쪽.

인데, 당하관이 당상관보다 12명(16.66%)이 더 많았다는 점이다. 태조에서 성종까지에 당상관이 당하관보다 64.8% 이상을 차지하고 있었던 것과는 차이가 난다. 즉 이 시기 선조先祖들의 관료층 분포는 이전 시기보다 증가하였지만, 당상관의 점유률은 감소하였던 것이다. 이는 후궁이 왕비예비자로서의 지위 승격의 가능성이 사라지면서 일정 부분 숙의 가문의 격이 하락되는 경향이 나타난 것이라 생각된다. 당시 숙의 자격 대상이 음관 및 생원, 진사, 유학의 집안까지 포괄하고 있는 데에서도 알 수 있다.[136] 실제로도 광해군은 숙의 간택에서 단자를 내지 않은 재신이나 문관들 집안이 많게 되자 관할 부서를 처벌하려고까지 하였다.[137] 이로써 보면 숙의 간택에 고위 관직자 집안의 참여율이 낮아지고 있음을 보여 주는 대목이다.

이러한 특징은 여타의 과거 합격자의 비율에서도 확인해 볼 수 있다. 부친을 비롯한 선조의 관직 유무와 고저가 문벌을 가늠하는 요소임을 고려해 볼 때, 문벌을 중요시하는 조선사회에서 과거 합격 여부와 급제자의 수를 파악하는 것은, 가문의 위세는 물론 이들의 사회적 지위를 이해하는 데 매우 중요한 관건이 된다. 명문가에서는 문과, 무과, 생원·진사 시험을 제도적으로 자기들에게 유리하게 운용함으로써 관직을 독점하였다. 특히 문과는 집권세력의 핵심을 선발하는 기능을 유지하고 있었다.[138]

숙원 이씨(연산군)는 병조판서를 역임한 이맹상李孟常의 증손녀였다. 이맹상의 아들들은 모두 과거에 급제하였는데,[139] 이 가문에서

---

136 《승정원일기》 16책 숙종 12년 3월 4일(무오). "傳曰知道 取閱內上久遠謄錄 則淑儀揀擇時處子 依祖宗朝舊制 只揀蔭官及生進幼學矣."

137 《광해군일기》 권40, 광해군 3년 4월 11일(경진).

138 車長燮, 《조선후기벌열연구》, 일조각, 1997, 64쪽.

139 둘째 李謙之는 1423년(세종 5) 문과에 급제하여 장령이 되었고, 셋째 李孝之와 장남 李全之는 1429년(세종 11)과 1432년(세종 14)에 각기 급제하

등과자가 다수 배출되었다는 점에서 이 집안의 지위를 가늠해 볼 수 있다. 이러한 현상은 소용 임씨(광해군)의 집안에서도 나타난다. 임씨가 숙의에 선발된 것은, 증조 임윤任尹을 비롯하여 조부 임국로任國老가 1561년(명종 16)에 사마시를 거쳐 별시문과에 급제, 이조판서에 이르고, 부친 임몽정任夢正이 사마시를 거쳐 1584년(선조 17) 별시문과에 급제하여 부제학 대사성에 제수된 사실과 무관하지 않다. 숙의 정씨(명종) 가문의 경우에도 증조부 정충기鄭忠基를 비롯하여 정탁, 정순붕 등 3대에 걸쳐 과거급제자를 지속적으로 배출한 집안이었다. 정백붕과 정순붕 형제는 문과 급제 이후에 각각 형조판서와 우의정 등 고위직을 역임하면서 온양 정씨 가문의 번영을 더욱 확고히 하였다.[140]

출사로出仕路에 대해 주목할 만한 사실이 【표 Ⅳ-3】에서 확인된다. 바로 과거 급제자의 비율이 관직자의 비율에 비교해서 상당히 저조하다는 사실이다. 전체 인원 72명(24×3명) 가운데 문과급제자는 23.6%를 차지하는 17명이고, 생원·진사 합격자는 27.77%를 차지하는 20명이었다. 반면 무과 급제자는 4.16%인 3명이었다. 이전 시기에 비하면 문과 급제자의 비율이 3.41%정도 감소되었고, 무과 급제자의 비율은 2.36%가 증가하였다. 문과 급제자의 비율은 감소되었으나, 중앙관직에 나간 인물들은 93.05%이었다. 절반 이상을 넘은 51명(69.45%)이 문과급제자가 아닌데도 관료가 되었다. 이는 과거 이외에 음서 또는 천거를 통하여 출사로가 이루어졌음을 의미한다. 음서의 대상자가 2품 이상의 자손이나 공신들에게 한정하여 주었다는 점을 감안한다면[141] 이들은 지배 계층으로서 특권을 부여받은 것이라고 본다.

여 교서관 교리, 지중추부사가 되었다. 특히 넷째 李純之는 1427년(세종 9) 문과에 급제하여 판중추부사가 되었고, 조선 초기 최고의 천문학자로 평가받았다. 그가 바로 숙원 이씨의 조부이다.

140 이미선, 앞의 논문, 2007, 358~359쪽.

문음을 통해 관직을 제수받은 집안의 사례로 우선 숙의 신씨(명종)의 경우를 살펴보자.[142] 조부 신수영愼守英은 처음 낭청으로 천거되었으나,[143] 이후 정2품 예조판서를 역임하였다. 부친 신홍제愼弘濟도 음직으로 증산현감甑山縣監이 된 인물이었다. 이들이 음서를 통해 관직에 들어온 것은, 증조 신승선愼承善이 익대翊戴 3등 공신과 좌리佐理 3등 공신이 되었던 덕분이었다. 귀인 한씨(중종)의 경우, 조부 우의정 한백륜은[144] 음보로 사온서 직장이 되었다. 그러나 남이南怡의 옥사를 다스린 공으로 익대 3등 공신과 성종의 즉위를 도운 공으로 좌리 2등 공신에 책록되면서 아들 한순韓恂은 음보로 참군參軍에 등용된 뒤, 군자감 주부에 제수되었다. 국가로부터 입사로에 대한 특전을 보장받았다는 점에서 이들은 지배층 가운데에서도 고위 관직의 문음자손들이었다.

그러나 문과급제자의 전력前歷 중에는 음서로 관직 생활을 했다가도 과거에 응시하여 합격한 사람들도 있었다. 이는 음서의 혜택을 받을 수 있는 관품이 정7품으로 제한되어 있었기 때문이다. 더구나 정3품 당상관으로 승진하려면 반드시 과거를 거쳐야만 유리하였다.[145] 숙의 허씨(광해군)의 경우, 부친 허경은 1616년(광해군 8) 51세에 별시병과에 급제하였다. 그러나 허경은 그 이전에 이미 담양부사潭陽府使로 발탁되었다.[146] 숙의 윤씨(광해군)의 경우에도 마찬가지였다. 증조 윤선철尹先哲은 1546년(명종 1) 진사에 합격한 이후, 41세가 되는 1555년(명종 10)에 문과에 급제하였다. 그 역시 이미 그 이전에 충의

141 《경국대전》 권1. 〈吏曹〉 〈取才〉 蔭子弟.

142 愼用晟 等編, 《居昌愼氏世譜》 1~19, 藏 MF 35-10107~110, 1902, 35~42쪽.

143 《연산군일기》 권31, 연산군 4년 12월 25일(병진).

144 韓潤環 等編, 《清州韓氏世譜》 全, B10B 329(藏 MF 35-10090), 1949, 23~25쪽.

145 李成茂, 《한국의 과거 제도》, 集文堂, 1994, 262쪽.

146 《광해군일기》 권73, 광해군 5년 12월 30일(계축).

랑忠義郎에 속해 있었다.

음서뿐만 아니라 천거를 통해서도 입사가 가능하였다. 생원·진사시에 합격한 자가 이 경우에 해당된다. 생원·진사시의 입격자가 법제적으로 관리에 임용되지는 않았으나 실제로는 천거, 음사를 통해 임용의 길이 열려 있었고, 국가에서도 필요시에 동원이 가능한 인력으로 인정하고 있었다. 예컨대, 숙의 허씨(광해군)의 조부 허잠許潛과 증조부 허초許礎는 추천된 인물이었다. 허잠은 1587년(선조 20) 선공감 봉사를 거쳐 지중추부사를 역임하였고, 청백리에 녹선되었다. 허초는 이조판서에 제수되었다가 증손자 허적許積이 영의정이 되면서 좌찬성에 증직되었다. 이와 같이 후궁의 선조들은 음서 또는 천거를 통해서 문과에 급제하지 않고서도 관직에 나아갈 수 있었다. 그런 만큼 신분적 지위가 높았다.

【표 Ⅳ-3】에서 후궁들의 부친, 조부, 증조부 3대 대부분이 추증되었음을 알 수 있다. 추증이란 종친 및 문무관 실직實職 2품 이상자의 부모, 조부모, 증조부모 3대에 부여되는 제도로 그 집안이 지속적으로 양반의 가문임을 보장받았다는 것을 말해 준다. 사실 추증된 계階와 직職은 호구단자戶口單子나 준호구準戶口, 장적帳籍 등 호구관계 자료와 족보 등에 그대로 기재되어 가문의 격을 높이는 데 일조하기도 하였다.[147] 그 일례로 연산군의 후궁 숙의 윤씨의 집안은 오빠 영의정 윤은보와 이조참판 윤은필의 영달로, 부친 윤훤을 비롯하여 삼대가 추증되었다. 숙의 권씨의 집안도 오빠 권홍權弘이 대사헌에 발탁되면서 부친 권령權齡이 조부 권실權實, 증조부 권순權循과 함께 증직되었다.

요컨대 연산군~숙종조까지도 후궁 집안은 대체로 문과급제와 생

147 崔承熙, 〈朝鮮後期 〈幼學〉·〈學生〉의 身分史的 意味〉, 《국사관논총》 제1집, 국사편찬위원회, 1989, 94~115쪽.

원·진사 입격 등 관료 집단세력이었다. 그러나 이전 시기에 비해 문과급제자와 고관직 진출자이 비율이 감소되었다. 그럼에도 이 시기에 후궁 가문의 가격은 비교적 높은 편이다. 이는 간택 후궁을 배출한 집안들을 통해서도 확인할 수 있다. 【표 Ⅳ-4】를 보면, 간택 후궁은 18가문에서 25명의 후궁을 배출하였다. 이 가운데 파평 윤씨가 3명이고, 안동 권씨, 동래 정씨, 연일 정씨, 여흥 민씨, 남양 홍씨가 2명씩이며 나머지 12집안에서 1명씩의 후궁을 배출하였다.

【표 Ⅳ-4】 연산군~숙종조 후궁의 성관姓貫

성관	파평 윤씨	안동 권씨	동래 정씨	연일 정씨	여흥 민씨	남양 홍씨
인원	3	2	2	2	2	2
성관	현풍 곽씨	나주 나씨	평산 신씨	거창 신씨	해평 윤씨	원주 원씨
인원	1	1	1	1	1	1
성관	온양 정씨	양천 허씨	풍산 홍씨	안동 김씨	풍덕 장씨	경주 정씨
인원	1	1	1	1	1	1

(2) 가계와 공신功臣

관직, 추증 이외에 명문가문의 위세와 권력을 세습하기 위한 조건으로, 공훈의 유무 및 국혼의 빈도 등이 있다. 실상 후궁들의 가문은 국초부터 있었던 정치적인 사건 속에서 주도권을 장악한 공신세력들이었다.[148] 공신들은 사회적, 경제적 특전을 부여받았다. 즉 그들은 국가로부터 수여되는 영작榮爵과 토지, 노비 등을 하사받았고, 자손들은 음직의 특혜를 받았을 뿐만 아니라 핵심적인 정치권력을 장

148 연산군부터 숙종 때까지 공신 책봉은 다음과 같다. 즉 靖國功臣을 비롯해서 定難, 衛社, 平難, 光國, 宣武, 扈聖, 淸難, 衛聖, 翼社, 定運, 亨難, 靖社, 振武, 昭武, 寧社, 寧國의 공신 책봉을 말한다.

악하였다. 공신의 유무는 그 시대 정치의 주도적 지배층이 되는지의 여부를 결정하는 관건이었다. 그러므로 공신들은 양반 관료들의 최상부에 군림하였으며, 이들에게 부여된 특전 역시 보통의 양반 관료들이 누릴 수 없었다.[149] 아래 【표 Ⅳ-5】에서 보듯이 이 집안들은 연산군~숙종조에 일어난 일련의 사건에 공을 세운 가문이었음을 볼 수 있다.

【표 Ⅳ-5】 연산군~숙종조 후궁의 가문

국왕	후궁	본관	집안 주요 인물과 공신책봉
연산군	*숙의 이씨	陽城	내종숙: 李蓀-靖國3等功臣 三從伯叔父: 李承召-佐理4等功臣
	숙의 곽씨	玄風	외조부: 柳洙-靖難2等功臣, 佐理4等功臣 외조부: 權致中-原從3等功臣
	숙의 민씨	驪興	고조: 閔審言-刑曹參判, 原從3等功臣 외숙부: 尹金孫-靖國功臣
중종	장경왕후 윤씨	坡平	증조: 尹士昀-靖難2等功臣, 佐翼3等功臣, 坡城君 종증조: 尹士昕-佐翼原從1等功臣, 佐理2等功臣 외조부: 朴仲善-敵愾1等功臣, 靖難翊戴3等功, 佐理3等功臣 父: 尹汝弼-靖國3等功臣 외삼촌: 朴元宗-靖國1等功臣, 定難1等功臣
	희빈 홍씨	南陽	父: 洪景舟-靖國1等功臣, 定難2等功臣, 南陽君
	숙의 나씨	羅州	고모부: 尹衡老-靖國2等功臣 외숙부: 辛天乙-原從功臣 외종숙: 辛允武-靖國1等功臣, 寧川君
	*귀인 한씨	淸州	조부: 韓伯倫-佐理2等功臣, 翊戴3等功臣, 淸川府院君 父: 韓恂-靖國3等功臣, 西原君
인종	숙빈 윤씨	坡平	5대조: 尹士昕-佐翼原從功臣, 佐理2等功臣, 坡川府院君 고조: 尹繼謙-推忠定難翊戴3等功臣, 佐理3等功臣, 鈴平君 父: 尹元亮-原從1等功臣 숙부: 尹元弼-原從1等功臣 숙부: 尹元衡-領議政, 保翼3等功臣, 衛社2等功臣
	혜빈 정씨	慶州	증조: 鄭孝常-推忠定難翊戴功臣, 純誠明亮佐理功臣, 鷄林君

149 鄭杜熙, 〈朝鮮初期三功臣硏究-그 사회적 배경과 정치적 역할을 중심으로-〉, 《歷史學報》 75, 1977, 196쪽.

			종증조: 鄭孝終-佐理功臣
명종	숙의 신씨	平山	6대조: 申孝昌-開國功臣, 定社功臣, 兵曹判書, 淸白吏
	숙의 정씨	溫陽	조부: 鄭鐸-敵愾原從功臣 백부: 鄭百朋-刑曹判書, 贈左贊成 중부: 鄭順鵬-右議政, 保翼1等功臣, 溫陽府院君
	숙의 정씨	東萊	5대조: 鄭欽之-贈純誠積德輔助功臣, 萊山府院君 고조: 鄭昌孫-領議政, 蓬原府院君 종고조: 鄭甲孫-從3等功臣
	숙의 신씨	居昌	증조: 愼承善-推忠定難翊戴3等功臣, 純誠明亮佐理3等功臣, 領議政, 居昌府院君 조부: 愼守英-刑曹判書兼五衛都摠府都摠管 종조: 愼守勤-左議政
선조	숙의 정씨	東萊	4대조: 鄭蘭宗-佐理4等功臣, 吏曹判書 외숙부: 尹斗壽-海原府院君, 領議政, 扈聖2等功臣, 외숙부: 尹根壽-左贊成, 扈聖2等功臣, 光國1等功臣, 海平府院君
	*순빈 김씨	金海	同腹: 金得祺-扈聖原從1等功臣 조카: 金應壽·金應命-호성원종공신
	*온빈 한씨	淸州	7대조: 韓尙敬-開國功臣, 領議政 5대조: 韓繼純-翊戴1等功臣, 佐理3等功臣
광해군	숙의 허씨	陽川	조부: 許潛-淸白吏, 策衛聖勳3等功臣, 忠貞公 고모부: 李光庭-扈聖2等功臣, 延原君, 吏曹判書
	숙의 윤씨	坡平	외조부: 丁胤祐-吏曹參判, 扈從功臣
	숙의 권씨	安東	외고조: 金光準-推誠衛社弘濟保翼2等功臣, 吏曹判書, 上洛君
	*소용 정씨	東萊	5대조: 鄭蘭宗-佐理4等功臣 종고조: 鄭光弼-領議政

* 표시는 비간택 후궁 가계이므로 수치상에서 제외되었음.

【표 Ⅳ-5】를 살펴보면, 간택 후궁 24개의 집안에서 1명 이상 공신을 배출한 집안은 62.5%를 차지하는 15집안이었다. 이는 태조~성종조 간택 후궁 가문 중에 93%를 차지했던 것과 비교해 보면, 현격한 차이를 보인 것이다. 이처럼 공신 집안의 비율이 다소 격감되는 양상이지만, 왕실은 여전히 왕권 강화의 일환으로 자신의 측근세력과 혼인을 맺었다.

숙의 곽씨(연산군)는 부친 곽린郭璘과 계실 권치중權致中의 딸 사이에서 태어났는데,[150] 외조부 권치중은 양녕대군의 사위이자 원종 3

등 공신에 녹훈된 인물이었다. 곽린의 전처 부친인 유수柳洙는 세조를 도와 계유정난에 협력한 정난靖難 2등 공신으로, 1471년(성종 2)에는 성종의 즉위를 보좌한 공으로 좌리佐理 4등 공신에까지 책록되었다.

무엇보다도 이 시기에 공신이라고 한다면, 중종반정을 이끈 윤여필과 박원종, 그리고 홍경주일 것이다. 정국 3등 공신 윤여필의 딸, 숙의 윤씨는 정국 1등 공신 박원종의 생질녀이다. 박원종의 조모는 세종 비 소헌왕후의 여동생이고, 누이는 월산대군의 부인이며, 여동생은 제안대군의 부인이다. 공신이자 척리戚里였던 박원종은 숙의 윤씨의 어머니 순천부부인順天府夫人에게 오빠가 된다. 순천부부인은 박중손朴仲善과 양천 허씨〔許稛의 딸〕 사이에서 1남 8녀 가운데 다섯째 딸로 태어났다.[151] 박중선의 사위 월산대군과 제안대군은 윤여필과는 동서지간으로, 숙의 윤씨에게 이모부들이다.[152] 특히 숙의 윤씨는 왕대비 정현왕후의 먼 친가뻘인 까닭에 함께 숙의로 간택된 희빈 홍씨와 숙의 나씨에 비해 궁궐 안에서 우위에 있었고, 결국 숙의의 지위에서 왕비가 될 수 있었다.[153]

숙의 윤씨와 마찬가지로 홍경주의 딸, 희빈 홍씨 역시 중종반정의 일등 공신 집안이었다. 부친 홍경주는 홍징洪徵의 6대손으로 중종반정 때 사복시 첨정에 있으면서 군대동원의 책임을 맡아 정국 1등 공신에 올랐던 것이다. 이후에도 홍경주는 1507년(중종 2) 견성군 옹립 모반 사건에서 공을 세워 또다시 정난공신이 되었다. 또한 숙의 나씨는 괴산군수 나숙담의 둘째딸인데,[154] 고모부 윤형로尹衡老는 정

150 郭建鎬, 《玄風郭氏增修世譜》, 藏 MF 35-3798, 1923, 吳~宿쪽.
151 朴容圭 刊編, 《順天朴氏世譜-文肅公派》 1, 藏 MF 35-4013, 1916, 9~10쪽.
152 朱貞順編, 《坡平尹氏世譜》, 藏 MF 35-4274, 爲~生쪽.
153 이 책 제Ⅳ장 1절 1)과 2)를 참조.
154 羅琪漢編, 《羅州羅氏族譜》 1, 1918, 38~46쪽.

국 2등 공신으로 정현왕후의 사촌이고, 외종숙 신윤무辛允武도 정국 1등 공신으로 병조판서를 역임한 인물이었다.

숙빈 윤씨(인종)도 세조의 장인이자 파평부원군 윤번尹璠의 6대손이다.[155] 5대조 윤사흔尹士昕은 아들 윤계겸尹繼謙과 함께 성종을 보좌한 공으로 좌리 공신佐理功臣에 책록되어 2대에 걸쳐 공신에 책봉된 집안이었다. 이들 부자는 성종의 신임을 받고 각각 우의정과 이조판서를 역임하였고, 그녀의 숙부 윤원형은 재종제 윤춘년尹春年과 함께 명종 즉위년에 보익保翼 3등 공신과 위사衛社 2등 공신으로 영의정까지 올랐다. 비록 그는 을사사화의 주도세력으로서 척신戚臣이라는 한계가 있었지만, 국가에서는 공훈을 인정하여 정계에서 정치적 활동을 할 수 있는 계기를 마련해 주었다.[156] 숙의 정씨(명종)의 중부仲父 정순붕 역시 이기, 임백령 등과 함께 을사사화를 주도하면서 훈구계를 대표하는 이로 부각되었던 인물이었다.

이상에서 몇 가지 예를 들었지만, 다른 후궁들의 집안의 경우와도 별반 다르지 않다고 본다. 왕실은 왕실세력을 확대, 강화하기 위해서 유수한 명문가문들의 적극적 협조를 기반으로 왕위를 유지하고자 하였다. 이처럼 이들 집안의 지위와 가세를 신장하는 데에는 왕실과의 인척관계를 이룬 것이 결정적이었다.

(3) 가계와 왕실연혼

연산군~숙종대에는 정식으로 간택이 되거나 승은을 입지 않아도 선왕의 후궁이나 왕비 등 왕실 내 후원 세력들이 자신의 친척이나 측근 궁녀들을 후궁으로 추천하기도 했다. 조선사회에서 사회적 지

155 坡平尹氏貞靖公派譜所編, 《坡平尹氏貞靖公派譜》 上, 農經出版社, 1980, 1~7쪽.
156 金宇基, 《朝鮮中期戚臣政治硏究》, 集文堂, 2001, 47쪽.

위를 보장하는 신분이 정치적·경제적 출세의 주요한 요인이었다면, 혼인은 강력한 가계집단과 인척관계를 확립하는 데 중요한 수단이었다. 왕실은 가장 권위 있는 가문이며, 국가를 대표하는 공적인 성격을 가지고 있다. 따라서 국혼은 한 가문이 정계로 진출하는 방법이었고, 한번 정계로 진출한 권세가들이 자신의 권세를 유지하는 수단이었다.

이 시기에 핵심 지배집단이 양반 관료와 왕실과의 혈연공동체였음을 감안한다면, 이들은 왕실과의 혼인망을 통하여 권력 지향적 성격이 강한 지배집단으로 형성되어 갔다. 인조반정 이후 정권을 장악한 서인계 공신들이 회맹하는 자리에서 '물실국혼勿失國婚'을 약속하였는데,[157] 사실 집권세력은 자신의 권력과 가문의 명예를 위해 자신의 신분을 보호, 지원해 줄 왕실과의 혼인이 필요하였다. 반면 왕실에서도 왕권을 견제하며 비판을 일삼는 신진관료들로부터 왕을 지켜줄 지원 세력이 필요하였다. 왕실혼과 마찬가지로 후궁가문 내에서 지속적으로 왕실과 연혼관계를 이룬 사례는 적지 않다. 다음【표 Ⅳ-6】는 이를 도표화한 작업이다.

중종의 후궁 귀인 한씨는 서원군西原君 한순韓恂의 셋째 딸로, 우의정을 역임한 청천부원군淸川府院君 한백륜韓伯倫의 손녀이자 예종비 안순왕후 한씨의 조카이다.[158] 한백륜은 익대翊戴 3등 공신과 좌리佐理 2등 공신에 책봉된 인물로 세종과 성종의 신임이 두터워서 2녀는 세종의 4남 임영대군臨瀛大君의 아들 귀성군龜城君과 혼인하였고, 5녀

157 李建昌 지음·李德一·李俊寧 해역, 《黨議通略》, 자유문고, 1998, 89쪽.

158 韓潤環, 《淸州韓氏世譜》 全, 藏 MF 35-10090, 1949, 23~24쪽; 崔岦, 《簡易集》 2, 〈墓誌銘并序〉 〈貴人韓氏墓誌銘〉(《한국문집총간》 권49, 1990, 241~242쪽). 귀인 정씨 묘지명에 따르면, 부친 서원군 한순의 부인은 平壤趙氏 趙昌門의 딸이고, 副室은 礪山郡守 李登全의 딸이며, 귀인 한씨는 이씨 소생이므로 서녀이다.

【표 Ⅳ-6】 왕실과 후궁 집안 간의 왕실연혼 현황

국왕	후궁	본관	다른 후궁의 사례		왕실혼의 사례	
			국왕(후궁)	후궁과의 관계	대상	후궁과의 관계
연산군	숙의 권씨	安東	文宗(昭容權氏)	당고모(5촌)		
			成宗(貴人權氏)	재종형제(6촌)		
중종	장경왕후 윤씨	坡平			貞熹王后 尹氏(세조비)	증대고모(5촌)
					月山大君, 齊安大君	이모(3촌)夫
					永川君(孝寧大君 子) 女	조모(2촌)
					德豊君, 八溪君	형(2촌)夫
	숙의 나씨	羅州	태종(信嬪辛氏)	외재종조(6촌)		
	귀인 한씨	淸州			安順王后 韓氏	고모(3촌)
					龜城君	고모(3촌)夫
					伊城君(完原君 子)	형(2촌)夫
인종	숙빈 윤씨	坡平			文定王后 尹氏	고모(3촌)
					章敬王后 尹氏	9촌
	귀인 정씨	延日	宣祖(貴人鄭氏)	조카(3촌)	桂林君	弟(2촌)夫
명종	숙의 정씨	東萊	文宗(淑容鄭氏)	당내간 친족	咸川君(益寧君 曾孫子)	종형제(4촌)夫
	숙의 신씨	居昌			燕山君	종조모(4촌)夫
					端敬王后 愼氏	당고모(5촌)
					海安君	종형제(4촌)夫
선조	*인빈 김씨	水原	明宗(淑儀李氏)	외종(4촌)언니	李孝誠의 딸(孝寧大君 5孫女)	모친(1촌)
			光海君(淑媛辛氏)	생질(3촌)女		
	숙의 정씨	東萊	光海君(昭容鄭氏)	재종질(7촌)女	光海君	3종질(9촌)夫
	정빈 민씨	驪興	光海君(淑儀許氏)	고종질(5촌)女	敬淑翁主(成宗 女)	증조모(3촌)
광해군	숙의 원씨	原州	光海君(淑儀權氏)	외재종질(7촌)女		
숙종	영빈 김씨	安東			慶寧郡主(昭顯世子 2女)	姪(3촌)婦

* 표시는 비간택 후궁 가계이므로 수치상에서 제외되었음.

는 연산군의 처남 신수영愼守英과 혼인하였다. 따라서 귀성군과 신수영은 귀인 한씨에게 고모부가 되는 셈이다. 한씨의 언니는 성종의 후궁 숙의 홍씨가 낳은 완원군完原君의 아들 이성군伊城君 이수강李壽剛과 혼인하였는데, 이로써 이성군은 귀인 한씨에게 형부가 된다.

이처럼 이 집안은 왕실 집안의 혼인 연줄망에 연결되어 명문가의 영향력을 한층 더 갖게 되었다.

왕실과의 혼인을 통해 왕실과 긴밀한 관계를 이룬 사례는 한 집안 안에서 연이어 후궁이 간택된 사실에서 더욱 뚜렷하게 나타났다. 인종의 후궁 귀인 정씨와 선조의 후궁 귀인 정씨는 연일 정씨延日鄭氏로, 안평대군安平大君의 장인인 정연鄭淵의 후손이다. 15살에 간택된 귀인 정씨(선조)는 돈령부 판관 정유침鄭惟沈의 손녀로, 귀인 정씨(인종)의 조카였다. 즉, 귀인 정씨(인종)는 정유침의 첫째 딸로서 귀인 정씨(선조)에게 고모이면서 송강松江 정철鄭澈의 누나였다. 특히 귀인 정씨(인종)의 여동생이 계림군桂林君 이류李瑠와 혼인하면서 귀인 정씨(선조)는 계림군 이류의 처조카가 되었다. 계림군은 월산대군의 손자로, 장경왕후의 부친 윤여필의 외손이자 대윤 일파의 우두머리인 윤임의 조카였다. 이러한 가문 배경이 연일 정씨 집안의 딸들을 후궁으로 배출시켰던 것이다.

선조의 후궁 숙의 정씨와 광해군의 후궁 소용 정씨의 경우에도 좌리 4등 공신인 정난종鄭蘭宗의 후손으로 각각 5대손과 현손이다. 숙의 정씨(선조)는 정광보鄭光輔의 첫째 아들 정한룡鄭漢龍의 손녀였고, 소용 정씨(광해군)는 둘째 아들 정사룡鄭士龍의 증손녀였다. 이 둘은 재종고모와 조카 관계였다. 숙의 정씨(선조)는 정순희鄭純禧의 딸로 1580년(선조 13) 5월에 간택되었으나 요절하였고, 소용 정씨(광해군)는 정상헌鄭象獻의 서녀로 비간택 후궁으로 입궁하였다. 정씨는 처음에 숙원에 봉작되었다가[159] 소용에 진봉되었다.[160] 동일한 집안에서 입궁한 후궁이더라도 적서의 차이에 따라 후궁의 입궁방법이 달랐으며, 그 대우 역시 신분적 차별을 두었음을 알 수 있다. 한편 정광보

159 《광해군일기》 권120, 광해군 9년 10월 21일(임자).

160 《광해군일기》 권130, 광해군 10년 7월 5일(신묘).

의 동생 정광필鄭光弼은 영의정을 지낸 인물로, 김인선金麟善의 외증조였다. 김인선의 손녀는 광해군의 후궁 숙의 권씨로, 광해군의 후궁 숙의 원씨와는 외재종숙질간이기도 하다.

후궁 가문 안에서 지속적으로 왕실과 연혼관계를 이루고 있는 명종의 후궁 숙의 이씨, 선조의 후궁 인빈 김씨, 광해군의 후궁 숙원 신씨 간의 관계에서 더욱 뚜렷하게 나타난다. 인빈 김씨는 김한우金漢佑의 딸로, 숙의 이씨의 외사촌 동생인 동시에 숙원 신씨에게는 이모가 된다. 인빈 김씨는 어렸을 때 숙의 이씨를 따라 입궁하여 궁궐에서 자랐으며,[161] 1568년(선조 1) 14살에 명종비 인순왕후의 추천으로 선조의 후궁이 되었다. 이후 인빈 김씨 역시 친언니의 딸이었던 숙원 신씨를 광해군의 잉첩으로 추천하였다. 이와 같이 이 집안은 명종, 선조, 광해군 3대에 걸쳐 왕실과의 인척관계를 형성하였다. 특히 인빈 김씨의 모친 이씨는 효령대군의 셋째 아들 보성군寶城君의 증손자 이효성李孝誠의 딸이었다. 그녀의 외종조 이효삼李孝參의 사위가 공빈 김씨의 부친 김희철金希哲의 사촌형인 김희일金希逸로, 인빈 김씨와 공빈 김씨 두 집안도 역시 인척관계로 연결되고 있었다.

요컨대 간택 후궁의 집안들의 가문을 분석한 결과, 이들 집안은 문과급제, 문음 또는 추천을 통해서 입사한 관료세력이었음을 알 수 있었다. 때로 이 집안들은 공훈 또는 국혼에 참여함으로써 직계 친족뿐만 아니라 내외종간內外從間이 왕실과 인척관계를 맺고 있었고, 왕실 및 왕실과 친인척이 된 가문과도 중첩적이고 복합적인 혼인관계를 형성하여 왕실의 주종 집단을 구축하였다.

---

161 申欽, 《象村稿》 권23, 〈墓誌銘〉 〈淑儀李氏墓誌銘并序〉(《한국문집총간》 권72, 1991, 30쪽). 숙의 이씨의 묘지명에 따르면, '考諱添貞 娶宗室李氏女'라고 하여 숙의 이씨의 모친이 전주 이씨 가문이라는 기록만 적혀 있어 이들의 가계관계를 알 수 없다. 그러나 인빈 김씨의 모친이 전주 이씨 이효성의 딸이라는 사실과 연관이 있을 것이라 추정된다.

3. 후궁의 내명부직 상향 승급

1) 간택 후궁의 1품직 승작

궁궐에서 명문가의 딸을 후궁에 두고 그들을 대우하는 이유는 임금을 모시는 것을 중히 여기고, 내정의 일을 엄하게 하기 위함이었다.[162] 이처럼 법가와 명족의 자제에서 간택 후궁을 뽑았기 때문에 그들의 초직은 비간택 후궁에 견주어 두 단계 높은 종2품 숙의였음은 앞에서 살핀 바이다.

【표 Ⅳ-7】 간택 후궁의 봉작과 지위 변화

국왕	후궁	후궁의 지위 변화		전거
		전왕·현왕 시기	후왕 시기	
연산군	숙의 곽씨	간택(성종 22: 10. 16 이전) → 양원(성종 22: 11. 4) → 입궁(성종 23. 1 무렵) → 숙의(연산군 즉위)		
	숙의 윤씨	숙의(연산군 7: 8. 1)		묘지
	숙의 권씨	숙의(연산군 12: 1. 21 이전)		
	숙의 민씨	숙의(연산군 9: 6. 22 이전)		
	장석조 딸	간택(연산군 12: 8. 25)		
중종	장경왕후 윤씨	숙의(중종 2) → 왕비 책봉(중종 2: 6. 17) → 승하(중종 10: 3. 2)		
	희빈 홍씨	간택(중종 2) → 숙의(중종 2: 3. 18 이전) → 소의(?) → 귀인(?) → 희빈(중종 39: 4. 7)	사가로 나감(명종 즉위: 9. 21)	묘지명
	숙의 나씨	숙의(중종 2: 3. 18 이전)		
인종	귀인 정씨	양제(중종 28: 3. 4) → 숙의(인종 즉위: 11. 20)	소의(명종 6) → 귀인(명종 18)	행장
	숙빈 윤씨	간택(중종 31: 2. 6 이전) → 양제(중종 31: 5. 15) → 재입궁(중종 32: 11. 9)	숙빈(선조 28: 5. 26 이전)	

162 《인조실록》 권23, 인조 8년 7월 2일(기묘).

	혜빈 정씨	양제(중종 32)	혜빈(선조 28: 5. 26 이전)	
명종	소의 신씨	숙의(명종 4) → 소의(명종 19)		묘지
	숙의 정씨	숙의(명종 3: 12. 21 이전)		
	숙의 정씨	숙의(명종 8: 5. 16 이전)		
선조	귀인 정씨	숙의(선조 4) → 소의(선조 6) → 귀인(선조 10)		묘지명
	정빈 민씨	숙의(선조 13: 5. 26) → 소의(?) → 귀인(?) → 정빈(선조 25: 5. 8 이전)		행장 묘지
	정빈 홍씨	숙의(선조 13: 5. 26) → 정빈(선조 25: 5. 8 이전)		신도비명
	숙의 정씨	숙의(선조 13: 5. 26)		묘지명
광해군	숙의 원씨	숙의(광해군 10: 7. 5 이전)	중도부처(인조 1: 9. 14)	
	숙의 허씨	숙의(광해군 5: 12. 30)	중도부처(인조 1: 9. 14)	
	소의 홍씨	간택(광해군 9: 8. 8) → 숙의(광해군 9: 8. 18) → 소의(광해군 10: 7. 8) → 사사(광해군 15: 3. 13)		
	소의 윤씨	간택(광해군 9: 8. 8) → 숙의(광해군 9: 8. 18) → 소의(광해군 10: 7. 8)	중도부처(인조 1: 9. 14)	
	숙의 권씨	간택(광해군 9: 11. 25) → 숙의(광해군 10: 7. 5)	중도부처(인조 1: 9. 14)	
인조	귀인 장씨	숙의(인조 13: 8. 16) → 소의(인조 16: 12. 21) → 귀인(인조 18: 8. 27)		
숙종	영빈 김씨	숙의(숙종 12: 3. 28) → 소의(숙종 12: 5. 27) → 귀인(숙종 12: 11. 5) → 사제로 폐출(숙종 15: 4. 22) → 복위(숙종 20: 4. 12) → 영빈(숙종 25: 10. 18)		묘표

1517년(중종 12) 왕비가 외부에서 간택된 이후에 왕비 지위를 계승할 수 있었던 왕비예비자로서의 후궁의 역할은 사라졌다. 이후로 국왕의 후궁들은 더 이상 왕비가 될 가능성이 희박해졌고, 왕자녀 출산 확대자의 역할만을 담당하게 되었다. 더구나 이들 집안은 당대 양반 관료층이면서 일정 정도 왕실과의 연혼관계를 이룬 왕실 측근 세력이었기 때문에 국가에서는 그에 대해 충분하게 보상해 주어야

했다. 따라서 이전 시기와의 차이는 현왕 당대에 간택 후궁에 대한 숙의 이상의 1품직으로 승급하였다는 점이다.

중종의 후궁 희빈 홍씨는 13살에 간택되어 숙의에 봉작된 이후, 소의와 귀인을 거쳐 1544년(중종 39) 4월 이전에 빈에까지 승급되었다.[163] 정빈 민씨(선조)도 14세에 숙의로 뽑혀 궁중에 들어와 소의와 귀인을 거쳐 1592년(선조 25) 5월 이전에 빈이 되었다.[164]

선조의 후궁 귀인 정씨는 15살에 숙의가 되었다. 이후 1573년(선조 6) 명나라 신종神宗의 등극 축하에 의해 소의로 승급되었으며, 1577년(선조 10) 명종비 인순왕후의 3년상을 치룬 이후 귀인에 봉작되었다.[165] 광해군의 후궁들도 광해군 때에 숙의 이상으로 승작되었다. 숙의 홍씨와 숙의 윤씨의 경우처럼 1617년(광해군 9)에 함께 간택되자마자[166] 열흘 뒤에 숙의에 봉작되었고, 1618년 7월에 소의로 승봉되었다. 정빈 홍씨(선조)는 18세에 숙의로 들어왔다가 중간 단계의 승봉 절차 없이 1592년(선조 25) 5월 이전에 빈으로 승봉되었다.[167] 이와 같이 간택 후궁은 현왕 대에 초직인 숙의 이상의 품계에 봉작

---

163 宋寅, 《頤庵遺稿》 권3, 〈文集〉 1 〈熙嬪洪氏墓誌銘〉(《한국문집총간》 권36, 1988, 118~119쪽). "嬪方十三歲 選入後庭 爲淑儀 後歷昭儀 陞貴人 又陞爲嬪."

164 李健, 《葵窓遺稿》 권12, 〈行狀〉 〈眞祖母靜嬪閔氏行狀〉(《한국문집총간》 권122, 1994, 219~221쪽); 許穆, 《記言》 권19, 〈丘墓〉 3 〈靜嬪閔氏墓誌〉(《한국문집총간》 권98, 1992, 90~100쪽). "萬曆庚辰 嬪年十四 選入爲淑儀 後歷昭儀陞貴人 又陞爲嬪."

165 崔岦, 앞의 책, 1990, 242쪽. "越隆慶辛未 選於名族 冊納二淑儀 蓋鄭貴人與焉 癸酉以天子登極覃恩進昭儀 丁丑仁順王后制除 實拜貴人之命."

166 《광해군일기》 권118, 광해군 9년 8월 8일(경자).

167 李景奭, 앞의 책, 1992, 442~443쪽. "宣祖大王選淑儀 年十八而入宮中 無何封爲嬪."

되었고, 승작의 범위도 그 이전에 비해서 확대되었음을 알 수 있다.

이러한 현상은 숙종의 후궁 영빈 김씨의 승봉 과정에서 더욱 확연히 나타났다. 그녀는 1686년(숙종 12) 3월 28일에 노비 150명을 하사받고 숙의에 봉작되었다.[168] 그러나 숙의에 봉작된 지 불과 7개월 만에 또 다시 소의로 승격되었고,[169] 같은 해 11월 5일에는 명성왕후의 탄신일을 기념하기 위해 귀인에 승급되었다.[170] 당시 승정원에서는 숙종이 그녀에게 내린 파격적인 승작에 대해 우려의 목소리로 상소하기도 했다. 1702년(숙종 28) 10월 18일에도 숙종은 그녀를 정1품 영빈으로 승급하였다.[171] 종전에 1품의 내명부직은 선왕의 후궁에게 주어진 것이었는데, 이제는 현왕의 후궁에게도 적용되었다.

이는 왕세자의 잉첩에게 내리는 품계에도 영향을 미쳤다. 왕세자의 잉첩의 경우에도 계사를 넓히는 것에 주안점을 두었기 때문에 초직의 품계가 종3품 양원에서 종2품 양제로 1등급 상향 조정되었다. 그전 시기의 잉첩들이 종4품 승휘 또는 종5품 소훈, 종3품 양원에 봉작되었던 사실과 차이가 난다.[172] 이는 연산군과 인종의 잉첩들이 봉작받은 초직의 품계에서도 엿볼 수 있다. 1517년(중종 12) 이전에 들어온 연산군의 잉첩 숙의 곽씨의 경우에 1491년(성종 22) 11월, 양원으로 간택되었다가 연산군이 즉위하자마자 숙의에 승봉되었다.

---

168 《숙종실록》 권17, 숙종 12년 3월 28일(임오).

169 《숙종실록》 권17, 숙종 12년 5월 27일(경술).

170 《숙종실록》 권17, 숙종 12년 11월 5일(을유).

171 《숙종실록》 권37, 숙종 28년 10월 18일(을미).
《조선왕조실록》에는 영빈으로 승급된 날이 1702년(숙종 28) 10월 18일로 되어 있으나, 《승정원일기》에는 같은 해 10월 19일(병신)로 기록되어 있다.

172 이미선, 앞의 논문, 2009, 55~56쪽.

그러나 1517년 이후에 입궁한 인종의 잉첩 귀인 정씨의 경우에는 14살 때 양제가 되었다가[173] 인종 즉위와 함께 숙의로 승급되었다. 이처럼 왕세자의 빈잉도 국왕의 후궁들과 마찬가지로 왕비대기자로서의 역할이 축소되는 바람에 그 댓가로 품계를 상향조정한 것이라 생각된다.

한편 왕세자의 잉첩들은 왕세자가 왕위를 계승하게 되면 자연히 왕의 후궁의 자리에 오르게 되어 종2품 숙의직을 승계 받았다. 이로써 보면 이들의 승급 형태는 양제 → 숙의 → 소의 또는 귀인 → 빈의 순으로 승급되었다. 주지했듯이 인종의 잉첩 귀인 정씨의 경우 인종 승하 후에도 인수궁에 물러나 있다가 1551년(명종 6) 32세에 명종의 장남 순회세자가 탄생하여 특별히 소의에 승급되었고, 1563년(명종 18)에는 거듭 귀인으로 승격되었다.[174]

2) 비간택 후궁의 직위 상향

조선사회는 명목상 일부일처제였으므로, 왕비만이 부부의 예를 행할 수 있었다. 이로써 왕비는 왕의 즉위와 함께 책봉되었다. 후궁의 승급은 법전에 빈에서 숙원 등의 규정이 있더라도 친정 배경에 따른 신분적인 차이와 함께 국왕의 총애 정도, 왕자녀 유무, 왕실 내에서의 공로에 따라 얼마든지 달라질 수 있었다. 또한 국가에 경사가 있을 때에 그 행사를 기념하기 위해서 한꺼번에 후궁들의 품계

173 《중종실록》 권74, 중종 28년 3월 4일(정미).

174 李珥, 앞의 책, 1989. “癸巳 仁廟在東宮 以良娣選入 年甫十四 … 仁廟卽位 以例進位淑儀 … 辛亥今上明宗以誕元子 加恩區內 賜號昭儀 癸亥陞貴人.”

를 진봉하였고, 현왕現王뿐만 아니라 후대 왕 때에도 승봉이 가능하였다.

주지하듯이 간택 후궁이 종2품 숙의에 봉작되었던 것과 달리, 비간택 후궁은 종4품 숙원 또는 정5품 상궁을 초직으로 받았다. 비간택 후궁은 신분이 낮은 데다가 왕의 개인적인 선택에 의해 후궁이 된 경우라서 간택 후궁에 비해 승봉에서 차별을 받았다. 다음【표 Ⅳ-8】은 비간택 후궁의 봉작 상황을 도표화한 것이다.

【표 Ⅳ-8】 비간택 후궁의 봉작과 지위 변화

국왕	후궁	본관	후궁의 지위 변화		전거
			전왕·현왕 시기	후왕 시기	
연산군	숙의 이씨	陽城	입궁(?) → 숙원(연산군 12: 8. 10) → 숙의(?)		
	숙원 최씨	?	숙원(연산군 11: 5. 8 이전)		
	숙원 장씨	?	숙원(연산군 8: 3. 9 이전) → 숙용(연산군 9: 12. 24)	사사(중종 1: 9. 2)	
	숙원 김씨	?	숙원(?)	사사(중종 1: 9. 2)	
	숙원 전씨	?	숙원(?) → 숙용(연산군 11: 4. 18)	사사(중종 1: 9. 2)	
중종	경빈 박씨	尙州	입궁(반정 직후) → 숙원(중종 4: 9. 15 이전) → 소의(중종 9: 10. 17 이전) → 숙의(중종 10: 7. 26 이전) → 敬嬪(?) → 폐서인(중종 22: 4. 21) → 유배(중종 22: 4. 30) → 사사(중종 28: 5. 23)		
	창빈 안씨	安山	입궁(중종 2) → 승은(중종 13) → 상궁(중종 15) → 숙원(중종 24) → 숙용(중종 35)	창빈 추증(선조 10: 3. 24)	묘지명 묘갈명 신도비명
	귀인 한씨	淸州	입궁(중종 9) → 승은(중종 13) → 전찬(중종 15) → 상궁(중종 24) → 숙원(중종 27) → 숙용(중종 35)	숙의(명종 6) → 소의(선조 4) → 귀인(선조 5)	묘지명
명종	경빈 이씨	星山	입궁(명종 11) → 승은(명종 13) → 숙원(?)	숙의(선조 즉위) → 경빈 추증(영조 31: 6. 14)	묘표 묘지명
선조	공빈 김씨	金海	소용(선조 10) → 귀인(선조 6 전후) → 공빈(선조 10: 5. 27 이전)	공성왕후(광해군 2: 3. 29) → 공빈(인조 1: 3. 18)	졸기
	인빈 김씨	水原	입궁(?) → 승은(선조 1) → 숙원(선조 6)		졸기

			→ 소용(선조 10) → 귀인(선조 11) → 인빈(선조 37: 11. 12)		신도비명
	순빈 김씨	金海	입궁(선조 13) → 숙용(선조 25: 5. 8 이전) → 소용(?) → 숙의(선조 37: 11. 12) → 순빈(선조 39: 6. 9 이전)		선조 39: 6. 9 (병오) 인조 13: 8. 25 (임인)
	온빈 한씨	淸州	입궁(선조 25) → 숙원(?) → 숙용(?) → 숙의(선조 37: 11. 12) → 빈(?)		묘표
광해군	소용 임씨	豊川	입궁(광해군 2) → 소용(광해군 5: 12. 30 이전)	위리안치(인조 1: 9. 14)	
	소용 정씨	東萊	숙원(?) → 소용(광해군 5: 9. 25 이전)	자살(인조 1: 3. 14)	
	소원 신씨	靈山	입궁(?) → 숙원(광해군 1: 6. 14) → 소원(?)		
인조	귀인 조씨	淳昌	숙원(?) → 소원(인조 16: 12. 21) → 소용(인조 18: 8. 27) → 소의(인조 23: 10. 2) → 귀인(인조 27: 2. 11)	폐귀인(효종 2: 12. 14)	
효종	안빈 이씨	慶州	숙원(효종 6)	숙용(현종 2: 윤7. 8) → 숙의(현종 2: 10. 20) → 귀인(?) → 안빈(숙종 12: 5. 27)	묘표
숙종	희빈 장씨	仁同	입궁(?) → 출궁(숙종 6: 10. 26 이후) → 재입궐(숙종 9: 12. 5) → 숙원(숙종 12: 12. 10) → 소의(숙종 14) → 희빈(숙종 15: 1. 15) → 왕비 책봉(숙종 15: 10. 22) → 희빈 강등(숙종 20: 4. 12) → 사사(숙종 27: 9. 25)	추증옥산부대빈(경종 2: 10. 10)	
	숙빈 최씨	海州	입궁(숙종 2) → 숙원(숙종 19: 4. 26) → 숙의(숙종 20: 6. 2) → 소의(?) → 귀인(숙종 21: 6. 8) → 숙빈(숙종 25: 10. 23)		신도비
	명빈 박씨	密陽	입궁(?) → 상궁(숙종 14 무렵) → 숙원(숙종 24: 11. 4) → 숙의(숙종 25: 10. 23) → 귀인(숙종 27: 3. 23) → 명빈(숙종 28: 10. 18)		《승정원일기》
	소의 유씨	江陵	입궁(?) → 숙원(숙종 24: 8. 2) → 숙의(숙종 25: 10. 23) → 소의(숙종 28: 10. 18)		
	귀인 김씨	慶州	입궁(숙종 24) → 숙원(숙종 31: 5. 1) → 숙의(숙종 33) → 귀인(숙종 36: 1. 20)		묘표 명문

이 시기에는 비간택 후궁도 간택 후궁과 마찬가지로 현왕 대에 숙원직 이상의 승진이 가능하였다. 보통 비간택 후궁은 숙원 → 숙용〔또는 소용〕으로 시작하여 숙의〔소의〕 → 귀인 → 빈의 순으로 승진되었다. 예컨대, 인빈 김씨는 19세인 1573년(선조 6)에 숙원이 되었고, 1577년(선조 10)에 의안군義安君을 낳아 소용에 승급되었으며, 이듬해 신성군信城君을 낳아 또다시 귀인에 책봉되었다.[175] 이후에도 그녀는 2남 5녀의 왕자녀를 출산했을 뿐만 아니라 병든 의인왕후를 돌보고 왕후의 장례에서 궁중의 법도에 모범을 보여 1604년(선조 37)에 빈에 승격되었다.[176]

인조의 후궁 귀인 조씨도 숙원 이상의 품계에 승작되었다. 인조는 인열왕후 사후, 계비를 맞아들이기 위한 금혼령을 발표한 지 5일 만에 조씨에 대한 애정을 드러내며 숙원에 봉작하였다. 심지어 1년 뒤에 장렬왕후의 입궁을 앞두고 숙원 조씨를 위로하기 위해서 또다시 그녀를 소원에 승급시켰다.[177] 인조의 지속적인 애정으로 소원 조씨는 효명옹주孝明翁主 외에도 숭선군崇善君과 낙선군樂善君을 연이어 출산하면서 소용에 봉작되었고,[178] 소현세자의 책봉을 기념하기 위한 은전으로 소의로 승급되었다.[179] 1648년(인조 26) 12월 아들 이숙李潚이 낙선군에 봉해진 2달 뒤에 그녀는 또다시 귀인에 승봉되었다.[180]

175 張維, 《谿谷集》 권13, 〈碑銘〉 〈仁嬪金氏神道碑銘并書〉(《한국문집총간》 권92, 1988, 207~209쪽); 申欽, 《象村稿》 권27, 〈墓誌銘〉 〈仁嬪金氏神道碑銘并書〉(《한국문집총간》 권72, 1991, 104~105쪽).

176 실록(《선조실록》 권181, 선조 37년 11월 12일(무자) 기사에는 1604년(갑진)에 인빈으로 봉작되었으나, 張維와 申欽의 신도비명에는 1606년(병오)에 인빈으로 봉작되었다.

177 《인조실록》 권37, 인조 16년 12월 21일(기유).

178 《인조실록》 권41, 인조 18년 8월 27일(병자).

179 《인조실록》 권46, 인조 23년 10월 2일(경진).

180 《인조실록》 권50, 인조 27년 2월 11일(경자).

이 시기 비간택 후궁에게 내려준 승급은 당대에 숙의 이상 또는 최종적으로 정1품 빈에까지 진봉되었다. 예컨대 숙빈 최씨는 숙종의 총애를 입고 임신을 한 뒤인 1693년(숙종 19) 4월, 종4품 숙원에 봉작되었다.[181] 그 때문에 희빈 장씨의 심한 질투와 견제를 받게 되었다.[182] 같은 해 10월에 아들 영수永壽를 잃었으나 또 다시 임신하게 되면서 그녀는 1694년에 종2품 숙의에 진봉되었다. 같은 해 9월에는 보경당寶慶堂에서 연잉군을 낳고 이듬해인 1695년에 귀인에 승급되었다가 1699년(숙종 25) 10월, 나이 30살에 단종 복위에 따른 기념 때문에 숙빈에 봉작되었다.[183]

명빈 박씨의 경우에도 숙종의 승은을 입고서 10년이 지난 1698년(숙종 24) 11월에서야 비로소 연령군延齡君을 임신하였기 때문에 종4품 숙원의 작첩을 받을 수 있었다. 이후 그녀는 1699년에는 단종 복위에 따라 다른 빈들과 함께 숙의에 봉작되었고, 1702년(숙종 28) 10월에 명빈이 되었다.[184]

반면 소의 유씨와 귀인 김씨는 왕자녀를 출산하지 못했기 때문에 빈에 승급되지 못했다. 유씨는 1698년(숙종 24)에 숙원으로 봉작되었다가 1699년 10월에 단종 복위를 기념하여 숙원 박씨〔명빈 박씨〕와 함께 숙의로 승급되었으며, 1702년(숙종 28) 10월에 소의가 되었다.[185]

181 《숙종실록》 권25, 숙종 19년 4월 26일(기해).

182 민진원 지음·이희환 옮김, 《단암만록》, 민창문화사, 1993, 54쪽.

183 《숙종실록》 권33, 숙종 25년 10월 23일(정해); 한국학중앙연구원 장서각 편찬, 《淑嬪崔氏資料集》 4, 한국학중앙연구원, 2009, 36~38쪽. "丙辰選入宮 甫七歲 肅宗大王十九年癸酉始拜淑媛 甲戌進淑儀 乙亥陞貴人 越四年己卯封淑嬪 女官極品也."

184 《조선왕조실록》에는 명빈에 승급된 날이 1702년(숙종 28) 10월 18일로 되어 있으나, 《承政院日記》에는 같은 해 10월 19일(병신)로 기록되어 있다.

185 《조선왕조실록》에는 소의에 승급된 날이 1702년(숙종 28) 10월 18일로 되어 있으나, 《承政院日記》에는 같은 해 10월 19일(병신)로 기록되어 있다.

귀인 김씨도 1705년(숙종 31) 16살에 숙종의 승은을 입어 숙원에 책봉되었다가 1707년에 숙의로 신급되었고, 1710년(숙종 36)에 또다시 귀인에 올랐다.[186]

이처럼 이 시기에도 여전히 비간택 후궁의 초직은 숙원이었다. 그러나 그전 시기와의 차이는 현왕 대에 정1품 빈에까지 승봉이 가능하였다는 점이다. 따라서 이 시기의 비간택 후궁은 국왕의 개인적인 총애를 입었다는 이유로 정승의 지위에 비견될 정도로 자신의 신분을 격상시킬 수 있었다. 이렇다 보니 간택 후궁은 물론 예우 차원에서 봉작된 선왕의 후궁의 품계와 그에 따른 지위까지도 위협하게 되었다. 사실 국왕은 자신의 후궁들은 물론 선왕의 후궁들에 대한 승급 결정권을 가지고 있었다.

후궁의 승봉은 현왕이 왕위에 있을 때뿐만 아니라 차기 왕이 재위하고 있을 때도 이루어졌다. 명종의 후궁 숙의 이씨는 명종 재위 기간에는 왕자녀 생산 등의 뚜렷한 공적이 없었기 때문에 오랫동안 봉작받지 못하다가 명종 말년에서야 겨우 숙원에 봉해졌다. 오히려 사촌동생〔훗날 인빈 김씨〕을 궁중에서 기른 공로를 인정받아 선조가 즉위하고 나서 여러 차례 승진하여 숙의로 봉작되었다.[187] 1755년(영조 31)에 영조 역시 그녀를 경빈慶嬪으로 추증하였다.[188]

효종의 후궁 안빈 이씨는 어렸을 때에 궁궐에 뽑혀 들어온 궁녀로서 효종 때에 겨우 숙원에 머물렀지만 오히려 후대의 왕에 의해서

---

186 〈貴人金氏墓誌〉(경희대학교 중앙박물관 소장). "乙酉封淑媛 丁亥進淑儀 庚寅又進貴人."

187 張維, 앞의 책, 1988, 207~209쪽; 申欽, 앞의 책, 1991, 104~105쪽. "末年封爲淑媛 … 順以承上 恭以飭躬 在宮闈間穆如也 未幾明廟昇遐 淑儀血泣茹慘 恒以不遄死 爲痛 今上卽位 累陞至淑儀."

188 《영조실록》 권85, 영조 31년 6월 14일(병진).

승봉되었다. 현종은 1661년(현종 2) 윤7월에 심양에 볼모로 잡혀가는 봉림대군을 10여 년 동안 시종하면서 충성을 바친 그녀의 공로를 인정하여 숙원에서 숙용으로 승봉하였고[189] 3달 뒤에 숙의로 거듭 승급시켰다.[190] 숙종도 그녀를 귀인에서 안빈으로 승봉하였고,[191] 1693년(숙종 19) 10월에 그녀가 72세의 나이로 졸하자, 조천祧遷하지 말도록 명하고 왕실에서 계속 제사 지내도록 하였다.[192]

한편 비간택 후궁들은 때로 내관직이 아닌 정5품 상궁 궁관직에서 초직이 시작되기도 하였다. 이러한 사실은 승은 상궁을 후궁의 범주에 포함시키는 이유가 된다. 예컨대 창빈 안씨는 1507년(중종 2) 9살에 궁녀가 된 이후 1518년(중종 13) 20세에 중종의 승은을 입었다. 중종의 총애를 입은 그녀는 1520년 22세에 상궁이 된 후, 1529년(중종 24) 31세에 숙원, 42세에 숙용에 올랐다.[193] 그녀는 덕흥대원군德興大院君을 포함하여 3남 1녀를 낳았고, 살아생전에 숙용까지 승급되었다. 손자 하성군이 선조가 되면서 1577년(선조 10)에 창빈으로 추봉되었다.[194] 이러한 공로가 인정되어 부친 안탄대安

189 《승정원일기》 9책, 현종 2년 윤7월 8일(을유).

190 《현종실록》 권4, 현종 2년 10월 20일(병인).

191 《숙종실록》 권17, 숙종 12년 5월 27일(경술); 〈안빈경주이씨묘표〉(경기도 남양주시 소재). "及長選入宮掖 孝宗六年乙未始封淑媛 自受內職 順以承上 恭以飭躬 宮闈之間 令譽洽如也 顯宗辛丑陞淑儀 丁未又陞貽儀逮 至當宁進號安嬪."

192 《철종실록》 권11, 철종 10년 10월 29일(을축). "又啓言 孝廟朝安嬪李氏 陪從瀋陽 盡誠效忠 肅廟朝命以不祧 列聖朝連爲致侑矣."

193 申晸, 《汾涯遺稿》 권10, 〈碑銘〉 〈昌嬪安氏神道碑銘并序〉(《한국문집총간》 권129, 1994, 519~520); 南九萬, 《樂泉集》 권14, 〈應製錄〉 〈昌嬪墓誌銘〉(《한국문집총간》 권132, 1994, 165~166).

194 南九萬, 위의 책, 1994, 165~166쪽. "歲丁卯選入內庭 戊寅備職後官 庚辰拜尙宮 己丑陞淑媛 庚子進淑容 甲辰中廟上賓 制畢請循故事 出居仁壽寺 文定王后特命留侍禁中 己酉冬十月甲寅 適出私第 無疾而終 明廟震悼輟朝 賵贈特優 命中官庀喪

坦大는 우의정에 추증되었다.

귀인 한씨의 경우에도 1518년(중종 13) 19세에 중종의 승은을 입은 후, 21세에 정8품 전찬典贊의 작첩을 처음 받았다. 이후 30세에 상궁, 33세에 숙원, 41세에 숙용, 52세에 숙의, 72세에 소의, 73세에 귀인으로 되기까지 지속적으로 승봉되었다.[195] 그녀가 문정왕후 승하 이후에 궁중의 예법을 잘 아는 왕실 원로가 되어 자문을 해 주었기 때문에 귀인으로 승급된 것이다.

요컨대 이 시기에는 왕비 간택이 숙의 간택과는 별도로 이루어지고, 왕비예비자로서의 후궁 역할이 소멸되면서 당대에 숙의 이상의 승진이 이루어졌으며, 때로는 정1품으로의 승작도 가능하게 되었다. 비간택 후궁의 경우에도 초직은 3~4품에 봉작되었지만 국왕의 총애 및 기타 공로 여부에 따라, 특히 왕자녀 생산 등 왕실 내에서의 공로에 따라 정1품 빈에까지 승급되는 모습을 보였다. 이로써 간택 후궁과 일정 부분 신분적 차별을 두었던 승급 체제는 간택 후궁의 지위까지 위협하게 되는 결과를 초래하였다.

事 三宮恤典 亦倍常數 明年三月壬申 葬于楊州治西長興里 後以宅兆不安 移窆于果川縣洞雀里負坤之原 宣祖大王入承大統之十一年丁丑 追封昌嬪 命享祀于大院君廟 孝宗大王之九年戊戌."

195 崔岦, 앞의 책, 1990, 241쪽. "戊寅命充後宮 庚辰拜典贊 己丑進尙宮 … 壬辰進淑媛 庚子進淑容 甲辰中廟上賓 三年制除 請隨例退居仁壽宮 文定諭勉留侍 自是或留侍 或退居 竟以衰病 出就迎秋門外之私第 而恩顧有加矣 明宗大王之六年嘉靖辛亥進淑儀 今上之四年隆慶辛未進昭儀 自文定昇遐 以宮中明練故事 無如貴人 凡有禮擧 必咨焉 壬申實膺貴人之命."

4. 비간택 후궁 신분의 확대와 정치 관여

1) 비간택 후궁의 입궁 경로

조선 초기에 비간택 후궁의 신분은 승은 궁인, 잠저 시절의 비첩 등이었다. 간택 후궁은 양반가의 딸이므로 그 가계를 비교적 쉽게 찾을 수 있지만, 비간택 후궁은 대부분 한미한 집안의 딸이기 때문에 가문 내력을 파악하기 쉽지 않다. 이 절에서는 그들이 몇 살에 궁녀로 입궁하였는지, 입궁한 이유는 무엇이며, 어떤 경로로 입궁하게 되었는지 등을 조사하여 대략적이나마 비간택 후궁의 실체를 파악하고자 한다. 【표 Ⅳ-9】는 비간택 후궁들의 출신과 입궁·승은 나이 등의 정보를 정리하여 도표화한 것이다.

【표 Ⅳ-9】 연산군~숙종조 비간택 후궁의 이력

국왕	후궁봉작명 본명〔官名〕	입궁 나이	승은 나이	집안/신분	추천자	추천자 정보	관계	승은 조건
연산군	숙의 이씨 貞伊	11		서녀	昭惠王后 奉保夫人 白氏	덕종의 부인 성종의 보모	소혜왕후 시녀 봉보부인 조카	
	숙원 최씨 寶非			黃允獻의 첩	具壽永	永應大君의 사위 燕山君의 사돈		미모 재주(가야금)
	숙원 장씨 綠水		30	內需司/ 관노비	齊安大君	예종의 2남	齊安大君 家婢	동안 애교 재주 (노래·춤)
중종	경빈 박씨				朴元宗	반정 공신	수양딸	미모
	창빈 안씨	9	20	정식 궁인	貞顯王后	성종 계비	貞顯王后 侍婢	
	귀인 한씨	15	19	서녀	安順王后	예종 계비	安順王后 조카 安順王后 시녀	
	숙의 이씨			중인(율관)				
	숙원 이씨			무관/ 정식 궁인				
명종	숙의 이씨	16	18	무관/서녀	文定王后	중종 계비	文定王后 시녀	

선조	공빈 김씨		18쯤	소주방나인				
	인빈 김씨		14	서녀/궁인	淑儀李氏 仁順王后	명종 후궁 명종 계비	사촌 동생	
	순빈 김씨			중인 (역관,무관)	河原君	선조의 伯兄		미모
	온빈 한씨	12	17~ 18	무관/서녀/ 정식궁인				
	김상궁 應希			궁인				시위 공로
광해군	소용 임씨 愛英	13	16쯤	첩녀	任就正		任就正 조카	미모·아첨
	소용 정씨			서녀				교태·문서정리
	숙원 신씨			서녀	仁嬪金氏	宣祖 後宮	仁嬪金氏 조카	미모·총명
	후궁 조씨			무관				
	상궁 김씨 介屎			노비/ 동궁 궁녀				꾀·민첩·기교
인조	귀인 조씨			서녀	鄭百昌		仁烈王后 궁인	
효종	안빈 이씨			대군궁인				시위 공로
숙종	희빈 장씨 玉貞	8	22쯤	중인/ 정식 궁인	趙師錫 張炫	장렬왕후 사촌동생 역관/숙부	조카	미모
	숙빈 최씨	7	20쯤	중궁전 궁인	金春澤/ 봉보부 인	인경왕후 조카		
	명빈 박씨	9	17쯤	정식 궁인	莊烈王后	대왕대비		업무 능력 추정
	귀인 김씨	9	16	정식 궁인				

(1) 왕실 여성의 후원을 얻은 후궁

연산군~숙종조 비간택 후궁의 특징은 어렸을 때부터 궁중에서 자라 궁녀가 된 후 왕실 여성들의 후원을 받은 여성이거나 국왕의 측근 정치세력들의 추천을 받은 여성이라는 점이다. 즉 국왕의 승은 외에 정치가의 진납과 진헌, 그리고 왕실여성들의 후원 및 추천 등 다양한 경로를 통해 비간택 후궁이 될 수 있었다.

우선 어린 시절에 입궁한 궁인이 왕실여성들의 처소에 배속된 뒤 그들로부터 궁관으로서의 업무 능력을 인정받고 후궁으로 추천된 경우였다. 선조의 후궁 창빈 안씨(1499~1549)[196]는 미천한 신분에서 정1품 빈에 오른 여성이다.[197] 1507년(중종 2) 9살에 정식 궁녀로 뽑혀서 성종의 계비 정현대비貞顯大妃 처소의 지밀나인이 되었다. 당시 대비 정현왕후가 《경서經書》와 《사기史記》를 직접 가르쳐 줄 정도로 그녀는 대비의 총애를 받았다.[198] 정현왕후의 후원에 힘입은 안씨는 20세가 되는 1518년(중종 13)에 중종의 승은을 받고, 1520년 22세에 궁관의 최고직인 상궁에 올랐으며, 31세에 숙원으로 승급되었다.[199]

창빈 안씨가 정현왕후의 후원을 받아 후궁이 되었다면, 귀인 한씨(1500~1574)[200]는 안순왕후 한씨의 추천을 받아 후궁이 된 여성이다. 그녀는 명문가에서 태어났으나, 서녀였다. 그녀는 15세의 나이로 궁궐에 들어와서 고모 안순왕후 한씨 처소의 궁관에 배속되어 각별한 은총을 받았다. 안순왕후의 후원에 힘입어 한씨는 1518년(중종

---

196 창빈 안씨는 안산 사람으로 부친은 迪順副尉 安坦大이고, 모친은 贈貞敬夫人 黃氏였다. 그녀는 1499년(연산군 5)에 태어나서 1549년(명종 4) 10월에 향년 51세에 병사하였다(嬪姓安氏 系安山 考坦大錄中廟朝靖國原從勳 階迪順副尉 贈議政府右議政 妣黃氏贈貞敬夫人 嬪以弘治己未七月乙酉生 … 己酉冬十月甲寅 適出私第 無疾而終(南九萬, 앞의 책, 1994, 165~166쪽).

197 〈安坦大墓表〉(경기도 안산시 단원구 성곡동 소재)에 따르면, 본관이 안산과 중종 때 품계가 적순부위가 되었다는 사실만을 밝히고 그 이상의 선조와 가계를 밝히지 않았다. 따라서 창빈 안씨는 매우 한미한 집안 출신으로 가정 형편 때문에 어린 안씨를 궁인으로 投託한 것으로 보인다.

198 申晸, 앞의 책, 1994, 519~520쪽.

199 南九萬, 앞의 책, 1994, 165~166쪽.

200 귀인 한씨의 부친은 知敦寧府事를 역임한 서원군 한순이고 모친은 서원군의 부실로 礪山郡守 李登全의 딸이다. 그녀는 1500년(연산군 6)에 태어나서 1574년(선조 7) 3월에 향년 76살로 졸하였다(崔岦, 앞의 책, 1990, 241쪽).

13) 19살에 궁중의 승은을 입고 전찬典贊을 시작으로 현왕 때에 종3품 숙용까지만 승봉되었지만, 왕자녀 출산 등의 뚜렷한 공적이 없는데도 후왕 때에도 지속적으로 봉작되었다.[201] 이는 한씨가 안순왕후의 조카였다는 사실과 무관하지 않다고 본다.

이처럼 왕실 여성은 자신 처소의 직속 궁관을 국왕에게 추천하였지만, 더 나아가 친정 집안의 어린 조카나 여동생을 궁중에 데려다가 함께 생활한 뒤 왕에게 추천하기도 했다. 숙의 이씨(명종), 인빈 김씨(선조), 그리고 숙의 신씨(광해군)의 경우는 그 좋은 예이다.

명종의 후궁 숙의 이씨(1541~1595)[202]는 이첨정李添貞의 서녀로 태어나 어려서 부모를 일찍 여의고 조모인 나세적羅世績의 딸에게 자랐다. 증조부 이항李沆은 병조판서 좌찬성을 역임한 인물로 대사헌 시절에 김안로를 탄핵하였다가 신묘辛卯 3간奸으로 지목되어 김안로에게 죽임을 당했다.[203] 조모 나씨가 어떠한 이유로 손녀인 이씨를 궁녀로 입궐시켰는지는 정확히 알 수 없다. 다만 신흠이 쓴 숙의 이씨의 묘지명에 따르면, 그녀의 나이 16세가 되는 1556년(명종 11)에 문정왕후의 지밀나인이 되었고 2년 뒤인 1558년 18세에 명종의 후궁이 되었다고 한다.[204] 이로써 보면, 문정왕후 윤씨 처소에 배정받은 이씨의 행동거지를 눈여겨 본 문정왕후가 그녀를 추천했으리라 생각된다. 1558년 당시에 8살로 성장한 순회세자(1551~1563)가 있었기 때문에 분명 그녀의 후궁 발탁에는 명종의 모친 문정왕후의

---

201 崔岦, 위의 책, 241~242쪽.

202 숙의 이씨의 본관은 全義로, 부친은 이첨정이고, 모친은 종실 이씨의 딸이다. 1541년(중종 36)에 태어나서 1595년(선조 28) 6월에 향년 55살로 병사하였다(申欽, 앞의 책, 1991, 30쪽).

203 《星山李氏世譜》 1~6, 성산이씨세보편찬위원회, 2008, 권1 29~권5 553쪽.

204 申欽, 앞의 책, 1991, 30쪽. "早喪怙恃 祖母羅氏收而鞠養 暨年十六 侍文定王后 十八 充明廟後庭."

입김이 작용한 것이다.

선조의 후궁 인빈 김씨(1555~1613)[205]는 14살 많은 외사촌 언니인 명종의 후궁 숙의 이씨 덕분에 어렸을 때부터 궁중에서 생활하였다.[206] 1568년(선조 1) 인빈 김씨의 나이 14살 되던 해에 어릴 때부터 지켜본 명종의 비 인순왕후 심씨가 그녀를 선조의 후궁으로 추천하였다.[207] 이후 인빈 김씨도 숙의 이씨의 후원을 받았던 것처럼 숙원 신씨를 광해군의 잉첩으로 추천하였다.

인빈 김씨는 수원 김씨水原金氏 김한우金漢佑의 서녀로, 형부 신경辛鏡의 서녀이자 친언니의 딸 신씨를 입궁시켜 광해군의 후궁으로 삼게 한 것이다. 그녀가 신씨를 추천한 것은, 조카딸 신씨가 미모와 지혜를 겸비한 여성이었기에 가능하였다. 숙원 신씨에 대한 광해군의 총애 덕분에 인빈 김씨는 왕실 내 영향력을 높일 수 있었다. 그래서 자신은 물론 자손에 이르기까지 환란을 겪지 않았다.[208] 특히 인빈 김씨가 소생 정신옹주貞愼翁主의 딸과 인목왕후의 남동생 김규金珪의 혼인을 주선하여 성사시킴으로써[209] 왕실 내에서의 지위를 더

---

205 인빈 김씨는 수원 사람으로 부친은 사헌부 감찰 金漢佑이고, 모친은 忠義衛 이효성의 딸이다. 그녀는 1555년(명종 10)에 태어나서 1613년(광해군 5) 10월에 향년 59세에 병사하였다(若稽金氏 自出水原 考曰漢佑司憲府監察 妣曰李氏 忠義衛李誠之女 嘉靖乙卯二月甲午生嬪 … 戊申宣祖大王陞遐 嬪哭擗哀毁有踰於制 過三年出居私第 癸丑十月 遘疾棄養 春秋五十有九 是年十二月 卜楊州豐壤里子坐午向之原窆焉 從亡子兆也(申欽, 앞의 책, 1991, 104~105쪽).

206 명종의 후궁 숙의 이씨가 '어린 인빈 김씨를 데려다가 궁중에서 길렀다'고 한 것으로 보아 자신의 처소 궁녀로 입궁시켰던 것으로 보인다. 보통 궁녀의 충원은 각 처소에서 독자적으로 운영하는 것이 원칙이었다(신명호, 《궁궐의 꽃, 궁녀》, 2005, 87~96쪽). 따라서 이씨는 정식으로 선발된 궁인이라기보다 숙의 이씨의 추천으로 궁인이 되었다고 생각된다(申欽, 위의 책, 104~105쪽).

207 張維, 앞의 책, 1988, 207~209쪽; 申欽, 위의 책, 104~105쪽.

208 申欽, 위의 책, 104~105쪽.

욱더 확고히 할 수 있었다.

(2) 국왕 측근세력과 연계된 후궁

대비나 선왕의 후궁들의 절대적인 지지 속에서 일반 사족의 서녀들이 국왕의 후궁이 되었다. 또한 국왕의 측근세력이나 권력자들의 추천을 받아 후궁이 된 여성들도 있었다. 이러한 여성들은 뛰어난 미모와 타고난 예술적 재능 덕분에 추천자들의 눈에 띄어 진헌된 것이다.

숙의 이씨 정이貞伊는 병조판서 이맹상李孟常의 증손녀이자 판중추원사 이순지李純之의 손녀였지만,[210] 호조참판 이공李拱의 첩녀妾女였다. 그녀의 모친은 성종의 봉보부인奉保夫人 백씨白氏의 조카딸이었다.[211] 그녀는 11살에 백씨의 추천을 받아 소혜왕후 한씨를 모시는 측근 시녀로 입궁하였다가 동궁 연산군의 지밀나인이 되었다.[212] 이씨가 낳은 강수康壽, 양평군陽平君이 중종반정 때에 9세였음을 감안한다면,[213] 적어도 1496년(연산군 2)에 연산군의 승은을 받은 듯 보인다. 그러나 궁인 이씨는 오랫동안 봉작받지 못하다가 1506년(연산군 12)에야 비로소 숙원에 봉해졌다.[214]

숙원 최씨 보비寶非는 생원 황윤헌黃允獻의 첩이었다. 양반가의 첩으로 살았던 그녀는 빼어난 외모를 지녔고 가야금을 잘 연주하였기

---

209 《광해군일기》 권66, 광해군 5년 5월 17일(갑술).

210 陽城李氏大同會, 《陽城李氏世譜》 권1, 陽城李氏大同譜所, 1984, 32~38쪽.

211 《성종실록》 권17, 중종 11년 8월 29일(병자); 한희숙, 〈조선 전기 奉保夫人의 역할과 지위〉, 《조선시대사학보》 43, 2007, 70~72쪽.

212 《중종실록》 권16, 중종 7년 8월 7일(무신). "卒參判李拱妻琴氏上言 其略曰 家翁妾女子貞伊年十一歲 時以侍女 入侍昭惠王后殿 廢主東宮時移入."

213 《중종실록》 권17, 중종 8년 1월 7일(정축).

214 《연산군일기》 권63, 연산군 12년 8월 10일(정사).

때문에 구수영具壽永의 눈에 띄어 연산군의 후궁으로 진헌되었다. 본래 구수영은 연산군에게 아첨을 잘하는 사람이었다. 그는 사돈 임사홍과 함께 전국의 미녀를 연산군에게 바쳐 당시 연산군의 두터운 신임을 얻고 있었다.[215] 사비私婢 사랑思郞이와 취적녀吹笛女 보배寶杯 역시 구수영에 의해 연산군에게 진헌된 여성들이었다.[216] 구수영이 황윤헌의 첩이었던 보비를 어떻게 선보였는지는 알 수 없다. 다만 그가 세종의 8남 영응대군永應大君 이염李琰의 사위이자 연산군의 1녀인 휘순공주徽順公主의 시아버지였다는 점에서 황윤헌의 애첩이었던 그녀를 손쉽게 빼앗았을 것이다.

중종은 단경왕후를 폐출한 이후, 집권 초기부터 간택 후궁은 물론 여러 명의 비간택 후궁들을 총애했다. 왕자녀 12남 5녀를 모두 이들에게서 얻었다. 그 가운데에 가장 총애했던 후궁은 바로 경빈 박씨이다.

경빈 박씨의 가계는 상주尙州 지방 사족이지만, 아버지 박수림朴秀林이 군인 노릇을 할 정도로 비길 데 없이 한미하고 궁색한 집안이었다. 1505년(연산군 11) 연산군이 전국의 미녀들을 '채홍採紅'이라는 명목으로 한창 궁궐로 뽑아 들일 때에 미모가 출중했던 그녀도 채홍사에게 선발되어 궁궐로 들어오게 되었다. 아마도 생계를 위해서 홍청 선발에 지원한 것으로 추측된다.

그러나 경빈 박씨가 입궁한 지 며칠 안 되어 중종반정이 일어났고, 당시 그 과정에서 그녀의 미색이 도총관 박원종에게 알려지면서 중종의 후궁으로 추천되었다.[217] 이후 그녀는 1509년(중종 4)에 중종

215 《연산군일기》 권63, 연산군 12년 9월 2일(기묘); 《중종실록》 권1, 중종 1년 10월 25일(경오).

216 《중종실록》 권1, 중종 1년 10월 30일(을해).

217 박원종의 양녀(야사 기록)인지는 알 수 없으나, 실록 기사에 따르면, '반정한 처음에 추천되어 궁중에 들어왔다'(《중종실록》 권58, 중종 22년 4월

의 장남 복성군福城君 이미李嵋를 낳은 후[218] 숙원에 봉작되었고, 1512년(중종 7)에 혜순옹주惠順翁主와 1514년에 혜정옹주惠靜翁主 등 1남 2녀를 연이어 낳을 정도로 중종의 무한한 사랑을 받고 있었다. 그녀는 1527년(중종 22) 작서灼鼠의 변으로 사사되기 전까지 한미한 신분에서 빈의 지위에 오를 정도로 그 위세가 대단했다.[219]

선조의 후궁 순빈 김씨의 경우에도 국왕 선조의 정치적인 측근세력을 통해 후궁이 된 여성이었다.[220] 그녀는 1580년(선조 13)에 선조

26일(임신)고 하였다(한희숙, 앞의 논문, 2007, 146쪽).

218 《중종실록》 권9, 중종 4년 9월 15일(갑진).

219 작서의 변은 권신 김안로의 아들 연성위 김희가 심정을 쫓아내려 사지를 자르고 불로 지진 쥐의 사체를 궁중에 걸어놓은 사건이다. 이 일로 경빈 박씨와 복성군이 왕실에서 쫓겨나기 전까지 장경왕후 윤씨의 전례를 이용하여 한때 왕비가 되고자 했고, 원자 인종을 몰아내고 그 자리에 복성군을 내세우려 할 만큼 자신의 세력을 키웠다. 그 배후에 반정 공신 박원종의 지지가 있었기에 가능하였다고 본다.

220 李昌鉉 等纂, 《姓源錄》, 旿晟社, 1985, 340~343쪽.

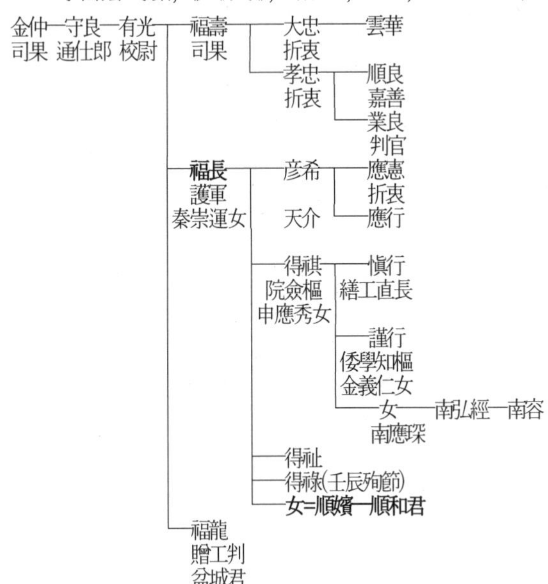

의 큰형 하원군河原君 이정李鋥의 주선을 통해 후궁이 되었다.[221] 부친 김복장金福長은 정4품 무관인 호군護軍이자, 역관이었고, 오빠 김득기金得祺도 《통문관지通文館志》 〈인물〉편에 기재될 정도로 한학漢學을 전공한 명망 있는 역관이었다. 그는 1592년(선조 25)에 선조를 호위한 공로를 인정받아 벼슬이 첨지중추부사에 이르렀고,[222] 1604년(선조 37)에는 호성 원종 1등 공신에 녹훈되었다.[223] 조카 김응수金應壽와 김응명金應命 형제는 임진왜란에 공을 세워 호성 원종 공신에 책록되었고, 오빠 김득록金得祿은 순국하였다. 그녀의 고조 김중金仲은 사과司果, 증조 김수량金守良은 통사랑通仕郎, 조부 김유광金有光은 교위校尉로, 매우 한미한 중인 또는 중하급의 무관 집안이었다. 그러나 순빈 김씨의 입궁 이후에 이 집안은 선조와의 관계가 더욱 긴밀하게 되었다.

광해군의 후궁 소용 임씨는 이조판서 임국로任國老의 서손녀이자 임취정任就正의 조카이다.[224] 그녀 나이 16살 무렵에 숙부 임취정의 추천으로 후궁이 되었다.[225] 임취정은 1617년(광해군 9)에 대북파로서 폐모론을 주장했을 뿐만 아니라, 광해군의 복위를 모의하여 사사될 만큼 광해군과는 밀접한 관계에 있던 인물이었다.

그녀가 숙부의 추천으로 후궁이 되었다는 《조선왕조실록》 기록과는 달리 《연려실기술》에는 임몽정任蒙正[226]의 서녀로 태어나 조실부

221 《선조수정실록》 권14, 선조 13년 2월 1일(신미).

222 《(국역)통문관지》 2, 〈인물〉 〈김득기〉, 세종대왕기념사업회, 1998, 29쪽(《通文館志》 제7권).

223 한국정신문화연구원, 《古文書集成》 15 河回豊山柳氏篇(Ⅰ), 功臣錄券 3-9, 1994, 263쪽.

224 豊川任氏中央宗親會編, 《豊川任氏世譜(1797년, 正祖丁巳譜)》, 豊川任氏中央宗親會, 1994, 3~4쪽.

225 《광해군일기》 권70, 광해군 5년 9월 25일(경진).

226 《풍천임씨세보》 상(풍천임씨중앙종친회, 1994, 3~4쪽)에는 임몽정의 서녀

모한 이후 외가 조윤신曺胤申의 집에서 성장하여 1610년(광해군 2) 13세에 외조모의 연줄로 입궁되었다고 되어 있다.[227] 외조모 청송 심씨는 명종비 인순왕후의 조부 심연원沈連源의 동생 심봉원沈逢源의 딸이다. 청송 심씨 가문의 위세를 고려해 볼 때, 임씨의 입궁은 비교적 용이했을 것이라 생각한다. 그녀가 궁녀로 입궁하게 된 것은 외조모의 청탁 때문이었고, 후궁으로 발탁된 것은 삼촌 임취정의 추천 때문일 것이다. 임씨의 입궁이 숙부의 추천이건 외조모의 연줄이건 간에 가문 배경이 크게 작용되었음을 알 수 있다. 사실 이 가문은 왕실과 혼인관계를 맺을 정도로 거족 가문이었으며, 왕실혼인 집안이라는 점을 이용하여 일찍부터 정치세력을 구축하고 있었다.[228] 임씨는 집안 배경뿐만 아니라 미모와 지성도 겸비해서 후궁이 될 수 있었다.

인조는 재위 기간(1623~1649)이 길었지만 총애했던 후궁이 거의 없었다. 다만 1629년(인조 8)에 정백창鄭百昌이 진납한 조기趙琦의 딸을 후궁에 두었을 뿐이다.[229] 정백창의 외조부 심흔沈忻은 인순왕후의 조카이고, 한준겸韓浚謙의 사위이자 인열왕후 한씨의 형부였다. 그러한 가문 배경 때문에 인열왕후의 시녀로 조씨를 추천할 수 있었다.

조씨가 언제 후궁에 봉작되었는지 확인할 수 없다. 다만 1637년(인조 15)에 효명옹주孝明翁主가 태어난 점을 고려해 볼 때 병자호란 이후 인조가 남한산성에서 창경궁으로 돌아온 직후였을 것이다. 그녀를 총애한 인조는 인열왕후 사후에도 재혼하지 않았다. 영의정 이

로 기재되었으나, 실록 기사(광해군 5년 9월 25일)에는 任守正으로 나온다.

227 《광해군일기》 권70, 광해군 5년 9월 25일(경진); 이긍익, 《(국역)연려실기술》Ⅴ, 민족문화추진위원회, 1977, 339쪽.

228 金宇基, 앞의 책, 2001, 141~142쪽.

229 《인조실록》 권23, 인조 8년 7월 2일(기묘).

홍주李弘冑가 "만약 시간을 끌며 가례를 하지 않는다면 훗날의 일은 뭐라 말하기 어려운 환난이 있을 것"[230]이라고 주청할 정도였다. 이 밖에 소용 정씨(광해군)는 정상헌鄭象獻의 서녀로, 정난종鄭蘭宗의 5대손이자 공조판서 정사룡鄭士龍의 증손녀였다.[231] 이처럼 이 시기에는 사족의 서녀들이나 중인, 무관의 딸들이 측근 지인들로부터 진헌, 추천되어 궁인에서 국왕의 승은을 입고 후궁이 되었다.

(3) 일반 궁인 출신의 후궁

연산군은 호색가이며 음란한 폭군이었다. 호색가였다는 사실은 "인군이 후궁을 많이 두는 것은 계사를 넓히려는 것인데, 불초한 무리들이 망령되어 황음荒淫에 가깝다고 논의한다. 무릇 주색이 어찌 반드시 나라를 그르치겠는가."[232] 또는 "문왕은 자녀의 수효가 1백에 이르렀으니, 비빈이 많았음을 짐작할 수 있다"[233]는 그의 말에서 알 수 있다.

연산군은 1503년(연산군 9)에 정업원淨業院에서 여승들을 범하고[234] 도가 지나쳐 양반, 유부녀, 큰어머니인 제안대군의 부인은 물론[235] 성종의 후궁 숙의 남씨까지도 관계를 맺었다.[236] 그것도 성에 차지

---

230 《승정원일기》 3책, 인조 15년 12월 22일(병진). "臣等竊悶焉 若遲延時月 不擇嘉禮 則日後之事 不無難言之患 不識聖明 不留念於此乎."

231 《東萊鄭氏族譜》, 藏 MF 35-4448, 권1 王쪽~권3 號쪽.

232 《연산군일기》 권56, 연산군 10년 12월 2일(무오).

233 《연산군일기》 권62, 연산군 12년 6월 13일(신유). "文王有子數至於百 則其妃嬪之多可知."

234 《연산군일기》 권50, 연산군 9년 6월 13일(무신). "先是 王以微行 率宦者五六人 各持杖猝入淨業院 毆黜尼僧老醜者 只留年少有姿色七八人淫之 此王肆慾之始."

235 《연산군일기》 권57, 연산군 11년 4월 12일(정묘).

236 《연산군일기》 권63, 연산군 12년 8월 5일(임자).

않았는지, 전국의 미녀를 흥청興淸으로 선발하였다. 천과 흥청악天科興淸樂[237]에 소속된 인원수만도 당시 천 명에 이르러서 군자창軍資倉, 풍저창豊儲倉, 광흥창廣興倉이 비었다고 할 정도였다.[238] 그런 만큼 그는 수많은 여성들을 총애하였다.[239]

중종의 후궁 숙원 이씨의 경우는 어떤 경로로 입궁하였는지 알 수 없다. 다만 부친 이백선李白先이 종6품 서반직인 병절교위秉節校尉 중하급 무관으로서[240] 그 이전의 선계先系를 알 수 없을 정도로 한미한 집안이었다. 이씨의 여동생 은대銀代가 상궁이라는 사실에서[241] 두 자매가 함께 입궐한 정식 궁인이었을 것이라 추측할 뿐이다. 이씨가 낳은 정순옹주貞順翁主가 1517년(중종 12) 12월생인 것을 보면, 이해를 기준으로 전후에 중종의 승은을 받은 듯 보인다. 덕양군德陽

237 왕을 측근에서 모시는 특별한 기생을 '흥청'이라 불렀다. 흥청 중에서도 왕을 가까이 모신 자는 '지과흥청地科興淸'이라 하고, 왕과 동침한 자는 '천과흥청天科興淸'이라 구분하기도 했다(이긍익, 《연려실기술》 6, 〈연산조 고사본말〉).

238 《연산군일기》 권60, 연산군 11년 11월 3일(갑신).

239 《조선왕조실록》에서 연산군의 승은을 입었으나, 후궁의 범주에 넣지 않은 여성들을 대략적으로 살펴보면, 다음과 같다. 金淑華는 羅州 기생 白犬으로 부친 金依[金小夫里: 나주 종임]는 당상이 되고, 족친 崔水光은 서용되었다(《연산군일기》 권62, 연산군 12년 4월 25일(갑술). 연산군은 죽은 麗媛安氏를 위해 제문을 짓게 하였다(《연산군일기》 권59, 연산군 11년 9월 21일(계묘). 그 외에 흥청 姜彩鸞이 있고(《연산군일기》 권61, 연산군 12년 2월 21일(신미), 미색이 있는 妓女 勝陽妃와 耐寒梅 등도 있었다(《연산군일기》 권58, 연산군 11년 5월 19일(계묘). 한편 崔田香은 연산군에게 승은을 입은 궁녀였고, 水根非는 원래 私婢였으나(《연산군일기》 권52, 연산군 10년 3월 7일(무진), 연산군이 公賤 玉수을 그녀 대신 내리고 관비로 삼을 만큼 자색이 뛰어나서 총애를 받은 여성이었다.

240 李珥, 《栗谷全書》 권18, 〈墓誌銘〉, 〈貞順翁主墓誌銘〉(《한국문집총간》 권44, 1989, 402~403쪽). "母淑媛李氏 系出大元 父白先 秉節校尉 主以正德丁丑十二月六日生 生四歲而淑媛歿 貞顯大妃與文定王后憐而撫育之."

241 《중종실록》 권102, 중종 39년 4월 17일(을유).

君의 모친 숙의 이씨는 검율檢律 이형신李亨臣의 딸로[242] 1524년(중종 19) 9월에 덕양군을 낳았으므로, 적어도 1523년 전후로 승은을 입었을 것이라고 생각된다.

선조의 후궁 온빈 한씨(1581~1664)는 전형적인 무관 집안의 딸이었다.[243] 그녀가 어떠한 이유로 입궁하였는지는 알 수 없으나, 12세가 되는 1592년(선조 25)에 뽑혀 입궁한 정식 궁녀였다.[244] 한씨가 낳은 흥안군興安君은 서10남으로 태어났다. 정빈 홍씨가 낳은 경창군慶昌君은 1596년(선조 29)에 서9남으로 태어났고 온빈 한씨가 낳은 경평군慶平君은 1600년(선조 33)에 서11남으로 태어났다. 이를 근거로 보면, 온빈 한씨가 선조의 승은을 입은 때는 1597년(선조 30)으로, 한씨 나이 17~18살 전후일 것이라 생각된다.

선조는 의인왕후 박씨를 왕비로 맞이하기 이전에 이미 공빈 김씨와 인빈 김씨를 총애하고 있었다. 공빈 김씨는 "다른 후궁들이 감히 그 사랑에 끼어들지 못할"[245] 정도로 선조의 사랑을 받았다. 의인왕후가 원자를 출산하지 못하고 있을 때에 김씨는 임해군과 광해군을 낳았다. 이 때문에 인순왕후 심씨의 허락 아래 궁인에서 후궁으로

---

242 《중종실록》 권48, 중종 18년 7월 3일(신미).

243 온빈 한씨는 淸平君 韓繼純의 자손이자 韓士亨의 딸로, 부친 한사형은 부호군(종4품), 조부 韓琥는 副司果(종6품), 증조부 韓鍾壽는 上護軍(정3품)이었으며(韓相鎬, 《淸州韓氏世譜》, 藏 MF 35-8886~9, 39~40쪽), 〈溫嬪韓氏墓表〉(경기도 양주시 소재)에 따르면, 이들 3대가 모두 忠義衛에 속하였다고 기록되어 있다.

244 그녀는 1581년(선조 14) 10월에 태어나서 1664년(현종 5) 10월 23일 향년 84세에 졸하였다. 1592년(선조 25) 12세에 뽑혀 입궐하였으나(〈溫嬪韓氏墓表〉), 1604년(선조 37) 11월이 되어서야 숙용에서 숙의로 승봉되었다(《선조실록》 권181, 선조 37년 11월 12일(무자). 간택 후궁들이 간택 즉시 숙의로 봉작된 사실을 근거로 추측해 보면, 그녀는 간택 후궁이 아닌 정식 궁인으로 입궁한 여성이라고 생각된다.

245 《선조수정실록》 권11, 선조 10년 5월 1일(무자).

봉작된 듯 보인다. 그러나 김씨는 1577년(선조 10) 5월, 광해군을 낳고서 25세에 세상을 떠났다.[246] 이때껏 경쟁구도에 있던 인빈 김씨는 당시 소용에 머물러 있었는데, 공빈 김씨가 죽은 이후로 '전에 비할 바가 아닐'[247] 정도로 선조의 총애를 입게 되었다.

선조의 상궁 김응희金應希는 어린 시절에 궁에 들어와 일찍부터 선조의 시위를 맡던 특별 상궁이었다. 임진왜란 때에 선조의 곁을 지키면서 일거수일투족을 보살펴 주며 다른 비빈들과 함께 시위하였던 시비侍婢 출신 여성으로,[248] 선조가 세상을 떠난 이후에는 인목대비 처소에서 일을 했던 것으로 생각된다. 《계축일기》를 보면, 국청에서 심문하는 광해군에게 자신을 '아비의 첩'이라고 칭하고 있는 데에서 선조의 총애를 입었던 비간택 후궁임을 알 수 있다.[249]

광해군의 후궁 조씨는 전 전라병사 조의趙誼의 막내딸로, 오빠 조국철趙國鐵은 파원군坡原君 이응복李應福의 사위였다.[250] 파원군은 성종 소생 익양군益陽君의 증손자이다. 조씨의 사촌오빠 조국필趙國弼

246 《선조실록》 권11, 선조 10년 5월 27일(갑인).

247 《선조수정실록》 권11, 선조 10년 5월 1일(무자), 〔공빈 김씨의 졸기〕. "自是 金昭容特承寵遇而專房 非前比矣."

248 《광해군일기》 권66, 광해군 5년 5월 18일(을해).

249 정은임 교주, 《계축일기》, 이회문화사, 2005, 63~64쪽.
《계축일기》에는 김상궁〔金應希〕에 대한 내용이 나온다. 기록에 따르면, '그 중에도 김상궁은 열네 살 때 선조대왕의 수레를 뫼시고 따라가 잠깐도 곁을 떠나지 아니하고 환조하시니 충성껏 시위한 일로는 대공신을 할 수 있으련만 나인인 까닭으로 반공신도 못하셨지만 궐내위장을 지내시고 궁인 중에서도 위대한 분이시더니 이때에 우두머리를 만들어서 잡아내니 그 사람이 나가는 서문에 앉아서 말하기를, "아무 나라인들 아비의 첩을 나장의 손으로 잡아내니 임금도 사납거니와 신하도 사람다운 사람이 없도다."'고 하였다. 이 내용은 영창대군의 옥사사건으로 대군보모 상궁 김씨가 억울하게 잡혀 들어갈 때의 넋두리이다.

250 漢陽趙氏大同世譜編纂委員會編, 《漢陽趙氏大同世譜》 1~18, 漢陽趙氏大同世譜編纂委員會 2003, 655~659쪽.

은 유자신柳自新의 사위가 되어 광해군과는 동서지간이었다. 조씨는 정식절차에 따라 뽑힌 궁녀가 아니라 친인척 등에 의한 연고로 입궁한 여성이라고 생각된다. 특히 부친 조의가 임해군 이진李珒을 체포하는 과정에서 공훈이 있었던 점은 이를 더욱 뒷받침한다.[251]

숙종의 후궁 명빈 박씨(1672~1703)[252]는 승은 상궁이었다. 박씨는 통정대부 박효건朴孝建의 딸로[253] 숙종의 총애를 받은 지 10년이 지난 1698년(숙종 24) 11월에 비로소 종4품 숙원에 봉작되었다. 이는 당시 연령군延齡君을 임신하였기 때문이다.

소의 유씨(?~1707)[254]와 귀인 김씨(1690~1735)[255]는 어떻게 궁녀로 입궁했는지를 추정할 수 없다. 유씨는 유창익劉昌翼의 딸이고 귀

251 《광해군일기》 권121, 광해군 9년 9월 28일(경인); 《광해군일기》 권121, 광해군 9년 11월 21일(임오).

252 1702년(숙종 28)에 조성된 화엄사 각황전 칠존불상 복장 유물에서 명빈 박씨의 출생연도가 기재되어 있어 '壬子生禖嬪朴氏尊靈直往蓮臺蒙佛授記' 1672년(현종 13)이라는 사실을 알 수 있다(오진희, 〈화엄사 각황전 칠존불상의 연구〉, 동국대학교 석사학위논문, 2005, 10쪽).

253 명빈 박씨 소생 〈延齡君贈諡孝憲公神道碑銘〉(서울특별시 노원구 소재)에 따르면, '어머니는 명빈 박씨로 통정대부 박효건의 딸이다. 연령군(1699~1719)이 다섯 살 때 명빈이 돌아가셨다.'고 하여 명빈의 부친은 박효건이고, 명빈이 1703년(숙종 29)에 사망하였음을 알 수 있다.

254 1702년(숙종 28)에 조성된 화엄사 각황전 칠존불상 복장 유물에서 소의 유씨는 '淑嬪劉氏一生灾害不濠侵誕生貴子之大願'이라 하여 淑嬪劉氏로 기록되어 있다(오진희, 앞의 논문, 2005, 10쪽).

255 〈貴人金氏墓誌〉(경희대학교 중앙박물관 소장). "貴人金氏 慶州人 觀象監參奉時龜之女 庚午四月初八日生 戊寅入宮 肅宗三十一年乙酉封爲淑媛 丁亥加封淑儀 庚寅進封貴人 乙卯七月二十八日卒逝九月二十八日甲子 葬于楊州龜旨面仁場里辛坐乙向之原無子女."
〈貴人金氏墓表〉(경기도 고양시 덕양구 소재). "貴人慶州金氏 觀象監參奉時龜之女 肅宗大王十六年庚午四月八日生 越戊寅編內籍 時年尙幼 儀度端重 自異凡流 老宮侍咸期以必貴 … 上乙卯七月 疾革卒之日乙丑 摘園果上供 盥沐整衣裳 入寢室 遂告終享年四十六 無育."

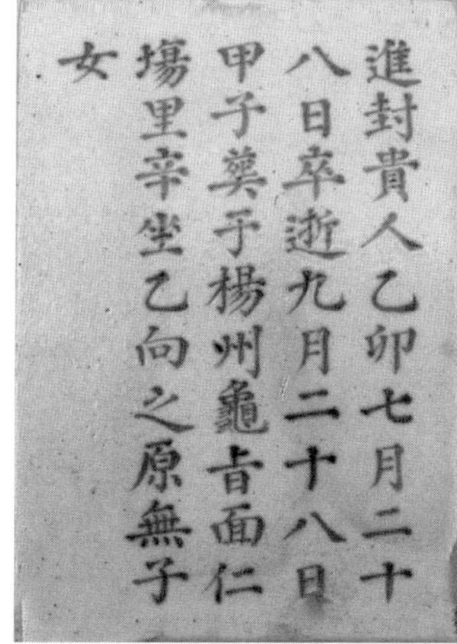

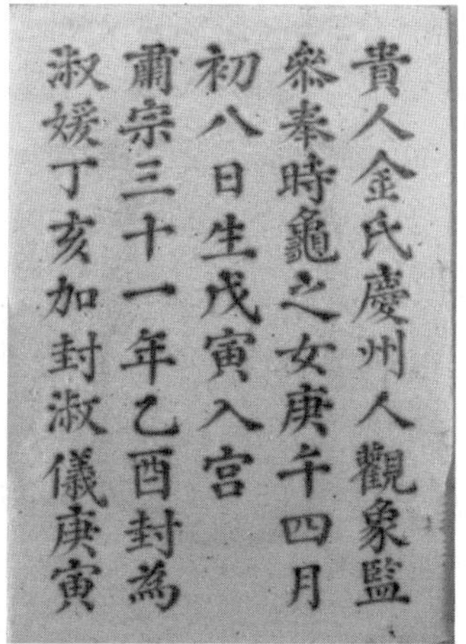

【도판 Ⅳ-4】 백자청화 귀인 김씨 묘지
관상감 참봉 김시구의 딸이자 숙종의 후궁인 귀인 김씨의 자기 묘지로 백토로 만든 형태 위에 무색 투명의 유약을 입혀 구워 냈다(경희대학교 박물관 소장).

인 김씨는 관상감 참봉 김시구金時龜의 딸이다. 김씨는 1698년(숙종 24) 9살의 나이로 입궁한 정식 궁녀였다. 그 이외에 희빈 장씨와 숙빈 최씨의 경우에도 궁녀였다. 이들은 다음 절에서 후술하므로 이 절에서는 생략한다.

조선 초기에는 왕의 잠저 시절 비첩들이 현왕의 즉위와 함께 내명부에 승봉되었다. 그러나 이 시기에 대군 시절에 승은을 입은 후궁은 효종의 후궁 안빈 이씨(1622~1693)[256] 한 사람뿐이었다. 그녀는 어렸을 때 궁궐에 뽑혀 들어온 궁녀였다. 병자호란 후, 그녀는

256 〈安嬪慶州李氏墓表〉(경기도 남양주시 소재)에 따르면, 안빈 이씨는 경주 사람으로 부친은 贈工曹參議 李應憲이고 모친은 淑夫人 任實 李有華의 딸이다. 그녀는 1622년(광해군 14) 9월에 태어나 1693년(숙종 19) 10월 23일, 사제에서 향년 72세로 졸하였다(此孝宗朝後宮安嬪李氏之墓也 其先慶州人 考曰應憲 贈工曹參議 妣曰淑夫人 任實李氏有華之女 … 天啓壬戌九月己亥生嬪 … 癸酉十月微感疾 以二十三日卒于私第 享年七十有二).

나이 16살인 1637년(인조 15)에 볼모로 잡혀가는 봉림대군 내외를 따라 청나라 심양瀋陽에 갔다. 그녀는 그곳에서 남장을 하고 봉림대군 부부 측근에서 10년 동안 배종하면서 이들을 섬겼다.[257] 그녀는 1645년(인조 23)에 귀국한 뒤 숙녕옹주淑寧翁主를 출산하였다. 숙녕옹주(1649~1668)의 출생연도가 효종의 재위 기간(1649~1659)에 근접하고 있음을 고려해 본다면, 효종의 잠저 시절인 심양에서 봉림대군 부부의 지밀나인으로 일하다가 대군의 총애를 입은 듯 보인다.

연산군~숙종대 비간택 후궁 중에는 이처럼 왕실 여성인 대비나 후궁들이 자신의 친정 조카나 여동생을 궁중에 데려다가 길러서 후궁이 되도록 하거나 국왕의 측근세력 또는 권력자들이 추천하여 되는 경우가 있었다.

【표 Ⅳ-9】를 보면, 비간택 후궁은 진헌된 여성도 있었지만, 대부분 궁녀로 입궁한 여성들이 국왕의 총애를 입고서 후궁이 되었다. 조선 중기에 입궁한 궁녀들의 나이는 빠르면 9살에서 늦으면 16살로 나타났고, 입궁 연령은 평균 13살 정도였다.[258] 조선 후기 비간택 후궁들의 입궁 나이와 비교해 보면[259] 조선 중기의 비간택 후궁들은 비교적 늦은 나이에 각 처소의 지밀나인〔至密內人〕 또는 하급 궁녀로

257 《정조실록》 권45, 정조 20년 8월 9일(신사). "昔在丁丑 嬪陪往瀋館 換着男服 十年服事 效榮甚多."

258 조선 중기 비간택 후궁의 입궁 나이가 평균 13살이었던 것과 달리, 간택 후궁의 입궁 나이는 출생 나이를 알 수 없는 장석조의 딸과 귀인 장씨를 제외하고 평균 16살이었다(【표 Ⅳ-9】 참조).

259 조선 후기 입궁 나이를 확인할 수 있는 비간택 후궁들을 나열하면 다음과 같다. 숙빈 최씨(숙종) 7살(〈신도비명〉: 경기도 파주시 소재), 귀인 김씨(숙종) 9살(〈귀인 김씨지문〉: 경희대학교 박물관 소장), 정빈 이씨(영조) 8살(〈정빈이씨묘비〉: 경기도 파주시 소재), 영빈 이씨(영조) 6살(〈영빈이씨지문〉: 연세대학교 박물관 소장), 귀인 조씨(영조) 10살(黃鐘林, 《永世寶藏》, 태학사, 1998) 등이다.

뽑혀 입궁하였다. 지밀나인은 가 처소의 측근 궁녀를 말한다.[260]

궁녀로 입궁한 이들이 왕에게 승은을 입은 나이는 14살에서 30살까지 다양하게 나타났다. 장녹수와 같은 특수한 경우를 제외하고는 평균 17살 정도였다. 궁녀의 입궁 연령을 구체적으로 기록한 정보자료는 없다. 하지만 인조반정 이후 인목대비가 서궁에 유폐되었을 때 체포되어 조사받던 나인들의 진술서인 《추안급국안推案及鞫案》의 〈계해 삼월이후 옥사癸亥三月以後獄事〉를 보면, 13~20살로 나타났다.[261]

정리하면, 연산군~숙종대 비간택 후궁 중에는 왕실 어른들의 후원, 국왕의 측근세력들의 추천을 받아 후궁이 된 여성들이 나타난다. 즉 국왕의 승은 외에 다양한 경로를 통해 후궁이 될 수 있었다. 이 시기의 비간택 후궁은 장녹수, 김개시처럼 천한 신분의 여성이거나 경빈 박씨, 안빈 이씨, 창빈 안씨, 숙원 이씨와 같이 한미한 집안의 딸이 대부분이었다. 그러나 여기에서 주목되는 점은, 비간택 후궁들의 신분이 명문대가 또는 사대부 가문의 서녀 또는 첩의 딸이나 역관, 율관 등 중인은 물론 중하급의 무관 출신의 딸들이었다는 사실이다.[262]

대부분 한미한 집안의 여성이 궁녀가 된 이후에 국왕의 승은을 입고 후궁이 되었는데, 이는 후궁이 되는 보편적인 경로였다. 조선 초기에 보였던 궁녀뿐만 아니라 시비, 관비, 사비 등의 노비 출신과 기생, 과부 등의 여성들은 이 시기에 사라지고, 그 자리에 서녀, 중인 가문의 딸들이 차지하게 되었다.

또한 이 시기에 비간택 후궁들의 특징은 당사자 여성 자신이 자원해서 입궁했다기보다 당사자의 미모 또는 여러 가지 재능 덕분에

260 신명호, 앞의 책, 2005, 110쪽.

261 위의 책, 121쪽.

262 이미선, 앞의 논문, 2009, 66쪽.

친족 또는 타인의 의사에 따라 입궁하게 되었다는 점이다. 이들이 어떤 사정으로 궁궐에 입궁하였는지는 알 수 없다. 다만 한미한 집에서는 가정 생계를 해결하기 위해 딸을 궁인으로 보냈고, 양반가에서는 추천자의 세력 기반의 확충과 궁궐 내에서 정치판의 정보를 얻어내기 위해 집안의 서녀를 궁인으로 보내거나 국왕에게 진헌, 추천되어 입궁하였으리라 짐작할 뿐이다. 이 때문에 한미한 집안에서 궁인으로 입궁한 여성들은 구체적인 신원을 파악하기 어렵지만, 사대부가의 서녀나 중인, 무관 집안 출신 여성은 가문을 알 수 있다는 사실이 연산군~숙종대에 주목되는 점이다.

2) 비간택 후궁의 정치 참여

왕실은 조선의 정치를 이끌어 가는 중심체이다. 그러기에 왕실과의 혼인은 정치적 역학관계와 밀접한 관련을 맺고 있다. 흔히 왕실 내에서의 인척구성원은 주로 왕비의 친인척이다. 그러나 후궁 역시 내명부에 속한 왕의 최측근 여성으로서 왕실가족의 일원이다. 왕과의 관계를 통해서만 얻어지는 이들 여성의 위치를 보면 권력구조 핵심부에서 일어나는 정치적 사건과 무관하지 않다고 본다.

조선왕조 사회에서 왕실여성의 능동적인 정치 활동은 기대하기 쉽지 않다. 그러나 간혹 왕비 가운데에는 수렴청정이라는 정치활동을 통해서 권력구조와 정치운영에 적지 않은 영향력을 행사하기도 했다.[263] 수렴청정은 즉위한 왕이 너무 어려서 정치를 직접 다

---

263 수렴청정에 대한 연구성과는 다음과 같다.
임혜련, 〈순조 초반 정순왕후의 수렴청정(垂簾聽政)과 정국변화〉, 《조선시대사학보》 15, 2000; 김우기, 〈조선(朝鮮) 성종대(成宗代) 정희왕후(貞熹王后)의 수렴청정(垂簾聽政)〉, 《조선사연구》 10, 2001; 김우기, 〈16세기 중엽

스릴 능력이 없을 때에 왕의 어머니인 왕대비나 할머니인 대왕대비가 잠정적으로 왕을 대리하여 국정을 처리하는 정치를 의미한다. 반면 가문 배경에 힘입은 간택 후궁과 왕의 총애와 신임을 바탕으로 한 비간택 후궁은 크고 작은 정치 문제에 영향을 미치기도 했다.

궁중 내 후궁들의 이러한 정치 참여는 유교주의 왕조국가라는 점을 감안해 볼 때 거의 불가능하거나 제한되는 것은 당연한 일이었다. 그러나 궁중 내 여성들을 둘러싼 논란은 부단히 정치 흐름에서 수면 위로 떠오르게 되는 경우가 많았다. 이는 권력과 남성, 남성과 여성의 관계, 거기에서 파생되는 권력과 여성과는 밀접한 함수관계가 성립됨을 알 수 있다. 바꾸어 말하면, 남성은 권력을 장악하고 여성은 남성을 장악하는 경우를 생각하게 된다는 것이다.[264] 그러나 이들의 정치활동은 독자성이 부여되어 있는 개체의 참여가 아니고, 상황에 따라 이용되거나 희생되었다는 점을 염두에 둘 필요가 있을 것이다.

후궁들의 정치 개입, 더 나아가 정치적 영향력이 수렴청정을 지휘한 왕비에 미치지는 못하지만, 왕의 총애를 받는 측근에 있었으므로 국가 정치에 영향력을 미치거나 그 족친이 조정의 요직에 등용되어 정치적 영향력을 크게 행사한 경우가 많았다. 특히 당쟁이 치열할 때는 각 붕당에서 후궁이나 내시와 결탁하여 정국을 번복하려는 경향이 있었다. 반면 그들은 그 신분상 일반 여성들과는 달리 자기 자신의 잘못이 없다 할지라도 궁중 내부의 음모나 정치적 갈등 속에 휘말려 억울하게 사사되는 경우도 빈번하였다.

仁順王后의 정치참여와 垂簾聽政〉,《역사교육》88, 역사교육연구회, 2003; 임혜련,〈朝鮮後期 憲宗代 純元王后의 垂簾聽政〉,《한국인물사연구》3, 2005; 임혜련, 앞의 논문, 2008, 임혜련,〈19세기 神貞王后 趙氏의 생애와 垂簾聽政〉,《한국인물사연구》10, 2008.

264 崔淑卿·河炫綱 共著,《韓國女性史》, 梨大出版部, 2001, 315쪽.

연산군~숙종 이전에 일어난 여러 가지 사건들은 조선 초기와는 달리 왕의 총애를 받아 권력을 얻고 그로 말미암아 직·간접적으로 정치적 영향력을 행사한 후궁들에 의해서 발생되었다. 연산군의 장녹수, 광해군의 김개시, 인조의 귀인 조씨 등이 그 여성들이다. 따라서 이 절에서는 이 시기의 후궁들이 국왕 또는 집권세력과 관련된 정치적 사건에 일정 부분 결정적 영향을 미쳤다는 전제 아래 사건들과의 관련 속에서 그들의 정치적 역량을 살펴보고자 한다.

(1) 갑자사화甲子士禍와 장녹수

조선 역사상 최악의 폭군으로 알려진 연산군은 사화를 일으킨 장본인이었다. 그는 폭정에 반대하는 훈구파 또는 사림파 세력을 가리지 않고 탄압해 갔는데, 피비린내 나는 두 차례 사화士禍, 무오사화와 갑자사화가 그것이다. 무오사화는 1498년(연산군 4)에 김종직金宗直의 제자 김일손金馹孫이 쓴 사초史草 문제가 발단이 되어 일어난 사건이다. 1504년(연산군 10)에 발생한 갑자사화는 무오사화에 견주어 선비들이 많이 희생되었다.

갑자사화는 1504년에 국왕에 대한 '능상凌上'의 척결과 폐비 윤씨 사건에 대한 연산군의 소급 처벌이라는 두 가지 명분 아래에 진행된 것이며,[265] 연산군이 폐비 윤씨의 죽음과 관련된 신하들은 물론 성종의 후궁과 나인, 환관 등을 대거 학살한 사건이다. 폐비 윤씨는 1479년(성종 10) 투기죄가 결정적인 원인이 되어 폐서인되었다가 1482년(성종 13) 8월 사약을 받고 생을 마감했다.

갑자사화에 결정적인 역할을 한 사람은 임사홍과 장녹수(?~1506)라 할 수 있다. 임사홍은 신수근, 유자광柳子光 등과 함께 폐비 윤씨

265 金範, 앞의 논문, 2005, 99쪽.

【도판 Ⅳ-5】 회묘(경기도 고양시 덕양구 서삼릉 소재)와 가봉태실비(경상북도 예천군 용문면 소재, 오른쪽)
회묘는 성종의 비이자 연산군의 생모 폐비 윤씨의 무덤으로, 갑자사화 이후에 제헌왕후로 추존되어 왕릉인 회릉으로 조성되었으나, 중종반정으로 회묘로 격하되었다. 가봉태실비는 1478년(성종 9)에 조성된 폐비 윤씨의 태실로, 경상북도의 기념물 제174호이다.

의 생모 장흥부부인長興府夫人 신씨申氏를 연산군과 만나도록 주선하였고, 성종의 후궁인 엄씨와 정씨가 생모 윤씨를 폐비하여 사사되도록 참소했다고 연산군에게 알려 준 인물로 전해지고 있다.[266]

임사홍은 전주 이씨와 결혼한 왕실의 인척이었다. 부인 전주 이씨는 효령대군의 손녀이며 보성군寶城君의 딸이다. 아들 임광재任光載는 제안대군 이현李琄의 누나 현숙공주顯肅公主와 혼인하였고, 동생 임숭재任崇載는 1491년(성종 22) 8월에 성종의 딸 휘숙옹주徽淑翁主와

266 李肯翊, 《(국역)연려실기술》 Ⅱ, 민족문화추진회, 1977, 122쪽(《燃藜室記述》 제6권, 〈燕山朝故事本末〉, 〈甲子士禍〉).
연산군이 생모 윤씨가 폐비 사사된 사실을 이때 처음 알게 되었다고 일반적으로 서술하고 있다(국사편찬위원회, 《한국사》 12, 1981, 175쪽). 그러나 연산군은 1495년(연산군 1) 3~4월 무렵에 이미 생모 윤씨가 폐비되어 사사된 일을 알고 있었다(연산군 10년 3월). 갑자사화의 발단이 되는 임사홍의 고변은 생모 윤씨가 폐비 사사되도록 참소한 인물이 성종의 후궁 엄씨와 정씨였음을 알게 한 사건이었다(金燉, 앞의 논문, 2002, 79쪽).

혼인하였다. 이처럼 이 집안은 왕실과는 겹사돈 간이었다. 그런 만큼 임사홍은 위세 당당한 훈척으로서 입지를 확고히 굳히면서 출세가도를 달렸다. 실제로 그는 1492년(성종 23) 대간의 반대에도 불구하고 중국 사신의 수행원인 도사都司를 위로하는 도사 선위사都司宣慰使가 되었고,[267] 같은 해 9월에는 다시 승문원 도제조 등의 추천으로 출사하여 중국어를 가르치게 되었다.[268]

당시 그는 아들 임숭재와 더불어 채홍사로 활약하였고 연산군의 향락 생활을 후원하며 연산군의 측근세력으로 급부상하고 있었다. 그의 측근에 장녹수가 있었다. 임사홍이 폐비 윤씨의 사사된 내력을 연산군에게 알려줄 수 있었던 것에는 장녹수의 역할이 있었다고 보인다.

장녹수가 연산군의 총애를 받아 권력을 쥐게 되었던 때는 1502년(연산군 8)에서 1506년(연산군 12) 연산군이 폐위되기 전까지인데, 4년 동안은 1504년(연산군 10)의 갑자사화가 발생한 시점이다. 그녀에 대한 연산군의 총애는 1502년부터 점점 커져 각 지방의 진기한 음식물을 그녀에게 진상케 할 정도였다.[269] 후궁의 벼슬 이름을 100~200개씩이나 짓게 한 것 역시 극진한 총애의 한 표현이라고 보인다.[270] 그러면 연산군, 임사홍, 그리고 장녹수와의 연결고리를 살펴보자.

---

267 《성종실록》 권262, 성종 23년 2월 27일(무진).

268 《성종실록》 권269, 성종 23년 9월 17일(을유).

269 《연산군일기》 권46, 연산군 3년 10월 7일(병오). "傳曰 獼猴桃經霜自熟者 令京畿各官封進 時內寵漸盛 遐方異味 求之無厭 郡縣不能支."
이때 당시 전국이 재변의 피해를 입고 있었지만, 연산군은 전혀 개의치 않았다(《연산군일기》 권46, 연산군 3년 9월 1일(경오).

270 《연산군일기》 권52, 연산군 10년 2월 28일(경신). "傳曰 令吏禮曹撰後宮職官名一二百以進 其品秩高下 予當自定."

장녹수는 연산군의 숙부 제안대군 집안의 사노비였다. 그녀의 부친은 문과에 합격하고[271] 충청도 문의현령文義縣令을 지낸 장한필張漢弼이다. 그러나 그녀의 어머니가 내수사의 여종이었기 때문에 종모법從母法에 따라 친언니 장복수張福壽와 함께 내수사의 관노비가 되었다.[272] 아래 인용문에서 그녀의 집안 내력과 신분적 처지를 확인해 볼 수 있다.

> 김효손은 장녹수의 형부이고, 장녹수는 제안대군의 가비家婢였다. 성품이 영리하여 사람의 의중을 잘 맞추었다. 처음에는 집이 매우 가난하여 몸을 팔아서 생활을 했으므로 시집을 여러 번 갔었다. 그러다가 대군의 가노家奴의 아내가 되어서 아들 하나를 낳은 뒤 노래와 춤을 배워서 창기가 되었는데, 노래를 잘해서 입술과 치아를 움직이지 않아도 소리가 맑아서 들을 만하였으며, 나이는 30여 세였는데도 얼굴은 16세의 아이와 같았다. 왕이 듣고 기뻐하여 드디어 궁중으로 맞아들였는데, 이로부터 총애함이 날로 융성하여 말하는 것은 모두 좇았고, 숙원으로 봉했다. 얼굴은 보통사람 정도를 넘지 못했으나, 남모르는 교사巧詐와 요사스러운 아양은 견줄 사람이 없었으므로, 왕이 혹하여 상으로 주는 돈이 거만鉅萬이었다. 궁중창고[府庫]의 재물을 기울여 모두 그 집으로 보내었고, 금은주옥金銀珠玉을 다 주어 그 마음을 기쁘게 해서, 노비·전답·가옥도 이루 다 셀 수가 없었다. 왕을 조롱하기를, 마치 젖먹이 같이 하였고, 왕에게 희롱하며 욕보이기를, 마치 노예처럼 하였다. 왕이 비록 몹시 노했더라도 장녹수만 보면 반드시 기뻐하여 웃었으므로, 상주고 벌주는 일이 모두 그의 입에 달렸다. 김효손은 그 형부이므로 현달한 관직에 이를 수 있었다.[273]

---

271 《국조문과방목》(htty://people.aks.ac.kr)을 보면, 그는 1469년(예종 1)에 실시한 증광시에서 병과 4위로 합격했다.

272 《연산군일기》 권61, 연산군 12년 1월 14일(갑오).

273 《연산군일기》 권47, 연산군 8년 11월 25일(갑오).

위 기록을 통해 장녹수의 신상을 정리해 보면, 대략 세 가지로 요약할 수 있다. 첫째, 어려서부터 가난하게 생활해 왔던 그녀가 몸을 팔아 생계를 유지하였고, 시집을 여러 번 갔다는 점이다. 둘째는 예종의 둘째 아들 제안대군의 여종으로 들어가 그곳에서 집안의 가노와 혼인하였고 입궁하기 전에 남편과의 사이에서 아들을 둔 30살의 유부녀였다는 점이다. 셋째는 "얼굴은 중인 정도를 넘지 못했다"는 표현을 미루어 외모는 보통이었으나 어려 보인 데다가 애교가 많고 영리하며, 예능 방면에서 노래와 춤에 능하고 입술을 움직이지 않고도 맑은 소리를 내는 특기를 가지고 있었다는 점이다.[274] 그런 점에 비추어 그녀는 탁월한 능력을 겸비하여 소문이 자자했던 듯하다.

장녹수가 제안대군의 가비였다는 사실에서 정식 궁녀가 아닌 제안대군의 추천으로 입궁했다고 추측된다. 이는 '자신의 몸을 보전하기 위한'[275] 제안대군의 대안일 것이다. 장녹수가 왕의 총애를 받았기 때문에 주변 사람들까지 덕을 보게 되었다. 그녀 덕분에 제안대군의 장인 김수말金守末은 사도시 정司䆃寺正에 특별히 승서되었고,[276] 형부 김효손은 함경도 전향별감傳香別監에 제수되는 혜택을 받았다.[277] 1502년(연산군 8) 3월에 연산군이 부친 장한필의 내력을 묻고,[278] 그녀가 낳은 영수靈壽가 같은 해 11월에 태어난 점을 감안해 볼 때,[279] 1502년을 전후로 연산군의 총애를 입은 듯 보인다.[280] 장녹수는 입

274 《연산군일기》 권63, 연산군 12년 8월 10일(정사).

275 《(국역)대동야승》Ⅰ, 민족문화추진회, 1971, 489쪽(《대동야승》 권4, 〈稗官雜記〉 2). "或曰 齊安非實癡也 若以宗室之冑 有賢德之名 恐不能自全 故常自韜晦."

276 《연산군일기》 권49, 연산군 9년 4월 3일(기해).

277 《연산군일기》 권51, 연산군 9년 11월 13일(병자).

278 《연산군일기》 권43, 연산군 8년 3월 9일(신사).

279 유적조사연구실, 《西三陵胎室》, 국립문화재연구소, 1999, 87쪽. "王女靈壽胎 弘治十五年十一月十二日 藏于楊州郡榛接面 昭和四年月日移藏."

궁한 직후에 숙원이 되었다가 영수가 태어나고 열사흘 뒤에 종3품 숙용으로 승급되었다.[281]

제안대군이 추천한 장녹수와 현숙공주의 시아버지인 임사홍과의 관계는 어떻게 형성되었을까. 제안대군의 가비였던 장녹수는 예종의 딸이자 제안대군의 누나 현숙공주와 어렸을 때 함께 생활했을 것이다. 남편 임광재의 출생연도가 1465년(세조 11)이라는 사실과[282] 오빠 인성대군(1461~1463)과 동생 제안대군(1466~1525) 사이에 태어났다는 점을 감안한다면 현숙공주는 적어도 1462~1465년에 태어났다. 장녹수 역시 1502년(연산군 8) 30살 나이에 연산군의 총애를 받았다는 사실을 고려해 본다면, 1472년(성종 3)쯤에 태어났을 것이라 추측된다. 아래 기록은 부족하나마 연산군과 임사홍 집안과의 유대 관계 및 장녹수와 임사홍 집안과의 밀착 관계를 잘 보여 준다.

> 의금부에서 아뢰기를, "임사홍은 선왕조에서 붕당과 결탁하여, 조정을 문란하게 하였는데, 오히려 관대한 은전〔寬典〕을 입어 죽음을 모면하였습니다. 폐왕조에 이르러는 그 아들 임숭재를 연줄로 하여 나인 장녹수에게 빌붙어 온갖 꾀를 다 부리며 악한 일을 하도록 부추겼고, 충직한 사람들을 해치고 백성을 도탄에 빠뜨리며, 임금을 불의에 빠뜨려 거의 종사를 위태롭게 하였습니다. 그러니 그 죄는 부관참시하고 가산을 적몰해야 합니다."[283]

280 《연산군일기》 권63, 연산군 12년 9월 2일(기묘). "至壬戌 癸亥之間 爲張綠水所蠱惑 荒淫日甚 又多狂暴."

281 《연산군일기》 권47, 연산군 8년 11월 25일(갑오).

282 임광재의 출생연도를 알 수 없으나, '임광재는 바야흐로 그 아비가 죄를 지었을 때〔1478년〕에 나이 겨우 14세이니, 어찌 그 시비를 알아서 능히 이 상소를 만들었겠는가?'(《성종실록》 권221, 성종 19년 10월 22일(임자) 라는 실록 기사 내용을 미루어 1465년(세조 11)에 출생하였을 것이라고 생각된다.

283 《중종실록》 권1, 중종 1년 9월 26일(임인). "義禁府啓曰 任士洪在先王朝 交結朋黨 濁亂朝政 猶蒙寬典 得免顯戮 至于廢王朝 寅緣其子崇載 依付內人綠水 百計進用 縱臾爲惡 戕害忠良 糜爛百姓 陷君不義 幾危宗社罪 剖棺斬屍 籍沒家産."

> 연산군은 하고 싶은 일이 있으면 곧 그에게 쪽지로 통지하고, 임사홍은 곧 들어가 지도하여 뒤미처 명령이 내려지니, 그가 도리에 어긋난 일을 몰래 유치誘致한 일은 이루 말할 수 없었다. 그 아들 임희재任熙載가 피살되던 날에도 평일과 다름이 없이 그의 집에서 연회를 베풀고 고기를 먹으며 풍악을 울리니, 연산군이 사람을 시켜 이를 엿보고는 더욱 신인과 총행을 더하여, 한결같이 그의 계교를 따랐다. 그가 임금에게 아첨하여 총애를 취함이 모두 이와 같았다.
>
> 그때 사람이 다음과 같은 시를 지어 읊었다. "작은 소인 임숭재, 큰 소인 임사홍이여! 천고에 으뜸가는 간흉이구나! 천도는 돌고 돌아 보복이 있으리니, 알리라, 네 뼈 또한 바람에 날려질 것을〔小任崇載 大任洪 千古姦兇是最雄 天道好還應有報 從知汝骨亦飄風〕." 이는 당시 죄인의 뼈를 부수어 바람에 날리는 형벌이 있었기 때문에 한 말이다. 임숭재는 일찍이 녹수를 간통했었는데, 녹수가 연산군의 총애를 받게 되자, 일이 탄로 날까 두려워 몰래 녹수에게 부탁하기를, "만약 평소의 일에 대한 말이 나오거든, 마땅히 희재가 한 일이라고 대답해야 한다. 그러면 반드시 나를 믿고 시기함이 없을 것이며, 너 역시 보전될 것이다." 하였다. 이 때문에 화가 그 형에게 미친 것이다.[284]

이처럼 연산군이 임사홍 부자를 총애했다는 사실과 장녹수와 임숭재가 사사로이 정을 통한 사이였다는 사실에서 매우 친밀하게 연결되었을 것이라 생각된다.

갑자사화 이후 연산군은 임사홍을 특지特旨의 형식으로 서용하였다. 사실 1497년(연산군 3) 4월과 11월, 두 차례에 걸쳐 임사홍에게 가자加資와 직첩職牒이 주어졌다가, 대간과 홍문관의 집요한 논박으로 개정된 바 있었다. 그러나 1503년(연산군 9)에 이르러 서용과 봉군의 조치가 이루어졌다.[285] 갑자사화 이후 대사교서가 반포되고 신

---

284 《중종실록》 권1, 중종 1년 9월 2일(무인).

285 《연산군일기》 권48, 연산군 9년 1월 21일(기축); 《연산군일기》 권48, 연산군 9년 2월 20일(정축).

【도판 Ⅳ-6】 성묘(경기도 남양주시 소재)와 광해군과 문성군부인 유씨의 무덤(경기도 남양주시 소재, 오른쪽)
성묘成墓는 선조의 후궁이자 광해군의 생모인 공빈 김씨의 묘소이다. 처음 광해군은 그녀의 묘를 성릉으로 추봉하였으나, 인조반정으로 광해군이 폐위되자 공빈으로 강등되어 현재의 성묘가 되었다(사적 제365호). 인조반정으로 폐위된 광해군의 묘는 제주도에서 경기도 남양주시로 이장되었고, 그의 부인 문성군부인 유씨의 무덤도 이장되어 쌍분을 이룬다(사적 제363호).

료들의 추숭이 이루어지면서 임사홍은 자헌대부 풍성군豊城君으로 가자 또는 봉군되고 이어서 병조판서 겸 예문관제학에 제수되었다.[286] 그러나 1506년 중종반정이 발발되면서 장녹수는 반정세력에 의해 군기시 앞에서 참형으로 생을 마감하고 만다.

(2) 계축옥사癸丑獄事와 김개시

광해군은 즉위 초 임진왜란의 후유증을 수습하는 데 많은 성과를 거두었지만, 연산군과 더불어 반정에 의해 왕위에서 쫓겨나고 왕으로 인정을 받지 못한 군주이다. 즉위 직후 바로 정통성 시비에 휘말리면서 1609년(광해군 1) 4월에 동복형인 임해군을 처형했고, 1614년(광해군 6)에 8살의 이복동생인 영창대군을 강화에서 처형했으며, 1618년(광해군 10) 정월에 인목대비를 폐모로 단행하여 서궁西宮에

286 《연산군일기》 권53 연산군 10년 5월 6일(을미).

유폐시키는 등 반대세력에 대한 가혹한 숙청을 단행했다. 이는 대북大北 세력으로 대표되는 소수 측근에 의존한 정권에서 비롯된 것이었으나, 광해군은 여기에 동조하였다.

계축옥사 이후 전개된 대북 세력과 이이첨, 유희분 등 외척세력의 공안 정국은 광해군 정권의 붕괴를 예견하고 있었는데, 그 국정을 좌지우지하며 광해군을 혼군昏君으로 이끈 여성은 상궁 김개시(?~1623), 김개똥〔金介屎〕이었다. 《계축일기》에서는 '가희'라는 이름이다. 그녀는 어려서 입궁하여 상궁에까지 올랐을 뿐, 광해군의 승은 이후에도 내관에 봉작되지 못했다. 그러나 그녀를 광해군의 후궁의 범주에 포함시키는 것은 광해군의 승은과 함께 특별 상궁직에 있었을 뿐만 아니라 당시 사회적으로 공인된 여성이었기 때문이다.[287]

그녀는 광해군의 총애를 독점하면서 대북의 영수 이이첨과 함께 국정의 전반에 걸쳐 커다란 영향력을 행사하였다. 이에 대한 내용은 다음의 두 가지 자료에서 확인된다.

> 김씨는 곧 이른바 김상궁이다. 일찍이 선조의 후궁으로 있다가 뒤에 폐주의 사랑을 받게 되었다. 무신년〔1608년〕 선조의 승하 당시 약밥에다 독약을 넣었다는 말도 있었다. 적신 이이첨이 김씨에게 빌붙어 흉모兇謀와 비계秘計에 가담하지 않은 것이 없었으며, 내외의 크고 작은 벼슬이 모두 김씨와의 협의를 거친 뒤에야 낙점을 받았으므로 권세가 온 나라를 기울였다. 부끄러움을 모르는 사대부로서 빌붙지 않은 자가 없었지만 그중에서도 더욱 심한 자는 이이첨·성진선成晋善의 부자·박홍도朴弘道의 무리인데, 김씨가 이들의 집을 무상 출입하였는가 하면 추한 소문이 파다하기도 하였다.[288]
>
> 그 가운데서도 심각하고 음험한 함정에 관련된 것은 모두 밀계密啓를 사용하였는데, 가장 은밀한 것은 언문으로 자세하게 말을 만들어 김상궁으로

287 이 책 제Ⅱ장 1절 4)를 참조.

288 《인조실록》 권3, 인조 1년 9월 14일(신축).

> 히어금 안곡히 개진하게 하여 반드시 재가를 얻어내고서야 그만두었다. … 김상궁은 이름이 개시로 나이가 차서도 용모가 피지 않았는데, 흉악하고 약았으며 계교가 많았다. 춘궁의 옛 시녀로서 왕비를 통하여 나아가 잠자리를 모실 수 있었는데, 비방祕方으로 인하여 갑자기 사랑을 얻었다. 후궁들도 더불어 무리가 되는 이가 없었으며, 드디어 왕비와 틈이 생겼다.
>
> 세자빈 박씨가 들어올 때 이이첨이 조국필趙國弼과 은밀히 왕에게 아뢰어 선발했다. 빈으로 들어오게 되자 박승종朴承宗과 박자흥朴自興이 친정아비와 친정할아비로서 왕에게 총애를 받아 유희분柳希奮과 더불어 세력을 끼고 이이첨을 견제하였는데, 이이첨이 크게 한을 품고는 두터운 예로써 상궁의 아비와 관계를 맺어 상궁과 통하였다. 상궁이 인하여 이이첨 및 여러 권행가權倖家를 출입하였는데, 매우 추잡한 말들이 있었다. 그의 지기志氣와 언론은 이이첨과 대략 서로 비슷하였으니, 항상 의분에 북받쳐 역적을 토벌하는 것으로 자임한 것이 비슷한 첫째이다. 그리고 상궁이 되어서도 호를 올려 달라고 요구하지 않은 채 편의대로 출입하면서 밖으로 겸손을 보인 것과 이이첨이 항상 조정의 논의를 주도하면서도 전조의 장이나 영상의 자리에 거하지 아니하여 밖으로 염정廉靜을 보인 것이 비슷한 둘째이다. 뜻을 굽혀 중전을 섬기면서도 내면의 실지에 있어서는 헐뜯은 것과, 이이첨이 저주하고 패역한 일들을 모두 스스로 했으면서 남에게 밀어 넘겨 도리어 토벌했다는 것으로 공을 내세운 것이 비슷한 셋째이다.[289]

위 두 기록을 통해 김개시와 그를 둘러싼 정치세력과의 관계 등을 세 가지로 추측할 수 있다. 첫째, 김상궁의 신상에 관한 사항이다. 《연려실기술》에 천예賤隷의 딸이라[290] 기록된 것으로 보아 노비

289 《광해군일기》 권69, 광해군 5년 8월 11일(병신). "金尙宮名介屎 年壯而貌不揚 兇黠多巧計 以春宮舊侍女 因王妃得進御 仍以祕方驟幸 後宮無與爲伍 遂與王妃却矣 世子嬪朴氏之入也 爾瞻與趙國弼 密白王選之 及嬪入而承宗自興 以親父祖 得寵於王與柳希奮 挾勢傾爾瞻 爾瞻大恨 乃以厚禮 交結尙宮之父 通于尙宮 尙宮仍出入爾瞻及諸權倖家 頗有醜語 其志氣言論 與爾瞻略相似 常慷慨以討逆自任 一也 爲尙宮不求進號 以便出入而外示退讓 與爾瞻常主朝論 而不居銓台 外示廉靜者 二也 曲意事中殿 而內實傾毁 凡咀呪悖逆之事 皆自爲而推於異己 反以誅討爲功 三也."

의 신분이었음을 알 수 있다. 이는 김개시의 가까운 친척이 단지 유지령劉智齡만이 있었음을 감안해 보더라도[291] 광해군의 총애가 집안의 영향은 아니었던 것으로 보인다. 입궁할 때의 나이는 정확히 알 수 없지만, 어린 나이에 처음 동궁인 광해군의 처소에 입궁한 정식 궁녀였다.[292] 선조가 세상을 떠나기 전까지 선조의 측근 궁녀였다가 광해군이 즉위한 후에 다시 광해군의 지밀나인에서 제조상궁提調尙宮이 되었다. 그녀의 외모는 미인은 아니었지만, 비밀스러운 방책으로 광해군의 마음을 사로잡았고, 민첩하고 지혜로운 판단력 때문에 광해군의 총애를 얻었다고 판단된다.

둘째, 김상궁과 이이첨과의 관계 및 그녀의 왕실 내 위상에 관한 사항이다. 이이첨은 김개시의 부친을 통해 그녀와 긴밀한 관계를 이루었고 이로써 초야의 공론을 밀계密啓로 김상궁을 통하여 광해군의 재가를 얻어 내었다. 특히 '내외의 크고 작은 벼슬이 모두 김씨와의 협의를 거친 뒤에야 낙점을 받았다'고 하여, 김개시가 국정과 인사권에 깊숙이 관여한 듯 보인다. 정치 수완이 뛰어난 그녀는 이이첨을 비롯하여 성진선의 부자, 박홍도 및 당대 여러 정치 세력가들과 연결하여 자신의 정치세력을 확고히 하였다.[293] 이는 김상궁에 대한 광해군의 절대적인 신임 정도를 알 수 있으며, 궁궐 내에서 당대 그녀의 실세를 짐작할 수 있는 대목이다.

셋째, 당대에 실세를 이루고 있는 권신 이이첨과 김상궁 개시에

---

290 李肯翊, 《(국역)연려실기술》Ⅴ, 민족문화추진회, 1982, 340쪽(《燃藜室記述》 권21, 〈廢主光海君故事本末〉, 〈光海亂政〉). "金尙宮賤隷之女也."

291 《인조실록》 권2, 인조 1년 7월 6일(갑오).

292 《계축일기》에서 김개시가 변상궁에게 "우리는 아이 때부터 함께 살다가 우연히 사이가 멀어진 게 아닌가?"라고 말한 데에서 어린 나이에 뽑혀 들어온 궁녀였음을 알 수 있다.

293 《인조실록》 권1, 인조 1년 3월 13일(계묘).

대해 비교 평가하는 부분에서 공통점 세 가지를 들고 있다. ① 역적을 토벌해야 한다며 과격한 역적 토벌론을 일삼은 점, ② 벼슬 욕심을 줄이되 실권을 최대한 갖는 점, ③ 악역은 다른 자에게 맡기고 일에 대한 공은 자신이 차지한다는 점이다. 이로써 추측해 보면, 이이첨과 김상궁이 귀빈 자리에는 욕심을 두지 않았지만 실익을 염두에 두었음을 알 수 있다. 이러한 비교는 김개시가 이이첨과 더불어 광해군 시대 최대 악인으로 묘사된 것만큼 당대의 실력자 이이첨과 함께 당시의 정치세력을 좌지우지한 실력자였다는 것을 의미한다.[294] 이러한 권세에 힘입어 매관매직을 일삼는 등 국정을 크게 문란시켰다. 이에 대해 윤선도尹善道·이회李洄 등이 여러 차례 상소하여 논핵했으나, 도리어 그들이 유배될 정도였다.

실제로 김개시는 광해군의 제조상궁으로서 오직 광해군만을 위해 충성하고 광해군의 왕권 강화를 위해 국정에 관여하여 권신인 대북의 영수 이이첨과 쌍벽을 이룰 정도였다. 당시 광해군을 위협하는 인물은 인목대비 김씨였다. 김개시는 인목대비의 궁녀들을 회유하여 첩자로 활용하기도 하고 사건을 조작하여 인목대비에게 덮어씌우기도 하였다. 이로써 그녀는 1613년(광해군 5)에 인목대비의 친정식구를 죽이고 가문을 멸문시킨 후에 광해군을 저주했다는 혐의를 주어 인목대비를 서궁에 유폐시키는 데에 조력했다. 이처럼 광해군의 심복이었던 그녀는 당시 광해군을 위협하는 인목대비 김씨와 영창대군을 죽이려는 시도까지 했다.[295]

광해군이 저지른 반인륜적 처사를 바로잡겠다는 명분으로 인조반정이 일어났고, 광해군과 함께 김개시는 정권 강화를 위해 저지른

294 《광해군일기》 권67, 광해군 5년 6월 19일(병오). "時人言 李爾瞻有三事 事世子嬪 以欺世子 事仁弘門人 以欺仁弘 事金尙宮 以欺王 皆用奇玩 美貨以啗之."
295 작자 미상, 조재현 옮김, 《계축일기》, 서해문집, 2003, 43쪽.

【도판 Ⅳ-7】 경운궁의 석어당(서울특별시 중구 소재)
경운궁은 덕수궁의 옛 이름이다. 광해군은 영창대군을 추대하는 역모사건을 빌미로 계모 인목대비를 폐하고 이곳에 유폐시켰다. 석어당은 현존하는 유일한 중층 건물이다.

대북파의 만행에 그 책임을 져야 했다. 사실 그녀는 반정세력에 포섭되어 반정을 알리는 상소를 여러 차례 받은 광해군을 안심시켰다. 인조반정의 성공을 도왔지만, 국정을 농단했던 그녀는 1623년(광해군 15) 이귀李貴의 딸이자 김자점金自點의 동생과 결혼한 과부, 예순禮順을 보호하여 정업원에서 불공을 드리다가 붙잡혀서 참수당했다.[296]

(3) 소현세자 일가의 죽음과 귀인 조씨

인조대에는 나라 안팎으로 여러 가지 사건이 발생했다. 정원군의 아들 능양군稜陽君 인조는 1623년(인조 1)에 폐모살제廢母殺弟를 이유로 광해군을 강제로 폐위시키고 이귀, 김류金瑬 등 서인세력과 함께

296 《광해군일기》 권187, 광해군 15년 3월 13일(계묘).

반정을 일으켜 왕위에 올랐다. 이때 인조를 비롯한 서인 정권은 후금을 적대시하는 정책에 따라 1627년(인조 6) 정묘호란과 1637년(인조 15) 병자호란을 야기시켰다.

삼전도에서 청군淸軍에 항복, 군신의 의를 맺는 치욕을 겪은 인조는 1636년 병자호란이 일어난 이듬해 2월에 남한산성에서 창경궁으로 돌아왔다. 삼전도에서의 항복 이후에 환궁하였지만, 대비와 왕비는 물론 어린 자녀조차도 없었다. 대비 인목왕후는 1632년에, 인열왕후는 병자호란 발발 2년 전에 죽었고, 용성대군龍城大君은 1629년(인조 8)에 6세의 나이로 요절하였으며, 인열왕후가 1630년 8월에 낳은 아들도 한 달도 채 되기 전에 죽었다. 1635년(인조 13) 1월에 죽은 인열왕후의 막내아들마저 4일 만에 세상을 떠났다. 인조와 귀인 조씨(1620~1651)의 인연은 남한산성에서 창경궁으로 돌아온 이 무렵부터 시작된 듯 보인다. 이는 조씨의 첫째 딸 효명공주가 1637년(인조 15) 겨울에 태어났기 때문이다.

귀인 조씨의 본관은 풍양이며, 조기와 심흔의 딸 청송 심씨 사이에서 태어났다. 그녀는 정백창의 알선으로 1629년(인조 8)에 인열왕후 한씨의 시녀가 되었다.[297] 정백창은 한준겸의 사위로, 인열왕후 한씨의 형부였다. 이 때문에 그는 조씨를 쉽게 궁궐에 들일 수 있었다. 주목되는 것은 그녀의 외조부 심흔은 명종비 인순왕후의 조카이자, 중종의 아들 봉성군 이완李岏의 외손자였다. 왕실과 연관된 이러한 그녀의 가문 배경도 후궁이 되는 요소로 작용되었을 것으로 생각된다.

후궁 조씨를 총애한 인조는 인열왕후 사후에 재혼할 생각조차 하지 않다가 대신들의 강력한 주청에 못 이겨 계비를 맞아들일 정도였다.[298] 막강한 인조의 신임을 등에 업은 조씨는 계속되는 승진과

297 《인조실록》 권23, 인조 8년 7월 2일(기묘).

왕자녀 출산으로 더욱 자신의 입지와 권세를 높여 갔으며, 조정의 정치에 깊숙이 관여하게 되었다.

그녀는 당시 인조반정 1등 공신세력인 영의정 김자점과는 인척관계를 맺고 있었다. 김자점은 손자 김세룡金世龍을 조씨의 딸 효명옹주와 결혼시켰다. 김자점과 귀인 조씨는 사돈지간이었다. 이처럼 국왕의 총애와 막강한 배후 세력을 등에 업은 귀인 조씨는 자신의 눈에 거슬리는 자가 있으면 인조 앞에서 자주 모함하여 궁궐 안 사람들에게 매우 두려운 존재가 되었다.[299] 1643년(인조 21) 인조의 총애를 받고 있던 상궁 이씨가 여종 애향이와 함께 귀인 조씨를 저주했다는 누명을 쓰고 복죄된 사건은 그녀의 위세를 알 수 있는 그 좋은 예이다.[300]

귀인 조씨를 두려운 존재로 생각하는 사람들 중에 장렬왕후와 소현세자 내외도 예외는 아니었다. 당시 장렬왕후는 질병으로 경희궁에 별거 중이었기 때문에 귀인 조씨는 궁궐의 안주인으로 행세했다. 이를 두고 《조선왕조실록》의 사관은 인조와 계비 장렬왕후가 서로 별거하게 된 이유에 대해 조씨가 그들을 이간질했기 때문이라는 그 당시의 소문을 전하고 있다. 다음에 인용된 사료는 소현세자 내외와의 관계와 소현세자의 죽음에 대한 타살 혐의에 조씨가 관여한 정황을 알려 주는 내용이다.

> 임금의 행희幸姬 조 소용趙昭容은 전일부터 세자 및 세자빈과 본디 서로 좋지 않았던 터라, 밤낮으로 임금의 앞에서 참소하여 세자 내외에게 죄악을 얽어 만들어서, 저주를 했다느니 대역부도의 행위를 했다느니 하는 말로 빈

---

298 이 책 제Ⅳ장 1절 3)을 참조.

299 《인조실록》 권46, 인조 23년 10월 2일(경진). "時中殿及張淑儀皆無寵 而昭儀愈益見幸 性且陰巧 所與相忤者 輒被構陷 宮中之人無不畏之."

300 《인조실록》 권44, 인조 21년 4월 17일(경진).

【도판 Ⅳ-8】 소경원(경기도 고양시 서삼릉 소재)과 영회원(경기도 광명시 소재, 오른쪽)
소경원은 인조의 장자인 소현세자의 무덤으로, 인종과 인성왕후 박씨 무덤인 효릉孝陵의 우측 언덕 위에 있다(사적 제200호). 영회원은 소현세자의 비 민회빈 강씨의 무덤이다. 그녀는 소현세자와 함께 병자호란으로 끌려갔다가 귀국한 뒤, 인조의 후궁 소용 조씨의 무고로 사약을 받고 죽었다(사적 제357호).

> 궁을 무함하였다. 세자는 본국에 돌아온 지 얼마 안 되어 병을 얻었고 병이 난 지 수일 만에 죽었는데, (세자의) 시신은 온몸이 새까맣게 변해 있었고 이목구비의 칠규七竅에서는 모두 새빨간 피가 흘러나오므로, 검은 멱목幎目으로 그 얼굴 반쪽만 덮어 놓았다. 그러나 곁에 있는 사람도 그 얼굴빛을 분변할 수 없어서 마치 약물藥物에 중독되어 죽은 사람과 같았다. 그런데 이 사실을 외인外人들은 아는 자가 없었고, 임금도 알지 못하였다. 당시 종실 진원군珍原君 이세완李世完의 아내는 곧 인열왕후의 서제庶弟였기 때문에, 세완이 내척內戚으로서 세자의 염습斂襲에 참여했다가 그 이상한 것을 보고 나와서 사람들에게 말한 것이다.30)

위 사료는 소현세자의 졸곡제를 적은 기사 내용으로, 소현세자의 부검 결과와 조 소용이 평소 소현세자 내외를 모함하던 모습을 담고 있다. 또한 사관은 귀인 조씨와 소현세자의 죽음과의 관계를 직접적으로 언급하고 있지는 않지만, '(세자의) 시신은 온몸이 새까맣게 변해 있었으며, 얼굴에 있는 일곱 개의 구멍에서는 모두 새빨간

30) 《인조실록》 권46, 인조 23년 6월 27일(무인).

피가 나와 … 마치 독약을 마신 사람과 같았다'고 했듯이, 소현세자의 의문의 죽음과 귀인 조씨와의 연관성을 은연중에 내비치고 있다. 그것도 그럴 것이 아무도 아는 이가 없었고, 오직 이세완만이 그의 주검을 확인했을 뿐이었다. 이 기사만으로 조씨에 의한 소현세자의 독살설, 또는 타살설을 믿을 수는 없지만 당시 귀인 조씨와 소현세자 내외와의 관계가 매우 나빴음을 짐작할 수 있다.

소현세자는 1645년(인조 23) 2월 18일에 귀국한 지 두 달 후인 4월 26일에 학질이 발병한 불과 3일 만에 이형익李馨益이 행한 세 차례 시침을 맞고 34세의 나이로 돌연한 죽음을 맞이하였다. 소현세자의 졸기에 '환궁 이후에 의관들이 함부로 침을 놓고 약을 쓰다가 끝내 죽음에 이르렀다'고 기록했듯이[302] 세자의 돌연사로 치료를 담당하였던 의관들을 처벌하여야 했다. 이러한 조정 대신들의 요구가 있었으나, 인조는 이례적으로 "여러 의관은 별로 근신하지 아니하는 일이 없다. 체포하여 국문할 필요가 없다."고 하였으며, 대신들이 다시 건의하였으나, 인조는 끝내 따르지 않았다.[303] 이처럼 인조는 이형익에 대한 치죄 자체를 허락하지 않았으며, 오히려 이형익에게 죄를 물어야 된다고 주장한 김광현金光炫을 강빈姜嬪의 조카사위란 이유로 좌천시켰다.[304]

김용덕은 이러한 실록 자료를 근거로 소현세자의 돌연사 및 강빈의 옥사를 검토한 뒤 소현세자의 죽음은 자연사가 아니라 타살이라고 결론 내렸다. 인조가 의관 이형익을 이용해 소현세자를 독살하였다는 것이다.[305] 이후 하현강은 소현세자가 의관 이형익에 의해 독

---

302 《인조실록》 권46, 인조 23년 4월 26일(무인). "東還纔數月而遘疾 醫官等亦妄施鍼藥 終至不救 國人悲之."

303 《인조실록》 권41, 인조 18년 8월 27일(병자). "答曰 諸醫等別無不謹之事 不必拿鞫 再啓 而竟不從."

304 《인조실록》 권46, 인조 23년 윤6월 1일(신사).

살되었고, 그 배후에 소씨의 음모가 있었다고 주장하였다.[306] 그도 그럴 것이 당시 소현세자에게 침을 놓았던 주치의 이형익은 귀인 조씨의 친정과 밀접한 관계를 맺고 있었다. 그는 조씨의 본가에 자주 왕래하는 바람에 조씨의 어머니와 추문이 있었고,[307] 소현세자가 죽기 3개월 전에 현령으로 특채된 의관이었다. 이러한 특진은 귀인 조씨의 적극적인 후원이 있었기에 가능하다고 본다. 하현강의 주장처럼 후궁 조씨가 이형익을 매수하여 청부 살인하도록 그 배후에 있었는지 단정할 수 없으나,[308] 부자지간을 이간질하고 있었음은 미루어 짐작된다.

인조와 소현세자와의 좋지 못한 관계는 세자빈 강씨와 손자들에까지 이어졌다. 소현세자의 죽음 이후에 인조가 왕위를 계승할 사람을 원손[309]이 아닌 봉림대군〔孝宗〕으로 세우면서 1645년(인조 23)에

---

305 김용덕, 〈소현세자연구〉, 《사학연구》 18, 한국사학회, 1964.

306 崔淑卿·河玄綱, 앞의 책, 2001, 349쪽.

307 《인조실록》 권46, 인조 23년 1월 4일(무자). "特命敍用前縣令李馨益 馨益以鍼術 得幸於上 嘗以治病 往來趙昭容母家 仍有醜聲."

308 소현세자의 독살설에 대해 병사설病死說을 주장하는 연구가 나와 눈길을 끈다. 의관들이 소현세자의 체질과 병증을 잘못 진단하고 치료하여 결국 죽게 하였다는 주장(김종덕, 〈소현세자 병증과 치료에 대한 연구〉, 《규장각》 31, 서울대학교 규장각 한국학연구원, 2007, 29~52쪽)과 기존의 타살설을 부정하면서 소현세자의 病因을 오랜 심양생활이란 환경적인 요인과 볼모 생활에서 오는 압박감이란 심리적인 요인에서 병들었고, 그것이 낫지 않고 악화되어 죽음에 이르게 되었다는 주장이다(신명호, 〈《승정원일기》를 통해본 소현세자의 疾病과 死因〉, 《사학연구》 100, 한국사학회, 2010, 109~137쪽; 김인숙, 《화살 맞은 새, 인조대왕》, 서경문화사, 2018, 235~243쪽).

309 소현세자의 맏아들은 慶善君 李栢(1636~1648)이며, 그의 兒名은 李石鐵이다. 1636년(인조 14) 3월 25일에 태어나 1648년(인조 26)에 원손으로 책봉되었고, 1647년 5월 13일 강빈 사건으로 제주도로 귀향을 갔으며(《인조실록》 권48, 인조 25년 5월 13일(계축), 이듬해 1648년 9월 18일 13세에 제주도에서 죽었다(《인조실록》 권49, 인조 26년 9월 18일(기묘).

궁중저주사건[310]이 발생하였다. 이 사건은 소현세자빈 강씨의 옥사로 비화되었다.

인조는 1645년(인조 23) 7월, 강빈 주변의 상궁 애란愛蘭을 모함죄로 내쫓았다. 애란은 처음 소용 조씨의 사주를 받는 궁인이었다. 그녀는 강빈을 염탐하기 위한 임무를 받았으나, 강빈과 절친한 사이가 되었다. 이를 안 조씨는 요사스러운 무녀와 사통하고 있었다는 죄목을 씌워 애란을 유배 보냈다.[311]

1646년 1월 3일, 인조는 수라상의 음식에 독이 들어 있었다 하여 이를 지어 바친 강빈 궁녀들을 모두 하옥하고 그 책임을 물어 강빈을 후원 별당에 유폐시켰다. 같은 해 7월, 이 사건에 연루되어 강씨는 결국 여러 저주사건을 사주하고 왕위를 바꾸려 했고 왕을 독살하려 했다는 누명을 쓰고 죽음을 당하였다. 강빈의 형제들 강문성姜文星, 강문명姜文明, 강문두姜文斗, 강문벽姜文璧 등도 제주도와 진도에 유배되었다가 제거되었으며, 원손도 의문의 죽음을 당하였다. 주목되는 점은 인조가 강빈을 제거하기 위한 구실로 이 사건을 이용하였다는 사실이다.[312] 이 사건의 발단이 인조의 총애를 받고 있던 조씨와 세자빈 강씨의 갈등에서 비롯되었다[313]고 한 사실에서 귀인 조씨가 소현세자빈 강씨의 옥사에 적극적으로 개입하여 강빈의 죽

---

310 인조대에는 1632년(인조 10), 1639년(인조 17), 1643년(인조 21), 1645년(인조 23), 네 차례의 궁중저주사건이 발생했다. 1632년과 1639년의 궁중저주사건은 인목대비의 딸 정명공주와 홍주원이 배후인물로 연관되었고, 1643년의 궁중저주사건은 후궁 이씨가 인조의 총애를 받던 후궁 귀인 조씨를 저주했다고 해서 지목되었다(김인숙, 〈인조대의 궁중저주사건과 그 정치적 의미〉, 《조선시대사학보》 31, 조선시대사학회, 2004, 80쪽).

311 《인조실록》 권46, 인조 23년 7월 22일(신미).

312 1645년(인조 23) 궁중저주사건에 관해서는 김인숙의 〈강빈의 옥사〉(앞의 책, 2018, 244~256쪽)가 참조된다.

313 《인조실록》 권46, 인조 23년 10월 2일(경진).

음을 이끌어내는 데 기여하였을 것이라 생각된다.[314]

그러나 효종 초의 정국에서 귀인 조씨는 아들 숭선군崇善君, 낙선군樂善君과 함께 무사할 수 없었다. 1651년(효종 2) 김자점의 역모로 일어난 옥사獄事가 발생되면서 국왕의 총애와 막강한 배후 세력을 등에 업고 있었던 그녀의 운명도 변화될 처지에 놓였다. 1649년 효종의 즉위와 함께 정국이 개편되면서 친청파인 김자점은 반청파인 김상헌과 송시열 등의 탄핵으로 정치에서 물러났고 광양으로 유배길에 올랐다.[315]

이때 궁궐 안에서는 귀인 조씨를 둘러싼 궁중저주사건이 발생하였다. 이 사건은 귀인 조씨가 김자점과 함께 인조비 장렬왕후와 장렬왕후 여동생의 딸, 즉 숭선군 부인 신씨를 시기하고 저주하여 사노비와 더불어 모의했던 정황이 공초供招를 통해 발각된 일이다. 사건의 주범과 공범은 귀인 조씨와 효명옹주로 드러났다. 관련자들을 처형하는 과정에서 그녀를 폐위시켜야 한다는 상소가 빗발쳤지만, 효종은 부왕 인조가 총애했던 후궁임을 강조하여 자진自盡케 하되, 작호를 폐하지 않고서 1품 귀인으로서의 제도에 맞게 예장할 것을 명하였다. 결국 귀인 조씨는 자진하고 효명옹주는 유배되었다.

지금까지 연산군~숙종 초반에 정사에 직간접적으로 연관된 여성들, 장녹수, 김개시, 귀인 조씨 등을 살펴보았다. 상기 3명의 비간택 후궁들이 정치권력에 참여한 시기는 16~17세기로 조선의 사회변동 내지 정치변동이 크게 일어난 시기였다.[316] 이들은 연산군과 광해군

---

314 《인조실록》 권47, 인조 24년 3월 15일(임술). "廢昭顯世子嬪姜氏 賜死於故第 收其敎命竹册印章服焚之 義禁府都事吳以奎以有屋黑轎 將姜氏由宣仁門出 路傍觀者如堵 男女老少奔走噓唏 姜氏性剛戾 卒以不順 積忤上意 遂及於死 然其罪惡猶未彰著 特以推度而行法 故中外民心不厭 皆歸罪趙淑儀."

315 김자점의 옥사에 대해서는 김세봉의 〈효종조 김자점 옥사에 대한 일연구〉(《사학지》 34, 단국사학회, 2001)가 참조된다.

을 폐위시킨 중종반정과 인조반정 교체 전후에 왕의 총애를 입고는 왕의 의중에 맞추며 자신과 왕의 반대 세력을 제거하는 데에 조력했다.[317] 때로 이들은 왕의 지근거리에서 사랑과 총애를 이용하여 그녀 자신의 보전과 이익을 꾀하고자 국정을 농단하기도 했다. 왕비의 수렴청정과 같은 형태로 정지를 좌지우지한다거나 단독으로 정치적 입지를 가질 수는 없었지만, 왕의 동정을 살필 수 있다는 것은 분명 정치권력에서 중요한 역할을 할 수 있는 위치였다.

장녹수의 갑자사화, 김개시의 계축옥사, 조귀인의 궁중저주사건에서 보여 준 이들의 행보는 왕과 정치세력 사이의 중재자 역할을 했을 것이라 생각된다. 반정을 통해 왕권을 교체한 세력이 연산군과 광해군을 폐위하면서 그들의 후궁들을 처단하였던 것에서도 그 점을 엿볼 수 있다. 그런 만큼 조선 중기에 발생한 일련의 사건들은 후궁이 정치에 깊숙이 관여하고 결정적 영향을 미쳤음을 알 수 있다. 이 시기에 아직도 유교적 신분 질서가 고착되지 않았으므로 당시에는 비교적 후궁의 위상이 비교적 높았다고 할 수 있다. 이후 숙종대에 비간택 후궁인 희빈 장씨가 왕비로 승격되는 정국 초유의 사태가 발생하고, 후궁 출신의 왕비 승격을 금지하는 법령이 마련되면서 이후 조선 후기 후궁들이 정치적인 영향력을 미치거나 무소불위의 권력을 행사하는 사례들은 사라지게 되었다.

316 崔珍玉, 앞의 논문, 1999, 225쪽.

317 중종의 후궁이자 홍경주의 딸 희빈 홍씨의 경우에도 훈구파와 사림파의 정쟁이 극심했던 시기에 부친 홍경주와 함께 조광조 세력을 축출하기 위한 거사, 일명 기묘사화를 성공적으로 이끌어 사림세력의 정권을 일거에 붕괴시켰을 뿐만 아니라 그 정치적 기반을 해체시켰다(이미선, 앞의 논문, 2017, 171~197쪽).

5. 숙종대 후궁의 정비正妃 승격 금지

1) 희빈 장씨의 왕비 승격

조선 초기의 간택 후궁들 중에는 왕비가 왕자를 잉태하지 못하거나 유사시에 중전의 자리를 보충해 주는 '왕비예비자'로서 계비에 승격될 수 있었다. 적어도 조선 중기 중종의 첫 번째 계비 장경왕후 윤씨가 왕비의 지위에 올랐을 때에도 사회적으로 큰 문제를 불러일으키지 않았다. 그러나 중종의 두 번째 계비 문정왕후 윤씨 때부터 후궁 출신을 왕비로 승격시키기보다는 외부의 여성을 새로 계비를 들이는 것이 조선시대의 상례常禮가 되었다. 이는 당시 종법의 적용에 따른 적서의 구분과 상하의 분별이 어느 정도 정착되어 가고 있음을 의미한다.

숙종의 후궁 희빈 장씨가 계비로 승격된 사건은 대단히 이례적일 수 있겠으나, 당시에 법적으로 명시된 금지 규정은 없었다. 다만 정비 인현왕후의 폐비와 함께 희빈 장씨의 왕비 승격은 성리학의 이념을 신봉하는 조선사회에서 《춘추》의 대의大義와 명분을 거스르는 문제이며, 커다란 변고에 해당할 수 있는 사건이었다.[318] 그 사건에 인현왕후 민씨, 희빈 장씨 그리고 숙빈 최씨가 그 중심부에 있었다. 이 절에서는 이들을 중심으로 고찰해 보고자 한다. 희빈 장씨의 신상에 관한 내용은 실록의 아래 기사를 참고할 필요가 있다.

> 애당초 역관 장현張炫은 국중國中의 거부로서 복창군福昌君 이정李楨과 복

318 숙종~경종대에 왕실의 정통성 문제나 왕위계승에 관련된 문제와 정국변동의 연관성을 밝힌 연구서로 이영춘의 《조선후기 왕위계승연구》(집문당, 1998)가 참조가 된다.

선군福善君 이남李枏의 심복이 되었다가 경신년(1680년)의 옥사에 형벌을 받고 멀리 유배되었는데, 장씨는 곧 장현의 종질녀從姪女이다. 나인으로 뽑혀 궁중에 들어왔는데 자못 얼굴이 아름다웠다. 경신년 인경왕후가 승하한 후 비로소 은총을 받았다. 명성왕후가 곧 명을 내려 그 집으로 奚아내었는데, 숭선군崇善君 이징李澂의 아내 신씨가 기화奇貨로 여겨 자주 자기 집에 불러들여 보살펴 주었다. 신유년(1681년)에 내전이 중전의 자리에 오르자 그 일을 듣고서 조용히 명성왕후에 아뢰기를, "임금의 은총을 입은 궁인이 오랫동안 민간에 머물러 있는 것은 사체가 지극히 미안하므로 다시 불러들이는 것이 마땅할 듯합니다." 하였다. … 명성왕후는 끝내 허락하지 않았다. 명성왕후가 승하한 후에 내전이 다시 임금을 위해 그 일을 말하였고, 자의대비도 그 일을 힘써 권하니, 임금이 곧 불러들이라고 명하여 총애하였다. … 이때 이징의 아내는 항시 자의대비로부터 칭찬을 듣고 있었는데, 자의대비는 나이가 많은 데다 이징의 아내를 믿고 있었으므로, 장씨를 치우치게 사랑하고 내전과는 소원하였다. 이때 이징의 아내는 안으로는 날로 임금과 자의대비를 차츰차츰 꼬드기고, 밖으로는 그 아들 이항李杭으로 하여금 장씨의 오빠 장희재張希載와 모의하여 이정·이남의 잔당과 결탁해서 밤중에 모여 중전을 위태롭게 할 것을 모의하였다.[319]

위 기록에서 희빈 장씨 신상의 이력과 인맥을 엿볼 수 있다. 장옥정은 장응인張應仁의 손녀이자 장형張炯의 막내딸로 태어났다. 그러나 부친 장형이 일찍 죽는 바람에 숙부인 장현張炫의 보살핌 속에서 자랐다. 조부 장응인은 《통문관지通文館志》에 '문필에 능하고 중국말을 잘하여 비록 탐오한 중국 사람이라도 감히 함부로 요구하지 못하였다'[320]고 할 정도로, 인동 장씨 집안은 조상 대대로 역관들을

319 《숙종실록》 권17, 숙종 12년 12월 10일(경신). 그러나 실록(《숙종실록보궐정오》 권18, 숙종 13년 6월 16일(임술) 기사에는 '張母之爲師錫妻婢 專是謊說私通之言 尤爲無理'이라 씌어 있다.

320 《통문관지》 권7, 〈인물〉 〈장응인〉(《(국역)통문관지》 2, 세종문화기념사업회, 1998, 37쪽). "張應仁仁同人 風流豪俠 且能文筆解華語 每於天使 及差官之來

【도판 Ⅳ-9】 장형의 신도비와 무덤(경기도 고양시 소재, 오른쪽)
형 신도비는 숙종의 후궁 희빈 장씨의 아버지이자 경종의 외할아버지를 기리는 비석이다. 기사환국 때에 희빈 장
가 왕비로 정해지자 옥산부원군으로 추봉되었다가 갑술환국의 여파로 왕비 장씨가 희빈으로 강등되자 그의 부원군
지도 처분되었다. 무덤은 신도비 위에 전처인 영주부부인 고씨, 후처인 파산부부인 윤씨 무덤과 나란히 묻혀 있다.

배출한 전형적인 중인 집안이었다.

희빈 장씨의 가계에서 언급할 만한 사실은 숙부 장현 역시 인조 때부터 숙종 때까지 활동한 이름난 역관이었다는 것이다. 그는 역관의 신분을 이용하여 무역을 통해서 상당한 부를 축척했고, 조정 내에서 갑부로 통했다. 당시 무역에 앞장섰던 역관 등의 중인층이 급속하게 성장하면서 이들은 경제적 지위를 바탕으로 정치적 권력과 사회적 명성을 어느 정도 누릴 수 있었다. 장씨 집안도 예외가 아니어서 경제력을 매개로 종실과 남인세력과 결탁하였는데, 인평대군과 그 아들들인 복창군 이정과 복선군 이남, 남인의 영수 허적 등이 청에 사신으로 가는데, 자주 동행하게 되면서 종실이나 남인과 친분을 갖게 되었다.

以差備官善爲說辭 雖華人貪慾者 亦不敢濫索焉."

희빈 장씨가 어떻게 왜 입궁하였는지는 알 수 없지만, 그녀는 궁중에 뽑혀 들어온 정식 궁녀였고, 1680년(숙종 6) 인경왕후의 승하 이후인 22살 전후에 숙종의 총애를 받은 것으로 보인다. 그녀가 총애를 받을 수 있었던 이유는 실록에서조차 '자못 아름다웠다'고 할 정도의 뛰어난 미모 덕분이었다. 그러나 무엇보다도 숙부 장현과 복창군 이정과 복선군 이남과의 인맥 관계 때문이었다.

처음 그녀의 입궁을 도와준 사람은 동평군東平君 이항李杭과 우의정 조사석趙師錫이었다. 동평군은 인조의 후궁 귀인 조씨의 아들인 숭선군 이징李澂의 아들인데, 그의 어머니가 조사석의 사촌누이였다. 조사석은 당시 대비 장렬왕후 조씨의 재종동생으로, 처가의 여종이자 장씨의 모친인 윤씨와 사통한 사이였다는 노론 측의 억측이 있을 정도로[321] 장씨 집안과 풍양 조씨 집안은 친분관계가 있었던 것으로 보인다. 이 때문에 '자의전〔장렬왕후〕은 이징의 아내를 믿고 장씨를 치우치게 사랑하여 중전 민씨와는 소원하였다'[322]고 할 만큼 궁인 장옥정을 총애하고 있었다.

장렬왕후는 숙종의 증조모로, 소론 측 왕실여성이다. 장렬왕후가 경신환국 직후 궁궐에서 쫓겨난 장옥정을 1683년(숙종 9) 명성왕후의 승하 이후에 다시 입궁시키는 데에 어느 정도 역할을 했던 사실에서 알 수 있다. 이때 쫓겨난 그녀를 돌보아 주었던 사람 역시 바로 숭선군의 아내 신씨였다. 신씨는 신흠의 손녀이자 신익전의 딸로 장렬왕후 조씨에게 조카가 된다. 이 때문에 장씨를 물심양면으로 도와주었던 동평군은 혜민서 제조에 임명되었고,[323] 조사석은 1687년(숙종 13) 5월에 우의정에 임명되었다.[324] 이에 당시 판의금부사 김

321 《숙종실록》 권18, 숙종 13년 6월 16일(임술).
322 《숙종실록》 권17, 숙종 12년 12월 10일(경신).
323 《숙종실록》 권18, 숙종 13년 6월 2일(무신).

만중 등이 후궁 장씨의 청탁으로 징승이 되었다고 조사석을 비난하다가 처벌받기도 했다.[325] 물론 거부巨富였던 숙부 장현의 인맥과 연결된 복창군, 복선군 형제와 남인세력도 궁궐 안에서 장씨의 입지를 단단하게 했다. 어쨌든 장렬왕후, 동평군 내외, 조사석 등 이들은 장옥정이 대비전의 나인으로 입궁하여 숙종의 총애를 받는 데 일정 정도 도와주었을 것이라 생각된다.

장옥정이 다시 입궁한 데에는 인현왕후 민씨의 도움도 있었다. 당시 인현왕후는 '왕의 사랑을 받는 궁인이 오랫동안 민가에 머물러 있는 것은 옳지 않다'며 장씨를 불러들이도록 숙종에게 간청하였다. 인현왕후는 서인 집안 민유중閔維重의 딸이자 의정부 좌참찬 송준길宋浚吉의 외손녀이다. 그녀의 집안 여흥 민씨는 청풍 김씨, 광산 김씨와 함께 3대 외척으로 일컬어진 노론의 명문대가였다. 그녀는 숙종의 원비 인경왕후가 1680년(숙종 6) 천연두를 앓다가 20세의 나이로 죽고 난 다음에 계비로 선발되어 들어온 여성이다.

1683년(숙종 9) 명성왕후가 세상을 떠나자 숙종은 장옥정을 다시 입궁시켰다. 거리낄 것이 없어진 숙종은 장옥정을 숙원으로 봉했으며, 서인들의 반대를 무릅쓰고 별당을 지어 주었다.[326] 이러한 조치에 위기를 느낀 서인은 숙원 장씨를 내쫓으라는 상소를 올렸다.[327] 그러나 숙종은 개의치 않고 오히려 장씨에게 백 명의 노비를 하사했을 정도로[328] 숙종의 총애는 매우 컸다.

---

324 《숙종실록》 권18, 숙종 13년 5월 1일(무인).

325 《숙종실록》 권18, 숙종 13년 9월 11일(병술).

326 《숙종실록》 권17, 숙종 12년 12월 10일(경신).

327 《숙종실록》 권17, 숙종 12년 7월 6일(갑자). "(副校理李徵明疏) 自古國家之亂 皆由於女寵 女寵之禍 多出於此等人 以殿下之明聖 豈有所不知哉 臣願聖上 放出張女 毋累淸明之治."

328 《숙종실록》 권17, 숙종 12년 12월 14일(갑자).

숙종과 서인과의 갈등이 지속되는 가운데에 장렬왕후 조씨가 승하하고 장옥정은 1688년(숙종 14) 10월에 소의의 지위에서 훗날 경종이 되는 왕자를 낳게 되었다.[329] 17년 만에 왕자를 얻은 숙종은 1689년 1월, 태어난 지 석 달도 되지 않는 왕자를 원자로 정하여 종묘와 사직에 고하였다. 장씨도 소의에서 희빈으로 승봉시켰다.[330] 종묘에 고한 지 15일 뒤, 송시열은 원자 정호定號에 반대하는 상소를 올렸다.

숙종이 원자의 위호位號를 정한 이후에도 집권 노론은, 원자 책봉은 아직 이르다고 정면으로 반대했다. 노론 측에서 반대하는 명분은, 숙종과 인현왕후는 아직 매우 젊었기 때문에 대군을 낳을 수 있는 가능성이 충분하다는 논리였다. 마침내 원자의 정호를 반대하던 서인의 영수 송시열의 상소로 이 문제가 다시 거론되었다.[331] 이로 인해서 숙종은 노론을 숙청하고 남인들로 정국을 개편하였다.

환국이 원자의 위호를 정하는 문제 때문에 촉발되었으므로 왕실의 교체도 뒤따랐다. 숙종은 인현왕후가 자신에게 불손하고 시기질투가 많으며, 원자에게 이롭지 못하다는 이유에서[332] 그녀를 사가로 폐출하고, 나흘 뒤에 후궁인 희빈 장씨를 올려 왕비로 승격시켰다.[333]

---

329 《숙종실록》 권19, 숙종 14년 10월 27일(병인).

330 《숙종실록》 권20, 숙종 15년 1월 15일(계미).

331 《숙종실록》 권20, 숙종 15년 2월 1일(기해).

332 《숙종실록》 권20, 숙종 15년 4월 21일(정해). "宮闈之間 指中宮也 無關雎之風 有妬忌之習 丙寅年間 自禧嬪初爲淑媛之後 黨於貴人 憤恚妬嫉之狀 不可勝言 一日謂予曰 夢見先王先后 指我言曰 內殿與貴人 福祿厚子孫多 當如宣廟時 而淑媛非但無子 且無福 若久在掖庭 則黨於庚申失志人 不利於國 婦人妬忌 古或有之 豈有假托先王先后之言 次爲恐動之計 至此之甚耶 蓋妬忌之心未得售 則爲此不可思度之說 雖三尺童子 豈信之乎 奸巧回邪 如見肺肝 如此之人 古今所無也."

333 《숙종실록》 권21, 숙종 15년 5월 6일(신축). "禧嬪張氏 毓充慶令家 歸自結髮 仁孝恭儉 德著後宮 可以母儀一國 共奉宗廟 永承天休 玆乃進陞爲王妃 其令禮

후궁 소생을 왕실의 계승자로 책봉하고 정비를 후궁인 장희빈으로 교체시키는 과정에서 정변, 기사환국己巳換局이 일어났다.[334] 이 과정에서 재집권한 남인들은 일국의 대로大老로 추앙받던 송시열과 영의정을 지낸 김수항 이하 수많은 노론, 소론세력들을 처형하거나 유배시켰다. 그리고 희빈 장씨의 친정이자 원자의 외가의 조부 장형을 영의정에, 증조 장수張壽를 좌의정에, 고조 장응인을 우의정에 증직하는 등 3대를 모두 의정으로 추증하였다.[335] 이는 사관이 '중궁도 아닌 후궁의 3대까지 증직한 예는 일찍이 없던 일'이라고 지적할 만큼 예외적인 조처였다. 이 사건은 숙종과 서인 사이의 상호작용에서 왕권이 서인을 압도한 결과 나타난 것이다.[336] 이듬해 6월 경종은 왕세자로 책봉되기에 이른다.

후궁의 지위에서 계비가 된 경우는 그 이전 시기에도 있었지만 희빈 장씨의 그것과 여러 가지 면에서 달랐다. 양원 권씨〔현덕왕후〕는 폐빈 봉씨 이후 세자빈의 부재인 상황에서 세자빈으로 승봉된 뒤에 적처의 지위에서 적자인 단종을 낳았고, 소훈 한씨〔안순왕후〕는 세자빈이 세상을 떠난 이후에 후궁으로 책봉되어 적처가 공석이 된 상황에서 제안대군을 낳았다. 숙의 윤씨〔장경왕후〕의 경우에도 왕비가 세상을 떠난 이후에 후궁으로 책봉되어 왕비로 승격된 이후 원자, 인종을 출산하였다.

반면 성종의 후궁 숙의 윤씨〔윤기견尹起畎의 딸〕와 숙의 윤씨〔윤호의 딸〕는 왕비가 생존해 있는 때에 후궁이 되었다. 하지만 숙의 윤

官 一應禮節 即速舉行."

그러나 당시 자의대비인 장렬왕후 조씨의 국상 중이었기 때문에 희빈은 1690년(숙종 16) 10월 22일에 왕비로 책봉되었다.

334 李銀順, 《朝鮮後期黨爭史研究》, 一潮閣, 1988, 69~74쪽.

335 《숙종실록》 권20, 숙종 15년 2월 2일(경자).

336 洪順敏, 〈肅宗初期의 政治構造와 換局〉, 《韓國史論》 15, 1986, 195쪽.

씨〔尹起畎의 딸〕는 원비 공혜왕후가 죽고 난 이후, 임산부 상태에서 계비가 된 후에 원자〔연산군〕를 낳았고, 숙의 윤씨도 폐비 윤씨가 폐출된 이후에 계비의 지위에서 중종을 낳았다. 이들의 공통점은 정처가 죽거나 폐비되어 공석인 상황에서 적처의 지위로 승격된 다음 아들을 낳았다는 사실이다. 왕위를 계승하지 못한 제안대군을 제외하고 단종, 연산군, 인종의 경우 모두 정통 왕위 승계자들이었다.

원래 왕위는 왕의 적자 가운데에서 장자가 승계하는 것이 바람직하다. 정통성 있는 왕위계승자의 정상적인 코스는 왕의 적장자로 태어나서 원자가 되고, 10세 전후로 세자에 책봉되었다가 부왕이 죽으면 그 즉시 왕위를 계승하는 것이다. 조선시대에 이 절차를 거쳐 즉위한 국왕은 문종, 단종, 연산군, 인종, 현종, 숙종 6명뿐이었다. 이로써 보면 상기의 3명은 정통 왕위 계승자였다.

그러나 희빈 장씨가 낳은 경종은 사정이 달랐다. 경종의 어머니 장씨는 이전 시기의 그녀들에 비해 신분도 낮은 데다가 왕비의 생존 시에 후궁의 지위에서 서자를 낳았다는 사실이다. 정비 인현왕후에게 사속嗣續의 가능성이 있는 상황에서 후궁이 낳은 서자를 미리 계승자로 지명한 것은, 명분상의 문제가 있을 뿐만 아니라 정비 소생의 왕자가 출생할 경우 종통성宗統性의 문제가 발생할 수 있었다.[337]

그렇다 보니 숙종의 입장에서는 후궁에서 낳은 경종을 세자로 책봉한 뒤 불만 세력을 제거하고 노론계의 왕비인 인현왕후를 폐출하고 장희빈을 왕비로 승격함으로써 경종의 신분을 적자로 만들고자

337 庶子를 계승자로 세운 상태에서 嫡子가 태어났을 때에 일어날 수 있는 가능성을 최소한 배제시키기 위해 《唐律》〈戶婚律〉 入嫡違法(諸立嫡子違法者 徒三年 卽嫡妻年五十以上無子者 得立庶以長 不以長子 亦如之) 및 《大明律》戶律 戶役篇 入嫡子違法(凡立嫡子違法者 杖八十 其嫡妻年五十以上無子者 得立庶長子 不立長子者 罪亦同 … 若立嗣收係同宗 以尊卑失序者 … 罪亦如之 其子亦歸宗 改立應係之人 若庶民之家 存養奴婢者 杖一百 卽放從良)의 규정이 있다.

했던 것이다. 당시에는 왕실이나 양반가에서나 저서의 차별 의식이 완강하게 고착되어 있었다. 영조 이외에 후궁 소생의 국왕들이 사친私親에 대한 콤플렉스를 극복하고자 고민했던 사실은 다 아는 바이다. 이처럼 이 사건은 숙종이 경종을 적자로 만드는 일이 얼마나 종통성 문제에 중요한 일이었던가를 잘 보여 주는 사건이다. 또한 이 사건은 정권교체(서인→남인)에 따른 당인들의 보복적 살육이 자행된 정변으로, 그 이면에는 당시 권력 장악을 노리는 서인과 남인의 정치적인 갈등이 있었음을 배제할 수는 없다. 그럼에도 불구하고 국왕의 입장에서는 왕위를 계승하는 문제 역시 중요한 사안이었음은 명백하다. 이는 다음 인용문이 잘 말해 준다.

> 정광필이 아뢰기를, "… 옛적에 이르기를, '제후가 두 번 장가하지 않는 것은 예에 두 적사嫡嗣가 있을 수 없기 때문이다' 하였는데, 이에 대한 논의가 후세에 없었기 때문에 신은 매양 제후는 종묘를 받드니 어찌 재취할 수 없겠는가 하고 의심하였습니다. 이제 다시 생각해 보건대, 오로지 적사를 둘로 아니 하기 위하여 논한 것이었습니다. 만약 둘 다 적사로 삼으면 그 폐단이 이루 말할 수 없을 것입니다." 하였다. 사신은 논한다. 이때에 숙의 박씨가 왕을 가장 가까이하여 총애를 받았고, 아들을 두었는데 원자보다 나이가 많아 반드시 원자와 서로 알력이 생길지 알 수 없었다. 정광필의 논의는 필시 이를 걱정하여 말한 것이다.[338]

일찍이 세종 역시 탈적할 걱정 때문에 계비를 맞이하지 않았다는 사실에서[339] 이는 조선시대 국왕들이 모두 걱정하는 사안이었다. 조선시대 후궁 소생이나 자손에서 국왕이 된 사람은 선조, 광해군, 인조, 경종, 영조, 정조, 순조 7명이었다. 선조의 조모 창빈 안씨, 광해

338 《중종실록》 권22, 중종 10년 7월 26일(신해).

339 《세종실록》 권122, 세종 30년 10월 29일(임오).

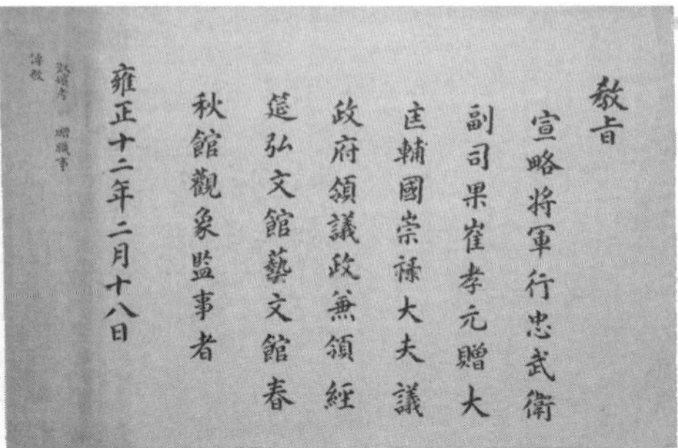

教旨
宣略將軍行忠武衛
副司果崔孝元贈大
匡輔國崇祿大夫議
政府領議政兼領經
筵弘文館藝文館春
秋館觀象監事者
雍正十二年二月十八日

【도판Ⅳ-10】 최효원의 무덤(서울특별시 은평구 소재)과 증직 교지(오른쪽)
숙빈 최씨의 친정아버지이자 영조의 외할아버지 최효원의 무덤이다. 교지는 1734년(영조 10) 영조가 최효원을 대광보국숭록대부 의정부영의정 겸 경연홍문관예문관춘추관관상감영사로 증직하는 교지이다(한국학중앙연구원 장서각 敎旨 9 소장).

군의 모친 공빈 김씨, 인조의 조모 인빈 김씨는 살아생전에 자신의 자손이 보위에 오를 것이라고 생각하지 못했지만, 경종의 모친 희빈 장씨는 이들과 달랐다. 경종은 숙종의 장자이자 유일한 승계자였기 때문에 희빈 장씨 생전에 경종이 보위에 오르면 왕비보다 무소불위의 권력을 휘두를 위험한 형세를 낳을 수 있었다. 실제로 희빈 장씨는 강등되었지만, 세자 이윤〔景宗〕을 생산한 위세에 힘입어 여전히 인현왕후보다 세력이 컸다[340]는 사실에서도 이를 짐작케 한다. 이처럼 후궁의 권력이 적처의 권력보다 커지게 되면 성리학적 사회질서에 어긋나는 상황이 발생할 수 있었다.

2) 희빈 사사賜死 후 후궁의 정비 승격 금지

희빈 장씨가 후궁에서 왕비로 격상된 이후에 권태를 느낀 숙종과

340 《숙종실록》 권35, 숙종 27년 9월 23일(정미). "大行王妃遘疾二載 而禧嬪張氏 非但一不起居 不曰中宮殿而必稱閔氏 又曰 閔氏實妖人 不特此也."

장씨의 사이가 이전보다 소원해지면서, 궁인 박씨와 최씨 등이 숙종의 총애를 얻게 되었다. 궁인 최씨(1670~1718)[341]는 훗날 영조의 모친이 되는 숙빈 최씨이다. 그녀는 최효원崔孝元의 딸로, 빈한한 중하급 무관 가문에서 태어났다. 나이 3~4살에 부모를 잃고 고아가 되었다가[342] 1676년(숙종 2) 7살에 뽑혀 입궁하였다.[343] 이제까지 숙빈 최씨는 궁녀 중에서도 비자婢子에 속하는 최하 계급인 무수리로 입궁하였다고 전해지고는 있으나[344] 단정할 근거는 없으며, 중궁전 인현왕후에 소속된 정식 궁녀였을 가능성도 배제할 수 없다.[345] 친오빠 최후崔垕가 당시 10세 전후였으므로 그 집안의 절박했던 가정 형편을 짐작할 수 있다. 그녀의 입궁은 아마도 어려운 생계를 해결하기 위하여 어린 나이에 투탁된 것으로 보인다.[346] 미천한 하급 궁녀로 입궁한 숙빈 최씨는 언제부터인지는 알 수 없으나, 침방 소속의 궁인으로 진급되었다.[347]

---

341 숙빈 최씨는 首陽崔氏로, 증조 崔末貞은 통정대부이고 조부 崔泰逸은 학생이다. 그녀는 1670년(현종 11)에 부친 충무위 부사과 최효원과 통정대부 洪繼南의 딸 사이에서 둘째 딸로 태어나서 1718년(숙종 44) 3월 창의동 사가에서 향년 49살로 병사하였다. "崔氏系出首陽 曾祖諱末貞階通政 祖諱泰逸學生 考諱孝元 行忠武衛副司果 妣洪氏通政繼南女也 以顯廟庚戌十一月己未生 … 戊戌三月九日戊午卒 于彰義洞私第 春秋四十九 寔肅宗四十四年也."(한국학중앙연구원 출판부, 앞의 책, 2009, 36~38쪽).

342 부친 최효원은 1638년(인조 16) 2월 23일에 태어나서 1672년(현종 13) 8월 15일에 35세의 나이로 죽었고, 모친 홍계남의 딸은 1639년(인조 17) 10월 17일 태어나서 1673년(현종 14) 12월 18일에 35세로 세상을 떠났다. 〈崔孝元墓表〉(한국학중앙연구원 출판부, 위의 책, 40~43쪽).

343 한국학중앙연구원 출판부, 위의 책, 36쪽. "以顯廟庚戌十一月初六日己未生嬪 丙辰選入宮 甫七歲."

344 김용숙, 앞의 논문, 1964, 182쪽.

345 李聞政, 〈隨聞錄〉, 《朝鮮黨爭關係資料集》 5, 여강출판사, 1984, 449쪽. "先大王深恠之開其戶 而下詢 其故內人俯伏奏曰 小女卽中殿侍女."

346 李迎春, 앞의 논문, 2010, 93쪽.

1689년(숙종 15) 기사환국 이후 그녀는 하급 궁인이었다가 24살 무렵에 숙종의 승은을 입었는데, 숙종과의 만남을 보여 주는 사료가 있어 흥미롭다. 사료에 따르면, 숙종은 인현왕후를 폐위시킨 뒤에 인현왕후의 생일상을 차려 놓고 기도를 올리는 나인 최씨의 모습을 우연히 목격하고는 마음 씀씀이에 감동하여 그녀를 총애하게 되었다고 한다.[348] 이 내용의 진실 여부를 떠나 숙빈 최씨가 인현왕후〔중궁전〕에 소속된 측근 궁녀였음을 알 수 있는 대목이다.

숙빈 최씨는 갑술환국甲戌換局의 주동자 김춘택과 밀접한 관계를 가지고 있었다. 김춘택은 광성부원군 김만기金萬基의 손자로서 숙종의 유모였던 봉보부인을 통해 숙빈 최씨에게 비밀스러운 계책을 전하도록 하였다.[349] 이러한 인적 배경으로 그녀는 숙종의 총애를 입을 수 있었고, 왕실 내에서 자신의 입지와 지지 기반을 이루게 되었다. 숙빈 최씨는 1694년(숙종 20)에 연잉군延礽君을 낳았다. 그 사이

347 金用淑의 《朝鮮朝宮中風俗硏究》(一志社, 2000, 80~81쪽)에 따르면, 고종의 후궁인 광화당 이씨와 삼축당 김씨가 고종에게 직접 들은 일화가 전해진다. 어느 날 영조가 최숙빈에게 '침방에 계실 때 무슨 일이 제일 하시기 어렵더니이까?' 하니, '中누비, 오목누비, 납작누비, 다 어렵지만 細누비가 가장 하기 힘들었더니이다'라고 최씨가 대답했다. 이후로 영조는 일생 누비옷을 입지 않았다는 이 증언은 후대에까지 구전으로 전해지지만 숙빈이 한때 침방나인으로 근무했음을 엿볼 수 있는 자료이다.

348 李聞政, 앞의 책, 1984, 449쪽. "先大王 一日則夜深後 扶杖周行 宮闕之內 歷遇內人房 獨一內人房 燈燭輝煌 自外暗頔 陳設盛饌 一內人供手跪坐於床下 先大王深恠之 開其戶 而下詢其故 內人俯伏奏曰 小女卽中殿侍女 而偏承寵愛之恩矣 明日卽中殿誕辰 廢處西宮 自處以不御水剌 朝夕支供 只是麤糲 明日誕辰 誰進饌羞 小女情理不勝悵然 設此中殿所嗜之物 而萬無進獻之路 故以進獻樣 陳設於小女房中 欲伸誠悃 上始思之 明日果中殿誕辰也 卽有感悟之意 而嘉其誠意 遂近之 自是有胎."

349 민진원 지음·이희환 옮김, 앞의 책, 1993, 143쪽. "按淑嬪承恩在己巳之後 大被猜毒於張氏 殆不得保其性命 肅宗乳母稱奉保夫人者與仁敬妃本房親密 甲戌飜局時 世多言金鎭龜之子春澤 因奉保設策於淑嬪 以南人情狀詳 聞于上前 致有大處分云 故南少輩 便指淑嬪 爲金家私人矣."

숙종은 집권 남인들의 전횡에 의심을 품게 되었고 희빈 장씨에게서도 싫증을 느끼며 점차 인현왕후를 폐출한 것을 후회하게 되었다. 그 결과는 세 번째 환국으로 나타났다.

기사환국이 일어난 지 5년 후인 1694년(숙종 20) 3월, 숙종의 낌새를 눈치 챈 노론 측에서는 김춘택 등이 중심이 되어 남인과 궁중의 동행을 정탐하고 비밀자금〔銀〕을 모아 인현왕후 복위 운동을 펴게 되었다. 복위 운동의 핵심 세력인 김춘택은 광성부원군 김만기의 손자이자 인경왕후의 조카이고, 한중혁韓重爀은 승지 한구韓構의 아들이다. 이들은 모두 노론 명문가의 자제였다. 그들은 자금을 모아 궁녀·환관들과 내통하면서 궁중을 교란시키고 숙종의 마음을 돌리기 위하여 온갖 공작을 벌였다. 또한 동요를 지어 유언비어를 유포하며, 《사씨남정기謝氏南征記》를 궁중에 보급하는 등의 방법으로 궁중과 시중의 여론을 환기시키기도 하였다.[350]

인현왕후 복위 운동을 하던 노론계의 김춘택과 소론계의 한중혁 등은 실권을 쥐고 있는 남인계 우의정 민암閔黯 등에게 국문을 받았다. 노론을 일망타진하려고 한 민암의 계획과는 달리 숙종은 오히려 "임금을 우롱하고 진신搢紳을 함부로 죽인다〔愚弄君父 魚肉搢紳〕"고 그를 질책하며 처벌하였고,[351] 대신 중신들을 남구만 등의 소론계 서인들로 인사 교체를 단행하는 과정에서 또다시 정변, 갑술환국이 발생했다. 그 결과 남인 정권이 무너지고 서인이 다시 정권을 잡게 되었다.

숙종은 같은 해 4월 2일 정국을 개편하면서 세자와 중궁에 관한 일체의 논의를 금지하라는 전교를 내렸다. 그러나 숙종은 4월 12일 폐서인되었던 인현왕후를 복위시켰고, 희빈 장씨를 왕비에서 다시

---

350 이영춘, 앞의 책, 1998, 289쪽.

351 《숙종실록》 권26, 숙종 20년 4월 1일(무진).

후궁의 지위로 강등시켜 별궁인 취선당就善堂으로 쫓아냈다. 추증된 아버지 장형의 부원군 교지敎旨와 그 아내의 부부인 교지는 불태워졌고, 장씨의 왕후 옥보도 파괴되었다.[352] 소론 정권의 온건한 처리로 인해 환국 후에 남인 관료 몇 사람만이 사사되었지만, 남인은 완전히 몰락하여 다시는 정국의 주도권을 잡지 못하였다. 이처럼 남인들을 숙청하고 인현왕후를 복위시켜 서인정권을 수립한 이면에 숙빈 최씨의 활약이 있었다. 이는 남인과 소론이 숙빈 최씨를 '김씨들의 사인私人'[353]이라고 칭한 데에서도 알 수 있다. 이 때문에 숙빈 최씨에게는 노론이라는 정치적 후원 세력이 생기게 되었고 궁중 내 입지도 더욱 굳어지게 되었다.

인현왕후는 환궁하여 왕비로 복권되었지만, 복위된 지 7년 후인 1701년(숙종 27) 8월에 춘추 35세로 병사하였다. 그러자 숙빈 최씨는 희빈이 다시 복위할 경우에 자신과 아들은 죽음을 면치 못할 것이라고 생각했고, 희빈이 저주를 해 인현왕후를 죽였다고 숙종에게 말하였다. 아래 내용은 인현왕후가 죽기 전 병석에 있을 때 민진후에게 자신의 병이 희빈 장씨 때문이라고 하교한 내용이며, 숙종에게 이를 알려준 사람이 숙빈 최씨였음을 설명하고 있다.

> 왕비가 하교하기를, "갑술년(1694년)에 복위한 뒤 조정의 의논에서 세자의 사친을 받드는 일에 대해서는, '여러 빈어들과는 차별을 두어야 마땅하다'고 하였는데, 이때부터 궁중의 사람들이 모두 다 희빈에게로 기울어졌다. 궁중의 옛 법에 의하면 빈어에 속한 시녀들은 감히 대내大內 근처에 드나들 수가 없는데, 희빈에 속한 시녀들은 항상 나의 침전에 왕래하였으며, 심지어 창窓에 구멍을 뚫고 안을 엿보는 짓을 하기까지 하였다. 그런데도 침전의 시녀들에 대해서 감히 꾸짖어 금하지 못하였으니, 일이 너무나도 한심했지만

352 《숙종실록》 권26, 숙종 20년 4월 12일(기묘).
353 주) 349 참조.

어찌할 수가 없었다. 지금 나의 병 증세가 지극히 이상한데, 사람들이 모두 말하기를, '반드시 빌미〔祟〕된 바가 있다'고 한다. 시영時英이란 궁인은 의심스러운 행적이 많았고, 겉으로 드러난 사건도 없지 아니하였으나, 누가 감히 주상께 고해 바쳐서 주상으로 하여금 이것을 알도록 하겠는가? 다만 나는 갖은 고초를 받은 지 두 해가 되었다. 소원은 오직 빨리 죽는 것이지만, 그런데도 병 증세가 있다가 없다가 하면서 이처럼 병이 오래 낫지 않으니, 괴롭다." 하고, 이어서 눈물을 줄줄 흘렸다. 이때에 이르러 저주한 일이 과연 발각되니, 외간外間에서는 혹 전하기를, "숙빈 최씨가 평상시에 왕비가 베푼 은혜를 추모하여, 통곡하는 마음을 이기지 못하고 임금에게 몰래 고하였다" 하였다.354

위 인용문에서 인현왕후는 "누가 감히 주상께 고해 바쳐서 알게 하겠는가?" 라고 하였는데, 그 역할을 숙빈 최씨가 했다. 《단암만록》이나 《조선왕조실록》 기사 모두 노론 측에서 기록한 것임을 감안해 본다면, 결국 갑술환국이나 희빈 장씨의 옥사와 같은 커다란 정변에 숙빈 최씨가 결정적인 역할을 하였음은 확실해 보인다.

숙종은 숙빈 최씨에게서 그 사연을 전해 듣고 그 즉시 장희빈의 별궁을 조사하게 하였는데, 지금껏 신당을 차려 놓고 민씨를 저주해 왔던 사실이 발각되었다. 1701년(숙종 27) 9월, 숙종은 43세인 희빈 장씨에게 한무제의 고사를 들어 자진하라는 명을 내렸다.355 사실 최석정·윤지선 등의 소론은, 과거 연산군의 경우처럼 희빈 장씨의 죽음이 세자의 장래에 불안을 조성할 염려가 있다는 이유로 희빈 장씨의 사사를 막기 위해 노력하였다. 그러나 그러한 노력은 헛수고였다.

숙종은 같은 해 10월에 오히려 "나라를 위하고 세자를 위하는 일

354 《숙종실록》 권35, 숙종 27년 9월 23일(정미).

355 《숙종실록》 권35, 숙종 27년 9월 25일(기유).

【도판 Ⅳ-11】 대빈궁(서울특별시 종로구 소재)과 대빈묘(경기도 고양시 서삼릉 소재, 오른쪽)
대빈궁은 숙종의 후궁이자 경종의 어머니인 희빈 장씨의 위패를 봉안한 사당으로, 현재 칠궁七宮 안 인빈 김씨의 사
저경궁 오른쪽에 위치하고 있다(사적 제149호). 대빈묘는 희빈 장씨의 무덤으로 묘호는 '옥산부대빈묘玉山府大嬪墓'
(사적 제198호).

이니 장씨는 스스로 목숨을 끊도록 하라"는 명령을 내렸다. 그런 다음 숙종은 "희빈을 살려 둔다면 후일 뜻을 얻어 안팎으로 자신의 당파를 심은 뒤에 국가의 근심이 될 것이다"라고 희빈 장씨를 죽여야 하는 이유를 덧붙였다. 희빈 장씨는 자진의 처분을 받은 지 이틀 뒤에 사약을 마시고 죽었다. 이는 숙종이 희빈 장씨의 세력이 확장되어 정쟁이 일어나는 것을 막고자 했던 일이라 생각한다.

이 사건을 겪으면서 숙종은 같은 해 10월 7일에 '이제부터 빈어가 왕비의 자리에 오를 수 없도록 하라'는 왕명을 내렸다.[356] 이는 후궁을 높여서 정비의 지위로 올리는 것이 정통을 어지럽히고 명분을 문란시키는 것이라 여겼기 때문이다. 이는 "첩을 올려 처로 삼지 말라"는 《춘추》의 대의를 어기는 것이 되어 명분이 바르지 못하게 된다는 이유에서였다. 《예기》에도 "임금의 어머니라도 부인이 아니면 신하들은 복이 없다"라고 한 것은 종통을 중하게 하고 명분을 엄하

356 《숙종실록》 권35, 숙종 27년 10월 7일(경신). "下敎曰 自今著爲邦家之典 不得以嬪御登后妃."

게 한 것이어서 후后가 둘이 되는 혐의와 근본을 둘로 하지 않기 위해서라고 한 것과 일맥상통한다고 하겠다. 이 시기는 춘추의 대일통大一統 의리가 특별히 강조되던 때였고, 예학의 수준도 고도로 향상되어 있었다.[357]

5년 뒤에 갑술환국으로 다시 후궁의 자리로 강등되고 사사된 뒤에 경종의 계승권이 위태롭게 되고 복잡한 분쟁을 야기시킨 사실에서 계승권자에게 생모의 신분이 미치는 종통론적 의의를 알 수 있는 것이다. 숙종이 이 같은 국법을 제정한 이후로 조선 말기까지 이 전통은 유지되어 왔다. 대신들이 영친왕의 모친 황귀비 엄씨를 황후로 책봉해야 한다는 상소가 여러 차례 있었음에도[358] 고종이 이를 허락하지 않은 사실에서[359] 숙종 이후에 후궁에서 왕비로의 승봉이 철저히 차단되었음을 알 수 있다. 영조의 모친 숙빈 최씨[360]나 순조의 모친 수빈 박씨의 경우에도 예외는 아니어서 연산군과 광해군대와 같이 사친을 정비로 추숭하거나 경종대처럼 위호를 높이려는 시도가 전혀 없었다.

정리해 보면, 이 장에서는 1517년(중종 12)에서 1701년(숙종 27) 문정왕후가 중종의 계비가 되면서부터 최종적으로 희빈 장씨의 사건을 통해 정비 승격 금지가 명문화되기까지의 후궁의 지위를 살펴보았다. 문정왕후가 중종의 계비로 간택되면서 왕비 간택과 후궁 간택

357 이영춘, 앞의 책, 1998, 131쪽.

358 한희숙, 〈구한말 순헌황귀비 엄비의 생애와 활동〉, 《아시아여성연구》 45, 숙명여자대학교 아시아여성연구소, 2006, 208~217쪽.

359 《고종실록》 권47, 고종 43년 10월 24일(양력).

360 《增補文獻備考》 권61, 〈禮考〉 8, 〈宮廟〉(《(국역)증보문헌비고》, 세종대왕기념사업회, 1981, 12~13쪽). "敎宗伯曰漢唐以來 中朝皆追崇所生 而我朝家法嚴 且有聖考下敎故 予意未嘗及於追崇 惟此一事庶乎參酌得宜 然外人不諒 必曰 尙有餘事也."

이 별도로 이루어졌고, 후궁은 그 이전 왕비예비자로서 역할을 담당했던 기능이 상실되었으며, 후사 확대자 역할만이 더욱 강조되고 유지되었다. 후궁의 왕비예비자 지위 소멸은 내명부 직제 운영상에서도 변화가 나타났다. 간택 후궁에게 그에 상응하는 1품직의 승진을 약속한 것이다. 비간택 후궁도 비록 초직은 숙원직 이하이지만 현왕대에 승봉이 가능하였다.

후궁에서 차비의 지위로 되는 가능성이 상실된 이후 간택 후궁의 가문은 전 시기에 비해 상대적으로 격하되는 양상을 보이고 있다. 그럼에도 간택 후궁의 가문 배경은 여전히 정치적 유력 가문이 다수를 점하고 있었다. 이런 가문 배경을 통해 후궁의 정치적 영향 내지 참여 양상도 나타나고 있다. 비간택 후궁은 ① 유력 가문에서 진헌 ② 중인 가문 출신 및 서녀 출신 ③ 일반 궁녀 출신으로 구성되었다. 이들 중에는 정치세력과 연계된 후궁들이 정치적 야심을 드러내면서 왕의 최측근세력으로서 점차 정치에 참여하기도 했다. 후궁들의 이러한 정치 참여 양상은 1701년(숙종 27)에 중전 자리를 둘러싼 궁중 암투까지 벌어지는 등 심각한 갈등을 보였고, 비간택 후궁이 계비가 되는 초유의 사태가 나타났다. 그로 인해 끝내 후궁 출신들이 계비로 승격되는 일이 합법적으로 금지되고 명문화되기에 이른다. 내명부 직제를 통한 당대 후궁과 선왕 후궁을 구분할 수 있는 장치가 해제되었기 때문에 이에 대한 새로운 제도적 보완이 요구되었다. 이 점은 이어서 살펴본다.

제Ⅴ장

영조~고종조
빈 간택으로의 전환과 국왕 사친私親의 추숭

1. 정치적 이해관계에 의한 후궁 간택과 친정 가문

숙종은 세 번의 환국을 일으켜 남인과 서인을 등용하고 내쫓기를 반복했고, 중전 자리를 둘러싼 궁중 안에 왕비를 폐출하고 복위시키기를 번복했다. 왕비와 후궁 간의 궁중 암투까지 벌어지는 심각하고 복잡한 정치적 갈등이 맞물리면서 결국 1701년(숙종 27)에 후궁 출신이 왕비로 승격되는 일이 법적으로 금지되었다. 후궁의 왕비 승격 금지가 법적으로 명문화됨에 따라 영조 이후에 후궁을 들이는 목적은 이전의 1517년(중종 12)~1701년(숙종 27)보다 왕실의 광계사임이 더욱 분명하고도 뚜렷하게 되었다. 인조대 이후 서인세력들의 물실국혼의 원칙은 왕비 간택뿐만 아니라 후궁 간택에서도 적용되었다.

그런데 영조에서 고종대에 왕비들의 출산력이 감소되고 이들의 대군 출산을 통한 왕위의 계승이 제대로 이루어지지 않으면서 진정으로 후사를 두기 위해 후궁을 간택하게 되는 상황이 발생하였다. 특히 숙종대 세 명의 왕비가 왕자녀를 생산하지 못하여 희빈 장씨의 소생 경종과 숙빈 최씨의 소생 영조가 왕위에 올랐다. 이처럼 후궁의 태생이라도 왕위를 계승하는 일이 숙종 이후로 보편화되었다. 이때는 그 어느 시기보다도 당쟁이 가장 격화된 시기로, 당대 정치세력과의 연결성이 부각되고 왕실의 외척이 된 가문이 정국의 향배에 영향을 미치게 되는 중요한 때였다. 특히 왕비의 원자 출산 가능성이 희박한 상황에서 간택 후궁의 새로운 외척세력이 형성되어 정치 사회적으로 급부상하게 될 가능성이 높았다. 따라서 이 시기에는 후궁 간택의 이유가 저사(儲嗣) 확보임을 분명히 드러내고 있고 절박하고도 절실했다.

이 절에서는 정치적 상황과 함께 선발된 간택 후궁들의 가문 배경을 중심으로 서술하고자 한다. 그전에 먼저 희빈 장씨가 사사되기 15년 전에 간택된 영빈 김씨를 잠깐 언급하고자 한다. 왕비의 원자 출산이 불가능한 상황에서 간택된 후궁이더라도 장희빈 사사 전후로 약간의 차이를 보이고 있기 때문이다.

인조의 후궁 귀인 장씨를 간택한 이후 숙의를 선발하지 않았다가 숙종대에 이르러 숙의 간택이 다시 제기되었다. 오랫동안 저사를 두지 못하는 우려스러운 상황에서 숙종은 인현왕후를 통해 원자를 얻을 수 없다고 판단하여, 1686년(숙종 12) 2월에 빈어를 간택하도록 아래와 같이 지시하였다.

> 임금이 하교하기를, "내가 생각하건대, 조종조에서 반드시 후궁을 간택한 것은 대개 저사를 넓히려는 까닭이었다. 오늘날 숙의가 미비한 것은 옛 제도에 어긋날 뿐만 아니라, 내전도 일찍이 이 뜻으로서 누누이 진청陳請하였다. 그 말이 또한 사의事宜에 합당하므로, 마땅히 간택하는 거조가 있어야 할 듯하다. 예관으로 하여금 대신에게 문의하도록 하라." 하였다. 이에 영의정 김수항, 판중추부사 정지화가 아뢰기를, "오늘날 신민이 밤낮으로 크게 바라는 것은 오직 저사가 일찍 탄생하는 데에 있는데, 불행스럽게 지금까지 지연되고 있으니 국가의 절박한 걱정이 어찌 이보다 더 큰 것이 있겠습니까? …" 하였다.
>
> 영중추부사 김수흥은 아뢰기를, "예로부터 국가의 기업基業이 공고하자면 오직 본손과 지손이 백세를 누려야 하는데, 이처럼 어렵고 위태한 날을 당하여 세자의 자리〔震位〕가 오래도록 비어 있으니, 신민의 절박한 걱정이 어찌 이보다 큰 것이 있겠습니까? …" 하였다.
>
> 판중추부사 이상진李尙眞, 좌의정 남구만南九萬은 아뢰기를, "지금의 성교가 실로 종묘사직의 대계에서 나왔다면 무릇 모든 신하들이 성상을 축하하는 마음에 있어 그 누가 불가하다고 하겠습니까? 단지 생각하건대, 예로부터 국가의 화복禍福의 단서가 혹은 빈어를 넓히려는 데 있다고 하나, 하늘에 계신 조종의 묵묵한 보우補祐로 세자의 탄생을 거의 바라볼 수 있다면 깊이 생각하여 처리하지 않을 수 없을 듯합니다. …" 하였다.

> 수일 후에 임금이 연석에 나와 하교하기를, "… 나의 나이 장차 30인데, 아직도 후사가 없는 것은 하루 이틀 미루다가 오늘에 이른 것이다. 매번 종사宗社와 신민의 부탁을 생각할 적마다 자신도 모르게 한밤중에 한숨을 쉬게 되고, 혹시 병을 앓을 적에는 걱정과 두려움이 전보다 배나 되었다. 당초 선택의 명령도 빈어를 많이 두려는 뜻에서 나온 것이 아니고, 참으로 국가의 대계를 위한 것이었다. 내가 무오년〔1678년(숙종 4)〕에 큰 병을 앓은 뒤로는 조섭調攝의 경계를 삼가하여 일찍이 조금도 늦춘 적이 없었으니, 비록 대신의 진계陳戒하는 말이 없다 하더라도 내 어찌 생각이 여기에 미치지 않겠는가? 이는 부득이한 데서 나온 것이니, 예조로 하여금 속히 거행하도록 하라." 하였다.[1]

위 인용문에 주목되는 점은, 조정의 대신들이 숙의 간택을 경계하면서도 원자는 물론 왕자녀가 없는 현실을 우려하여 숙종의 숙의 간택을 적극적으로 호응하고 있다는 것이다. 두 명의 왕비들이 모두 원자를 출산하지 못했기에 진정으로 후사를 두는 것이 시급한 왕실의 큰 과제였기 때문이다. 이때 숙종은 숙의 간택이 후궁을 많이 두려고 하는 의도가 아니라 국가의 대계를 위해 후사를 두기 위한 것임을 강조하였다. 간택의 대상이 양반 신분이어야 함을 강조하였고, 아울러 새삼스레 숙의의 선발기준이 언급되기도 했다. 그동안의 취사는 용모의 아름다움과 추악함을 보는 데에 불과할 뿐이었으므로 선정신 이이가 일찍이 차자를 올려 지적한 대로 대신에게 물어서 그 가법을 가려서 정해야 한다는 것이었다. 또 덕선德選하는 도리에 따라 '용모나 말하는 사이에 그 덕기德器와 복상福相을 알 수 있다'고 한 바대로 취사하라는 건의가 있기도 했다.[2] 따라서 문벌은 아니나 양반 신분임에 틀림없는 가문의 딸을 대상으로 삼았다.

1686년(숙종 12) 3월, 숙의 가례에서 18세였던 김창국金昌國의 딸

---

1 《숙종실록》 권17, 숙종 12년 2월 27일(신해).

2 《숙종실록》 권17, 숙종 12년 3월 13일(정묘).

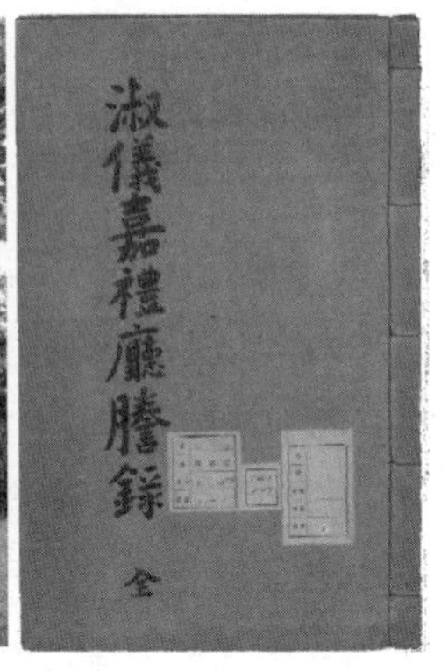

【도판 Ⅴ-1】 영빈묘(경기도 남양주시 소재)와 《숙의가례청등록》(오른쪽)
김창국의 딸이자 숙종의 후궁인 영빈 김씨의 무덤이다(사적 제367호). 그녀는 성천부사 김창국의 딸로 당대 최고의 안동 김씨 권세가 출신이었다. 1735년(영조 11)에 죽어 그해 3월, 이곳에 장사지냈다. 《숙의가례청등록》은 1686년(숙종 12) 그녀가 숙종의 후궁으로 간택되었을 때 치렀던 가례 관련 내용을 기록한 책이다(한국학중앙연구원 장서각 K2-2653 소장).

〔영빈 김씨〕을 후궁으로 맞아들였다.[3] 이는 영의정 김수항이 왕실의 계사를 이유로 숙의 간택을 건의한 지 불과 15일만이다.[4] 이번 간택이 매우 짧게 이루어진 배경은 아래 실록 기사에 잘 나타나 있다.

> 영의정 김수항이 입대入對를 청하여 아뢰기를, "… 들리는 말에 장차 청양현감靑陽縣監 김창국의 딸로 정하려 한다고 하니, 김창국은 곧 신의 형의 아들입니다. 사람이 합당한지의 여부는 신이 감히 논할 바가 아니나, 어릴 적부터 배를 크게 앓아서 경후經候(월경)가 고르지 못하다 하니, 이는 참으로 후사를 구함에 있어 크게 꺼리는 바입니다. …" 하였다.
>
> 김수향이 또 말하기를, "신은 들으니 조종조에서 빈어를 간택하는 규정에 혹은 단번에 여러 사람을 간선하기도 하였습니다. 오늘날 또 널리 간택을

---

3 《숙종실록》 권17, 숙종 12년 3월 28일(임오).

4 《숙종실록》 권17, 숙종 12년 3월 13일(정묘). "壽恒又曰 揀擇淑儀 旣爲宗社大計 德選之道 不可少忽 古人云 容貌辭氣之間 可知其德器與福相 宜以此驗之於取舍之際 上納之."

> 하지 않는다면 후사를 구하는 길이 점점 지연될 것이니, 성상의 뜻에 만약 개정하기가 어려우시다면 지금이라도 널리 간선을 하는 것이 만전의 도리에 합당할 듯합니다." 하였으나, 임금이 또 윤허하지 않았다.5

위 인용문은 김수항이 조카 김창국의 딸이 후궁으로 간택된 상황에 대해서 종손녀 영빈 김씨에게 복병이 있음을 아뢰는 장면이다. '들리는 말에 장차 청양현감 김창국의 딸로 정하려 한다고 하니'에서 나타났듯이, 조정 안에서는 김창국의 딸이 대신들의 지목을 받아 내정자로 결정되었음을 알 수 있다. 이로써 보면, 영빈 김씨는 안동 김씨 김상헌金尙憲의 집안 배경을 통해 선발된 것이라 하겠다.

영빈 김씨의 집안은 당대 대표적인 노론 명문가 안동 김씨 김상헌 가문이었다. 부친 김창국은 김수증의 아들로, 그의 숙부는 영의정 김수항이며, 김수항의 아들이 후일 영의정을 역임한 노론의 상신 김창집金昌集이다. 김창국은 김창집金昌集·김창협金昌協·김창흡金昌翕 등 육창六昌으로 세상에 명성을 떨친 이들과 사촌 간이었다. 영빈 김씨는 육창에게 5촌 질녀가 된다. 척화의리의 화신인 고조 김상헌은 서인 청서파淸西派의 영수로, '숭명배청崇明排淸'의 신념을 실천해 절개와 지조로 상징되는 인물이다. 김상헌은 인조반정 이후 안동 김씨 집안을 왕실과 외척 관계를 맺게 함으로써 권력의 핵심에 부상할 수 있는 발판을 마련하였다. 1653년(효종 4) 그는 영의정에 추증되었고, 1661년(현종 2) 효종 묘정에 배향되었다. 외가의 성세 역시

5 《숙종실록》 권17, 숙종 12년 3월 23일(정축). "領議政金壽恒請對 言于上曰 淑儀揀選 旣爲宗社大計 非如常時選擇之比 必得其福德無病故之人 方可以副今日之望 仄聞將定於靑陽縣監金昌國之女 昌國卽臣兄子也 人之合否 非臣所敢論 而自少腹病非細 經候不調 此誠求嗣之大忌 … 上曰 閭家處子之病 非一家人則何以知之 然自外面而言之 年歲旣壯 且無病色 許多人中 必定於此者 意亦非偶 況婦人姙産 不專係於腹病有無 則到今更改 終有所重難矣 … 壽恒又曰 臣聞祖宗朝選擇嬪御之規 或一選累人 今又不爲廣擇 則求嗣之道 漸至遲緩 聖意若難於改定 則及今廣選 似合萬全之道矣 上又不許."

대단했다. 영빈 김씨의 외가는 전주 이씨 덕천군파德泉君派 이정영李正英 가문이다. 이정영의 가문은 서인계로서 소론 계열의 핵심 집안이다.[6]

영빈 김씨를 둘러싼 가문 배경과 당시 영의정에 재직 중인 김수항이 그녀의 종조부였다는 사실은, 그녀가 간택 후궁으로 내정되어 입궐하게 되는 중요한 사회적 배경이 되었다고 생각된다. 김수항은 애초 후궁 간택을 상당히 만류했던 것으로 보이지만, 이는 왕실의 훈척勳戚 세력으로서 궁중에 연결된다는 동료들의 비난을 피하기 위한 변명이었을 뿐이다. 훈척은 관료나 사대부 출신이지만 동시에 국왕권에 기생하고 있는 이중적 존재로서 정국 변화에 중요한 변수로 작용했다.[7] 실제 당시 김수항과 주변 인사들이 하나의 당파를 형성했다는 인식이 퍼져 나갔다. 남인은, 궁중의 귀인 김씨와 조정의 이사명李師命·이단하李段夏 등이 김수항을 중심으로 족당을 형성했다고 여러 차례 비난하였다.[8] 숙종도 김수항의 족당이 요직에 들어앉아 있다고 비판하기도 했다.[9]

김수항의 이와 같은 만류에도 1686년(숙종 12) 3월에 숙의가 된 김씨는 5월 27일에 소의로 승격되었고, 11월 5일에는 장렬왕후의 탄신일을 기념하기 위해 귀인에 승봉되었다.[10] 그러나 1689년(숙종 15)에 발발한 기사환국으로 그녀는 인현왕후와 함께 폐출되었다가[11]

---

6 영빈 김씨의 생애를 통해 숙종대 이후의 정치사를 살펴보고, 이정영의 집안에 대해서 연구한 논문으로는 이근호의 〈숙종~경종대 寧嬪 金氏의 정치적 역할과 위상〉(《한국학논총》 37, 2012, 242쪽)이 있다.

7 홍순민, 〈肅宗初期의 政治構造와 換局〉, 《韓國史論》 15, 1986, 132~137쪽.

8 《숙종실록》 권20, 숙종 15년 2월 10일(무신); 《숙종실록》 권20, 숙종 15년 윤3월 20일(정사).

9 《숙종실록》 권19, 숙종 14년 11월 12일(신사).

10 《숙종실록》 권17, 숙종 12년 5월 27일(경술); 《숙종실록》 권17, 숙종 12년 11월 5일(을유).

1694년(숙종 20) 4월 12일 갑술환국으로 남인이 실각하면서 복작되었다.[12] 복작된 귀인 김씨는 1702년(숙종 28) 10월 18일에 영빈으로 승봉되었다.[13] 이와 같이 1701년(숙종 27) 이전에는 후사 부재인 상황에서 영빈 김씨가 내정자로 선출되어 전례에 따라 숙의의 초직에 승봉되었다. 그녀가 8개월 만에 귀인에 승봉된 것은, 이후의 간택 후궁들이 간선되자마자 정1품 빈에 봉작된 사실과는 차이가 난다. 그러면 다음 절에서 1701년(숙종 27) 장희빈 사사 이후 후궁들이 간선되는 정치적 상황과 집안 배경을 고찰해 본다.

1) 정조의 원빈元嬪 간택과 홍국영洪國榮

1776년(영조 52) 3월, 영조의 뒤를 이어 25세에 왕위에 오른 정조는 선대先代의 '탕평'정치를 계승하였다. 그러나 정조는 사림을 등용하고 척족을 배제한다는 '우현좌척右賢左戚'과 학문에 입각한 정치라는 '우문지치右文之治'의 명의名義를 내세웠다. 정조 즉위 초의 집권세력은 좌의정 홍인한을 비롯한 김귀주·김한록 등 벽파 세력이었다.[14] 이들은 정조의 생부 사도세자를 죽이고 정조를 폐위하고자 했

11 《숙종실록》 권20, 숙종 15년 4월 22일(무자).

12 《숙종실록》 권20, 숙종 20년 4월 12일(기묘).

13 《숙종실록》 권37, 숙종 28년 10월 18일(을미).

14 영조·정조 시대의 정치세력과 세력구조 등에 대해서는 이미 여러 학자에 의해서 적지 않은 견해 표명이 있어 왔다. 鄭萬祚, 〈英祖代 初半의 蕩平策과 蕩平派의 活動-蕩平基盤의 成立에 이르기까지-〉, 《진단학보》 56, 1983; 鄭萬祚, 〈英祖代 中半의 政局과 蕩平策의 再定立〉, 《歷史學報》 111, 1986; 최성환, 〈영조대 후반의 탕평정국과 노론 청론의 분화〉, 《역사와 현실》 53, 2004; 최성환, 〈정조대의 정국 동향과 僻派〉, 《조선시대사학보》 51, 2009; 최성환, 〈正祖代 蕩平政局의 君臣義理 연구〉, 서울대학교 박사학위논문, 2009; 박광용, 《영조와 정조의 나라》, 푸른역사, 2009. 그 외의 논고는 생략하며, 이

던 자들이며, 1775년(영조 51)에 영조가 세손 정조에게 대리청정代理聽政을 명할 때에도 강력하게 반대할 정도로 정조에게 적대적인 정치세력이었다.

정조 즉위 초에는 이와 같이 정치적으로 매우 불안한 상황이었다. 그러나 정조는 벽파의 음모에도 불구하고 세손강서원世孫講書院 설서說書 홍국영의 효과적인 대응책으로 왕위에 오를 수 있었다. 정조가 "만약 경이 없었다면 오늘의 내가 있겠는가!" 라고 자주 말했다는 사실에서 홍국영을 거의 절대적으로 신임하였음을 알 수 있다. 혜경궁 홍씨가 쓴 《한중록》도 이를 잘 보여 준다.

> 동궁께서는 (홍국영이) 나이도 서로 비슷하고 얼굴도 잘생기고 눈치 빠르고 민첩하기도 하니, 벌써 세상이 어지러웠던 때를 당하여 한 번 보고 크게 좋아하셔서 권우가 깊으셨다. 처음에는 요 작은 놈이 간사한 꾀를 내어 동궁께 곧게 충고하는 체하나 실은 다 듣기 좋은 말이라 … 한 번 국영이 들어오면 외간의 일들을 여쭙지 않는 일이 없고, 전하지 않는 말이 없으니 동궁께서 신기하고 귀하게 여기셨으니 … 마치 사내대장부가 간사한 첩에게 미혹당한 것과 같으셨다.[15]

절은 이 논문들을 참조하였다.

15 혜경궁 홍씨 작·정은임 교주, 《한중록》, 이회문화사, 2008, 143~144쪽. "동궁께서는 年紀도 相敵하고 얼굴도 어여쁘고 기경 민첩하니 벌써 세상에 亂이 난 때라. 동궁이 한 번 보시고 두 번 보셔 절로 際遇가 융중하여 지극히 無間한지라. 처음은 요놈이 간계를 내어 동궁께 直諫하는 체 하나 실은 그 간하는 것이 다 듣기 좋은 말이라 강직한 사람으로 알으셔 사귀기를 깊이 하신 후는 無所不至하니, 세손이 동궁에 계셔 하인 밖 師傅를 상접하시는 것이 불과 賓客과 宮官뿐이니, 그 자들이 강학이나 의논하지 무슨 말을 하며, 하물며 조정사나 외간 설화야 어찌 감히 일언반사를 수작하리오. 동궁이 무미하고 답답하여 하시다가 국영을 만나 아니 여쭙는 말이 없고 아니 아뢰는 일이 없으니, 신통하고 귀히 여기셔 이전 사랑하시던 궁관은 점점 멀어지고 국영이만 제일인으로 알으셔, 비유컨대 사나이 첩에게 혹한 모양이라."

위 기록은 혜경궁 홍씨의 회상 중에 나온 내용이다. 회상 장면에 따르면, 홍국영이 정조에게 바깥의 모든 일을 시시콜콜 전해 주어서 정조가 홍국영에게 마치 애첩에 반하듯이 홀렸다고 표현하고 있다.

정조의 측근으로 정치의 중심에 있던 홍국영은 자신의 확고한 신분을 보장받고 막강한 권력을 유지하기 위해 누이동생을 후궁으로 들여보내고자 했다.[16] 이는 조정뿐만 아니라 궁궐 안에서 자신의 정치적 권력 기반을 강화하겠다는 의미도 있으나, 실은 왕위계승권 문제에 깊이 신경을 쓴 것이었다. 실제로 그는 원빈이 죽은 후에 왕위계승권 문제에도 깊이 관여하고 있었다.[17] 당시 인조 연간 이래 서인의 노론 세력은 "물실국혼", 즉 왕실과의 혼사를 놓치지 않는다는 기본적 입장을 지켜왔는데 홍국영 역시 그대로 본받았던 것이다. 후궁 선발의 명분은 정조와 왕비 효의왕후 김씨와의 사이에서 원자가 없었기에 가능했다.

25세에 즉위한 정조는 3명의 간택 후궁을 맞이하였는데, 모두 정조의 정비 효의왕후 김씨에게서 원자를 얻지 못하였기 때문이다. 영조의 3년상이 끝난 1778년(정조 2) 5월에 결국 왕대비 정순왕후는 아래와 같이 빈어를 들이라는 언서諺書를 내리게 된다.

> 왕대비가 언서를 내리기를, "… 4백 년이 된 종사의 의탁이 오직 주상의

16 홍국영은 정조 즉위년부터 노론계의 주도세력으로 부상하려고 하였다. 그가 계획한 작업은 첫째, 노론계의 주의주장(義理)을 다시 널리 떨치는 작업에 앞장섰고, 둘째, 소론당에 대한 대대적인 탄압국면을 조성하여 소론계가 독립된 정파로서 기능하지 못하도록 했다(박광용, 앞의 책, 2009, 218~221쪽).

17 홍국영은 왕위계승권 문제에 간섭했다. 실제로 원빈 사망 후에 효의왕후가 아기를 가질 수 없다는 설과 원빈 죽음에 관련되었다는 유언비어를 널리 퍼뜨렸다. 또한 홍국영은 정조의 이복동생인 은언군 李䄄의 맏아들 상계군 李湛을 원빈 홍씨의 양자로 삼아 정조의 후사로 만들 계책을 세웠으며, 그에게 完豐君이라는 작호를 내렸다.

몸 하나에 달려 있는데, 춘추가 거의 30에 가까워졌는데도 지금까지 오히려 종사의 경사가 늦어지고 있다. … 불행하게도 중전에게 병이 생겨 사속嗣續에 있어서 이제는 가망이 없게 되었다. … 대궐 안에 있는 궁인을 어찌 많지 않다고 하겠는가마는, 주상은 본래부터 성념聖念이 미천한 처지의 사람에게는 마음을 두지 않으려고 한다. 이렇고 보면 당면한 지금의 도리가 옛날 사람들이 하던 의리를 본받고 우리 국조의 고사대로 준수하여, 사족들 중에서 유한정정幽閑貞靜한 처자를 간택하여 빈어의 자리에 있게 한다면, 삼종의 혈통을 이어가게 되는 방도가 오직 이에 달려 있게 될 것이다."[18]

위 언서에서 정순왕후는 중전에게 지병이 있어 원자를 생산할 수 없다는 점을 언급한 다음, 정조가 미천한 신분의 여성에게는 마음을 두지 않으려 한다는 점을 강조하면서 사족의 딸을 후궁으로 들일 것을 명하였다. 정순왕후가 중전이 후사를 생산할 수 없음을 공표한 일은 정조의 동의 없이 홀로 내린 결정이었다.[19] 효의왕후에게 지병이 있어 원자를 생산할 수 없다는 논리는 후궁을 간택하기 위한 명분에 불과했는데, 이런 이유로 당시 중전 효의왕후의 입장은 난처할 수밖에 없었다. 이 때문에 효의왕후의 친척인 김치묵金峙默은 이 교서에 반발하여 함부로 병이라고 단정 짓지 말라는 상소문까지 올리는 일이 발생하였다.[20]

김치묵의 불만 섞인 상소문에도 불구하고 1778년(정조 2) 6월에

---

18 《정조실록》 권5, 정조 2년 5월 2일(신유). "四百年宗社之托 惟在主上一身 而春秋幾近三十 螽斯之慶 尙今晼晚 先大王每以晝夜憂念 卽平日所嘗仰覩者 惟俟諒闇之後 庶幾副朞望之心 不幸中殿有疾恙 至於嗣續 今無可望矣 未亡人與惠慶宮之意 專在於廣求儲嗣 爲今日主上臣子者 孰無此心乎 主上亦已諒此 特不關念 而闕內宮人 豈曰不多 主上本來之聖念 至於微賤處 不欲其有 然則卽今道理 倣古人之義理 遵我朝之故事 揀擇士族中幽閑之處子 置諸嬪御 則續三宗血脈之道 惟在於此."

19 박광용, 앞의 책, 2009, 128쪽.

20 《정조실록》 권9, 정조 4년 4월 14일(임술).

19명의 처자가 초간택에 참여한 가운데 전 교관前教官 홍낙춘洪樂春, 좌랑佐郎 김재진金在鎭, 정랑正郎 심풍지沈豊之의 딸이 선발되었다.[21] 이틀 뒤 재간택에서 홍낙춘과 김재진의 딸이 뽑혔고[22] 6월 21일 최종적으로 홍낙춘의 딸인 홍씨가 후궁에 간선되었으며, 6일 뒤에 선정전에서 가례를 행하였다.[23] 이때 뽑힌 홍씨는 원빈의 작호와 함께 숙창淑昌의 궁호를 받았는데,[24] 이로써 조선시대 역사상 최초로 처음부터 정1품 빈이 되었다.

원빈을 최종 간선한 것은 물론 국왕과 자전慈殿 정순왕후, 그리고 자궁慈宮 혜경궁 홍씨의 하교에 따른 것이지만, 홍국영이 효의왕후 김씨에게 복병이 있다는 자교慈教를 내게 하여 이를 명분으로 광저사廣儲嗣의 하교를 유도했던 것이다. 이렇게 본다면 원빈 홍씨의 간택은 홍국영의 정치적 이해관계 속에서 이루어졌음을 알 수 있다.[25] 이미 홍낙춘의 딸 원빈이 후궁으로 간선될 것은 너무나 분명한 일이었다. 실제로 정조는 초간택 이후 홍국영을 만난 자리에서 원빈의 덕용이 남달리 뛰어나다고 말한 정순왕후와 혜경궁 홍씨의 말을 빗대어 은연중 그녀가 간택될 것이라는 사실을 내비치고 있다.[26] 이처

---

21 《일성록》 정조 2년 6월 13일(기축).

22 《일성록》 정조 2년 6월 15일(계묘).

23 《정조실록》 권5, 정조 2년 6월 27일(을묘). 이러한 《조선왕조실록》의 기록과는 달리 《일성록》에서는 '3일이 지난 을묘일에 창덕궁 정전에서 가례를 행하고, 6월 21일 삼간택에서 뽑힌 원빈은 별궁에 곧바로 갔으며, 같은 날에 선정전에서 납채를 거행하였고, 6월 24일에 납폐와 책빈, 6월 27일에는 조현례를 거행하였다(《일성록》 정조 2년 6월 15일(계묘)'고 기록하였다.

24 《정조실록》 권5, 정조 2년 6월 21일(기유); 《일성록》 정조 2년 6월 21일(기유).

25 《御製仁淑元嬪行狀》(藏 K2-663), 2~3쪽. "至再揀日 慈殿患候添加 不得臨殿 御寢所扶宮人坐 隔簾而見之 及見嬪 容儀整暇 德性溫粹 不覺捲簾 而近前撫愛之 及還第 家人上下擧皆奔遑 嬪晏然若不知也 三揀前日夕 奴僕皆告辭 而亦不之省 家人意謂未諳不復還私第矣 已而在母夫人傍而言曰 貞洞大家祠宇 安得更拜 以此推之非不知也 器量沈深 若不可測而然也."

【도판 Ⅴ-2】 구 인명원 터(서울특별시 성북구 고려대학교 소재)와 원빈 홍씨 무덤 출토 화장품 그릇(오른쪽)
인명원은 1781년(정조 5) 정조의 후궁인 원빈 홍씨의 사후에 내린 무덤의 이름이다. 홍국영이 죽은 이후, 국왕 사친에게 주어진 사당과 무덤인 궁원宮園의 호칭이 예에 맞지 않는다는 비판에 따라, 원빈묘로 강등되었다. 이 무덤에서 조선백자와 청화백자로 제작된 화장품 그릇이 출토되었다(국립중앙박물관 소장).

럼 원빈 홍씨가 후궁이 된 데에는 오빠 홍국영의 역할과 입김, 그를 신뢰하던 정조의 정치적 결정이 크게 작용된 것이다. 최종적으로 뽑힌 원빈은 홍국영의 권세에 힘입어 계비와 같은 대접을 받았고, 시어머니 혜경궁 홍씨로부터 총애를 받을 수 있었다.[27]

그녀의 위상은 이 당시 높았다. 반면 정조 초반 효의왕후의 위상은 위태로울 지경이었다. 당시 효의왕후는 원자를 낳지 못한 처지에 가까운 인척들 대부분이 살홍론殺洪論에 관여한 죄로 폐출되었고, 별궁에 머무르며 정조에게 진어進御하지도 못하고 있는 상황이었다.[28]

---

26 《승정원일기》 79책, 정조 2년 6월 13일(신축). "慈殿慈宮 親臨揀擇 而卿妹已爲兩殿之所定 卿雖難安 此爲宗社之大計 奈何 國榮曰 宗國大計 臣豈敢言私 而臣家之不幸 已無可言矣 上曰 聞慈殿未寧中 有妨於暑風 初則垂簾矣 及見卿妹 亟使捲簾 近前而見之 其德容之出倫 亦可想矣 國榮曰 臣妹之被選 雖因兩殿之過致嘉愛 年少無所學 何以奉承至尊乎 私情懇迫之外 以是尤爲關慮矣."

27 혜경궁은 《한중록》에서 홍국영이 원빈을 후궁으로 들여보낸 일에 대해 반대하는 입장이라고 서술했으나(혜경궁 홍씨 작·정은임 교주, 앞의 책, 2008, 147~148쪽), 《御製仁淑元嬪行狀》(藏 MF 35-1893)에서는 혜경궁이 원빈을 총애했다고 기록하였다.

정조도 이런 중궁의 처지를 그냥 내버려 두었다. 이를 계기로 홍국영은 중전의 허물을 더욱 방자하고 무도하게 들춰내고 있었다.[29]

홍씨가 후궁이 될 수 있었던 것은 분명 근왕勤王 세력가 오빠 홍국영 덕분이었다. 그는 왕세자 시절부터 동궁의 시강원侍講院 설서로서 생사고락을 같이한 정조의 충신이었다. 정조 즉위 후에도 그는 홍인한과 정후겸 등 부홍파扶洪派를 제거하고 정권을 장악하는 데에 결정적인 도움을 주었다.[30] 이 때문에 정조 초부터 홍국영은 일약 동부승지同副承旨에 발탁되었고[31] 도승지 겸 숙위대장에 특진되어[32] 왕의 신변을 보호하는 중대한 직무를 맡았다. 숙위 대장은 궁궐 숙위만이 아니라 도성 전체의 경비를 담당하고 5군영까지 총괄하는 중요한 직책이다. 모든 국사가 홍국영을 경유하여 정조에게 상달되는 구조였다. 그런 만큼 홍국영의 권세가 절정에 달했을 때 그의 입김이 작용했을 것이다. 실제로 당시 홍국영은 동생 빈에게 '원元' 글자를 붙여 참월한 뜻을 드러내 보이기도 했다.[33]

---

28 황윤석, 《頤齋亂藁》 권5, 한국정신문화연구원, 1999, 132쪽. "至於近日 納嬪之擧 固出慈教 而慈宮實主張而成之 此宗社嗣續之大策也 烏可已者 顧已入闕 朝見于大殿矣 翌日 又朝見于慈殿慈宮矣 禮宜因復朝見于中殿 以嚴嫡妾之本 蓋雖本係士夫家女子 異於閭巷 選入賤微之類 而旣爲國家嬪御 則亦一妾侍而已 尊嫡之禮 安可或闕 不然則邸報 何以不載此一節耶 豈自內行朝見而已乎 報者所以示萬姓三軍使知人君齊家 御邦之得失 而獨於此不載 其自內不行 可知也 夫宮府一體 古人言之矣 其始則周公周禮九嬪御敍王所 而已令大冢宰主之 則宮闈之事 亦外廷諸臣 所宜與聞 故獻納朴在源一疏 已有微意而反遭嚴旨 諸大臣 無一言匡救 烏在宮府一體之義哉 惜哉."

29 《정조실록》 권1, 정조 3년 9월 26일(정미). "及其妹爲嬪 益恣肆不道 指斥坤殿 誣逼迫脅 罔有紀極 上隱忍未發."

30 정조의 명령으로 간행된 《명의록》에 따르면, 정조는 홍국영을 자신을 보호한 '의리의 주인〔義理主人〕'이라고 부르며, 그가 자신의 즉위 과정을 도운 1등 공신〔同德會員〕으로 표현하고 있다(최성환, 앞의 논문, 2009, 107~133쪽).

31 《정조실록》 권1, 정조 즉위년 3월 13일(갑신).

32 《정조실록》 권4, 정조 1년 11월 15일(정축).

풍산 홍씨 집안도 원빈이 후궁이 되는 데에 상당한 영향을 주었다. 원빈의 6대조 홍주원洪柱元은 선조와 인목대비의 소생인 정명공주貞明公主의 남편 영안위永安尉였다.[34] 홍주원의 외할아버지는 유명한 학자이자 임진왜란 당시 외교적으로 큰 공을 세운 문충공文忠公 이정구李廷龜이다. 홍주원은 처신이 아주 깨끗하고 충성심이 뛰어나서 국왕의 행차를 모시다가 병사하여 칭송받은 인물이다.

이 가계에서 주목되는 점은, 이 집안이 홍봉한洪鳳漢과 이복동생 홍인한洪麟漢의 집안이라는 사실이다. 홍봉한은 혜경궁 홍씨의 아버지이자 정조의 외조부로, 원빈 홍씨와 정조는 12촌인 셈이다.[35] 곧 그의 가문은 당시 조선에서 왕실과 연혼관계를 통해 오랫동안 서울을 근거로 살아온 명문 경화사족이었다.

고조 홍중해洪重楷는 충주목사를 지냈고, 조부 홍창한洪昌漢은 전라도관찰사를 역임하였다. 부친 홍낙춘은 원빈이 후궁이 되기 전까지 변변한 관직조차 얻지 못한 처지였다. 그러나 원빈 홍씨가 후궁

---

33 혜경궁 홍씨작·정은임 교주, 앞의 책, 2008, 147~148쪽. "홍국영이 그 은총을 가지고 제 마음에 싫도록 못한 노릇이 없으되 오히려 부족하여 제 누이를 드리고 제가 척리가 되어 내외로 무한히 즐기려 하니, 제 소위 충신이면 그 때 중전께서 정처의 이간으로 금슬이 화합치 못하시니, 저를 골육지친같이 알으시는 신하니, 아무쪼록 곤전께 화합하시기를 권할 것이어늘, 중궁전이 그때 이십육 세이시고 복병이 아니 계신데, 병환 계시다 자교를 내시게 하여 양전 사이는 화합치 못하시게 하고, 만일 제 힘이 못 미칠 양이면 선왕이 춘추 근 삼십에 사속이 없으시니 공번되이 장성한 처자를 가리어 바삐 所男之慶이 계시기를 축원하여야 옳을 터인데 홀연 요악한 계교를 내어 겨우 십삼 세 된 어린 누이를 드리니 언제 길러 사속을 보리오, 호를 '元嬪'이라 하고 궁호를 '淑昌'이라 하니 '元'자 뜻이 흉하니 어디서 곤전 계신데 비빈을 '元'자로 일컬을 도리 있으리오."

34 洪象漢編, 《豊山洪氏族譜》 1~6, 藏 MF 35-2153, 1768, 位~移쪽.

35 혜경궁 홍씨는 홍주원의 장남 洪萬容의 장남 洪重箕의 가계이고, 홍국영은 홍주원의 차남 洪萬衡의 둘째 아들 洪重楷의 가계이다.

에 최종 선발된 전후인 1778년(정조 2) 6월에 부시괴를 거쳐 호조참의에 제수되었고[36] 1년 뒤에는 지중추부사로 특별히 승진되었다.[37]

외가는 우봉 이씨 집안으로, 지암처사知庵處士 이유李維가 그녀의 외조부이다. 이유는 호조참의 이유겸李有謙의 증손이자 우의정 이숙李䎘의 손자이며, 관찰사 이만견李晩堅의 아들이다. 또한 그는 문정공 이재李縡의 사촌동생이자 문인으로, 도학으로 이름난 인물이었다. 1655년(효종 6) 문과에 급제하였으나, 35세의 젊은 나이로 요절하였다. 그의 5촌 당고모는 경주 김씨 김한희金漢禧의 부인이자 김면주金勉柱의 어머니였다. 김면주는 영조의 계비 정순왕후와 김귀주와는 6촌이고, 순조 초년의 정계 실력자였던 김관주金觀柱와는 사촌형제였다. 그는 정조 초년에 정조가 직접 실시한 시험을 통해 선발한 한림초시翰林召試에서 사관에 뽑혔다. 영조가 홍국영을 두고 '나의 손자[38]'라고 말한 것은 영조 재위 당시에 영조, 혜경궁 홍씨, 정순왕후 김씨와 혈연으로 연결된 인척관계였음을 보여 준다.

왕실과 연혼관계를 가진 데다가 풍산 홍씨와 경주 김씨와 인척관계에 있었던 가문 배경은, 홍국영이 영조, 정조대에 왕으로부터 신임을 받을 수 있는 기반이 되었다. 홍국영이 영조와 정조로부터 신임을 얻다 보니 대신들은 원빈에 대한 정조의 과도한 우대와 참례에 대해서 앞장서서 이의를 제기하지 못했다. 심지어 원빈 사후에도 지나친 우대는 한동안 계속되었다. 실제로 원빈은 후사를 얻지 못한 후궁이었으나, 예관禮官들은 국왕의 사친이나 중궁의 국모, 왕세자에게나 적용되는 예에 따라 장례를 치루고 궁호인 효휘궁孝徽宮과 원

36 《승정원일기》 79책, 정조 2년 6월 15일(계미); 《승정원일기》 79책, 정조 2년 6월 20일(무신).

37 《정조실록》 권7, 정조 3년 5월 16일(기해).

38 혜경궁 홍씨 작·정은임 교주, 앞의 책, 2008, 143쪽.

호인 인명원仁明園까지 적용시켰다.[39]

정조의 최측근이었던 홍국영은 점차 부패하기 시작하였고, 이에 정조는 1779년(정조 3) 9월에 홍국영을 은밀히 불러 그의 죄를 일러준 후 그나마 그의 공로를 감안하여 봉조하奉朝賀로 치사하여 여생을 보내도록 배려해 주었다.[40]

2) 정조의 화빈和嬪 간택과 윤창윤尹昌胤

홍국영은 누이동생 원빈 홍씨가 봉작된 지 1년 만에 죽자, 그녀의 죽음을 효의왕후의 탓으로 돌리며 중궁을 제거하려고 했고,[41] 정조의 허락을 받아 중궁전 나인에게 혹형을 가하기도 했다. 더 나아가 그는 은언군恩彦君 이인李䄄의 둘째아들 완풍군完豊君 이담李湛을 상계군常溪君이라 개칭하고는 원빈 홍씨의 양자로 삼아 정조의 후사로 삼을 계획까지 시도하였다.[42] 실제 1779년(정조 3) 6월에 이조참

39 《정조실록》 권7, 정조 3년 5월 7일(경인). 〔元嬪 洪氏의 졸기〕; 원빈 홍씨의 생애와 상장례에 대해서는 이미선의 〈정조의 후궁 元嬪洪氏의 생애와 상장례〉(《한국학논총》 51, 2019)가 있다.

40 《정조실록》 권8, 정조 3년 9월 26일(정미).

41 영조 말 이래로 정조와 효의왕후의 사이가 좋지 않다는 것은 널리 퍼진 소문이며, 이 때문에 정조 초반 중전은 權御之所에 머물렀다고 한다. "五月禫祔 則慈殿移御于昌慶宮之景福殿 中宮亦當移御于昌德應御之殿 取近大殿寢室 而尙處權御之所 閭巷所傳 蓋如此 宮闈雖極深嚴 而下民至愚而神 亦往往透漏端的耳 夫爲臣子衣君食君 而無由仰導君父君母之和氣 痛哉."(황윤석, 앞의 책, 1999, 134쪽).

42 《정조실록》 권8, 정조 3년 9월 26일(정미). "及其妹爲嬪 益恣肆不道 指斥坤殿 誣逼迫脅 罔有紀極 上隱忍未發 及其妹喪 封園置魂宮 轉懷移國之計 唱言曰 廣儲嗣之擧 不可再也 遂以逆䄄之子 爲代奠官 改其君號曰完豐 恒稱吾甥也 完者 謂完山 國姓本貫也 豐者 自指其姓貫之豐山也 指擬絶悖 聞者骨顫 而積威所壓噤 莫敢出氣 又嗾賊臣宋德相 投疏勸上 行某樣道理某樣者 卽指湛也."

관 송덕상宋德相이 종사의 대계를 위해 빈을 간택하도록 요청한 적이 있었다.[43] 그러나 송덕상의 상소에서 '모양某樣의 도리道理'를 강구하라고 하여 완풍군으로 저사를 잇고자 했는데, 이는 원빈 사후에 재간택을 막기 위한 것이었다.[44] 홍국영은 국왕과 중궁의 화합을 핑계로 '국왕의 후사를 얻기 위해 다시 간택하는 일을 해서는 안 된다'고 이번 간택을 앞장서서 반대하고 나섰다. 정조는 원빈 사후에 재간택 저지의 죄를 물어 홍국영을 전리방축田里放逐시켰다.[45]

홍국영이 쫓겨난 이후, 정국 구도는 소론계 우위의 구도였다. 지금까지 홍국영이 혼자 주도했던 권한을 소론 서명선徐命善과 정민시鄭民始, 노론 서유린徐有隣과 서유방徐有防 그리고 김종수金鍾秀 등이 협력하여 분담하는 구도로 바뀌었다.[46] 이러한 정치 구도는 1780년(정조 4) 2월에 이루어진 빈의 재간택에 반영되었다.

> 왕대비가 언서로 대신에게 하교하기를, "4백년 종사宗社의 부탁이 오직 주상께 달려 있는데, 춘추가 지금 한창이신데 아직 사속嗣續의 경사가 없으니, 미망인이 못 견디게 마음 졸일 뿐더러 일국의 신민이 바라는 마음도 같을 것이다. 오르내리시는 조종의 신령께서 기다리시는 바가 더욱 어떠하겠는가? 미망인이 비록 조정의 일에 간섭하지는 않을지라도 저사를 넓히는 방도로 말하면 바라는 마음이 밤낮으로 간절하다. … 곤전坤殿의 환후는 약 처방으로 고칠 수 있는 증세가 아니어서 산육産育에 희망이 없다는 것은 궁중에서 다 아는 바이다. 미망인이 비록 견식見識은 모자랄지라도, 조금이라도 사람의 힘으로

---

43 《정조실록》 권7, 정조 3년 6월 18일(경오). "臣之愚見 是亦猶屬告君之例語 惟我殿下春秋已盛 嗣續漸遲 固知天佑邦家 則百〔福〕之喜 自有其時 而其所以廣求之方 日急於一日 至如某樣道理 非在下者所可指陳 而在殿下靡所不極之道 亦不待在下者之言 而必有所商量於聖念矣."

44 《정조실록》 권11, 정조 5년 4월 28일(신미).

45 《정조실록》 권9, 정조 4년 2월 26일(을해).

46 최성환, 앞의 논문, 2009, 139~140쪽.

고칠 희망이 있다면 어찌하여 경들에게 이런 말을 다시 하겠는가? … 천만 부득이하여 다시 '저사를 넓힌다[廣儲嗣]'는 석 자를 경들에게 붙인다. 주상께서는 오히려 다시 이 일을 하는 데에 대하여 망설이시므로 전후에 간절히 권한 것이 몇 번인지 모르나 정성이 얕은 까닭에 이제까지 서로 버틴다. 이제는 내 병이 위중하니, 만일 다시 머뭇거리기를 일삼는다면 내가 볼 수 없게 될 듯하다. 경들은 종사에 큰 경사가 있도록 할 방도를 생각해야만 한다."[47]

정순왕후 김씨는 중전의 환후가 약으로 고칠 수 없어 원자 생산의 가망성이 없을 뿐만 아니라 자신도 건강을 약속할 수 없어 부득불 '저사를 넓히기 위해' 빈을 간택할 수밖에 없다는 위의 언문교서를 내렸다. 그로부터 20일 뒤에 판관 윤창윤의 딸을 화빈으로 봉작하였다.[48] 윤창윤은 소론계 인사로서 서명선 및 조시위趙時偉·조시준趙時俊 형제와는 인척관계였다.

조시위·조시준 형제는 화빈 윤씨의 큰 외숙이다.[49] 윤창윤의 고모할머니가 서명선의 숙모가 된다. 한편 조시위는 윤창윤의 생부 윤희적尹熙績과 사돈이며, 조시준은 윤창윤의 종형인 윤창국尹昌國과 사돈이었다. 간택 전에 소론 구윤옥具允鈺과 정민시 집안의 여자가 간선될 것이라는 정보가 있었던 만큼[50] 이번 간택은 이러한 정치적 이해관계와 무관하지 않다. 정조는 이미 윤창윤의 딸을 마음에 두고

47 《정조실록》 권9, 정조 4년 2월 21일(경오).

48 《정조실록》 권9, 정조 4년 3월 10일(기축).

49 황윤석, 《頤齋亂藁》 권6, 한국정신문화연구원, 2000, 514쪽. "次兒患寒感 聞方伯趙時偉 到界以後 初有威風治聲 而近多失望 徒事營耗穀作錢 又用其妹壻尹昌胤尹嬪父囑託 釋興德大姦吏文昌源 而不之問."

50 황윤석, 《頤齋亂藁》 권4, 한국정신문화연구원, 1998, 616쪽. "金丈言一自逆獄大起以來 自上水剌進御 亦防患太密 必令知申 先嘗乃進近 則又以戶判具允鈺自代至令允鈺本家 專當上供 而允鈺率婢子長處闕內不得出 又將待五月禫祔畢後 議揀擇淑儀 而具允鈺鄭民始兩家女子 當被選云 未可詳也."

있었다.[51] 화빈 윤씨의 간택 이후 조시위·조시준 형제가 '척리戚里'로 자처하며[52] 그 영향력을 행사한 사실에서도 이미 내정된 일이었음을 추측할 수 있다.

윤창윤은 본관이 남원으로 윤빈尹彬의 증손자다. 고조 윤형각尹衡覺과 종조부 윤덕준尹德駿은 이 집안에서 가장 주목되는 인물이다. 윤형각은 정사공신이었고,[53] 윤덕준은 대사간 재직 시절, 경종인 세자에게 화가 미칠 것을 염려하여 장희재의 극형을 반대하였던 인물이었다. 이 집안에서 태어난 화빈 윤씨가 후궁으로 선발될 수 있었던 것은 조시위의 정치적, 사회적 배경이 뒷받침되었을 것이다. 당시 조시위는 문효세자文孝世子와 의빈 성씨宜嬪成氏의 죽음에 의심을 받았고, 조카 화빈 윤씨도 상변喪變에 관계했다는 죄로 '거처하는 곳의 등급이 궁에서 방으로 강등되었다〔降宮爲房〕'는 소문이 돌고 있었기 때문이다.[54] 그 소문의 진위 여부는 알 수 없으나, 1780년(정조 4) 간택된 이후 1824년(순조 24) 죽을 때까지[55] 화빈 윤씨는 그 지위를 유지하였지만 존재감은 사라졌다.

---

51 재간택에 올라온 5명의 후보자 令 尹昌胤의 딸, 진사 尹美基의 딸, 생원 鄭攄의 딸, 副直長 鄭杆의 딸, 奉事 趙儀逵의 딸 가운데에서 정조는 '尹昌胤是誰之至親也 尚集曰 故承旨尹彬之曾孫 而至親別無顯官立朝者 其兄前司禦昌濂也'라 하여 윤창윤의 지친에 대해 특별한 관심을 보이고 있다(《승정원일기》 80책, 정조 4년 2월 28일(정축). 이는 이틀 뒤 삼간택에 尹昌胤, 鄭杆, 趙儀逵의 딸을 간택한 사실에서 알 수 있다(《승정원일기》 80책, 정조 4년 2월 30일(기묘).

52 《恩坡散稿》, 〈定辨錄〉 上, 39쪽(최성환, 앞의 논문, 2009, 141쪽 재인용).

53 《승정원일기》 91책, 정조 17년 4월 17일(기묘).

54 황윤석, 《頤齋亂藁》 권7, 한국정신문화연구원, 2001, 475쪽. "成嬪 子懸之證暴發而逝 盖和嬪尹氏所密毒也 故尹亟罪黜 韓君言 和嬪尹氏 僭妬於中宮 暗詛於成嬪 因此得罪 自內嚴囚 方有降宮爲房之議."

55 《순조실록》 권27, 순조 24년 1월 14일(무인). 〔화빈 윤씨의 졸기〕.

3) 정조의 수빈綏嬪 간택과 박준원朴準源

1784년(정조 8) 4월, 소론은 김상철金尙喆과 서명선이 동·남의 분파〔東南之目〕로 대립하여[56] 노론에 대적할 수 없었고, 노론도 소론의 정계 진출과 이들을 후원하는 정조에게 불만을 가지고 있었다. 이 당시 영조대 후반에 경주 김씨와 풍산 홍씨의 척족과 연결되었던 남당南黨과 북당北黨이 재편되어 시파時派, 벽파僻派로의 분기 조짐마저 보였다.[57]

이러한 정치 상황 속에서 왕비는 물론 후궁 역시 왕위를 계승할 왕자를 생산하지 못하자, 왕실의 걱정은 심해갔다. 정조의 비 효의왕후에게 출산의 가망이 없었으므로 두 차례에 걸쳐 빈 간택을 통해 원빈 홍씨와 화빈 윤씨를 맞아들였지만, 원빈 홍씨는 입궁한 지 1년 만에 자식 없이 요절하였고, 화빈 윤씨도 왕자녀를 출산하지 못하였다. 이처럼 간택 후궁들이 제 역할을 못하고 있던 중에 궁인 성씨가 임신과 유산을 몇 차례 겪었고,[58] 1782년(정조 6)에 창덕궁 연화당讌華堂에서 원자, 문효세자를 낳게 되면서 한동안 간택 후궁을 뽑을 필요가 없었다.[59]

그러나 1786년(정조 10) 5월 11일에 문효세자가 홍역 증세로 창경궁 자경전에서 요절하였고 9월 14일에 창덕궁 중희당에서 의빈 성

56 《정조실록》 권17, 정조 8년 4월 4일(무자).

57 유봉학, 《꿈의 문화유산 화성》, 신구문화사, 2000, 129쪽.

58 황윤석, 《頤齋亂藁》 권33, 정조 4년(1780) 12월 8일(임자); 황윤석, 《頤齋亂藁》 권35, 정조 8년(1784) 10월 22일(갑진). 이 기간에 임신 중이었지만, 아기를 낳았다는 기록이 없는 점으로 보아 유산한 것으로 보인다. 또한 1784년 윤3월 20일에 태어난 옹주는 같은 해 5월 12일에 경풍으로 급작스럽게 사망했다(《정조실록》 권17, 정조 8년 윤3월 20일(을해); 《정조실록》 권17, 정조 8년 5월 12일(병인); 《盧尙樞日記》 1, 국사편찬위원회, 2005, 655쪽).

59 《정조실록》 권14, 정조 6년 9월 7일(신축).

씨마저 만삭의 몸으로 사망했다.[60] 이처럼 문효세자와 의빈 성씨 모자가 모두 사망하자, 후사가 다시 단절되는 현실적인 문제에 또다시 직면하게 되었다. 이에 조정에서는 화빈 윤씨 간택 이후 같은 해 10월에 또다시 후궁 간택을 논의하게 되었다. 이때 정조는 졸서한 문효세자와 의빈 성씨 사건[61]을 수습하면서 왕대비 정순왕후의 아래와 같은 뜻을 좇아 후궁 간택을 진행시켰다.

> 하교하기를, "자전께서 왕자를 많이 두어야 한다는 뜻으로 누누이 말씀하셨을 뿐더러 내가 그 뜻을 받드는 도리에 있어 간택하는 일을 조금도 늦출 수 없다. 해조로 하여금 처녀의 나이 17세 이상으로 20세에 이르기까지 혼인을 금지하고 단자를 받아들이도록 하라." 하였다. 이에 시임 대신과 원임 대신, 예조의 당상들이 뵙기를 청하여 아뢰기를, "근래에 여염에서는 대부분 일찍 결혼시키는 것을 숭상하므로 17세 이상은 필시 드물 것으로 예상됩니다. 나이를 다시 15세 이상으로 정해야만 널리 구하고 정밀하게 뽑는 도리에 합치될 것입니다." 하니, 임금이 말하기를, "그렇다면 16세부터 일체 단자를 받아들이도록 하라." 하였다.
>
> 또 아뢰기를, "삼가 듣건대, 자전께서 상중하에 대해서 간곡히 말씀하셨다고 하였습니다. 사족에서 간택하고 양가에서 널리 뽑는 것이 자전의 분부 가운데 제2, 제3의 대계이자 급선무이므로 간택하는 명을 지금 막 거행하였습니다. 그런데 널리 뽑는 방법에 있어서는, 요즈음 궁인을 간택할 때에 내사內司의 소속에서 벗어나지 않기 때문에 간택의 길이 매우 좁아졌습니다. 이번 의논은 매우 중요하고 사체도 다른 만큼 한계를 의관, 역관, 계사計士, 관상감, 화원, 사자관 및 일찍이 동반의 정직正職을 거친 수령, 변장의 자손과 지친 가운데 16세에서 20세 된 여자로 정하여 해당 당상으로 하여금 일체로 거행하게 하

60 《정조실록》 권22, 정조 10년 5월 11일(계축); 《정조실록》 권22, 정조 10년 9월 14일(갑신).

61 의빈 성씨는 출산을 앞둔 산모로 있다가 갑자기 죽었기 때문에 당시 사람들도 그녀의 죽음에 의문을 품었다고 사신은 기록하고 있다(《정조실록》 권22, 정조 10년 9월 14일(갑신). 〔의빈 성씨의 졸기〕.

【도판 Ⅴ-3】 창경궁 집복헌(서울특별시 종로구 소재)과 휘경원(경기도 남양주시 소재, 오른쪽)
창경궁 집복헌은 '복을 모으는 집'이라는 뜻으로 창경궁 내전에 속하는 전각으로 대체로 후궁들이 거처했다. 이곳에서 영조의 후궁 영빈 이씨가 훗날 장조가 되는 사도세자를 낳았으며, 정조의 후궁 수빈 박씨가 순조를 낳았다. 휘경원은 수빈 박씨의 무덤이다(사적 제360호).

소서." 하니 그대로 따랐다.

예조판서 서유린이 아뢰기를, "간택의 단자를 받아들이는 규례에 관향貫鄕이 같지 않은 이씨 성을 가진 자와 왕족으로서 자신이 8촌의 친척이거나 내전內殿의 동성으로서 7촌의 친척인 자와 이성의 6촌 친척 및 부모가 다 있지 않는 자는 모두 단자를 받아들이지 않게끔 되어 있습니다."62

위 기록에서 주목되는 점은 금혼령 나이의 범위를 넓히고 후보자의 신분 범위를 하향조정해서 그 범위를 확대시켰다는 사실이다. 금혼령의 나이를 처음 17~20세로 하였다가 16~20세로 조정하여 간택

---

62 《정조실록》 권22, 정조 10년 10월 1일(신축). "士族揀選 良家廣取 乃是慈敎中第二第三之大計急務 揀選之命 今方擧行 而至於廣取之道 近來宮人抄擇 不出內司所屬 故選路甚狹 今番擬議旣重 事體自別 界限則醫譯計士雲觀畫員寫字官及 曾經東班正職守令 邊將之子孫至親中 十六歲至二十歲女子爲定 請令該堂 一體擧行 從之 禮曹判書徐有隣啓言 揀擇捧單之規 貫籍不同 李姓國戚 而當身爲八寸親 內殿同姓七寸親 異姓六寸親及父母未俱全者 俱不捧單 而在前多有李姓及國戚至親外 竝勿拘之例 請今番 亦依此擧行 從之."

단자를 받도록 하였고, 후보자의 대상노 사족의 처자를 포함하여 이관, 역관, 계사, 관상감, 화원, 사자관 및 동반의 정직正職을 거친 수령, 변장의 자손과 지친의 처자들까지 포함시켰다. 즉 간택할 수 있는 처자들의 선택의 폭을 확대시켜 양반 사족 가문뿐만 아니라 중인 집안까지 범위를 넓혀 뽑도록 한 것이다. 후궁의 소생이라도 후사를 두는 것이 당시 35살이 되는 정조와 조정 대신들에게 더 이상 미룰 수 없는 매우 시급한 문제여서 한시라도 지체할 수 없었기 때문이었다. 1787년(정조 11)에 삼간택을 통해[63] 주부主簿 박준원朴準源의 딸을 후궁에 봉작하였다.[64] 그녀가 바로 18세의 수빈 박씨이다.[65]

수빈 박씨의 집안은 부친 박준원이 찬한 〈유안당기遺安堂記〉에서 '공인(恭人, 박준원의 장모 윤씨)은 내가 가난한 것을 불쌍히 여겨 항상 감싸고 덮어 주었다. 내가 불우해서 실의에 빠져 성취를 하지 못하여 공인에게 걱정을 끼친 것이 거의 20년이었다'고 한 사실에서 집안 형편이 그다지 부유하지 않았던 것으로 보인다.

박준원의 딸 수빈 박씨는 반남 박씨 박사석朴師錫의 손녀로 노론 박윤원朴胤源의 조카였다.[66] 박윤원은 김원행金元行과 김지행金砥行의

---

63 초간택에서 유학 金遠復의 딸, 유학 鄭斗煥의 딸, 통덕랑 金會淳의 딸, 유학 沈順之의 딸, 유학 尹祖烈의 딸, 생원 박준원의 딸, 진사 申履相의 딸이 뽑혔고(《승정원일기》 86책, 정조 10년 10월 20일(경신), 1787년(정조 11) 1월 7일 재간택에서 김원복의 딸, 신이상의 딸, 박준원의 딸이 뽑혔다(《승정원일기》 86책, 정조 11년 1월 7일(병자). 그러나 그녀는 빈의 차점에서 간택되었다가 삼간택에서 최종 선택된 경우였다(《순조실록》 권26, 순조 23년 2월 3일(계묘).

64 《정조실록》 권23, 정조 11년 2월 8일(병오); 《정조실록》 권23, 정조 11년 2월 11일(기유).

65 수빈 박씨의 역할과 위상, 상장례에 대해서는 임혜련의 〈정조~순조대 수빈 박씨의 역할과 위상〉(《한국인물사연구》 26, 2016)과 이현진의 〈조선후기 수빈 박씨의 상장 의례와 성격〉(《조선시대사학보》 76, 2016)이 있다.

66 朴宗熏 等編, 《潘南朴氏世譜》 1~20, 藏 MF 35-2076~9, 1931, 69~72쪽.

문하에 들어가 학문을 깊이 연구해 학자들로부터 크게 추앙받았던 인물이다. 수빈 박씨의 외가는 원주 원씨로, 그녀의 외조부는 원몽린元夢鱗의 손자인 원경유元景游인데, 원경유는 효종의 딸 숙경공주淑敬公主의 손자이다.

수빈 박씨가 후궁이 되는 데 반남 박씨 집안의 명성도 한몫 작용되었지만, 금성위錦城尉 박명원의 역할이 컸다. 박명원은 화평옹주의 남편이자 노론 박필주朴弼周의 종손으로, 사도세자를 보호하는 데 앞장섰던 사람이다. 박명원은 이번 후궁 간택 때 수빈을 직접 추천하였을 뿐만 아니라, 수빈 박씨의 부친 박준원을 천거하였다. 정조가 그에게 1만 냥을 주어 토전土田을 사서 지급하고 서유령徐有寧의 집을 매입하여 수빈방綏嬪房을 만들도록 한 것으로 보아 그의 역할이 컸음을 엿볼 수 있다.[67] 이들 집안 모두 사도세자 보호에 앞장선 가문들이다.

이번 간택은 정조가 노론 낙론계 산림의 핵심세력을 척족으로 포섭함으로써 그들을 왕실의 권력 기반으로 삼고자 했던 그의 의도적 선택이었다.[68] 이는 정조가 김원행의 집안에서 측근 관료 김조순金祖淳의 딸을 간택하여 순조의 외척으로 했다거나, 영조가 한원진韓元震의 제자 김한록金漢祿의 집안에서 정순왕후를 간택하였던 사실과 일맥상통한다. 훗날 박명원이 현륭원 천장遷葬 과정에서 주도적 역할을 했다는 사실에 비추어 보더라도 정조가 수빈 박씨를 간택한 의미는 더욱 분명해진다. 그는 사도세자 보호 가문을 외척으로 선택하여 육성하고자 했던 것이라 생각된다.

67 황윤석, 앞의 책, 2001, 620쪽. "又言 今月綏嬪朴氏 嘉禮入宮 卽生員準源之女 前公山判官婈源之姪 故贊成朴明源 黎湖文敬公弼周之曾孫 時年二十 貧不能成婚 自上出付錢一萬兩于綏城尉朴明源 使買土田以給 又買徐有寧家 以爲綏嬪房."

68 유봉학, 《조선후기 학계와 지식인》, 신구문화사, 1999, 54~55쪽.

수빈 박씨는 21세인 1790년(정조 14)에 아들을 낳았다.[69] 그녀의 아들은 정조비 효의왕후의 아들이 되어 원자로 책봉되었는데, 훗날 순조가 된다. 이것은 진정으로 후사를 잇기 위해 간택 후궁을 들여 출산에 성공한 첫 번째 사례가 되었다. 이로써 그녀는 간택 후궁의 소임을 다한 조선시대 유일한 후궁이 되었다. 또한 현 국왕의 사친으로서 살아생전에 아들이 왕위에 오르는 모습을 옆에서 지켜보았을 뿐만 아니라 아들이 현 국왕으로 재위할 때에 사망한 유일한 후궁이기도 하다.

수빈 박씨의 부친 박준원도 딸과 마찬가지로 국왕의 장인이자 현 국왕의 외조부라는 유례가 드문 인물이 되었다. 척신을 배척한 정조와는 달리 정순왕후는, 순조 비의 부친 김조순은 물론 수빈 박씨의 부친 박준원을 왕실에 협력할 척신으로 유시하였다. 정순왕후가 내린 유시에는 박준원이 정조의 애정을 받았고, 보도輔導의 뜻이 다른 사람의 몇 배나 되었다는 내용을 담고 있었다.[70] 정순왕후의 이러한 호의로 순조 즉위 초에 박준원의 진출은 두드러졌다. 실제 그는 순조 즉위 직후에 어영대장御營大將에 임명되었고 병권을 맡을 정도로 정순왕후의 신임을 받고 있었다. 이 때문에 정일환鄭日煥은 박준원의 승진이 지나쳤음을 비판하였고 그 폐단을 경계하는 상소를 올리기도 했다.[71]

그러나 박준원은 이후에도 정경에 발탁되는 영광까지 누리게 된

69 《정조실록》 권30, 정조 14년 6월 18일(정묘).

70 《승정원일기》 96책, 순조 즉위년 8월 18일(무진). “兵判則將來之與國同休 當如工判 且況偏被大行朝眷愛之恩 圖報之心 必倍他人.”

71 《승정원일기》 97책, 순조 1년 10월 23일(병인). “以至今年 一戚臣 以措大 七八朔之間 驟陞將兵之任 其於殿下愛護惜福之道 果何如哉 富貴則驕奢自至 故曰 貴不期驕 祿不期侈驕侈 造物之所忌也 伏願殿下 自今凡係爵賞 裁制之戒飭之 以爲全保戚臣之道焉.”

다. 정순왕후는 오히려 신료들의 합의는 물론 그의 사체가 특별하고 선왕도 그에게 보도를 부탁하였다는 의견을 명분으로 삼아 박준원을 특별 대우하였다.[72] 정순왕후는 박준원을 특교로 공조판서에 임명하였고, "주상의 외조이고 의리를 굳게 지켰다"며 보도의 책임을 맡겼다.[73]

박준원에 대한 정순왕후의 신임은 그의 아들 박종경朴宗慶과 박종보朴宗輔에게까지 이어졌다. 정순왕후는 이들에게도 "내가 이 집 사람에 의지하고 믿었던 바가 무릇 몇 해가 되었다"고 하면서 보도輔導의 직임을 부여하였다.[74] 그러나 이들 부자의 등용에 대해 승진에 단서가 없고 범람한다는 비판이 제기되었다.[75] 그러나 순조의 외조부라는 그의 지위와 관료들의 호의, 선왕의 유지를 바탕으로 하여 정순왕후는 그를 적극적으로 기용하였다.

순조 초년에 박준원 자신은 조정 일에 간여하지 않겠다고 발언한 적이 있었지만, 아들 박종보의 졸기에서 사관은 "그들이 순조 초년

72 《승정원일기》 96책, 순조 즉위년 7월 21일(신축). "大王大妃殿 傳于金羲淳曰 御將朴準源 事體自別 當卽陞品 而以朝廷體面 待卿等之請矣 聞卿等請陞擢御將云 得體之事 御將多年在禁直 多有輔導之事 見主上如是夙成之容儀 此皆誰之功 且聞先王平日期待御將之言 如昨日矣 今日當此境 主上幼沖 國勢孤危 將誰之恃乎 卿等知此意 御將之職 勿拘常格."

73 《승정원일기》 97책, 순조 1년 1월 6일(계미). "又讀奏曰 以其地處 晝夜保護 至誠導迪 卽是分內事 至於秉執之堅確 見識之明透 雖求之外廷 亦豈易哉 其在倚重之道 正合陞品 判義禁許遞 其代大護軍朴準源除授 煥之曰 臣伏聞諺敎下者 有儒賢上來 輔導聖學之命 億萬年無疆之休 自今伊始 臣等不勝欽 仰攢頌之至 而臣以無似冒忝具瞻之位 雖逐日陪講 有何補益之資乎 又有朴準源陞資之命 此人之識見秉執旣如此 臣等所望 實不淺矣 大王大妃殿敎曰 地處則主上之外祖也 而秉執義理 如是堅確 誠有所期望矣."

74 《순조실록》 권3, 순조 1년 10월 24일(정묘). "大王大妃敎曰 予所倚仗於此家人凡幾年矣 況此時此家之人 有登科者 曷勝欣喜 旣在保護之地 宜授輔導之任 司果朴宗慶副修撰除授."

75 《순조실록》 권3, 순조 1년 11월 2일(을해).

의 벽파 세력의 전횡에 대해서는 방관적인 입상을 취하다가 1806년(순조 6)의 정국 변화에서는 벽파 세력을 축출하는 데 협력하였다"고 썼다.[76] 그래서 수빈 박씨가 간택될 당시 미관말직에 있었던 박준원은 왕자를 생산한 그녀의 공로 때문에 이후 호조, 형조, 공조의 판서와 3영의 병권을 잡는 등 순조 재임기에 권세를 누렸던 것이다.

4) 헌종의 경빈慶嬪 간택과 김재청金在淸

1800년(정조 19) 정조가 죽고 11세에 순조가 즉위하자, 대왕대비 정순왕후가 수렴청정을 하였다. 정조 후반 대에 시파와 남인들이 정국을 주도하고, 벽파가 수세에 몰린 가운데에 정조는 시파 지중추부사 김조순에게 세자의 보도를 부탁하여 김조순의 주도 아래 정권이 이루어졌다. 즉 순조대에 왕실의 외척 안동 김씨를 주축으로 한 세도정권이 수립되어 수십 년 동안 세도를 장악하였다.[77]

순조는 1827년(순조 27) 효명세자孝明世子에게 대리청정을 시키는 한편, 세자빈의 아버지 조만영趙萬永을 특진시켜 안동 김씨의 견제 세력을 만들려고 하였다. 그러나 세자가 1830년(순조 30) 4월, 22세에 병사하고 순조마저 1834년(순조 34)에 승하하면서 세손 헌종이 8세에 왕위에 즉위하였다. 이 때문에 순조비 순원왕후 김씨 주도 아래 7년 동안 수렴청정이 이루어졌다. 헌종은 선왕 순조의 유지를 받들어 세손의 보도를 맡은 조인영趙寅永을 중용하였다. 이에 풍양 조

76 《순조실록》 권10, 순조 7년 10월 29일(정유). 〔전 판서 박종보의 졸기〕; 유봉학, 〈서유구의 학문과 농업정책론〉, 《규장각》 9, 1985, 28쪽.

77 김조순은 정조의 친위관료로서 문체반정의 대상자였다. 그는 안동 김씨 세도의 宗主였으며, 南公轍·沈象奎·李相璜은 그 핵심적 협력자로서 모두 상신을 역임하며 조선의 정계와 학계를 이끌게 된다(유봉학, 앞의 책, 1999, 54쪽).

씨 가문도 안동 김씨 가문에 대적할 정도로 정치적으로 크게 성장하였다. 헌종은 김유근金逌根을 어영대장에 임명하였고, 조만영을 호위대장에 임명하였다.[78] 그러나 안동 김씨 가문은 김조순의 7촌 조카인 김조근金祖根의 딸을 헌종비로 보내게 됨으로써 풍양 조씨 가문보다 정치적인 우세를 보이게 되었다.

김조근의 딸이자 헌종의 원비 효현왕후가 1843년(헌종 9) 8월에 16세의 나이로 후사 없이 죽고, 계비가 된 효정왕후 홍씨 역시 결혼한 지 3년이 지났지만 원자를 낳지 못했다. 헌종이 재위한 지 13년이 되었지만, 왕실은 여전히 후사를 두지 못하고 있었다. 효정왕후마저 후사를 두지 못하자, 이를 걱정한 왕대비 순원왕후는 1847년(헌종 13) 7월, 빈청에 아래와 같이 빈어를 들이라는 언문 교서를 내렸다.

> 오백 년 종사宗社를 위임받은 사람이 오직 주상 한몸에 달렸는데, 춘추가 점차 왕성하시나 자손을 보는 경사는 아직까지 늦어지고 있다. 게다가 불행하게도 중전[효정왕후 홍씨]에게 병이 있는데, 약 처방으로 낫기를 바랄 수 없다. 이 일은 미망인과 왕대비전이 답답하게 여기는 심정일 뿐만 아니라, 온 나라의 백성들이 우러러 바라는 마음이 똑같은 바이다. 오르내리시는 조종의 신령께서도 바라고 기다리시는 바가 더욱 어떠하겠는가?
>
> 오늘날의 큰일은 널리 저사를 구하는 것이 급한데, 우물쭈물하다가 말하지 않고 헛되이 세월을 보낸다면 아무런 조치할 수 없게 되어서 어떤 지경에 이르게 될지, 알지 못할까 그것을 우려하는 것이다. 삼가 국조의 전례를 따라 사족의 집안에서 처자를 잘 가려 빈어로 둔다면 저사를 널리 구하는 도리가 오로지 여기에 있을 것이다. 그리하여 이번에 조정에 언문교서를 내리니 마음에 편치 않지만, 이 일은 우리나라의 큰 계책이다. 그러므로 부득이하게 이와 같이 긴 말을 늘어놓았으니 경들은 모름지기 종사의 큰 경사가

78 《헌종실록》 권1, 헌종 즉위년 11월 18일(기묘); 《헌종실록》 권1, 헌종 즉위년 12월 20일(경술).

있도록 할 방도를 생각해야만 한다.[79]

위 교서에서 순원대비는 사족 가운데서 처자를 서둘러 선발하여 종사지경이 되어야 함을 강조하면서 후사를 잇는 것이 시급하다며 후궁 간택을 서두르라고 종용하였다. 그러면서 서두르는 이유에 대해서 효정왕후가 지병이 있어 원자를 생산할 수 없다는 점을 지적하였다. 이때 조정에서는 부호군 이승헌李承憲 등의 반대 상소와 대신들 간의 논쟁이 있었으나,[80] 결국 대비의 뜻대로 후궁을 맞이하게 되었다. 헌종은 같은 해 10월에 주부 김재청의 딸을 경빈으로 책봉하였다.[81]

이번 선발에서 그녀가 뽑힐 수 있었던 이유는 당시 중전의 친정인 남양 홍씨 가문과 권력을 나누어야 할 것을 우려한 풍양 조씨 조병현의 공작에 의한 것이다.[82]

당시 권력을 잡고 있었던 가문은 풍양 조씨 집안이었다. 조인영은 순조에게서 헌종을 보도할 중대한 임무를 부여받았으므로 1839년(헌종 5)에 이조판서를 제수받아 인사권을 장악할 수 있었다. 조카 조병현도 형조판서에 임명되어 형사권과 재판권을 장악했다. 조인영이 1841년(헌종 7)에 영의정이 되면서 풍양 조씨는 안동 김씨 세도를 누

79 《헌종실록》 권14, 헌종 13년 7월 18일(을미).

80 《헌종실록》 권14, 헌종 13년 8월 25일(신미); 《헌종실록》 권14, 헌종 13년 8월 26일(임신); 《헌종실록》 권14, 헌종 13년 8월 28일(갑술); 《헌종실록》 권15, 헌종 14년 10월 27일(정묘); 《헌종실록》 권15, 헌종 14년 11월 11일(신사); 《헌종실록》 권15, 헌종 14년 11월 22일(임진).

81 《헌종실록》 권14, 헌종 13년 10월 20일(병인). 경빈 김씨의 생애와 가례에 대해서는 이미선의 〈헌종의 후궁 慶嬪金氏의 생애와 가례〉(《지역과 역사》 제44호, 부경역사연구소, 2019)가 있다.

82 吳洙彰, 〈仁祖代 政治 勢力의 動向〉, 《韓國史論》 13, 1985, 114쪽.

【도판 Ⅴ-4】 경빈 김씨 간빈책봉교명

경빈 김씨의 책봉교명은 1847년(헌종 13) 경빈 김씨를 헌종의 후궁으로 책봉할 때 교훈과 경계의 글을 써서 내린 것을 일컫는다. 교명이란 비빈, 왕세자, 왕세자빈, 왕세손 등을 책봉할 때의 문서이다(한국학중앙연구원 장서각 K2-2503 소장).

르고 그들의 세력을 구축할 수 있었다.

1843년 8월에 효현왕후가 죽고 효정왕후가 왕비로 간택되자, 조병현은 풍양 조씨의 권력이 남양 홍씨에게 분산되지 않도록 광산 김씨 집안 김재청의 딸을 후궁에 들이도록 했다. 이로써 헌종 연간에는 새로 등장한 외척 풍양 조씨 가문의 세력이 점점 커지면서 안동 김씨 세력이 잠시 주춤해졌다고 하겠다.

그러나 무엇보다 경빈 김씨가 후궁이 될 수 있었던 이유는 그 배후에 조선조 5대 명문가로 이름을 떨친 광산 김씨 가문의 명성과 혼맥을 이어온 풍양 조씨 가문의 뒷받침이 있었기 때문이다. 김재청의 딸 경빈 김씨는 왕비 간선에서 삼간택에까지 올랐던 여성이었다.[83] 그녀는 사계沙溪 김장생金長生의 9대손으로, 그의 아들 신독재愼獨齋 김집金集과 김반金槃은 경빈 김씨에게 8대조가 된다.[84]

83 김용숙에 따르면, '김씨[경빈]는 왕비를 간택할 때 삼간택에 입궐했던 처녀로 헌종이 지금까지의 전례를 깨고 간택 시에 왕실여성들과 함께 동참했다가 홍씨[효정왕후]보다 김씨를 마음에 두었다'고 언급하면서 '헌종이 후에 그녀를 후궁으로 뽑았고, 홍씨에게 소박을 놓았다'고 한다(김용숙, 《조선조 궁중풍속연구》, 일지사, 1999, 430쪽). 그런데 효정왕후의 가례 때에 간택단자의 명단을 살펴보면, 당시 13세인 경빈 김씨가 금혼령의 나이(13~17세)에 해당되었지만, 명단에는 없다(《[헌종·효정후]가례도감의궤》 7쪽; 《[헌종·효정후]가례등록》 3쪽).

84 〈慶嬪金氏墓碑文〉(藏 K2-3888); 〈慶嬪金氏墓碑〉(藏 K2-3889); 〈慶嬪金氏墓誌

경빈 김씨의 고조는 김반의 맏아들인 남원부사 김익렬金益烈의 증손 김인택金仁澤이다. 증조는 능주목사綾州牧使 김상열金相說이며, 조부는 상주목사尙州牧使 이기헌李箕憲이다.[85] 조선조 최고의 명문가였지만, 경빈 김씨의 직계 조상은 선조先祖에 비해 그리 현달하거나 벼슬이 화려하지 않았다.

이 집안이 다시 주목받기 시작한 때는 김기헌의 셋째 아들 김재청의 딸 경빈 김씨가 후궁이 되면서부터였다. 그녀의 직계조상은 각기 사복시정, 이조참의, 이조참판에 추증되었다. 김재청도 딸이 후궁이 된 이듬해인 1848년(헌종 14) 3월의 삼일제三日製에서 차석을 차지하여 직부전시直赴殿試로 문과에 급제한 뒤[86] 그해 12월에 충훈부도사에 임명되었다.[87] 이후 그는 성균관 대사성을 거쳐 이조참의, 황해도관찰사 등을 역임하였다.

백부 우부승지 김재경金在敬은 1859년(철종 10) 3월에 임금의 특지로 형조참의가 되었고,[88] 중부 김재명金在命은 목사 조병익趙秉益을 셋째 사위로 맞아들여 풍양 조씨 집안과 사돈 관계를 맺었다. 그녀의 사촌 제부 조병익은 부사 조규영趙揆永의 아들로, 영의정 조인영趙寅永·조만영趙萬永 형제에게 재종질이 된다. 이를 보면, 조인영·조만영은 조병익에게 7촌인 재종백숙부再從伯叔父가 되는 셈이다. 조만영은 헌종의 외조부가 되며 그의 동생 조인영은 풍양 조씨 집안의 중심인물이었던 점을 감안해 볼 때[89] 이 집안은 세도정치의 핵심세

文〉(藏 K2-3890).

85 《光山金氏族譜》 31책, 간년미상(藏 MF 35-9901~10); 왕실도서관 장서각 디지털 아카이브(htty://yoksa.aks.ac.kr), 〈虛舟公派〉; 金肯鉉編, 《光山金氏族譜》 1~49, 〈南原公派〉, 藏 MF 35-3907~12, 1939, 1~2쪽.

86 《헌종실록》 권15, 헌종 14년 3월 4일(무인).

87 《승정원일기》 121책, 헌종 13년 12월 2일(정미).

88 《철종실록》 권11, 철종 10년 3월 2일(임신).

력이었던 풍양 조씨 가문과 인척관계에 있었다. 종부 김재홍金在弘은 우봉 이씨 이재李縡의 현손녀와 혼인하였다. 이재는 김창협金昌協의 문인으로서 여흥부원군 민유중閔維重의 외손자이며 오두인吳斗寅의 사위이다. 당시 숙종의 계비 인현왕후의 친조카인 그는 노론의 중심 인물로 활동했다.

그러나 헌종이 1849년(헌종 15) 6월에 승하하면서 경빈 김씨와 보낸 기간은 불과 1년 7개월에 지나지 않았다. 이로 말미암아 경빈 김씨는 1907년(광무 11) 향년 76세에 죽을 때까지 짧은 후궁생활과 긴 궁중생활에서 노심초사하며 외롭고 쓸쓸하게 살았다.[90]

요컨대, 1701년(숙종 27) 희빈 장씨가 사사되기 이전에 간택된 숙종의 후궁 영빈 김씨의 경우에는 내정자로 지목되어 종2품 숙의에 봉작되었다. 반면, 정조의 후궁 원빈·화빈·수빈과 헌종의 후궁 경빈은 처음부터 정1품 빈에 책봉되었다. 이전 시기보다 저사의 목적이 분명하고도 절실했기 때문에 영조 이후에 이루어진 후궁 간택은 집권 세력과 정치 동향, 그리고 정치적 판단이 크게 작용되었다. 즉 정조의 측근세력 홍국영의 누이동생이 후궁에 간선되었고, 소론세력의 정국 운영 속에서 윤창윤의 딸, 낙론계의 산림세력이었던 박준원의 딸이 후궁에 선발되었다. 김재청의 딸이 헌종의 후궁이 된 것에는 안동 김씨와 새로 등장한 남양 홍씨 세력을 억누르기 위한 목적이 있었다.

---

89 김세은, 〈19세기 전반기 국왕의 가례와 그 특징〉, 《조선시대사학보》 47, 2008, 207쪽.

90 〈慶嬪金氏墓誌文〉(藏 K2-3890). "嗚呼 嬪以閨房之資 依日月之尊 雖儀文物采降正壼一等 而恩禮之隆 極其曠絕不爲不榮矣 承事三殿 克恭克孝 德譽溢於宮闈 不爲不賢矣 享五福之一 壽躋大耋 不爲不年矣 而煢煢含恤 終身無一日之樂 邇年以來每聞朝廷有事 時象不靖 輒憂形於色 忽忽不知有生之爲喜 其所志與所遭値 誠有不勝其爲悲者矣."

2. 궁인 출신 비간택 후궁과 궁인 신분의 규정과 실제

조선 전 시대에 걸쳐 비간택 후궁의 신분은 대체로 궁인 출신이었다. 그러나 건국 초에는 잠저 시절의 첩들을 내명부 체제에 편입시켰기 때문에 노비 출신과 과부 등 다양한 출신의 여성들이 후궁이 되었다. 중기 이후에는 사대부가의 서녀 및 무관, 역관 등 중인 출신의 여성들이 궁인이 된 후 승은은 물론 추천, 후원 등의 여러 가지 경로를 통해 후궁이 되었다.

영조 이후 비간택 후궁은 모두 정식 선발 과정을 거쳐 뽑힌 궁녀 출신들이 왕의 승은을 입은 경우가 대부분이었다. 이전 시기의 비간택 후궁은 입궁 경로가 불확실하여 그 신분을 확인하기 어려웠다. 그러나 영조 이후 비간택 후궁은 후궁이 되기 전, 그들의 출신이 모두 궁인이었음을 추정할 수 있다.

궁인의 자격 규정은 1746년(영조 22) 《속대전續大典》에 입법화되기까지 많은 혼선을 빚었다. 이러한 혼선은 궁녀에서 국왕의 승은을 입고 후궁이 된 이들의 신분 변화에도 적지 않게 영향을 미쳤다. 따라서 이 절에서는 궁인이 내수사 노비로 한정되는 법을 마련하기까지 궁인의 신분과 그 변화를 살펴보고 이로써 궁인 출신 비간택 후궁들의 신분을 가늠해 보고자 한다.

1) 《속대전續大典》의 내수사 노비로 한정된 법 제정

영조대 이후 비간택 후궁은 대부분 궁인 출신이었다. 이 시기 비간택 후궁의 신분을 이해하기 위해서는 당시 궁인의 자격 조건을 이해하지 않으면 안 된다. 그 해답을 찾기 위해서 1746년(영조 22)에 편찬된 《속대전》 〈공천公賤〉조를 살펴보기로 한다. 우선 그 내용은 아래 기록과 같다.

> 궁녀는 단지 각사各司의 하전下典으로만 뽑아 들인다. 내비內婢는 뽑아 충원할 수 있지만, 시비寺婢는 특교가 없으면 (궁녀로) 선발하지 않는다. 양가의 딸은 일절 거론하지 않는다. 양인이나 시비를 혹 추천하여 들이거나 혹 스스로 궁녀가 되어 들어오는 자는 장杖 60대에, 도徒 1년에 처한다. 종친부와 의정부의 노비는 시녀나 별감으로 선정하지 않는다.[91]

위 인용문에서 언급한 '각사의 하전'은 여러 관서에 소속된 하급 실무자들을 말한다. 이들은 이전吏典, 사령使令, 조례皂隷 등과 비슷한 지위로 인정되며 그 신분은 기본적으로 천인賤人이다.[92] 여기에서 내비는 내수사와 여러 궁방에 예속된 여종을 말하고, 시비는 중앙 관서에 소속된 여종을 가리킨다.[93] 이때 내수사 소속의 내비를 궁인에 충원하는 일은 큰 문제가 되지 않지만, 관청에 예속된 시비는 해당 기관에서 궁녀를 선발할 때마다 국왕의 허가를 특별히 받아야 했다. 이 때문에 양인 여성을 궁녀로 선발하는 문제는 거론조차 되지 못했다. 오히려 이를 어기면, 장 60대를 맞았고, 1년 동안 강제적으로 노역에 동원되었다.

〈공천〉 조항은 영조 때까지 궁인 대상자에 내수사와 여러 관청의 여자종뿐만 아니라, 불법적으로 양인 여성이 포함되고 있었음을 알려 준다. 이 법조항이 이때에 이르러 개정된 것은 그만큼 사회적으로 문제되고 있었다는 반증이기도 하다. 실제로도 아래 인용문은 양

---

91 《續大典》 권5, 〈刑典〉〈公賤〉. "宮女 只以各司下典選入 內婢足可充選 寺婢 則非特敎勿選 良家女一切勿論 良人寺婢 或薦進或投入者 杖六十徒一年 宗親府·議政府奴婢 則侍女別監 勿爲抄定."

92 홍순민, 〈조선시대 궁녀의 위상〉, 《역사비평》 68, 2004, 255쪽.

93 《순조실록》 권2, 순조 1년 1월 28일(을사).

녀를 궁인으로 선발하고 있는 당시 상황을 여실히 보여 준다.

> 민진원이 아뢰기를, "근래에 들으니 여염閭閻 사이에서 궁인을 선발한 일이 있다고 하는데, 과연 그렇습니까? 단지 내노비 중에서만 선발하고, 양가를 침범하지 않는 것은 선조先朝의 구례舊例입니다. …" 임금이 말하기를, "… 선조에서 양녀를 선발하지 않은 것은 성덕의 일이다. 각기 제 부모가 고생하며 길렀는데 하루아침에 선발하여 깊은 궁중에 유폐幽閉시킨다면, 어찌 차마 할 수 없는 일이 아니겠는가?"[94]

《속대전》의 법령은 《수교집록受敎輯錄》을 자료로 삼았다.[95] 즉 "궁녀를 가려 뽑는 것은 단지 각사의 하전에서만 골라 들이고, 무릇 양인의 딸에 관계된 사람은 일절 뽑지 않는다"[96]는 1664년(현종 5)의 수교 내용을 《속대전》에 실은 것이다. 이 수교는 아래의 기록에서 보이듯이 현종 당시 논의과정을 거쳐 정해졌다.

> 남구만이 또 아뢰기를, "궁녀의 일을 막 진달하려 하였는데, 대신이 이미 말씀드렸습니다. 옛 규정에는 각사의 하전으로 뽑아 들였는데, 지금은 양녀로 뽑습니다. 청컨대, 지금 이후로는 형조로 하여금 법전대로 하전으로 뽑아 들이게 하고, 별감·궁비宮婢 등이 사사로이 여염에 나아가 강제로 뽑아 들이는 일을 일절 금하소서." 하니, 상이 이르기를, "삼의사三醫司 이외는 형조로 하여금 간택해 들이게 하라." 하였다.[97]

---

94 《영조실록》 권5, 영조 1년 4월 29일(병신).

95 《受敎輯錄》은 1698년(숙종 24) 당대에 법령으로 시행되던 수교들을 모아 놓은 현행법령집이다(홍순민, 〈조선후기 법전 편찬의 추이와 정치체제의 변동-《속대전》 편찬을 중심으로〉, 《한국문화》 21, 서울대학교 한국문화연구소, 1998; 한국역사연구회 중세2분과 법전연구반, 《受敎輯錄》, 청년사, 2001, 7~18쪽).

96 《受敎輯錄》, 〈刑典〉 〈雜令〉(한국역사연구회 중세2분과 법전연구반, 위의 책, 2001, 327쪽). "宮女抄擇 只以各司下典選入 凡係良人女 一切勿抄. 康熙甲辰承傳."

위 인용문에서 대신들은 궁녀의 선발 대상을 각사의 하전으로 규정하고, 선발 담당자도 별감이나 궁비가 강제로 뽑아 들이지 못하도록 주장하였다. 그러나 4일 뒤에 현종은 이를 수락하지 않았다.[98] 그렇다 보니 조혼의 풍습까지 발생하였다. 이는 홍명하가 현종에게 시녀를 뽑기 때문에 조혼의 폐단이 있다고 한 데에서 알 수 있다.[99] 1653년(효종 4) 9월에 효종도 내수사에 양가의 딸을 궁녀로 뽑아 들이도록 명하였다가 사대부가의 반발을 일으켰다.[100] 이처럼 양가의 딸을 궁녀로 뽑지 못하게 강경한 법을 세웠다는 사실은 지속적으로 양가의 딸을 궁인으로 뽑았음을 입증하는 것이다.

또한 "의정부의 노비는 시녀나 별감으로 정하지 못하게 한다"는 조항은 1686년(숙종 12)의 수교 내용[101]을 《속대전》에 수록한 것이고, "양인이나 시비를 추천하여 들이거나 스스로 궁녀가 되어 들어오는 자는 장 60대를 때리고 도 1년에 처한다"는 내용 가운데 양인을 천거한 사람을 처벌한다는 부분은 《신보수교집록新補受敎輯錄》[102]에 들어 있는 조항이다. 이 조항을 보면, 양인을 천거한 자를 처벌하는 것만이 아니라 양반의 서녀를 천거하거나, (스스로) 청탁하여 궁인이 되게 한 사람도 가장 먼 변방에 정배한다는 내용이 첨가되었다.[103]

---

97 《현종실록》 권9, 현종 5년 10월 23일(신사).

98 《현종실록》 권9, 현종 5년 10월 27일(을유).

99 《현종실록》 권13, 현종 7년 12월 13일(기미). "命夏又曰 近聞閭閻之間 有早婚之弊 怪而問之 則云以有侍女揀入之故也 臣雖未知其虛實 而宮中侍女 似當定限."

100 《효종실록》 권11, 효종 4년 9월 24일(병진).

101 《受敎輯錄》, 〈刑典〉 〈公賤〉(한국역사연구회 중세2분과 법전연구반, 앞의 책, 2001, 293쪽). "議政府 與他衙門有別 本府奴婢 勿爲抄定於侍女別監. 康熙丙寅承傳."

102 《新補受敎輯錄》은 《受敎輯錄》 다음에 반포된 수교들을 모아 1743년(영조 19)에 편찬한 법령집이다(한국역사연구회 중세2분과 법전연구반, 《新補受敎輯錄》, 청년사, 2000, 7~19쪽).

103 《新補受敎輯錄》, 〈刑典〉 〈推斷〉(한국역사연구회 중세2분과 법전연구반, 위

분명 조선시대 궁인들의 출신은 기본적으로 내수사의 여지종이었다. 그러나 실제로 궁인에서 후궁이 된 여성들을 살펴보면, 생계 등의 경제적 문제로 생활고를 벗어나기 위해 양인 여성이 자율, 또는 타율에 의해 궁녀가 되기도 하였고, 또는 자신의 세력을 궁중에 부식시키려는 권세가들에 의해 사대부 양반 신분의 여성〔서녀〕이 궁녀가 되기도 하였다. 그 외에 왕비나 세자빈 등 왕실여성이 일가친척 여성 또는 몸종을 데리고 들어온 여성이 궁녀가 되기도 했는데, 이들을 본방나인이라고 불렀다.104 이처럼 궁인 출신 비간택 후궁은 궁인이 된 입궁 경로와 이유가 다양할 것이라는 유념 하에 다음 절을 살펴보기로 한다.

2) 비간택 후궁의 궁인 신분 고정

(1) 양인 이상의 궁인 후궁

1746년(영조 22) 《속대전》에서 궁인 대상자를 내수사 노비로 선발한다는 법 조항 이후 사족의 서녀나 중인층의 딸들은 사실상 법적으로 궁인이 될 수 없었다. '근일 정한 제도에는 다만 내사內司의 여종 중에서 취하여 충당하였으니 그 선택의 폭은 점점 좁아졌지만, 법은 역시 좋은 데가 있다'105는 사실에서 궁인 자격 기준에 대한 법령이 효력을 발휘한 것이라 생각된다. 그러나 1746년(영조 22) 《속

의 책, 2000, 356쪽). "薦百姓爲宮人者 徒配其人矣 不悛舊習 以兩班之庶女 薦囑爲宮人所薦者 極邊定配. 雍正己酉承傳."

104 이 책 제Ⅲ장 2절 1)과 제Ⅳ장 4절 1)을 참조.

105 《영조실록》 권70, 영조 25년 11월 23일(무진). "國朝初采良家子女 固宜多美好者 近日定制 但取充於內司婢奚之中 其選稍狹 而法亦良矣."

대전》이 편찬된 전후로도 양인 이상의 궁인들을 선발하였다. 우선 다음 표는 이 시기의 비간택 후궁들의 출신과 입궁·승은 나이 등의 정보를 정리하여 도표화한 것이다.

【표 V-1】 영조~순종조 비간택 후궁의 이력

국왕	후궁봉작명/본명(官名)	생몰년	궁호/당호	입궁 나이	승은 나이	집안/신분	부친	추천자	
								추천자명	정보/관계
영조	정빈 이씨	1694~1721		8	25	양인/동궁전(정식 궁인)	이후철		
	영빈 이씨	1696~1764		6	31	양인/정식궁인	이유번	仁元王后	숙종계비
	귀인 조씨	1707~1780		10	29쯤	정식궁인	조태징		
	숙의 문씨	?~1776				궁인			
장조	수칙 이씨								
	숙빈 임씨/유혜	?~1773				궁인	임지번		
	경빈 박씨/빙애	?~1761				궁인			
정조	의빈 성씨/덕임	1753~1786			30쯤	정식궁인	성윤우		
순조	숙의 박씨	?~1854				궁인			
헌종	숙의 김씨	1813~1895	和樂堂			궁인	김학성		
철종	귀인 박씨	1827~1889				궁인	박순대		
	귀인 조씨	1842~1865				궁인	조학현		
	숙의 방씨	?~1878				궁인			
	숙의 김씨	1833~?				궁인	김치욱		
	숙의 범씨	1838~1883			21쯤	궁인	범원식		
	궁인 이씨					궁인			
	궁인 박씨					궁인			
고종	귀비 엄씨/선영	1854~1911	永福宮/慶善宮	5	32	정식궁인	엄진삼		
	귀인 이씨/순아	1843~1928	永保堂			궁인	이원태		
	귀인 이씨	1847~1914	內安堂		22쯤	궁인			
	귀인 장씨					궁인			
	귀인 양씨/춘기	1882~1929	福寧堂	12?	30쯤	소주방궁인	양언환		
	귀인 이씨	1885~1967	光華堂	13	29쯤	중인		고모	

	/완덕					/세수간궁인			
	상궁김씨 /옥기	1889~1970	三祝堂	13		세수간궁인		친척	
	귀인 정씨	1882~1946	寶賢堂		33	궁인			
	상궁 염씨					궁인			
	상궁 서씨					궁인			
	상궁 김씨 /충연					궁인			
	김씨		貞和堂			양반/간택 후궁			

우선 영조의 후궁 정빈 이씨는 함성含城, 즉 함양咸陽으로, 이후철李後哲의 딸이자, 효장세자의 어머니이다.[106] 그녀가 어떤 이유로 궁녀 선발에 참여하였는지는 알 수 없으나, 외조부 김매일金梅一이 무반직인 부사과副司果를 지냈으므로, 양인 이상의 출신이었을 것이라 생각된다. 실제로 '완순婉順한 성품과 우아한 기질로 양가에서 태어나고 어린 나이에 입궁하였다'[107]고 한 사실에서 1701년(숙종 27) 8살에 입궁한 정식 궁녀였음이 확인된다.

연잉군은 1704년(숙종 30)에 서종제徐宗悌의 딸과 혼인하였으나, 후사가 없었기 때문에 소실〔정빈 이씨〕을 두었다. 연잉군이 1721년(경종 1)에 왕세제王世弟로 책봉되고, 효장세자가 되는 경의군敬義君이 1719년(숙종 45)에 태어났음을 미루어 본다면 연잉군 잠저 시절에 첩이었을 가능성이 높다. 경의군이 태어난 해는 숙빈 최씨의 상중이

---

106 〈靖嬪含城李氏墓誌〉(藏 K2-3990; 한국학중앙연구원 출판부, 《英祖妃嬪資料集》 2, 2011, 56~57쪽). "靖嬪李氏甲戌生 系出咸陽 考後哲通訓 母金氏 副司果梅一女 嬪八歲入宮 辛丑封昭訓 同年十一月十六日 以疾出于壯洞私第 是日夜棄世 享年二十八 十二月十四日 葬于楊州高嶺洞瓮場里坤向原."
정빈 이씨는 통훈대부 이후철과 副司果 金梅一의 딸 사이에서 1694년(숙종 20)에 태어나서 1721년(경종 1)에 壯洞의 사제에서 향년 28살에 병사하였다.

107 고문서 2784(한문); 고문서 2786(한글) "嗚呼 以婉順之性 柔雅之質 生自良家 蚤歲入宮 爾之選入也(오호 이완슌지셩 유아지질 ᄉᆡᆼᄌᆞ냥가 조셰입궁 이지 션입야)."

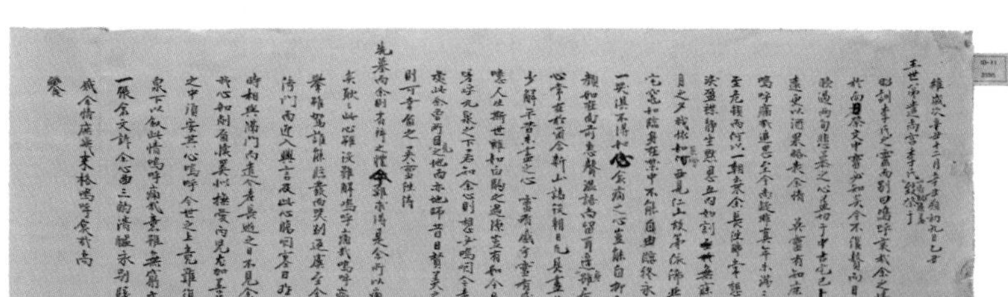

【도판Ⅴ-5】 〈소훈이씨제문〉과 수길원(경기도 파주시 소재, 아래)

〈소훈이씨제문〉은 1721년(경종 1) 12월 초9일에 정빈 이씨를 치제하기 위해 왕세제 영조가 친히 지은 제문이다(한국학중앙연구원 장서각 古2785 소장). 발인을 며칠 앞둔 영조의 서운함과 슬픔, 정빈 이씨에 대한 애정이 표현되었다. 수길원은 영조의 후궁이자 효장세자의 생모인 정빈 이씨의 무덤이다(사적 제359호). 그녀는 영조가 즉위하기 전에 소원으로 있으면서 경의군을 낳았으나, 28세로 요절하였다.

었기 때문에 숙종으로부터 책망을 받기도 했다. 이는 연잉군이 쓴 제문에서 '몸이 소실〔첩〕에 있을 때에 근신하고 마음으로 조심조심하여 아침저녁으로 공경하고 삼가하여 내가 허물이 있으면 문득 반드시 규간規諫하였고, 내가 일찍이 뉘우쳐 그것〔허물〕을 고쳤는데, 이것이 어찌 사랑에 이끌러 그런 것이겠는가!'[108]라고 한 사실에서도

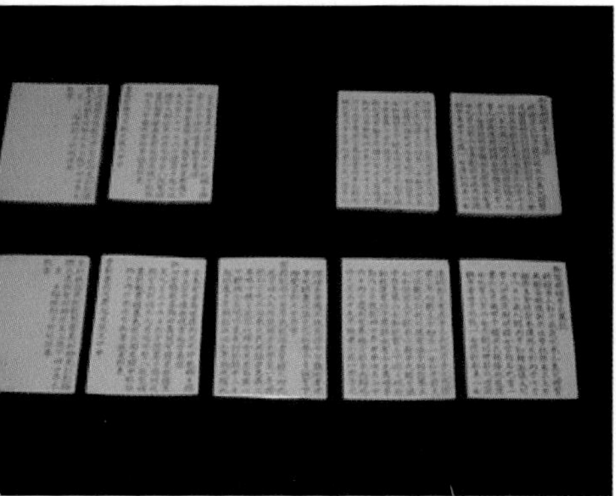
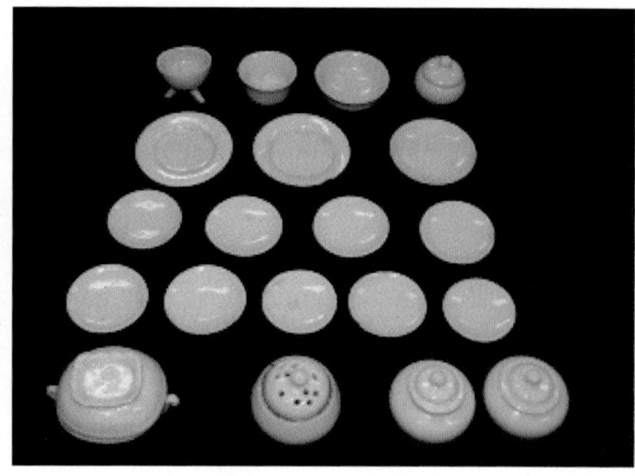

【도판 Ⅴ-6】 백자청화 영빈 이씨 묘지와 명기(오른쪽)
년(영조 40)에 영조가 직접 지은 묘지墓誌로, 글씨는 사위 박명원이 썼다. 연세대학교 경내 수경원 옛터에서 발굴되 때 명기 20점 및 명기를 담았던 석함 3개가 함께 출토되었다. 준樽, 향로, 보簠, 작爵, 호壺 등 제기를 축소한 것으 현재 서울특별시 유형문화재 제311호로 지정되었다(연세대학교 박물관 소장, ⓒ이미선).

알 수 있다. 정빈 이씨는 1남 2녀를 두었으나, 맏딸은 조졸하였고, 효장세자와 화순옹주만 생존하였다. 그녀는 1721년(경종 1)에 연잉군이 왕세제로 책봉되고 궁궐에 들어온 지 한 달 만에 세상을 떠났다.

영빈 이씨도 1701년(숙종 27)에 6세의 나이로 뽑혀 입궁한 정식 궁녀이다.[109] 그녀는 전의 이씨全義李氏 증찬성贈贊成 이유번李楡蕃의 딸로, 증조부 이정립李正立과 외조부 김우종金佑宗이 학생이었음을 감안해 볼 때,[110] 한미하고 쇠락한 양인 이상 출신일 것이라 추측된다. 이

108 위의 문서. "至於身居小室 翼翼小心 夙宵敬謹 余有過焉 輒必窺諫 余嘗悔悟而改之者 是豈引愛而然哉(디어 신거쇼실 익익쇼심 슉쇼경근 여유과언 쳡필규간 여샹회오이ᄀ지쟈 시긔 인ᄋ이연ᄌ)."

109 영빈 이씨는 1696년(숙종 22) 7월에 태어나서 1764년(영조 40) 7월 26일에 慶熙宮 養德堂에서 향년 69살에 숙환으로 졸하였다(영빈이씨의 생애와 위상에 대해서는 이미선의 〈영조 후궁 暎嬪李氏의 생애와 위상〉(《역사와 담론》 76, 2015)이 있다.

110 〈暎嬪李氏墓誌〉(국립중앙박물관 소장; 연세대학교 박물관 소장). "本全義 父贈贊成楡蕃 祖通訓英任 曾祖學生正立 外祖學生金佑宗 本漢陽."

는 영빈 이씨의 품행을 본 숙종이 "높은 벼슬하는 집안의 여자들도 이러한 나이에는 오히려 어린아이의 습관을 면하기 어렵거늘, 여항의 여자가 조숙하기가 이와 같을 수 있는가!"[111]라고 칭찬하고 있는 것에서 알 수 있다. 이씨가 어떠한 이유로 궁인 선발에 응시했는지는 알 수 없지만, 절박한 가정 형편 때문에 어린 나이에 생계를 위해 투탁된 것으로 보인다. 6세에 인원왕후 김씨 처소의 아기나인〔內人〕이 된 그녀는 왕실 어른들로부터 궁관으로서의 업무능력을 인정받았다. 이러한 사실이 세손 시절에 정조가 직접 쓴 영빈 이씨의 〈행장〉을 통해 엿볼 수 있다.

> 정유년〔1717년(숙종 43)〕에 숙종이 온천에 거둥하셨다. 무릇 행재소에는 궁인이 배종하여 가는 전례가 없었다. 그러나 이때 숙종이 조용히 조섭調攝하시는 중이여서 옷가지를 챙기고 음식을 차려 드리는 일들은 궁인이 아니면 제대로 할 수 없었다. 그래서 똑똑하고 신중한 궁인을 특별히 뽑아서 따라가게 하였는데 거기에 영빈이 참여하게 되었다. 아마도 또한 인원왕후의 의중에서 나왔을 것이다. …
>
> 갑진년〔1724년(영조 즉위)〕에 금상이 대통을 입승하였다. 이때 궁중의 사무가 가장 많았는데, 인원왕후가 빈의 견식이 다른 사람을 넘고 총혜가 범상치 않다 하여 조서를 내려 상의 급사給事의 반열에 보임하게 했다. 상께서 말씀하시기를, "왕가의 일 가운데 후사를 얻는 것만큼 중요한 일이 없으니 사대부의 여자로서 잘 알지 못하는 사람을 선발하기보다 차라리 궁중의 후덕한 사람을 취하는 편이 낫다"고 하셨다.[112]

---

111 정조가 직접 쓴 〈暎嬪行狀〉에 따르면, '敎曰 簪紳家女子如許年齒 尙難免幼少之習 委巷女子夙成 乃能如是耶 深加獎之'라 하여 영빈을 '여항의 여자'라고 서술하였다(한국학중앙연구원 출판부, 앞의 책, 2011, 78~83쪽).

112 〈영빈행장〉(한국학중앙연구원 출판부, 위의 책, 2011, 78~83쪽). "丁酉 肅廟行溫泉 凡行在宮人無陪往之例 而時肅廟靜攝中 衣襨饌膳之節 非宮人莫以便宜別揀宮人明愼者 從之 嬪與焉 蓋亦出仁元聖后意也 … 甲辰 今上入承大統 是時宮中事務最多 仁元聖后以嬪見識過人聰慧不凡 詔補上給事列 上日 王家事莫大乎廣嗣

위 행장에서 궁인 이씨는 1717년(숙종 43) 22살 되던 해에 숙종의 온천 행행에서 배종하는 궁관으로 뽑힐 정도로 매우 똑똑하고 신중한 여성이었다. 이러한 그녀의 역량과 견식은 영조 즉위년에 인원왕후의 추천을 다시 받게 되었고, 영조의 측근 궁관이 되는 데에 도움이 되었다.

또한 영조는 "사대부의 여자로서 잘 알지 못하는 사람을 선발하기보다 차라리 궁중의 후덕한 사람을 취하는 것이 낫다"고 하고는 그로부터 2년 뒤인 1726년(영조 2) 11월 16일, 숙종의 후궁 영빈 김씨의 옛 규례에 따라 곧장 내명부 종2품 숙의에 봉작하였다.113 이때 영조는 궁궐의 법도를 잘 알지 못하는 사대부가의 규수를 간택하기보다 궁궐 안에서 모범적인 행실을 보인 궁인을 후궁으로 올리는 것이 낫다고 판단했던 모양이다. 그녀가 31살의 늦은 나이에 후궁이 될 수 있었던 까닭은 인원왕후의 적극적인 지지도 있었지만, 궁궐 안에서 신중한 품행과 뛰어난 총명함이 있었기 때문이었다.

그녀는 딸 2명을 연이어 낳은 뒤인 1735년(영조 11) 영조 나이 38살에 집복헌에서 사도세자를 낳았다. 7년 전에 효장세자를 잃고 늦게 본 외아들이라 영빈 이씨에 대한 영조의 총애는 '온 나라가 놀라 탄식했다'114고 할 정도로 대단하였다. 그러나 영빈 이씨는 나경언羅景彦의 고변이 있은 후인 1762년(영조 38)에 임오화변壬午禍變의 단서를 제공하였다.115 《영조실록》에서도 영빈 이씨가 사도세자에 관해서 영조에게 비밀리에 밀고한 내용을 가지고 그를 꾸짖었다고 기록되어 있을 정도였다.116 이 때문에 영조는 종묘사직을 보존하기 위해

續 而與其選士夫女之未詳者 寧取諸宮中厚德之人."

113 〈영빈행장〉, 78~79쪽. "丙午仍封爲淑儀 自古後宮初授之爵 淑容·昭容·淑媛·昭媛 自有所等級 而直封淑儀 即依寧嬪故事也."

114 《영조실록》 권28, 영조 6년 11월 27일(임진).

115 혜경궁 홍씨 작·정은임 교주, 앞의 책, 2008, 221쪽.

자신의 개인적인 감정을 끊고, 세자의 처분을 요청한 영빈 이씨의 충성심을 높이 칭송하였다. 이는 1764년(영조 40) 9월 3일, 영조가 직접 지은 《표의록表義錄》에 잘 표현하고 있다.[117]

귀인 조씨의 집안도 영빈 이씨의 집안과 마찬가지로 양인 신분 이상이었을 것이라 생각된다. 그녀는 1707년(숙종 33) 10월에 부친 풍양 조씨 조태징趙台徵과 모친 밀양 박씨 사이에서 태어나서 1780년(정조 4) 10월, 향년 74살에 졸한 여성이다.[118] 1716년(숙종 42)에 10세의 나이로 입궁한 정식 궁녀였다. 성관은 물론 부모의 신상을 알 수 있다는 점에서 신분이 내수사의 여종이나 관청 소속 여종은 아

116 《영조실록》 권99, 영조 38년 윤5월 13일(을해).

117 《表義錄》(奎 3470); 최성환, 앞의 논문, 68~69쪽 재인용. "만일 영빈이 임오년 5월 13일 아침에 나에게 눈물 흘리며 고한 일이 없었다면 내가 어찌 오늘이 있었겠는가? 그때에 事勢의 급박함이 호흡까지 차올랐으니, 비단 종국이 장차 망할 뿐만이 아니었다. … 영빈은 다만 종국이 있음만 알고 나를 위해서 그 私恩을 끊었으니, 이와 같이 하지 않았다면 나라가 망했을 것이다. 아! 21일에 장차 은혜를 내리려 하는데, … 이 義擧가 없었다면 垂恩의 復號를 시행할 수 없었으니, 惠嬪이 장차 어찌 혜빈이 되겠으며, 세손은 또 어찌 세손이 되겠는가? … 진실로 義가 바르고 恩이 지극하다. … 조용히 恩과 義로 돌아가서 둘 다 온전할 수 있고, 수미일관하게 義烈이라 할 수 있겠으니 옛날에도 듣지 못했던 바이다. 아! 종국을 위한 나의 고심과 寡躬을 위한 영빈의 대의를 혜빈이 알고 沖子도 안다. … 垂恩廟라 써서 이 묘에 慈恩을 드리우고, 이제 영빈묘에 '守義保社' 네 글자를 써서 내리니, 이는 영빈을 위한 것이 아니라 진실로 종국을 위하고 후세에 보이려는 뜻이다."

118 《永世寶藏》(R35N-6190); 黃鍾林 諺解·鄭良婉 譯註, 《永世寶藏(昌原黃氏 家藏本)》, 태학사, 1998, 39~40쪽. "샹기ᄉᆞ년 경ᄌᆞ 동 십월 오일의 귀인 됴시 졸ᄒᆞ시니 향년이 칠십 ᄉᆞ시라. 월 십이월 갑ᄌᆞ의 부평 고을 동편 작동 ᄒᆡ좌원의 예장ᄒᆞ시니 됴시 셰계 풍양의 나시니 ᄀᆞ온 휘 ᄀᆞ온 밀양 박시ᄂᆞᆫ 곳 그 아바님과 다못 어마님이시라. 귀인이 뎡ᄒᆡ 십뉵일노ᄡᅥ 나시ᄆᆡ 십셰의 드러가샤 궁인이 되시ᄆᆡ 영종대왕 을묘의 작호를 슉원이라 쥬시고 임진의 슉의로 올으시고 금샹뎐하 뮤슐의 이르러 귀인을 나아 봉ᄒᆞ시니 대개 녀관의 놉흔 작질인너라."

니었을 것이다.

숙의 문씨는 영조의 며느리 효순왕후 처소인 현빈궁賢嬪宮의 궁녀로 입궁하였다. 영조가 나이 35살 때에 효장세자 상중에 가서 처음 그녀를 만나 후궁으로 삼았다.[119] 문씨의 언니가 심수沈鏽의 첩이고, 심수가 문씨의 소생 화령옹주(和寧翁主, 1753~1821)의 남편 심능건沈能建의 재종손이고 보면,[120] 심수의 추천을 받아 궁녀가 되었을 가능성이 높다. 적어도 동복 자매가 양반가의 첩이었던 사실에 비추어 보면 적어도 양인 이상 집안의 서녀일 가능성이 높다. 문씨는 오랫동안 상궁의 지위에서 후궁의 직제를 봉작받지 못하였으나, 1753년(영조 29)에 화령옹주가 출생한 이후에 소원에 봉해진 듯하다. 영조의 총애를 입은 그녀는 1년 뒤에 또다시 화길옹주和吉翁主를 낳았다. 훗날 사도세자의 아들인 정조가 즉위하자, 임오화변에 일조했던 숙의 문씨는 1776년에 사약을 받고 사망하였다.[121] 이처럼 정빈 이씨·영빈 이씨·귀인 조씨·숙의 문씨 등은 양인 이상의 신분이면서 궁인이 된 경우였다. 물론 《속대전》이 편찬되기 이전 시기이므로, 법률에 저촉되지는 않았다.

그러나 《속대전》 규정 이후에도 양가의 딸을 궁녀로 뽑았음이 확인되었다. 헌종의 비간택 후궁은 숙의 김씨 한 명뿐이다. 이는 헌종이 1834년(순조 34) 8세에 왕이 되고 1849년(헌종 15) 23세에 졸서하는 바람에 재위 기간(1834~1849)이 짧았기 때문이다. 헌종은 순원왕후의 장남인 효명세자의 장남이자 신정왕후 조씨의 소생으로, 1841년(헌종 7) 친정을 시작하기까지 순원왕후의 수렴청정이 이루어졌다.

---

119 혜경궁 홍씨 작·정은임 교주, 앞의 책, 2008, 175쪽.

120 黃胤錫, 《頤齋亂藁》 권6, 한국정신문화연구원, 2000, 663쪽. "故判書沈鏽妾卽逆豎文成國之妹 丙申賜死內人文女之姊妹也."

121 《정조실록》 권2, 정조 즉위년 8월 10일(기유).

숙의 김씨의 본적은 김해이고, 첨사僉使 김학성金鶴聲의 딸로 태어나서 어렸을 때 궁중에 뽑혀 입궁한 정식 궁녀였다.[122] 헌종의 승은을 입은 뒤에 1녀를 낳았으나 일찍 죽었다.[123] 부친 김학성이 첨사였음을 감안해 본다면, 하급 무관의 딸이었다.

한편 고종의 후궁 정화당貞和堂 김씨는 특별한 사유로 후궁이 된 경우였다. 그녀에 관한 신상 기록은 《이왕궁비사李王宮秘史》에서 '가난한 양반집 규수'로서, '1917년에 47세였다'는 단편적인 사실 외에 알려진 것이 없다. '1917년에 47세였다'는 근거에 비추어 간택 당시 15세 처자였음을 짐작할 뿐이다.[124] 그녀는 명성왕후 사후에 이미 내정된 채 삼간택을 걸쳐 왕비로 간택된 여성이었다. 그러나 춘생문春生門 사건 때문에 계비가 되지 못했다.[125] 이는 을미사변 이후 친일정권에 포위되어 불안과 공포에 떨고 있던 고종을 궁 밖으로 나오게 하여 친일정권을 타도하고 새 정권을 수립하려고 했던 사건이다. 오히려 그녀는 48세의 나이로 태황제 고종의 후궁이 되었다. 정화당 김씨를 제외하고라도 《속대전》의 규정이 있었으나, 여전히 양인 이상에서 궁인이 배출되었고, 이들 궁인 가운데 국왕의 승은을 입고 비간택 후궁이 된 사람이 있었다.

---

122 〈숙의김씨묘표〉(경기도 고양시 서삼릉 소재)에 따르면, 숙의 김씨는 1895년(고종 32) 11월 22일에 향년 83세로 졸하였으므로, 그녀의 출생은 1813년(순조 13)으로 추정된다(高宗三十二年乙未十一月十二日卒 壽八十三葬于南部豆毋坊陳八里壬坐之原). 이로써 본다면, 헌종(1827~1849)보다 14살 연상이었다.

123 〈숙의김씨묘표〉(경기도 고양시 서삼릉 소재). "淑儀金氏籍金海 憲宗成皇帝後宮 僉使鶴聲之女 幼時選入宮中 承恩後生一女早夭 賜堂號和樂."

124 정화당 김씨에 대해서는 《대한제국 황실비사》(곤도 시로스케 지음·이언숙 옮김, 이마고, 2010, 178~181쪽)가 참조된다. 《대한제국 황실비사》의 원제는 《이왕궁비사》이다.

125 한영우, 《명성왕후와 대한제국》, 효형출판, 2001, 64~65쪽.

(2) 양인 이하의 궁인 후궁

이 시기는 타고난 신분이 분명하지 않은 궁인 출신의 비간택 후궁들이 많다. 비간택 후궁의 대부분은 한미한 집안의 딸이 대부분이므로 그 가계를 파악하기 대단히 어렵다. 이를 염두에 두면, 이들의 집안을 양인 신분 이하의 출신에 포함시켜도 무방할 것이다. 대한제국 때 승은을 입은 고종의 후궁들에 대해서는 신분을 추정하는 일이 더욱 곤란하므로,[126] 《속대전》 개정에 따라 내수사 노비 또는 그에 상응하는 신분으로 설정하여 여기에서 다루고자 한다.

우선 부왕 영조에게 사사되어 왕위에 오르지 못한 사도세자의 잉첩에 대해 살펴보기로 하자. 사도세자가 처음 승은을 내린 여성은 통덕랑을 지낸 임지번林枝蕃의 딸 임유혜였다.[127] 그녀는 은언군恩彦君 이인李䄄과 은신군恩信君 이진李禛의 어머니이자 상계군 이담의 할머니이다. 그녀의 출신 가문배경에 대해서는 알려진 것이 없어 무슨 사연이 있어서 궁인 선발에 응시하였는지 알 수 없다. 다만 1752년(영조 28) 무렵에 승은을 입고 은언군을 임신하여 종2품 양제에 봉해졌다. 그러나 양제 임씨는 1762년(영조 38) 남편 사도세자가 사망한 뒤에 궁궐 밖으로 내쫓겨 도망 다녔으며[128] 한때 그 작호도 깎였으나,[129] 1776년(정조 즉위) 8월 3일 정조의 명에 따라 양제로 복작되

---

126 구한말 궁녀로 있었던 궁인들은 자신들의 신분이 양인이나 중인 출신이었음을 증언한 바 있다. 김용숙은 〈李朝 後期 內人生活 연구-實地 蒐集을 주로 하여〉(《아세아여성연구》 3, 1964, 11쪽; 2000, Ⅴ~Ⅷ; 32~35쪽)에서 "양반과 평민의 중간 위치로 중인 계급에서 뽑는다"고 하여 '궁녀는 중인 계급 출신'이라는 결론을 내리고 있지만, 구한말 궁인들과의 인터뷰를 기초로 작성된 논문임을 유념하여야 한다.

127 서울대학교 규장각한국학연구원 조선시대 왕실문화 도해사전 〈철종대왕팔고조도〉 항목; 《한중록》.

128 《영조실록》 권117, 영조 47년 7월 12일(경술).

었다.[130] 《선원보략》에 따르면 1773년에 사망했다고 한다.

인원왕후전의 침방나인 박빙애朴氷愛도 사도세자가 왕세자 시절에 총애했던 비간택 후궁이었다. 그녀는 은전군恩全君 이찬李禶과 청근옹주淸瑾翁主의 어머니인데, 혜경궁 홍씨에 따르면, 1757년(영조 33) 11월 11일 무렵에 사도세자의 승은을 받았다고 한다.[131] 청근옹주의 출생일을 알 수 없지만, 은전군이 1759년에 출생한 점에 비추어 첫째 딸 청근옹주를 낳고 종6품 수칙守則에 봉해진 듯하다.

수칙 박씨는 1761년(영조 37) 사도세자의 옷을 시중드는 도중에 의대증衣帶症이 발병한 사도세자에 의해 그 자리에서 맞아 즉사당했다.[132] 사도세자로부터 많은 총애를 받고 사도세자의 비행에 대해 서슴지 않고 자주 직언한 듯 보인다. 이는 박씨의 타살 소식을 접한 영조가 사도세자에게 "눈에 넣을 듯이 사랑하더니 왜 갑자기 때려 죽였느냐"고 하면서 "그 사람이 강직하여 너의 비행에 대해 간언하다 이로 인해 죽었을 것"이라고 꾸짖었던 사실에서 엿볼 수 있다. 임씨와 박씨 모두 그 가계를 알 수 없기에, 단언할 수 없지만 일반 양인 이하의 신분이었을 것이라 추측된다.

정조에게는 비간택 후궁인 소용 성씨가 있었다. 그녀에 대한 자세한 기록이 없어서 언제 입궁하였는지를 확언할 수 없다. 다만 그녀가 문효세자를 임신했을 당시 나이가 서른 살로 정5품 상의에 있었던 것으로 보아[133] 오랫동안 궁인에서 진봉된 승은 상궁이었을 것이

129 《영조실록》 권116, 영조 47년 2월 5일(병자).

130 《정조실록》 권2, 정조 즉위년 8월 3일(임인).

131 혜경궁 홍씨 작·정은임 교주, 앞의 책, 2008, 265~268쪽.

132 경빈 박씨 죽음에 대한 사건은 1년 뒤인 1762년(영조 38) 5월 22일에 사도세자의 수많은 비행과 함께 나경언에 의해 낱낱이 영조에게 보고되었다(《영조실록》 권99, 영조 38년 5월 22일(을묘).

133 《정조실록》 권14, 정조 6년 8월 26일(경인).

라 추측된다. 궁인 성덕임成德任의 부친 성윤우成胤祐는 홍봉한洪鳳漢의 청지기이며 홍낙성洪樂性의 첩부妾父라 전해질 만큼 미천한 출신이었다. 궁인 성씨는 홍봉한 집안과의 인연으로 혜경궁의 측근에서 시중들다가 정조를 모시게 된 듯 보인다.[134] 그녀는 1782년(정조 6)에 원자 문효세자를 얻었으나, 그 원자가 1786년(정조 10) 5월에 죽고, 4개월 후에 임신 중이던 그녀도 졸서하였다. 정조는 그녀의 죽음에 대해 '그 병상病狀이 괴상하다'고 했으며, 당시 사람들도 빌미가 있음을 의심했을 정도였다.[135]

정조의 이복동생 은언군의 손자이자 전계군의 3남 이원범李元範이 헌종의 뒤를 이어 왕위에 올랐다. 당시 왕족 가운데에 헌종의 6촌 이내에 드는 사람은 단 1명도 없었다. 그래서 순원왕후 김씨는 헌종의 7촌 아저씨뻘이 되는 이원범을 자신의 양자로 입적시켜 왕위를 계승시켰다. 왕대비 풍양 조씨와 대왕대비 안동 김씨 사이에서 왕위에 오른 철종은 19살 나이 탓에 순원왕후 김씨의 수렴청정과 장인 김문근金汶根의 국정 장악으로 사실상 허수아비에 불과했다. 이 상황에서 철종은 숙의 범씨를 위시하여 귀인 박씨, 귀인 조씨, 숙의 방씨, 궁인 이씨, 궁인 김씨, 궁인 박씨 등 7명의 비간택 후궁을 두었다.[136] 이

---

134 황윤석, 앞의 책, 2000, 445쪽. "命昭容成氏 名德任 其爺故洪鳳漢廳直 而因得入惠慶宮 惠慶宮稱其福相 而上亦愛之 聖上自誕元子以來 中宮親加慈鞠 以故 大殿中宮和氣藹然 一如初頭 上又命出元子 以示入侍重大臣 而儀容岐嶷 宗社之慶也 徐李旣相繼罷相 則鄭民始 亦失勢 今無一實職現帶者 窃聞 先王自乙卯思悼誕後 貞聖王后慈鞠忘勞 而先王琴瑟之和 視前日有加 今此慶幸 前後一轍 始知近年權奸輩相繼離間者 罪不容於鈇鉞耳 上曰 此予弊紬氅製成者耳 盖聞元子私親成昭容之父 本洪鳳漢廳直 亦卽洪樂性妾父 而爲一錢布衙門該吏 犯逋七千兩 幾死而敗 則惠慶宮爲收昭容于侍側 親鞠育 旣長轉至追御 今其父已沒 其兄弟方爲別軍職 而中宮又躬自撫養元子 兩宮和氣可幸云."

135 《정조실록》 권22, 정조 10년 9월 14일(갑신). "蓋嬪病症非常 時疑其有祟云."

136 철종의 후궁들에 관한 정보는 경기도 고양시 서삼릉에 있는 묘표의 기록이 있을 뿐이다. 貴人密陽朴氏之墓(一九七0年 六月四日 自抱川郡西面仙壇里移

들은 모두 궁인 출신이나, 이들에 대한 신상은 거의 파악하기가 불가능하다. 이 때문에 이들을 양인 이하의 신분으로 분류하였다.

철종이 후사 없이 죽자, 익종의 부인 신정왕후 조씨는 흥선대원군 이하응李昰應과 결탁하여 그의 차남 이명복李命福을 1863년에 왕위에 즉위시켰다. 고종의 나이 12살이었기 때문에 신정왕후 조씨의 수렴청정이 이루어졌다. 고종의 비간택 후궁 모두 궁인 출신이나, 신분을 알 수 없다. 고종은 귀비 엄씨, 귀인 이씨, 귀인 장씨, 소의 이씨, 귀인 정씨, 귀인 양씨 등 6명의 궁인 출신 비간택 후궁을 얻었다.[137]

을미사변 이전에 고종은 명성왕후 민씨 이외에 귀인 이씨와 귀인 장씨, 그리고 상궁 엄씨를 두었다.[138] 귀인 이씨는 고종이 1866년(고종 3)에 명성왕후 민씨와 혼인하기 전에 승은을 입은 후궁이다. 1868년(고종 5) 윤4월에 완화군完和君이 태어난 점을 감안한다면, 적어도 그녀 나이 21살, 고종의 나이 17살에 승은을 입은 듯 보인다. 고종은 이씨가 낳은 완화군을 후계자로 두고자 했다.[139] 그러나 그녀는 명성왕후의 질투로 출궁된 이후 요절하였다.[140] 귀인 장씨도 이씨

葬), 貴人平壤趙氏之墓(一九七0年 五月二十三日 自抱川郡西面仙壇里移葬), 淑儀金海金氏之墓(英祖己亥 五月七日卒 一九六九年 九月二十六日 自서울特別市 西大門區 弘恩洞移葬), 淑儀羅氏范氏之墓(道光十八年 戊戌七月十五日生 光緖九年 癸未十二月二十六日卒 自서울特別市 西大門區 弘濟洞移葬), 淑儀溫陽方氏之墓(一九六九年 九月二十六日 自서울特別市 西大門區 弘恩洞移葬).

137 고종의 후궁들에 관한 정보는 고양시 서삼릉에 있는 후궁들의 묘표에는 생몰년의 기록이 있다. 貴人梁氏之墓(明治十五年壬戌九月二十七日生 昭和四年己巳四月二十二日卒 昭和五年庚午四月 日立), 貴人李氏之墓(憲宗十三年丁未八月六日生 大正三年甲寅正月十九日卒 昭和三年戊辰六月三日 立), 寶賢堂海州鄭氏之墓(高宗壬午二月二十三日生 高宗丙戌三月二十日卒 自서울特別市 東大門區 月谷洞移葬) 貞和堂光山金氏之墓(내용 없음), 貴人李氏之墓(憲宗九年癸卯二月十四日生 昭和三年戊辰十一月六日卒 昭和四年己巳五月 日 立).

138 《순종실록부록》 권10, 순종 12년 3월 4일(양력). 〔고종의 행장〕.

139 황현 지음·임형택 외 옮김, 앞의 책, 2005, 31쪽.

가 죽은 이후에 고종의 승은을 받은 여성이다. 장씨가 낳은 의친왕義親王이 1877년(고종 14)에 출생하였음을 감안한다면, 1876년에 승은을 입었을 것이라 짐작할 뿐이다. 그녀는 명성왕후에게 고문을 받고 사가로 쫓겨났고, 계속 그 휴유증을 앓다가 사망하였다.[141]

영친왕英親王의 모친 엄씨는 엄진삼(嚴鎭三, 1812~1879)의 장녀이며,[142] 5살 때에 입궁한 정식 궁녀이다.[143] 그녀가 어떻게 입궁하게 되었는지 알 수 없으나, 아마도 한미한 집안에서 태어나 생계가 어려워 어린 나이에 부모에 의해 궁중으로 보내졌거나, 아니면 궁중에 연줄이 있는 궁관이 궁궐로 데려갔을 것이라 짐작된다. 어찌되었건 간에 그녀는 처음부터 내전 소속의 지밀나인에 배치되었고, 이후 명성왕후의 시위 상궁에 승봉되었다.[144] 원래 지밀은 왕과 왕비나 대비 등의 거처이며, 4~5세의 여자아이들을 이곳에 입궁시켰다.[145] 그녀는 내전을 측근에서 모시는 시위 상궁이었기 때문에 고종의 승은을 비교적 쉽게 얻을 수 있었다. 황현黃玹은 《매천야록梅泉野錄》에서 엄씨는 외모와 권모지략이 명성왕후와 닮았기 때문에 고종의 총애를 받았다고 하는데,[146] 이 때문인지 그녀는 1885년(고종 22)에 명성왕후로부터 쫓겨났다.

그 외에 복녕당 양씨福寧堂梁氏, 광화당 이씨光華堂李氏, 보현당 정씨寶賢堂鄭氏, 삼축당 김씨三祝堂金氏 등은 1911년(순종 4) 순비 엄씨淳妃嚴氏 사후에 맞이한 후궁들이다. 덕수궁德壽宮 함녕전咸寧殿에 거

140 《순종실록부록》 권2, 순종 4년 9월 1일(양력).

141 황현 지음·임형택외 옮김, 앞의 책, 2005, 293~294쪽.

142 《嚴鎭三碑銘》(藏 MF K2-5106).

143 영휘원의 비석에 따르면 '己未選入宮'이라 적혀 있다.

144 한희숙, 앞의 논문, 2006, 199쪽.

145 신명호, 앞의 책, 2004, 114~124쪽.

146 황현 지음·임형택 외 옮김, 앞의 책, 2005, 467쪽.

【도판 Ⅴ-7】 귀인 양씨와 덕혜옹주(오른쪽)

고종의 후궁 귀인 양씨 사진은 1917년 《매일신보》에 실린 고종 사진의 배경과 동일한 점에 비추어 그전에 촬영된 사진으로 보인다(국립고궁박물관 소장). 그녀의 딸 덕혜옹주는 조선의 마지막 옹주이다. 이 사진은 1921년에 입학한 일출소학교 시절의 덕혜옹주의 모습이다(한국학중앙연구원 장서각 375.20911 K27k 소장).

처하고 있었던 고종은 함녕전 좌측, 엄씨의 위패가 모셔진 영복당에 자주 갔다가 그곳 뒤편 궁녀들의 거처에 살고 있었던 네 사람을 총애하였다. 이 가운데에 복녕당 양씨를 가장 먼저 총애하였다. 양춘기梁春基[147]는 1912년 5월 25일에 덕혜옹주德惠翁主를 출산한 점에서 적어도 순비 엄씨 사망 직후에 고종의 승은을 입은 듯하다. 원래 그녀는 덕수궁의 소주방 궁인이었다. 그녀가 어떻게 입궁하게 되었는지는 알 수 없다. 그러나 친정 오빠가 고기 행상인이었다는 사실에

147 《日記》(藏 K2-4691)에 따르면, 복녕당 양씨의 성이 '楊'으로 기재되어 있으나 1932년에 작성된 《李太王王族譜(藏 K2-1222)》를 보면, 덕혜의 생모는 梁春基로 되어 있다.

서[148] 양인 이하의 신분이었을 것이라 생각된다.

때로는 궁궐에서 일하는 여성의 친척의 연줄로 궁녀가 되는 여성도 있었다. 예컨대 고종은 복녕당을 사랑했던 이후에 광화당 이씨를 총애하였다. 이완흥李完興은 1897년(광무 1) 13세 되던 해에 고모의 연줄로 경복궁 지밀의 세수간 나인으로 입궁하였다.[149] 소생 이육李堉이 1914년 7월생이라는 점에서 그녀 나이 29살 때에 고종의 승은을 입은 것이라 생각된다. 김옥기金玉基[150]의 경우에도 부친의 외도가 심해서 독신으로 지낼 결심으로 13세 때 친척의 연줄로 경복궁 세수간 나인에 입궁하였다.[151] 고종의 총애를 독차지했지만 왕자녀를 낳지 못한 까닭에 고종 생전에는 승은 상궁에만 머물고 당호뿐만 아니라 작호를 못 받았다. 오히려 순종이 그녀에게 '삼축당'이란 당호와 귀인의 직첩을 내렸다.[152] 그 외에 덕수궁의 궁녀 정씨도 고종의 승은을 입고 1915년 8월에 이우李堣를 낳았다.[153] 고종의 아들이자 마지막 왕 순종은 어려서부터 병약하였기 때문에 간택 후궁은 물론 총애를 준 여성이 없었다.[154]

요컨대, 이 시기에 비간택 후궁은 모두 궁인 출신이었다. 이전에 양반가의 서녀나 양인 이상의 신분을 지닌 여성이 진봉 혹은 추천

148 김용숙,《朝鮮朝宮中風俗研究》, 一志社, 2000, 443쪽.

149 김용숙, 위의 책, ⅴ쪽.

150《宮中件記》에 따르면 후궁들에게 내려진 衣次件記에 그녀의 이름이 보인다(이 책 제Ⅱ장 1절 4)를 참조).

151 김용숙, 위의 책, ⅴ~ⅵ쪽.

152 김용숙, 위의 책, 13쪽.

153《순종실록부록》권6, 순종 8년 8월 20일(양력);《日記》(藏 K2-257).

154 황현 지음·임형택외 옮김, 앞의 책, 2005, 292쪽. "世子患陰痿 或曰 天閹 或曰 幼時宮女吮其莖 一出不收也 年稍長 莖垂如蒁 無擧時 小便自遺 常淋瀝濺席 一日一易褥 再易袴 大婚有年 不能有人道 明成懊恨狂躁 嘗屬宮婢 嬲世子敎交媾狀 自戶外高聲問曰 諧否 對曰 不諧 明成噫吁數息 槌胸而起 詩人以爲 此戕完和君之報."

등에 의해 후궁이 되었던 경우와 구분된다. 이것은 영조 이후 '각사의 하전이나 관청의 여종 이외에 양인 이상의 여성을 뽑지 않는다'는《속대전》의 규정에 따라 궁인을 내수사 노비에서 뽑도록 한 규정 때문이었다. 그러나 이 시기의 비간택 후궁들의 가계와 신분을 정확히 파악할 수 없었다. 신분을 확인할 수 없는 후궁일 경우 한미한 집안의 여성일 것이라는 전제하에서 이들을 양인 이하에 포함시켰지만 이들이 내수사 노비인지의 여부는 불확실하다. 출신이 확인된 후궁 역시 양인 이상층이 다수 확인되는 것으로 보아《속대전》의 실효성이 의심스럽다. 특히 고종 시기는 대한제국과 일제시기라는 시대적 배경을 감안하여 후궁들의 신분이 조선 후기에 나타난 보편적 추세라고 보기에 부적절함을 염두에 두어야 할 것이다.

3. 내명부직의 상향 제수 경향과 사친 후궁 궁원제宮園制의 시행

1) 내명부직 상향 제수 양상

(1) 간택 후궁의 초직 상향 제수

광해군을 중심으로 한 대북 정권이 실각되면서 광해군의 후궁들은 위리안치圍籬安置되거나 중도부처中途付處되어 광해군과 운명을 함께 했다. 이는 연산군의 후궁들이 연산군이 폐위되면서 함께 사사된 것과 같은 맥락이다. 중종조 적처와 첩의 분별이 심화되는 사회적 현실과 일정 정도 표리하여 집권층에서는 여알女謁, 여색 등을 이유로 후궁들에 대한 부정적 인식이 점차 대두되었다. 실제로 인조대 이후 사대부가에서는 그들의 딸이 후궁 간택에 참여하는 것을 꺼려 했던 것으로 보인다. 이렇다 보니 왕실에서는 왕실의 번영을 위한 광계사를 명분으로 간선한 간택 후궁의 지위와 위상을 격상시켜 줄 필요가 있었다. 이는 명문대가에서 뽑는 후궁들을 국가 차원에서 왕비에 버금가는 존재로 대우해 주는 것일 뿐만 아니라 양반 가문들의 참여를 보상해 주는 것이기도 했다.

그 이전 간택 후궁의 초직이 종2품 숙의였다면, 이 시기에 그들이 수여받는 품계는 정1품 빈이었다. 간택 후궁에 대한 빈 승격은 현왕의 비간택 후궁이 숙의 이상으로 승진할 수 있는 상황을 고려한 것이다. 전 시기의 간택 후궁이 왕비예비자의 지위를 상실하게 되면서 1품직에 제수되는 것이 가능해졌고, 비간택 후궁도 간택 후궁과 마찬가지로 숙의 이상으로 승진하게 되었다.

사대부 집안에서 뽑힌 간택 후궁은 비간택 후궁보다 신분이 현격히 높은 여성이었다. 비간택 후궁이 숙의 이상의 승진이 가능해지면, 종전과 같이 숙의직을 제수받는 간택 후궁과의 사이에 위계질서가 무너질 수 있었다. 이 때문에 간택 후궁을 맞이하면서 초직으로 숙의보다 세 등급 높은 정1품 빈을 제수하였다. 이것은 내명부의 같은 품계라도 사대부 출신인 간택 후궁과 궁인 출신인 비간택 후궁에 따라 달리하여 차별화하고자 한 것이다.

물론 후궁 간에 숙의와 빈 등의 품계가 중요한 사안이었지만, 출신 성분에 따른 후궁 간의 차별을 내명부의 품계보다 우선시하였다. 이는 후궁을 위한 가례가 제도적으로 완비되지 않고 빈어의 의위(儀衛, 의장과 시위)가 정해지지 않았을 때에 정조가 내명부의 위계질서에 따라 가례 의절과 의장을 어떻게 마련할지를 고민했던 사실에서 알 수 있다. 그 내용을 잠시 살펴보자.

하교하기를, "고례에 궁인을 후정後庭으로 삼았을 경우에, 출생한 자식이

> 비록 동궁이 되어 작위가 올라 빈이 되더라도 사대부 출신 빈의 의위儀衛를 사용할 수 없게 하였다. 또한 사대부 출신 숙의의 의위를 사용할 수 없게 하였으니, 이것이 우리나라의 법이다. 내가 염려하는 것은 궁인이 후정이 되었다가 빈이 된 자가 출생한 자식을 배경으로 하여 망령되이 요행을 바라는 마음을 갖는 것이다.
>
> 빈의 의위를 비록 함부로 사용하지 않는다 하더라도, 숙의의 위의는 그것이 간편하다는 이유 때문에 함부로 사용하는 폐단이 없지 않았다. 이와 같이 하면 명분名分이 문란해지고 예제禮制도 무너질 것이다. 사대부 출신 빈의 의위는 예조나 병조에서 거행하는 문제에 대하여 이 수교가 있으므로 함부로 사용할 우려가 없지만, 사대부 출신 숙의의 위의는 오늘날 그릇된 관행을 답습하여 통용하는 일이 있다.
>
> 국법에 사대부 출신의 숙의, 대군의 부인 및 공주가 아니면, 교군轎軍도 사복군司僕軍을 쓸 수가 없고, 전도前導도 충찬위 부장忠贊衛部將등 명색을 쓸 수 없도록 되어 있다. 그런데 최근에 비록 사대부 출신의 숙의가 아니며 공주가 아닌데도 대례大禮를 당하기만 하면 모두 이러한 위의를 사용하니, 법의 뜻에 매우 어긋난다. 이것을 해조에 분부하여 수교에 싣도록 하고, 또 해당 관청으로 하여금 알게 하라." 하였다.[155]

위 기록에서 정조는, 고례에는 궁인을 후정으로 삼았을 경우에 그 소생이 동궁이 되어 빈이 되더라도 사대부 출신의 빈 의위를 사용할 수 없었고, 사대부 출신의 숙의 위의를 사용할 수 없었다고 하면서 궁인 출신이 후정이 되었다가 빈이 된 자가 출생한 자식을 배경으로 망령되이 요행을 바라는 마음을 갖게 될 것이 염려된다고 하였다. 이처럼 정조는 내명부 품계에 따른 숙의와 빈 사이의 품계뿐만 아니라 개인의 출신 성분을 중요하게 여겼다. 결국 간택 후궁과 비간택 후궁의 출신 성분에 따라 구별하여 대우해 줌으로써 간택 후궁의 지위를 보장해 주는 한편, 후궁을 보낸 사대부가의 위상을 높

155 《일성록》 정조 2년 5월 22일(신사).

여 주고자 했던 것이다.[156] 이는 이 시기의 간택 후궁과 비간택 후궁의 봉작과 승급에서 현격한 차이를 둔 사실과 무관하지 않다고 본다.

이 시기의 간택 후궁들은 임신 또는 왕실에 대한 공로 여부에 관계없이 처음부터 중간 단계를 거치지 않고 간택 즉시 궁호宮號와 함께 정1품 빈에 책봉되었다. 이것은 이 시기에 주목되는 특징이다. 법제상으로 숙의 → 소의 → 귀인 → 빈의 승급 단계를 갖춘 것과는 다른 양상이다. 특히 궁호는 희빈 장씨가 왕비의 지위에서 빈으로 강등되었을 때 보덕輔德 박만정朴萬鼎이 요청한 이후에 간택 후궁들에게 새롭게 내린 것으로, 아래 상소는 이를 보여 준다.

> 박만정이 상소하기를, "… 다만 원량을 낳아 길렀고 지존의 짝이 되어 온 나라의 국모로서 여러 해를 지내다가 갑자기 하루아침에 도로 빈어의 반열에 있게 되었으니, 사체에 있어서 어떨지 알지 못하겠습니다. 신의 생각에는 널리 전대의 고사를 고찰해, 따로 처신할 궁호를 세우고 공봉供奉하는 의절도 조금 갖추되, 감히 곤극坤極과 동등하게 높이지 않아야 함을 보일 것입니다. 또한 모든 빈어보다는 특별히 다르게 하도록 하여 6년 동안 국모로 있었던 의리를 표한다면 불가할 것이 없을 것입니다."[157]

위에서 볼 수 있듯이 간택 후궁에게 궁호를 내려 주는 것은 왕후보다는 한 등급 내려 차별을 두고, 다른 후궁들보다 높여 특별히 대우해 주기 위한 조처였다고 하겠다.[158] 실제로 희빈 장씨가 사사되기

156 이욱, 앞의 논문, 2008, 51쪽.

157 《숙종실록》 권27, 숙종 20년 8월 19일(갑인).

158 《숙종실록》 권27, 숙종 20년 9월 13일(무인). "九萬曰 日者朴萬鼎上疏 請待禧嬪以異禮 且別揭宮號 其言極未安 臣造朝之初 右相貽書於臣 與萬鼎言相近 而其意蓋謂朝家新有廢置 群下之心 不能無疑慮耳 然臣謂若如前史 廢處別宮 則或有供奉如法之事 而今禧嬪未嘗獨居 同在一宮之中 下王后一等 又加異禮則有竝后匹尊之嫌 又何可別揭宮號乎."

이전에 간택된 숙종의 후궁 영빈 김씨의 경우엔 궁호를 하사받지 못했다. 그러나 정조의 후궁들은 정1품 빈에 책봉되면서 궁호를 하사받았는데, 홍낙춘의 딸, 판관 윤창윤의 딸, 박준원의 딸 3명의 여성들이었다. 홍씨는 1778년(정조 2) 6월 20일에 간택되어[159] 21일에 숙창궁淑昌宮을 받고 원빈에 봉작되었는데,[160] 이는 책빈과 궁호를 동시에 받게 된 첫 번째 사례가 되었다. 뒤이어 간택된 윤씨 역시 1780년(정조 4) 3월 10일에 화빈으로 봉작되고, 경수궁慶壽宮을 받았다.[161]

의빈 성씨 소생인 문효세자가 1782년(정조 6) 5세의 어린 나이에 죽고 이후에도 여전히 왕위를 계승할 후사 문제가 계속 해결되지 않았다. 정조는 다시 삼간택을 통해 1787년(정조 11) 2월 8일에 박준원의 딸을 최종 간택하였다.[162] 그녀는 3일 뒤에 곧바로 수빈에 봉작되었다.[163] 헌종의 후궁 김씨도 1847년(헌종 13)에 순원대비가 헌종의 후사 없음을 걱정하여 빈을 들이도록 한 전교에 따라 10월에 경빈에 책봉되었다.[164]

이 시기의 간택 후궁은 이처럼 중간 단계의 승급 없이 처음부터 정1품 빈에 봉작되었다. 이는 조선 후기에 유교적 명분론에 입각한 처첩의 구분이 명확해지고 왕비는 물론 후궁들의 출산율이 현격히 떨어지는 상황과 무관하지 않다고 본다. 실제로 후기로 갈수록 후궁의 수는 감소되었고[165] 그로 인해 왕자녀의 수도 격감되었다. 왕실에서는 그 어느 시기보다도 계사의 필요성이 절실하고도 절박했다. 정

---

159 《정조실록》 권5, 정조 2년 6월 20일(무신).

160 《승정원일기》 79책, 정조 2년 6월 21일(기유).

161 《정조실록》 권9, 정조 4년 3월 10일(기축).

162 《정조실록》 권23, 정조 11년 2월 8일(병오).

163 《정조실록》 권23, 정조 11년 2월 11일(기유).

164 《헌종실록》 권14, 헌종 13년 10월 20일(병인).

165 이 책 제Ⅱ장 3절 【표 Ⅱ-11】을 참조.

【표 V-2】 간택 후궁의 봉작과 지위 변화

국왕	후궁	후궁의 지위 변화		
		전·현왕 시기		후왕 시기
		승급	궁호	
정조	원빈홍씨	원빈(정조 2: 6. 21)	淑昌宮	
	화빈윤씨	화빈(정조 4: 3. 10)	慶壽宮	
	수빈박씨	간택(정조 11: 2. 8) → 수빈(정조 11: 2. 11)	嘉順宮	
헌종	경빈김씨	경빈(헌종 13: 10. 20)	順和宮	

조가 수빈을 책봉하는 교명문에서 '광저사'를 강조한 것은 후사를 두는 것이 당시에 왕실의 큰 과제였던 것이다.[166] 이처럼 이 시기의 후궁을 간택하는 일은 왕실의 번영을 위한 공식적인 명분보다 현실적으로 후사를 얻고자 하는 일이 당면 문제였기에 후궁을 간택하는 목적이 분명하였다. 이 때문에 국가에서는 간택 후궁에게 높은 지위를 주고 그에 걸맞은 왕실 안에서의 지위를 보장해 주었던 것이다.

조선 후기 처첩의 구분이 심화됨에 따라 왕비와 후궁, 후궁과 후궁 간의 지위에도 현격하게 차별을 둠으로써 왕실 안에서의 지위의 구분을 명백하게 하고자 했다. 실제로 조선 후기 간택 후궁의 가례에서 유교적인 신분질서로 말미암아 그 격식을 왕비의 가례보다 현격하게 낮추면서도 간택 후궁인 숙의, 빈 상호 간의 위상과 명분에 따라 차등적인 의례가 적용되었다.[167] 특히 1749년(영조 25)에 영조의

---

166 《정조실록》 권23, 정조 11년 2월 11일(기유). "定嬪號曰綏嬪 冊嬪敎命文 王若曰 予惟周立三夫人 九嬪之制 以廣儲嗣 聖人之深意也."

167 왕비의 혼례 절차는 대체로 六禮(納采→納徵→告期→册妃→命使奉迎→同牢)를 치루고, 이후에 王妃朝見王大妃, 王妃受百官賀, 殿下會百官, 王妃受內·外命婦朝會가 이루어지는 반면에, 후궁의 가례 절차는 納采, 納幣, 宣敎命儀, 朝見大殿, 同牢, 翌日朝見으로 구성되었다(이미선, 앞의 논문, 2005; 이미선, 〈왕실 혼례〉, 《조선사회 이렇게 본다》, 지식산업사, 2010, 229~248쪽). 왕비의 〈納妃儀〉와 간택 후궁의 가례는 그들의 위상에 따라 의례절차, 행사 규모와 의물, 각 절차에 소용되는 주요 물품, 복식, 참여 인원수와 지위 등의 차별

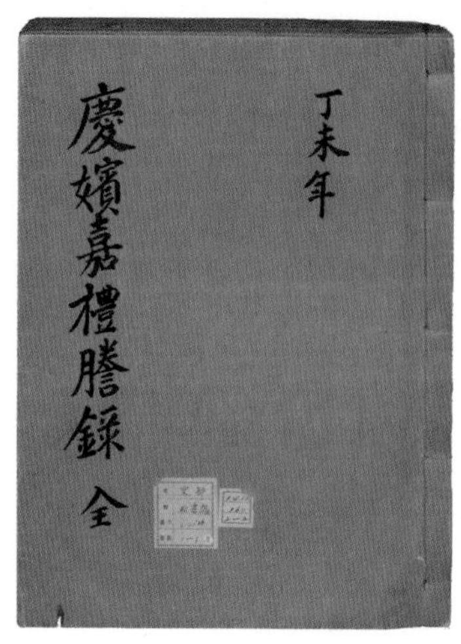

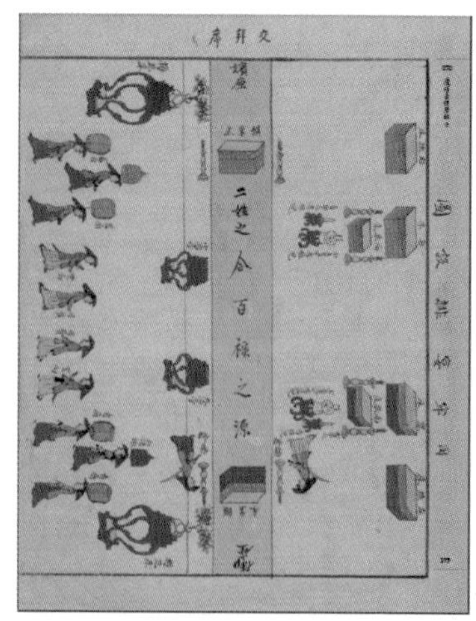

【도판 Ⅴ-8】《경빈가례시가례청등록》과 〈동뢰연배설도〉(오른쪽)

《경빈가례시가례청등록》은 1847년(헌종 13) 경빈 김씨가 헌종의 후궁으로 간택되었을 때 치렀던 가례 관련 내용을 기록한 책이다(한국학중앙연구원 장서각 K2-2615 소장). 이 책에 수록된 〈동뢰연배설도〉에서 동뢰연 때에 쓰였던 각종 상床, 탁卓, 반盤, 안案, 정亭, 교배석交拜席 등의 배치 상황을 알 수 있다.

명을 받은 박문수가 편찬한 《국혼정례國婚定例》에 영조가 후궁을 들이는 의식을 '나라의 혼례'라는 의미인 국혼에 포함시켜 '가례'라고 부르는 것에 대해 잘못된 것 같다고 스스로 고민하였다가 끝내 그 칭호를 바꾸지 않았다거나,168 〈숙의가례淑儀嘉禮〉편을 포함시키는 것이 적첩의 구분을 무너뜨려 서로 참람해지는 폐단을 열어놓지 않을까를 염려하고, 후대의 국왕이 이를 거행하지 않을까 두려워한 나머지 〈숙의가례〉편 아래에 특별히 어제를 지어 붙여 놓았다는 사실에

을 두어 왕비, 세자빈, 빈, 숙의 등 내명부 안에서의 위상을 분명히 구분 짓고자 했다. 이에 대한 자세한 논의로는 이미선의 앞의 논문(2019, 56~66쪽)이 참조된다.

168 《승정원일기》 57책, 영조 25년 11월 23일(무진). "上曰 淑儀則以嘉禮爲號似非矣 出閤爲稱者尤異矣 文秀曰 然則何以爲號乎 上曰 有號似非矣."

서 그러한 상황을 엿볼 수 있다.[169]

요컨대, 영조 이후에 이루어진 간택 후궁의 초직은 내명부의 최고직인 정1품 빈이었다 간택 후궁의 빈 승격은 왕비예비자의 지위가 없어지고, 비간택 후궁이 숙의 이상으로 승격이 가능해지면서 이들에게 높은 지위를 보장해 준 것이다.

(2) 비간택 후궁의 1품직 승직

연산군~숙종조에는 양반가의 서녀나 궁인은 숙원이나 소용에 봉작되었고, 간혹 궁인 가운데에서 상궁 또는 전찬의 궁관을 제수받기도 했다. 비간택 후궁은 원칙상 간택 후궁보다 품계가 낮은 숙의 이하 등급을 제수받았다. 이때 비간택 후궁의 초작과 승봉은 간택 후궁에 비해 3~4단계가 낮았으며, 승격의 구조와 운영도 일정하지 않았다. 이러한 원칙이 법적으로 명시된 적은 없지만, 이전 시기에 후궁들의 내명부직 사례를 통해서 유추해 보면, 그들의 품계는 대체로 숙원 또는 소원이나 숙용 또는 소용이었다가 후왕 대에 가서 숙의 → 소의 → 귀인 → 빈의 순으로 이루어졌다고 하겠다. 실제로 비간택 후궁인 영빈 이씨를 숙의로 올리면서 영조가 '예부터 후궁이 처음 받은 벼슬은 숙용(종3품), 소용(정3품), 숙원(종4품), 소원(정4품)의 등급이 있다'고 언급했듯이[170] 비간택 후궁의 초직은 간택 후궁보다 3~4단계가 낮은 숙의 이하의 품계를 받았던 것이다.

그러나 이 시기 비간택 후궁의 두드러진 특징은 현왕 때에 1품직

---

169 《영조실록》 권70, 영조 25년 11월 23일(무진); 이욱, 앞의 논문, 2008, 45~48쪽. "又取淑儀嘉禮編 覽之曰 此雖有先朝故事 彼與王后無甚遼絕 易啓嫡妾相僭之弊 予恐後王見有此編而遽行之 此當審愼處也."

170 〈영빈행장〉(한국학중앙연구원 출판부, 앞의 책, 2011, 78~83쪽). "自古後宮初授之爵 淑容昭容淑媛昭媛 自有所等級."

【표 V-3】 비간택 후궁의 봉작과 지위 변화

국왕	후궁	후궁의 지위 변화		전거
		전·현왕 시기	후왕 시기	
영조	정빈 이씨	입궁(숙종 27) → 소훈(경종 1) → 소원 개봉(영조 즉위: 10. 16) → 정빈 추증(영조 1: 2. 27)		묘지 제문
	영빈 이씨	입궁(숙종 22) → 숙의(영조 2: 11. 16) → 귀인(영조 4) → 영빈(영조 6: 11. 27)		묘지 행장
	귀인 조씨	입궁(숙종 42) → 숙원(영조 11) → 숙의(영조 48)	귀인(정조 2: 3. 2)	《永世寶藏》
	숙의 문씨	입궁(?) → 숙원(영조 29: 2. 8)	숙의(정조 즉위: 3. 30 이전) → 폐출(정조 즉위: 3. 30) → 사사(정조 즉위: 8. 10)	
장조	숙빈 임씨 유혜	입궁(?) → 양제(영조 28) → 작호 삭탈(영조 47: 2. 5) → 출궁(영조 47: 7. 12)	복작(정조 즉위 8. 3) → 숙빈(광무 3: 9. 12)	
	경빈 박씨 빙애	입궁(?) → 승은(영조 33: 11. 11) → 수칙(?)	귀인 추증(광무 3: 9. 12) → 경빈 추증(광무 5: 10. 17)	《한중록》
정조	의빈 성씨 덕임	입궁(?) → 상의(정조 6: 8. 26 이전) → 소용(정조 6: 12. 28) → 의빈(정조 7: 2. 19)		
순조	숙의 박씨	입궁(?) → 숙의(순조 17: 10. 11)		
헌종	숙의 김씨	입궁(?)	숙의 추증(광무 10: 5. 25)	
철종	귀인 박씨	입궁(?) → 귀인(철종 5: 7. 10)		
	귀인 조씨	입궁(?) → 귀인(철종 10: 10. 15)		
	숙의 방씨	입궁(?) → 숙의(철종 4: 2. 22)		
	숙의 김씨	입궁(?)	숙의(광무 3: 5. 7)	
	숙의 범씨	입궁(?)	숙의(고종 3: 2. 13)	묘지
	궁인 이씨	입궁(?)		철종 12: 윤8. 8 (무자)
	궁인 박씨	입궁(?)		《선원계보기략》
고종	순헌황귀비 엄씨	입궁(철종 12) → 아기내인(?) → 시위상궁(?) → 귀인(광무 1: 10. 22) → 순빈(광무 4: 8. 3) → 순비(광무 5: 10. 14) → 황귀비(광무		

	7: 12. 25)		
귀인 이씨 영보당	입궁(?) → 숙원(고종 17: 1. 29) → 귀인(광무 10: 5. 27)		비문(생몰년)
귀인 이씨 내안당	입궁(?) → 소의(광무 4: 8. 3) → 귀인(광무 10: 5. 27)		비문(생몰년)
귀인 장씨	입궁(?) → 숙원(광무 4: 9. 17) → 귀인(광무 10: 5. 27)		
귀인 양씨 복녕당	입궁(?)	귀인(순종 14: 5. 4 이전)	비문(생몰년)
귀인 이씨 광화당	입궁(광무 2) → 승은(광무 10)	귀인(1914. 윤5. 11)	순종 7: 7. 3(양력)
김씨 삼축당			
귀인 정씨 보현당	입궁(?)		비문(생몰년) 순종 8: 8. 20(양력)
김씨 정화당			《이왕궁비사》

빈의 승진이 가능해졌다는 점이다. 【표 Ⅴ-3】은 이를 잘 말해 주는데, 몇 가지 사례를 통하여 이 같은 추세를 확인하고자 한다.

영조~고종조까지 왕세자 시절에 들어온 잉첩은 사도세자의 잉첩밖에 없다. 영조의 경우에는 연잉군 시절에 승은을 내린 정빈 이씨가 있다. 연산군~숙종조에 왕세자의 잉첩의 초직은 종2품 양제였다. 그런데 연잉군 시절 소실이었던 정빈 이씨의 경우, 1721년(경종 1)에 연잉군이 왕세제가 되면서 그녀는 종5품 소훈에 봉작되었다.[17] 이는 왕세자 간택 잉첩의 작위로 이전에 내린 종3품 양원 또는 종2품 양제에 견주어 낮은 품계이지만, 비간택 후궁이었던 이씨의 신분을 고려하면 비교적 높은 작위를 내린 것이다. 이후 연잉군이 왕위에 즉위하고 그녀의 소생 효장세자가 경의군에 책봉되면서 그녀는 소원

17 1721년(경종 1) 10월 3일에 이씨를 소훈으로 임명하는 교지가 장서각에 현존한다(한국학중앙연구원 출판부, 앞의 책, 2011, 52쪽).

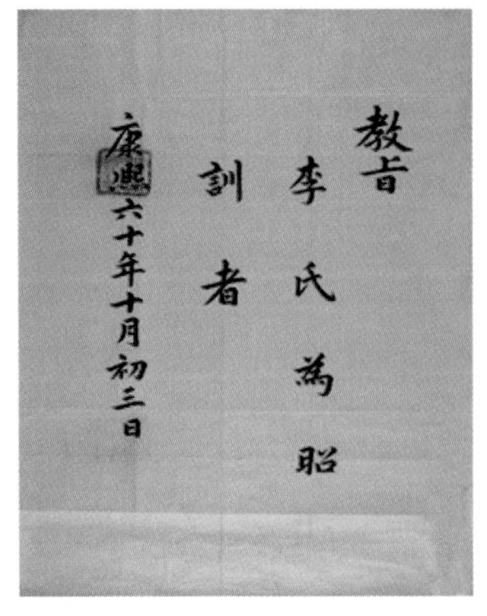
敎旨
李氏爲昭
訓者
康熙六十年十月初三日

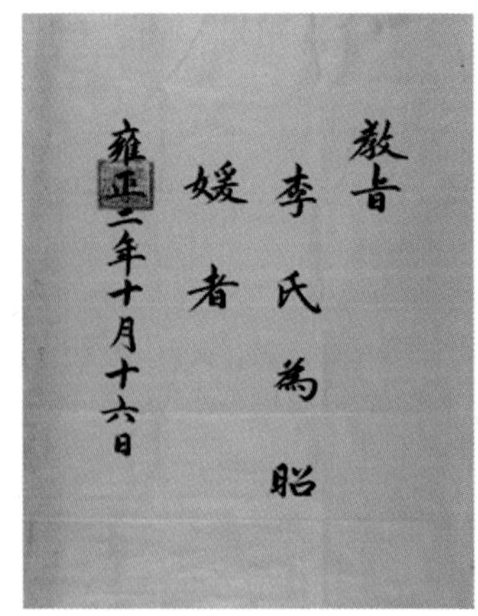
敎旨
李氏爲昭
媛者
雍正二年十月十六日

【도판 Ⅴ-9】 〈소훈이씨교지〉와 〈소원이씨교지〉(오른쪽)

〈소훈이씨교지〉는 1721년(경종 1)에 궁녀 이씨를 소훈으로 임명한 교지이다(한국학중앙연구원 장서각 古118 소장). 소훈은 조선시대 내명부 소속의 종5품 궁녀직으로서, 세자궁 내관의 최하위 관계官階이다. 〈소원이씨교지〉는 1724년(영조 즉위)에 소훈이씨를 소원으로 임명한 교지이다(한국학중앙연구원 장서각 古115 소장). 소원은 조선시대 내명부 소속의 정4품 궁녀직으로서 왕의 후궁이다. 모두 정빈 이씨에게 내려진 교지이다.

에 승급되었고, 1725년(영조 1) 2월에는 경의군이 왕세자로 봉해짐에 따라서[172] 경의군을 낳은 공로를 인정받아 정빈으로 추증되었다.[173]

그러나 사도세자의 잉첩처럼 세자가 왕위에 오르지 못해서 봉작명이 단절되고 지속적으로 봉작되지 못하다가 그녀들 사후에 후대의 왕들에 의해 추증되기도 했다. 궁인 임씨는 은언군을 출산한 이후에 종2품 양제에 봉해졌지만 1762년(영조 38)에 사도세자가 사사되면서 출궁당해 그 작호가 삭탈되었다가,[174] 1776년(정조 즉위) 8월 3일 정조의 명에 따라 양제로 복작되었다.[175] 궁인 박씨 빙애도 청근

---

172 《영조실록》 권3, 영조 1년 2월 25일(계사).

173 1725년(영조 1) 2월 27일에 이씨를 昭媛에서 靖嬪으로 추증하는 교지가 장서각에 현존한다(한국학중앙연구원 출판부 편찬, 앞의 책, 2011, 53쪽).

174 《영조실록》 권116, 영조 47년 2월 5일(병자).

옹주淸瑾翁主를 출산한 이후에 종6품 수칙守則에 봉해졌다가 사고사로 죽게 되어 더이상 봉작되지 못했다. 양제 임씨와 수칙 박씨는 남편 사도세자가 왕위에 오르지 못하고 죽임을 당하면서 더 이상 승봉되지 못했다.

훗날 1899년(고종 36) 9월 1일 사도세자가 왕으로 추봉되어 장종莊宗의 묘호를 받게 되자, 같은 해 9월 12일 고종의 명에 따라 임씨는 정1품 빈으로 추증되어 숙빈肅嬪에 봉해졌다.[176] 사칙 박씨도 9월 12일 임씨와 함께 종1품 귀인으로 진봉되었다가,[177] 2년 뒤인 1901년(고종 38) 10월 17일 정1품 빈으로 또 추증되어 경빈景嬪에 봉해졌다.[178]

비간택 후궁의 승급은 법적으로 규정되어 있지는 않지만, 보통 숙원 → 숙용〔또는 소용〕 → 숙의〔또는 소의〕 → 귀인 → 빈의 순으로 승급되었다. 그러나 이 시기에 비간택 후궁은 간택 후궁과 마찬가지로 국왕의 개인 의사에 따라 중간 단계의 승급 없이 숙의 또는 귀인에 봉작되기도 했다.

영조의 후궁 영빈 이씨의 경우, 오랫동안 궁인에 있다가 영조의 총애를 입고 숙종의 후궁 영빈 김씨의 예에 따라 곧바로 숙의가 되었다. 이는 그녀가 궁관으로서 궁궐 내에서 모범과 능력을 보였기 때문이다.[179] 그러나 그녀의 공로가 비록 클지라도 궁관의 지위에서 승은을 받은 비간택 후궁이 숙용, 소용, 숙원, 소원의 등급을 거치지 않고 곧바로 숙의에 책봉된 것은 매우 파격적인 조치였다. 당시 이병태李秉泰는 이러한 이례적인 조치에 대해 효종의 후궁 안빈 이씨가 옹주를 낳은 지 7년 만에 봉작된 사실을 거론하면서 영조에게

175 《정조실록》 권2, 정조 즉위년 8월 3일(임인).
176 《고종실록》 권39, 고종 36년 9월 12일(양력).
177 《고종실록》 권39, 고종 36년 9월 12일(양력).
178 《고종실록》 권41, 고종 38년 10월 17일(양력).
179 이 책 제Ⅴ장 2절 2)를 참조.

후궁 임명에 신중할 것을 요구했을 정도였다.[180]

숙의로 책봉된 이듬해 1727년(영조 3) 4월에 그녀는 화평옹주和平翁主를 낳고 이듬해 10월에 귀인으로 승봉되었다가, 35살 때인 1730년(영조 6) 11월 27일에 후궁 최고의 자리인 정1품 영빈에 봉작되었다. 이러한 초고속 승진은 그녀가 영조의 특별한 사랑을 받았음을 알 수 있는 대목이다. 더구나 이날은 경종의 계비 선의왕후 어씨가 죽고 막 발인을 끝낸 상황이었다. 온 나라가 왕대비의 죽음으로 상중에 있을 때에 후궁 임명이 시각을 다투는 사안도 아니었고, 조정 대신들의 반대가 있었음에도 영조는 영빈 이씨를 후궁 최고의 자리에 앉혔다.[181] 이와 같이 현왕들은 비간택 후궁에게 당대 빈의 지위를 하사하였다. 왕자녀를 출생한 비간택 후궁에 대한 현왕들의 파격적인 승급 조치는 후기로 갈수록 왕자녀들의 출산율이 감소되는 현상과 관계된다. 이는 아래 기록을 통해 추측해 볼 수 있겠다.

> 왕자가 탄생하였다. 하교하기를, "궁인 성씨가 임신 중이더니 오늘 새벽에 분만하였다. 종실이 이제부터 번창하게 되었다. 내 한 사람의 다행일 뿐만 아니라, 머지않아 이 나라의 경사가 계속 이어지리라는 것을 확실히 알 수 있으므로 더욱더 기대가 커진다. '후궁은 임신을 한 뒤에 관작을 봉하라'는 수교가 이미 있었으니, 성씨를 소용으로 삼는다." 하였다.[182]

위는 1782년(정조 6) 9월에 임산부였던 상의 성씨尙儀成氏가 7일 새벽에 원자[文孝世子]를 낳았다는 기사이다. 이후 같은 해 12월, 영

180 《영조실록》 권10, 영조 2년 11월 16일(갑진).

181 《영조실록》 권28, 영조 6년 11월 27일(임진).

182 《정조실록》 권14, 정조 6년 9월 7일(신축). "敎曰 宮人成氏有娠 今曉分娩 宗英之自此蕃衍 非但一己之幸 繼此邦慶 明知其非久 益切顒企 後宮有娠 然後封爵 旣有受敎 成氏爲昭容."

의정 서명선이 '원자의 호칭을 정한 뒤에 소용의 직첩을 올려 줄 것'을 재차 건의한 뒤에 상의 성씨는 정3품 소용 성씨로 승급되었다.[183] 또한 1783년(정조 7) 2월에 그녀가 낳은 소생이 문효세자로 책봉되면서 중간 단계(숙의 → 귀인)의 봉작명 없이 소용에서 정1품 의빈으로 봉해졌다.[184] 이처럼 궁인이었던 그녀가 초고속 승진을 할 수 있었던 이유는, 당시 후사가 없는 상황에서 왕자를 생산한 공로가 중요하게 작용되었기 때문일 것이다. 이와 같이 비간택 후궁이라도 왕실의 번영을 위해 왕자녀를 출산하게 되면 당대에 파격적인 관작을 봉작받을 수 있었다.

실제로 순조, 철종대에 왕자녀를 출산한 후궁들은 지금까지 유례를 찾기 어려울 정도로 초고속으로 고위급 작위를 봉작받았다. 순조의 후궁 숙의 박씨의 경우에 중간 품계를 거치지 않고 1817년(순조 17) 10월 10일에 영온옹주永溫翁主를 출산한 그 다음 날에 숙의로 봉작되었다.[185] 심지어 1품 작위인 귀인에 봉작되는 후궁들도 있었다. 철종의 후궁 궁인 박씨는 1854년(철종 5) 7월에 왕자를 낳은 덕에 종1품 귀인에 봉작되었고, 궁인 조씨 역시 1859년(철종 10) 10월에 왕자를 생산하여 귀인에 봉해졌으며, 궁인 방씨의 경우에도 둘째 딸이 1853년(철종 4) 2월에 출생하여 궁인에서 숙의로 봉작되었다. 이처럼 이 시기 국가에서는 후궁에게 내려 주는 봉작명을 남발하는 듯 보인다.

고종의 후궁 상궁 엄씨의 경우에는 승은을 입은 궁인의 신분이 격상되는 데에 왕의 자녀를 임신하였는지의 여부가 중요한 기준이

183 《정조실록》 권14, 정조 6년 12월 9일(신미); 《정조실록》 권14, 정조 6년 12월 28일(경인).

184 《정조실록》 권15, 정조 7년 2월 19일(경진).

185 《순조실록》 권20, 순조 17년 10월 11일(신사).

되었음을 보여 주는 단적인 사례라고 할 수 있다. 또한 그녀는 1897년(광무 1) 대한제국 성립 이후에 황비로 승봉된 첫 사례가 되었다. 이는 순종이 후사가 없는 상황에서 영친왕의 존재가 컸기 때문이다.

상궁 엄씨는 아관파천 때에 왕의 수라를 짓기 위하여 재입궁한 후에 고종을 측근에서 모셔 1897년(광무 1) 10월 20일, 그녀의 나이 44세에 영친왕을 낳았다.[186] 이틀 뒤에 상궁에서 귀인에 책봉되었고,[187] 당호인 영복당永福堂을 받았다. 그녀에게 내린 당호는 간택 후궁에게 내린 궁호와는 격을 달리하며, 이 시기의 특징이라고 할 수 있다.

귀인 엄씨는 1900년(광무 4) 8월 3일에 다시 순빈淳嬪에 봉해졌다.[188] 그런데 1901년 9월에 영돈령원사領敦寧院事 윤용선尹容善이 순빈을 황비로 높일 것을 건의하면서 먼저 수빈 박씨의 위호를 높일 것을 주장하였다.

> 영돈녕원사 윤용선이 올린 상소의 대략에, "옛날에는 천자의 후궁을 비빈으로 통칭하고 따로 구별한 적이 없었습니다. 당나라와 송나라 이후부터 점점 차등을 두다가 명나라 때에 이르러서는 비를 책봉하고 빈을 책봉하는 예법이 각각 달라서 보寶를 쓰기도 하고 규圭를 쓰기도 하였으며 물건에도 차이가 있게 되어, 비와 빈의 존비 구분이 여기에서 뚜렷해졌습니다. 그래서 천자의 후궁이라야 비라고 불렀고 제후왕 이하의 후궁은 빈이라고만 불렀던 것입니다. 우리 왕조의 후궁들이 빈을 넘지 못하는 것은 대체로 그 예가 그렇기 때문입니다. … 경우궁景祐宮은 바로 정조 선황제正朝宣皇帝의 빈입니다. 대체로 천자의 후궁을 비로 부르는 사례를 적용한다면 응당 그를 비의 칭호로 높여야 할 것입니다. … 그러므로 높여야 할 것을 높이고 높이지 말아야 할 것을 높이지 않는 것은 모두 하늘의 이치입니다. 전에 천자의 예를

186 《독립신문》(1897. 10. 23).
187 《고종실록》 권36, 고종 34년 10월 22일(양력).
188 《고종실록》 권40, 고종 37년 8월 3일(양력); 《제국신문》(1900. 8. 6).

행하기 전에는 비록 임금의 어머니로 높였더라도 일단 선왕의 후궁인 이상 그 지위가 빈으로 머물 수밖에 없었지만, 지금 이미 천자의 예를 행하였으니 천자의 후궁은 응당 비가 되어야 합니다." 하였다.[189]

위 인용문에서 몇 가지 점을 논의할 수 있다. 첫째, 천자의 후궁을 비빈으로 통칭해 오다 당나라와 송나라가 차등을 두었고, 명나라에 이르러서 비와 빈의 존비 구분이 생기게 되었다는 점 둘째, 후궁 소생이 황제로 즉위하면 선왕의 후궁이더라도 그 지위를 빈에 머물게 하지 않고 비로 책봉되어야 한다는 점 셋째, 이상의 명나라 제도를 따라 정조의 후궁이자 순조의 모친 경우궁 수빈이 천자의 후궁이므로 비의 위호를 존봉해야 함을 건의하였다.

영돈령원사 윤용선은 이틀 뒤에 순빈을 황비로 높일 것을 아래 인용문에서와 같이 아뢰었다.

비와 빈은 모두 후궁의 벼슬입니다. 낮은 데에서부터 높이기도 하고 귀한 것으로 인하여 높이기도 하니, 이것은 조정에서 벼슬에 임명하는 원칙입니다. 귀인으로부터 빈으로 되고 빈으로부터 비로 되는 것은 모두 각기 때에 맞게 하는바, 이것이 낮은 데에서부터 높인다는 말입니다. 아들이 친왕이 되었는데, 친왕의 어머니를 귀하게 하여 비로 하지 않는다면 장차 누가 비가 되겠습니까? 이것이 귀한 것으로 인하여 높인다는 말입니다. … 그런데 유독 육궁六宮의 벼슬에만 비의 지위를 두지 않는다면, 이것이 어찌 잘못된 일이 아니겠습니까?[190]

같은 해 9월 20일에는 궁내부 특진군宮內府特進官 조병식趙秉式이 순빈이 오랫동안 빈어의 반열에서 여자의 도리를 다하였고, 또 영친

189 《고종실록》 권41, 고종 38년 9월 12일(양력).

190 《고종실록》 권41, 고종 38년 9월 20일(양력).

【도판 Ⅴ-10】 러시아 공사관(서울특별시 중구 소재)과 《순비책봉의궤》(오른쪽)
러시아 공사관은 개항기 르네상스식 건물로, 고종이 피신하여 있던 아관파천의 장소이다. 《순비책봉의궤》는 1901년(광무 5) 고종의 후궁이자 영친왕의 어머니인 순빈 엄씨를 황비로 책봉한 과정을 기록한 의궤이다(한국학중앙연구원 장서각 K2-2654 소장). 대한제국이 성립되자 고종은 후궁으로부터 얻은 아들을 '친왕親王'으로 봉할 필요가 생겨, 아들 이은을 '영왕英王'으로 책봉하면서 귀인 엄씨도 '순빈 엄씨'로 진봉시켜 책봉했고 이후 '순비'로 승봉하였다.

왕을 낳은 귀함이 있으므로 낮은 자리에 두는 것은 아들로 인해 부모가 귀하게 되는 법에 흠이 된다는 논리를 피력하였다. 그 내용은 아래와 같다.

> 궁내부특진관 조병식이 올린 상소의 대략에, "천자가 내관을 세웠는데 그 직위는 후, 부인, 빈, 세부, 여어입니다. 이 다섯이 서로 어울려 천하의 내치를 세움으로써 여자들이 순종할 것을 밝혔기 때문에 천하가 잘 다스려지고 집안이 잘 꾸려졌던 것입니다. 또한 옛 제도를 상고하여 보건대 부인은 당나라 이후부터 비라고 하였으며, 또 상고하건대 위나라 이후부터는 여러 임금의 어머니를 비로 삼았습니다. 지금 순빈 엄씨는 오랫동안 빈어의 반열에 있으면서 일찍부터 여자의 도리를 밝힌 명성이 드러났으며 또 황자를 낳은 귀함도 있습니다. 그런데도 벼슬이 여전히 낮은 것은 아들로 인해 부모가 귀하게 되는 법에 흠이 되는 것 같습니다."[191]

이로써 1901년(광무 5) 10월 14일에 고종은 그녀를 순비에 진봉하였다.[192] 순비에 책봉될 때에는 경선궁慶善宮이라는 궁호를 받았다가 이후에 그녀는 황귀비에까지 올랐다. 당시 내정의 빈어는 빈이 최고의 위상이었다.

그녀를 황후로 책봉하자는 대신들의 계속되는 요구가 있었지만, 고종은 그녀를 황후로 책봉하지 않고 귀비 앞에 '황' 한 글자를 덧붙여서 그 지위가 황후의 한 등급 아래이고 여러 비빈들 가운데에서 최고의 위치라는 것을 보여 주었다. 다만 이러한 승급은 하나의 특수한 영예이고 그 위상은 적처인 황후에는 미치지 못한 것이다. 황귀비 엄씨는 끝내 고종황제의 황후가 되지는 못하였다. 숙종조 희빈 장씨 사건 이후 후궁의 왕비 승격은 금지되었는데, 이 조치가 조선 말기까지 유지되어 왔음을 알 수 있다. 이러한 사례를 통하여 왕실에서는 왕자녀들의 출산율 저조라는 현실적인 문제를 반영하여 비간택 후궁들에게까지 정1품의 파격적인 승급을 보장해 주었던 것이다.

한편 선왕의 후궁에 대한 대우는 이 시기에도 여전히 이루어졌다. 영조의 후궁 궁인 조씨는 궁인의 신분에서 1735년(영조 11) 29세에 숙원으로 봉해졌다. 1740년(영조 16)에 화유옹주를 낳았지만 1772년(영조 48) 그녀의 나이 66세가 되어서야 숙의에 승급되었다. 이후 그녀는 더 이상 현왕 때에 승급되지 못하다가 1778년(정조 2) 72세에 이르러서야 특별히 귀인이 되었다. 헌종의 후궁 궁인 김씨의 경우에도 헌종의 승은을 입은 뒤에 옹주 한 명을 낳았지만, 옹주가 일찍 죽는 바람에[193] 현왕 때에 승급받지 못하다가 오히려 고종대에

191 《고종실록》 권41, 고종 38년 9월 14일(양력).

192 《고종실록》 권41, 고종 38년 10월 14일(양력).

193 〈숙의김씨묘표〉(경기도 고양시 서삼릉 소재). "淑儀金氏籍金海 憲宗成皇帝

이르러서 숙의에 추봉되었다.[194]

특히 현왕대에는 승작되지 못하다가 오히려 후왕대에 승봉된 사례가 있다. 철종의 후궁 궁인 김씨는 어렸을 때 죽었지만 옹주를 출산했음에도 고종 때에 숙의가 되었고,[195] 궁인 범씨[196]는 영혜옹주永惠翁主[197]가 9세가 된 1866년(고종 3)이 되어서야 숙의에 봉작되었다.[198]

고종의 후궁들은 태상왕으로 물러난 이후에 승은을 입었기 때문에 그들에게 작위를 봉작해 준 사람은 다름 아닌 후왕인 순종이었다. 순종은 그들에게 내명부 작위뿐만 아니라 당호를 함께 내렸다. 덕수궁 궁인들이었던 양씨, 이씨, 정씨, 김씨는 당호를 받았다. 우선 양춘기梁春基는 1912년 5월 25일에 31살의 나이로 덕혜옹주를 출산하여 복녕당의 당호를 받았고,[199] 옹주를 낳은 직후에 귀인에 봉작되었다. 이완덕李完德은 소생 왕자 이육李堉이 1914년 7월 3일에 태어나서 광화당이라는 당호를 받았다.[200]

요컨대 간택 후궁은 중간 단계의 승급 없이 정1품 빈에 승봉되었고 비간택 후궁도 왕자녀를 출산했을 때에 당대 빈까지 승격되었다. 이러한 파격적인 대우는 이 시기 왕비의 원자 생산이 전혀 불가능

後宮 僉使鶴聲之女 幼時選入宮中 承恩後生一女早夭 賜堂號和樂."

194 《고종실록》 권47, 고종 43년 5월 25일(양력).

195 《고종실록》 권39, 고종 36년 5월 7일(양력).

196 〈숙의범씨묘표〉(경기도 고양시 서삼릉 소재)에 따르면, 숙의 범씨의 본관은 羅州이고 1838년(헌종 4) 7월에 태어나서 1883년(고종 20) 12월 향년 46세로 병사하였다. "道光十八年戊戌七月十五日生 奉御哲廟偏承恩光 生永惠翁主 同治五年丙寅二月 特敎淑儀封爵 光緖九年癸未十二月二十六日卒 享年四十六 甲申正月十五日大葬于楊州畓洞 龍城府大夫人墓所局內案山下甲坐庚向之原."

197 永淑翁主에 봉작되었다가 같은 날에 永惠翁主로 개칭되었다(《승정원일기》 128책, 고종 3년 2월 13일(계묘); 《고종실록》 권3, 고종 3년 2월 13일(계묘).

198 《승정원일기》 128책, 고종 3년 2월 13일(계묘).

199 《순종실록부록》 권3, 순종 5년 5월 25일(양력).

200 《순종실록부록》 권5, 순종 7년 7월 3일(양력).

한 현실 상황에서 왕자녀를 생산한 후궁들에게 그만한 대우를 보장해 준 것이다.

현왕이 선왕의 후궁을 예우한다는 차원에서 수여되었던 작위도 더 이상 현왕의 후궁과 같은 품계에 있는 선왕의 후궁과 그 위계를 구분하지 못하였다. 특히 국왕을 낳은 후궁들은 현왕 때에 최고직인 정1품 빈에 이미 올랐기 때문에 사후에 후왕들로부터 추봉받을 수 있는 작위가 없었던 것이다. 이렇다 보니 후궁 소생 국왕들은 선대 후궁이자 사친이 되는 후궁을 별도의 제도를 마련하여 존숭하기 위한 방안을 모색하게 되었다. 선대 후궁의 존숭 방식이 내명부 직제를 벗어나서 이루어지게 된 것이다.

2) 사친 후궁 궁원제의 시행

현왕의 간택 후궁과 비간택 후궁의 작위가 당대 1품직 빈에까지 승격이 가능해지면서 내명부직을 통한 선왕의 후궁을 높이는 방안은 사실상 불가능하게 되어 버렸다. 이는 내명부직으로 선왕 후궁에 대한 예우가 사실상 어려워진 문제로 나타났다.

이 시기에 왕비의 원자 출산과 후궁의 왕자녀 출산율이 감소되고 왕위계승자들이 후궁에서 태어난 왕자가 왕위에 오르면서, 선대 후궁 또는 국왕의 사적인 관계인 사친을 존숭하여 같은 품계, 정1품 빈에 있는 다른 후궁들과 그 지위를 달리하는 방안이 마련될 필요가 있었다. 그 방안이 바로 궁원제이다. 당시 국왕을 출산한 후궁들은 현왕 때에 최고직인 정1품 빈에 이미 올랐기 때문에 그들 사후에 더 이상 추봉될 작위가 없었다. 이때 국왕이 표면적으로 내세운 것이 바로 《춘추春秋》에서 '아들로 인해 부모가 귀하게 된다'는 논리였는데, 이것은 사친 추숭의 논리이기도 하다. 이 절에서는 국왕의 사친을 존숭하기 위해 만든 궁원제를 검토하고자 한다.

(1) 사친궁私親宮·사친원私親園의 배경

조선 후기에는 성리학 이념이 정착되고 신분 질서가 확립되면서 처첩의 구분과 적서의 차별 관념이 심화되었다. 왕실에서도 예외는 아니어서 중종의 계비 문정왕후 때부터 왕비가 죽으면 후궁을 왕비로 승격시키기보다는 새로 계비를 들이는 일이 일반화되었다. 이 때문에 이 시기에는 후궁에서 왕자가 태어나면 왕위계승자로 삼기 위하여 왕비가 데려다가 아들로 삼는 "내전취자內殿取子"의 궁중 관례가 생기기도 하였다.[201]

그런데 조선 후기에는 실제로 후궁에서 태어난 왕자가 왕위에 오른 이후, 자신의 태생적 결점을 보완하기 위해 《춘추》의 '어미는 아들을 통해 귀해진다'는 원리를 적용시켜 '사친〔생모〕 추숭' 작업이 추진되었다. 그 가운데 하나가 바로 사당인 묘廟와 무덤인 묘墓를 궁宮과 원園으로 조성한 일이다. 이것은 지금까지 전례를 찾아볼 수 없던 파격적인 예우로서 조선 후기의 왕실에 새롭게 나타난 제도였다. 궁원 제도가 나타나게 된 이유를 크게 세 가지로 살펴보고자 한다.

우선, 조선 후기 후궁 소생의 국왕이 많아지면서 국왕 자신의 정통성 확립 과제가 대두된 때문이었다. 왕자녀는 물론 왕비에게서 태어난 적자녀의 출생률이 낮아지면서[202] 후궁 소생의 왕자가 세자가 되거나 왕위에 오르는 경우가 많았다. '왕위의 정통성이 구차스럽게 되기는 경종에서부터 시작되어 나에게 이르러서인데, 아무리 근거

---

201 김용숙, 앞의 책, 2000, 265~267쪽.

202 왕실 여성의 출산율에 대한 자세한 논고는 김지영의 〈조선시대 왕실 여성의 출산력-시대별 변화추이와 사회문화적 함의〉(《정신문화연구》 권34 3호, 2011)가 있다.

없는 임금이라 해도 그래도 섬겨야 하거늘 신하된 자로서 어찌 정통을 분간하는가!'[203]라고 한 영조의 술회에서 볼 수 있듯, 후궁 소생이라는 태생적 한계는 그 군왕이 가지고 있는 약점 가운데 하나였다. 국왕은 최고 권력자로서 왕위계승의 정통성을 확립하여야 했다. 계승상의 확고한 정통성은 그들의 왕권을 안정시키고 권위를 높여 주는 것임엔 틀림없다. 이로써 보면 사친궁은 조선 후기 왕위계승의 약점을 보완시켜 주는 하나의 방안이 되었다.[204]

조선 전기에는 적장자로서 후계자를 삼는다는 원칙이 수립되었고, 그에 따라 계승권을 부여받은 경우가 많았다.[205] 그러나 조선 후기에는 왕비 소생 적장자의 후사가 귀해지면서 적장자만을 고집할 수 없었다. 적자가 없는 숙종을 포함하여 경종, 영조, 정조, 헌종, 순종의 경우에는 아예 적자녀가 한 명도 없었다. 조선 후기 국왕의 다수는 왕위계승에 필요한 적자를 갖지 못했다. 숙종의 즉위 이후에 경종, 영조, 정조, 순조 등으로 이어지는 국왕의 계승은 후궁 소생에 의해 이루어졌다. 사도세자의 아들인 정조의 경우도 조모祖母가 영조의 후궁 영빈 이씨였고, 종통宗統상으로도 효장세자의 어머니 정빈 이씨라는 점에서 왕비의 직계 자손은 아니었다. 이러한 사실은 다음【표 V-4】에서 확인된다.

순조 이후에는 왕위계승이 손자인 헌종에게 이어졌으며, 심지어 헌종, 철종, 고종으로 이어지는 국왕의 계승은 적자 소생은 물론 없거니와 서자도 없어 아예 왕실의 직계 후사가 끊긴 상황에서 먼 종실의 인물을 맞아들여 왕위를 잇게 되었다. 더 나아가 헌종의 뒤를

---

203 《승정원일기》 49책, 영조 15년 8월 30일(갑진). "上曰 正統零替 自景宗至予 我國初有之事 無據之君 猶可事之 爲其臣者 豈可分間正統乎."

204 심재우, 〈조선후기 제궁의 조성과정과 소속 궁방전의 추이〉, 《조선후기~대한제국기 양안의 종합적 검토》, 규장각 한국학연구원 학술발표문, 2010.

205 이영춘, 앞의 책, 1998, 91쪽.

【표 Ⅴ-4】 조선 후기 왕위계승자의 모계와 계승 문제

대수	왕	신분	생모	양모	비고
19	숙종	현종의 적장자	명성왕후		
20	경종	숙종의 서장자	희빈 장씨	인현왕후	기사환국
21	영조	숙종의 서차자	숙빈 최씨	영빈 김씨	신임옥사
22	정조	사도세자 적장자	혜경궁 홍씨	정성왕후	효장세자(진종) 입후
23	순조	정조의 서차자	수빈 박씨	효의왕후	익종과 철종 입후
24	헌종	순조의 적장손	신정왕후		순조의 세손
25	철종	정조의 서제 (은언군 적손)	용성부대부인 염씨	순원왕후	신해조천예론
26	고종	흥선대원군 적차자	여흥부대부인 민씨	신정왕후	헌종과 철종 절사
27	순종	고종의 적장자	명성왕후		

이어 왕위에 오른 철종은 헌종의 9촌 숙부였기 때문에, 계보상으로는 순조의 아들로 입적되었다.[206] 상황이 이렇다 보니 순조의 경우에는 익종과 철종의 두 후사가 생겨 '이통二統'의 혐의가 있게 되었고, 헌종에게는 종통의 계승자는 있지만, 가계의 적통이 끊어져 '이종貳宗', 이른바 적통과 종통의 분리의 혐의로 종통상의 논란을 야기하였다. 따라서 후궁 소생 국왕은 왕으로서의 공적 지위나 권력 행위를 보장받았지만, 사회적인 인식이나 왕실의 존엄성과 같은 사적인 영역에서는 적통이라는 지위가 담보되지 못했다.

궁원제는 어머니의 지위를 높여 자신의 지위를 높이는 당시의 시대적 분위기에 발맞추어 나타난 전례였다.[207] 즉, 후궁 소생 신분으로 계승한 국왕이 어머니에 대한 예우를 격상함으로써 자신의 정통성과 존엄성의 취약점을 보완하고 안정된 정치적 기반을 공고히 하고자 했던 것이다.

---

206 《철종실록》 권1, 총서. "乙酉六月六日壬申 憲宗昇遐 以純元王后命 奉迎于沁都 入承憲宗大統 考純祖母妃純元王后金氏."

207 계승범, 〈공빈 추숭 과정과 광해군의 모후문제〉, 《민족문화연구》 48호, 2008, 396~402쪽.

둘째, 국왕들의 효심의 발로였음을 지적할 수 있다. 후궁 소생 국왕들은 내선취사로 다른 사람의 양자가 되거나[208] 정통 왕위계승자에 입후立後하여야 했다. 【표 V-4】를 통해서 확인된 결과, 후궁 소생 국왕들은 자신을 낳아준 사친보다 입적된 종통상의 양모를 우선시하여야 했다. 이렇다 보니 국왕은 자신의 생모를 사친의 예로 대우하기보다 첩모妾母의 예로 대우하도록 강요받았다.[209] 따라서 후궁 소생 왕자가 국왕의 자리에 오르면 사친에 대한 연민은 남달랐고, 그에 따라 개인적으로 사친을 추숭하고 싶은 효심이 발원되었을 것이라 생각된다. 실제로 영조는 1731년(영조 7) 능행길에서 숙빈묘에서의 유숙을 반대하는 대신들을 향하여 "어버이를 위하는 마음은 귀하건 천하건 다름이 없는 법이다"라고 서운한 마음을 드러내면서 불

---

208 《영조실록》 권40, 영조 11년 1월 21일(임진). "暎嬪李氏誕生元子于集福軒 … 鎭遠曰 昔景廟始生 仁顯王后取以爲子 今亦宜然 諸大臣請亟定號元子 告廟頒赦 上曰 予已知卿等求對之意 故已稟于東朝矣 仍下諭曰 三宗血脈 今有所托 欣喜曷喩 內殿取子 元子定號 豈容小緩 卽爲擧行 上告廟社 下頒八道 … 靈城君朴文秀曰 內殿取子 事體尤重 宜使和氣藹然於宮闈之間 臣屢以此仰勉 而尙無其效 不能無憾於天地之大也." 이에 반해 영조는 "景宗則以閔奉朝賀家爲外家 乙卯年取子下敎之時 初欲書以取以爲養 故判書李瑜 言子字勝於養字 此言是矣 徐判府事 有無邊隅之言 故予答之以予於辛丑陞儲時 慈殿無取以爲子之節 然則予爲歉然耶云"이라 하여 왕세제로 책봉되었을 때 인원왕후의 아들로 들어가지 못했다고 술회하고 있다(《승정원일기》 49책, 영조 15년 8월 30일(갑진). 그러나 1735년(영조 11) 영빈 김씨가 죽었을 때 영조가 자신이 어릴 때 어머니라 불렀다고 한 데에서(《영조실록》 권40, 영조 11년 1월 12일(계미) 영빈의 양자로 들어갔음을 알 수 있다.

209 《경종실록》 권6, 경종 2년 1월 15일(신축). "孝貴誠禮 不得不悅 爵命之加 旣出本分之外 則涉於黷而非所以尊也 廟宇之立 反有二廟之嫌 則近乎僭而有乖於禮也 爵出於我 而加之於親 則非若人臣以君命 而推榮於親也 祭不以私 而奉之以公 則未免妾母爲世祭 而不止於子也 與其尊之以無正定之名 乃反不誠而害義 曷若仍其本分 而明不臣之義也 與其祭之於不當立之廟 乃反冒嫌而失禮 曷若祭之私室 而無二本之嫌也."

만을 표출한 바 있다.[210]

궁원제를 국가 전례로 제정하였던 영조는 조선사회의 성리학의 심화 발전과 함께 재위 기간 내내 몸소 《소학》, 《대학》 등 성리학적 이념 서적을 탐독하였고 유교의 효제를 정치적 논리로 삼아 정치를 펼쳐 나간 인물이었다.[211] 실제 모친 숙빈에 대한 영조의 절절한 사모의 표현은 그가 오향대제五享大祭와 기일제, 자신의 생일 등에 어머니의 혼이 머물고 있는 육상궁毓祥宮과 체백體魄이 잠들고 있는 소령원昭寧園을 찾아가 그 심정을 토로하는 데서도 잘 드러나고 있다. 영조는 그때마다 시문으로 자신의 감정을 표현하거나, 《시경》 〈요아蓼莪〉편을 외우면서 어머니에 대한 효심을 절절하게 표현했던 것이다.[212]

이러한 효심을 지닌 영조가 축문에 기재한 숙빈의 호칭을 '선자친先慈親'에서 '선비先妣'로 바꾸거나[213] 1756년(영조 32)에는 육상궁의 축식문에 '국왕모 감소고國王某敢昭告 …'의 문구에서 '자국왕모 감소고子國王某敢昭告 …'라고 기록하고 있는 데에서 효에 입각한 아들의 심정을 엿볼 수 있다. 역대 궁원제의 적용이 국왕의 개인적인 정의情誼에 따라 수시로 변통되고 있는 점에서도 확인된다. 따라서 사친에 대한 추숭은 유교윤리의 기초인 효제의 논리를 기본으로 결국 국왕의 정통성 확립과 왕실의 안정 및 국왕 자신의 지위 확대를 꾀하고자 마련된 것이다.[214]

---

210 《영조실록》 권30, 영조 7년 9월 9일(기사).

211 권오영, 〈英祖와 淑嬪崔氏〉, 《숙빈최씨자료집》 1, 한국학중앙연구원 출판부, 2009, 4쪽.

212 권오영, 위의 글, 2009, 17쪽.

213 《영조실록》 권80, 영조 29년 10월 22일(계묘).

214 임민혁, 〈조선후기 영조의 孝悌 논리와 私親追崇〉, 《조선시대사학보》 39, 2006, 147쪽.

셋째, 궁원제가 조성될 수 있었던 까닭은 전대에 이루어진 조종의 전례가 있었기 때문이다. 궁원제는 조선 후기 영조대에 사친 숙빈 최씨에 대한 존숭에서 처음 시작되었지만, 그 이전에 이미 시행되었다.[215] 서자 출신이나 방계 출신의 국왕들이 즉위한 뒤 사친을 추숭하려고 했던 전례들이 있었다.[216] 사실 후궁을 사친의 예로 대우해서 사묘를 건립하고 칭호를 높이는 행위가 비례非禮에 속할 수 있었기 때문에[217] 영조도 이 계획을 순차적으로 진행시켰다.

영조 즉위 후 사친 추숭론이 제기되었는데, 사친 추숭에 대한 조종의 전례로서 창빈 안씨와 인빈 김씨의 전례를 좇아 최초로 진행되었다는 점에서 그 의미가 크다. 이때 조종의 전례를 준수하고자 하는 영조의 의지가 아래 기록에 잘 나타나 있다.

> 예조판서 이진검이 사친을 존봉尊奉하는 예를 청하며 말하기를, "선조 때에 덕흥군德興君을 높여서 '대원군'이라고 하였고, 군부인君夫人을 '부대부인府大夫人'이라고 하였으며, 인조 때에는 원종대왕을 추숭한 뒤에도 인빈은 다만 평소의 작호만 썼습니다. …" 이광좌가 선왕조의 작호에다가 '대大'자를 첨가하기를 청했는데, 임금이 말하기를, "어머니는 아들의 귀한 것을 따라 귀해진다고 옛 선비들이 이를 논하였다. 그러나 맹무백孟武伯이 효를 물었을 적에 공자는, '부모의 뜻을 어기지 말라.'고 하였다. 나의 사친은 평소에 마음을 조심하여 언행에 신중하였으므로 반드시 선왕이 내린 작호를 마음으로 편하게 여길 것이니, 나도 소심하고 신중한 것으로 사친에게 보답하여 인빈의 고사에 견주게 하는 것이 옳을 것이다." 하였다. 이광좌가 말하기

215 《增補文獻備考》 권71, 〈禮考〉 18 〈園墓〉(《(국역)증보문헌비고》, 세종대왕기념사업회, 1981, 135~137쪽).

216 사친 추숭이 성공했던 경우로는 성종대 덕종 추숭 및 인조대 원종 추숭이 있고, 실패했던 경우로는 연산군대 폐비 윤씨와 선조대 덕흥대원군 그리고 광해군대의 공빈 김씨의 경우가 있다.

217 《영조실록》 권59, 영조 20년 1월 4일(임오).

> 를, "… 사당을 세워 관官에서 제사를 지내고 묘역을 넓히고 수호인을 두는 것은 한결같이 인빈의 전례에 따르는 것이 마땅할 것입니다." 하니, 임금이 말하기를, "그렇게 하라" 하였다.[218]

위 인용문을 통해 서출로서 즉위한 왕의 경우 사친에 대한 예우의 기준으로 인빈 김씨의 경우가 조종전례로서 준거되었음을 알 수 있다. 이후 1724년(영조 즉위) 12월에 숙빈 최씨의 사당이 경복궁 북쪽에 세워졌고,[219] 1734년(영조 10)에 영조는 창빈 안씨와 인빈 김씨의 부친에게 영의정을 추증하였던 전례를 따라 숙빈 최씨의 부친에게도 영의정을 추증하였다.[220] 1744년(영조 20)에는 숙빈의 사당 이름을 '육상毓祥', 무덤 이름을 '소령昭寧'으로 바꾸었다.[221] 이후 영조는 '한나라와 당나라 이후로 중국에서는 모두 생모를 추숭하였으나, 우리 조정은 가법이 엄하고 성고(聖考, 숙종)의 하교가 있는 까닭으로 내 뜻이 일찍이 추숭하지 못하였는데, 이 일을 한다'[222]고 하고는 마침내 1753년(영조 29)에 숙빈 최씨에게 '화경和敬'의 시호를 올리고, 육상묘毓祥廟는 '육상궁毓祥宮'으로, 소령묘昭寧墓는 '소령원昭寧園'으로 승격시켰다.[223] 국왕 사친의 사당과 묘를 궁과 원으로 하는 조선왕조 최초의 궁원제가 본격적으로 시작되어 이후에 전범이 되었다.[224]

---

218 《영조실록》 권1, 영조 즉위년 9월 21일(신유).

219 《영조실록》 권8, 영조 즉위년 12월 23일(병술).

220 《영조실록》 권37, 영조 10년 2월 18일(갑자).

221 《영조실록》 권59, 영조 20년 3월 7일(을유).

222 《增補文獻備考》 권61, 〈禮考〉 8 〈宮廟〉(《(국역)증보문헌비고》, 세종대왕기념사업회, 1981, 12~13쪽). "敎宗伯曰漢唐以來 中朝皆追崇所生 而我朝家法嚴 且有聖考下敎故 予意未嘗及於追崇 惟此一事庶乎參酌得宜 然外人不諒 必曰 尙有餘事也."

223 《영조실록》 권80, 영조 29년, 9월 4일(병진); 《춘관통고》 권27, 〈吉禮 宮廟〉 〈毓祥宮〉.

【도판 Ⅴ-11】 육상궁(서울특별시 종로구 소재)

육상궁은 1724년(영조 1)에 숙종의 후궁이자 영조의 생모인 숙빈 최씨의 신위를 모신 사당이다. 저경궁, 대빈궁, 연호궁, 선희궁, 경우궁이 1908년 육상궁 경내로 옮겨 왔고 1929년에는 덕안궁이 육상궁으로 옮겨 와서 칠궁이 되었다. 이 일대를 포함하여 사적 제149호로 지정되었다.

영조는 숙빈 최씨에게 시행하였던 궁원제를 인조의 조모 인빈 김씨에게도 적용하였다. 1735년(영조 31)에 인빈 김씨의 사당인 원종의 잠저, 송현궁松峴宮을 저경궁儲慶宮으로, 무덤을 순강원順康園으로 하였고 시호를 올린 뒤 고묘告廟, 반교頒敎, 진하陳賀하였다.[225] 이것은 영조의 사친묘인 육상궁에 대한 처우를 높이기 위한 포석이자 궁원제에 확고한 조종전례로서의 지위를 부여하기 위해서였다.[226] 이때 그 대상자로 인빈 김씨를 거론한 것은, 창빈 안씨는 대수가 오래되어 이미 조천되었던 것에 견주어 그녀는 부조지위不祧之位로 향사되고 있었기 때문이었다.[227] 1753년(영조 29) 궁원제가 시작된 이후 최

---

224 《大典通編》 권1, 〈吏典〉, 〈京官職〉, 各園. "英宗癸酉 始行封園之禮 置守奉官."

225 《영조실록》 권85, 영조 31년 6월 2일(갑진).

226 鄭景姬, 〈조선후기 宮園制의 성립과 변천〉, 《서울학연구》 23, 서울학연구소, 2004. 170쪽.

227 《增補文獻備考》 권61, 〈禮考〉 8, 〈宮廟〉(《(국역)증보문헌비고》, 세종대왕기

초의 궁원이 된 육상궁과 저경궁은 영조가 매우 중시한 궁원이 되었다.[228]

(2) 궁원의 역사적 추이

후궁 소생이 국왕이 된 이후에 그 생모를 사후에 추숭하는 것이 전례가 되었다.[229] 그러나 이후 사친 추숭은 국왕의 생모뿐만 아니라 생부, 조모, 왕세자에게도 확대되어 적용되었다. 예컨대 정조대에는 경모궁景慕宮·영우원永祐園〔현릉원〕과 연호궁·수길원, 순조대에는 경우궁·휘경원, 고종 이후에는 선희궁·수경원, 순빈궁·덕안궁, 숭인원 등이 있었다.

영조의 뒤를 이어 즉위한 정조는 영조의 궁원제를 모방하였다. 당시 정조는 당쟁으로 희생된 사도세자의 아들로서 척신 김귀주와 홍인한 세력으로부터 삼불필지설三不必知說이 제기되어 즉위 과정이 평탄하지 못한 상황이었다. 임오화변으로 죽은 사도세자의 아들이었기 때문에 정조의 입지는 자연 약할 수밖에 없었다. 따라서 처음 추진한 사친 추숭이 바로 생부 사도세자의 궁원인 경모궁·영우원〔현릉원〕에서부터 시작되었다는 사실은[230] 이를 잘 말해 준다. 사도세자는 이 절의 주제에 벗어나므로 일단 논외로 한다. 이로써 정조는 왕위의 정통성과 관련한 사친 추숭 작업을 즉위한 해부터 추진하였다.

념사업회, 1981, 10쪽). "敎曰 儲慶宮當爲不祧之位 依周禮 此後祝文書先妣."

228 영조는 궁원의 제도, 격식, 의례절차 등을 정리하여 1753년(영조 29) 6월에 《宮園式例》(藏 K2-2425)를 완성하였고, 같은 해 9월에 보완작업의 일환으로 《宮園式例補編》(藏 K2-2426)을 완성하였다.

229 궁원제에 관해서는 鄭景姬의 〈조선후기 宮園制의 성립과 변천〉(《서울학연구》 23, 2004)을 참조하였음을 미리 밝혀둔다.

230 《정조실록》 권1, 정조 즉위년 3월 20일(신묘).

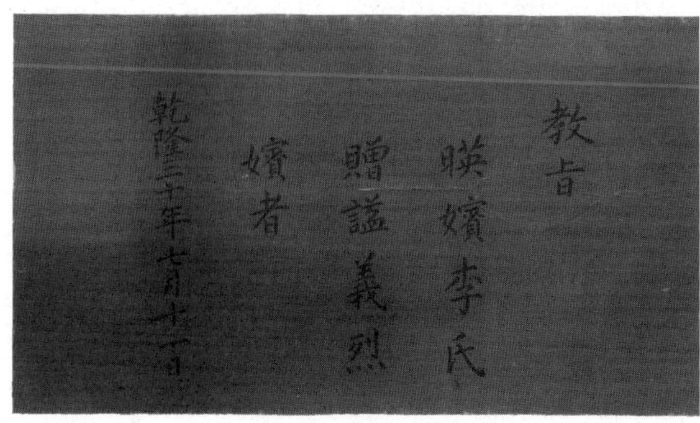
教旨
暎嬪李氏
贈謚義烈
嬪者
乾隆三十年七月十一日

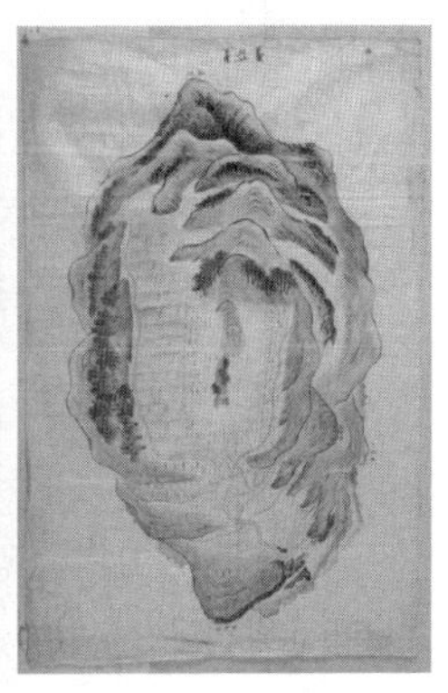

【도판 Ⅴ-12】〈영빈이씨증시교지〉와 〈의열묘도〉(오른쪽)

〈영빈이씨증시교지〉는 1765년(영조 41) 7월에 영조의 후궁이자 사도세자의 어머니 영빈 이씨에게 '의열'이라는 시호를 내릴 때 발급한 교지이다(한국학중앙연구원 장서각 113 소장). 〈의열묘도〉는 의열묘의 묘역을 중심으로 외반식의 경물 구성에 산세의 모양을 방향별로 하여 실경산수화풍에 가깝게 그린 그림이다(한국학중앙연구원 장서각 청구기호X 소장). 시호 '의열'은 종묘사직의 보전과 세손의 안위를 위해 영조에게 아들 사도세자에 대한 처분 결정을 권유함으로써 대의을 지켰다는 평가가 담겨져 있다.

정조는 영조가 제정한 궁원제를 조종전례로서 답습하여 정빈 이씨에게 적용하였다. 정빈 이씨는 정조의 종통상의 아버지이자 혈연상의 백부인 효장세자의 사친이다. 영조는 임오화변 이후인 1764년(영조 40)에 왕세손 정조를 사도세자의 이복형인 효장세자의 후사로 입계시켰다.[231] 영조의 유훈에 따라 효장세자를 진종眞宗으로 추존하고 그를 종묘에 부묘하였다.[232] 그렇다 보니 효장세자의 사친인 정빈 이씨는 정조의 종통상 조모가 되었다. 이에 정조는 영조대의 선례를 쫓아 1778년(정조 2)에 정빈 이씨의 사당을 연호궁延祜宮으로, 묘소를 수길원綏吉園으로 승격하였고 '온희溫僖'라는 시호를 올렸다.[233]

231 《영조실록》 권103, 영조 40년 2월 23일(을사).

232 《정조실록》 권1, 정조 즉위년 3월 19일(경인); 《정조실록》 권5, 정조 2년 5월 2일(신유).

233 《정조실록》 권5, 정조 2년 3월 18일(무인).

이때 정조는 사도세자의 모친이자 혈연상의 친조모인 영빈 이씨의 사당과 무덤도 궁원으로 승격시켜려고 했다. 그러나 김종수金鍾秀를 주축으로 한 노론 측 반론에 부딪쳐 끝내 이루지 못했다.[234] 다만 1788년(정조 12)에 의열궁義烈宮의 궁호만이 선희궁宣禧宮으로 개정되었을 뿐이다.[235]

순조대에도 궁원제는 조종의 전례로서 답습되었다. 이전 시기의 사친 추숭이 국왕의 즉위 이전에 돌아가신 사친을 추숭한 것이라면, 수빈 박씨에 대한 추숭은 그녀 생전에 왕위에 오른 아들 순조가 어머니가 돌아가신 이후에 추숭했다는 점에서 다르다.

순조는 수빈 박씨의 아들이자 정조의 서자로서 왕위를 계승한 국왕이다. 서자를 미리 세자로 책봉해 놓았을 경우, 나중에 정비에게서 적자가 태어나면 보통 곤란한 문제가 아니었다. 실제로 광해군과 영창대군의 관계가 이러한 사례에 해당한다. 후궁 소생의 국왕은 정통성 논란으로 왕권이 약화되거나 위협받을 수 있는 소지가 많았다. 순조 치세기 동안 초기에는 노론 벽파를 중심으로 수렴청정을 한 정순왕후가 권력을 장악하였고, 후반은 김조순을 비롯한 안동 김씨 일문이 장악하였다. 이 시기에는 신권이 왕권을 압도하는 권력구조였다고 하겠다. 그럼에도 수빈 박씨에 대한 순조의 사친 추숭은 영조대에 제정된 육상궁의 전례에 따라 진행되었기 때문에 아무런 저항을 받지 않았다. 따라서 1822년(순조 22)에 순조는 어머니 수빈의 무덤을 휘경원徽慶園으로, 시호는 현목顯穆으로 정하고, 1824년(순조 24)에는 그녀의 신주를 부묘祔廟하면서 그 사당을 경우궁景祐宮으로 정하였다.[236]

234 《정조실록》 권5, 정조 2년 1월 30일(신묘). "以此推之 請嬪封園 固是按例應行之典 而至於暎嬪封園 似與先朝定制 不相應."

235 《정조실록》 권26, 정조 12년 12월 26일(계축).

19세기 이후 고종은 지금까지 지속적으로 내려온 궁원제의 기준을 확립하였다. 1870년(고종 7)에 고종은 《오례편고五禮便攷》에서 제시한 문제의식을 바탕으로[237] 세자와 세손의 위격을 왕의 사친이나 조모보다 높게 인식하였고, 궁원의 전반적인 위격을 종묘와 능묘보다 한 단계 낮추고자 했다. 이로써 고종은 세자와 세손에 대한 추숭을 추진하여 그들의 무덤을 원으로 승격시켰다.[238] 이 계획은 흥선대원군의 뜻이자 의지였다. 흥선대원군은 12세의 어린 나이에 즉위한 아들 고종을 대신하여 1863~1873년까지 10년 동안 섭정하고 있었고, 19세기 안동 김씨의 세도정치 아래에서 지금껏 실추된 조선 왕족의 권위와 질서를 세우고 왕권을 확고히 강화하려고 노력한 인물이었다.

흥선대원군은 남연군南延君의 아들로 계통상 사도세자의 증손자이자 영조의 현손이었다. 사실 그의 부친 남연군은 혈통상 부친이 인조의 3남 인평대군麟坪大君의 7대손 이병원李秉源이었으나, 사도세자와 숙빈 임씨 소생인 은신군에게 양자로 입적된 뒤에 남연군에 봉해진 것이다. 고종은 입승대통入承大統한 경우로서 적적상승嫡嫡相承의 원칙에 맞지 않았다. 이런 배경에서 흥선대원군은 세자와 세손을 추숭하는 궁원 의례를 시행했던 것이다.

1899년(광무 3)에 고종은 이전의 전례에 따라 장헌세자莊獻世子를

236 《순조실록》 권25, 순조 22년 12월 27일(기사); 《순조실록》 권27, 순조 24 12월 1일(기미).

237 《고종실록》 권7, 고종 7년 12월 6일(정묘). "教曰 列朝世子 世孫事體自別 而儀節之反遜各宮 甚有所未安."

238 고종의 궁원제의 정비 방침에 따라 새로운 궁원제의 대상이 된 세자와 세손은 順懷世子와 恭懷嬪(順懷墓 → 順昌園 합장), 昭顯世子(昭顯墓 → 昭慶園)와 愍懷嬪(愍懷墓 → 永懷園), 懿昭世孫(懿昭墓 → 懿寧園/懿昭廟 → 永昭廟), 文孝世子(孝昌墓 → 孝昌園)였다.

높여 장조莊祖로 추존하기에 이른다. 장헌세자가 추존됨에 따라 영조의 후궁이자 사도세자의 모친인 영빈 이씨를 추숭하게 되었다. 영빈 이씨는 사망한 후에 영조로부터 '의열義烈'이라는 시호를 받았고, 정조 때에 '의열궁'이 선희궁으로 개정되었다. 여태까지 묘호墓號는 원제園制에 적용되지 않고 있었다. 그러나 장헌세자가 장조로 추존되면서 영빈 이씨의 지위도 국왕의 사친으로 격상되었다. 마침내 그녀의 무덤 의열묘義烈墓가 수경원綏慶園으로 승격되기에 이르렀다.[239] 궁원제를 적용한 장조와 영빈 이씨는 혈통상으로 고종의 고조부이고 5대 조모가 된다. 이것은 일제 통감부 정치 체제하에서 조선왕실이 황제국의 위상을 표방하기 위해 취해진 조처였다.

순종대에 이르러서 일제 통감부는 여러 궁원을 합설 또는 폐지하였다. 1908년(융희 2) 순종은 "예절이 번잡해지면 근본을 잃게 되는 결과를 가져온다"고 하면서 당시 조건에 맞지 않는 제사를 폐지하거나 제사할 만한 종묘, 사직, 전, 궁의 제사는 합설하며 제물도 절약하는 방향을 취하였다. 이러한 방침에 따라 여러 곳에 분산된 제궁諸宮들을 합설하는 조치가 취해져 저경궁, 대빈궁, 연호궁, 선희궁, 경우궁이 육상궁 안에 합사合祀되었다. 이로써 궁원이 대폭 축소된 것이다.

1911년에는 영친왕의 사친이자 고종의 후궁 귀비 엄씨가 죽게 되어 궁원제가 설치되었다. 엄비는 순헌純獻의 시호를 받았고, 사당은 덕안궁德安宮으로 정하였으며, 무덤은 영휘원永徽園으로 정했다.[240] 1908년에는 저경궁, 대빈궁, 연호궁, 선희궁, 경우궁의 육궁이 합설되고 1929년에는 덕안궁까지 모두 칠궁 체제로 되어 현재에 이르고

239 《고종실록》 권39, 고종 36년 12월 6일(양력).

240 《순종실록》 부록 권2, 순종 4년, 7월 27일(양력); 《순종실록》 부록 권2, 순종 4년, 8월 14일(양력).

있다.

조선 후기 왕실은 이전의 사당과 무덤을 궁원제라는 형식으로 격상시켜 국왕의 사친이나 조모祖母를 추숭하였다. 이는 영조대에 창시된 이래 19세기까지 조종 전례로서 계승되었으며, 고종대에 규모를 확대하였다가 순종대와 일제 강점기에 축소되는 과정을 거쳤다. 이같이 국왕이 사친을 추숭하는 조치는 왕권의 존엄성과 권위를 높이려는 과정의 하나였다고 하겠다.

(3) 궁원제 시행의 의미

지금까지 국왕의 사친이나 조모를 추숭하는 방법 가운데에 궁원제를 개괄 설명하였다. 조선시대 국왕과 왕비가 종묘와 능묘에서 향사를 받았던 반면, 종묘에 들어갈 수 없는 국왕의 사친이나 조모, 왕세자 등은 별도의 묘廟와 묘墓에서 향사되었다. 언급했듯이 영조대에 처음 실시된 궁과 원은 고종이 《오례편고》에서 '각 궁을 원으로 부른 것은 순강원에서 비롯한 것이나 예법에는 없는 일이다.'고 하였듯이[241] 이전 시기에는 그 전례가 없었던 파격적인 예우였다. 이 절에서는 후궁 사후에 적용되었던 궁원제를 통해 조선 후기 후궁의 위상과 성격을 세 가지로 분류하여 검토하고자 한다.

첫째, 국왕의 사친 또는 조모 사후에 조성되었던 궁과 원의 위격은 왕과 왕비 사후에 이루어진 종묘와 능묘보다 한 단계 낮고 사당인 묘와 무덤인 묘의 위격보다 한 단계 높았다. 아래 인용문은 인조의 사친 정원군定遠君의 무덤을 흥경원興慶園으로 승격할 때에 신흠申欽이 인조에게 아뢴 내용으로 시사되는 바가 크다.

---

241 《고종실록》 권7, 고종 7년 12월 6일(정묘).

> 원이라는 것은 곧 능의 이칭입니다. 옛 사람의 문자에 원릉이니 원침이니 하는 말이 나오는데, 이는 천자와 제후를 통틀어 말한 것입니다. 능 아래 묘의 위에 따로 하나의 '원' 글자를 놓아 높이고 낮추는 절목을 삼기 위해 능이라고 하고 원이라고 한 것이 아닙니다."242

위 상소에서 신흠은 능이 원의 별칭이라 하고 능과 같은 의미로 사용한 원을 가져와 묘 위와 능 아래 사이에 별도로 원이라는 단계가 있는 것이 아님을 나타내면서도 둘 용어 사이에 차별을 두었다.

예법에서 천자의 장례를 행한 곳을 능 또는 원이라고 했고, 제후왕의 장례를 행한 곳도 원이라고 하였다. 원은 천자나 제후 모두 그 칭호를 사용할 수 있는 반면, 능은 오직 천자만이 사용할 수 있었다. 그래서 천자가 아니면 능이라고 부를 수가 없었고, 제후왕이 아니면 원이라고 부를 수가 없었다. 반면 삼국시대에서 조선까지 역대 왕들이 능을 조성할 수 있었던 것은 고래부터 관습이었기 때문에 의논할 것이 없지만, 원은 전대에도 있지 않았던 일로서 쉽사리 새로 만들어 내어서는 안 된다고 하였다.243 이로써 보면 당시 조정에서는 능과 원을 명확하게 구분하지 못하고 있었으나, 적어도 한나라 때와는 달리 원의 위격을 묘와 능의 중간 단계로서 인식하고자 했던 것으로 생각된다. 이는 능관의 경우에 종5품 령令 1명과 종9품

---

242 申欽, 《(국역)상촌집》 Ⅳ, 민족문화추진회, 1994, 348쪽; 《象村集》〈附錄〉1, 〈諡狀〉, 〈大匡輔國崇祿大夫議政府領議政兼領經筵弘文館藝文館春秋館觀象監事世子師申公欽諡狀〉. "公獻議曰 園字乃陵之異名 古人文字 有園陵園寢之語 通天子諸侯言之 非陵之下墓之上 別着一園字 爲隆降之節 而謂之陵謂之園也."

243 장유 저·이상현 역, 《(국역)계곡집》 Ⅲ, 민족문화추진회, 1995, 38쪽; 《谿谷集》 권17, 〈疏箚〉, 〈諫院請寢稱園箚〉. "夫天子所葬 謂之陵 或謂之園 諸侯王之所葬 亦謂之園 蓋園者 天子諸侯 皆得稱焉 陵則唯天子稱焉 非天子 不可以稱陵 非諸侯王 不可以稱園也 漢之戾, 悼宋之濮王 雖上不及天子 然猶當在諸侯王上 則其稱園 乃本分當得 初非出於崇奉也 我東方之稱陵 昉自羅麗 沿襲已久 非聖朝之所創始也 然揆之正禮 不無可議 若乃稱園之擧 實是前所未有 恐不可容易刱起也."

참봉 1명을 배치한 것과 달리, 원관은 참봉 2명으로 책정하였다는 사실[244]에서도 알 수 있다.

둘째, 궁원은 조선 전기에는 없는 양식의 사당과 무덤으로써 그 위격은 왕세자와 세자빈의 궁원에 비견되었다. 이는 왕실의 기신제忌晨祭에서 알 수 있다.[245] 기신제란 돌아가신 날에 죽은 이를 추모하기 위해 지내는 제사로서 왕실에서는 제사받는 대상자가 현 국왕과 혈연적 관계를 이루는 4대조까지였다. 이때 친진親盡이 적용되면 종묘의 정전에서 영녕전永寧殿으로 조천祧遷되어 기신제를 더 이상 지내지 않았다. 그러나 불천지주不遷之主가 된 국왕들은 4대와 무관하게 종묘의 정전에서 지속적으로 향사를 받았다.[246] 능에서 기신제를 지내더라도 그 능의 주인이 불천지주가 되지 못하고 친진이 되면, 더 이상 종묘에서 기신제를 지내지 않았다.[247] 이는 세자나 세자빈의 경우에도 친진이 되면 제사받는 대상자가 아니었지만 국왕의 사친은 친진과 무관하게 영원히 향사되었다. 영조가 육상궁과 소령원을 조성한 후에 그 사당을 '부조지묘不祧之廟'로 결정한 이후로[248] 저경궁, 대빈궁, 연호궁, 선희궁, 경우궁, 순빈궁은 부조지묘가 되었다.[249] 이에 《궁원식례宮園式例》에서 "궁원의 의문儀文과 도수度數가 태묘太廟와 거의 차이가 없을 정도로까지 격상되었다"거나 노론 측

244 《大典通編》 권1, 〈吏典〉 〈京官職〉 各園.

245 이에 대한 연구로는 李賢珍의 〈조선 왕실의 忌晨祭 설행과 변천〉(《조선시대사학보》 46, 2008)이 참조가 된다.

246 태조와 더불어 불천지주가 된 국왕은 태종, 세종, 세조, 성종, 중종, 선조, 인조, 효종, 현종, 숙종, 영조, 정조 모두 13명으로, 종묘 정전에 계속 남게 되면서 지속적으로 기신제를 향사받았다.

247 《國朝五禮序例》 권1, 〈吉禮〉 〈時日〉(http://yoksa.aks.ac.kr).

248 《영조실록》 권80, 영조 29년 9월 7일(기미).

249 《증보문헌비고》 권61, 〈禮考〉 8, 〈宮廟〉 儲慶宮; 《승정원일기》 62책, 영조 31년 12월 4일(계묘).

의 사평史評에서도 "그 격이 지나치게 높이 책정되어 능과의 차별성을 두지 않았으니 훗날 분명히 비판을 받게 될 것이다"[250]라고 논평했을 정도로 그 위격이 조정 대신들 사이에서도 논란거리가 되었다.

정조대에 육상궁은 '부조지묘'에서 나아가 국가 사전 체계인 중사中祀에 편입되었다. 국가의 사전인 중사는 풍운뇌우風雲雷雨, 악해독嶽海瀆, 선농先農, 선잠先蠶, 우사雩祀, 문선왕文宣王, 역대 시조歷代始祖 등이 해당되는데,[251] 세자와 세자빈에 대한 제사가 국가의 사전 체계에 들어가지 않았음을 감안해 볼 때 파격적인 위격이었다. 단, 국왕마다 사친의 사당과 무덤의 위격을 종묘와 능묘보다는 한 등급 낮고 다른 궁원보다는 한 등급씩 높게 하고자 했다. 이는 정조가 경모궁과 영우원의 위격을 다른 궁원보다는 한 등급 높게 한 사실에서 더욱 분명하다.[252] 이러한 사실에서 국왕의 개인적인 인정과 추숭 대상의 친소에 따라 사친 추숭에 변통이 가능하였음을 알 수 있다. 영조의 사친 육상궁과 순조의 사친 경우궁과 친소관계가 먼 고종의 경우에는 세자와 세자빈보다 이들의 위격을 높여 주는 것이 적당하지 못하다고 하였다.

셋째, 《춘관통고春官通考》 '묘廟를 승격시켜 궁宮으로 하고, 묘墓를 승격시켜 원園으로 한다'에서[253] '승陞'이라는 표현이 말해 주듯이, 국왕 사친의 궁원은 일반 후궁들의 묘묘廟墓 위격보다 높았다. 한때 정조는 원빈 홍씨가 죽은 뒤에 시호를 인숙이라 하고, 효휘궁과 인명원으로 정하였지만[254] 즉시 '비례非禮'로 비판받아서 폐지하였다.[255]

---

250 《영조실록》 권88, 영조 32년 7월 10일(을해). "史臣曰 宮園之儀文度數 殆與太廟無等殺 今之贊成諸臣 後必有議之者矣."

251 《國朝五禮序例》 권1, 〈吉禮〉 〈辨祀〉(http://yoksa.aks.ac.kr).

252 《정조실록》 권8, 정조 3년 8월 30일(신사). "兼寓子下太廟一等 視他宮加隆之意."

253 《春官通考》 권27, 〈吉禮〉 〈宮廟〉 毓祥宮. "陞廟爲宮 陞墓爲園."

254 《정조실록》 권7, 정조 3년 5월 7일(경인).

그 이유가 아래 상소에 잘 나타나 있다.

> 첨지중추부사 정술조鄭述祚가 상소하기를, "대저 원의 뜻은 능의 버금이고 묘墓보다는 중한 것입니다. 삼가 한나라와 송나라의 고사를 상고하건대, 모두 성인을 낳으시어 종사와 신인神人의 주인이 되게 한 데 대한 공을 갚고 덕에 보답하기 위한 방도였던 것입니다. 우리 조정에서 봉원封園하는 것도 이를 모방하여 행하는 것으로 실로 조상에게 제사 지내어 근본에 보답하는 정성에 합치되는 것입니다. 그러나 인명원을 창설한 데 이르러서는 끝내 고례古例가 아닙니다. 원과 묘가 다른 것은 단지 한 글자 사이를 다투는 것이지만 융살隆殺하는 즈음에 있어서의 예의禮義는 절연截然한 점이 있는 것입니다. 이제 비록 묘라고 일컫더라도 다른 빈어의 무덤에 견주어 보면, 이미 사치스러운 것입니다. 인명원의 원자는 이를 그대로 보존시켜 후세에 보이는 것은 마땅하지 않습니다.256

위는 정술조의 상소 내용으로, 국왕의 사친을 추숭하는 이유가 아들을 낳은 공을 갚고 덕에 보답하기 위한 도리이기 때문에 묘보다 높은 원에 적용시켜야 한다는 논리였다. 이로써 본다면 궁원제는 일반 후궁들이나 왕자녀를 둔 후궁들에게는 적용할 수 없는 전례였다. 사실 조선 후기 국왕 가운데에 방계에서 입계해 즉위한 철종이나 고종의 사친의 경우에는 추숭이라는 말조차 꺼낼 수가 없었던 사실에서 이 전례의 위상을 엿볼 수 있다.

사친 궁원은 국왕의 사친이라는 명분으로 추숭되었지만 더 이상 사묘私廟가 아니고, 법적 제도적으로 공식화된 국가 전례였다. 대체적으로 궁원의 지위는 세자와 세자빈의 위격에 비견하면서 일반 후궁들의 묘묘廟墓의 위격보다는 높았다. 왕비처럼 종묘에 모셔지지

---

255 《정조실록》 권21, 정조 10년 1월 22일(정묘).

256 《정조실록》 권13, 정조 6년 6월 2일(정묘).

않고 각기 궁호를 가진 사당에 모셔졌지만, '어머니가 아들 때문에 귀해진다'는 논리를 따라 '부조지묘'로서 대우되었다. 이로써 친진과 무관하게 영원히 향사되었으며, 정조대에는 중사로 편입되는 등 최고의 위상을 지니게 되었다. 즉 내명부가 국왕의 후궁이었던 첩의 사적 지위를 생전에 공적 지위로 격상시켜 준 제도였다면, 사친 추숭은 국왕이 후궁이었던 생모의 사적 지위를 사후에 공적 지위로 격상시켜 주는 국가 전례 가운데 하나였다고 할 수 있다.[257]

정리해 보면, 영조대 이후 후궁을 두는 것이 선호되지 않았다. 간택 후궁의 경우는 정치적인 이해관계에 의해 영향을 크게 받았다. 해당 가문의 정치적 활동도 다양하게 나타난다. 이전과 비교할 때 더욱 노골적으로 이러한 양상이 나타난다. 비간택 후궁의 경우는 대부분 정식 궁인 출신이었다. 법 규정에는 내수사 노비로 궁인의 신분에 한정되었지만, 실제는 양인 이상 층에서 다수의 궁인이 확인된다. 비간택 후궁은 양인 이상의 인물이 다수를 점하는 것으로 추정된다. 간택 후궁이 강력한 정치 후원 세력을 배경으로 하여 선택되면서 정1품 빈으로 초직을 부여하는 경향이 나타났다. 비간택 후궁의 경우는 왕자녀의 출산율이 저하된 상황을 배경으로 왕자녀를 출산할 경우 파격적인 승작이 주어졌다. 비간택 후궁의 지위가 정1품까지 상향되면서 간택 후궁을 숙의로 한정할 수 없는 불가피한 상황이 발생되었다.

현왕의 후궁의 지위가 상향되면서, 선왕의 후궁을 위해 적용되었던 1품의 내명부직이 선왕 후궁을 높여 주는 충분한 기능을 하기 어렵게 된 것이다. 영조 이후에 등장하는 사친 추숭 궁원제는 여러 각도에서 설명될 수 있지만, 후궁제의 시각에서는 특별히 존숭되어야 할 국왕의 사친 후궁을 위해 마련된 제도적 장치였음을 알 수 있다.

257 임민혁, 앞의 논문, 2006, 116쪽.

제VI장

결론

이 연구는 조선시대 내명부제의 운영이라는 시각에서 후궁의 전반적인 실상을 규명하는 데에 목적을 두었다. 《경국대전》 내명부 법제정 이후에 몇 차례 법 개정이 이루어졌음에도 내명부 조항은 변함이 없었다. 그러므로 그 구체적인 사례를 통해서 간택 후궁과 비간택 후궁이 서로 영향을 주고받으면서 실제 내명부 운영이 어떻게 운영되었는지를 고찰하고자 했다. 이 책에서는 내명부 직제와 운영의 변화상을 비롯하여 후궁의 전반적인 실태는 물론 시기별 후궁들의 신분 변화를 검토하였으며, 각 시기별 특징을 중점적으로 파악하였다. 이를 이해하기 위해 《조선왕조실록》·《승정원일기》 및 관찬자료, 비문, 그리고 족보 등을 활용하였다. 이제 그 연구 결과를 요약하면 아래와 같다.

제Ⅱ장에서는 후궁의 연원과 개념, 그리고 《경국대전》 내명부제도가 정비되어 가는 모습을 검토하였다. 우선 《조선왕조실록》에서 후궁의 칭호로 사용되는 궁녀, 궁인, 궁첩, 궁빈, 궁주, 옹주, 빈궁, 나인〔內人〕, 잉첩〔잉속〕, 빈잉, 여관, 시녀, 궁빈, 빈원, 후정 등의 용어 개념을 고찰하였다. 필자는 후궁을 합법적인 간택 절차의 여부에 따라 간택 후궁과 비간택 후궁으로 나누었다. 왜냐하면 '승은'은 '국왕의 총애를 입는다'는 의미로 포괄적인 개념으로 사용된 용어였고, 작첩을 내린 후에 승은을 입었는지〔간택 후궁〕, 작첩을 내리기 전에 승은을 입었는지〔비간택 후궁〕 승은과 작첩의 선후에 따른 문제가 있기 때문이다. 부왕夫王이 왕위에 등극하면서 잠저 시절의 비첩들로서 내명부 체제에 편입된 여성들이나, 후원자들의 진헌 또는 공진

貢進, 추천 등으로 후궁이 된 여성들의 존재는 승은 후궁의 개념에 포함시킬 수 없다. 승은 후궁은 넓은 의미에서 비간택 후궁의 범주에 포함되는 개념이다.

다음으로 후궁의 범주를 설정하였다. 그것은 ① 내관직〔정1~종4품〕에 봉작된 모든 여성, ② 국왕의 승은을 입은 후에 정5품 이하 궁관직에 봉작된 여성, ③ 왕자녀를 출산하고 정5품 이하 궁관직에 봉작된 여성, ④ 국왕의 승은을 입고 작위를 받지 못했지만 사회적으로 공인된 왕의 여자 등을 후궁의 범주에 포함시켰다. 단, 네 가지 경우의 여성들이 그 지위를 계속 유지하거나, 국왕과 지속적인 관계를 이룰 때만이라야 후궁에 포함시킬 수 있다. 이 책에서는 여기에 부합된 여성만을 후궁으로 간주하여 연구 대상으로 삼았다.

조선의 내명부는 6상尙 24사司의 여관체계를 계승하고 있는 고려의 제도를 답습하였으며, 기본적으로는 《주례》와 《예기》에 기록된 중국의 고례古例를 근거로 하고 있다. 조선 개국 초부터 시행된 이 제도는 처첩의 구분을 명확하게 하기 위하여 마련된 것이다.

내명부제의 정립은 다섯 차례의 변화가 있었다. 처음 1397년(태조 6)에 내관의 직제를 제정하였다가 1405년(태종 5)에 여관이 개정되었다. 1411년(태종 11)에는 1빈 2잉 제도를 실시하였다가 1428년(세종 10)에 내관제도를 다시 개정하였고 1430년(세종 12)에는 동궁의 내관을 제정하였다. 이후 《경국대전》이 반포·시행되면서 종4품 숙원 이상의 여성들을 내관으로 파악하고 있었다. 이러한 제도는 영조대에 이루어진 《속대전》이나 정조대에 편찬된 《대전통편》, 그리고 고종대에 정리된 《대전회통》에 수정과 보충이 없는 점으로 보아 성종 이후 일관된 제도로 조선 왕조 말기까지 변동 없이 존속되었다.

내명부는 국왕의 부실副室이었던 후궁의 사적 지위를 생전에 공적 지위로 격상시켜 준 제도였다. 이로써 신분 질서를 추구하는 조선사회에서 이들을 관등 체제 안으로 흡수하고 서열화함으로써 법적인 효력을 지니게 하였으며, 그들 간의 위계질서를 확립하고자 했다. 즉, 유교적인 신분 질서를 추구하면서 그들의 위상을 법제상으로 뒷받침해 준 것이다.

내명부는 왕비와 함께 내치를 수행할 여성 집단으로서 '여성소조정'의 성격을 가지게 되었다. 내치가 외치와 함께 왕업의 한 축을 이루며 이들 집단이 내치를 수행하는 관직체계였기에 왕비를 포함한 후궁들 역시 중요한 역할을 담당했다. 내명부 조항이 《경국대전》을 비롯하여 법전류의 맨 첫 조항에 위치하고 있는 것은 이러한 의미를 내포하는 것이라 생각된다.

조선시대 후궁들은 대략 총 175명 정도로 추산된다. 이들 후궁은 두 가지 방법으로 내명부 체제 안에 편입되었다. 하나는 처음부터 왕비나 세자빈과 마찬가지로 가례색을 설치하여 전국의 혼기에 있는 처자들에게 금혼령을 내리고 간택을 거쳐 빙례를 갖추어 맞아들인 경우였고, 다른 하나는 이러한 절차 없이 다양한 방법으로 입궐하여 후궁이 된 경우였다. 이들 가운데에서 75명(42.8%)은 태조~성종조의 후궁들이고, 68명(38.8%)은 연산군~숙종조의 후궁들이며, 32명(18.2%)은 숙종조 이후의 후궁들이다. 후기로 갈수록 후궁들의 수는 격감되었다. 후궁을 많이 둔 왕은 태종, 광해군, 성종, 고종의 순이다. 반면 후궁을 적게 둔 왕은 한 명을 둔 순조가 있고, 단 한 명의 후궁도 맞아들이지 않은 국왕이 있는데, 현종, 경종, 순종이다.

제Ⅲ장에서는 1428년(세종 10)~1517년(중종 12)을 대상으로 하였다. 이 시기는 1428년 법 개정이 이루어진 이후부터 문정왕후가 최초로 계비에 간선되기 전까지이다. 그 이전까지 왕비 간택은 사실상 없었고, 간택 후궁 중에서 일종의 '왕비예비자'로서 왕비의 유고 시에 중전의 자리를 보충하였다. 그런 의미에서 숙의로 간택된 후궁은 '차비'로 아직 왕비의 자격을 가지지는 못하지만 그 가능성을 지닌 여성일 것이라 생각된다. 조선 초기에 엄격한 신분 질서를 표방하는 유교 명분주의 이념이 사회 저변에 뿌리내리지 못했기 때문이다.

문종의 잉첩 현덕왕후가 잉첩의 지위에서 세자빈에 승격된 이래로, 안순왕후, 폐비 윤씨, 정현왕후, 장경왕후가 숙의로 간택된 이후에 '왕비예비자'로서 그 역할을 대신하게 되었다. 단종의 경우에는 왕비 간택과 후궁 간선이 최초로 동시에 이루어졌고, 단종의 후궁에게 내린 숙의직 제수 사례를 단초로 성종, 중종대를 거치면서 간택 후궁의 숙의 제수 관행이 이루어졌다.

간택 후궁들이 차비의 지위에서 계비가 될 수 있었던 자격 요건은 바로 왕자녀의 출산 여부와 가문 배경, 그리고 정치적 영향력이었다. 왕비 자리가 집권 세력과 밀접한 관계를 갖고 정치적 영향력을 발휘하고 있음을 보여 주는 것이다. 이는 경빈 박씨가 중종의 총애는 물론 장남 복성군을 출산했음에도 불구하고 그를 보호해 줄 막강한 친정세력이 없었기 때문에 왕비로 승봉되지 못한 데에서 알 수 있다.

간택 후궁들의 가문 배경은 그들을 간선하는 데에 유리하게 작용되었다. 이 시기에 후궁의 봉작은 왕비와 마찬가지로 왕실의 세력 기반을 확보하는 데 중요한 요소가 되기 때문에 후궁 가문의 정치적, 사회적 지위를 고려하지 않을 수 없다고 생각한다. 후궁 간택은 부왕父王을 비롯하여 당해 국왕의 정치적 의도가 반영된 것이었으므로, 명문대가의 가문 배경을 중심으로 한 정치적 역학 관계에 따라 이루어졌다.

집권세력과 밀접한 관련이 있는 간택 후궁은 처음 후궁의 지위였지만, 왕비 신분을 취득한 이후에 원자를 낳았기 때문에 소생들은 적장자 계승 원칙에 따라 순조롭게 왕위에 올랐다. 이 때문에 이들은 내치의 역할을 충실히 하여 왕권 안정에 크게 기여할 수 있었다.

간택 후궁은 왕비예비자로서의 위상에 걸맞게 출신 집안 및 배경도 왕비에 버금가는 것으로 나타나고 있다. 태조에서 성종조까지 간택 후궁 29명과 입궁 경로가 불확실한 8명의 선조를 포함하여 37명의 부, 조, 증조 3대 총 111명을 조사한 결과, 대부분이 현관顯官들이었다. 문과 급제자 30명과 무과급제자 2명에 불과했는데도 선조들은 중앙관직에 등용되었을 뿐만 아니라 당상관과 당하관을 합쳐 98명이었고 당상관 재직자도 85명이었다. 이는 이들이 음서로 관직에 진출한 경우가 많았다는 것을 보여 준다. 이들 집안은 고려 말에서 조선 초에 주도권을 장악한 공신세력이 주류를 이루고 있었고, 왕실과는 중첩된 혼인관계를 통하여 맺어진 인척관계를 이루면서 왕실과의 유대와 결속력을 강화시켰다.

간택 후궁의 신분이 대부분 사족 출신이었던 것과 다르게, 비간택 후궁의 신분은 잠저 시절의 비첩, 기생, 과부, 궁인 등 다양하게 나타나는 것이 이 시기에 주목되는 현상이다. 이러한 특징들은 조선 초기 유교적 법체제가 제대로 정비되지 않았던 당시의 상황 때문이었으며, 당시는 정통론에 대한 의식이 정착되지 못한 16세기 이전의 일이었기 때문에 가능했다고 본다.

간택 후궁과 비간택 후궁 사이에는 신분상의 현격한 차이가 있어 후궁의 내명부직에도 반영이 되었다. 간택 후궁의 초직은 비간택 후궁보다 두 단계가 높고, 왕비보다 두 단계 낮은 종2품 숙의의 품계를 받았다. 반면 비간택 후궁은 3~4품의 품계를 받았는데, 이 품계는 비간택 후궁을 위한 것이었다. 이들 모두는 당대 승진이 불가능했다. 한편 선왕의 후궁에 대한 예우로서 즉 현왕이 효도의 차원에서 선왕의 후궁을 승봉하였는데, 숙의 이상직은 선왕 후궁을 위한 작위였다고 하겠다. 이것은 현실적으로 현왕의 후궁과 선왕의 후궁을 구분해야 했기 때문이다.

제Ⅳ장에서 다룬 1517년(중종 12)~1701년(숙종 27)의 시기는 1517

년에 문정왕후가 계비로 처음 선정된 이후부터 1701년 왕비위에 있던 장희빈이 사사된 시점까지이다. 이 기간 동안에는 계비가 외부에서 간선되면서 숙의 간택과 왕비 간택이 별도로 시행되었다. 이는 적처인 왕비와 첩인 후궁을 구분한 것으로 당시 적첩의 분별을 강조하는 시대적 배경과 맥락을 함께 한다.

계비 간택은 중종조 문정왕후의 간택이 선례가 되어 이후부터 선조의 계비 인목왕후, 인조의 계비 장렬왕후, 숙종의 계비 인현왕후 등 세 차례 이루어지면서 계비 간택이 정착되었다. 후궁 간택은 중종 이후에도 여전히 시행되었다. 후궁에게는 그 이전 왕비예비자로서 역할을 담당했던 기능이 상실되고, 왕실 번영을 위한 후사 확대자 역할만이 더욱 강조되고 지속되었다. 이처럼 처첩의 신분을 분명히 한 결과, 왕비예비자로서 후궁 간택은 중단되어 숙의에서 왕비의 지위를 계승할 가능성이 사실상 소멸되었다. 이제부터 후궁은 명분상 왕비예비자로서의 역할보다 계사 확대자로서의 역할에 그치게 되었다.

계사를 목적으로 한 간택 후궁에 대한 예우는 높아졌다. 즉, 왕실에서는 간택 후궁에게 그에 상응하는 1품직의 승진을 약속한 것이다. 동궁 잉첩의 초직 승작이 종2품 양제로 상향 개정되었고, 국왕의 후궁도 상한 직은 숙의이며 당대 승작도 가능해져, 간택 후궁은 1품직 승작도 가능해졌다. 내명부직의 상향 경향은 이 시기 후궁 직제 운영의 대표적 양상이다. 이 직위가 기준이 되어 비간택 후궁의 경우도 비록 초작은 숙원 이하이지만, 숙의 이상, 또는 1품직의 승작이 가능해져서 그 범위가 확대되었다. 비간택 후궁이 간택 후궁보다 그 지위가 높은 경우까지 생기게 되었다.

후궁에서 차비의 지위로 올라가는 가능성이 상실된 이후 간택 후궁의 가격은 전 시기에 견주어 상대적으로 하락하는 양상을 보이고 있다. 관료층은 전체 72명(24×3명) 가운데에 67명이고 이전 시기에 비해 4.77%가 늘어났다. 당하관이 당상관보다 12명이 더 많았다는 점은 숙의 간택에 명문 집안의 참여율이 낮아지고 있음을 보여 준다. 그럼에도 간택 후궁의 배경은 여전히 정치적 유력 가문이 다수를 점하고 있었다. 이런 가문 배경을 통해 후궁의 정치적 영향이 증대하는 양상도 나타나고 있다.

숙의 간선이 현직자는 물론 음직자의 딸을 포함하여 폭넓게 이루어졌고, 비간택 후궁의 경우에 승은을 입은 궁인뿐만 아니라 왕실 여성의 후원을 받거나 국왕 측근세력과 연계된 미모나 기예가 뛰어난 여성이 추천되었던 것이 이 시기의 특징이다. 이때 이들의 신분은 사족의 서녀들이었다.

이 시기에 비간택 후궁 중에는 왕실 혹은 특별한 정치세력과 연계된 인물이 있어 이들을 중심으로 정치에 개입하는 양상이 나타나고 있다. 갑자사화의 장녹수, 계축옥사의 김개시, 소현세자 가족을 죽음으로 이끈 귀인 조씨는 그 좋은 예이다. 이와 같이 후궁들의 정치 개입 양상이 두드러지면서 이후 심각한 왕실 내의 갈등을 야기하였다. 숙종대의 희빈 장씨와 인현왕후를 둘러싼 사건에서 보이듯이 후궁이 기존의 왕비를 축출하고 정비로 승격되는 초유의 사태가 발생한 것이다. 후궁과 왕비 사이에 일어난 일련의 사건은 당시 정치적 상황을 배제할 수 없지만, 전 시기 후궁들의 정치 참여 및 영향력 확대 노력의 한 현상이다.

이후 숙종이 후궁의 정비 승격을 금지하는 교서를 반포하여 후궁의 지위에서 왕비 승격을 법적으로 금지한 이후로 왕비와 후궁의 심각한 갈등 양상은 불식되었다. 즉 후궁에게 왕비예비자의 자격을 완전히 박탈하여 예비적 존재의 가능성을 통해 야기될 수 있는 왕비와 후궁 간의 갈등을 방지하게 된 것이다. 이는 처첩의 구분이 분명해진 상황에서 내명부직이 상향화되어 후궁 신분에 대한 보상 장치가 마련되면서 정치 개입 가능성이 발현된 것이라 볼 수 있다. 이렇다 보니 그 이전에 현왕의 후궁보다 높은 직을 받아 왔던 선왕의 후궁에 대한 예우가 사실상 어렵게 되었다. 이에 왕실에서는 선왕의 후궁에 대한 또 다른 예우를 모색하게 되었다.

제Ⅴ장은 영조~순종까지의 시기로, 희빈 장씨가 사사된 이후부터 사친 추숭이 하나의 관례로 정례화된 시기이다. 처첩에 대한 인식, 후궁에 대한 부정적 인식이 언제부터 생겼는지는 알 수 없으나 이 시기에는 양반가에서 집안의 딸을 국왕의 후궁으로 보내는 것을 선호하지 않았다. 그래서 왕실에서는 광계사를 목적으로 간선한 간택 후궁의 지위를 격상시켜 줄 필요가 있었다. 이는 명문대가에서 뽑는 간택 후궁들을 왕비에 버금가는 존재로 대우해 주었을 뿐만 아니라, 해당 가문들의 참여를 장려하는 것이 되었다. 그 이전 간택 후궁의 초직이 종2품 숙의였다면 이 시기에 그들이 수여받는 관품은 정1품 빈이었다. 이것은 간택 후궁의 집안이 명문대가라는 사실과 무관하지 않다.

간택 후궁에 뽑힌 여성은 숙종의 후궁 영빈 김씨와 정조의 후궁 원빈 홍씨, 화빈 윤씨, 수빈 박씨, 그리고 헌종의 경빈 김씨이다. 이들의 간택은 계사가 목적이었으나 당시 집권세력들 간의 알력과 국왕과의 친소관계, 정치적 상황 변화에 따라 상당한 영향을 받았다. 숙종 때에 간택된 영의정 김수항의 종손녀 영빈 김씨는 노론계 집안의 딸이었다. 정조대에는 홍국영의 누이동생 원빈과 소론계와 인척관계에 있던 화빈, 그리고 노론의 집안이었던 수빈이 간택되었다. 헌종대에 이루어진 경빈 간택은 순원왕후의 수렴청정 아래 풍양 조씨가 관여한 것이다. 간택 후궁은 이처럼 정치적인 이해관계에 영향을 크게 받았다. 핵심 정치세력을 왕실의 척족으로 포섭하여 왕실의 권력 기반을 확충하고자 했던 것은 왕비의 간택과 동일하게 후궁 간택 역시 당시 집권세력과 정치적 역학관계에 좌우되었음을 보여 준다.

이 시기 비간택 후궁으로는 궁녀 출신들이 많았다. 《속대전》 규정에는 궁인의 신분이 내수사 노비로 한정되었지만, 실제는 양인 이상에서 다수의 궁인이 확인되었다. 비록 헌종 이후 궁녀의 출신을 확언할 수 없지만, 양인 이하 층에서도 있었음을 배제할 수는 없다.

비간택 후궁의 초작은 간택 후궁에 비해 3~4단계가 낮았지만 현왕 때에 1품직의 승직이 가능해졌다. 비간택 후궁에 대한 현왕들의 파격적인 승급 조치는 후기로 갈수록 왕자녀 출산율이 감소되는 현상에 기인하였다. 비간택 후궁의 지위가 1품까지 상향되면서 간택 후궁을 숙의로 한정할 수 없는 조건이 형성되기도 하였다. 현왕의 후궁 지위가 상향되면서 선왕의 후궁을 예우한다는 차원에서 수여되었던 작위는 더 이상 선왕 후궁을 높여 주는 기능을 수행하기가 어렵게 되었다. 이로써 선대 후궁 또는 사친의 존숭을 위한 방안을 모색하게 되었고, 선대 후궁의 존숭 방식이 내명부 직제를 벗어나 이루어지게 되는 상황이 발생하게 되었다. 이때 《춘추》에서 '아들로 인해 부모가 귀하게 된다'는 논리를 제시하였는데, 이는 사친 추숭의 논리이기도 하였다.

중국과 달리 조선에서는 후궁이 낳은 왕자가 국왕이 된 후에도 그 생모가 정비로 추숭되는 일은 없었다. 그 대신 조선 후기에 후궁 소생 국왕들은 '어미는 아들을 통해 귀해진다'는 《춘추》의 논리로 사친을 추숭하였다. 그 일환이 바로 후궁들의 무덤을 원으로 승격시키고 그들의 사당을 궁으로 높여 제사하는 것이다. 영조 이후 등장한 사친 추숭의 궁원제는 국왕 자신들의 정통성 확립, 효심, 조종 전례 등에서 설명될 수 있지만, 후궁제의 시각에서는 특별히 존숭되어야 할 국왕의 사친을 추숭하기 위한 제도적 장치로 마련된 것이다. 그래서 영조 연간 숙빈 최씨의 추숭을 시작으로 귀비 엄씨까지 궁원이 마련되었다. 비록 이 전례는 종묘와 능묘보다 낮지만, 일반 후궁의 위상보다는 높고 왕세자의 위상에 비견될 만한 파격적인 대우였다. 조선시대의 궁원제 운영은 국왕의 사적 영역에 대한 공적인 제도화를 이룬 것이라고 하겠다.

이상에서 살펴본 바와 같이 조선시대 후궁은 국왕의 개인적 존재에 그치지 않고 공인이자 합법적인 왕족의 일원이었다. 물론 후궁은 후사를 넓히기 위한 정도의 의미로 설명하고 있지만, 적어도 중종조까지 왕비 유고 시에 계비의 지위를 계승할 수 있었다. 그들은 국왕을 보필하였고, 종통을 계승하기 위한 사속嗣續의 역할을 담당하였으며, 왕비의 역할을 보조하여 내치를 수행하기도 하였다.

이 책에서는 조선시대 후궁의 전반적인 실태를 내명부 직제의 실제 운영과 연계하여 분석하였으며, 시기별 구체적인 사례와 특징을 다각도로 검토하였다. 이 책에서 미흡했던 부분을 중심으로 향후의 연구 과제를 정리해 둔다.

첫째, 후궁들을 편제하고 있는 내명부의 정립 과정은 살펴보았으나, 후궁들이 차지하고 있는 공식적 또는 법적 위상을 가늠해 보지 못하였는데, 이에 대한 분석과 검토를 향후의 과제로 남겨 두기로 한다.

둘째, 후궁제를 다루면서 정작 후궁들에 대한 법적인 처우 등을 거의 언급하지 못한 점을 한계로 들 수 있다. 특히 여기에서 파생된 경제적 현상, 즉 궁방전宮房田의 실체 등은 그들의 경제적 기반이 된다는 점을 감안한다면, 중요한 성격이나 특징이 나타날 가능성이 높다.

셋째, 후궁의 전반적인 실태를 살펴보는 것만으로 후궁을 전부 이해했다고 할 수 없다. 후궁은 국왕은 물론 왕비, 왕대비, 대왕대비, 그리고 왕자, 공주, 옹주 등과 함께 한 왕실구성원이다. 따라서 후궁과 현왕과의 관계를 비롯해서 선왕 등 그들과의 관계 및 그들의 삶을 살펴보는 작업에 대해서도 추가적 천착이 요구된다. 이는 조선왕조 궁중생활상과 궁중문화를 이해하는 데 매우 긴요하다.

끝으로 후궁에 대한 구체적인 실상을 밝힌 이 책이 후궁에 대한 부정적 이미지를 해소하는 데 도움이 되어 올바른 역사 인식에 한 발짝 나아갈 수 있게 되기를 바란다.

부 록

【부록 Ⅰ】 태조~성종조 후궁 일람표

國王	後宮	생몰년	신분	父	후궁의 지위 변화		근거	봉작	자녀수	소생	
					전·현왕 시기	후왕 시기				군	옹주
太祖	貞慶宮主 柳氏	?	양반규수	柳濬	入宮(태조 6: 8. 26) → 貞慶翁主(태조 7: 1. 7)	貞慶宮主(태종 6: 5. 2)		①	×		
	和義翁主 金氏	?~1428	김해기생	?	첩(?) → 和義翁主(태조 7: 1. 7)			⑤	1녀		淑愼
	誠妃元氏	?~1449	양반규수	元庠	入宮(태조 7: 2. 25)	誠妃(태종 6: 5. 2)		①	×		
	金原浩 딸	?	양반규수	金原浩	入宮(태조 6: 3. 5)		태조 6: 3. 5(무오)	①	×		
	贊德周氏	?	?	?	?		세종 18: 2. 2(무술)	⑤	1녀		宜寧
定宗	誠嬪池氏	?	양반규수	池奫	첩(禑王 3)	誠嬪(?)	《璿源系譜紀略》	⑤	2남	德泉君	
										桃平君	
	淑儀池氏	?	양반규수	池奫	첩(禑王 3)	淑儀(?)	《璿源系譜紀略》	⑤	3남 1녀	義平君	咸陽
										宣城君	
										任城君	
	淑儀奇氏	?~1457	恭安府婢	奇勉	첩(?)	良免(태종 9: 4. 7) → 淑儀(?)		⑤	5남 3녀	順平君	淑愼
										錦平君	祥原
										貞石君	1녀 조졸
										茂林君	
										1남 조졸	
	嘉懿宮主 柳氏	?	양반/과부	柳芬	첩(?) → 嘉懿翁主(태조 7: 11. 7)	嘉懿宮主(태종 9: 10. 27 이전)		⑤	1남	佛奴	

	其每	?	侍婢	?	첩(?)	出宮(태종 17: 8. 8)		⑤	1남	忘云	
	淑儀文氏	?	?	?	?		《璿源系譜紀略》	⑦	1남	從義君	
	淑儀尹氏	1368~1417	양반규수	尹邦彦	?		《守道君派文獻錄》	⑦	4남 2녀	守道君 林堰君 石保君 長川君	仁川 咸安
	侍儀李氏	?~1443	?	?	?		세종 25: 10. 2(계미)	⑥	1남	鎭南君	
太宗	孝嬪金氏	?~1454	中宮殿婢	?	첩(?) → 孝順宮主(태종 1)	孝嬪(고종 9: 12. 1)	태종실록총서 《承政院日記》	⑤	1남	敬寧君	
	信嬪辛氏	?~1435	中宮殿婢	辛永貴	첩(?) → 信寧翁主(태종 14: 1. 13)	信寧宮主(세종 4: 2. 20) → 信嬪(고종 9: 12. 1)		⑤	2남 7녀	諴寧君 溫寧君	貞信 貞靜 淑貞 昭善 淑寧 淑慶 淑謹
	善嬪安氏	?~1468	궁인	安義	入宮(?)	淑善翁主(세종 3: 5. 11) → 善嬪(고종 9: 12. 1)		⑥	2남 3녀	惠寧君 益寧君	昭淑 敬愼 1녀 조졸
	貞嬪高氏	?~1426	궁인	?	?	?	태종 18: 11. 8(갑인)	⑥	1남	謹寧君	
	懿嬪權氏	1384~?	양반규수	權弘	揀擇(태종 2: 3. 7) → 貞懿宮主(태종 2: 4. 18)	懿嬪(세종 4: 2. 20)		①	1녀		貞惠
	明嬪金氏	?~1479	양반규수	金九德	揀擇(태종 11: 10. 27) → 明嬪(태종 11: 11. 20)			①	×		
	昭嬪盧氏	?~1479	양반규수	盧龜山	揀擇(태종 11: 10. 27) → 昭惠宮主	昭嬪(고종 9: 12. 1)		①	1녀		淑惠

				(태종 11: 11. 20)						
	淑儀崔氏	?	궁인	?	?	淑義(?)	태종 18: 11. 8(갑인) 세조 11: 7. 7(임자)	⑥	1남 1녀	熙寧君	1녀 조졸
	後宮金氏	?	궁인	?	?		태종 18: 11. 8(갑인)	⑥	1녀		淑安
	德淑翁主 李氏	?~1433	궁인	?	入宮(?) → 德淑翁主(태종 7: 11. 2)	出宮(세종 15: 8. 6 이전)		⑥	1남	厚寧君	
	後宮李氏	?	궁인	?	?		《璿源系譜紀略》 태종 18: 11. 8(갑인)	⑥	1녀		淑順
	淑恭宮主 金氏	?	양반규수	金漸	揀擇(태종 11. 10. 27) → 淑恭宮主(태종 11: 11. 20)	出宮(세종 3: 10. 19)		①	×		
	義貞宮主 趙氏	?~1454	양반규수	趙賚		揀擇(세종 4: 2. 28) → 義貞宮主(세종 4: 9. 25)		①	×		
	順惠翁主 張氏	?~1423	妓妾女	張思吉	첩(?) → 順惠翁主(태종 12: 10. 29)			⑤	×		
	惠善翁主 洪氏	?	甫川妓生	?	첩(?) → 惠善翁主(태종 14: 1. 13)			⑥	×		
	波獨	?	靜淑宅主家婢	?	入宮(태종 14: 6. 1)			⑥	×		
	愼順宮主 李氏	1390~?	과부(양반)	李稷		揀擇(세종 4: 1. 6) → 愼順宮主(세종 4: 2. 4)		①	×		
	惠順宮主 李氏	?~1438	과부(양반)	李云老		揀擇(세종 4: 1. 6) → 惠順宮主(세종 4: 9. 25)		①	×		
	西京翁主 金英	?	?	?	?		태종 18: 7. 7(을묘)	⑤	×		
世宗	令嬪姜氏	?~1483	?	?	?		성종 14: 1. 20(계축)	⑦	1남	和義君	
	愼嬪金氏	1406~1464	內資寺婢	金元	入宮(세종 즉위) → 昭容(세종 10) → 淑義(세종 14) → 昭儀(세종 15)		墓碑銘	⑥	6남 2녀	桂陽君	1녀 조졸
										義昌君	1녀 조졸

					→ 貴人(세종 21: 1. 27) → 愼嬪(세종 29)					密城君 翼峴君 寧海君 潭陽君	
	惠嬪楊氏	?~1455	양반규수	楊景	貴人(세종 27: 12. 1 이전)	惠嬪(세조 1: 윤6. 11 이전) → 淸風 귀양(세조 1: 윤6. 11) → 賜死(세조 1: 11. 9) → 復爵(숙종 38: 4. 28)		⑦	3남	漢南君 壽春君 永豊君	
	尙寢宋氏	1396~1463	궁인	?	?		《璿源系譜紀略》	⑥	1녀		貞顯
	淑媛李氏	?	?	?	?		성종 21: 6. 7(무자)	⑦	1녀		貞安
	莊懿宮主 朴氏	?	양반규수	朴剛生	揀擇(세종 6: 10. 26) → 莊懿宮主(세종 6. 10. 27) → 貴人(세종 10: 6. 16)			①	×		
	明懿宮主 崔氏	?	양반규수	崔士儀	揀擇(세종 6: 10. 26) → 明懿宮主(세종 6. 10. 27) → 貴人(세종 10: 6. 16)			①	×		
	司記車氏	?~1444	궁인	?	?		세종 13: 7. 6(무진) 세종 26: 7. 10(정사)	⑥	1녀		1녀 조졸
	淑儀曺氏	?	?	?	?		세조 3: 7. 10(신미) 단종 2: 4. 17(무술)	⑦	×		
	淑儀李氏	?	?	?			선수 24: 5. 1(을축)	⑦	×		
文宗	顯德王后 權氏	1418~1441	양반규수	權專	揀擇(세종 13: 1. 19) → 承徽(세종 13: 3. 15) → 良媛(세종 15: 3. 3 이전) →			④	1남 2녀	端宗	敬惠 1녀조졸

					世子嬪 冊封(세종 18: 12. 28) → 王妃 冊封(세종 19: 2. 28)						
	昭容鄭氏	?	양반규수	鄭甲孫	揀擇(세종 13: 1. 19) → 承徽(세종 13: 3. 15) → 昭容(문종 1: 6. 26 이전)			②	1남	1남 조졸	
	淑嬪洪氏	?	양반규수	洪深	揀擇(세종 13: 1. 19) → 承徽(세종 13: 3. 15) → 貴人(문종 즉위)	淑嬪(단종 즉위: 8. 7)		②	1녀		1녀 조졸
	司則楊氏	?	궁인	?	?		문종 2: 9. 1(경인)	⑥	2녀		敬淑 1녀 조졸
	承徽柳氏	?	양반규수	柳尙榮	揀擇(세종 20: 5. 8) → 承徽(세종 20: 5. 19)			②	×		
	淑儀文氏	1426~1508	양반규수	文敏	揀擇(세종 23: 12. 7) → 承徽(세종 24: 6. 26)	淑容(세조) → 淑儀(중종 1)	墓誌銘 (인천시립박물관)	②	×		
	昭容權氏	?	양반규수	權格	揀擇(세종 23: 12. 7) → 承徽(세종 24: 6. 26)			②	×		
	昭訓尹氏	?	양반규수	尹熺	揀擇(세종 30: 5. 4) → 昭訓(세종 30: 5. 6)			②	×		
	淑容洪氏	?~1452	?	?			문종 2: 2. 4(무진)	⑦	×		
	宮人張氏	?	궁인	?	?		세종 28: 6. 6(임인)	⑥	1남	1남 조졸	
端宗	淑儀金氏	1440~1525	양반규수	金師禹	揀擇(단종 2: 1. 8) → 淑儀(단종 2: 1. 22)			①	×		
	淑儀權氏 權中非	?~1519 이후	양반규수	權完	揀擇(단종 2: 1. 8) → 淑儀(단종 2: 1. 22)	婢로 전락(세조 3: 7. 15) → 婢에서 방면(세조 10: 4. 18)		①	×		
世祖	謹嬪朴氏	1425~1504 이후	궁인	?	淑儀(세조 4 이전)	貴人(예종 즉위: 9. 22) → 謹嬪(성종 14: 6. 15)		⑤	2남	德源君 昌原君	

	昭容朴氏 朴德中	?~1465	?	朴彭年	昭容(세조 즉위) → 방자(?) → 교형(세조 11: 9. 5)		세조 9: 11. 24(무인) 세조 11: 9. 4(무신)	⑤	1남	1남 조졸	
	淑媛申氏	?	측실소생	申叔舟	?		《國朝人物考》 〈신숙주〉	⑦	×		
德宗	淑儀愼氏	?~1476	양반규수	愼先庚	揀擇(세조 2: 8. 23) → 昭訓(세조 2: 10. 19)	淑儀(?)		②	×		
	貴人權氏	?~1494	양반규수	權致命	揀擇(세조 2: 8. 23) → 昭訓(세조 2: 11. 3)	淑儀(?) → 貴人(성종 14: 6. 15)		②	×		
	淑儀尹氏	?~1519 이후	양반규수	尹沂	揀擇(세조 2: 8. 23) → 昭訓(세조 2: 10. 19)	淑儀(?) → 貴人(성종 14: 6. 15)		②	×		
睿宗	安順王后 韓氏	1445~1498	양반규수	韓伯倫	入宮(세조 8) → 昭訓(세조 9: 윤7. 6) → 世子嬪 冊封(세조 14: 9. 8) → 安順王后 追尊(세조 14)			④	2남 2녀	齊安大君 1남 조졸	顯肅 1녀 조졸
	淑儀崔氏	?	양반규수	崔道一	昭訓(세조 8: 6. 11)	淑儀(?) → 貴人(성종 14: 6. 15)		②	×		
	尙宮奇氏	?~1489	?	?			성종 20: 3. 16(갑술)	⑥	×		
	後宮李氏	?	측실소생	李義生	揀擇(세조 9: 12. 21)			②	×		
成宗	廢妃尹氏	1455~1482	양반규수	尹起畝	淑儀(성종 4: 3. 19) → 王妃 揀擇(성종 7: 7. 11) → 王妃 冊封(성종 7: 8. 9) → 廢庶人(성종 10: 6. 2) → 賜死(성종 13: 8. 16)		《胎誌》 (국립고궁박물관)	③	2남	燕山君 1남 조졸	
	貞顯王后 尹氏	1462~1530	양반규수	尹壕	淑儀(성종 4: 6. 14) → 王妃 揀擇 (성종 11: 10. 4) → 王妃 冊封(성종 11: 11. 8)			③	1남 1녀	中宗	愼淑

明嬪金氏	?	양반규수	金磻	淑媛(성종 25 이전)	昭儀(연산군 3: 1. 12 이전) → 淑容(중종 10: 1. 18 이전) → 明嬪(고종 29)		⑦	3남 3녀	茂山君	徽淑
									2남 조졸	敬淑
										徽靜
貴人鄭氏 鄭金伊	?~1504	妾子의 딸	鄭仁碩	昭容(성종 8: 3. 29 이전) → 淑容(성종 10: 6. 5 이전)	賜死(연산군 10: 3. 20) → 庶人(연산군 10: 3. 26) → 復爵(중종 1: 10. 27) → 貴人(중종 1: 11. 11 이전)		⑦	2남 1녀	安陽君	靜惠
									鳳安君	
貴人權氏	1471~1500	양반규수	權壽	揀擇(성종 10: 9. 28) → 淑儀(성종 11: 1. 19)	貴人(?)		①	1남 1녀	全城君	慶徽
貴人嚴氏 嚴銀召史	?~1504	양반규수	嚴山壽	昭容(?) → 淑儀(성종 8: 3. 29 이전) → 貴人(?)	死賜(연산군 10: 3. 20) → 庶人(연산군 10: 3. 26) → 復爵 → 昭儀(중종 1: 9. 2) → 貴人(중종 1: 11. 11 이전)	《燃藜室記述》	⑦	1녀		恭愼
淑儀河氏	?~1531	궁인	?	淑媛(성종 25 이전)	淑儀(?)	成宗大王墓誌文	⑦	1남	桂城君	
淑儀洪氏	1457~1510	양반규수 서녀	洪逸童	揀擇(성종 1) → 淑媛(성종 14: 6. 12 이전) → 淑容(성종 25 이전)	昭容(연산군 11: 4. 27 이전) → 淑儀(중종 즉위)		⑦	7남 3녀	完原君	惠淑
									檜山君	靜順
									甄城君	靜淑
									益陽君	
									景明君	
									雲川君	
									楊原君	
淑容沈氏	?	妾子의 딸	沈末同	淑媛(성종 24: 4. 14 이전)	淑容(?)		⑦	2남 2녀	利城君	慶順
									寧山君	淑惠

	淑容權氏	?	?	?	淑媛(성종 25: 12. 24)	淑容(?)	成宗大王墓誌文	⑦	1남	1남 조졸	
	淑媛尹氏	?~1533	?	?	?		중종 28: 11. 5(계묘)	⑦	×		
	淑儀鄭氏	?	?	?	?		成宗大王墓誌文	⑦			
	貴人南氏	?~1527 이후	양반규수	南忻	淑儀(?)	貴人(중종 10: 3. 19 이전)		①	×		

〈비고〉

【별첨 1】은 태조~성종조의 후궁들에 대한 일람표를 작성한 것이다. 작성 방법은 왕과 후궁을 먼저 제시하고, 후궁의 생몰년, 신분, 父, 후궁들의 지위 변화 등을 알 수 있는 대로 摘示하였다. 자료 근거로는 《朝鮮王朝實錄》·《璿源系譜紀略》(藏 K2-1023, 1892)·《璿源系譜紀略》(藏 K2-1027J, 1900)·《璿源系譜紀略》(藏 K2-1031C, 1908), 《璿源系譜紀略》(藏 K2-1039, 1932)과 지두환의 《조선의 왕실(태조~성종)대왕과 친인척》 시리즈(역사문화, 1999~2008)를 참고하였다.

- 태조 庶1女 宜寧翁主, 庶2女 淑愼翁主는 《璿源系譜紀略》에 어머니를 알 수 없으나, 실록 자료로 추정할 수 있다.
- 정종 庶3女 德川翁主, 庶4女 高城翁主, 庶5女 祥原翁主, 庶6女 全山翁主, 庶7女 仁川翁主, 庶8女 咸安翁主는 《璿源系譜紀略》에서 어머니를 알 수 없으나, 祥原翁主는 실록(세조 6년 11월 13일 을묘) 기사로 모친(淑儀奇氏)을 확인할 수 있으며, 仁川翁主와 咸安翁主 역시 《守道君派文獻錄》으로 모친(淑儀尹氏)을 확인할 수 있다.
- 정종의 후궁 淑儀李氏는 《璿源系譜紀略》에서 侍儀李氏로 표기되어 있다.
- 태종 庶4男 謹寧君은 《璿源系譜紀略》에 信嬪辛氏 소생으로 나오나, 실록(세종 17년 2월 2일 갑진) 신씨 졸기에 謹寧君이 빠져 있고, 별도로 실록(세종 8년 7월 13일 갑진) 기사에 謹寧君 모친의 졸기 기록에 있다.
- 태종 庶5女 昭善翁主는 《璿源系譜紀略》에 어머니를 알 수 없으나, 실록(세종 19년 6월 16일 갑술) 기사에 信寧宮主 辛氏의 딸 昭信翁主가 확인된다. 여기에서는 《璿源系譜紀略》을 좇아 昭信을 昭善으로 기재하였다.
- 태종 庶5男 惠寧君, 庶8女 昭淑翁主, 庶10女 敬愼翁主는 《璿源系譜紀略》에 안씨 소생으로 나오고, 庶8男 益寧君은 善嬪安氏 소생으로 기재되었으나, 실록(성종 1년 3월 9일 무자) 등의 기사에 의거해 보면, 이들 모두가 善嬪安氏 소생임을 추정할 수 있다.
- 태종 庶7男 厚寧君은 《璿源系譜紀略》에 최씨 소생으로 나오나, 실록(세종 15년 윤8월 6일 병진) 기사에 厚寧君의 어머니가 이씨임이 확인된다.

- 성종 庶2女 徽淑翁主, 庶5女 敬淑翁主, 庶9女 徽靜翁主는 《璿源系譜紀略》에 淑儀金氏 소생으로 나와 있으나, 〈成宗大王墓誌文〉에 의거하여 明嬪金氏 소생으로 기재한다.
- 성종의 후궁 숙의 정씨는 《양주고읍지구 택지개발사업 예정부지 문화유적 지표조사 보고서》(학술조사보고서 제122책, 한국문화재보호재단, 2002)에서 그 무덤이 확인된 바 있다.

【부록 2】 태조~성종조 후궁의 가문

國王	後宮	本貫	父			祖父				曾祖			주요 인물
			姓名	及第	官職	입궁시관직	姓名	及第	官職	姓名	及第	官職	
太祖	貞慶宮主 柳氏	高興	濬	◎	推誠翊衛三重大匡高興君 崇祿大夫行吏部尙書高興伯	前密直副使	有奇		全羅道鎭邊萬 判密直司事	淸臣	○ (18)	侍中壁上三韓三重大匡 都僉議政丞高興府院君 宣忠同德佐理翊祚功臣 贈領議政	백부: 柳濯-左議政, 扈從1等功臣, 定難1等功臣, 推忠秉義同德輔理翊祚功 父: 柳濬-原從功臣 종형제: 柳濕-推忠奮義翊戴佐命功臣, 沈孝生의 장인 5촌질: 세자빈 李芳碩(宜安大君)의 婦
	誠妃元氏	原州	庠		崇祿大夫判中樞院事	閣門引進使	松壽	○ (16)	政堂文學 進賢館大提學	善之		匡靖大夫檢校僉議評理 兼判內寺事上護軍	진외가: 忠肅王의 妃 同腹: 元昌命-知敦寧府事 弟: 元衷-知敦寧府事
定宗	誠嬪池氏 淑儀池氏	忠州	奫		吏部尙書平章事		德湨		?	翕		門下平章士	고조: 池聖三-二部上書集賢殿太學士 백조부: 池德老-戶部尙書平章事 父: 池奫-李芳雨(鎭安大君)의 장인
	淑儀奇氏	幸州	勉		嘉善大夫工曹典書 贈資憲大夫兵曹判書		仲平		中直大夫直長	顯		壁上三韓三重大匡 都僉議政丞	증조: 奇顯-恭愍王의 亂臣
	淑儀尹氏	海平	邦彦		司憲府大司憲		之賢		寶文閣大提學	碩		海平府院君 右政丞 判典理司	5대조: 尹君正-海平尹氏의 始祖, 守司空尙書左僕射判工部事 고조: 尹萬庇-忠肅王의 嬖臣, 副知密直司事 증조: 尹碩-忠勤節義同德贊化保定等功臣, 鎭國上將軍高麗都元帥, 壁上三韓十字功臣 종조부: 尹之彪-端誠翊衛功臣, 重大匡門下評理, 海平君

太宗	信嬪辛氏	寧越	永貴	○ (24)	檢校工曹參議 贈議政府左贊成		頤	○ (?)	忠州牧使	熹	○ (?)	漢城尹	6대조: 辛蘊-寧越府院君 고조: 辛廉-判密直事, 隨從功臣, 護從功臣, 翊贊功臣 父: 辛永貴-靖國功臣
	懿嬪權氏	安東	弘	○ (23)	領敦寧府事 永嘉君	前成均樂正	鈞		參贊門下府事 花山君	衡		匡靖大夫僉議贊成事 玄福君	고조: 權準-忠惠王 和妃의 외조부 외증조: 李齊賢 재고모: 忠肅王后宮壽妃 질녀: 溫寧君(太宗 庶3男)의 婦 6촌: 誠妃元氏(太祖後宮)
	明嬪金氏	安東	九德	◎	判敦寧府使	判通禮門事	昻	○ (?)	三重大匡平章事 上洛君	承澤		政丞 永昌君	증조: 金承澤-直亮同德佐理功臣三重大匡都僉議, 扈從 2等功臣 외조부: 辛慶昌-判書 백부: 金九容-《選粹集》, 《周官六翼》 질부: 金仲淹-慶貞公主(太宗 2女)의 壻 질녀: 문종의 세자빈(徽嬪金氏)
	昭嬪盧氏	長淵	龜山	○ (?)	資憲大夫吏曹判書 弘文館大提學 判漢城府尹 咸吉道觀察使	前提學	英壽		壁上三韓三重大匡 威城府院君	贊		壁上三韓三重大匡門下侍中 判典理司事上護軍	고조: 盧誠柱-三韓三中大匡輔國壁上佐命功臣門下平章, 推誠保節贊化功臣, 上護軍追 증조: 盧贊-推誠保節同德翊戴佐命功臣 조부: 盧英壽-純誠同德輔理功臣, 禑王의 國舅 외조부: 崔濂-左議政, 良靖公 고모: 毅妃(高麗 禑王의 妃)
	淑恭宮主 金氏	淸道	漸		資憲大夫議政府左參贊 戶曹判書 平安道觀察使 知敦寧府事	前知成州事	濟	○ (23)	肅雍府行首別將	漢貴		匡靖大夫 都僉議評監察御使	증조: 金漢貴-推誠宣義輔理功臣 외조: 權維-領議政

義貞宮主 趙氏	漢陽	賚	☆	知敦寧府事	上護軍	仁沃	◎	資憲大夫吏曹判書	暾		禮儀判書檢校密直副使 贈推忠翊戴輔理贊化 佐命功臣壁上三韓三重大匡 龍城府院君 門下左侍中判 禮儀司事上護軍事	증조: 趙暾-홍건적 격퇴 1等功臣, 趙小生의 조카 외조부: 李貴齡-左議政, 開國原從功臣 조부: 趙仁沃-回軍功臣, 純忠奮義佐命開國1等功臣, 太祖廟庭配享 종조부: 趙仁璧-李子春의 胥, 回軍2等功臣, 修復京城2等功臣, 三重大匡龍城府院君 5촌숙부: 趙溫-回軍功臣, 推忠協贊開國定社佐命功臣, 議政府左贊成, 漢川府院君 5촌숙부: 趙涓-佐命4等功臣, 右議政, 漢平府院君
愼順宮主 李氏	星州	稷	○ (16)	領議政 星山府院君	星山府院君	仁敏	○ (31)	門下評理 兼大提學密直事	褒		壁上三重大匡檢校 兼門下侍中判選部事 匡靖大夫都僉議評理	고조: 李兆年-誠勤翊贊勁節功臣, 三重大匡政堂文學進賢館大提學, 忠惠王廟庭配享 종조부: 李仁復-端城佐理功臣三重大匡檢校文下侍中, 興安府院君, 忠定王廟庭配享 종조부: 李仁任-純誠同德輔理1等功臣, 홍건적 격퇴 2等功臣, 廣平府院君 조카: 李正寧-淑惠翁主(太宗 庶6女)의 夫 父: 李稷-開國3等功臣, 佐命4等功臣, 領議政
惠順宮主 李氏	固城	云老	○ (?)	朝奉郎三司判官 兼成均館博士 贈吏曹判書	前判濟用監事	貴生		匡靖大夫判厚德府事 兼判繕工監事上護軍	琳		三重大匡門下侍中 判典理司密直副使	고조: 李嶠-翰林院大學士吏部尙書, 李兆年의 壻 증조: 李琳-推忠良節同德輔祚佐命功臣, 高麗禹王의 國舅(勤妃의 父), 鐵城府院君
順惠翁主 張氏	安東	思吉	○ (30)	輔國崇祿大夫 議政府左贊成	花山府院君	儷	○ (30)	門下左政丞	壽命	○ (24)	文化府司使典工曹判書	고조: 張良佑-門下平理左政丞 증조: 張壽命-正憲大夫佐理功臣 父: 張思吉-神德王后의 외조카, 開國1等功臣, 定

													社2等功臣, 回軍功臣, 補祚功臣, 花山府院君 숙부: 張思靖-開國功臣, 補祚功臣
世宗	惠嬪楊氏	淸州	景		追議政府左贊成		添植		戶曹典書	之壽		都僉議贊成事	증조: 楊之壽-淸白吏 대고모부: 崔雲海-開國原從功臣 숙부: 楊厚-同知中樞院使 내종숙: 崔潤德-世宗廟庭配享 종형제: 楊子濡-權格(昭容權氏의 父)의 壻 종질녀: 德泉君(定宗 庶10男)의 婦 삼종질(9촌): 楊汀-靖難2等功臣, 佐翼2等功臣, 楊山君
	莊懿宮主 朴氏	密陽	剛生	○ (22)	集賢殿副提學 贈贊成	前安邊都護府使	忱	○ (34)	典儀判事	思敬		典法判書兼上將軍	증조: 朴思敬-推誠翊戴功臣 조부: 朴忱-開國原從功臣 종형제: 朴好問-原從功臣 조카: 朴仲孫-靖難2等功臣, 密山君, 和義君(世宗 庶1男)의 장인 從孫女: 和義君(世宗 庶1男)의 婦 외조부: 尹承慶-尹璠(貞熹王后의 父)의 숙부 외재종질: 昭容尹氏(文宗後宮) 외재종질: 尹愚-淑寧翁主(太宗 庶7女)의 夫 외재종질: 尹巖-淑慶翁主(太宗 庶9女)의 夫, 佐翼功臣
	明懿宮主 崔氏	全州	士儀	◎	崇政大夫判敦寧府事		有慶		同知密直使 典法判書	宰	○ (28)	榮祿大夫門下左侍中 商議都評理贊成事 判典理部密直事	조부: 崔有慶-淸白吏, 開國原從功臣, 松泉書院配享 숙부: 崔士康-誠寧君(太祖 庶2男)의 장인, 錦城大君(世宗 6男)의 장인, 臨瀛大君(世宗 4男)의 처조

													부, 廣平大君(世宗 5男)의 妻曾祖父, 淑儀崔氏(睿宗後宮)의 曾祖父 父: 崔士儀-淸白吏, 開國原從功臣, 朴可興의 壻 외종질: 昭憲王后沈氏
文宗	顯德王后 權氏	安東	專		禮曹判書 贈左議政 贈花山府院君	知嘉山郡事	伯宗		漢城府尹	正平		版圖正郎 贈嘉善大夫工曹參判	외조부: 崔鄲-崔冲의 12대손 同腹: 權自愼-禮曹判書, 左翼3等功臣
	承徽鄭氏	東萊	甲孫	○ (?)	左贊成 贈左議政	直藝文館	欽之	◎ ○ (34)	判書 贈純誠積德補助功臣 領議政 萊山府院君	符		漢城府尹 贈左贊成	고조: 鄭良生-端誠輔理贊化功臣, 逢原府院君 종증조부: 鄭規-淸白吏 증외조부모: 李希泌-왜구 격퇴 父: 鄭甲孫-淸白吏, 原從3等功臣 숙부: 鄭昌孫-領議政, 蓬原府院君, 成宗廟庭配享, 景明君(成宗 庶9男)의 妻曾祖父
	淑嬪洪氏	南陽	深		漢城府尹 益城君 贈右相	長興庫直長	德輔		義盈庫使 贈戶曹參判	有龍		禮部侍郎 贈贊成	외종조부: 尹璠-貞熹王后의 父 외조부: 尹坢-坡平府院君, 追領議政 父: 洪深-原從2等功臣 同腹: 洪應-翊戴1等功臣, 佐理3等功臣, 左議政, 益城府院君, 成宗廟庭配享 조카: 洪常-明淑公主(德宗 1女)의 夫 외종형제: 昭容尹氏(文宗後宮) 이종질: 後宮文氏(文宗後宮)
	承徽柳氏	文化	尙榮		監察 贈左贊成	司直	佐		典祀令	亮	○ (28)	右議政 文城府院君	고조: 柳繼祖-己亥擊走紅賊1等功臣, 安社1等圖形壁上功臣, 興王討賊1等功臣, 追領議政

												증조: 柳亮-開國原從功臣, 佐命4等功臣
淑儀文氏	南平	敏		僉知中樞院事	判通禮門事	孝宗	◎	判中樞府事 兼弘文館大提學	達漢		三重大匡門下贊成事 順平府院君	고조: 文璟-端誠義勇輔理功臣, 南平府院君 증조: 文達漢-推誠翊衛功臣, 推忠翊戴輔祚功臣, 楮山書院祭享 외조부: 權審-戶曹正郎 백부: 文致-佐翼1等功臣, 永安君 외재종숙: 權恭-淑謹翁主(太宗 庶12女)의 夫, 佐翼3等功臣, 和川君 외재종숙: 權格-昭容權氏(文宗後宮)의 父 외종숙: 昭容尹氏(文宗後宮), 淑嬪洪氏(文宗後宮) 재종형부: 朴仲孫-靖難2等功臣, 密山君, 和義君(世宗의 庶1男)의 장인
昭容權氏	安東	格		知敦寧府事	注簿	循		判濟用監事 贈漢城府左尹	肅		吏曹參判 贈戶曹判書	종백숙부: 權恭-淑謹翁主(太宗 庶12女)의 夫, 佐翼3等功臣, 和川君 父: 權格-原從3等功臣 형부: 漢南君-世宗 庶4男 형부: 楊子濡-惠嬪楊氏(世宗後宮)의 사촌 조카: 貴人權氏-成宗後宮
昭訓尹氏	坡平	熺		繕工監直長	直長	珪	○ (23)	嘉善大夫敬承府尹 寶文閣大提學 判繕工監事 贈輔祚功臣領議政 坡城府院君	承禮		奉翊大夫版圖判書 贈領議政	고조: 尹陟-純誠翊戴輔理功臣三重大匡, 鈴平君 종조부: 尹璠-世祖의 國舅 백부: 尹炯-推忠勁節佐翼功臣, 議政府左贊成 父: 尹熺-原從1等功臣 고모부: 閔不貪-元敬王後의 사촌 재종형제: 尹愚-淑寧翁主(太宗 庶7女)의 夫

													재종형제: 尹巖-淑慶翁主(太宗 庶9女)의 夫, 佐翼功臣 내종형제: 淑嬪洪氏(文宗後宮) 내종질: 後宮文氏(文宗後宮)
端宗	淑儀金氏	商山	師禹	☆	同知中樞院事	預原郡事	洽		中樞院使	得齊		助戰元帥 尙山君	5대조: 金鎰-輸忠秉義協贊功臣, 追上洛君 증조: 金得齊-홍건적 격퇴 1等功臣, 推忠奮義安社佐命功臣 종증조: 金得培-樞密院使, 輸忠保節定遠功臣, 政堂文學 종증조: 金先致-推忠保節贊化功臣, 洛城君 외고조부: 李之直-淸白吏 외조부: 李仁孫-右議政, 原從2等功臣 父: 金師禹-佐翼原從2等功臣 외숙부: 李克培-右議政, 文城府院君 외숙부: 李克敦-議政府左右贊成 외숙부: 李克均-左議政 내재종질: 定順王后(端宗妃)
	淑儀權氏	安東	完	◎	行敦寧府判官	前司正	蘊		縣監	絪		典籍	5대조: 權皐-輸誠翊衛協謨功臣, 永嘉府院君 당내간 친족: 權擥 父: 權完-正壇(死六臣)配享
世祖	淑媛申氏	高靈	叔舟	○ (23)	領議政		檣	○ (21)	工曹參判	包翅	○ (?)	工曹參議 贈左贊成	고조: 申德鄰-六隱 父: 申叔舟-輸忠協策靖難2等功臣, 輸忠衛社同德佐翼功臣, 推忠協策靖難同德佐翼保社炳幾定難翊戴1等功臣 同腹: 申瀞-厚寧君(太宗 庶7男)의 壻 종손: 申沆-惠淑翁主(成宗 庶1女)의 夫 재종형제: 廢妃尹氏(成宗의 妃)

德宗	淑儀愼氏	居昌	先庚	◎	同中樞參	前司直	幾	○ (?)	全羅監司	以衷	○ (?)	判利州縣事	조부: 愼幾一原從功臣 외조부: 韓惠一領相 종숙부: 愼承善一翊戴3等功臣, 佐理3等功臣, 居昌府院君, 領議政, 燕山君의 장인 父: 愼先庚一原從功臣 외삼촌: 韓繼美一尹璠의 胥, 左翼3等功臣, 敵愾3等功臣, 佐理2等功臣 외삼촌: 韓繼禧一翊戴3等功臣, 佐理2等功臣 외삼촌: 韓繼純一翊戴1等功臣, 佐理3等功臣
	貴人權氏	安東	致命		知郡事	修義校尉	永昌		縣監	執智		判禮賓寺事	6대조: 權漢功一推誠同德協贊功臣, 右政丞 5대조: 權仲達一推誠定策安社功臣, 花原君 재종조: 顯仁妃(명나라 永樂帝의 後宮) 숙부: 權致中一讓寧大君(太宗 1男)의 壻
	淑儀尹氏	坡平	沂		縣令 贈持平	行太一殿直	璞		縣監	將	○ (?)	司宰判事	고조: 尹輔一宗簿寺令, 追工曹參議 외고조: 金九容一明嬪(太宗後宮)의 伯父 외조부: 金孟獻一靖難佐翼功臣, 兵曹參議 외조모: 李徵(亂臣)의 누이
睿宗	安順王后 韓氏	清州	伯倫	◎	右議政 清川府院君	司饔別坐	昌		江原監司 贈補祚功臣領議政 清州府院君	季復		中訓大夫知古阜郡事 贈崇政 議政府左贊成	6대조: 韓渥一右政丞, 忠惠王廟庭配享 고조: 韓方信一政堂文學 父: 韓伯倫一翊戴3等功臣, 佐理2等功臣 매부: 龜城君一臨瀛大君(世宗 4男)의 2男 매부: 愼守英一燕山君의 매부 질부: 桂城君(成宗 庶1男) 12촌: 恭惠王后(成宗妃), 章順王后(睿宗妃)

	淑儀崔氏	全州	道一	◎	軍資判官 贈左議政	軍器判官	承寧		左參贊 贈左議政	士康	◎	左贊成 贈左議政	고조: 崔有慶-淸白吏, 開國原從功臣, 松泉書院配享 증조: 崔士康-誠寧君(太祖 庶2男)의 장인, 錦城大君(世宗6男)의 장인, 臨瀛大君(世宗 4男)의 처조부, 廣平大君(世宗 5男)의 妻曾祖父 종증조부: 崔士義-淸白吏, 開國原從功臣, 朴可興의 사위, 明懿宮主崔氏(世宗後宮)의 父 고모부: 臨瀛大君-世宗 4男 父: 崔道一-永順君 李溥의 장인
成宗	廢妃尹氏	咸安	起畝	○ (?)	判奉常寺事	判封常寺事	應		通訓大夫交河縣監 贈議政府領議政	得龍	○ (?)	資憲大夫戶曹典書	부: 尹起畝-原從2等功臣 오빠: 尹遘-兵曹參判
	貞顯王后 尹氏	坡平	壕	○ (49)	右議政 鈴原府院君	兵曹參知	三山	◎	僉知中樞府事 贈領議政 鈴川府院君	坤	○ (?)	崇政大夫吏曹判書	5대조: 尹陟-純誠翊戴輔理功臣, 領平君 고조: 尹承順-輸忠亮節輔理功臣, 左議政, 鈴平府院君 증조: 尹坤-佐命3等功臣 조부: 尹三山-佐翼原從功臣 조모: 李原(佐命4等功臣)의 딸 재종형제: 尹師路-貞顯翁主(世宗 庶1女)의 夫, 佐翼功臣 백부: 尹塢-誠寧君(太宗 庶2男)의 壻 중부: 尹塘-領議政 皇甫仁의 壻 당내친족: 貞熹王后(世祖妃) 尹氏
	明嬪金氏	安東	碏	◎ ○ (?)	資憲大夫刑曹判書		宗淑		同知中樞府事 贈領議政 上洛府院君	陸		同知密直司使 兼都評議使司 贈議政府左贊成	고조: 金士衡-左議政, 開國1等功臣, 定社1等功臣, 上洛伯府院君 백부: 金礩-佐翼3等功臣, 佐理2等功臣, 上洛府院君, 鄭昌孫(領議政)의 壻

												조카사위: 甄城君(成宗 庶7男)
貴人鄭氏	草溪	仁碩				發		知中樞府事	賡		工曹參判 贈崇政大夫工曹判書	고조: 鄭擢-開國功臣, 翊戴功臣 조부: 鄭磁-永原君 王礦의 壻 백부: 鄭允愼-靖難原從功臣
貴人權氏	安東	壽		義城縣令	故縣監	格		副知敦寧府事	循		判濟用監事 贈漢城府左尹	외조부: 韓可久-淸白吏 고모: 昭容權氏(文宗後宮) 고모부: 漢南君(世宗 庶4男)
貴人嚴氏	寧越	山壽		司直 贈通政大夫吏曹參議		克仁		進士	有溫		嘉善大夫左軍都總制府 同知摠制	증조: 嚴有溫-개국공신 종조부: 嚴以溫-兵曹參判 형부: 丹溪副正-臨瀛大君의 子
淑儀洪氏	南陽	逸童	○ (?)	資憲大夫知中樞府事 進賢館大提學		尙直		鏡城節制使 贈參判	徵		匡靖大夫判密直司事	증조: 洪徵-純誠翊戴輔理功臣, 助戰元帥로 참전, 廉興邦의 妹弟 증외가: 廉悌臣-輸誠翊戴功臣, 端誠守義同德輔理功臣, 忠誠守義同德論道輔理功臣, 曲城伯, 右政丞 父: 洪逸童-原從2等功臣
淑容沈氏	靑松	末同		僉知		沚		同知摠制	德符	◎	左議政	증조: 沈德符-安社功臣, 回軍1等功臣 조부: 沈沚王瑀(恭讓王의 弟)의 壻 종조부: 沈溫-世宗의 國舅(昭憲王后의 父) 종조부: 沈淙-慶善公主(太祖 2女)의 夫, 定社2等功臣 종조부: 沈仁鳳-資憲大夫左軍都總制 父: 沈末同-原從2等功臣
淑儀南氏	宜寧	忻		右承旨		倫		工曹參判	智	◎	左議政	5대조: 南在-回軍功臣, 開國1等功臣, 太祖廟庭配享,

												領議政, 宜寧府院君 內系: 南誾-開國1等功臣, 太祖廟庭配享 종증조부: 南暉-貞善公主(太宗 4女)의 夫 종형제: 南致元-慶順翁主(成宗 庶4女)의 夫 오빠: 南燮元-徽靜翁主(成宗 庶9女)의 夫 외조부: 春陽君(孝寧大君의 孫子) 숙부: 南憬-愼承善의 壻, 安平大君의 사돈

○ 문과급제 ☆ 무과급제 ◎ 음직

〈비고〉

* 【별첨 2】는 조선 초기 후궁 전체 75명 가운데 姓貫을 알 수 있는 42명의 家系를 《朝鮮王朝實錄(http://sillok.history.go.kr)》, 한국역대인물종합정보시스템(htty://people.aks.ac.kr), 각 가문별 족보 자료를 활용하여 작성된 것이다. 각 왕조별 후궁 인원수〔名〕는 태조(2), 정종(4), 태종(9), 세종(3), 문종(7), 단종(2), 세조(1), 덕종(3), 예종(2), 성종(9)이다.

* 각 가문별 족보 자료는 다음과 같다(【별첨 2】 기재순).

柳光鉉, 《高興柳氏世譜》 1~6, 高興柳氏大同譜編纂委員會, 1994; 元藝載, 《原州元氏族譜》 1~5, 原州元氏宗事委員會, 1989; 《忠州池氏族譜》 1~8(藏 MF 35-4508~9); 《幸州奇氏族譜》 1~14, 幸州奇氏大宗中, 1957; 尹判求, 《海平尹氏大同譜》 1~6, 海平尹氏大同譜刊行委員會, 2005; 辛鳳集, 《寧越辛氏世譜》 30권 8책, 1854, B10B 310A(藏 MF 35-10064~10065); 《安東權氏成化譜》 天·地·人(藏 MF 35-4784); 《安東權氏樞密公派大譜》 1~9(藏 MF 35-9718~9724); 金尙黙, 《安東金氏世譜》 1~28, 安東金氏大同宗約所, 1936; 《長淵盧氏世譜》 1~3, 長淵盧氏大同譜宗友所, 1985; 金秉元, 《淸道金氏族譜》 1~21, 錦浦堂, 1925; 趙昇衡, 《漢陽趙氏大譜》 3, 漢陽趙氏大譜編纂委員會, 2005; 《星州李氏侍中公派世譜》 1~2, 星州李氏侍中公派望月亭譜所, 1985; 《固城李氏滄洲公派譜》(藏 MF 35-4315); 安東張氏世譜所, 《安東張氏世譜》 1~2, 1933; 張然昌, 《安東張氏各派大同世譜》, 景賢齋, 1927; 楊春植, 《淸州楊氏世譜》 1~16, 旻慕堂, 1929; 朴性洙, 《密陽朴氏糾正公派大同譜》

1~7, 密陽朴氏糾正公派大同譜所, 1980;《全州崔氏敬節公派譜》(藏 MF 35-4531);《安東權氏世譜》(藏 MF 35-4561);《東萊鄭氏族譜》 1(藏 MF 35-4448);《南陽洪氏世譜》(藏 MF 35-4605); 柳明烈,《文化柳氏世譜》 1~54, 文化柳氏大同譜所, 1935;《南平文氏大同譜》 1~21, 南平文氏大宗會, 1995; 權容觀,《安東權氏世譜》 1~22, 道山齋, 1935;《坡平尹氏世譜》 1(藏 MF 35-4276); 金永鎭,《商山金氏世譜》 1~4, 1937; 愼用晟,《巨昌愼氏世譜》 18권 9책, B10B 334(藏 MF 35-10107~10110);《安東權氏僕射公派譜》 1~5(藏 MF 35-3812);《坡平尹氏世譜》(藏 MF 35-4275); 韓潤環,《淸州韓氏世譜》 全, B10B 329(藏 MF 35-10090), 1949;《全州崔氏敬節公派世譜》(藏 MF 35-4528); 尹錫祺 等編《咸安尹氏世譜》 5권 6책, 1906;《坡平尹氏世譜》(藏 MF 35-4274); 金尙默,《安東金氏世譜》 1~20, 安東金氏大同宗約所, 1936;《草溪鄭氏千戶長公派族譜》 1(藏 MF 35-4470); 嚴基杓,《寧越嚴氏大同譜》 1~7, 寧越嚴氏大同譜所, 1996; 洪丙杓,《南陽洪氏南陽君派世譜》 1~14, 南陽洪氏南陽君大宗中會, 2004; 沈能定,《靑松沈氏派譜》 1~29(藏 MF 35-9333~35); 南豊鉉,《宜寧南氏族譜》 1~7, 宜寧南氏大宗會, 2006.

【부록 3】 연산군~숙종조 후궁 일람표

國王	後宮	생몰년	신분	父	후궁의 지위 변화		근거	봉작	자녀	소생	
					전·현왕 시기	후왕 시기				군	옹주
燕山君	淑儀郭氏	?~1522 이후	양반 규수	郭璘	揀擇(성종 22: 10. 16 이전) → 良媛(성종 22: 11. 4) → 入宮(성종 23. 1. 무렵) → 淑儀(연산군 즉위)			②	×		
	淑儀尹氏	1481~1568	양반 규수	尹萱	淑儀(연산군 7: 8. 1)		墓誌 (이화여자대학교 박물관)	①	1녀		서녀1
	淑儀權氏		양반 규수	權齡	淑儀(연산군 12: 1. 21 이전)			①	×		
	淑儀閔氏	?~1519 이전	양반 규수	閔孝孫	淑儀(연산군 9: 6. 22 이전)			①	×		
	張碩祖 딸		양반 규수	張碩祖	揀擇(연산군 12: 8. 25)			①	×		
	淑儀李氏 李貞伊		첩녀	李拱	入宮(?) → 淑媛(연산군 12: 8. 10) → 淑儀(?)		중종 8: 1. 7(정축)	⑥	1남	陽平君	
	淑媛崔氏 崔寶非		첩	?	淑媛(연산군 11: 5. 8 이전)			⑥	×		
	淑媛張氏 張綠水	?~1506	家婢	張漢弼	淑媛(연산군 8: 3. 9 이전) → 淑容(연산군 9: 12. 24)	賜死(중종 1: 9. 2)		⑥	1녀		靈壽
	淑媛金氏 金貴非	?~1506	?	?	숙원(?)	賜死(중종 1: 9. 2)	중종 39: 4. 17(을유)	⑥	×		
	淑媛田氏 田田非	?~1506	?	?	淑媛(?) → 淑容(연산군 11: 4. 18)	賜死(중종 1: 9. 2)		⑥	1녀		?
	後宮鄭氏	?	?	?			중종 12: 9. 1(갑술)	⑥	1녀		咸今

	淑媛鄭氏	?	?	?			연산군 11: 2. 13(기사)	⑦	×		
中宗	章敬王后	1491~1515	양반 규수	尹汝弼	淑儀(1506) → 王妃 冊封(중종 2: 6. 17)			③	1남 1녀	仁宗	孝惠
	熙嬪洪氏	1494~1581	양반 규수	洪景舟	淑儀(중종 2: 3. 18 이전) → 昭儀(?) → 貴人(?) → 熙嬪(중종 39: 4. 7)	私家 나감(명종 즉위: 9. 21)	墓誌銘 (《頤庵集》)	①	5남	錦原君 鳳城君 3남 조졸	
	淑儀羅氏	1489~1514	양반 규수	羅叔聃	淑儀(중종 2: 3. 18 이전)			①	×		
	敬嬪朴氏	?~1533	양반 규수	朴秀林	入宮(反政 직후) → 淑媛(중종 4; 9. 15 이전) → 昭儀(중종 9: 10. 17 이전) → 淑儀(중종 10: 7. 26 이전) → 敬嬪(?) → 廢庶人(중종 22: 4. 21) → 流配(중종 22: 4. 30) → 賜死(중종 28: 5. 23)			⑥	1남 2녀	福城君	惠順 惠靜
	昌嬪安氏	1499~1549	궁인	安坦大	入宮(중종 2) → 承恩(중종 13) → 尙宮(중종 15) → 淑媛(중종 24) → 淑容(중종 35)	昌嬪 追贈(선조 10: 3. 24)	墓誌銘 (《藥泉集》·《湖陰雜稿》)	⑥	3남 1녀	永陽君 德興大院君 1남 조졸	靜愼
	貴人韓氏	1500~1574	서녀	韓恂	入侍(중종 9) → 承恩(중종 13) → 典贊(중종 15) → 尙宮(중종 24) → 淑媛(중종 27) → 淑容(중종 35)	淑儀(명종 6) → 昭儀(선조 4) → 貴人(선조 5)	墓誌銘	⑥	1남	1남 조졸	
	淑儀李氏	?	중인	李亨臣	?	淑媛(인종 1: 1. 24 이전) → 淑儀(영조 3: 2. 6 이전)	인종 1: 1. 24(무오)	⑦	1남	德陽君	
	淑媛李氏	?~1520	무관	李白先	淑媛(중종 24: 5. 6 이전)		인종 1: 1. 24(무오)	⑦	2녀		貞順 孝靜
	淑儀洪氏	?	?	?	淑媛(?)	淑儀(?)	인종 1: 1. 24(무오)	⑦	1남	海安君	
	淑儀尹氏	?	?	?			중종 2: 3. 19(신유)	⑦	×		

	淑儀金氏	?	?	?	淑容(인종 1: 1. 24 이전)	淑儀(명종 21: 12. 21 이전)	명종 21: 12. 21(정미)	⑦	1녀		淑靜
仁宗	貴人鄭氏	1520~1566	양반 규수	鄭惟沈	良娣(중종 28: 3. 4) → 淑儀(인종 즉위: 11. 20)	昭儀(명종 6) → 貴人(명종 18)	行狀 (《栗谷全書》)	②	×		
仁宗	淑嬪尹氏	?~1595 이후	양반 규수	尹元亮	揀擇(중종 31: 2. 6 이전) → 良娣(중종 31: 5. 15) → 재입궁(중종 32: 11. 9)	淑嬪(선조 28: 5. 26 이전)		②	×		
仁宗	尹漑 딸	?	양반 규수	尹漑	良娣(중종 31: 5. 15) → 취소(중종 31: 5. 21)			②			
仁宗	惠嬪鄭氏	?~1595 이후	양반 규수	鄭溫	良娣(중종 32)	惠嬪(선조 28: 5. 26 이전)		②	×		
明宗	昭儀申氏	1533~1565	양반 규수	申彦淑	淑儀(명종 4) → 昭儀(명종 19)		墓誌 (영남대학교 박물관)	①	×		
明宗	淑儀鄭氏	?	양반 규수	鄭龜朋	淑儀(명종 3: 12, 21 이전)			①	×		
明宗	淑儀鄭氏	?	양반 규수	鄭銖	淑儀(명종 81: 5. 16 이전)			①	×		
明宗	淑儀愼氏	?~1595	양반 규수	愼弘濟			선조 26: 7. 11(계해)	①	×		
明宗	慶嬪李氏	1541~1595	서녀	李添貞	入宮(명종 11) → 承恩(명종 13) → 淑媛(?)	淑儀(선조 즉위) → 慶嬪 追贈(영조 31: 6. 14)	墓表 墓誌銘 (《象村稿》)	⑥	×		
明宗	淑儀韓氏	?~1594	?	?			선조 38: 7. 26(무술)	⑦	×		
明宗	順嬪李氏	?~1592	?	?			선조 37: 5. 1(신해)	⑦	×		
宣祖	貴人鄭氏	1557~1579	양반 규수	鄭晃	淑儀(선조 4) → 昭儀(선조 6) → 貴人(선조 10)		墓誌銘 (《簡易集》)	①	×		
宣祖	靜嬪閔氏	1567~1626	양반 규수	閔士俊	淑儀(선조 13: 5. 26) → 昭儀(?) → 貴人(?) → 靜嬪(선조 25: 5. 8이전)		行狀 (《葵窓遺稿》)	①	2남 3녀	仁城君 仁興君	貞仁 貞善

							墓誌				貞謹
	貞嬪洪氏	1563~1638	양반 규수	洪汝謙	淑儀(선조 13: 5. 26) → 貞嬪(선조 25: 5. 8 이전)		神道碑銘 (《白軒集》)	①	1남 1녀	慶昌君	貞正
	淑儀鄭氏	1564~1580	양반 규수	鄭純禧	淑儀(선조 13: 5. 26)		墓誌銘 (이화여자대학교 박물관)	①	×		
	恭嬪金氏	1553~1577	양반 규수	金希哲	昭容(선조 10) → 貴人(선조 6 전후) → 恭嬪(선조 10: 5. 27 이전)	恭聖王后(광해군 2: 3. 29) → 恭嬪格下(인조 1: 3. 18)	卒記	⑥	2남	臨海君 光海君	
	仁嬪金氏	1555~1613	양반 규수	金漢佑	入宮(?) → 承恩(선조 1) → 淑媛(선조 6) → 昭容(선조 10) → 貴人(선조 11) → 仁嬪(선조 37: 11. 12)		卒記 神道碑銘 (《象村稿》·《谿谷集》)	⑥	4남 5녀	義安君 信城君 定遠君 義昌君	貞愼 貞惠 貞淑 貞安 貞徽
	順嬪金氏	?~1635 이후	중인	金福長	入宮(선조 13) → 淑容(선조 25: 5. 8 이전) → 昭容(?) → 淑儀(선조 37: 11. 12) → 順嬪(선조 39: 6. 9 이전)		인조 13: 8. 25(임인)	⑥	1남	順和君	
	溫嬪韓氏	1581~1664	양반 규수	韓士亨	入宮(선조 25) → 淑媛(?) → 昭容(?) → 淑儀(선조 37: 11. 12) → 貴人(?) → 嬪(?)		墓表	⑥	3남 1녀	興安君 慶平君 寧城君	貞和
	尙宮朴氏	?	궁인	?			현종 2: 1. 5(을묘)	⑥			
光海君	淑儀元氏	?	양반 규수	元守身	淑儀(광해군 10: 7. 5 이전)	中途付處(인조 1: 9. 14)		①	×		
	淑儀許氏	?	양반 규수	許儆	淑儀(광해군 5: 12. 30)	中途付處(인조 1: 9. 14)		①	×		
	昭儀洪氏	?	양반 규수	洪邁	揀擇(광해군 9: 8. 8) → 淑儀(광해군 9: 8. 18) → 昭儀(광해군 10; 7. 8) → 賜死(광해군 15: 3. 13)			①	×		

	昭儀尹氏	?~1623	양반 규수	尹弘業	揀擇(광해군 9: 8. 8) → 淑儀(광해군 9: 8. 18) → 昭儀(광해군 10: 7. 8)	中途付處(인조 1: 9. 14)		①	1녀		서1녀
	淑儀權氏	?~1624 이후	양반 규수	權餘慶	揀擇(광해군 9: 11. 25) → 淑儀(광해군 10: 7. 5)	中途付處(인조 1: 9 .14)		①	×		
	昭容任氏 任愛英	1598~1628	첩녀	任夢正	入宮(광해군 2) → 昭容(광해군 5: 12. 30 이전)	圍籬安置(인조 1: 9. 14)		⑥	×		
	昭容鄭氏	?~1623	서녀	鄭象獻	淑媛(?) → 昭容(광해군 5: 9. 25 이전)	自殺(인조 1: 3. 14)		⑥	×		
	昭媛辛氏	?	서녀	辛鏡	入宮(?) → 淑媛(광해군 1: 6. 14) → 昭媛(?)			⑥	×		
	後宮趙氏	?	무관	趙誼			광해군 9: 9. 28(경인) 광해군 9: 11. 21(임오)	⑥	×		
	淑媛韓氏	?	궁인				《韓淑媛傳》	⑥	×		
	尙宮金氏 金介屎	?~1623	궁인			살해(?)	광해군 5: 8. 11(병신) 광해군 10: 7. 5(신묘)	⑥	×		
	尙宮李氏	?	궁인				광해군 5: 12. 30(계축) 광해군 10: 7. 5(신묘)	⑥	×		
	尙宮崔氏		궁인				광해군 10: 7. 5(신묘)	⑥	×		
	尙宮卞氏		궁인				광해군 10: 7. 5(신묘)	⑥	×		
	尙宮金氏 金應希		궁인				광해군 5: 5. 18(을해)	⑥	×		
仁祖	貴人張氏	?~1671	?	張留	淑儀(인조 13: 8. 16) → 昭儀(인조 16: 12. 21) → 貴人(인조 18: 8. 27)			①	×		
	貴人趙氏	?~1651	서녀	趙琦	淑媛(?) → 昭媛(인조 16: 12. 21) → 昭容(인조 18: 8. 27) → 昭儀(인조 23: 10. 2) → 貴人(인조 27: 2. 11)	廢貴人(효종 2: 12.. 14)		⑥	2남 1녀	崇善君	孝明
										樂善君	
	淑儀羅氏	?	?				墓表	⑦	×		

	後宮李氏	?	궁인				인조 21: 4. 17(경진)	⑥	×		
孝宗	安嬪李氏	1622~1693	궁인	李應憲	淑媛(효종 6)	淑容(현종 2: 윤7. 8) → 淑儀(현종 2: 10. 20) → 貴人(?) → 安嬪(숙종 12: 5. 27)	墓表	⑤	1녀		淑寧
	淑媛鄭氏	?	?				《全州李氏大觀》	⑥	×		
	淑儀金氏	?	?				《全州李氏大觀》	⑥	×		
顯宗	無										
肅宗	禧嬪張氏 張玉貞	1659~1701	중인	張烱	入宮(?) → 出宮(숙종 6: 10. 26 이후) → 再入宮(숙종 9: 12. 5) → 淑媛(숙종 12: 12. 10) → 昭儀(숙종 14) → 禧嬪(숙종 15: 1. 15) → 王妃 冊封(숙종 15: 10. 22) → 禧嬪 降等(숙종 20: 4. 12) → 賜死(숙종 27: 9. 25)	玉山府大嬪(경종 2: 10. 10)		⑥	2남	景宗 盛壽	
	淑嬪崔氏	1670~1718	궁인	崔孝元	入宮(숙종 2) → 淑媛(숙종 19: 4. 26) → 淑儀(숙종 20: 6. 2) → 昭儀(?) → 貴人(숙종 21: 6. 8) → 淑嬪(숙종 25: 10. 23)			⑥	3남	永壽 英祖 1남 조졸	
	禖嬪朴氏	1672~1703	상궁	朴孝建	入宮(?) → 尙宮(숙종 14 무렵) → 淑媛(숙종 24: 11. 4) → 淑儀(숙종 25: 10. 23) → 貴人(숙종 27: 3. 23) → 禖嬪(숙종 28: 10. 18)		《承政院日記》	⑥	1남	延齡君	
	寧嬪金氏	1669~1735	양반 규수	金昌國	淑儀(숙종 12: 3. 28) → 昭儀(숙종 12: 5. 27) → 貴人(숙종 12: 11. 5) → 私第로 폐출(숙종 15: 4. 22) → 復位(숙종 20: 4. 12) → 寧嬪(숙종 25: 10. 18)		墓表	①	×		
	昭儀劉氏	?~1707	궁인	劉昌翼	入宮(?) → 淑媛(숙종 24: 8. 2) → 淑儀(숙종 25: 10. 23) → 昭儀(숙종 28:			⑥	×		

					10. 18)						
	貴人金氏	1690~1735	양반 규수	金時龜	入宮(숙종 24) → 淑媛(숙종 31: 5. 1) → 淑儀(숙종 33) → 貴人(숙종 36: 1. 20)		墓表 (경희대학교 박물관)	⑥	×		

〈비고〉

【별첨 3】은 연산군~숙종조의 후궁들에 대한 일람표를 작성한 것이다. 작성 방법은 왕과 후궁을 먼저 제시하고, 후궁의 생몰년, 신분, 父, 후궁들의 지위 변화 등을 摘示하였다. 자료 근거로는 《朝鮮王朝實錄》·《璿源系譜紀略》(藏 K2-1023, 1892)·《璿源系譜紀略》(藏 K2-1027J, 1900)·《璿源系譜紀略》(藏 K2-1031C, 1908), 지두환, 《조선의 왕실(태조~성종) 대왕과 친인척》 시리즈(역사문화, 1999~2008)를 참고하였다.

【부록 4】 연산군~숙종조 후궁의 가문

國王	後宮	本貫	父				祖父			曾祖			주요 인물
			姓名	及第	官職	입궁시 관직	姓名	及第	官職	姓名	及第	官職	
燕山君	淑儀李氏	陽城	拱	◎ 천거	戶曹參判		純之	* ○ (?)	判中樞院事	孟常		兵曹判書	5대조: 李春富-忠勤節義同德贊化功臣, 判樞密院事 종고조: 李沃-知中樞院事 조부: 李純之-原從功臣, 천문학자,《諸家曆象集》·《七政算內外篇》 저술 종조부: 李全之-僉知中樞院事, 贈兵曹判書 종백숙부: 李芮-刑曹判書 내종숙: 李蓀-靖國3等功臣, 漢山府院君, 判中樞府事 三從伯叔父: 李承召-佐理4等功臣,《國朝五禮儀》 편찬 同腹: 李稱守-京畿審藥
	淑儀尹氏	海平	萱	◎ 천거	軍器寺僉正 贈領議政		沔	○ (?)	承文院參校 贈左贊成	處誠		水原都護府使 贈兵曹判書	5대조: 尹邦晏-同知密直司, 淑儀尹氏(定宗後宮)의 伯父 종증조: 尹處恭-戶曹佐郎 同腹: 尹殷輔-領議政 同腹: 尹殷弼-吏曹參判
	淑儀郭氏	玄風	璘		縣監		允光		兵部典書	璉玉			외고조: 柳曼殊-左議政 외조부: 柳洙-靖難2等功臣, 輸忠協策靖難功臣, 純誠佐理功臣, 佐理4等功臣, 종질녀(義安大君孫의 婦)의 종백숙부, 柳從京(益安大君孫의 夫)의 종백숙부 외조부: 權致中-讓寧大君(太宗1男)의 壻, 原從3等功臣
	淑儀權氏	安東	齡	◎	工曹參議 贈刑曹參判		實	◎	濟用監判官 贈吏曹參議	循	*	濟用監事 贈漢城府左尹	종조부: 權格-副知敦寧府事, 昭容權氏(文宗後宮)의 父, 漢南君(世宗庶4男)의 장인, 楊子濡(惠嬪楊氏의 사촌)의 장인

													종백숙부: 權壽-貴人權氏(成宗後宮)의 父 同腹: 權弘-大司憲 同腹: 權博-尙州牧使, 贈吏曹參判
	淑儀閔氏	驪興	孝孫	*	刑曹參議 贈左贊成		亨		宗親府典籤 贈吏曹判書 兼知義禁府事 五衛都摠府都摠管	澄源		漢城府參軍 贈戶曹參議	고조: 閔審言-刑曹參判, 原從3等功臣 종조부: 閔貞-原州牧使 외종조모: 茂林君(定宗 庶15男)의 女 외조부: 尹之崗-尹巖(太宗駙馬)의 조카, 始安君 李擢(世宗曾孫)의 장인 외숙부: 尹金孫-靖國功臣, 坡城君, 尹自任의 父 당내간 친족: 閔霽-元敬王后(太宗元妃)의 父 형부: 金孝孫
中宗	章敬王后 尹氏	坡平	汝弼		領敦寧府事 贈領議政 坡原府院君		甫		工曹參判	士昀	○ (?)	禮曹判書	고조: 尹璠-世祖國舅, 贈領議政, 坡平府院君 증조: 尹士昀-靖難2等功臣, 佐翼3等功臣, 坡城君 父: 尹汝弼-靖國3等功臣 외조부: 朴仲善-敵愾1等功臣, 靖難翊戴3等功臣, 佐理3等功臣 이모부: 月山大君-德宗1男 이모부: 齊安大君-睿宗2男 외삼촌: 朴元宗-靖國1等功臣, 靖難1等功臣 同腹: 尹任-刑曹判書 三從姪: 文定王后-中宗의 繼妃 四從孫: 淑嬪尹氏-仁宗後宮
	敬嬪朴氏	尙州	秀林	?	主簿	正兵							養父: 朴元宗-靖國1等功臣, 章敬王后의 외삼촌 同腹: 朴仁亨-宣傳官 同腹: 朴仁貞-監察

	熙嬪洪氏	南陽	景舟	○ (?)	議政府左贊成		任		同知中樞府事 贈議政府左贊成	淀		原州判官 贈吏曹判書	6대조: 洪徵-純誠翊戴輔理功臣, 判密直司事, 廉興邦의 매제 증조: 洪演-司憲府執義 외증조: 鄭光祖-安孟聃(세종부마)의 사위 외증조: 鄭顯祖-세조부마 외조부: 權金成-鄭麟之의 사위, 建功將軍 父: 洪景舟-靖國1等功臣, 推誠保社定難2等功臣, 秉忠奮義協策翊運靖國推誠保社定難功臣, 南陽君 외재종형제: 德興大院君(中宗庶7男)의 婦
	淑儀羅氏	羅州	叔聃		通訓大夫 行槐山郡守		文緖		司憲府監察 通訓大夫行靈山縣令	寅	*	通訓大夫內資寺尹 行海美縣監	고조: 羅得康-吏曹判書兼義禁府知事 외조부: 辛仲琚-信嬪辛氏(太宗後宮)의 사촌, 三道體察使從事官 고모부: 尹衡老-靖國2等功臣, 貞顯王后(成宗繼妃)의 사촌 외숙부: 辛天乙-原從功臣 외종숙: 辛允武-靖國1等功臣, 寧川君, 兵曹判書 同腹: 羅允明-司憲府執義, 翰林院
	貴人韓氏	淸州	恂	◎	知敦寧府事		伯倫	◎	大匡輔國崇祿大夫 議政府右議政	昌		觀察使 江原監司	조부: 韓伯倫-翊戴純誠佐理2等功臣, 睿宗의 國舅, 翊戴3等功臣, 淸川府院君 백부: 韓懽-工曹參判 父: 韓恂-靖國3等功臣, 西原君 고모: 安順王后-睿宗繼妃 고모부: 龜城君-臨瀛大君(世宗4男)의 2子 고모부: 愼守英(燕山君의 매부) 同腹: 伊城君(成宗庶3男 完原君의 子)의 婦
仁宗	淑嬪尹氏	坡平	元亮		敦寧府都正		之任		贈領議政 坡山府院君	頊		內資寺判官 贈領敦寧府事	6대조: 尹璠-世祖의 國舅, 贈領議政, 坡平府院君 5대조: 尹士昕-佐翼原從功臣, 佐理2等功臣, 坡川府院君, 右議政

									領敦寧府事				고조: 尹繼謙-推忠定難翊戴3等功臣, 佐理3等功臣, 鈴平君, 吏曹判書 父: 尹元亮-原從1等功臣 숙부: 尹元弼-原從1等功臣 숙부: 尹元衡-領議政, 保翼3等功臣, 衛社2等功臣 고모: 文定王后-中宗繼妃, 明宗의 母
	貴人鄭氏	延日	惟沈	◎	敦寧府判官		澔		健元陵參奉	自淑		金堤郡守	고조: 鄭淵-安平大君(世宗3男)의 장인, 兵曹判書 외조부: 安彭壽-吏曹參議 동생: 鄭澈-左議政, 《關東別曲》·《思美人曲》 저술 매제: 桂林君-月山大君의 孫, 桂城君(成宗3男)의 養子, 尹汝弼(章敬王后의 父)의 外孫 질녀: 貴人鄭氏(宣祖後宮)
	惠嬪鄭氏	慶州	溫	◎	司醞寺令		洪先	*	軍器寺別提	孝常	* ○ (23)	吏曹判書 鷄林君	고조: 鄭知年-老松亭, 德巖書院, 玉溪祠, 肅慕殿에 배향 증조: 鄭孝常-推忠定難翊戴3等功臣, 純誠明亮佐理3等功臣, 鷄林君, 吏曹判書 종증조: 鄭孝恒-吏曹判書 종증조: 鄭孝終-佐理功臣, 吏曹參議 외조부: 梁淑-梁誠之의 孫, 尹磻(尹師路의 子)의 壻
明宗	淑儀李氏	星山	添貞				守泓		比安縣監	沆	* ○ (?)	兵曹判書 左贊成	고조: 李世仁-吏曹參議 외종사촌: 仁嬪金氏-宣祖後宮, 仁祖의 祖母
	淑儀申氏	平山	彦淑		江西縣令		壽鵬		五衛副司直	承閔		翊衛司左副率	6대조: 申孝昌-開國功臣, 定社功臣, 兵曹判書, 淸白吏 5대조: 申自修-廣平大君(世宗5男)의 장인 외조부: 崔凝-崔萬理의 曾孫, 李珥의 內再從 외숙부: 崔守仁-兵馬節度使兼寧邊大都護府使

	淑儀鄭氏	溫陽	龜朋	*	僉正		鐸	○ (32)	司諫院獻納 贈領相 溫川府院君	忠基	○ (?)	司憲府持平	조부: 鄭鐸-敵愾原從功臣 백부: 鄭百朋-刑曹判書, 贈左贊成 중부: 鄭順朋-右議政, 保翼1等功臣, 溫陽府院君 종형제: 鄭磏-北窓公, 三仙 同腹: 鄭磁-鄭士雄의 父
	淑儀鄭氏	東萊	銖		掌樂院正		啓咸		郡守	价		左承旨	5대조: 鄭欽之-贈純誠積德輔助功臣, 萊山府院君 고조: 鄭昌孫-領議政, 蓬原府院君, 成宗廟庭配享, 景明君(成宗庶9男)의 妻曾祖父 종고조: 鄭甲孫-淸白吏, 原從3等功臣, 承徽鄭氏(文宗後宮)의 父 조부: 鄭啓咸-高城翁主(定宗庶4女)의 孫夫 형부: 尹堅鐵-尹之任(文定王后의 父)의 曾孫 종형제: 益寧君(太宗庶8男)의 曾孫婦
	淑儀愼氏	居昌	弘濟	◎	甑山縣監		守英	◎	刑曹判書	承善	○ (31)	領議政	증조: 愼承善-推忠定難翊戴3等功臣, 純誠明亮佐理3等功臣, 領議政, 居昌府院君, 燕山君의 장인, 臨瀛大君(世宗4男)의 壻 조부: 愼守英-刑曹判書兼五衛都摠府都摠管, 韓伯倫의 壻 종조: 愼守勤-左議政, 燕山君의 처남, 端敬王后(中宗元妃)의 父 숙부: 愼弘猷-海安君(中宗庶2男)의 장인
	順嬪李氏												족질: 尹堅鐵-尹之任(文定王后의 父)의 증손
宣祖	恭嬪金氏	金海	希哲	☆	司瀼寺僉正 贈戶曹參判 海寧府院君	司圃署	從壽	*	司贍寺僉正 贈通政大夫戶曹參議	世鈞	* ○ (?)	承文院參校 贈嘉義大夫 禮曹參判	고조: 金永貞-資憲大夫知敦寧府事, 贈純忠補祚功臣正憲大夫兵曹判書, 益城君 종조: 金益壽-兵曹參判五衛都總府副總管 조모: 鄭承佑(鄭麟趾의 孫)의 女, 鄭敬祖(桂陽君; 世宗庶2男의 壻)의 孫女 백숙부: 金希逸-李孝參(仁嬪金氏의 외종조부)의 壻

仁嬪金氏	水原	漢佑	☆(24)	司憲府監察 贈領議政		順銀	☆	萬戶 贈右議政經筵事監 春秋館事	貴榮	*	成均生員 贈崇政大夫左贊成	외증조: 李孝參－金希逸(金希鐵의 사촌형)의 장인 외조부: 李孝誠－寶城君(孝寧大君3男)의 曾孫 同腹: 金公諒－僉知中樞府事 생질녀: 淑媛辛氏(光海君後宮) 외종사촌: 淑儀李氏(明宗後宮)
順嬪金氏	金海	福長		護軍		有光		校尉	守良		通仕郎	동생: 金彦希
靜嬪閔氏	驪興	士俊	☆(40)	江華 都護府使	訓練習讀	希說		丹陽郡守 贈嘉善大夫吏曹參判	子芳		麗川尉	증조: 閔子芳－敬淑翁主(成宗庶5女)의 夫 모: 孟思誠(領議政)의 6세손 외재종형제: 淑儀申氏(明宗後宮) 내종질: 淑儀許氏(光海君後宮)
貞嬪洪氏	南陽	汝謙		仁同縣監 贈吏曹參判	承訓郎	誾	*	漢城府判官 贈左承旨	紹宗		別坐 贈大司憲	외조부: 曺明遠－禮曹參判 숙부: 洪汝諄－兵曹判書 同腹: 洪湜－吏曹參判, 尹堅鐵(尹之任의 曾孫)의 壻 조카: 洪友敬－貞仁翁主(宣祖庶4女)의 夫 외재종: 韓景祿－懿惠公主(中宗2女)의 夫 외재종: 韓景祜－尹元老의 壻 당내간 친족: 洪景舟－靖國1等功臣, 推誠保社靖難2等功臣, 秉忠奮義協策翊運靖國推誠保社定難功臣, 南陽君, 熙嬪洪氏(中宗後宮)의 父
溫嬪韓氏	清州	士亨		副護軍 僉知中樞府事		琥		副司果	鍾壽		上護軍	7대조: 韓尙敬－開國功臣, 領議政 5대조: 韓繼純－翊戴1等功臣, 佐理3等功臣, 吏曹判書
貴人鄭氏	延日	滉	◎	司饔寺副正	安岳郡守	惟沈		敦寧府判官	溈		健元陵參奉	5대조: 鄭淵－安平大君(世宗3男)의 장인 백부: 鄭滋－吏曹正郎 숙부: 鄭澈－左議政, 仁城府院君, 《關東別曲》·《思美人曲》 저술

													고모: 貴人鄭氏(仁宗後宮) 고모부: 桂林君-月山大君의 孫, 桂城君(成宗3男)의 養子, 尹汝弼(章敬王后의 父)의 外孫
	淑儀鄭氏	東萊	純禧		司饔院判官	前主簿	漢龍	*	江西縣令 贈吏曹參判	光輔	*	昌原府使 贈吏曹判書	고조: 鄭蘭宗-佐理4等功臣, 吏曹判書 종증조: 鄭光弼-領議政 종조부: 鄭士龍-判中樞府事, 《湖陰雜攷》·《朝天錄》 저술 외조부: 尹忭-《知足庵集》 저술, 趙光祖의 文人, 刑曹正郎 외숙부: 尹斗壽-海原府院君, 領議政, 扈聖2等功臣 외숙부: 尹根壽-左贊成, 扈聖2等功臣, 光國1等功臣, 海平府院君 재종질: 昭容鄭氏(光海君後宮)
光海君	淑儀洪氏	豊山	邁	* (37)	洪州牧使	高陽郡守	廷立		教官	沆		贈吏曹參議	외조부: 徐克弘-李恒의 문인
	淑儀尹氏	坡平	弘業	* (32)	綾城縣令	生員	暻	* (28) ○ (30)	司憲府持平 贈吏曹參判	先哲	* ○ (41)	刑曹正郎	고조: 尹倬-開城府留守 3종형제: 尹煌-尹宣擧, 尹文擧의 父, 尹拯의 祖父 외조부: 丁胤祜-吏曹參判, 扈從功臣
	淑儀許氏	陽川		* (38) ○ (51)	司憲府持平 贈吏曹參判	義禁府都事	潛	천거	知中樞府事 贈左贊成		천거	吏曹判書 贈左贊成	조부: 許潛-淸白吏, 策衛聖勳3等功臣, 忠貞公 고모부: 李光庭-扈聖2等功臣, 延原君, 吏曹判書, 李澍(扈聖2等功臣, 刑曹判書)의 子 종형제: 許積-領議政 내종질부: 閔維重-肅宗의 國舅
	淑儀元氏	原州	守身	☆	全羅右水使		李良		折衝將軍 忠佐尉副護軍	頤			외조부: 金好說-金麟善(淑儀權氏; 光海君後宮의 외조부)의 숙부 父: 元守身-李山甫(扈從2等功臣, 贈領議政, 韓興府院君)의 문인
	淑儀權氏	安東	餘慶	☆	全羅兵使	長興府使	鵠		參奉	大鈞	*	進士	외고조: 金光準-推誠衛社弘濟保翼2等功臣, 吏曹判書, 上洛君

				(37)					昭威將軍				외조부: 金麟善－金好說(淑儀元氏; 光海君後宮의 외조부)의 姪夫 종백숙부: 權得慶－國子試壯元及第, 刑曹佐郎
	昭容任氏	豊川	夢正	* ○ (26)	通政大夫 弘文館副提學		國老	* ○ (24)	吏曹判書 贈領議政	尹	* (17) ○ (38)	楊州牧使 贈吏曹判書	재종백숙부: 任榮老－沈鋼의 壻, 明宗의 同壻 외조모: 沈逢源(明宗妃 仁順王后의 祖父, 沈連源의 弟)의 女 父: 任夢正－홍문록 선발, 賜暇讀書 숙부: 任就正－資憲大夫禮曹判書 숙부: 任守正－弘文館敎理
	昭容鄭氏	東萊	象獻				純袭		禦侮將軍	士龍	* ○ (26)	判中樞府事	5대조: 鄭蘭宗－佐理4等功臣, 吏曹判書 종고조: 鄭光弼－領議政 증조: 鄭士龍－判中樞府事, 《湖陰雜稿》·《朝天錄》 저술 3종조: 鄭惟吉－柳自新(光海君의 國舅)의 장인 재종고모: 淑儀鄭氏(宣祖後宮)
	淑媛辛氏	靈山	鏡		縣令 軍資監判官		義貞	◎	司宰監直長 贈戶曹參判	厚聃	*	牙山縣監 忠翊府都事	외조부: 金漢佑－仁嬪金氏(宣祖後宮)의 父 이모: 仁嬪金氏(宣祖後宮) 종형제: 辛宗述－月串僉使
	後宮趙氏	漢陽	誼	☆	知中樞府事 贈領相		壽麟		贈左贊成	忭		贈左贊成世子貳師 貞翼公	고조: 趙光彦－趙光祖의 형 증조: 趙忭－己卯名賢, 趙光祖의 姪, 安處謙의 姨姪壻 父: 趙誼－扈聖功臣, 邊協의 姪 종형제: 趙國弼－柳自新의 壻 同腹: 趙國鐵－坡原君李應福(益陽君: 成宗庶7男)의 壻
仁祖	貴人趙氏	淳昌	琦	☆	慶尙右道 兵馬節道使		天祥		典設司別坐 贈兵曹參判	孝貞			외조부－沈忻(인순왕후의 조카) 동복－海原令의 처

	貴人張氏	豊德	留	* (24)	尙瑞副直長	生員	慶海		儒學	?			
	禧嬪張氏	仁同	烱		司譯院副奉事 贈領議政 玉山府院君		應仁		行僉知中樞府事 贈大匡輔國崇祿大夫 議政府左議政 兼營經筵事監 春秋管事	壽		嘉善大夫贈大匡輔國 崇祿大夫左議政	종백숙부: 張炫－知中樞府事 同腹: 張希載
	淑嬪崔氏	首陽 [海州]	孝元		行忠武衛 副司果		泰逸		贈贊成	末貞		贈判書	
	禖嬪朴氏	密城	孝建		通政大夫								朴同知(일가)
肅宗	寧嬪金氏	安東	昌國		成川府使	靑陽都正	壽增		工曹參判	光燦		贈議政府領議政	고조: 金尙憲－左議政 종조부: 金壽恒－賜暇讀書, 領議政, 六昌(金昌集, 金昌協, 金昌翕, 金昌業, 金昌緝, 金昌立)의 父 외증조부: 李景稷－戶曹判書 종백숙부: 金昌集－領議政, 老論四大臣 내종숙: 李世白－左議政 내종숙: 李濡－領議政
	昭儀劉氏	江陵	昌翼										
	貴人金氏	慶州	時龜		觀象監參奉								

○ 문과급제 ☆ 무과급제 * 진사·생원 ◎ 음직

〈비고〉

【별첨 4】는 연산군~숙종조 후궁 전체 68명 가운데 姓貫을 알 수 있는 42명의 가계를 《朝鮮王朝實錄(http://sillok.history.go.kr)》, 한국역대인물종합정보시스템(htty://people.aks.ac.kr), 각 가문별 족보 자료를 활용하여 작성하였다. 각 왕조별 후궁 인원수〔名〕는 연산군(5), 중종(5), 인종(3), 명종(6), 선조(8), 광해군(9), 인조(2), 숙종(4)이다.

* 각 가문별 족보 자료는 다음과 같다(【별첨 4】 기재순).

陽城李氏大宗會, 《陽城李氏大同譜》 1, 陽城李氏大同譜所, 1984; 尹判求, 《海平尹氏大同譜》 1~6, 海平尹氏大同譜刊行委員會, 2005; 郭建鎬, 《玄風郭氏增修世譜》, 1923(藏 MF35-3798); 權容觀, 《安東權氏世譜》 1~22, 1935(藏 MF35-3804~05); 閔永采, 《驪興閔氏族譜》 1~39; 驪興閔氏大同譜, 1923(藏 MF35-3967, 4003-6); 坡平尹氏貞靖公派譜所編, 《坡平尹氏貞靖公派譜》 1~2, 農經出版社, 1980; 尙州朴氏大同譜刊行委員會編, 《尙州朴氏世譜》 1~3, 尙州朴氏大同譜刊行委員會, 1984; 朴容圭編, 《順天朴氏世譜》 1~8, 1916(藏 MF35-4013, 4032); 南陽洪氏南陽君派大宗中會編, 《南陽洪氏南陽君派世譜》 1~14, 南陽洪氏南陽君派大宗中會, 2004; 羅琪漢編, 《羅州羅氏族譜》 1~14, 1918(藏 MF35-3974~76); 韓潤璟 等編, 《淸州韓氏世譜》, 1949(藏 MF35-10090); 坡平尹氏貞靖公派譜所編, 《坡平尹氏貞靖公派譜》 1~2, 農經出版社, 1980; 鄭漢圭 編輯, 《慶州鄭氏世譜》, 1924(藏 MF35-10019); 星山李氏世譜編纂委員會, 《星山李氏世譜》 1~6, 星山李氏世譜編纂委員會, 2008; 鄭志喆編, 《溫陽鄭氏世譜》, 1916(藏 MF35-2142~43); 鄭萬朝 刊編, 《東萊鄭氏族譜》, 1919(藏 MF35-4448); 愼用晟 等編, 《居昌愼氏世譜》 1~19, 1902(藏 MF35-10107~110); 김현왕編, 《金海金氏大同世譜》 1~38, 金海金氏大同世譜, 1915(藏 MF35-3876~79); 金斗永編, 《水原金氏戊甲大同宗譜》 1~8, 水源金氏大同宗譜所, 1936(藏 MF35-3931); 閔永采, 《驪興閔氏族譜》 1~39, 驪興閔氏大同譜, 1923(藏 MF35-3967, 4003-6); 南陽洪氏南陽君派大宗中會編, 《南陽洪氏南陽君派世譜》 1~14, 南陽洪氏南陽君派大宗中會, 2004; 《淸州韓氏襄節公派譜》 1~2, 淸州韓氏襄節公派譜, 1981; 韓相鎬 等編, 《淸州韓氏世譜》, 19C末(藏 MF35-8886~9); 鄭萬朝 刊編, 《東萊鄭氏族譜》, 1919(藏 MF35-4448); 洪象漢編, 《豊山洪氏族譜》, 1768(藏 MF35-2153); 尹光聞 等編, 《坡平尹氏魯宗派譜》 12권 6책, 1829(藏 MF35-9694); 許命 刊編, 《陽川許氏派譜》 上·下, 1936(藏 MF35-4596); 豊川任氏中央宗親會編, 《豊川任氏世譜(1797년, 王祖丁巳譜)》, 豊川任氏中央宗親會, 1994; 鄭萬朝 刊編, 《東萊鄭氏族譜》, 1919(藏 MF35-4448); 漢陽趙氏大同世譜編纂委員會編, 《漢陽趙氏大同世譜》 1~18, 漢陽趙氏大同世譜編纂委員會, 2003; 仁同張氏大同譜編纂會編, 《仁同張氏大同譜》 권1~19, 仁同張氏大同譜編纂會, 1998; 金濟謙, 《安東金氏世譜》 권1~16, 1833(藏 MF35-2083~85).

【부록 5】 영조~순종조 후궁 일람표

國王	後宮	생몰년	신분	父	후궁의 지위 변화: 전·현왕 시기	후궁의 지위 변화: 후왕 시기	근거	봉작	자녀	소생: 군	소생: 옹주
英祖	靖嬪李氏	1694~1721	동궁전 나인	李後哲	入宮(숙종 27) → 昭訓(경종 1) 昭媛 개봉(영조 즉위: 10. 16) → 靖嬪 追贈(영조 1: 2. 27)		靖嬪李氏墓誌 昭訓李氏祭文	⑤	1남 2녀	眞宗	1녀 조졸 和順
	暎嬪李氏	1696~1764	양인/ 궁인	李榆蕃	入宮(숙종 22) → 淑儀(영조 2: 11. 16) → 貴人(영조 4) → 暎嬪(영조 6: 11. 27)		行狀 暎嬪李氏墓誌 (연세대학교 박물관)	⑥	1남 6녀	莊祖	和平 3녀 조졸 和協 和緩
	貴人趙氏	1707~1780	?	趙台徵	入宮(숙종 42) → 淑媛(영조 11) → 淑儀(영조 48)	貴人(정조 2: 3. 2)	《永世寶藏》	⑥	2녀		1녀 조졸 和柔
	淑儀文氏	?~1776	궁인	?	入宮(?) → 淑媛(영조 29: 2. 8)	淑儀(정조 즉위: 3. 30 이전) → 廢黜(정조 즉위: 3. 30) → 賜死(정조 즉위: 8. 10)		⑥	2녀		和寧 和吉
莊祖	肅嬪林氏 임유헤	?~1773	궁인	林枝蕃	入宮(?) → 良娣(영조 28) → 爵號削奪(영조 47: 2. 5) → 出宮(영조 47: 7. 12)	復爵(정조 즉위: 8. 3) → 肅嬪(고종 36: 9. 12)		⑥	2남	2남 恩信君	
	景嬪朴氏	?~1761	궁인	?	入宮(?) → 승은(영조 33: 11. 11)	貴人(고종 36: 9. 12) →	《閑中錄》	⑥	1남 1녀	恩全君	淸瑾

	朴氷愛				→ 守則(?)	景嬪(고종 38: 10. 17)					
正祖	宜嬪成氏 成德任	1753~1786	궁인	成胤祐	入宮(?) → 尙儀(정조 6: 8. 26 이전) → 昭容(정조 6: 12. 28) → 宜嬪(정조 7: 2. 19)			⑥	1남 1녀	文孝世子	1녀 조졸
	綏嬪朴氏	1770~1822	양반 규수	朴準源	揀擇(정조 11: 2. 8) → 綏嬪(정조 11: 2. 11) → 綏妃(고종 38: 10. 11)			①	1남 1녀	純祖	淑善
	元嬪洪氏	1766~1779	양반 규수	洪樂春	元嬪(정조 2: 6. 21)			①	×		
	和嬪尹氏	1765~1824	양반 규수	尹昌胤	和嬪(정조 4: 3. 10)			①	×		
純祖	淑儀朴氏	?~1854	궁인	?	入宮(?) → 淑儀(순조 17: 10. 11)			⑥	1녀		永溫
憲宗	淑儀金氏	1813~1895	궁인	金鶴聲	入宮(?)	贈淑儀(고종 43: 5. 25)		⑥	1녀		1녀 조졸
	慶嬪金氏	1832~1907	양반 규수	金在淸	慶嬪(헌종 13: 10. 20)			①	×		
哲宗	貴人朴氏	1827~1889	궁인	朴舜大	入宮(?) → 貴人(철종 5: 7. 10)			⑥	1남	1남 조졸	
	貴人趙氏	1842~1865	궁인	趙學顯	入宮(?) → 貴人(철종 10: 10. 15)			⑥	2남	2남 조졸	
	淑儀方氏	?~1878	궁인	?	入宮(?) → 淑儀(철종 4: 2. 22)			⑥	2녀		2녀 조졸
	淑儀金氏	1833~?	궁인	金致郁	入宮(?)	淑儀(고종 36: 5. 7)		⑥	1녀		1녀 조졸
	淑儀范氏	1838~1883	궁인	范元植	入宮(?)	淑儀(고종 3: 2. 13)	墓誌	⑥	1녀		永惠

							(경희대학교 박물관)				
	宮人李氏	?	궁인	?	入宮(?)		철종 13: 윤8. 8 (무자)	⑥	1남 1녀	1남 조졸	1녀 조졸
	宮人朴氏	?	궁인	?	入宮(?)		《璿源系譜紀略》	⑥	1녀		1녀 조졸
高宗	純憲皇貴妃嚴氏 嚴善英	1854~1911	궁인	嚴鎭三	入宮(철종 12) → 아기나인(?) → 시위상궁(?) → 貴人(고종 34: 10. 22) → 純嬪(고종 37: 8. 3) → 純妃(고종 38: 10. 14) → 皇貴妃(고종 40: 12. 25)			⑥	1남	英親王	
	貴人李氏 李順娥	1843~1928	궁인	李元泰	入宮(?) → 淑媛(고종 17: 1. 29) → 貴人(고종 43: 5. 27)		碑文	⑥	1남 1녀	完王	1녀 조졸
	貴人李氏	1847~1914	궁인	?	入宮(?) → 昭儀(고종 37: 8. 3) → 貴人(고종 43: 5. 27)		碑文	⑥	1녀		1녀 조졸
	貴人張氏	?	궁인	?	入宮(?) → 淑媛(고종 37: 9. 17) → 貴人(고종 43: 5. 27)			⑥	1남	義王	
	貴人梁氏 梁春基	1882~1929	궁인	梁彦煥	入宮(?)	貴人(순종 14: 5. 4 이전)	碑文	⑥	1녀		德惠
	貴人李氏 李完興	1885~1967	궁인	?	入宮(?) → 승은(고종 43)	貴人(1914: 윤5. 11)	순종 7: 7. 3	⑥	1남	李堉	
	三祝堂 金氏	1889~1970						⑥			

	金玉基										
	貴人鄭氏	1882~1946	궁인	?	入宮(?)		碑文 순종 8: 8. 20	⑥	1남	李堣	
	尙宮廉氏		궁인	?				⑥	1녀		李文鎔
	尙宮徐氏		궁인	?				⑥			
	尙宮金氏 金忠淵		궁인	?				⑥			
	貞華堂 金氏		양반 규수	?			《李王宮祕史》				
純宗	無										

〈비고〉

【부록 5】는 영조~순종조의 후궁들에 대한 일람표를 작성한 것이다. 작성 방법은 왕과 후궁을 먼저 제시하고, 후궁의 생몰년, 신분, 父, 후궁들의 지위 변화 등을 摘示하였다. 자료 근거로는 《朝鮮王朝實錄》·《璿源系譜紀略》(藏 K2-1023, 1892)·《璿源系譜紀略》(藏 K2-1027J, 1900)·《璿源系譜紀略》(藏 K2-1031C, 1908), 碑文, 지두환의 《조선의 왕실(태조~성종) 대왕과 친인척》시리즈(역사문화, 1999~2008)를 참고하였다.

【부록 6】 영조~순종조 후궁의 가문

國王	後宮	本貫	父				祖父			曾祖			주요 인물
			姓名	及第	官職	입궁시 관직	姓名	及第	官職	姓名	及第	官職	
英祖	靖嬪李氏	含城〔咸陽〕	後哲		通訓 贈左贊成		瑄		贈吏曹參判	彦良		贈吏曹參判	외조부: 金梅-부사과
英祖	暎嬪李氏	全義	榆蕃		議政府 贈贊成 慶恩府院君		英任		通訓大夫	正立		學生	외조부: 金佑宗
正祖	綏嬪朴氏	潘南	準源	* (48)	判敦寧府事 贈領議政	司僕寺主簿	師錫	* (26)	縣令 贈左贊成	弼履	○ (39)	贈吏曹參判	외고조: 元夢鱗-효종 부마 외조부: 元景遊-元斗杓의 5대손 同腹: 朴宗慶-刑曹判書
正祖	元嬪洪氏	豊山	樂春		工曹判書	副司果	昌漢	* (24) ○ (31)	全羅道觀察使	良輔			6대조: 洪柱元-선조 부마 외고조: 李翻-右議政 외조부: 李維-知庵處士, 李縡의 사촌동생 백부: 洪樂純-右議政, 左議政 同腹: 洪國榮-동부승지, 숙위대장, 도승지, 세도 정치가 5촌 당고모: 金勉柱의 母 12촌: 정조
正祖	和嬪尹氏	南原	昌胤		司導寺僉正		熙世		通德郎	翼駿		信川郡守	5대조: 尹衡覺-정사공신 친고조: 尹攀-觀察使, 贈贊成 생증조: 尹天駿-趙錫命의 장인 종증조: 尹德駿-禮曹判書, 判義禁府事

													생조부: 尹熙績-參奉 외숙부: 趙時偉·趙時俊
憲宗	慶嬪金氏	光山	在淸	○ (42)	黃海監司	主簿	箕憲		尙州牧使	相說		綾州牧使	8대조: 金槃-金長生의 子, 愼獨齋 金集의 弟 백부: 金在敬-刑曹參議 중부: 金在命-趙秉益(趙寅永·趙萬永의 재종질)의 胥
高宗	純憲皇貴妃 嚴氏	寧越	鎭三		贈議政府贊政		載祐		議政府參贊	性復		贈承政院左承旨	

○ 문과급제 ☆ 무과급제 * 진사·생원 ◎ 음직

〈비고〉

【부록 6】은 영조~순종조 후궁 전체 27명 가운데 姓貫을 알 수 있는 7명의 가계를《朝鮮王朝實錄(http://sillok.history.go.kr)》, 한국역대인물종합정보시스템(htty://people.aks.ac.kr), 각 가문별 족보 자료를 활용하여 작성하였다. 각 왕조별 후궁 인원수(名)는 영조(2), 정조(3), 헌종(1), 고종(1)이다.

* 각 가문별 족보 및 비문 자료는 다음과 같다(【별첨 6】 기재순).

靖嬪含城李氏墓誌(藏 K2-3990); 暎嬪李氏墓誌(연세대학교박물관); 暎嬪行狀; 《永世寶藏》(R35N-6190); 朴宗熏 等編, 《潘南朴氏世譜》1~20, 1831(藏 MF 35-2076~9); 洪象漢編, 《豊山洪氏族譜》 1~6, 1768(藏 MF 35-2153); 〈和嬪墓誌〉(고려대학교 소장 만송 B12 A579); 金肯鉉編, 《光山金氏族譜》 1~49, 1939(藏 MF 35-3907~12); 嚴鎭三碑銘(K2-5106).

참고문헌

1. 사료

1) 사료

(1) 史書

《漢書》, 《後漢書》, 《三國志》, 《隋書》, 《舊唐書》, 《新唐書》, 《明史》, 《완역사기 본기》(사마천 지음·김영수 옮김, 알마, 2010).

(2) 政法書/法典類

《宋會要》, 《宋會要輯稿》, 《通典》, 《東漢會要》, 《唐律》, 《白虎通儀》
《譯註 唐六典》上·中·下(김택민, 신서원, 2003)
《春官通考》(柳義養, 成均館大學校大東文化研究院, 1975)
《譯註 經國大典》(韓沽劤 외, 한국정신문화연구원, 1985)
《續大典》(《朝鮮王朝法典集》 3, 景仁文化社, 1985)
《大典通編》(《朝鮮王朝法典集》 3, 景仁文化社, 1985)
《新補受教輯錄》(한국역사연구회 중세 2분과 법전연구반, 청년사, 2000)
《受教輯錄》(한국역사연구회 중세 2분과 법전연구반, 청년사, 2001)

(3) 類書類

《(국역)증보문헌비고》(세종대왕기념사업회, 1981)
《(국역)통문관지》(세종대왕기념사업회, 1998)
《(국역)성호사설》(李瀷, 민족문화추진위원회, 1982)
《(국역)국조인물고》(세종대왕기념사업회, 2000~2006)
張英 等撰《淵鑑類函》, 海東文化社, 미상.
《韓國系行譜》 天·地·人(寶庫社, 1992)
《姓源錄》(李昌鉉 等纂, 旿晟社, 1985)

(4) 經典

《儀禮》(鄭玄·賈公彦 注疏, 吳江原 譯註, 청계, 2000)
《禮記》(李相玉 譯著, 明文堂, 2003)
《周禮》(池載熙·李俊寧 解譯, 자유문고, 2002)
《周禮注疏》(《十三經注疏》, 中華書局, 1996)
《禮記正義》(《十三經注疏》, 中華書局, 1996)
《書經》(成百曉 譯註, 전통문화연구회, 2002)
《春秋左氏傳註》(楊伯峻, 中華書局, 1986)
《孟子》(成百曉 譯註, 전통문화연구회, 1997)

(5) 원전사이트

《高麗史》(http://www.krpia.co.kr)
《國朝五禮序例》(http://yoksa.aks.ac.kr)
《承政院日記》(http://sjw.history.go.kr)
《日省錄》(http://db.itkc.or.kr)
《朝鮮王朝實錄》(http://sillok.history.go.kr)
한국민족문화대백과사전(htty://encykorea.aks.ac.kr)
한국언론진흥재단(www.mediagaon.or.kr)
한국역대인물종합정보시스템(htty://people.aks.ac.kr)

2) 왕실자료 및 족보자료

(1) 왕실족보류

《璿源系譜紀略》(1892, 藏 K2-1023)
《璿源系譜紀略》(1900, 藏 K2-1027J)
《璿源系譜紀略》(1908, 藏 K2-1031C)
《璿源系譜紀略》(1932, 藏 K2-1039)
《列聖王妃世譜》(韓國學中央研究院 國學振興研究事業推進委員會編, 韓國學中央研究院, 2008)
《李太王王族譜》(藏 K2-1222)

(2) 묘비류

〈慶嬪金氏墓碑文〉(藏 K2-3888)·〈慶嬪金氏墓碑〉(藏 K2-3889)·〈慶嬪金氏墓誌文〉(藏 K2-3890)
〈慶嬪金氏墓表〉(경기도 고양시 덕양구 원당동 소재)

〈貴人金氏墓誌〉(경희대학교 중앙박물관 소장)
〈貴人金氏墓表〉(경기도 고양시 덕양구 원당동 소재)
〈昭儀申氏墓誌銘〉(영남대학교 박물관 소장)
〈淑嬪崔氏墓誌〉(藏 K2-3942)
〈淑嬪崔氏碑〉(藏 K2-3943)
〈淑嬪崔氏昭寧墓碣〉
〈淑嬪崔氏神道碑銘〉(藏 K2-3944)
〈淑儀文氏墓誌銘〉(인천광역시 시립박물관 소장)
〈淑儀范氏墓誌〉(경희대학교 중앙박물관 소장)
〈淑儀尹氏墓誌〉(이화여자대학교 박물관 소장
〈淑儀鄭氏墓誌銘〉(이화여자대학교 박물관 소장)
〈愼嬪金氏墓碑銘〉(경기도 화성시 남양동 소재)
〈安嬪慶州李氏墓表〉(경기도 남양주시 진건면 송릉리 소재)
〈安坦大墓表〉(경기도 안산시 단원구 성곡동 소재)
〈御製暎嬪李氏墓誌〉(국립중앙박물관 소장·연세대학교 박물관 소장)
〈御製元嬪洪氏行狀〉(藏 K2-663)
〈御製宜嬪墓誌銘〉(藏 K2-5102)
〈御製宜嬪墓表〉(藏 K2-5102)
〈御製仁淑元嬪行狀〉(藏 MF 35-1893)
〈嚴鎭三碑銘〉(篠田治策〔日〕 撰, 藏 MF 35-6690)
〈延齡君贈諡孝憲公神道碑銘〉(서울특별시 노원구 공릉 2동 77번지 소재)
〈暎嬪行狀〉
〈溫嬪韓氏墓表〉(경기도 양주군 백석면 복지리 495-1 소재)
〈靖嬪李氏墓碑〉(경기도 파주시 광탄면 영장리 소재)
〈靖嬪含城李氏墓誌〉(藏 K2-3990)
〈和嬪南原尹氏言行錄〉(고려대학교 소장 만송 B12 A545)
〈和嬪墓誌〉(고려대학교 소장 만송 B12 A579)
〈徽慶園碑〉(경기도 남양주시 진접읍 부평리 소재)
〈徽慶園誌文〉(藏 K2-4020)

(3) 사대부 족보류

巨濟潘氏大同譜宗親會本部, 《巨濟潘氏大同譜》, 湖西出版社, 1976.
《固城李氏滄洲公派譜》(藏 MF 35-4315)
權容觀, 《安東權氏世譜》(藏 MF 35-3804~05)
權容觀, 《安東權氏世譜》 1~22, 道山齋, 1935.
金顯王, 《金海金氏大同世譜》 1-38, 1915.

金肯鉉編, 《光山金氏族譜》 1~49, 1939(藏 MF 35-3907~12)
金濟謙, 《安東金氏世譜》 1~16, 1833(藏 MF 35-2083~85)
金尙默, 《安東金氏世譜》 1~28, 安東金氏大同宗約所, 1936.
金尙默, 《安東金氏世譜》 1~20, 安東金氏大同宗約所, 1936.
金秉元, 《淸道金氏族譜》 1~21, 錦浦堂, 1925.
金永鎭, 《商山金氏世譜》 1~4, 1937.
羅琪漢編, 《羅州羅氏族譜》 1~14, 1918(藏 MF 35-3974~76)
南陽洪氏南陽君派大宗中會編, 《南陽洪氏南陽君派世譜》 1~14, 南陽洪氏南陽君派大宗中會, 2004.
《南陽洪氏世譜》(藏 MF 35-4605)
《南平文氏大同譜》 1~21, 南平文氏大宗會, 1995.
南豊鉉, 《宜寧南氏族譜》 1~7, 宜寧南氏大宗會, 2006.
《東萊鄭氏族譜》 1(藏 MF 35-4448)
柳光鉉, 《高興柳氏世譜》 1~6, 高興柳氏大同譜編纂委員會, 1994.
柳明烈, 《文化柳氏世譜》 1~54, 文化柳氏大同譜所, 1935.
閔泳采, 《驪興閔氏族譜》 1~39, 1923(藏 MF 35-3967; 藏 MF 35-4003~6)
朴性洙, 《密陽朴氏糾正公派大同譜》 1~7, 密陽朴氏糾正公派大同譜所, 1980.
朴容圭編, 《順天朴氏世譜》 1~8, 1916(藏 MF 35-4013, 4032)
朴宗熏 等編, 《潘南朴氏世譜》 1~20, 1831(藏 MF 35-2076~9)
《星州李氏侍中公派世譜》 1~2, 星州李氏侍中公派望月亭譜所, 1985.
《水原金氏甲戌大同宗譜》(藏 MF 35-3931)
辛鳳集, 《寧越辛氏世譜》 30권 8책, B10B 310A(藏 MF 35-10064~10065), 1854.
愼用晟, 《巨昌愼氏世譜》 18권 9책, B10B 334(藏 MF 35-10107~10110)
沈能定, 《靑松沈氏波譜》 1~29(藏 MF 35-9333~35)
楊春植, 《淸州楊氏世譜》 1~16, 旻慕堂, 1929.
元藝載, 《原州元氏族譜》 1~5, 原州元氏宗事委員會, 1989.
尹判求, 《海平尹氏大同譜》 1~6, 海平尹氏大同譜刊行委員會, 2005.
尹錫禛, 《咸安尹氏世譜》 5권 6책, 1906.
尹光閏, 《坡平尹氏魯宗派譜》, 1829.
《安東權氏成化譜》 天·地·人(藏 MF 35-4784)
《安東權氏樞密公派大譜》 1~9(藏 MF 35-9718~9724)
《安東權氏世譜》(藏 MF 35-4561)
《安東權氏僕射公派譜》 1~5(藏 MF 35-3812)
《安東權氏世譜》(국립중앙도서관, 古 2518-07-38-1)
《安東張氏世譜》 1~2, 安東張氏世譜所, 1933.
陽城李氏大同會, 《陽城李氏世譜》, 陽城李氏大同譜所, 1984.

《陽川許氏世譜》(藏 MF 35-4596)
《溫陽鄭氏世譜》(藏 MF 35-2142~43)
《長淵盧氏世譜》 1~3, 長淵盧氏大同譜宗友所, 1985.
張然昌, 《安東張氏各派大同世譜》, 景賢齋, 1927.
《全州崔氏敬節公派譜》(藏 MF 35-4531)
《全州崔氏敬節公派世譜》(藏 MF 35-4528)
鄭漢圭, 《慶州鄭氏世譜》, 1924(藏 MF B10B 281A)
鄭漢圭 編輯, 《慶州鄭氏世譜》 16卷 16册, 1924(B10B 281A; 藏 MF 35-10019)
趙昇衡, 《漢陽趙氏大譜》 3, 漢陽趙氏大譜編纂委員會, 2005.
《淸州金氏世譜》(藏 MF 35-3846)
《淸州韓氏襄節公派族譜》(藏 MF 35-8886-9)
《草溪鄭氏千戶長公派族譜》 1(藏 MF 35-4470)
《忠州池氏族譜》 1~8(藏 MF 35-4508~9)
《坡平尹氏世譜》(藏 MF 35-4274)
《坡平尹氏世譜》(藏 MF 35-4275)
《坡平尹氏世譜》 1(藏 MF 35-4276)
坡平尹氏貞靖公派譜所編, 《坡平尹氏貞靖公派譜》 1~2, 農經出版社, 1980.
《海平尹氏大同譜》 首~7, 海平尹氏大同譜刊行委員會, 2005.
坡平尹氏貞靖公派譜所編, 《坡平尹氏貞靖公派譜》 1~2, 農經出版社, 1980.
《坡平尹氏貞靖公派譜》, 坡平尹氏貞靖公派譜所, 1980.
《平山申氏系譜齊靖公派子孫錄》(藏 MF 35-4168)
《平壤趙氏世譜》, 平壤趙氏大宗會, 1997.
《豊川任氏族譜》, 豊川任氏中央宗親會, 1994.
《漢陽趙氏大同世譜》 1~18, 漢陽趙氏大同世譜編纂委員會, 2003.
韓潤環 等編, 《淸州韓氏世譜》 全, 1949(B10B 329; 藏 MF 35-10090)
《幸州奇氏族譜》 1~14, 幸州奇氏大宗中, 1957.
《玄風郭氏增修世譜》(藏 MF 35-3798)
洪象漢編, 《豊山洪氏族譜》 1~6, 1768(藏 MF 35-2153)

* 이하 1가문에 여러 집안이 입궁된 관계로 중복되는 가문은 생략됨.

(4) 기타 왕실

《宮園式例》(藏 K2-2425)
《宮園式例補編》(藏 K2-2426)
《西三陵》(高陽市鄕土文化保存會, 2007)
《西三陵胎室》(국립문화재연구소 유적조사연구실, 국립문화재연구소, 1999)

《淑嬪崔氏資料集》 1~5(한국학중앙연구원 장서각, 2010)
《肅宗大王資料集》 1~4(한국학중앙연구원 출판부, 2015)
《女官制度沿革》(藏 K2-2032)
《永世寶藏》(黃鍾林, 태학사, 1998)
《英祖妃嬪資料集》 1~2(한국학중앙연구원 출판부, 2011)
《正祖大王資料集》 1~3(한국학중앙연구원 출판부, 2019)

3) 당론서 및 기타

《古文書集成-河回豐山柳氏篇(Ⅰ)》(한국정신문화연구원, 1994)
《(국역)대동야승》(민족문화추진회, 1983)
《(국역)연려실기술》(李肯翊, 민족문화추진회, 1982)
《癸丑日記》(정은임 교주, 이회, 2005)
《丹巖漫錄》(민진원 지음·이희환 옮김, 민창문화사, 1993)
《黨議通略》(李建昌 지음·李德一·李俊寧 해역, 자유문고, 1998)
《昭訓李氏祭文》(고문서 2784(한문)/고문서/2786(한글)
《昭訓李氏祭文》(고문서 2785(한문)/고문서/2787(한글)
《隨聞錄》(李聞政, 《朝鮮黨爭關係資料集》 5, 여강출판사, 1984)
申翊聖, 《靑白日記》(《(국역)대동야승》XⅣ, 민족문화추진회, 1975)
《(역주)매천야록》 상·하(황현 지음·임형택외 옮김, 문학과 지성사, 2005)
《日記》(藏 MF 2-4691)
《한중록-조선시대 궁중문학 시리즈Ⅰ》(혜경궁홍씨 작, 정은임 교주, 이회, 2008)

4) 문집류

《簡易集》(崔岦, 《韓國文集叢刊》 권49, 민족문화추진회, 1990)
《谿谷集》(張維, 《韓國文集叢刊》 권92, 민족문화추진회, 1988)
《葵窓遺稿》(李健, 《韓國文集叢刊》 권122, 민족문화추진회, 1994)
《谷雲集》(金壽增, 《韓國文集叢刊》 권125, 민족문화추진회, 1998)
《記言》(許穆, 《韓國文集叢刊》 권98, 민족문화추진회, 1992)
《薄庭遺藁》(金鑢, 《韓國文集叢刊》 권289, 민족문화추진회, 2002)
《陶谷集》(李宜顯, 《韓國文集叢刊》 권180, 민족문화추진회, 1998)
《樂泉集》(南九萬, 《韓國文集叢刊》 권132, 민족문화추진회, 1994)
《梅山文集》(洪直弼, 국학자료원, 1989)
《白軒集》(李景奭, 《韓國文集叢刊》 권96, 민족문화추진회, 1992)

《汾厓遺稿》(申晸, 《韓國文集叢刊》 권129, 민족문화추진회, 1994)
《三峯集》(鄭道傳, 민족문화추진회, 1978)
《象村稿》(申欽, 《韓國文集叢刊》 권72, 민족문화추진회, 1991)
《頤庵遺稿》(宋寅, 《韓國文集叢刊》 권36, 민족문화추진회, 1989)
《栗谷全書》(李珥, 《韓國文集叢刊》 권44, 민족문화추진회, 1989)
《頤齋亂藁》(黃胤錫, 韓國精神文化硏究院, 1999~2001)
《楓皐集》(金祖淳, 《韓國文集叢刊》 권289, 민족문화추진회, 2002)
《湖陰雜稿》(鄭士龍, 《韓國文集叢刊》 권25, 민족문화추진회, 1988)

2. 국내단행본

곤도시 로스케 지음·이언숙 옮김, 《대한제국 황실비사》, 이마고, 2010.
국사편찬위원회, 《한국사》 12, 1981.
金光哲, 《高麗後期世族層硏究》, 동아대출판부, 1991.
김기덕, 《고려시대 봉작제 연구》, 청년사, 1998.
金　燉, 《朝鮮前期 君臣權力關係 硏究》, 서울대학교출판부, 1997.
金斗憲, 《韓國家族制度硏究》, 서울대학교출판부, 1980.
김문식, 《정조의 제왕학》, 태학사, 2007.
김문식·김정호, 《조선의 왕세자 교육》, 김영사, 2003.
김성우, 《조선중기 국가와 사족》, 역사비평사, 2000.
金用淑, 《朝鮮朝宮中風俗硏究》, 一志社, 2000.
김우기, 《朝鮮中期戚臣政治硏究》, 집문당, 2001.
김인숙, 《화살 맞은 새, 인조대왕》, 서경문화사, 2018.
김종성, 《왕의 여자》, 역사의 아침, 2011.
金昌賢, 《高麗의 女性과 文化》, 신서원, 2007.
박광용, 《영조와 정조의 나라》, 푸른역사, 2009.
박영규, 《조선의 왕실과 외척》, 김영사, 2003.
변원림, 《조선의 왕후》, 일지사, 2006.
변태섭, 《〈고려사〉의 연구》, 삼영사, 1987,
宋俊浩, 《朝鮮社會史硏究》, 一潮閣, 1987.
시앙쓰 지음·강성애 옮김, 《황궁의 성: 치정과 암투가 빚어낸 밤의 중국사》, 미다스북스, 2009.
시앙쓰 지음·신종욱 옮김, 《관능으로 천하를 지배한 구중궁궐 여인들》, 미다스북스, 2014.

신명호, 《조선의 왕》, 가람기획, 1998.
신명호, 《조선 왕실의 의례와 생활》, 돌베개, 2002.
신명호, 《궁녀》, 시공사, 2005,
신명호, 《조선왕비실록》, 역사의 아침, 2007.
신명호, 《조선공주실록》, 역사의 아침, 2009.
신병주, 《66세의 영조 15세 신부를 맞이하다》, 효형출판, 2001.
심재우외, 《조선의 왕으로 살아가기》, 돌베개, 2011.
C.W. 밀스 지음·진덕규 옮김, 《파워엘리트》, 한길사, 1979.
양주문화원, 《비문으로 본 양주의 역사》 2, 1998.
유봉학, 《조선후기 학계와 지식인》, 신구문화사. 1999.
유봉학, 《꿈의 문화유산, 화성》, 신구문화사, 2000.
유봉학, 《정조대왕의 꿈》, 신구문화사, 2001.
劉承源, 《朝鮮初期身分制研究》, 乙酉文化社, 1987.
유승환, 《한권으로 읽은 조선 왕비 열전》, 글로북스, 2010.
윤정란, 《조선의 왕비》, 이가출판사, 2003.
李能和, 《朝鮮女俗考》, 翰南書林, 1927
李成茂, 《朝鮮初期兩班研究》, 一潮閣, 1980.
이성무, 《朝鮮兩班社會研究》, 一潮閣, 1995.
이성무, 《조선왕조사》, 동방미디어, 1997.
이성무, 《한국과거제도사》, 민음사, 1997.
이성무, 《조선시대 당쟁사》, 동방미디어, 2000.
이수광, 《조선을 뒤흔든 16인의 왕후들》, 다산초당, 2009.
이숙인, 《동아시아고대의 여성사상》, 여이연, 2005.
이영춘, 《朝鮮後期王位繼承研究》, 集文堂, 1998.
이화여자대학교 한국여성사편찬위원회, 《한국여성사》 Ⅰ, 이화여대출판부, 1972.
임종웅, 《조선왕비열전》, 선영사, 2008.
장병인, 《조선전기 혼인제와 성차별》, 일지사, 1997.
鄭杜熙, 《朝鮮初期政治支配勢力研究》, 일조각, 1983.
鄭萬祚, 《朝鮮의 政治와 社會》, 집문당, 2002.
鄭容淑, 《高麗王室族內婚研究》, 새문사, 1988.
鄭容淑, 《고려시대의 后妃》, 民音社, 1992.
정홍준, 《조선중기 정치권력 구조 연구》, 고려대학교민족문화연구소, 1996.
지두환, 《조선의 왕실(태조~성종)대왕과 친인척》, 역사문화, 1999~2008.
車長燮, 《조선후기벌열연구》, 일조각, 1997.
최선경, 《왕을 낳은 후궁들》, 김영사, 2007.
최선혜외, 《장희빈, 사극의 배반》, 소나무, 2004.

崔承熙, 《朝鮮初期 政治史硏究》, 지식산업사, 2002.
崔異敦, 《朝鮮中期 士林政治 構造 硏究》, 一潮閣, 1994.
최진옥, 《朝鮮時代 生員進士硏究》, 집문당, 1998.
최진옥外, 《장서각소장 왕실 보첩자료와 왕실 구성원》, 민속원, 2010.
최홍기外, 《조선전기 가부장제와 여성》, 아카넷, 2004.
崔淑卿·河玄綱, 《韓國女性史》, 이화여자대학교 출판부, 1972.
한국역사연구회 17세기 정치사 연구반, 《조선중기 정치와 정책: 인조~현종 시기》, 아카넷, 2003.
한영우, 《명성왕후와 대한제국》, 효형출판, 2001.
한충희, 《조선초기의 정치제도와 정치》, 계명대학교출판부, 2006.

3. 국외단행본

西嶺雪, 《大淸後宮》, 時代文藝, 2007.
小横香室主人編, 《淸朝野史大觀》, 上海科學技術文獻出版社, 2010.
王霜·向斯, 《中國帝王宮庭生活》, 國際文化出版公司, 1992.
吳以寧·顧吉辰, 《中國後妃制度硏究(唐宋卷)》, 華東理工大學出版社, 1995.
李福泉, 《古代帝王後宮探究》, 岳麓書社, 1997.
李　寅, 《淸代後宮》, 遼寧民族, 2008.
李孝定 編述, 《甲骨文字集解》 1~7, 中央硏究院歷史語言硏究所, 1930.
章如愚, 《山堂先生群書考索》, 北京圖書館出版社, 2006.
朱子彦, 《後宮制度硏究》, 華東師范大學出版社, 1998.
朱子彦, 《帝國九重天-中國後宮制度變遷》, 中國人民大學, 2006.
向　斯, 《帝王後宮生活實錄(上下)》, 大衆文藝出版社, 2010.

高橋博 著, 《近世の朝廷と女官制度》, 吉川弘文館, 2009.
大空不二男 著, 《中國の後宮》, 龍溪書舍, 1977.
河基寬英 著, 《宮中女官生活史》, 風間書房, 1963.

Charles O Hucker, *A Dictionary of official titles in Imperial China*, Stanford: Stanford University Press, 1985.
Martina Deuchler, *The Confucian Transformation of Korea; A Study of Society and Ideology,* Cambridge: Harvard University Press, 1992.

4. 학위논문

고영진, 〈朝鮮 中期 禮說과 禮書〉, 서울대학교 박사학위논문, 1992.
김 범, 〈朝鮮前期의 王權과 政局運營-成宗·燕山君·中宗代를 중심으로-〉, 고려대학교 박사학위논문, 2005.
김지영, 〈조선 왕실의 출산문화 연구: 역사인류학적 접근〉, 한국학중앙연구원 박사학위논문, 2010.
羅榮勳, 〈조선초기 昌德宮의 경영과 위상 변화〉, 한국학중앙연구원 석사학위논문, 2011.
申明鎬, 〈朝鮮初期 王室編制에 관한 硏究-議親制의 정착을 중심으로〉, 한국정신문화연구원 박사학위논문, 1999.
오진희, 〈화엄사 각황전 칠존불상의 연구〉, 동국대학교 석사학위논문, 2005.
윤혜민, 〈조선 전기 계비(繼妃) 선정의 변천과 그 의미〉, 건국대학교 석사학위논문, 2012.
이순구, 〈조선초기 종법의 수용과 여성지위의 변화〉, 한국정신문화연구원 박사학위논문, 1993.
이정란, 〈고려 후비에 관한 고찰〉, 고려대학교 석사학위논문, 1993.
林惠蓮, 〈19세기 垂簾聽政 硏究〉, 숙명여자대학교 박사학위논문, 2008.
鄭在勳, 〈朝鮮初期 王室婚과 王室後裔 연구〉, 서강대학교 박사학위논문, 1994.
崔誠桓, 〈正祖代 蕩平政局의 君臣義理 연구〉, 서울대학교 박사학위논문, 2009,
太壽敬, 〈혼인 관계의 추이를 통해 본 고려 말 이성계의 정치적 성장〉, 고려대학교 석사학위논문, 1987.

5. 국내논문

강제훈, 〈朝鮮初期 宗親職制의 정비와 운영〉, 《한국사연구》 151, 한국사연구회, 2010.
계승범, 〈공빈 추숭 과정과 광해군의 모후문제〉, 《민족문화연구》 48호, 고려대학교 민족문화연구원, 2008.
권순형, 〈고려 내직제의 비교사적 고찰-요·금제와의 관련을 중심으로-〉, 《이화사학연구》 39, 이화여자대학교 이화사학연구소, 2009.
권순형, 〈고려시대 宮人의 職制와 생활〉, 《이화사학연구》 41, 2010.
김경미, 〈주자가례의 수용과 17세기 혼례의 양상: 친영례를 중심으로〉, 《동양고전》 25, 동양고전학회, 2006.
김두헌, 〈朝鮮妾制史小考〉, 《진단학보》 11, 진단학회, 1936.

金 燉, 〈中宗代 '灼鼠의 變'과 政治的 陰謀의 성격〉, 《한국사연구》 119, 한국사연구회, 2002.

김문식, 〈소현세자의 왕세자 교육〉, 《국학연구》 18, 한국국학진흥원, 2011

김문식, 〈1823년 明溫公主의 가례 절차〉, 《조선시대사학보》 56, 조선시대사학회, 2011.

김미란, 〈朝鮮時代 後宮傳記文 研究〉, 《한국고전여성문학연구》 14, 한국고전여성문학회, 2007.

金善坤, 〈李朝初期 妃嬪考〉, 《역사학보》 21, 역사학회, 1963.

金成俊, 〈태종의 外戚除去에 대하여〉, 《역사학보》 17, 1962.

金成俊, 〈宗親府考〉, 《사학연구》 18, 한국사학회, 1964.

김용덕, 〈소현세자 병증과 치료에 대한 연구〉, 《규장각》 31, 2007.

김용숙, 〈李朝後期 內人生活研究〉, 《아세아여성연구》 3, 숙명여자대학교 아시아여성문제연구소, 1964.

김우기, 〈전랑과 삼사의 관계에서 본 16세기 권력 구조〉, 《역사교육논집》 13, 역사교육학회, 1990.

김인숙, 〈인조대의 궁중저주사건과 그 정치적 의미〉, 《조선시대사학보》 31, 2004.

김일미, 〈조선의 혼속변천과 그 사회적 성격-조선전기를 중심으로〉, 《이화사학연구》 4, 이화사학연구소, 1969.

김지영, 〈조선시대 왕실 여성의 출산력-시대별 변화추이와 사회문화적 함의〉, 《정신문화연구》 권34 3호, 한국학중앙연구원, 2011.

김혜원, 〈여원왕실통혼의 성립과 특징〉, 《이대사원》 25, 이화여자대학교 사학회, 1989.

金 澔, 〈唐 前期 中央官府와 皇帝 侍奉機構〉, 《中國史研究》 제26집, 중국사학회, 2003.

金 澔, 〈唐代 皇室女性의 生活과 地位〉, 《동양사학연구》 97, 동양사학회, 2006.

도요시마 유카豊島悠果, 〈고려전기 后妃·女官 제도〉, 《한국중세사연구》 27, 한국중세사학회, 2009.

박 경, 〈조선초기 왕실가족질서 정비의 특징〉, 《여성과 역사》 창간호, 한국여성사학회, 2004.

성봉현, 〈조선시대 비빈의 간택과 왕비가문〉, 《장서각 소장 왕실보첩자료와 왕실구성원》, 일조각, 2010.

신명호, 〈《승정원일기》를 통해본 소현세자의 疾病과 死因〉, 《사학연구》 100, 2001.

신채용, 〈영조대 탕평정국과 駙馬 간택〉, 《조선시대사학보》 51, 조선시대사학회, 2009.

심재우, 〈조선후기 宣禧宮의 연혁과 소속 庄土의 변화〉, 《조선시대사학보》 50, 조선시대사학회, 2009.

심재우, 〈조선후기 제궁의 조성과정과 소속 궁방전의 추이〉, 《조선후기~대한 제국기 양안의 종합적 검토》, 규장각 한국학연구원 학술발표문, 2010.

吳洙彰, 〈仁祖代 政治 勢力의 動向〉, 《韓國史論》 13, 1985.

윤경자, 〈고려왕실의 혼인형태〉, 《숙대사론》 3, 1968.

윤혜민, 〈조선 전기 계비 선정방식과 그 의미〉, 《조선시대사학보》 65, 2013.
윤재수, 〈고려왕조의 혼인고〉, 《석당논총》 11, 동아대학교 부설 석당전통문화연구원, 1986.
李起雲, 〈조선시대 定業院의 설치와 불교신행〉, 《종교연구》 25, 한국종교학회, 2001.
李起雲, 〈조선시대 왕실의 比丘尼院 설치와 신행〉, 《역사학보》 178, 역사학회, 2003.
이근명, 〈중국황제의 연인들-후궁과 후궁제도〉, 《역사문화연구》 19, 한국외국어대학교 역사문화연구소, 2003.
이미선, 〈肅宗과 仁顯王后의 嘉禮 考察-장서각 소장 《嘉禮都監儀軌》를 중심으로-〉, 《장서각》 14, 2005.
이미선, 〈1681년(숙종 7) 국왕 嘉禮시 揀擇處子 연구〉, 《정신문화연구》 제30권 2호, 2007.
이미선, 〈조선왕실보첩류 활용을 위한 기록물 현황조사-장서각 소장 《璿源系譜紀略》을 중심으로-〉, 《국학연구》 13, 한국국학진흥원, 2008
이미선, 〈조선초기 후궁-태조~성종조 후궁의 신분적 지위를 중심으로-〉, 《사학연구》 96, 한국사학회, 2009.
이미선, 〈왕실 혼례〉, 《조선사회 이렇게 본다》, 지식산업사, 2010.
이미선, 〈조선중기(연산군~현종) 후궁 입궁과 사회적 위상〉, 《한국사연구》 154, 한국사연구회, 2011.
이미선, 〈《嘉禮都監儀軌》를 통해 본 조선 왕실의 婚禮 문화〉, 《한국계보연구》 2, 한국계보연구회, 2011.
이미선, 〈영조 후궁 暎嬪李氏의 생애와 위상-壬午 大處分을 중심으로-〉, 《역사와 담론》 76, 2015.
이미선, 〈조선시대 後宮의 용어와 범주에 대한 재검토〉, 《조선시대사학보》 72, 2015.
이미선, 〈1749년(영조 25) 和緩翁主와 부마 鄭致達의 가례〉, 《한국사학보》 58, 2015.
이미선, 〈중종 후궁 희빈홍씨의 생애와 행보-기묘사화를 중심으로-〉, 《여성과 역사》 26, 2017.
이미선, 〈정조의 후궁 元嬪洪氏의 생애와 상장례-《淑昌宮喪草日記》를 중심으로-〉, 《한국학논총》 51, 2019.
이미선, 〈헌종의 후궁 慶嬪金氏의 생애와 가례-《慶嬪嘉禮時嘉禮廳謄錄》을 중심으로-〉, 《지역과 역사》 44, 2019.
이왕무, 〈영조의 私親宮·園 조성과 幸行〉, 《장서각》 15, 2006.
李秉杰, 〈朝鮮中宗朝 靖國功臣의 性分과 動向〉, 《대구사학》 15·16, 1978.
이숙인, 〈조선 초기 유학의 여성인식-여성 범주의 제도화를 중심으로〉, 《정신문화연구》 31, 한국학중앙연구원, 2008.
이숙인, 〈조선중기 사회의 여성인식: 정절 개념을 중심으로〉, 《한국문화》 46, 서울대규장각 한국학연구원, 2009.

이영숙, 〈조선초기 내명부에 대하여〉, 《역사학보》 96, 역사학회, 1982.
이영춘, 〈영조의 생모 숙빈 최씨의 喪葬禮-《戊戌苫次日記》를 중심으로-〉, 《조선시대사학회》 52, 조선시대사학회, 2010.
이 욱, 〈조선후기 後宮 嘉禮의 절차와 변천-慶嬪 金氏 嘉禮를 중심으로-〉, 《장서각》 19, 2008.
이정란, 〈고려 后妃의 稱號에 관한 考察〉, 《典農史論》 2, 1996.
이정란, 〈고려시대의 小君과 國婿〉, 《한국사연구》 122, 2003.
이정란, 〈고려시대 后妃府에 대한 기초적 검토〉, 《한국중세사연구》 20, 2006.
이정호, 〈高麗後期 安東權氏 가문의 經濟的 基盤-權仲時-權守平계열을 중심으로-〉, 《한국사학보》 21, 고려사학회, 2005.
이현진, 〈조선왕실의 忌晨祭 설행과 변천〉, 《조선시대사학보》 46, 2008.
이현진, 〈영·정조대 육상궁의 조성과 운영〉, 《진단학보》 107, 진단학회, 2009.
이현진, 〈조선후기 綏嬪 朴氏의 喪葬 의례와 성격〉, 《조선시대사학보》 76, 2016.
이형우, 〈禑王 初期의 政治 狀況과 池奫-禑王 3년 3월 이전을 중심으로-〉, 《한국사연구》 94, 1996.
이혜옥, 〈고려 후비의 정치적 위상과 영향력에 대한 재조명〉, 《역사와 현실》 71, 한국역사연구회, 2009.
이태진, 〈15세기 후반기의 〈鉅族〉과 명족의식-《東國輿地勝覽》 인물조의 분석을 통하여-〉, 《韓國史論》 3, 1976.
李炫熙, 〈麗末鮮初의 여성생활에 관하여〉, 《亞細亞女性研究》 10, 1971.
임민혁, 〈조선후기 영조의 孝悌 논리와 私親追崇〉, 《조선시대사학보》 39, 조선시대사학회, 2006.
임민혁, 〈조선후기 후궁의 嘉禮와 禮制〉, 《역사와 담론》 64, 호서사학회, 2012.
임민혁, 〈조선시대 후궁 淑儀의 간택과 그 지위〉, 《역사와 실학》 48, 역사실학회, 2012.
임혜련, 〈정조~순조대 綏嬪 朴氏의 역할과 위상〉, 《한국인물사연구》 26, 2016.
鄭景姬, 〈조선후기 宮園制의 성립과 변천〉, 《서울학연구》 23, 2004.
鄭杜熙, 〈朝鮮初期三功臣研究-그 사회적 배경과 정치적 역할을 중심으로-〉, 《역사학보》 75, 1977.
鄭杜熙, 〈世宗代 臺諫의 政治的 地位〉, 《朝鮮初期政治支配勢力研究》, 一潮閣, 1983.
鄭萬祚, 〈英祖代 初半의 蕩平策과 蕩平派의 活動〉, 《진단학보》 56, 진단학회, 1983.
鄭萬祚, 〈英祖代 中半의 政局과 蕩平策의 再定立〉, 《역사학보》 111, 역사학회, 1986.
鄭萬祚, 〈조선 현종조의 사의, 공의 논쟁〉, 《한국학논총》, 국민대학교 한국학연구소, 1991.
鄭在勳, 〈조선초기 왕실혼과 왕실세력의 형성〉, 《한국사연구》 95, 1996.
정지영, 〈조선후기의 첩과 가족 질서-가부장제와 여성의 위계〉, 《사회와 역사》 65,

한국사회사학집, 2004.
최성환, 〈영조대 후반의 탕평정국과 노론 청론의 분화〉, 《역사와 현실》 53, 2004.
최성환, 〈정조대의 정국 동행과 僻派〉, 《조선시대사학보》 51, 조선시대사학회, 2009.
崔承熙, 〈朝鮮後期 〈幼學〉·〈學生〉의 身分史的 意味〉, 《국사관논총》 제1輯, 國史編纂委員會, 1989.
최진옥, 〈朝鮮時代 社會에 관한 研究成果〉, 《朝鮮時代研究史》, 한국정신문화연구원, 1999.
豊島悠果, 〈고려전기 后妃·女官 제도〉, 《한국중세사연구》 51, 한국중세사학회, 2009.
하현강, 〈고려전기의 왕실 혼인에 대하여〉, 《이대사원》 7, 1968.
韓春順, 〈明宗代 乙巳士禍研究〉, 《人文學研究》 2, 경희대학교 인문학연구소, 1998.
한희숙, 〈조선초기 성종비 윤씨 폐비·폐출 논의 과정〉, 《한국인물사연구》 4, 2005.
한희숙, 〈조선초기 昭惠王后의 생애와 《內訓》〉, 《한국사상과 문화》 27, 한국사상문화학회, 2005.
한희숙, 〈구한말 순헌황귀비 엄비의 생애와 활동〉, 《아시아여성연구》 45, 숙명여자대학교 아시아여성연구소, 2006.
한희숙, 〈조선 성종대 폐비윤씨 賜死事件〉, 《한국인물사연구》 6, 2006.
한희숙, 〈中宗妃 廢妃 愼氏의 처지와 그 復位論議〉, 《한국인물사연구》 7, 2007.
한희숙, 〈조선 전기 奉保夫人의 역할과 지위〉, 《조선시대사학보》 43, 조선시대사학회, 2007.
한희숙, 〈연산군대 폐비윤씨 追封尊崇 과정과 甲子士禍〉, 《한국인물사연구》 10, 2008.
洪順敏, 〈肅宗 初期의 政治構造와 換局〉, 《韓國史論》 15, 1986.
洪順敏, 〈19세기 왕위승계과정과 정통성〉, 《국사관논총》 40, 1992.
洪順敏, 〈조선후기 법전 편찬의 추이와 정치 체제의 변동-《續大典》 편찬을 중심으로-〉, 《한국문화》 21, 서울대 한국문화연구소, 1998.
洪順敏, 〈조선시대 궁녀의 위상〉, 《역사비평》 68, 2004.
황수연, 〈조선후기 첩과 아내-은폐된 갈등과 전략적 화해-〉, 《한국고전여성문학연구》 12, 한국고전여성문학회, 2006.

찾아보기

ㄱ

ㅅ

ㅈ

ㅊ